일제 사진엽서, 시와 이미지의 문화정치학

일제 사진엽서, 시와 이미지의 문화정치학

최현식 지음

성균관대학교 출판부

일러두기

1. 이 책에 수록된 사진엽서 대개는 지은이의 소장품이다.
2. 여러 박물관과 대학 도서관에서 도움 받은 사진엽서와 텍스트 이미지에는 괄호 안에 출처를 따로 밝혔다.
3. 자료 명칭은 사진엽서나 이미지에 기록된 내용을 취하되, 의미 전달이 어려운 경우에는 쉬운 용어나 설명으로 바꿨다.
4. 본문의 책 제목과 한자(일본어)는 최대한 한글로 표기했으며, 필요한 경우에 한자는 크기를 줄여 병기했다.
5. 자료의 원문을 살리고 시대상을 밝힌다는 뜻에서 옛 한글 표기를 그대로 살려 두었다.

책머리에

문학자는 두 가지 경험 덕분에 일제의 사진엽서를 만나게 되었다. 하나는 10여 년 전 진주박물관을 방문했을 때의 일이다. 그곳 입구에는 꾀죄죄한 흰 옷차림에 맨 상투머리와 지저분한 얹은머리를 한 성인 남녀들의 정면과 측면, 그리고 합동 사진이 여러 장 걸려 있었다. 당시라면 증명사진일 리 없겠기에, 전면과 측면 얼굴 중심의 모습들을 보고 범죄자의 사진인가 했다. 이후 1910년대를 전후한 진주 관련 사진첩을 접하면서, 그들이 가장 천한 물건으로 취급받던 백정임을 확인했다. 촬영자는 조선총독부의 도리이 류조鳥居龍藏로, 그는 조선인의 인종적·골상학적 특징을 파악하기 위해 최하층민인 백정, 갖바치, 기생, 무당 등의 '체격 측정' 사진을 찍었다. 이들은 한때는 조선인의 열등성을 확증하는 우생학의 피사체로, 또 한때는 내선융화와 관련된 일선동조론日鮮同朝論의 촉진물로 사물화·도구화되는 수난을 면치 못했다.

몇 년 지나 어느 날 후배가 식민지 조선의 가난한 남녀노소, 단아한 기생들, 남대문 일대의 날렵한 전차, 육중한 한강철교 사진에 한글과 가나假名로 함께 적은 조선민요가 인쇄된 종이쪼가리를 들고 왔다. 일제 문화자본이 서신교환과 여행 기념용으로 만든 '에하가키繪葉書(그림엽서)', 곧 '사진엽서'라고 했다. 근대소설에서 조선기생이 술집과 요리점에서 일본 신민요나 유행가를 노래하는 장면을 종종 접했기에, 예의 사진엽서를 그 모습이 담긴 기록물이나 유희물 쯤으로 여겼다.

그러나 동아시아 곳곳의 사진엽서를 모으고, 동서양의 각종 연구물을 접하면서 이 안이한 판단은 대폭 수정되었다. 전통의 '조선적인 것'과 근대의 '일본적인 것'을 대비시켜 제국을 문명과 진보로, 식민지를 야만과 미개로 차별 짓는 폭력적 태도는 무엇보다 문제적이었다. 그것은 제국-우승, 식민지-열패라는 감각 아래 침략적 팽창주의와 승전의 국가주의를 시대의 사상과 신민의 윤리로 선전하고 내면화하는 데 매우 효과적인 '칼'이자 '꽃'이었다. 여기에 가득한 지배자의 시선은 '퇴보한 조선은 발전한 일제의 통치를 받아야 한다'는 식민지적 (무)의식을 계몽시키는 식민주의적 (무)의식, 다시 말해 변질된 오리엔탈리즘의 한 형식이었던 것이다.

폭력과 자본의 제국주의 시대에 생산된 동서양의 사진엽서를 넘기다 보면 매우 끔찍한 장면을 종종 마주친다. 이 책에서는 따로 예시하지 않고 짧은 설명으로 그친 훼손되거나 약탈된 신체들, 곧 가혹한 형벌에 처해졌거나 참수된 시신들이 그것이다. 특히 후자는 종족의 안녕과 번영을 비는 신화적 기원의 제물이거나, 제국의 우월함을 과시하기 위한 처벌과 경고 대상으로 목 베인 경우가 대다수였다. 원시와 문명을 막론하고 적대자를 참수하여 전시하는 행위는 자신의 공동체를 방어하고 보호하며 구원하겠다는 집단적 욕망과 무관치만은 않을 것이다. 물론 당연히도 운 나쁘게 죽임 당한 피해자들의 욕망도 여기서 크게 벗어나지 않을 것이다. 이를 인정한다 해도, 주어진 사실에 대한 기록을 넘어 대중용 인쇄물, 즉 센세이셔널한 소비상품의 한 소재로 제공된 시신들은 인간의 본원적 폭력성에 대한 분노와 실망을 불러올 만큼 끔찍했다. 이를 계기로 사진엽서가 매일 들춰볼만한 흥미로운 텍스트에서 가끔은 피하고 싶은 불편한 기호로 다가들기 시작했다.

이 모순된 감정에 힘이 된 사진엽서는 이미지 한 컷으로 구성된 단품이 아니었다. 보통은 8장, 많게는 32장의 인화지에 다량의 사진과 그림,

조선과 일본의 시(가)와 노래, 산문을 함께 인쇄한 엽서세트들이었다. 이미지 한 컷은 식민권력의 피사체에 대한 시선과 태도를 드러내고자 할 때 유용하다. 그렇지만 제국과 식민지의 권력 관계와 그 체계, 이를테면 제국이 자신들에게 필요한 식민지상像을 발명(날조)할 때 동원하는 문법과 서사의 파악이나 해석에 불리하다. 이에 반해 다수의 이미지와 문자로 구성된 엽서세트는 식민권력의 여러 층위에 걸친 이념과 욕망을 다각도로 파헤칠 때 지닐 법한 천연색 지도와 예민한 나침반이 되어 준다.

이런 역할은 본래의 말과 표정을 잃은 조선(인)의 '슬픈 인상화'를 엿볼 때든, 탈아입구脫亞入歐를 넘어 동아시아의 맹주를 넘보는 일본(인)의 우쭐한 심상지리를 훔쳐볼 때든 예외 없이 적용된다. 가령 가사노동과 농사일에 시달리는 조선여성의 고통스런 모습에는 전래의 노동요를, 비적 토벌에 나선 일본군의 굳게 다문 입술에는 군가 〈토비행討匪行〉을 따라올 만한 노래가 없다. 식민권력의 입장에서 노동요는 식민지 조선에 대한 멸시와 천대를 더하는 것에, 군가는 일왕의 병사에 대한 신뢰와 자긍심을 키워나가는 데에 매우 적합한 음성 기호이자 선전 매체였다. 이러한 효과는 호미 바바의 말을 빌린다면 사진엽서세트가 식민주의적 입장의 동일화와 차별화를 함께 구성하는 권력과 무력無力, 지배와 종속의 입장들을 총괄하는 세련된 기술과 예술적 장치로 탁월하게 작동했음을 뚜렷하게 보여준다.

이와 관련해서, 어떤 면에서는 사진엽서라는 시각매체의 특성상 구상적 이미지가 핵심적 역할을, 추상적 문자가 보조적 기능을 담당할 것으로 생각하기 쉽다. 그러나 둘은 서로의 얼굴과 몸을 부대끼며 주체와 타자의 정서와 의미를 더불어 강화하는 상호보완적 협업과 소통에 충실하다는 것이 더욱 타당한 진실일 듯싶다. 예컨대 연인과 헤어진 조선기생의 낙담한 얼굴은 여러 편의 〈아리랑〉 때문에 수심이 더욱 깊어지며, 메이지 왕의 초상은 〈일한합방의 노래日韓合邦の歌〉와 더불어 제시됨으로써 그 영웅

성이 더욱 강렬하게 환기된다. 이로써 사진엽서의 이념성과 선전 능력, 대중성과 상품성은 집단적 감염력과 뜨거운 감정의 고조, 신속한 전달을 속성으로 하는 특정 형식의 노래와 결합될 때 더욱 커진다는 사실이 분명해진다.

그러나 이들 이미지와 문자는 어떻게 읽고 무슨 뜻으로 해석하든 일제 식민권력의 설계도와 평면도에 새겨진 어떤 간섭과 조작을 우리가 의도한 만큼은 떨쳐내기 어렵다. 식민권력은 식민지를 모방하고 재현할 때 왜곡과 굴절의 흔적이 역력한 욕망과 조소의 대상으로 동시에 호출한다. 이 책에서도 종종 인용한 《조선만화朝鮮漫畫》(1909)가 주목되는 이유이다. 저자들은 조선 식민화의 당위성과 정당성을 시각적 효과 만점의 만화와 '구별 짓기'를 앞세운 산문에 새겨 넣었다. 일제 사진엽서에 표현된 권력적 이념과 시선의 앞선 모델로 보아 무방한 이 텍스트는 호미 바바가 말한 '고착성', 곧 '역설적 재현의 양식'의 일례에 해당될 법하다. '조선적인 것'의 엄격성과 불변성을 간간히 추켜세우되, 그것의 이미지와 산문의 전반을 '무질서'와 '퇴화', '악마적 반복'의 관점과 방식으로 모방하고 재현했기 때문이다.

여기 새겨진 '조선적인 것'의 지나친 통속화와 파편화를 넘어서기 위해서는 식민의 땅 어딘가에서 꿈틀대는 '잠재적인 전복의 삶' 내지 그것을 자극할 만한 목소리와 정념을 보고하거나 발명하는 작업이 반드시 필요했다. 이런 연유로 일제 식민권력의 이념과 미래, 나아가 내선융화의 요구를 위협하거나 비판케 하는 식민지(인)의 어떤 영토들을 찾아내는 작업이 문학자의 절실한 과제로 떠올랐다. 이 책의 곳곳에 박혀 있는 식민시대의 일상과 내면을 풍요롭게 표현한 시와 소설, 특정한 사건과 주제를 다룬 신문과 잡지는 그렇게 해서 환대의 대상이 되었다. 그 가운데서도 식민권력에 의해 급속히 분열되고 해체되어 가던 '조선적인 것'들에 대한 진정한 호소력과 연대성을 발휘했던 신채호, 김소월, 현진건, 염상섭, 나운규, 정지용, 채만식, 이태준, 박태원, 이상, 김유정, 김남천, 김사량, 백석, 서정주, 이용악, 오장환은 그 이름을 밝혀 기억해 두기로 한다.

이 책의 대략적인 순서와 내용을 안내해둔다. 서문격인 '프롤로그'에서는 일제 사진엽서의 기원과 종류, 거기 담긴 식민주의와 문화정치학의 본질, 대표적인 생산-유통 업체를 살폈다. 결론격인 '에필로그'에서는 '일본적인 것'에 투사된 '조선적인 것'의 명암을 세 종류의 사진엽서에 담긴 조선아동의 얼굴과 뒷모습을 비교·대조하는 방식으로 드러냈다. 본문은 일제 사진엽서의 식민주의적 원리와 이념, 거기 포획된 식민지 조선의 다양한 면면을 총괄해본다는 뜻으로, ① 원리와 이념(1장), ② 언어와 문학(2장~3장), ③ 지식과 취미(4장~7장), ④ 일상과 생업(8장~10장), ⑤ 전쟁(11장)으로 설정했다. 본문에서 다룬 내용은 아래와 같다.

1장: 조선신궁 설치 10주년 기념 사진첩 《은뢰》에 실린 일제 왕가의 역사와 업적, 조선 사진과 시가, 해설에 각인된 근대천황제의 군국주의적 이념과 원리를 해부했다. 2장: 일본 여행객 대상의 실용품과 기념품인 '한·일어 대역對譯' 엽서세트를 대상으로 제국과 식민지 사이의 '권력 지도'를 살폈다. 3장: 일본인 화자의 정시情詩류 엽서세트를 대상으로 '일본적인 것'의 숭고화 및 '조선적인 것'의 낭만화에 숨겨진 양면성을 짚어보았다. 4장 및 5장: 경성과 평양을 식민지 근대화의 관점, 이를테면 '일본적인 것'은 꽃과 칼, '조선적인 것'은 화농化膿과 정체停滯로 파악하는 '권력적 시선'의 문제성을 살폈다. 6장 및 7장: 금강산과 경주 엽서세트를 대상으로 두 관광지를 여성미와 폐허미로 응시하는 일제 '관광객의 시선'의 편향성을 밝혔다. 8장: '조선부인의 하루 생활'이 담긴 엽서세트를 중심으로 식민지 여성을 전근대적 일상과 성애의 육체성으로 양분하여 관람하는 일제의 남근주의적 시선을 비판했다. 9장: 전통기예의 공연자보다는 성애와 유희의 제공자로 주로 소비되던 조선기생의 식민화와 타자화 과정을 각종 기생 엽서에 보이는 그녀들의 연기된 웃음과 위장된 슬픔이라는 코드와 겹쳐서 읽었다. 10장: 조선남성을 전근대적 노동과 지루한 유희의 '토인'으로 고착시켜 사진엽서에 가둔 식민권력의 편협한 '훔쳐보기'를 비판했다. 11장: 아시아·태평양전쟁 시기 일왕을 위한 죽음의 병기로 호출, 소모되던 식민지 조선(인)의 불우한 삶을 '총력전'과 '전선총후'의 사진엽서에서 읽어냈다.

한편 조선인의 일상과 긴 대화를 담은 2장 후반부의 그림엽서(4매), 신라의 주요한 흥망성쇠에 관련된 전설과 장소를 소개한 7장 중반의 엽서세트 《신라고적전설》(7매), 일제 말 '총력전'에 임하는 조·일 여성의 협화協和와 의무를 묘사한 11장 중반의 《조선군출동장사위문 봉함엽서 및 그림엽서》(총 2종)의 봉함엽서는 이 책에서 처음 소개하는 자료로 그 가치가 상당하다. 이 자료들에 대한 연구자 및 독자 제위의 흥미와 관심을 기대한다.

사진엽서와 관련 자료를 살펴보고 모으며 읽는 과정에서 여러 연구자와 출판인, 문화 및 학술 기관의 깊은 후의를 입었다. 한국연구재단의 '2017년 인문사회분야 저술출판지원사업' 덕분에 안정적인 연구 환경이 마련되었다. 인천문화재단의 함태영 박사는 사진엽서 연구의 즐거움과 괴로움 속으로 문학자를 처음 안내했다. 그를 포함한 연세대 구인모 교수, 전남대 조지형 교수는 일본 와카和歌와 신민요, 중국과 일본의 한시漢詩에 대한 번역이 막힐 때마다 밝은 등불을 보내주었다. 한림대 장세진 교수와는 이 책의 방향과 목적에 대하여 여러 차례 뜻깊은 얘기를 나누었다. 〈소명출판〉의 박성모 사장님은 번역본 《은뢰恩賴》의 사진을, 인하대 정종현 교수는 번역본 《조선만화》의 삽화를 활용할 기회를 주선해 주었다. 예시에 필요한 몇몇 사진엽서와 관련 자료는 국립중앙박물관, 국립민속박물관, 대한민국역사박물관, 서울역사박물관, 부산박물관, 연세대 학술정보관의 혜택을 입었다. 도움을 받은 기관은 해당 사진엽서와 자료 옆에 이름을 밝혀 두었다. 이 책에 활용된 대부분의 사진엽서는 1945년 8월

한국의 해방과 일본의 패전 이전에 발행된 한·중(만주)·일·대만·남양南洋 관련 사진엽서의 집산지이자 판매처인 일본 야후 옥션의 '繪葉書에하가키' 코너에서 적잖은 시간과 비용을 들여 구입한 것들이다. 이 책의 기획 단계부터 따스한 관심을 가지고 성균관대학교출판부 학술기획총서 '知의회랑'으로 이끌어주신 안대회 교수님과 현상철 선생님께 깊은 감사의 말씀을 올린다. 두 분의 배려와 응원이 없었다면 이 두툼한 원고더미는 아직도 연구실 문턱을 넘지 못했을 것이다. 아울러 흐트러지기 쉬웠을 이 책을 정갈하게 디자인해 주신 고연, 김수영 두 분 선생님께도 매우 고마운 마음을 전해 드린다.

언제나 응원의 말을 아끼지 않는 사랑하는 아내 김영란, 역사학 전공자로 첫 발을 뗀 지우, 입시 준비로 마음고생 중인 서윤, 자식 걱정을 그칠 줄 모르는 양가 부모님이 있어 오늘도 문학자 책상의 전등은 꺼질 줄 모른다.

2022년 팬데믹 와중의 가을을 맞으며

인천 용현동 연구실에서 저자 적음

목 차

프롤로그

일제 사진엽서 · 식민주의 · 문화정치학

일제 사진엽서와 '식민지 조선'

사진엽서 〈아기보기와 창경원 풍경〉에 대한 반응은 거기 실린 이미지와 시가에 대한 경험이나 감상에 따라 적잖이 달라질 것이다. 먼저 사진이다. 누군가의 말처럼 사진 속 얼굴과 신체, 동작과 의복의 이미지는 말이 없이도 상대방을 파악케 하는 '초상의 언어'[1]라 할 만하다. 이를 토대로 세대와 경험이 다른 한국인들의 엽서 속 사진에 대한 반응을 짐작해보면 어떨까. 창경원과 어린 누이의 아기보기를 마주한 적 없는 지금의 아이들은 '옛날 옛적' 풍경을 구경하는 느낌일 것이다. 노년층이라면 어떤 축제보다 호사롭던 창경원의 '밤벚꽃놀이'를 떠올리며 속도전의 일상을 잠시 잊고 여유로운 홍취에 빠져

그림 1 아기 보기와 창경원 풍경

들 것이다. 봉건왕조의 '창경궁'에서 대중의 관람공간으로 거듭난 '창경원'에 주목하는 사회역사학자라면 일제가 주도한 새로운 대중적 소비문화 양식의 창출과 불안한 식민도시 사회의 안정화 전략에 눈길을 돌릴 것이다.[2] 사진엽서가 일제 문화자본의 생산품임을 주목하는 연구자라면, 왠지 어색하고 어딘가 어긋나는 창경원과 소녀의 선택과 배치를 통해 일제가 조선에 투사한 차별적 시선과 그 토대가 된 일본판 오리엔탈리즘을 떠올릴 것이다.[3]

다음은 시가이다. 아무리 감추려 해도 언어적 의미와 시인의 이념이 노출되기 마련인 시가에서 언어의 미학과 감정의 색채는 장르의 성격에 따라 달라진다. 어떤 장르로 불려지고 듣느냐에 따라 두세 줄의 노래조차 개인적 미의식을 넘어 민족적·국가적 이념을 암암리에 드러내는 거대한 기호체계로 변환되기도 한다. 세 컷의 사진을 향한 여러 시선과 해석이 엽서 속 시가를 만나는 순간 회심의 미소와 곤혹스런 쓴웃음이 동시에 발생하는 까닭도 이와 연관된다. 실제로 벚꽃놀이 예찬의 '와카和歌'와 아기 달래는 모습의 '조선 동요'는 문자와 상상력의 내부를 잠행하는 '국민적인 것', 다시 말해 '일본적인 것'과 '조선적인 것'의 미의식과 이념을 재현하며 서로의 차이를 드러낸다.

꽃 활짝 핀 벚나무 아래
아이들과 아내와 함께
도시락을 맛보면
향긋한 흙 내음

– 〈경성 · 창경원동물원 정지庭池 · 창경원 벚꽃〉

도련님 자장 자장.
아버지 선물 사 갖고 오신다.
장터에서 아버지

말 등에 한가득 과자 싣고서

- 〈조선 동요: 아기 보기〉

화목한 일본 가정의 '벚꽃놀이'는 여유로운 생활과 풍요로운 취미활동에 올라선 일제의 선진 문명과 근대식 '스위트홈'을 자연스럽게 떠올리게 한다. 물론 조선 누이의 아기 보기도 다정다감한 '가족애'에서 뒤지지 않는다. 그렇지만 아기 업기에 힘겨운 어린 소녀의 모습은 행복한 일상을 즐기는 일본 가족과 대비됨으로써 의도된 것임에 분명한 반전의 효과를 낳는다. 아동의 보호와 교육을 도외시하는 식민지 조선의 전근대적 가부장제와 궁핍한 생활양식에 대한 야멸찬 비판과 조롱이 그것이다. 제국의 와카와 식민지의 동요, '창경원'의 힘센 소비자와 '창경궁'의 무력한 옛 주인이라는 이질적·대조적인 기호체계의 역할과 임무는 분명하다. 하나는 일제 신민의 타 문화에 대한 정복욕과 이국 취향을 충족시키기 위한 '조선적인 것'의 상품화와 유희화이다. 다른 하나는 식민지 조선의 미개와 야만을 계몽, 개선하기 위한 문화정치학적 선전·선동이다.

일제는 두 과제를 효과적으로 수행하기 위해 '조선의 소녀=애 보개' 하는 식으로 사람마다의 고유한 개성을 억압·삭제하기를 주저하지 않았다. 또한 그 힘겹고 소외된 변두리의 형상을 조선인 전체의 무능하고 퇴락한 모습으로 고정하고 확장시키는 작업에도 바지런했다. 그럼으로써 천황 신민의 우월함과 미래성을 강화하는 차별과 배제의 식민주의로 거침없이 나아갔다. 물론 일제는 열패劣敗의 '조선적인 것' 맞은편에 우승優勝의 '일본적인 것'을 어떤 방식으로든 위치시키는 일에도 능수능란했다. 봉건 권력 최후의 보루인 '창경궁'의 유원지화, 곧 '창경원'으로의 개조도 그런 방식의 식민지 근대화를 대표한다. 그렇지만 이 대중적 위락의 공간 앞에 세워진 높은 문턱은 조선의 가난한 아이나 노동에 바쁜 부모가 드나들 수 있도록 웬만큼이라도 낮아질 줄 몰랐다. 〈아기 보기와 창경원 풍경〉이 '시선의 권력'을 드러내지 않은 채 '일본적인 것'의 힘과 권위에 억압되고 종속된 '조선적인 것'을 재현하는 문화정치학적 수단의 일환이었음이 증명되는 지점이다.

'일본적인 것'의 '조선적인 것'에 대한 점유와 거리화

서구 열강의 오리엔탈리즘과 식민주의는 메이지유신 이전의 봉건적 일본에 대해서도 예외를 두지 않았다. 그들은 침략자의 욕망과 관광객의 시선을 동시에 휘두르며 미몽 상태의 일본을 문명이 결여된 열등한 타자의 공간, 언제고 점령, 개척되어야 하는 식민의 거친 땅으로 간주했다. 이를테면 일본 근대 사진산업의 토대를 구축하다시피 한 영국 사진작가 펠리스 비아토Felice Beato의 작업이 그렇다. 그는 '사진에 의한 식민화'를 수행했다고 말해도 괜찮을 정도로 전근대적 일본의 야생적 풍광과 궁핍한 생활 현실을 촬영하고 수집하는 일에 열중했다.

그의 눈동자를 대신한 카메라 렌즈의 피사체가 된 인물과 공간은 서구 문명의 우월성과 백인의 우수성을 거꾸로 입증할 수 있는 후진성과 야만성 가득한 '일본적인 것'들이었다. 인종주의적이며 쇼비니즘적인 시선에 거침없이 포획된 피사체로는 칼자루 쥔 하급 무사, 반역죄로 목 잘린 사무라이, 농염한 게이샤, 탁발에 나선 승려, 고된 행색의 행상인과 가마-인력거꾼, 뙤약볕 아래의 농부와 어민, 일본식 상투 촘마게〔丁髷〕를 다듬는 이발사, 온갖 가사노동과 아이보기에 시달리는 촌부, 노상에서 재주를 뽐내는 유랑 예능인 등이 눈에 띈다.[4]

서양인들은 사진으로 건축된 일본의 '인간 동물원'을 구경하고 손가락질하며, '붉은 땅'에 거주하는 '토인'의 열등성과 문명의 신세계에 거주하는 제국인의 우수성을 동시에 확인하는 기이한 이국체험에 빠져들었다. 힘-총칼과 사진기-문명을 양손에 거머쥔 백인의 입장에서 보자면, 일본 하층민 대상의 '야만의 전시'가 제공하는 기대 밖의 '괴물 쇼'는 결코 놓칠 수 없는 식민주의적 유희 활동의 하나였다.[5]

그러나 일본은 메이지유신을 거치며 동양의 맹주를 자처하는 후발 제국주의로 거듭났다. 그럼에도 일본은 어딘가 뒤처진 상황이었으므로 전시와 멸시, 훈육과 개조만이 넘쳐났던 '인간 동물원'에서 탈출할 방법을 열심히 모색해야 했다. 그 결과 두 가지 방법이 선택되었다. 하나는 제국의 선진화와 신민화의 길로 진입하는 '국민적인 것'을 자랑하고 선전할 수 있는 전통문화 속의 일본 정신과 신문명 창달의 불빛을 조화롭게 드러내는 것이었다. 사진과 그림, 그것을 담은 책자나 엽서는 '일본적인 것'을 전달하는 화려한 이미지와 구색 갖춘 문자나 기호들 때문에 집중적인 관심의 대상이 되었다. 이들 매체에 비친 각양각색의 얼굴과 의복을 조사하고 수집하는 것만으로 '국민의 총목록', 곧 '일본적인 것'을 통해 찾아내고 구성해야 할 새로운 '국민의 얼굴'이 떠올랐다.

다른 하나는 자신들이 갇혔던 '인간 동물원'을 그대로 모방해서 조선, 대만, 만주 등의 식민의 땅에도 설치하는 방법이었다. 서양의 렌즈에 포획되었던 전근대적 일본인들은 문명인을 자처하는 그들의 후예가 촬영했던 식민지 조선인들과 거의 예외 없이 겹쳤다. 일제 식민권력은 서양의 눈에 비춰졌던 자신들을 속량이라도 하듯이 조선인을 무지몽매한 '요보'('여보'를 음차한 말)라고 낮춰 부르며 타율성과 정체성의 노예로 거침없이 몰아세웠다. 그럼으로써 대영제국이 세계의 식민지 곳곳에 아로새긴 인종주의적 각인을 조선인의 본질로 끌어들였다. '아무 특징이 없는 불쌍한 원주민'과 '삶에 대한 어떤 유의미한 계획을 따라가지 않는 사람들'[6]이 그렇게 유입된 부정적인 인간 유형을 대표한다.

다음의 두 만화는 일본과 조선에 세워진 '인간 동물원'의 폭력적인 구축 양상과 비극적인 전도 과정을 낱낱이 재연하는 이미지로 손색이 없다. 먼저 일본 전통 공연장의 객석 풍경이다.[7] 이 삽화를 그린 작가는 프랑스

그림 2 연극장에서

그림 3 쌀 찧기

인 조르주 비고로, 일본 개항기의 현실을 풍자적으로 그려낸《일본소묘집 日本素描集》(1886)의 저자였다. 〈연극장에서〉(그림 2) 판화에는 해당 장면에 대한 소개나 산문이 따로 없다. 당시의 일본 현실에 대한 정보를 통해 삽화 속에 감춰진 비고의 비판적 시선과 의미를 찾아봐야 하는 이유이다. 서양인의 눈에 비친 오리엔탈리즘적 풍경과 의미가 삭제된 자리를 현대의 일본학자는 전근대와 근대의 차이를 드러내는 것으로 채웠다. 가슴을 드러낸 채 젖을 먹이는 부인과 거의 발가벗은 채 일하는 일꾼의 모습은 전통적 노동의 풍경이었다, 그러나 1945년 패전 후 밀어닥친 미국문화의 영향, 곧 '여성의 바스트' 숭배 풍조니 건전한 노동자상의 추구니 하는 것들이 과거의 생활상을 등한시하게 하는 계기가 되었다는 의견이 그것이다.

이 주장에 동의하려면 개화 이전의 일본인을 향한 서양인의 삐딱한 시선과 멸시의 언어에 일부러라도 눈감아야 한다. 다행히도 메이지기 일본인들은 서양인 비고의 오리엔탈리즘 또는 식민주의적 (무)의식을 은폐하는 한편 그것을 자신보다 약한 타자를 향해 다시 투사하는 독설과 풍자의 만화-산문집을 남겼다. 그럼으로써 이국 취향 정도로 바라보던 식민지의 타자들을 향한 권력적 시선과 태도의 민낯을 스스럼없이 드러냈다. 한일병합 시기에 즈음하여 문명인의 입장에서 조선의 풍물, 사람, 생활풍습, 지리 등을 감상, 품평한 우스다 잔운薄田斬雲과 도리고에 세이키鳥越靜岐의 《조선만화朝鮮漫畫》(1909)가 주목되는 까닭이다.

〈연극장에서〉에 대응되는 조선인 대상의 만화를 꼽는다면, 서로 앞뒤로 놓인 〈쌀 찧기〉(그림 3)와 〈유방의 노출〉이 될 것이다.[8] 장죽을 물고 절구질하는 조선 남성에 대한 조소는 "나태하고 게으르고 칠칠치 못함"으로 표상된다. 그의 부정적인 모습은 계란에 배인 '악취'를 "석유 냄새" 아닌 "더러운 도랑 냄새"로 못 박는 조선 농산물에 대한 비난으로 연결된다. 〈유방의 노출〉은 젖가슴을 드러낸 조선 여인의 삽화에 아예 "가장 야만적인"이라는 제목을 달았다. "부끄럼 없이 드러낸" 유방은 일본 여성이 그랬듯이 "소아에게 젖을 물리기가 편한 것"이긴 하다. 하지만 거친 노동에 시달리는 하층 여성의 그것은 섹슈얼리티를 자극하는 "희고 포근한 것"이 아니다. "검고 지저분"해서 "일종의 불쾌한 느낌을 불러일으키는" 추한 육체, 아니 "가장 야만적인" 물건에 지나지 않는다. 선진의 일제는 후진의 조선을 불결과 오물의 땅으로 간주하면서 이 문제가 해결되지 않는 한 질병과 죽음의 온상을 벗어나지 못할 것이라고 끊임없이 경고하고 비판했다.

그렇지만 조선인에 대한 조롱과 비난은 공공의 장소에서 거의 발가벗은 육체로 연극을 구경하고 젖을 먹이는 일본인 부부에 대해서도 얼마든지 던져질 법한 것이었다. 불결과 비도덕의 신체야말로 개인의 취미와 타자의 활동을 존중하며 청결한 생활과 공중도덕을 중시하는 서양의 문명인에게는 참기 어려운 모욕이자 비례였을 것이기 때문이다. 이를 감안하면, 짙은 미몽의 상황에 휩싸인 조선인에 대한 일본 지식인의 독설과 풍자에 담긴 한계와 약점도 분명하다. 일제는 서구열강이 자국에 대한 식민화

내지 문명화의 공간으로 유인하기 위해 취했던 계몽적 시선과 목소리를 더욱 '뒤처진 조선'에 그대로 투사하고 재현했다. 이 노선에 화답이라도 하듯이, 《조선만화》는 전근대적 일본의 후진적 의식과 현상을 은폐, 삭제하는 한편 식민지 조선(인)을 더 없이 황폐하고 열등한 사물로 날조하는 악마적 환상과 신념을 펜촉의 근본으로 삼았다.

일제가 서구에서 학습, 모방한 식민지 조선에 대한 일방적 점유와 정확히 계산된 거리화는 그림과 삽화 중심의 만화나 사실의 보고와 재현 중심의 사진에 부여된 과제만은 아니었다. 그것은 친밀한 서신 교환에서 사회의 제반 영역에 대한 알림판으로 영역을 넓혀간 근대적 우편제도의 총아 그림엽서繪葉書나 사진엽서의 책무이기도 했다. 일본에서는 사진과 회화의 이미지를 통칭하여 '그림'엽서로 불렀는데, 그 영향 아래 있던 식민지 조선에서도 이 말을 똑같이 사용했다. 한편 사진엽서는 시각적 이미지의 힘과 영향을 가장 분명하게 행사하는 사진의 권능을 강조하기 위해 비교적 근래에 선택된 용어이다. "대상을 그대로 재현하는 기계적 특성을 가진 사진은 근대정신을 확고히 지지해 주는 문명의 총아"였으며, "사진이라는 근대적 재현 체계의 힘은 과학이라는 시대정신과 합류해 계몽의 현신으로" 제 위치를 확고히 했다는 한 연구자의 설명이 '사진'엽서라는 명명의 저간을 확인해준다.[9]

이 설명에 동의한다는 뜻을 밝혀두며, 한일합방을 다룬 사진엽서와 신문 매체를 연결시켜 살펴보기로 한다. 다른 어느 곳에서보다 '권력자의 초상'과 '제국주의-식민지의 문화정치학'의 상관성이 두드러지게 나타나기 때문이다. 예시한 엽서와 신문에는 지배자의 얼굴과 상징을 이용하여 '아我'에게는 정통성과 신성성을, '비아非我'에게는 복속성과 열등성을 부여하는 '이미지와 권력의 정치학'이 매섭게 작동하고 있다. 미리 말해 '비아'에 처한 조선의 국왕은 일제 천황의 "지배를 '받아야만 한다'는 생각을 포함하는 이념"의 형성과 "지배와 연관되는 지식(과 매체-인용자)의 형태"의 생산에

그림 4 메이지 왕 고종 순종

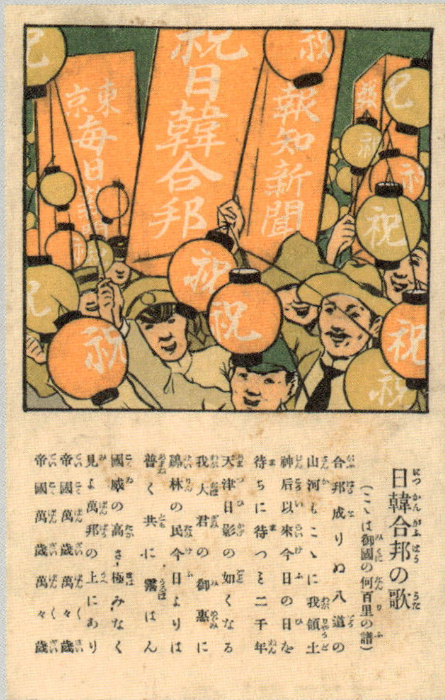

그림 5 일한합방의 노래

필요한 도구적 형상으로 징발되는 형국을 면치 못한다. 만백성의 아비라 불리던 제왕이 그러하니 무지렁이 상민과 천민들은 "순응적 존재에서 열등한 인간"으로 또다시 변형되고 전락하는 이중의 패배자로 내몰리게 된다.[10]

한 나라의 제왕의 얼굴과 복색은 그 자체로 정치·문화·외교·군사적 역량을 상징하고 표상한다. 이런 까닭에 대한제국과 일제 제왕의 '어진영'이 함께 실린 사진엽서(그림 4)는 그것이 발간된 까닭과 효과를 파악할 때 여러도로 도움이 된다. 한·일 제왕가의 합동 초상에서 변함없는 것은 서양식 정복에 칼을 찬 메이지明治 왕과 다이쇼大正 황태자의 모습이다. 이에 반해 1852년생인 메이지 왕과 동갑내기였던 고종과 후계자 순종은 익선관 차림의 궁중 복장이나 서양식 정복 차림으로 번갈아 등장한다. 위의 사진에서는 세 제왕이 동일하게 서양식 정복을 착용하고 있다. 그래서인지 이들의 합동 초상은 동아시아의 근린으로 문명개화를 동시에 추구하던 한·일 제국의 친선과 우애를 표상하는 이미지로 다가선다.

그러나 사진의 진실은 전혀 달랐다. 여러 연구에 따르면 조선 제왕을 촬영한 사진사는 일본인이었다. 결코 대면한 적 없었던 메이지 왕과 고종, 순종을 한 자리에 모은 사진엽서의 제작자 역시 일제 문화자본이었다. 게다가 저 엽서는 '일한합방 기념'이라는 제목에서 보듯이 우승열패로 갈라선 일본의 제왕과 조선의 폐주廢主를 서열화하기 위해 제작된 전략적 기념품이자 상품이었다.

만약 1910년 8월 제국과 식민지로 재편된 한일관계를 극적으로 표상하는 이미지를 보고 싶다면 어떻게 하면 될까. 서양식 정복의 메이지 왕과 익선관 차림의 고종이나 순종이 위아래, 서로 다른 크기로 배치되어 있는 사진(엽서)들을 살펴볼 일이다. 이 사진들은 두 가지 효과를 낳는다. 먼저 일제 메이지 왕의 치세와 은뢰恩賴에 의한 고종과 순종의 순조로운(?) 왕위 교체(1907)에 대한 자연스러운 고지이다. 다음으로 한국병합, 곧 식민화의 정당성과 합법성에 대한 선포와 자랑이 그것이다. 이에 따라 조선 황실은 '대외적: 천황의 신민, 방계 왕실의 초상'으로, '대내적: 권력자와 피지배계급 간의 가부장적 관계를 강화하는 아버지의 도상'[11]으로 식민화, 도구화되는 불우한 처지를 면치 못하게 된다.

물론 세 황제가 서양식 정복 차림으로 등장해도 '우승'의 일제와 '열패'의 대한제국에 걸린 상하 관계는 전혀 변함없다. "일한합방 기념"이라는 여섯 글자가 제국과 식민지, 위와 아래, 빛과 그림자라는 일제와 조선의 서열을 뚜렷하게 정립하기 때문이다. 이 관계를 구체화한 찬가가 〈일한합방의 노래日韓合邦の歌〉(그림 5)이다. 이 노래는 조선팔도가 일제의 영토가 되었다는 것, 이 대사건은 진구神功황후 이래의 고토 회복에 대한 열망과 대를 이은 천황가의 은혜 때문에 가능했다는 것, 그러므로 조선 백성은 제국의 국위 선양에 누구보다 앞장서야 한다는 것 등과 같은 식민주의적

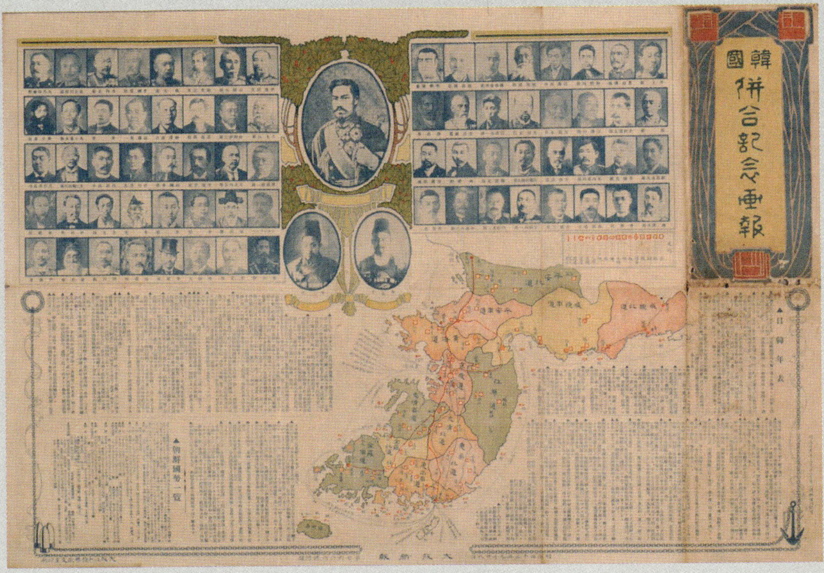

그림 6 『오사카신뽀』의 한국병합 기념화보(서울역사박물관)

승리감과 도취감으로 가득 차 있다.

이 때문에라도 1910년 9월 28일 발간된 《오사카신뽀大阪新報》에서 발행된 〈한국병합 기념화보〉(그림 6)는 더욱 의미심장하다. 신문 상단의 중앙에는 앞서 예고한 서양식 정복의 메이지 왕과 조선 왕복의 고종-순종이 위아래로 배치되어 있다. 이 굴욕적인 초상은 근대국가를 지향하는 '대한제국'에서 일제 식민지의 한 지역인 '조선'으로 강등된 냉혹한 현실을 환기한다. 이런 연유로 한일합방에 기여한 일본과 조선 관료의 사진, X자 철로가 뚜렷한 조선지도, 한일관계 연표와 조선의 국세 상황이 대한제국의 패망과 조선으로의 식민지화를 확인하는 보조 장치쯤으로 비친다. 이처럼 일제 대중매체는 양국 제왕의 서열을 사진의 문화정치학으로 공식화함으로써 다음 사항을 정확하게 예고한다. 일제의 계몽과 훈육, 감시와 처벌이 이후 식민지 조선에 가해질 일상적 통치의 문법이 될 것이라는 살벌한 지표의 제시가 그것이다.

'식민지 조선'에 대한 일제 사진엽서의 시선과 종류

분량과 종류상 최대의 피사체였던 조선인의 풍속과 생활을 다룬 사진엽서보다 일제와 조선의 제왕가를 촬영한 그것을 먼저 읽어본 까닭이 있다. 1870년대 독일에서 처음 등장한 사진엽서는 1900년경 일본에 유입된 뒤 러일전쟁(1904)을 전후로 폭발적인 성장세를 거둔 것으로 알려진다. 병사의 안전과 승전을 묻는 친교, 낯선 전장의 현실과 전투 지역에 대한 정보에 주목한다면, '매체'와 '서신', '수집품'이라는 사진엽서의 보편적 기능과 역할이 먼저 환기될 법하다.[12] 하지만 이즈음 일본 사진엽서의 핵심은 강대국 러시아에 대한 승전의 기쁨, 위대한 승리를 이끈 천황과 일본군을 높이 받드는 예찬에 있었다. 이 '승전의식'과 '세계 열강'으로 도약한 자부심이 전쟁과 거의 동시에 추진되던 한일병합의 추진력으로 작동했음은 물론이다. 그 결과 일본과 조선의 제왕은 하나의 프레임 안에 존재하지만, 승장과 패장의 이미지가 뚜렷한 상하의 서열과 차별적인 제복으로 배치되는 사진(엽서)의 주인공이 되었다.

쫓겨난 황제와 그의 빼앗긴 강토는 일제가 조선(인) 전체를 미개와 야만의 전근대, 타율성과 정체성에 찌든 피식민자로 대상화하는 식민화 작업에 소용되는 괴이한 종잣돈이 되었다. 일제는 이 자금을 바탕으로 식민지 조선을 호기심을 자극하는 기이한 풍속의 땅으로, 또 자신들의 선진 문명에 의해 하루빨리 개척될 신개지로 선전하고 정당화하는 사진엽서를 대량으로 제작, 유통시켰다. 이러한 식민성과 타자성 때문에 오늘날 일제의 대對 조선 사진엽서는 서구와 일제 합작의 오리엔탈리즘이 잘 만들어낸 위장된 관제엽서로 간주된다. 나아가 식민지배의 이념과 성과를 대내외에 선전하는 폭력적 프로파간다로 비판된다.

물론 그렇다 해도, 조선 대상의 사진엽서도 일본 대상의 그것처럼 첨단성과 심미성을 갖췄다는 사실에는 아무런 변함이 없다. 이 사진엽서들

그림 7 각종 사진엽서 봉투

은 사진의 발명과 진화, 인쇄기술과 매체 자본의 성장, 근대적 우편과 교통 제도가 탄생시킨 '볼 만한 것'으로서의 '전시가치'를 충분히 갖췄다. 또한 대중의 편의와 취미를 위한 서신 매체나 수집품으로서의 '사용가치'에 충실한 예술적 상품의 면모도 지녔다. 그렇지만 이러한 긍정적 성격은 '낯선 이국'의 탐방과 여행에서 시작하여 후진적 세계의 정복과 식민화로 귀결된 제국주의 간의 경쟁과 전쟁 과정에서 얻어진 것이라는 근본적 한계로부터 자유롭지는 못했다.

현재 식민지 조선에 대한 사진엽서는 한국과 일본의 몇몇 박물관, 그것을 사고파는 일본의 '야후 옥션'(https://auctions.yahoo.co.jp)에서 그 종류와 특징이 확인된다. 일부가 자료집으로 출간된 부산박물관의 4,800장,[13] 일본 나고야죠名古屋城박물관의 3,000장[14] 남짓한 사진엽서는 그것의 연구와 감상을 위한 값진 자료가 되고 있다.[15] 본격적인 출판 작업에 돌입한 것으로 알려진 부산 동아대의 '신동규 컬렉션'과 기타 수집품도 6,700여 장의 규모로 알려진다.[16] 이들 자료와 연구 서적의 도움을 받는 한편 이 책에서 기술한 항목들을 고려하여 사진엽서의 종류와 성격을 나눈다면 대략 아홉 가지 정도로 분류될 수 있다.

[표 1] 일제가 발행한 식민지 조선에 대한 사진엽서의 종류

①	기념과 시정	한일합방, 천황가의 각종 경축일, 조선총독부의 시정施政 등을 기념하고 예찬함
②	조선어·일본어 대역	일본 여행객을 위한 일상생활, 교통과 우편, 상품 구입 등에 대한 조선어를 번역하여 제공함
③	조선 민요와 일본 시가	조선 민요 원본이나 번역문, 일본 신민요나 와카를 함께 배치함. 보통 조선의 인물, 자연, 문화유적의 이미지도 더불어 실림
④	전통과 근대 도시	경성, 평양, 경주, 개성, 부여, 부산, 인천, 원산, 진해, 대전 등 전통의 고도와 식민도시 소개. 근대의 문명성이 전통의 역사성을 압도함
⑤	관광과 지역 명소	조선팔도의 유명한 자연풍경, 문화유적, 식민지 근대화 현장 소개. 경성과 평양, 경주와 금강산이 가장 인기가 높은 관광 명소였음
⑥	풍속과 생활	조선인 남녀노소의 풍속과 생활을 망라함. 초기에는 상류층의 풍모와 생활도 포함되나 점차 하층민의 가사노동과 생업노동으로 집중됨
⑦	조선 여성의 섹슈얼리티	기생의 초상과 생활상을 필두로 일하거나 젖먹이는 여성의 노출된 신체에 시선이 집중됨
⑧	체제 선전과 홍보	조선물산공진회, 조선박람회 등 식민 정책의 성과와 가능성을 집중적으로 선전, 홍보함
⑨	전쟁 참여와 독려	각종 전투 장면, 전사자 애도, 군가, 후방의 지원 상황, 참전의 선동과 독려에 초점을 맞춤

사진엽서는 우편매체의 성격이 강조되면 '발송인=특정인'에서 '수신인=특정인'이라는 비밀의 형식을 띠게 된다. 그러나 엽서는 편지글을 완전

히 숨길 수 없는 반半개봉의 형식이다. 이에 따라 배송 과정에서 불특정한 사람에게 엽서에 인쇄된 이미지와 전달하는 내용이 노출되는 '누설'의 약점을 갖게 된다. 하지만 어떤 집단주의 체제에서 특정한 사상과 이념을, 또 어떤 판매회사에서 상품의 정보나 광고를 효율적으로 전달하려면 이미지와 문자가 개방된 엽서와 같은 '누설의 미디어'가 봉투에 풀칠 된 폐쇄적 서신보다 훨씬 유용하다.[17] 이것은 일제 사진엽서가 자국민의 관광과 여행을 위한 지식과 정보 제공의 매체에서 일본 정신을 추구하고 영토 확장의 가능성을 신뢰하는 심상지리의 확산체로, 마침내는 근대 천황제의 이념 '팔굉일우'의 성취와 제국의 영원성에 복무하는 '총력전'의 전개로 나아갈 때, 이것들의 성공을 다그치고 영예를 자랑하는 선전 선동의 역할을 맡게 되는 주요한 이유가 된다.

이 책의 첫 장은 사진엽서 자체가 아니라 식민지 조선에 대한 천황의 은혜를 선전하고 증빙하기 위해 출간된 사진집 《은뢰恩賴 : 조선신궁 어진좌 십주년 기념》(1937) 읽기로 시작한다. 이 천황 숭배의 사진집은 '일본정신'의 현현과 수호를 위해 건축된 '조선신궁'이 걸어온 길과, 조선신궁이 각 지역의 신사와 더불어 조선의 문명화와 근대화에 끼친 영향과 효과를 시각적으로 재현하고 문자로 새겼다. 그럼으로써 천황 중심의 쇼비니즘적 국가주의 및 식민지 조선에 대한 지배자적 시선과 태도가 갖춰야 하는 모범적인 내용과 형식을 제공했다. 사진첩 《은뢰》를 사진엽서에 못지않게 '일본 정신'과 식민주의적 시선을 일말의 숨김도 없이 노출하고 예시하는 '누설의 미디어'로 판단하는 까닭이 여기 있다.

물론 《은뢰》는 1930년대 후반에 간행됨으로써 그 이전의 식민통치와 천황 숭배의 면면을 다 포괄하지 못하는 사진첩으로 인식될 수도 있다. 하지만 이 사진첩에 담긴 국가주의와 식민주의는 앞서 본 사진엽서 〈메이지 왕 고종 순종〉(그림 4)에서 벌써 발현된 것이었다. 또한 1920년대 조선의 현실과 근대화 과정을 담은 사진 자료들을 적잖이 수록함으로써 자신들의 성취와 업적을 충실히 제시함과 동시에 자랑했다. 일제 사진엽서에 담긴 기초적 이념과 궁극적 목표, 이미지와 문자에 대한 접근 및 해석의 방법을 식민지 시대 최고의 사진첩《은뢰》와 연동시켜 찾아보려는 까닭이다.

한편 사진엽서는 관제 엽서에 준하는 '가로 14센티미터×세로 9센티미터', '가로 9센티미터×세로 14센티미터'의 크기로 제작되었다. 체신업무의 편의성에 대한 제고에도, 또 여행객의 조선이나 만주 등에 대한 지식의 참조와 정보의 수집에도 적절한 크기였다. 1장으로 이뤄진 경우가 대부분이지만, 유명한 장소나 특정 지역을 파노라마 방식으로 촬영, 전시하기 위해 2장, 많게는 4장을 연결한 경우도 있다. 그뿐만 아니라 세트로 구성하여 특정 공간이나 주제를 나열하여 드러내는 경우도 적잖았다. 이 경우 8장, 16장, 32장의 방식으로 이미지와 시가의 내용과 분량을 늘려갔다.

또한 '사진'엽서인 만큼 그림과 사진이 단독으로 실리고 하단부에 엽서의 제목이나 관련 정보가 최소한으로 실리는 경우가 대다수였다. 당시 사용된 사진과 그림은 하나의 원판으로 그치지 않고 필요에 따라 다른 엽서들에도 여러 번 인쇄되어 그 기원과 흐름을 파악하기 어렵게 만들기도 한다. 그렇지만 이러한 사진의 복수적 성격은 식민지 조선을 특정한 이미지로 고정시키는 한편 엽서 전체의 분량 증가에도 크게 기여했다. 이런 현상은 식민지 말기로 갈수록 일제와 문화자본이 욕망하던 조선의 식민화와 근대화, 그리고 병영화로 나아가는 길을 더욱 넓히고 두텁게 하는 효과를 발휘했다. 한 가지 덧붙인다면, 엽서 뒷면에 기록된 발행처, 레이아웃의 형식, 각 지역 우체국과 그곳의 이미지를 새긴 스탬프, 총력전 시대에 관찰되는 각종 구호 등은 그때나 지금이나 사진과 그림의 의미를 더욱 부풀리는 흥미진진한 요소가 되고 있다.[18]

이 책은 사진과 그림 단독의 사진엽서보다는 이미지와 시(가), 산문이 함께 실린 복합적 형태의 사진엽서에 공력을 기울였다. 사진과 그림은 사실을 '있는 그대로', 또는 왜곡, 변형, 과장, 축소하여 재현한 이미지라는 한계를 벗어나지 못한다. 이 때문에 사진엽서에는 어떤 방식으로든 그 불확실성을 제거함과 동시에 객관적이며 확실한 의미를 보완할 수 있는 문자가 개입되거나 보충되었다. 이에 대한 1차적 역할을 담당했던 것이 엽서 아래 적힌 제목과 분류 기호, 지역 이름 같은 간략한 정보들이었다. 그렇지만 사진이나 그림에 노래와 시, 이야기류의 서사와 해설류의 산문이 더해지면 엽서가 의도하는 의미의 확정이나 제시가 더욱 견고해진다. 또 때에 따라서는 이미지와 문자가 조화롭게 통합되는 대신 양자의 시선과 목소리가 어긋나는 뜻밖의 아이러니가 발생하기도 한다.

이처럼 한 장면으로 수렴되거나 여러 경로로 분산되는 사진엽서의 의미론을 정확히 파악하려면 이미지와 문자 속에 내장된 제국-주체의 '응시하는 시선'과 식민지-타자의 '응시받는 시선'의 차이점, 아니 차별의 체계와 구조에 더욱 눈 밝아야 한다. 한 일본학자는 사진엽서에 비친 '근대 조선'(식민지 조선이 아닌!)을 '인간 전시(진열)'에 박힌 '인류학적 시선'이자 '제국주의적 시선', "우리들과는 다른 기이한 옛 풍속"에 대한 '호기심 어린 시선'이라는 관점으로 파악했다. 이것을 통칭하는 말이 "'문명'=서양으로부터 '미개'에 대한 제국주의적 시선의 역사"일 것이다.[19]

하지만 이 규정에는 제국의 '바라보는 시선'이 식민지의 '바라보이는 물상'에 가한 타자화와 소외화의 정치학적 시선과 폭력주의적 태도에 대한 근본적인 반성과 성찰이 그다지 짙어 보이지 않는다. 이 때문에라도 식민지의 후예인 우리에게 사진엽서에 배인 식민주의 특유의 진화론과 우생학, 그것이 식민지에 자행한 국가주의적 폭력과 인종주의적 배척이라는 잔혹한 낙인 찍기에 대한 철저한 탐색과 비판이 요구된다.

사진, 그림과 더불어 핵심적 의미소로 등장하는 시, 노래, 산문은 식민권력의 잘 계산된 무소불위의 타자적 시선과 그것이 작동할 때 발생하는 치외법권적 권력의 힘을 구체적으로 드러낼 때 특히 유용하다. 이를테면 이 책을 열며 마주했던 〈조선 동요: 아기 보기〉와 〈경성·창경원 동물원 정지·창경원 벚꽃〉의 대비적 배치가 그렇다. 두 시가에는 자기 나라의 아동을 호명하며 그 상황을 지시하는 시구가 박혀 있다. 조·일의 아동이 처한 상황의 차이는 그녀들이 속한 가족과 국가의 우승과 열패, 지배와 피지배, 훈육과 학습, 감시와 처벌의 권력 관계를 투명하게 드러낸다. 이러한 식민주의적 권력의 장과 실천의 문자들에 대한 입체적 접근과 탐구가 진행될 때 사진엽서의 문화정치학에 대한 더욱 객관적이며 효율적인 해석과 의미화가 가능해질 것이다.

'식민지 조선'에 대한 사진엽서를 발행한 곳들

사진엽서는 식민지 여행객의 필요성, 이를테면 서신 교환이나 이국 풍경의 수집에 부응하기 위해 기획된 상품의 하나였다. 더불어 식민권력의 통치 전략과 성과를 정치·경제·문화·군사적 방면에서 수집하고 전파하는 공적인 프로파간다의 일종이었다. 식민지 조선에 관련된 사진엽서들은 이러한 식민주의적 전략과 목적에 맞춰 조선과 일본의 여러 곳에서 나뉘어 발매되었다. 그 현황을 간략하게 정리하면 아래와 같다.

첫째, 조선총독부와 연계된 발행처로는 조선 관광의 선편을 쥐고 있던 '조선철도국'이 단연 손꼽힌다. 이곳에서는 관광 정보를 제공하고 여행을 기념할 수 있는 사진엽서와 소형 안내서, 관광지도 등을 집중적으로 발행했다. 조선철도국은 일제의 공식적 창구라는 점에서 이 발행물들은 일제 관광산업의 전략과 흐름을 일목요연하게 파악할 때 적잖은 도움을 준다.

둘째, 체신성, 경성부, 부산부, 매일신보, 경성신문 등의 공공기관도 사진엽서 발행에 적극적이었다. 이들은 일제 천황과 조선총독으로 대표되는 식민권력, 조선총독부 및 지역 공공기관의 시책과 성과, 공진회와 박람회 등 식민지 근대화의 현황과 전망 등을 사진엽서의 주요 내용으로 올렸다. 그럼으로써 일제의 우수성과 문명성, 식민통치의 수월성과 가능성을 제국의 전 영토와 식민지, 그리고 세계 곳곳에 알리고자 했다.

셋째, 일본과 조선 관광객이 빼곡했던 대도회와 지방 곳곳의 관광 명소에 위치한 지역 상점들도 주요한 엽서 발행처였다. 관광객의 수요가 많은 지역, 이를테면 경성, 평양, 경주, 개성, 부산, 원산, 대전, 마산, 진해 등지에서는 복수의 상점들이 경합했다. 이것은 해당 지역이 관광산업을 통한 이윤과 명성의 확보에 유리한 자연 풍경과 문화유적, 근대 문물을 충분히 갖추고 있었기 때문에 가능한 장면이었다.[20]

그러나 저곳들의 사진엽서를 전부 합쳐도 일본 와카야마和歌山현에 세워진 '다이쇼사진공예소大正寫眞工藝所'와 조선 경성에 자리한 '히노데상행日之出商行'에서 생산한 분량과 종류를 따라잡기 힘들었다. 전자는 일본, 조선, 만주, 중국 대륙의 사진엽서까지 독점했던 당대 최고의 발행처였다. 이런 위상은 '다이쇼사진공예소'가 제국의 식민지에 대한 관광산업과 군국주의적 침략 노선에 충실히 부응했기 때문에 획득된 것이었다. 이것은 '히노데상행'의 경우에도 마찬가지였다. 이곳도 일제 말기로 나아갈수록 '관광의 조선'을 '총력전의 조선'으로 변형시키며 그 권력과 이익을 두 손에 충분히 움켜쥐었다.

이를 토대로 두 곳의 기원과 역사를 더욱 자세하게 살펴보기로 한다. '히노데상행'은 번창함을 엿볼 수 있는 자료가 비교적 풍성하다. 먼저 사진엽서 〈번영의 극치〉(그림 8)에 실린 상점 외관과 일종의 도시 편람서인 《경성번창기京城繁昌記》(박문사, 1915)에 실린 상점 광고이다. 사진엽서는 내지인, 곧 일본인의 노력으로 경성 최고의 발전과 번창을 구가하는 '혼마치本町(현 충무로) 2쵸메丁目'를 소개하고 있다. 좌측 건물 상단부에 '日之出商行支店'이라는 세로 간판이 걸려 있어, 이곳이 혼마치에서 꽤나 유명한

그림 8 【경성대관】 번영의 극치

그림 9 히노데상행(서울역사아카이브)

회사였음을 알게 한다. 광고 〈히노데상행〉(그림 9)을 보면 일본식 옛 건물서 회사를 운영한 듯한데, 번창에 힘입어 그 자리나 인근에 근대식 건물을 신축하여 입주한 것으로 짐작된다. 실제로 두 곳 모두 주소가 '본정 2정목'으로 되어 있으며, 이후 보게 될 사장 소개의 주소지도 그렇게 기록되어 있다. 상점 광고를 보면, "조선 명소 풍속 그림엽서繪葉書 사진첩 발행원"임을 내걸고, 그림엽서, 앨범, 액자 그림, 부채류, 달력, 서류 양식〔印札〕들을 판매했음을 알 수 있다. 상점 앞에 늘어선 일본인들로 보건대, 조선인보다는 일본인 관광객이 주요 구매자, 곧 소득원이었을 것으로 짐작된다. 간판 중앙의 '욱일旭日' 이미지가 사진엽서 우표란에 빠짐없이 인쇄되던 트레이드마크, 곧 상표였다.

시이키 우노스케椎木宇之助.[21] 그림엽서繪葉書 · 문방구상商, 히노데상행日之出商行 점주店主. 본적지: 교토시京都市 카미교쿠上京區, 현주소: 경성부 본정 3의 102. 군君은 메이지 4년(1871) 태어나 메이지 37년(1904) 조선으로 건너와 경성에서 잡화상을 운영했다. (일본 황실을 상징하는—인용자) 국화어문초인菊花御紋草印과 스탬프 날인이 유행하여 그림엽서의 판로가 일시에 최고조에 달하니 그 사업의 유리함을 깨닫고 그림엽서 및 문방구상으로 전업하였다. 의외의 호황을 누리게 되자 다이쇼 4년(1915) 경성 번화가 땅을 골라 지점을 개설하여 판로의 확장에 힘쓰고 있다.

-《京城市民明鑑》(朝鮮中央經濟會, 1922, 342頁)

히노데상행의 점주는, 동양척식회사 비호 아래의 재조선 일본 농민들이 그랬듯이, 일제 식민자본의 협조 아래서 커다란 성공을 거둔 전형적인 소자본 창업주였다. 성공의 행로를 밟아간 핵심 요인은 두 가지, 곧 최고의 식민권력과 최하층의 피식민자를 동시에 내세운 결과였다. 조선의 새 주인 '국화 문장'의 천황과 남루한 복색과 비문명의 생활로 정체된 '조센징', 곧 '요보'가 사진엽서에 동시에 내세워짐으로써 얻어진 효과는 분명했다. 이후에 그것은 상업적 이익과 자산 축적의 원동력으로 작동했다. 천황의 '국화'는 만세일계萬世一系의 전통과 일본 제일주의, 이를 위해 멸사봉공하는 군국주의와 애국주의의 충량한 신민을 상징했다. 이와 같은 근대 천황제의 그늘 아래서 조선인들은 '신내지인'으로 편제되었다. 이런 현실에 부응하여 히노데상행의 사진기사도 미욱한 '요보'들을 '일본적인 것'으로 동일화하면서 타자화하고, 점유하면서 거리화하기 위해 식민지의 자연과 생활의 공간, 문화유적과 풍속의 면면을 향해 아래의 사례와 같이 셔터를 거침없이 눌러댔다.

히노데상행은 계림 팔도의 명소, 풍속을 대내적 대외적으로 선전, 소개하는 것을 목적으로 메이지 34년(1901)[22]에 개업했다. 그로부터 30여 년을 하루같이 힘 써 온 반도 유일의 그림엽서 전문회사다. 그림엽서라고 말하면 바로 히노데상행을 떠올릴 만큼 유명하다. 현재의 점포는 경성부 내에서 가장 번창한 본정 2정목에 있으며, 하루 판매량은 1만 매를 밑도는 일이 없다. 당 상점에서 소유한 원판만 해도 명소 7백 종, 풍속 6백 종에 달하여, 절대로 타 상점의 추월을 허용하지 않고 있다. 인쇄공장은 직영과 전속 합하여 4개소를 보유하고 있다. 그럼에도 제품의 부족을 실감하는 성황을 이루고 있다.

-〈日之出商行〉 부분(《大京城》, 朝鮮每日新聞社, 1925, 213頁)[23]

명소 7백 종, 풍속 6백 종에, 하루 1만 매 이상의 판매량이라면 식민지 조선에 관한 거의 모든 것을 사진과 그림에 담아내고 있었음을 뜻한다. 일제의 식민지 '붉은 땅赤土'과 '요보'들을 향한 사실에 즉한 지식과 정보를 빠짐없이 장악하여 널리 알리고 있었음이 분명해지는 지점이다. 앞서 '식민지 조선'이란 말 대신 일본인들이 조선과 조선인을 얕잡아 부르는 '붉은 땅'과 '요보'를 사진엽서의 대상으로 새삼스럽게 지목한 까닭이 없잖다. 히노데상행의 사진엽서가 제국의 식민지에 대한 심상지리를 충족하고 확장하기 위한 도구적 기제로써 지나치게 충실했기 때문이다.

단적인 예로 일제는 조선(인)을 '인종에 대한 체질 인류학적 접근'과 '저개발의 후진성'에서 접근하는 방식으로 이해하고 판정했다.[24] 여기서 비롯되고 전파된 조선(인)의 결핍과 부정성은 전통과 역사가 깊은 '문화의 조선'을 미개한 '요보'들로 오염된 '붉은 땅'으로 내려다보게 했다. 또한 문명국 일제의 계몽과 개척, 지배와 통치를 통해 그 거친 공간이 '신내지'로 거듭나기를 비는 강요된 희망에 묶이도록 했다. 요컨대 일제 사진엽서는 결핍과 저개발의 조선을 포획, 전시함으로써 일제의 우월함을 뜨겁게 과시하는 한편 천황의 위대성을 조선(인)의 곳곳과 내면에 깊숙이 새겨 넣는 식민주의의 프로파간다로 빈틈없이 그리고 오랫동안 활약했던 것이다.

이 역할은 경성의 히노데상행보다는 일본 내지의 다이쇼사진공예소(이하 공예소)에 의해 훨씬 강력하게 수행된 것으로 판단된다. 공예소는 평화의 상징 비둘기를 추상화한 상표와 'Made in Japan'을 우표란 및 엽서 중앙에 차례로 인쇄했다. 그러면서 조선과 일본, 만주와 중국 대륙, 타이완과 남양 전역을 사진엽서 제작과 판매의 대상으로 삼았다. 하지만 아쉽게도 지금은 이러한 활약상을 확인해볼 수 있는 공예소의 기록이나 사진을 온전한 형태로 찾아보기 어려운 실정이다. 1945년 일본 전역에 퍼부어진 미군의 폭격에 의해 공예소 건물과 부지가 완전히 파괴되었기 때문이다.

그렇지만 다행스럽게도 10여 년 전 발간된 와카야마시립박물관의 《연구기요研究紀要》에 다이쇼사진공예소에 대한 개괄과 역사, 식민지 조선과의 연관성에 대한 간단한 연구가 실렸다. 더불어 그곳에서 발간된 사진첩과 당시 사회에 대한 화보 67종에 대한 소개도 담겼다.[25]

식민지 조선과의 연관성을 중심으로 그 내용을 소개하면 다음과 같다. 첫째, 초대 사장은 야마자키 시카노스케山崎鹿之助이며, 1913~1914년경 와카야마현에 공예소를 개설했다. 이러한 직원의 기억과 달리 연구자는 '다이쇼사진공예소'라는 정식 명칭이 사용된 해를 1918~1920년경으로 추정한다. 둘째, 3층 건물에 사진실, 인쇄 공장, 그림엽서 재단소, 제판 공장, 창고 등을 두루 갖췄다. 셋째, 주요 인쇄물은 그림엽서, 졸업사진첩, 기념사진첩 등이었으며 육군성 물품도 수주했다. 넷째, 공예소는 코로나 타입의 우수한 인쇄기술을 갖췄다. 뛰어난 제품 생산 능력은 육군성의 관심을 이끄는 토대가 되었다. 실제로 아시아·태평양전쟁 관련 그림엽서의 생산과 판매는 공예소가 독보적이었다. 다섯째, 지점과 영업소는 일본의 도쿄, 오사카, 중국의 다롄, 창춘, 상하이, 조선의 경성, 평양 등지에 두었다. 지점마다 2~5인의 사원이 파견되어 주문과 판매 등의 업무를 담당했다. 와카야마에서 카메라맨을 파견하여 촬영했지만, 인쇄와

그림 10 조선 경성부 오사카야고쇼텐(大阪屋號書店)(서울역사아카이브)

제본은 공예소에서 직접 처리하였다. 이렇게 생산된 일제 본토와 식민지 촬영의 사진첩은 선물용 토산품이나 관광 기념품으로 판매되었다. 여섯째, 태평양전쟁으로 인해 종이 배급이 엄격하게 통제되었지만 공예소의 엽서 판매는 다른 업체보다 여전히 월등했다. 일곱째, 육군성의 대외 업무를 수주한 경우, 직원이 현지에 직접 파견되어 '작전지도'를 제작했다. 여덟째, 1945년 7월 미군의 폭격으로 신사옥 전체가 불탔다. 이로 인해 공장에 보관 중이던 인쇄기계, 사진과 그림 원판이 모두 소실되었다. 아홉째, 옵셋 칼라 인쇄의 그림엽서가 출현하면서 코로나 인쇄에 머물러 있던 공예소는 쇠퇴의 길을 걷게 되며, 결국 1960년대 들어서 완전히 폐업했다.

다음은 공예소가 조선과 만주에서 이룩한 활약상을 서술한 부분이다. 번역을 붙임으로써 한만韓滿 대상의 사업 수완, 아니 제국의 식민주의에 부응한 이 회사의 팽창주의적·군국주의적 성격을 재차 확인해 둔다.

다이쇼 말기부터 업적을 확장해온 공예소는 드디어 대륙 방면으로도 진출하게 된다. 외지 관계의 사진첩으로는, [표 1]에 한한다면, 1927년 5월 15일에 《조선지풍광朝鮮之風光》을 출판한 것이 그 시작이었다. 발행은 조선총독부 철도국으로, 《반도의 근영》도 같은 곳에서 발행되었다. 1932년 5월 10일에는 《만주의 전망》을, 2년 뒤에는 《조선의 전망》을 출판했다. 전자의 인사말에는, 만주국이 창건된 것을 계기로, 만주를 알려고 하는 사람들이나 여행을 가려는 사람들에 대해서, 그 목적에 부응하기 위해 제작한 사진첩임이 밝혀져 있다. 당시는 조선이나 만주에 공예소의 거점이 되는 영업소가 없었으며, 다롄이나 펑톈奉天(현 선양), 뤼순, 신징新京(현 창춘), 조선 경성부 등에 있었던 '오사카야고쇼텐大阪屋號書店' 등의 서점과 제휴하여 이런 종류의 사진첩을 판매했다.

한국의 주요 도서관을 검색한 결과, 식민지 조선 관련 세 권의 사진첩에 대한 출판 현황은 정확하다. 다만 1927년 《조선지풍광》에 앞서 발행된 1922년 판의 동일 책자도 따로 존재한다. 발행자는 '남만주철도(만철–인용자) 경성관리국', 인쇄자는 도쿄 청운당青雲堂인쇄소, 발매소는 '오사카야고쇼텐'이다. 광고란에 보이는 《조선철도여행안내》, 《금강산탐승안내》 등도 '만철 경성관리국'에서 펴냈다. 1917~1925년 만철에 위탁, 경영된 조선철도의 사정이 반영된 결과다. 《조선의 전망》은 1932년 판의 경우 중국 다롄에서, 1934년 판의 경우 경성에서 출판되었는데, 발행소는 둘 다 '오사카야고쇼텐'으로 되어 있다.

겉으로는 한만韓滿여행에 대한 내용이 지배적이다. 그렇지만 그 내부에는 조선과 만주를 정복하고 통치하는 심상지리의 제공과 확보 현상이 뚜렷하다. 이것은 일제 직속의 만철과 조선철도국, 이것들의 보호에 나섰던 관동군, 독점적 이윤에 눈 빨갰을 일개 공예소의 야합이 가져온 효과일 것이다. 실제로 오오다 코이치太田宏一는 앞의 보고서에서 일본군의 활약상에 대한 홍보와 과시를 위해 일제의 군부가 사진첩을 출판하는 공예소 및 그 사장과 밀월의 관계를 꾸준히 이어갔다고 증언했다.

문학자는 2015년 10월 공예소에 대한 자료와 사실의 조사차 와카야마 시립박물관을 방문했다. 이때 그곳의 관계자로부터 공예소의 전속 사진사로 '야마토大和'라는 성씨의 조선인이 근무했다는 사실, 그가 10여 년 전 오사카에서 사망했다는 소식을 들었다는 증언을 접했다. 이국의 기술자라면 알기 어려운 조선(인)의 속속들이가 사진엽서에 그대로 포착된 까닭이 이해되었다. 천황의 자녀로 거듭났다고 자신했을 조선인 사진가 '야마토'의 솜씨가 자신과 닮은 얼굴로 똑같은 조선말을 쓰는 가족과 이웃들을 차별과 배제에 결박된 피사체로 몰아간 셈이다.

이런 생각이 들자마자 그의 조선 이름 석 자, 태어난 곳, 교육 사항 등에 대한 추적을 접기로 마음먹었다. 염상섭의 《만세전》(1924)에 보이는 식민지 청년의 아이러니한 운명이 떠올랐기 때문이었다. 이는 무슨 말인가. "내지의 각 회사와 연락해가지고 요보들을 붓드러 오는 것인데……, 즉 조선 쿠리苦力 말씀요"라는 대목의 대상자가 바로 그였다. 혈기 왕성한 청년 요보는 '조선 쿠리'를 벗어나기 위해, 아니 일왕의 '충량한 신민'으로 다시 태어나기 위해 조선 이름과 신체를 일본의 것으로 바꾸기를 마다하지 않았다. 이 변신은 일제의 식민주의적 (무)의식을 차려입음으로써 조선의 식민지적 (무)의식을 속량하는 가장 지혜로운 길로 선택되었을 것이다. 하지만 새로 모색된 '야마토'의 영육靈肉은 그 자신을 넘어 그가 바라보고 촬영했을 조선인을 가장 어둡고 더러운 암흑과 진흙탕으로 몰아가는 끔찍한 악마의 조력자로 기능할 수밖에 없었다. 그러므로 끝내 일본에 묻힌 '야마토'의 조선 이름과 족적을 굳이 밝히는 일은 그에게 열등한 '요보'로 서슴없이 점 찍혔던 식민지 조선인의 불우와 슬픔을 다시 한 번 후벼 파는 의도치 않은 폭력이 될 수도 있다. 사진기사 조선인 모모가 일본인 '야마토'로 충분한 이유이다.

제 1 장

천황 숭배 · 충량한 신민 · 내선일체

— 사진첩《은뢰: 조선신궁 어진좌 10주년 기념》읽기

'은뢰' · '조선신궁' · 발명된 신치神治

'은뢰恩賴(미타마노후유)'는 한국어 사전에서 '은혜를 받음' 정도로 풀이된다. 이에 비해 조선신궁 건립(1925) 10주년을 기념해 조선신궁봉찬회에서 편찬한 초호화 사진첩 《은뢰》(1937)의 풀이는 사뭇 장중하고 숭엄하다. 이 느낌은 인용문의 '전거典據'라는 말 때문에 더욱 깊어진다. 전거에 보이는 여러 예시는 어떤 말과 사건의 기원, 역사, 용례의 활용을 또렷이 밝혀줌으로써 그 전통성과 정통성을 하나로 묶는다.

> 《언해言海》에서는 '미타마'는 내려주심 또는 영혼이라는 뜻, '후유'는 번성하다는 뜻 또는 번영하다의 다른 말. 천신, 천황의 능위稜威. "백성이 지금까지 모든 것에서 미타마노후유(천황의 가호)를 받아" 운운이라 했다.……"《경행기景行記》를 보면 '賴神祇之靈(뢰신기지령)'에 '미타마노후유'라는 훈이 달려 있는데, 이것은 '신령이 내려오심에 의해'라는 뜻으로 보인다"라는 의미가 서술되어 있다.
> 이상의 전거에 따라 이에 '은뢰恩賴'라 제題하여 신위神威께서 강림하셔서 세상에 가득한 모습의 뜻을 드러내고자 했다.[1]

전거에 따르면, '은뢰'는 천신의 복된 강림, 바꿔 말해 '신령'이 천황에게, 다시 천황이 백성에게 내려주는 복된 은혜를 뜻한다. '은뢰'의 "세상 가득한 모습"은 '지금 여기'와 '현실 저편' 모두에 영원히 현존하는 '신위'들의 절대성과 신성성을 충실히 지시하고 재현하는 이미지로서 충분하다.

그렇다면 크기 26센티미터×36.5센티미터, 고급스런 아트지 340여 면에 조선신궁을 필두로 조선 전역의 자연, 명승고적, 생활 방식, 각종 산업현장, 전통 의례와 놀이 등을 촬영한 사진 350여 장을 수록한 《은뢰》에 충만한 "신위께서 강림하셔서 세상에 가득한 모습"이란 무엇일까? "천황의 가호"가 '은뢰'와 동격을 이루는 말임을 감안하면, 어리석은 백성의 통치자이자 보호자로서 천황의 드넓은 은혜와 탁월한 능력을 뜻할 가능성이 크다. 이에 대한 유용한 안내가 《은뢰》의 〈발문〉(336) 및 〈편집 후기〉(342) 몇몇 구절에서 어렵잖게 찾아지는데, '식민지 조선' 관련 부분은 다음과 같다.

그림 1 《은뢰》 표지

첫째, 일제의 조선병합이래 "내선일원內鮮一元, 반도 개명의 결실"이 여실해졌다. 조선의 "생생한 발전상이야말로 진실한 신광神光의 현현"이다. 둘째, 조선의 발전은 "고대의 내선신기內鮮神祇 관계" 및 그 현재화로서 "조선 전역 곳곳에 부는 신풍神風"에 힘입은 것이다. 셋째, 신위와 조상의 은혜에 감사하고 보답하는 "경신숭조敬神崇祖와 보본반시報本反始" 정신은 일본의 숭고한 전통이다. 이를 바탕으로 "(조선)신궁 자체의 내력을 더듬으면서" 거기 모신 신위에 감화, 인도되어 "혁혁한 신의 빛으로 가득하고 만물도 자신의 자리를 얻고" 있는 조선의 산하와 "조선 시정施政의 일반"을 널리 알린다면 "내선동근內鮮同根 사상"이 더욱 강화될 수 있을 것으로 기대되었다.

조선신궁에 봉직하던 자의 말(335)에 따르면, '은뢰'는 신국神國 일본,

그림 2 조선신궁 본전 · 표참도 · 도리이 · 사호표

곧 천황이 '팔굉일우'와 '왕도낙토'의 건설을 끊임없이 수행해왔기에 가능했던 은사恩賜였다. 식민의 땅에 내려진 그것의 물리적 실체가 '조선신궁'이었다. 일제는 그 필연성을 한일병합의 때에 "폐하께서 반도 심령의 원천으로서 조선신궁 창립의 성지를 내리셔서 주민의 심령이 귀착할 터를 정해주셨다"(336)는 말로 갈음했다. 이 말의 행간에는 조선신궁은 일제의 세속적 권력을 애초에 초월하는 현인신現人神이자 사후의 신위神威인 메이지 왕이 일찌감치 예정한 바의 신물神物이었다는 고마움과 자긍심이 당연히도 숨어 있다.

이 지점에 이르면, 《은뢰》 편찬자가 지속적인 정한론征韓論의 결실인 일한병합을 '건국의 정신과 유신唯神의 대도大道'를 실현하기 위한 메이지 왕의 '장대한 기대와 도량'의 드러냄으로 예찬한 까닭이 더욱 분명해진다. 《은뢰》는 근대 천황제를 앞세워 '일본 정신'에 충실을 기하면서, 식민지 조선의 문명화 및 내선융화의 현장 곳곳을 촬영함과 동시에 그 의

미를 다양한 시와 산문으로 새겼다. 이곳에 사진첩《은뢰》가 "1930년대 후반 일본 식민 권력이 통치 그 자체를 기념하고 문명화와 내선융화의 이념을 시각적으로 펼쳐놓은 하나의 서사물"[2]로 규정될 수 있는 진정한 까닭이다.

《은뢰》의 목표와 이상은 신국의 일부가 된 식민지 조선에서 국가 주도의 '관폐대사官幣大社'이자 조선 전체를 아우르는 '총진수總鎭守' 신사로서 조선신궁의 역할을 더욱 분명히 했다. 그 핵심을 차지한 것이 '국체 관념' 함양의 장소 되기[3]였다. 이를 통해 조선, 곧 '신내지' 전역에서 '은뢰'를 베푸는 신위와 천황에 대한 경신숭조 사상을 향상시키고, 만세일계 천황가의 영원한 통치와 일본의 무궁한 발전을 기원하는 충량한 신민을 길러내고자 했다. 이는 조선신궁이 조선인들도 일본 신민을 따라 "'생활의 원리'를 늘 여기에 두고 신사를 통해 그 본질에 투철할 뿐만 아니라 그 본질을 펼치"(335)는 마음가짐을 북돋는 종교적·정치적 공간으로 설정되었음을 뜻한다. 이런 까닭에 조선신궁 사진엽서들은 그곳이 아마테라스 신天照大神과 메이지 왕을 조선반도의 수호신으로 받드는 존엄한 공간이라는 것, 그러므로 그들의 성스러움에 복종하면서 몸과 마음을 항상 경건히 할 것을 강조했다.

1) 몇 년을 꿈속에서 본 백성
우리는 지금
생생한 현실에서 대전大前에 서다

우리 이제 신역神域에 선다
신을 모시는 백성들의 인파
붉은 혈조血潮는
다시금 높아지는구나

－〈우리 이제 신전의 앞마당에 서다〉(31)

2) 동틀녘의 하늘
조금씩 밝아오고
용마루 높이
치기千木가 우뚝 솟아 있네

금빛 화살
날아가는 저쪽 끝
오늘도 또
좋은 날 만족스런 날을
기도하며 기다리네
- 〈동틀 녘〉(65)

《은뢰》에는 총 110편의 노래와 시가 실려 있는데, 일본 와카 53수, 자유시 56편, 조선 민요 1편(〈몽금포 타령〉)이 그것이다.[4] 이 가운데 메이지 왕의 〈어제御製〉가 31수에 달하는데, 제왕의 시가는 국가신도의 입장에서 본다면, 교시(국가)인 동시에 주술(신도)의 형식에 해당된다.

시공간적 서사의 흐름에 따른다면, 와카 1)은 조선신궁 앞마당에 막 들어선 순간, 와카 2)는 신궁 내의 본전과 배전 앞에 선 순간의 감격과 다짐을 노래하고 있다. 두 편 모두 신위의 신성함과 전능함을 앞에 배치했으며, 그것에 감사하고 보은을 다짐하며, 나아가 충만한 현재를 하사하는 신치神治의 영원성과 위대성을 노래하는 구조로 되어 있다. 신성성의 세속성을 향한 베풂과 가르침의 전형적 형식으로, 이를 통해 '은뢰'의 공간 조선신궁의 종교적 가치와 삶에의 기여는 선명하게 각인된다.[5]

이와 비견될 만한 자료로 조선신궁의 장엄함과 신성함은 공유하되 노랫말은 거의 상반되는 《경성백경》 소재의 사진엽서가 하나 있다. 제시된 사진 석 장을 살펴보는 것만으로 조선신궁 참배의 순서와 과정이 어렵잖게 이해된다. 그렇지만 《은뢰》의 두 와카와는 다르게 저물녘의 쓸쓸함과 서

그림 3 배전·두 개의 도리이·조선신궁 제일의 도리이

글픔을 까치와 철새의 울음에 비겨 노래하고 있어 뜻밖이다. 하지만 웬걸 와카 상)과 좌)에 제시된 시공간과 그것의 흘러감인 '서쪽 산맥 하늘의 구름' 및 '까치'와 '철새'의 쓸쓸한 '울음소리'와 가슴 사무친 '슬픔'의 심층적 의미를 이해하면 그 의외성은 인지상정의 보편적인 것으로 역전된다.

상) 이 저녁
　　서쪽 산맥 하늘의 구름
　　까치 울음소리
　　쓸쓸하구나

우) 궁전의
　　돌 난간 초여름의
　　바람 흔들거리며
　　지나가누나

좌) 엄습해오는
슬픔일까나 철새
가슴 사무치게
하늘 한가운데서 흐느껴 운다
-〈배전·두 개의 도리이·조선신궁 제일의 도리이〉

한 곳에 머물지 않는 새와 구름, 점차 어두워지는 서쪽의 저녁 하늘, 거기서 배어나오는 슬픔과 울음은 '죽음'이라는 실존적 한계에 사로잡힌 인간의 비극적 숙명과 그에 따른 삶의 덧없음을 상징한다. 이 존재의 심연을 넘어서는 최후의 선택지가 종교인 바, 인간을 포함한 세상 만물의 슬픔과 울음은 "신을 모시는 백성들의 인파"가 되어 "우리 이제 신역神域에" 설 때야 간신히 멈춰질 수 있다. 이 뼈아픈 시간을 넘어서면 그들 앞으로 "좋은 날 만족스런 날"이 동 터온다는 것이 앞선 와카 〈동틀녘〉의 지혜로운 전언이자 조언이었다. 이런 뜻에서라면 사람들이 모두 떠나 적막하고 어스름이 내려앉아 신비스러움이 더해지는 저물녘의 조선신궁이야말로 신성함과 장엄함이 극치에 달하는 시공간일 수밖에 없다.

이렇듯 종교적 역설로 울울한 조선신궁과 그 제신들을 향한 존엄과 복속의 자세는 신전과 배전에 대한 사진촬영 및 사진첩 배치에서도 어김없이 실현되었던 것으로 이해된다. 《은뢰》의 사진가는 조선신궁의 신성성과 절대성을 보존하고 드러내기 위해 아래에서 위로 올려다보거나 치솟게 하는 '로우 앵글low angle'의 방법을 전략적으로 활용했다. '로우 앵글'은 인간의 눈을 통해 신궁과 그곳의 주인 신위의 초월적 위상과 절대성을 보편화시키는 환영적 시선의 일종이다. 이 때문에 그것은 일제가 "과거의 적군이었던 외지인을 타자화"하면서 이들을 "제국의 신민으로 보듬어 안아야 하는 제국의 책임"[6]을 선전·선동하기 위해 취했던 파노라마적 조망체계와 깊은 관계를 이루게 된다.

그러나 《은뢰》 속의 두 시선과 방법은 여기서 그치지 않고 현인신 천황의 절대적 높이와 영원한 권력을 지시하는 무소불위의 형식으로까지 진화했다. 이런 연유로 조선신궁은 식민지 조선을 '일본적인 것' 내부로 수렴하는 듯하지만, 결국은 원거리의 바깥으로 밀어내는 타자화·소외화 현상의 실질적이며 잘 계산된 도구로 작용하게 된다.

'조선신궁'에서 《은뢰》로 1:
사실과 환영의 교착

조선신궁은 일제가 1913년 이래 도모해온 관폐대사 조선신사(조선신궁으로 1925년 개칭)의 창립이 1919년 7월 공시되면서 남산의 한양공원 자리에서 건립되기 시작, 1925년 10월 진좌제 행사를 마지막으로 완성됨과 동시에 개원되었다. 국가 주도의 '관폐대사'라는 위상이 암시하듯이, 조선신궁은 원시와 야만의 조선을 근대성 충만한 신세계로 뒤바꿔 식민지 '요보'들에게 "긴 손을 내밀어 행복을 지켜주겠다"(310)는 천황가의 '은뢰'를 널리 시현하기 위해 건축되었다. 마침내 조선신궁은 '총진수'라는 역할에 합당하게 1937년까지 세워진 신사 298개소를 이끌게 됨으로써 음산한 묘지 가득한 식민의 '적토'를 '신역神域'의 땅과 '내선융화'의 공간으로 진화시키는 임무를 자임하기에 이른다.

그러나 엄밀히 말해 조선신궁은 식민지 조선에 대한 '은뢰' 이전에 근대 일본의 국체 관념을 실현하기 위한 종교와 이념의 장이었다. 아감벤의 말을 빌린다면, 천황인 "나, 주권자는 법의 외부에 위치하면서 법의 외부란 없다고 선언"할[7] 수 있는 유일무이한 존재였다. 그랬기에 천황만의 절대주권이 실현된 군국주의 체제를 조선반도에 이식하겠다는 식민주의적 욕망은 '국가신도'에 투영됨으로써 더욱 효과적으로 성취될 수 있었다. 요컨대 조선신궁은 일본 종교 '신도'를 널리 퍼뜨리는 포교 활동의 공간이기만을 목적하지 않았다. 그보다는 식민지 조선을 제국주의적 내셔널리즘에 입각한 '국가신도'의 질서 안으로 흡수하고 통합하려는 정치적 공간

그림 4 조선신궁 · 빨래 후 귀가

그림 5 조선신궁 전경 · 널뛰기

으로 자리 잡기를 처음부터 목표했다.[8]

일제 '국가신도'의 핵심은 '만방무비萬邦無比요 만세일계'인 "천황에 귀일하는 신념의 인간", 다시 말해 '국체명징'의 과업을 솔선수범하며 멸사봉공하는 '황국신민'의 양성에 있었다.[9] 이것은 내선융화(내선일체)의 목표가 조선의 일상을 일본의 전통적 '신도' 질서 아래로 재편하여 '일본 정신'을 체득시키는 정신적인 동화를 달성하는 것에 있었음을 명확히 한다.

이를테면 조선신궁은 사실 제시와 전파에 유리한 사진으로, 조선의 생활습속을 전근대적 현실의 낭만적 재현에 효과적인 그림으로 나타낸 사진엽서들을 보라. 히노데상행에서 발행된 두 엽서는 그 목적이 다르다. 〈빨래 후 귀가〉는 봄날을 맞는 기쁨을 "푸른 새싹이 / 움터 / 낭랑한 걸까 /

하늘도 그렇구나 / 산들바람이 / 가만히 불어와 / 치맛자락을 / 만지작거리는 / 즐거움"이라는 와카에 담아냈다. 〈널뛰기〉는 새해 인사용으로 발행되었다. '조선적인 것'에 대한 친밀함과 명절 고유의 풍속을 전통놀이 '널뛰기'에 얹어 표현했다. 힘든 빨래든 추운 날의 놀이든 새해와 봄날을 맞는 즐거움에 초점을 맞춘 장면들이다.

그러나 두 엽서는 삶과 생활의 여유를 잠시나마 만끽할 수 있는 즐거움의 공유와 알림에 목표를 두지 않았다. 조선 지배를 이끄는 양 축인 국가신도와 천황가에 대한 숭경심 함양 및 충성심 고취가 제일의 목적이었다. 지나친 억측으로 생각되면 조선 부인과 아동들을 굽어보는 위치에 배치된 조선신궁의 권위적인 도상학에 눈길을 돌려볼 일이다. 앞서 예시했던 와카 일 절을 빌린다면, 영원성의 천황이 거주하는 조선신궁의 "생생한 현실"이 있어 붉은 땅 "동틀녘의 하늘"—새해와 봄, 또 조선의 행복한 나날로 상징되는—은 끊임없이 밝아온다는 절대적 믿음이 일제 신사—천황과 식민지 조선(인)의 상하 배치에 깊이 새겨져 있는 것이다.

그런데 국가신도로의 흡수와 동화는 무엇보다 '일선동조론'의 근간이 되는 조·일의 제 신위나 신화적 존재에 대한 경신숭조의 염을 높일 때 가능한 것이었다. 하지만 내선內鮮 간의 역사와 문화, 종교와 정치 등의 차이는 일본 특유의 천황제 및 신도 기반의 국체 질서에 대한 조선의 자발적 순응과 참여를 제약할 수밖에 없었다. 따라서 조선 지배의 정당화와 내선융화의 합리성을 인정받기 위해서는 일선동조론 이외의 이념적·방법적 기반이 더욱 보충될 필요가 있었다. 그것이 선진—일본에 의한 후진—조선의 문명개화였음은 주지의 사실이다. 이후 《은뢰》의 편제와 내용에서 확인하겠지만, 조선신궁은 일본과 조선의 평등과 우애 이전에 양자의 우승열패를 확인, 설득하는 식민주의적 지배와 차이의 공간으로 재현된다.

조선신궁과 천황가의 신성함과 존엄함을 심화·확장하기 위한 사진술

그림 6 조선신궁 전경

이 아래에서 위로 쳐다보거나 치솟게 하는 '로우 앵글'임은 이미 지적했다. 그렇다면 일제와 조선의 서열적·차별적 권력 관계, 곧 우승열패의 시선과 태도는 어떤 사진술에 의해 확보되었을까. 그 답은 〈조선신궁 전경〉(그림 6)에 뚜렷한 파노라마풍의 조감도적의 시선에서 찾아진다. 위에서 아래를 내려다보는 방식의 '하이 앵글high angle'이 그것으로, 이 시선은 타자와 대상에 대한 지배력과 압도감을 드러낼 때 효과적이다. 과연 〈조선신궁 전경〉에 보이는 대로, 조선신궁과 내부의 신위들은 "지상의 모든 사물을 단번에 인식할 수 있는 천상의 위치"에서 하부에 위치한 "대상에 대한 통합적이고 전체적인 인식"을 마음껏 누리고 있다. 그럼으로써 얻어지는 효과는, '신의 눈'을 가장한 카메라-눈, 곧 일제의 시선이 자신들은 보편자의 위치로, 식민지 조선은 더욱 멀리 타자화하는 '시선의 권력'을 영구히 보장받게 된다는 점일 것이다.[10] 이에 따라 천황의 절대 권력과 쇼비니즘적 국가의식이 더욱 공고해질 것임은 자명한 이치였다.

하지만 '신의 눈'이 강화될수록 그 이면에서는 처치 곤란한 문제가 속속 발생하기 시작했다. 조선신궁 참배를 둘러싼 일제 식민 권력과 피식민 조선인의 갈등과 대립이 그 상황을 대표한다. 일제는 '천황 숭경'이라는 지배자의 기대를 더욱 중시하는 쪽으로 나아갔다. 그럴수록 조선인에게도 정중한 참배의 규율과 예법이 요구되었다. 이 과정에서 일제는 자신들이 정한 특정 신체의 규율과 행동을 광신적으로 요구하면서, 조선인이 그 기준에 못 미치거나 잘못을 저지를 경우 가혹한 비난을 넘어 구속까지 일삼는 감시와 처벌로 일관했던 것으로 알려진다.[11]

이처럼 나날이 심화되는 제국의 자기 균열과 패러독스를 봉합하고 넘어서기 위한 상상적 동일시의 방법으로 추구된 것이 '내선일체'와 '황국신민화'의 담론이었다. 이 과제와 역할도 조선신궁을 비롯한 조선 전역의 신사가 감당해야 했던 '국가신도'의 핵심적인 종교적·윤리적 책무였다. 그 문자적·도상적 실천행위의 하나가 조선신궁 진좌 10주년을 기념하는 사진첩 《은뢰》였던 것이다.

이상의 상황을 감안하면, 조선신궁을 둘러싼 내선의 동화 전략, 즉 그곳의 제신과 그들의 훈화를 '생활의 원리'로 신념화하는 과정에 대한 탐색이 더욱 중요해진다. 그럴 때 사진첩 《은뢰》가 종교적 선전지이거나 정치적 기념지이기 전에 '국가신도'사업의 보고서인 까닭이 자연스레 드러날 것이다. 하지만 이 과정은 신의 이끎과 보살핌 아래 팽창하는 신국 일본, 곧 근대 천황제의 지배 아래 던져진 식민지 조선의 불우와 비극이 점차 수면 위로 떠오르는 때이기도 하다. 이 불행한 장면이 입체화 될수록 '내선일체'와 '대동아공영'을 희원하며 헌신과 승리의 주술 외기에 바쁘던 조선신궁 및 그곳 종사자들은 허구적이며 무책임한 "장엄한 희극"의 막장과 주역[12]으로 더욱 타락하여 갔다.

이와 같은 최후의 장면을 염두에 두면서, 지금부터는 조선신궁의 조성, 다른 말로 일본신궁의 조선화 과정을 살펴보기로 한다. 미리 말한다면,

이후 거론되는 항목들은 《은뢰》 이곳저곳에서 확인되는 것들이다. 이 때문에라도 《은뢰》는 조선신궁의 건립과 확산 과정에 대한 보고서로도 얼마든지 읽힐 수 있다.

그림 7 조선신궁 본전本殿

첫째, 조선신궁의 제신은 태양신 아마테라스와 메이지 왕 둘이다. 메이지 왕은 일본 근대화의 상징으로, 일제의 세계사적 진출과 동양맹주로의 부상을 이끌었다. 그 과정에서 조선병합(1910)을 일궈냈는바, 조선의 식민화는 후진국 강점은커녕 선진 문명의 힘으로 조선반도를 문명화하는 시혜적 통합으로 간주되었다. 약육강식에 근거한 힘의 팽창을 간단히 은폐하는 문명개화의 (악)마성은 그 실현자 메이지 왕을 조선신궁의 제신으로 선택하는 데 오히려 큰 힘으로 작용했다.

이 장면을 상징적·미학적 양식으로 바꿔 읽는다면, '조선신궁 본전'(그림 7) 정도가 될 듯하다. 《은뢰》 소재 〈조선신궁 창립의 유래〉(35)와 함께 배치된 본전의 모습을 담은 사진이다. 촬영자는 소나무 가지로 도리이와 본전을 반 너머 감춤으로써 신비감과 경외심, 그리고 신성성을 더욱 고조시킨다. 게다가 메이지 왕의 〈어제〉로 짐작되는 "영원히 나라를 지키겠나이다 / 천지의 신의 제사를 소홀히 하지 않겠나이다"가 사진 왼쪽 위편에 적혀 있다. 일본에서의 과업과 업적을 조선에서도 성취하겠다는 다짐, 곧 식민지 조선에 대한 '은뢰' 실현의 욕망이 고스란히 재현되고 있는 장면이다.

이에 반해 아마테라스 신의 선택과 봉안은 우여곡절을 겪은 듯하다. 일본에서 식민지와의 연관성(지역성과 연고성)을 찾을 때 중심이 된 신령은 해신이자 동생인 스사노오素戔嗚尊였다고 한다. 그는 신라에서 살다 일본으로 돌아갔다는 옛 기록이나 단군과 동일인이라는 일본 국학자의 주장 때문에 '일선동조론'에 더욱 적합한 존재로 간주되곤 했다. 하지만 조선총독부는 일본의 황조이자 근대 일본의 번영을 상징하는 아마테라스 신을 받드는 데 앞장섰다. 아마테라스 신의 절대적 위상이 식민통치의 수월성을 제고함과 동시에 국가신도의 지배력 강화를 조선의 문명화와 근대화로 연결시키는 데 더욱 효과적이었기 때문이다.[13]

둘째, 《은뢰》 소재 〈조선신궁 창립의 유래〉(35)에도 보이지만, 조선신궁 건축지 선정은 다음과 같은 과정을 거쳤다. ① "조선 전토의 중앙이자 근대 문화 교섭의 중추"인 경성에 터를 정했다. ② "옛날부터 경승지로 널리 알려진 한양공원, 왜성대(경성신사 소재지–인용자), 장충단 등 십수 곳의 후보지를 두고 수차례에 걸쳐 실사 답사를 거듭한 끝에 한양공원"으로 선택했다.

이런 조건은 조선 통치의 전략적 효과를 높이기 위한 것 이전에 일본 신사 건립의 원칙을 몇몇 준용한 것이다. 예컨대 '울창한 수목을 가질 것' '조금 높은 곳에 있을 것' '조망이 좋을 것' '외관이 좋을 것–경내보다 주위의 조망이 좋을 것' 등이 대표적인 입지 조건이었다. 과연 《은뢰》의 〈신역神域 한양공원〉(36)에는 탁월한 입지와 관련된 용어가 상당수 출현한다. "경성부 내 유수의 수목 지대" "남산의 기승奇勝과 이어짐" "지역은 조용한데 삼엄하다" "아래를 내려다보면 도시 전체의 번화한 모습이 한눈에 들어옴" "눈을 멀리 구름 가까이로 돌리면 눈길을 가로막는 것 하나 없어 원근의 산들이 부르지 않아도 손안에 들어온다" 등이 그것이다. 실제로 《은뢰》의 조선신궁 사진들은 일제의 건축술이 애초에 의도했던 뛰어난 외관과 조망의 확보에 충분히 성공했음을 실증한다. 대표적 사례로는 수목으로 둘러싸인 조선신궁 전경 사진, 조선신궁에서 굽어보는 경성 시내의 번화한 모습을 담은 사진, 높고도 광활한 표참도表參道를 담은 사진들이 손꼽힌다.[14]

천상의 신광神光과 자연의 녹음이 서로를 비추며 융화할 때 일상현실에 울려 퍼지는 '은뢰'의 풍경은 다음과 같은 노래의 형식과 내용을 얻기에 이른다.

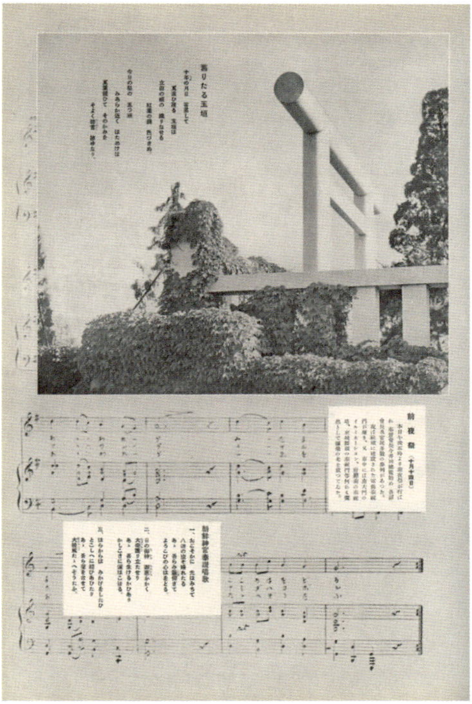

그림 8 조선신궁 진좌10주년 봉축대제 포스터

1) 엄숙하게 빛은 가득하고
팔도의 하늘은 높구나
아아, 우리들 신령을 우러르니
기쁨의 마음은 뛰어오른다

– 〈조선신궁봉찬창가〉 1절

2) 십 년의 세월 이끼가 끼고
담쟁이 무성히 자란 타마가키는
가을의 여신이 만들어주신
홍엽紅葉의 비단으로 물들었네

– 〈오래된 타마가키〉 1연

두 시가는 《은뢰》 소재 〈조선신궁 진좌 10주년 봉축대제 포스터〉(그림 8)에 함께 실렸다(295). 사진 내부의 시가 〈오래된 타마가키玉垣〉이다. 음표 배경의 위쪽 흰 박스에 '전야제' 알림 사항이, 아래쪽 흰 박스에 〈조선신궁봉찬창가〉(총 3연)가 담겼다. 두 시가는 식민통치가 수탈과 억압의 도정이기는커녕 개명과 발전의 은사임을 한껏 노래한다. 그것의 주체이자 비유체 '엄숙한 빛'과 '푸른 하늘'은 신령=태양신(2절)=메이지 왕(3절)의 자애와 보살핌에 의해 비로소 조선의 것이 되었다. 10여 년이 흐른 뒤 제신의 능위稜威는 아름답고 영원한 자연으로 현현한다. 그럼으로써 그들의 풍요로운 '은뢰'가 대체 불가능한 가치로 자리 잡았음을 유감없이 주장하고 설득한다. 여기서 조선신궁과 제신에 대한 의탁과 추종이 식민지 조선(인)의 결핍을 넘어 발전의 삶으로 혁신하는 '생활의 원리'로 계도되고 주창되는 까닭을 찾을 수 있다. 이를 '국가신도', 특히 종교적 원리에 초점을 맞춘다면, "신과 인간을 하나의 기로 관통하는 청명심, 곧 맑고 깨끗하며 바르고 곧은 생활을 영위하고, 애써 책임을 다하고 밀고나감으로써"(335) 천황과 국가에 보답하는 자세를 함양하라는 제언, 아니 명령이 될 것이다.

하지만 이토록 위대한 조선신궁 건립 10주년을 축하하는 《은뢰》(1937)에 담긴 식민지 현실과 제국의 미래는 정녕 평화롭고 안정적이었는가? 진실을 말한다면, 당대 조선인들은 오히려 '은뢰'의 현실을 '조작된 신치神治'로 받아들이는 부정적 경향이 더욱 짙어 보인다. 1930년대 들어 본격화된 일제의 만주국 경영과 중국 대륙 지배, 남양 진출을 위한 총력전 체제의 구축, 직역봉공職域奉公과 황도선양皇道宣揚을 향해 행진하는 내선일체의 강요 등은 식민의 삶과 일상을 더욱 강팍한 현실로 내몰아 갔다. 요컨대 군국주의 파시즘이 마침내 저의 영토와 신민을 거꾸로 치게 될 몰락과 파멸의 비극을 향해 치닫기 시작했던 것이다. 우리는 그 징후를 《은뢰》 곳곳이 입영 봉고제, 군인전선대회 개최, 국방부인회 결성 봉고제 등 '전선 총후'의 현장들로 거침없이 채워지는 모습에서 어렵잖게 목도한다.

조선신궁에서 《은뢰》로 2: 숭경과 송찬의 문법

조선신궁에서 수행된 '국가신도'의 조선화 과정을 차근차근 짚어볼 차례다. 이를 위해 조선신궁의 종교적 사업과 국가적 임무를 크게 나누면 ① 조선신궁의 신성성 고양과 종교적·국가적 역할의 강화, ② 제신의 숭경과 송찬의 조직화, ③ 신사참배 확대와 신도 정신의 훈육, ④ 제국의 식민통치에 대한 권위와 정당성 부여, ⑤ 국가신도의 확산 및 '은뢰' 아래의 '생활 원리' 구축 정도가 될 것이다.

국가신도의 조선화 과정은 '공간의 동화'와 '주민의 동화'를 최후의 목표로 삼았다. 전자는 남촌-일본인과 북촌-조선인으로 대별되는 거주지간 '차별의 경계'를 허물고 경성 시가지 전체를 일본인들의 '지배적 영향' 아래 포섭하는 작업의 일환이었다. 후자는 내선인 모두가 천황의 충량한 신민으로 성장함과 동시에 천황의 교시를 생활의 원리로 공통화하는 작업과 관련되었다.[15] 얼마 뒤 내선일체와 황국신민화로 발현될 이중의 동화정책은 국가의 강권적 통치를 종교의 호혜적 자비로 세련되게 번안할 때 제국과 식민지 양쪽의 동의를 구하기가 훨씬 쉬울 것이었다. 그런 점에서 조선신궁의 건립은 '국가신도'의 틀로 '국가신도'의 주권과 권력을 더욱 강화하는 식민주의적 (무)의식의 실천과 깊이 연동되어 있다 하겠다.

이제부터 '공간의 동화'와 '주민의 동화'에 대한 심리적·종교적·심미적 기제를 먼저 짚어보기로 한다. 조선신궁에서 제신의 숭경과 송찬의 문법이 구축되고 내면화되는 방식과 과정을 엿볼 수 있기 때문이다. 조선

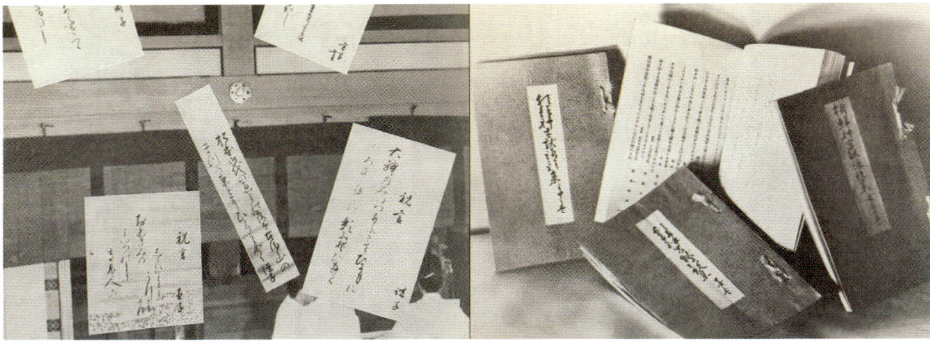

그림 9 헌영가 피강식의 이모저모

신궁의 임무로 제시한 ②와 ③항목이 이와 관련된다. 이곳의 내면적 환영에 익숙해진다면, 나머지 항목들의 빛과 그림자, 곧 팔굉일우의 찬란한 구현을 꿈꾸는 국가라는 제도(정신)와 신도라는 정신(제도) 사이의 이상적 협력과 뜻밖의 균열을 동시에 마주칠 가능성이 더욱 커질 것이다.

조선신궁의 제신祭神에 대한 숭신경조와 관련하여, 참배자들의 주술적·문학적 언어행위를 주목한다면, '헌영가獻詠歌 피강식披講式'이 단연 돋보인다. 《은뢰》에 기록되기로는 1931년, 1933년, 1935년 11월 3일 개최된 것으로 파악된다. 이 사업은 '국화성구菊花盛久', '홍엽', '축언祝言'과 같은 주제를 내걸고 헌영가 수백 편을 모집한 뒤 뛰어난 시가 20여 편을 엄선하여 함께 읽고 노래하는 형식으로 진행되었다.

"진실한 황신皇神의 길 노래하면서 / 영광스런 성대聖代 굳게 지키리라"는 〈어제〉(205)에서 보듯이 헌영가의 목적은 매우 분명하다. 제신과 천황의 위대함과 업적을 기리면서 그들이 주재하는 신국의 영원한 발전을 기원하는 종교적·국가적 염원이 그것이다. 예컨대 시제詩題 '국화'와 '홍엽'(가을 단풍)은 계절의 풍미와 감각을 나타내는 자연물이다. 하지만 본질적으로는 만세일계 천황가의 상징물이오, 황조신이 베푼 자연과 삶의 풍요에 대한 비유물이다.

조선신궁사무소는 피강식에 그치지 않고 모집된 헌영가를 모아 《조선신궁헌영가집》도 꾸준히 출간했다. 현재 국립중앙도서관에 1938~1940년 출간된 《헌영가집》이 소장되어 있는데, 그 내용과 형식이 여러모로 흥미롭다. 무엇보다 매월 시제를 달리하여 헌영가에 대한 관심과 참여도, 심미성 고취에 힘썼다. 시제를 계절에 따라 뽑아보면, 1938년: 잔盃, 버드나무, 거문고, 싸리, 소나무, 1939년: 첫 연꽃初荷, 꽃을 기다림待花, 섬 그림자, 맑은 가을秋晴, 1940년: 국기, 아동, 인고, 노송 등이 보인다. 주변의 사물과 자연물, 계절의 정경과 사람의 정서, 국민의 상징과 시대적 적용을 두루 포괄하고 있는 것이다.

주변의 자연과 풍경, 국가적 사태에 대한 관심 제고는 조선신궁의 제신 송찬과 더불어 '은뢰'의 지속적 베풂에 대한 갈급한 요청이 반영된 것이다. 실제로 《은뢰》의 조선신궁 사진, 특히 신궁의 팔경은 신비한 분위기의 자연과 고아한 정취를 중심으로 촬영 · 구성되고 있다. 이를 감안하면, 《은뢰》와 《헌영가집》이 숭신경조에 봉헌된 문자와 노래와 이미지의 합동 제물로 읽혀 무방하다. 예컨대 조선신궁에 대한 '헌영'의 노래 두 편을 보라..

1) 신궁의 만대까지라도 모시려는 듯
구름에 닿을 듯 우뚝 솟은 늙은 소나무[16]

2) 봄비 내려 희뿌옇게 보이는 아주 높다란 신궁의 돌계단에
밝혀지는 신등神燈들[17]

1)은 헌영가로 《조선신궁헌영가집》(1940)에 실렸다. 인용한 그림에서 보듯이, 가집을 대표하여 아름답고 정갈한 단독면을 부여받았다. 헌영자가 고종 황제 손자로 1955년 일본에 귀화한 이건李健의 일본왕족 부인 이성자李誠子였기에 가능한 호사였겠다. 노래에서는 조선과 일본 왕족의

결합이라는 부부의 성격상 경신숭조를 향한 영원한 다짐은 물론이려니와, 당시 주창되던 '내선일체'에 봉공하려는 모습조차 역력한 것으로 느껴진다.

2)의 단카는 1920~30년대 '반도가단半島歌壇의 개척자'로 불리던 이치야마 모리오市山盛雄의 《조선풍토가집朝鮮風土歌集》(1934)에 실린 것이다. 이 가집의 단카短歌, 곧 와카 대개는 인용 작품처럼 조선신궁의 신비한 분위기와 자연풍경, 멀리 내려다보이는 경성의 발전된 모습 등을 노래한다. 두 작품을 통해 조선신궁 사무소의 공식 행사 이외에도 재조 일본 가인들을 통해 조선신궁과 제신을 향한 헌영과 예찬이 일상적으로 행해졌음을 알게 된다.

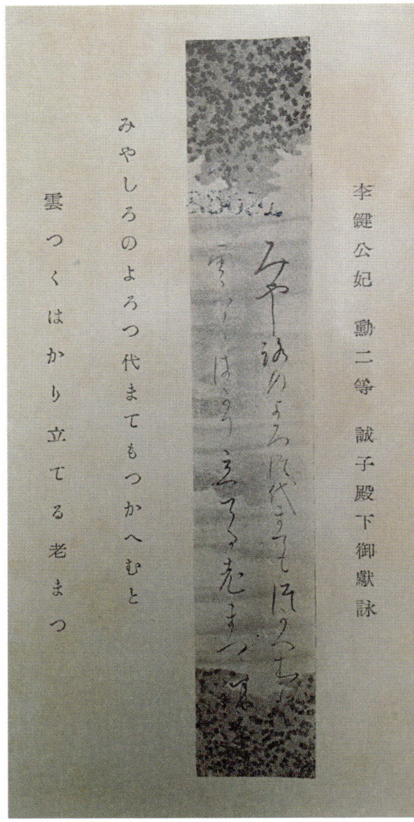

그림 10 이성자의 헌영가

그렇지만 조선의 입장에서는 주의하여 마땅한 대목이 두엇 있다. 첫째, 《헌영가집》에는 매 권 400여 명에 달하는 헌영자 명부가 실려 있다. 대부분 일본인들로 조선인은 좀처럼 찾아볼 수 없다. 무엇보다 와카가 일본 노래인 까닭일 것이다. 그러나 노래의 국적 말고도 당시 조선인 사이에 신사참배를 둘러싼 갈등과 저항이 상당했다는 현실도 작용했을 법하다. 일제는 조선인의 신사참배 거부를 치안유지법과 보안법, 불경죄 등을 적용해 끊임없이 탄압했다. 신사참배 독려는 근대 천황제의 내면화와 국가신도의 확장, 조선의 황민화 정책의 확산과 한 몸을 이룬다. 이 때문에 일제는 신사참배 거부를 '국체 관념'에 대한 거부로 받아들였으며, 저항자에 대한 감시와 처벌을 더더욱 죄어갔다.

둘째, 조선의 향토와 민요를 탐구하며 즐길 때, 일본 가인들은 조선 민족의 정열과 순진한 외침, 정치, 경제, 풍속, 제도의 실상, 윤리관과 종교관, 취미와 기호까지도 파고들고자 했던 듯하다. 하지만 거기서 그들이 본 소박함과 솔직함, 야생적인 무기교, 생명적 감각과 생활적 실감[18] 따위는 식민지 조선에 대한 객관적인 관점과 태도에서 기인한 것만은 아니다. 오히려 그 배면에는 조선이 사상의 고착과 종속, 형식미와 심미적 관념의 결핍, 문약과 당파심, 공사의 혼동으로 가득 찬 열등성의 족속이라는 부정적 판단이 깔려 있는 경우가 적잖다.[19] 잠시 뒤 보겠지만, 조선신궁 참배 시 막무가내의 내선융화보다는 문명국 일본의 '생활의 원리'에 대한 획득과 각인을 먼저 요구하는 까닭도 '조선적인 것'에 대한 부정적 반응의 결과일 것이다.

헌영가 짓기가 국가신도의 심미화라면 신사참배는 말 그대로 종교적 행위였다. 1930년대 중반 무려 300여 개소에 달하게 되는 조선 내 신사의 급증은 국가신도를 향한 식민지 조선의 암묵적 동의와 참여를 떠올리게 한다. 일례로 산들산들 신풍神風이 부는 가운데 조선 신민의 충성심을 다짐하며 경신숭조의 예를 올리고 있는 조선인들의 신궁참배 장면(그림 11)을 보라. 거기서 가장 인상적인 장면은 유림과 수녀들의 참배 모습이다. 조선 내 타 종교의 국가신도에 대한 동참과 화합의 모습은 천황가를 향한 '국민의 충성스런 마음'을 널리 알리려는 의도가 뚜렷하다.

그러나 천황 숭배의 '소국민' 양성에 주력했던 초중등학교를 통한 신사참배 독려와 그 결과에 따른 상벌 처리의 만연, 예시된 사진과는 다르게 기독교나 유교 등에 의한 신사참배 거부 운동의 지속적인 발생 등은 국가신도에 대한 조선인의 자발적 동의와 참여를 여러 국면에서 의심케 한다. 그게 뭐든 간에 계몽과 독려 행위는 그 이면에 결핍의 현실과 미래의 충

그림 1-1 국민의 충성스런 마음(좌), 산들산들 신풍이 불다(우)

만을 전제하기 마련이다. 식민지 조선에서의 신사 건설과 참배 운동도 이 문법의 준수에서 예외가 아니었다. 이를 부인할 수 없는 사례로 1930년대 들어 본격적으로 추진된 '심전개발心田開發' 운동과 그 핵심주체로 국가신도의 적극적 참여를 들 수 있다.

《은뢰》에 따르면, 심전개발 운동은 "오랫동안 황폐하게 위축되어 있던 반도의 심령을 배가하고, 그럼으로써 물심양면의 전적인 안정의 근기를 마련하여 관민의 각성을 촉진"(263)하기 위한 국가시책의 일종이었다. 일제는 심전개발을 통해 ① 국체 관념의 명징, ② 경신숭조사상과 신앙심 함양, ③ 보은, 감사, 자립의 정신 양성을 목표했다. '반도의 심령'이니 '물심양면의 안정'이니 하는 주장은 심전개발 운동이 조선인 위주의 정책이었음을 언뜻 드러낸다.

그러나 심전개발의 최종 목표는 조선(인)의 개조를 넘어 '제국신민의 지위를 확보하게 하는 기초조건'의 마련에 있었다.[20] 이렇게 배가된 '마음의 본바탕'이 1930년대 후반 이후 조선인의 '총력전' 동참을 향한 물적·심적 토대가 되었음은 다음 사실에서 비교적 분명하게 확인된다. 하나, 조선총독부가 신사의 설치와 중지 등에 적극적으로 개입했다는 것, 둘, 황국신민화 정책의 일례로 1937년 이후 '학교 애국의 날' 행사를 신사에서 거행하도록 장려되었다는 점 등이 그것이다.[21] 이 '총력전'의 칼날은 아시아의 해방과 번영을 영광스런 '은뢰'의 하나로 주장했던 '대동아전쟁'을 위해 특히 함부로 휘둘러졌다. 《은뢰》 곳곳에 장식된 제신의 도검들이 신의 영광을 빙자한 사신死神의 공공연한 흘러넘침인 까닭이 비롯되는 지점이다.

조선신궁의 존재론 1: '어진영'의 부재, '신비'의 세속화

이제 우리는 이렇게 물어야한다. 《은뢰》에서, 아니 이 사진첩의 실질적·제도적 근간이자 현장을 이루는 식민지 조선에서 아마테라스 신과 메이지 왕의 권위, 곧 신성과 권력의 현현은 어떻게 가능하고 또 어떻게 유지되는가? 이는 앞서 말한 조선신궁의 임무 '① 조선신궁의 신성성 고양과 종교적·국가적 역할의 강화'와 연관된 질문이다. 만약 그 상징적 원리와 실제적 적용에 육박하려면 무엇보다 《은뢰》 소재의 각종 사진(이미지)과 시가·산문의 분석에 집중해야 한다. 다음으로 양자를 아우르는 보이지 않는, 그러나 언제 어디서나 울려 퍼지던 신성한 목소리에 감각을 한껏 열어 두어야 한다.

이 요청에 부응하려면, 조선의 식민화 즈음 발매된 《병합기념조선사진첩》을 먼저 살펴보는 것이 좋을 듯하다. 편집자는 서언에서 "조선의 병합은 동양 평화의 기초를 공고히 하고 반도의 행복을 증진하는 것으로 특히 원만하고 평화롭게 이 대사 병합의 해결을 본 것은 진실로 주목할 만한 일"이라면서 일한병합의 성사를 영구히 기념하기 위해 사진첩을 간행했음을 밝혀 두었다.

이러한 배경 아래 발간된 이 사진첩은 그 규모와 종류, 조선에 대한 시선과 태도, 식민주의적 이념과 지배 원리 등에서 《은뢰》의 모범으로 자리하기에 충분했다. 물론 종교적 분위기로 엄숙한 《은뢰》와 구별되는 지점도 분명하다. 근대 천황제를 향한 애국주의와 군사주의, 동아시아 최고의 문명화에 대한 우월감과 자신감으로 가득하다는 특징이 그것이다. 과연 이 사진첩은 서구와 일본의 조선 진출 후 생산된 조선 사진 400여 장을 수록할 정도로 방대한 체계와 분량을 자랑한다. 이러한 성격은 만국萬國에 여전히 낯선 식민지 조선에 대한 지식의 열정과 정보의 욕망을 충실히 암시한다. 하지만 그 이면에 뒤처진 조선에 대한 멸시적 재현과 이미지 조작, 그를 통한 조선 지배의 정당성 확보라는 식민주의적 (무)의식이 꿈틀대고 있음을 우리는 모르지 않는다.

《병합기념조선사진첩》은 다음과 같이 구성된다. 하나, 메이지 왕을 위시한 일본왕가, 순종과 고종을 위시한 조선왕가, 일한병합에 기여한 양국의 대신과 명사들의 사진, 둘, 당대 조선의 정치적·경제적 현실, 일상의 풍속과 관습, 후진적 생업의 면면 등 문화적 현상을 촬영한 사진들이 그것이다. 이 가운데 가장 인상적인 사진은 다음과 같은 것들이었다. 우선 최제우와 최시형, 참수된 동학군 지도자 사진과 갑신정변의 김옥균, 박영효 사진을 한 화면에 배치했다. 일제가 갑신정변의 주역들은 동지로, 동학운동 지도자들은 반역자로 보았음이 확인되는 대목이다. 다음으로 전근대적 일상과 습속 속에서도 점차 근대화의 도정을 밟기 시작한 모습, 이를테면 철도와 전차, 근대 건축과 공원들이 간간이 눈에 띈다. 경성과 개항도시의 문명화, 광공업의 발달에 주목했던 《은뢰》의 사진이 암시하듯이, 이 사진첩에 제시된 식민지 근대성의 단초는 이후 일제의 주도면밀한 개척과 지배를 통해 더욱 가속되었던 것이다.

25년의 격차를 가지는 《병합기념조선사진첩》과 《은뢰》의 공통점은 단연 식민지 조선의 행복과 동양의 평화를 기념하고 희원하기 위해 제작되었다는 사실이다. 하지만 두 책은 대중이 손쉽게 구매할 수 있을 만큼 저가로 대량생산되지 않았다. 사진첩의 이념과 욕망의 전파 및 확산이 상당히 제한되었을 것으로 판단되는 근거이다. 하지만 제국과 식민지를 가르는 대조적 사진과 시문, 그것을 둘러싼 목소리의 양가성은 두 사진첩

그림 12 메이지 천황

그림 13 순종 황제

의 식민주의적 문화정치학을 투시하고 해석할 때 핵심적 지위와 역할을 차지한다.

이런 까닭에, 두 사진첩을 관통하는 권력의 이미지와 이미지의 권력에 대한 공통점과 차이점이 무엇보다 중요해진다. 공통점은 일제의 강압적 지배와 통치를 조선의 문명화와 복된 발전으로, 곧 '은뢰'의 자애와 시혜로 인지하고 주장하다는 사실이다. 차이점은 이것을 제시하고 선언하는 방식의 문제인데, 절대 권력의 이미지와 목소리의 제시에서 특히 그렇다.

《병합기념조선사진첩》에는 메이지 왕(그림 12)과 순종(그림 13)의 어진영이 함께 실렸다. 이와 달리 《은뢰》에는 제신의 영령이라는 성격상 아마테라스 신과 메이지 왕의 신체神体, 곧 신령의 상징으로 안치한 제의적 대상물에 관한 사진과 역대 일왕의 몇몇 시문, 거기서 울려 퍼지는 제왕 존엄의 목소리만이 울울하다. 이는 한일병합이 얼마 지나지 않은 때와 식민지 조선에 대한 통치의 절정기라는 서로 다른 현실이 반영된 결과물이다. 메이지 왕은 살아생전 어진으로 조선에 건너오며, 사후에는 아마테라스 신과 더불어 조선신궁의 제신으로 봉안된다. 이에 반해 조선의 식민화와 더불어 순종과 고종 어진은 퇴거의 비극을 면치 못한다.

이러한 대조적 현실에 일제의 보여지는 어진영과 보여지지 않은 영령, 곧 제신의 문화정치학과 그것에 의해 간섭, 통제되는 식민지 조선의 형상이 은폐되어 있다는 가설이 가능하다. 단적인 예로《은뢰》곳곳은 이왕가 구성원의 조선신궁 참배가 피할 수 없는 공적인 의례 행위로 자리 잡았음을 보여준다. 이 장면들은 조선왕가의 선대 제왕에 대한 정중한 참배가 그들 일가의 사적이며 비공식적인 의례로 격하되었음을 역설적으로 입증하는 사례이다. 이 때문에《은뢰》의 선례로서 대한제국과 일제 사이에 벌어진 제왕 이미지의 권력 독점과 박탈, 그들 목소리의 상존과 배제가 가능해진 까닭을《병합기념조선사진첩》에 실린 메이지 왕과 순종의 어진에 담긴 같고 다름을 통해 가늠하는 작업이 요청된다.

동서양을 막론하고, 근대 이후 황제나 국왕의 어진영은 '살아있는 인간적 신체'와 제국의 기저에 존재하는 초역사적인 '신성한 신체'를 동시에 표상하기 위한 권력 장치의 일종이었다. 일제도 천황의 통치와 은뢰를 공식화·제도화하면서 메이지 왕의 어진을 국가와 민족공동체를 지탱하는 '상징적 신체'로 가치화했다. 나아가 인간과 현세를 초월하는 영원불멸의 정신으로 신민에게 각인하고 전파하기 위한 미학적·기술적 도구와 장치로 적극 활용했다.

천황 어진의 극적 효과는 몇 가지 사실에서 그 음영이 분명하다. 첫째, 국가가 천황의 어진을 배포·봉안하며 배례하는 절차와 방법에 따른 공적 효과의 발생이다. 어진 봉안과 취급에 관한 '만들어진 의례'는 천황의 이미지와 국가를 동일시하고 그 신성성에 감격하며 절대 권위에 복종하는 신민을 대거 탄생시켰다. 둘째, 국토 구석구석을 점유한 고도로 계산된 어진의 시선과 목소리는 천황의 절대 권력에 멸사봉공하는 '충량한 신민'의 길을 국민의 윤리와 의무로 깊이 새겼다. 셋째, 이 과정에서 발원한 '충군애국'의 정열과 '입신출세'의 욕망은 자본주의의 발전과 식민주의적 이념, 군국주의와 결합하여 '부국강병'이라는 국책을 형성하게 된다.[22]

고종과 순종의 어진 역시 식민화 이전에는 신성불가침의 권위와 국가의 상징적 신체로 인정받아 조선을 외적으로 대표하고 내적으로 지배하는 시각적 권력 장치였다. 1907년 등극한 새 황제 순종은 같은 해 12월~1908년 6월에 거쳐 자신의 어진을 각 학교에 하사함과 동시에 학교를 감독하는 관청에 정중하게 봉안시켰다. 특정 기념일과 경축일에 어진을 예식장에 봉안한 후 충군애국의 예와 염을 올리게 했음은 물론이다. 이렇게 활용된 대표적 어진 가운데 하나가 《병합기념조선사진첩》에 실린 사진(그림 13)이다. 이 어진은 순종 즉위 뒤 일본인 이와타 가나에岩田鼎가 촬영했다. 당시의 황실 사진 중 가장 위엄 있는 군주의 모습을 담았다고 평가될 만큼 정성들여 찍은 어진으로 유명하다.[23]

하지만 '가장 위엄 있는 군주'라는 말은 조선의 멸망을 눈앞에 둔 당대의 현실을 감안하면 매우 불행하고 아이러니한 용어일 수밖에 없다. 왜냐하면 순종의 저 어진영은 황제 즉위 즉시 곤룡포를 벗고 군복을 입은 후 촬영된 것이기 때문이다. 게다가 일본 본토에서 '아버지의 도상'으로 숭배되던 메이지 왕의 어진영(그림 12)을 이상적 모델로 하여 촬영, 제작된 것이기도 했다. 당대의 사진첩이나 사진엽서를 들춰보면, '일한병합'을 기념하기 위해 메이지 왕과 고종 또는 순종, 황태자 신분의 다이쇼 왕과 순종의 어진이 함께 박힌 사진들이 여럿 존재한다.[24] 이들 사진의 특색은 메이지 왕은 근대식 군인 제복을 갖춘 "훨씬 위엄 있고 군인화 되고 남성화된 인물"[25]로 일관되게 등장한다. 이에 반해 고종과 순종은 때로는 젊고 때로는 늙은, 어떤 때는 구 조선 왕복을 입은, 또 어떤 때는 근대식 군인 제복을 착용한 모습으로 두서없이 등장한다. 이와 같은 메이지 왕과 고종,

그리고 순종의 어진영 사이를 떠도는 형식과 분위기의 유사성과 차별성, 그리고 선후성은 조선 황실 사진이 일본 황실의 표상체계 내로 공식 편입되었음을, 그러니까 여지없이 식민화되었음을 분명히 한다. 대중에 밀착된 선전용 사진엽서인 만큼, 제국과 식민지의 우승열패를 확증하는 '어진영의 문화정치학'은 '권력의 이미지'와 '이미지의 권력' 모두를 필요로 했다는 사실이 확인되는 대목이다.

이미지의 문화정치학을 증명이라도 하듯이, 《병합기념조선사진첩》은 일본과 조선왕가 모두 근대식 복장을 갖춘 형태로, 메이지 왕 부부, 일본 왕가, 순종 부부, 고종 이하 이왕가 순으로 그 초상들을 4쪽에 걸쳐 배치하고 있다. 이와 같은 조·일 왕가의 공통화를 전제한 서열과 차이의 체계화는 다음과 같은 대조적인 의미 관계를 형성한다. 첫째, 순종은 메이지 왕을 모델로 조선 내의 권력 관계, 즉 지배계급과 피지배계급 간의 차이와 서열을 더욱 강화하려 했다. 둘째, 하지만 조선의 식민화는 일본과 조선을 일거에 천황-신민의 가부장적 관계로 재편하고 귀착시켰다.

과연 순종의 어진영은 위 사진첩에서 메이지왕에 대한 군신 관계를 굴욕적으로 전시한 뒤 조선 전토에서 빠른 속도로 퇴거 처분된 것으로 알려진다. 이 모습에서 제왕의 권력을 빼앗긴 채 '천황의 신민'이자 그 '방계 왕실의 일원'으로 전락한 순종의 무력하고도 비참한 처지가 읽힌다. 그러므로 이 지점을 빼놓고 《병합기념조선사진첩》의 양국 어진영 선택과 배치의 잘 계산된 정치적 감각과 이념, 곧 제국과 식민지 사이에 깊고 넓게 패인 우승열패의 간극을 꿰뚫어 보기란 결코 쉽지 않다.

조·일 양국의 어진영에 담긴 문화정치학, 그러니까 신성한 천황의 존엄성과 탁월한 통치력, 그 결과로서 '은뢰'의 일상적 현현에 대한 믿음을 고려하면, 메이지, 다이쇼, 쇼와昭和 3대의 어진영은 식민지 조선 전역에 빠짐없이 봉안되고 배례되었을 듯하다. 그렇지만 놀랍게도 실상은 전혀 달랐다. 한 연구에 따르면, 미래의 황국신민이 훈육되던 조선의 초중등학교에는 해방 이전까지 전·현직 천황 누구의 어진영도 거의 교부되거나 봉안되지 않았다. 어진영을 들인 '봉안전'이 조선 학생들의 불경스런 행위로 오염되고 훼손될 위험성을 두려워하고 경계했기 때문이다. 이런 이유로 학교 의식의 핵심은 '기미가요'를 합창하고 메이지 왕의 '교육칙어 등본'을 봉독하는 교장의 목소리를 경청하는 일에 맞춰졌다.[26]

이상의 역설적 상황으로 어진영의 권력과 효과, 바꿔 말해 천황의 통치력과 제신의 휘황한 드러남을 나날이 강화하는 제도적 장치와 대안이 시급히 필요했다. 그렇게 건립된 조선신궁은 무엇보다 제신과 신민을 연결하고 포괄하는 물적 토대로 제 기능을 감당하게 된다. 다른 한편 신궁 내를 울리던 《은뢰》상의 메이지 왕의 '어제' 시편과 누대에 걸친 일왕들의 '칙어'는 신민들의 종교적·애국적 심성을 더욱 자극하고 강화하는 정신적·기호적 담화로 흘러넘치게 된다.

물론 이렇게 질문할 수 있다. 조선신궁의 아름답고 신비한 풍경과 정취, 그것을 '조선적인 것'들로 확대하여 촬영한 사진들이 《은뢰》의 최종심급이 아닌가라고 말이다. 해당 사진들의 위력과 효과를 떠올리면 대체로 옳은 말이다. 그러나 시각적 이미지로 재현된 조선신궁과 조선적인 것의 빛나는 풍경들은 그 안에 감춰진 자연에 관한 비유의 본질과 정신을 다 드러내지는 못한다. 제신의 성스러운 드러남과 그들 은뢰의 빛남은 가장 먼저 이미지와 비유로 부감되곤 한다. 그것들 사이사이에 '어제'와 '칙어'라는 노래와 교시, 곧 상징적 리듬과 지시적 담화를 한껏 받아 안는 동시에 펼침으로써 천황가 숭경과 송찬은 더욱 보충되고 충만해진다.

이 과정은 조선신궁과 제신들의 시공간적 초월성 및 영원성을 보편화하는 핵심원리에 해당한다. 그럼으로써 신사에 의탁된 국가신도는 종교적 지평을 뛰어넘어 천황의 은혜에 감읍하고 보은을 다짐하는 신민의 '생활의 원리'로 거듭나게 되는 것이다. 조선신궁에 울울한 은뢰의 이미지는 잠시 미뤄두고 그것의 '조선적인 것'에 대한 발현을 살펴본다면 아래와

그림 14 농가의 아침

같은 모습이 될 것이다.

서리 얼어붙은 나무들에도
봄은 다시 찾아와
아침 햇살 비치는 모습
꽃처럼 보인다.

내 아버지를 보내는 문가에
햇볕은 화사한데
다시 찾아온 봄을
이야기하는 오늘.

– 〈농가의 아침〉(166)

이 시편의 아래에는 사진 '농가의 아침'(그림 14)이 놓여 있다. 그 풍경을 근대와 문명의 시선으로 본다면, '조용한 아침의 나라' 내지 전근대적 농경사회를 먼저 떠올릴 법하다. 이제는 제법 알려진 사실이지만, '조선'의 문학적 번안이자 수사인 '조용한~'은 개방과 개화 이전 조선에 대한 서구의 왜곡된 이해와 표상을 대표하는 오리엔탈리즘의 산물이다. 이를 참조하면, 시편 〈농가의 아침〉은 동아시아 외부에 위치한 타인의 시선과 이미지에 대한 적극적 반론이자 봄의 세계를 향해 진화하는 '조선적인 것'에 더한 심미적 발화가 아닐 수 없다. 사진은 궁핍한 조선 현실을 반영하고 있지만, 시가는 거기 포착된 '가난과 고통'(어둠)을 "다시 찾아온 봄"("아침 햇살")으로 뒤집어 재현하고 있는 것이다. 이와 같은 '은뢰'는 어떻게 가능한 것인가?

비밀은 다음의 두 사실에 숨어 있다. 첫째, 사진 '농가의 아침' 좌측 상단부에 배치된 선대 일왕의 칙어 〈입을 것과 먹을 것을 줄이고 자비로운 비를 기원하는 조서〉의 힘이다. 왕은 가뭄의 탓을 자신의 탓으로 돌리며 하늘을 향해 강우를 기원함으로써 신민의 구제와 안녕을 이루고자 한다. 둘째, 시편 〈농가의 아침〉은 이른바 〈어제〉 시편이 아니라 누군가의 도움을 받은 《은뢰》 편집진의 것으로 추측된다. 그렇지만 풍요와 충만을 향한 화자의 소망은 이미 메이지 왕의 〈어제〉(총 31수) "낳지 않는 것이 없는 땅은 필시 이 세상의 어머니가 아닐까"(106), "천만의 신들도 한결같이 지켜주시는구나 / 민초가 무성해지는 세상을"(236) 등과 같은 주술적 발화 아래 놓인 것에 지나지 않는다.

'조선의 봄'은 농촌공동체의 이상적 회복이나 근대 내 충만한 삶의 실현 어느 것에 대한 비유로 읽어 무방하다. 어쩌면 더욱 중요한 요소는 화자가 노린 비유의 목적일지도 모른다. 화자의 진정한 관심은 주어진 풍경의 신비화나 궁핍한 조선의 낭만화 자체보다 그것을 가능케 한 '은뢰'의 주체에 가 있다. 천황의 미래인 제신들의 주술(시문과 목소리)에 대한 굳건한 신뢰와 그것의 성화聖化가 널리 알려져야 식민지 조선의 변화와 개조가 가능했기 때문이다. 요컨대 식민지 조선인이 그 주술에 깊이 감화

되어 국가신도에 열렬히 동참해야만 과거, 현재, 미래를 모두 아우르는 일 왕가의 '은뢰'는 비로소 완벽해질 수 있었다. 이렇게 '만들어진 신비성'(종교성)에 의한 조선의 낭만화 혹은 심미화는 제신과 천황의 절대성 강화에 얼마간 기여할 것으로 기대되었을지도 모른다.

하지만 그것은 결국 식민지 조선의 근대화에 절실한 이성적 사유와 도덕적 규율의 성숙을 가로막는 타락한 신비주의로 귀결될 공산이 더욱 컸다. 실제로 조선신궁 참배가 한참 강요되던 1930년대는 일본의 '전통적인 심정과 아름다움의 감각'[27]이 메이지 왕의 도검, 군국주의의 비행기 따위와 더불어 조작된 '동양 평화'를 조율하느라 바빴다. 그렇게 목표된 근대 천황제의 '대동아'를 위해 식민지의 이등국민들은 전선총후의 총력전 아래 제 육신과 영혼을 부수는 산화와 옥쇄 비극을 강제로 떠안게 되었음은 주지의 사실이다.

전쟁에 따른 불안과 공포, 죽음의 예감에 따른 영혼의 분열과 파괴를 방지하고 승전의식을 고무하기 위해 일제는 황군에 투입된 조선 병정을 '전쟁의 신'의 슬하로 기꺼이 그러모았다. 대표적인 예로 전쟁의 신 진무神武 왕이 아마테라스 신이 보낸 황금빛 삼족오三足烏를 데리고 병정들을 지휘하는 그림엽서를 대대적으로 발행, 유통시킨 일이 손꼽힌다. 그림엽서에 담긴 아마테라스 신-진무 왕-메이지 왕의 연속성은 제국의 승전과 세계 팽창을 위한 조선신궁의 기능과 역할을 분명히 한다. 그들의 '은뢰'는 조선의 식민화, 곧 정한론의 이념과 자장을 넘어, '신내지'(=조선)에 대한 결사적 보호와 새로운 건설의 주체인 조선 병정의 어깨에도 빛나게 내려 쬐고 있다는 믿음을 주는 것 말이다. 그렇지만 '은뢰'의 대가는 "천황만세"의 죽음에 기꺼이 들어 조선 귀환이 영원히 봉쇄되는 야스쿠니신사靖國神社에 안치될 때야 가능한 것이었다.

과연 조선신궁의 나날을 기록한 《은뢰》에는 승전의 영광을 죽음의 비극으로 구매하고자 출정하는 조선과 일본 병정의 무운장구를 비는 아이러나한 사진들이 적잖게 실려 있다. 이 사진들은 《은뢰》가 '신도' 관련 종교성보다는 '국가' 중심의 애국주의와 군국주의의 선전지에 더욱 가까웠음을 스스로 폭로하는 핵심요소의 하나다. 이 부근에서 식민의 땅에 대한 은뢰적 상상과 시선, 곧 "다시 찾아온 봄"과 "아침 햇살"과 '꽃'의 비유가 약자 지배의 종교적·심리적 주술을 넘어 타자 파괴의 파시즘 미학에 근접하는 까닭이 찾아진다.

물론 다음과 같은 반론도 가능할 법하다. 조선 청년의 황군 입대를 본격화한 '육군특별지원병제'는 중일전쟁이 발발한 1937년 12월 공포되었다. 따라서 그해 11월 간행된 《은뢰》의 장병들 사진에는 조선 청년들이 담기지 않았을 가능성이 더 크지 않은가. 올바른 문제 제기이다. 그러나 해가 바뀐 뒤의 사진들부터는 노예의 피를 팔아 주인의 승리를 챙기는 식민지 병사의 비극이 차곡차곡 쌓여 갔을 것이다. 신문과 잡지, 라디오 방송을 며칠이고 장악했던 처음 전사한 조선인 지원병 이인석李仁錫과 가미카제 특공대가 되어 미군 함정으로 돌진, 산산이 부서진 마쓰이 오장伍長, 곧 인재웅印在雄이 조선신궁에서 그렇게 호명되었을 것임은 그 누구나 능히 짐작할 수 있는 사례라 하겠다.

조선신궁의 존재론 2:
'신비'의 제도화, 국가 '귀일'의 공간

《은뢰》의 사진과 시문 들은 보이지 않아 그 신성과 권위가 더욱 높아지는 제신들의 대체재로 손색없다. 하지만 혼령처럼 '부재하는 현존'은, 각종 종교·국가·제사 의례가 예증하듯이, '신비'를 현실로 제도화하는 한편 특정 정신과 이념으로 구조화하는 작업을 요구하기 마련이다. 《은뢰》에 빼곡한 국가신도에 관련된 제반 의식, 신궁사무소와 관련 단체(개인)들이 발행한 조선신궁에 대한 각종 책자 및 관광안내 사진엽서 등은 그 응답물의 일종이다.[28]

그런데 《은뢰》는 다른 간행물과 달리 조선신궁 건립 이후 10여 년간 수행된 '신비'의 시스템화 및 천황과 국가로의 '귀일歸一' 과정을 총체적이고 압축적으로 담아내고 있어 더욱 특별하다. 조선신궁에 의해 제조된 식민지 조선 내 '신비'와 '귀일'의 대표적 장면을 꼽으라면, 조선신궁의 출발과 완성을 조망한 '총설편', 그중에서도 〈동경憧憬의 여로〉(22~23)와 〈신풍神風에 감싸인 대경성〉(38~39)을 빼놓을 수 없다. 그곳에 봉안될 제신들의 조선 도래 및 숭신崇神의 필연성과 당위성을 산문적 진술 하나 없이 시와 사진만으로 웅변함과 동시에 호소하고 있기 때문이다.

먼저 〈동경의 여로〉다. 편집자는 조선신궁의 건립을 알리면서 왜 조선신궁과 경성역과 기차를 함께 몽타주한 사진(그림 15)을 내걸었을까. 또한 이 사진과 시를 포괄하는 제목을 '동경의 여로'라고 붙였을까? 그 답을 찾아본다면, 먼저 사진 속 기차는 정한론과 선진 문명을 앞세운 식민지

그림 15 동경憧憬의 여로

개척과 지배를 상징할 것이다. 다음으로 경성역은 제국의 식민지 확장, 곧 조선 각지와 만주 진출의 거점이라는 의미를 지닐 것이다. 마지막으로 조선신사는 현재의 광영과 미래의 번영을 약속하는 제신의 영원성을 상징할 것이다. 이 과정을 아마테라스 신과 메이지 왕이 총괄했으므로 조선신궁은 다음과 같은 의미를 가지게 된다. 하나, 내선동근內鮮同根의 태고성과 역사성을 간직한 본원적 장소, 둘, 근대 천황제를 토대로 조선 문명화를 추진하여 대동아공영에 기여하는 국체명징國體明徵의 미래적 장소로 가치화되는 것이다.

그런데 《은뢰》의 득의만만한 장면에는 제신의 신비와 권위를 매끄럽게 제도화하는 실제 사건이 포진되어 있어 흥미롭다. 일본에만 예외적으로 봉안되었던 아마테라스 신과 메이지 왕의 혼령은 그들의 신체神体, 이를테면 도검, 청동거울, 신발, 관모, 빗, 구슬 등에 담겨 조선신궁에 봉안되는 '진좌제'(1925. 10)를 거쳤다. 기록에 따르면, 두 신위는 도쿄－(기차)－시모노세키－(기선)－부산－(기차)－경성을 거쳐 조선신궁에 봉안되었다. 이와 관련하여, 경부선 연선을 자랑스레 누비는 신위를 환영하기 위해 조·일 국민을 잔뜩 동원했으며, 조선신궁 진좌일에 맞추기 위해 새로 신축한 경성역의 개장을 일부러 늦췄다는 에피소드가 널리 회자된다.

이런 사정들을 참조하면, 기차와 경성역, 조선신궁으로 이어지는 제신들의 신체 이송 서사는 지나치게 치밀하고 계획적이어서 어떤 두려움마저 불러일으킨다. 왜냐하면 "일본의 신이 '문명'을 가지고 조선에 온다는 것을 보여주는 상징적 행위"[29]를 훨씬 넘어서기 때문이다. 함께 실린 "거미가 집을 짓기 시작한 지 몇 달 몇 년일까"(22)라는 시구에 보이듯이, 제신들의 도래 장면에는 몇 번의 조선 정벌 끝에 애초에 일본 땅이었던 한반도의 고토를 드디어 회복했다는 극도의 식민주의적 (무)의식이 한껏 피로되고 있다.

저 사진들의 조합이 〈동경의 여로〉로 명명된 까닭이 이로써 더욱 분명해진다. 그 경로는 단순히 애국주의로 무장한 일본인 화자(편집자) 개인의 현재 시선과 정서, 욕망만을 내포하고 발산하지 않는다. 국가신도의 입장에서라면, 그 바라봄과 꿈꿈은 일본민족 전체의 것이며, 또한 현재를 넘어 과거와 미래로 한없이 확장·심화되는 영원무한의 형식에 더욱 가깝다. 이런 추측은 〈동경의 여로〉 사진들을 감싼 신비로운 분위기나 아래 시편의 경신숭조와 충군애국에 대한 영원한 희원을 감안하면 설득력이 더욱 커진다.

생각하면 머나먼 어버이의 사랑
우러르면 높디높은 나라의 은혜
이렇게 떨어지지는 않을 이 마음

신 앞에 바치나니
자, 아내여 아들이여.

백 리 철길 한결같이
생각하고 또 생각했던 그리운
신도의 하늘이 가까워지는구나.
선잠 어렴풋한 꿈속에
몇 번이나 보이는 환영의 신사.

- 〈동경의 여로〉 부분(22)

"어버이의 사랑" "나라의 은혜" "신"은 국가신도의 면모를 명쾌하게 표상한다. 세 항목은 심전개발의 핵심인 국체명징의 확립, 경신숭조의 함양, 보은·감사·자립의 정신 양성에 필수적인 요소들이다. '그리운 신도의 하늘'이니 '환영의 신사'니 하는 대목은 따라서 조선신궁에 대한 기대와 꿈만을 드러내지 않는다. 그보다는 국가신도로서 조선신궁의 성격과 역할, 참배자(신민)의 윤리와 책무를 계몽하고 가창하는 기호에 더욱 가깝다. 이 선무宣撫의 감각은 그들이 목표했던 '황국신민화'와 '내선일체', 그러니까 신국에의 강제 편입과 조선의 무참한 삭제로 귀결될 것이었다.

그래서 〈신풍神風에 감싸인 대경성〉(그림 16)의 사진과 시편은 일제의 식민주의적 환상과 욕망을 서둘러 재현한 것으로 읽히지 않는다. 오히려 식민지 조선에 실현된 '신풍'의 원리와 문법, 그에 의한 '은뢰'와 '신광神光'의 펼침을 노래하는 듯하다. 가령 상단 중앙의 신궁 본전과 하단 우측의 조선총독부가 정교하게 몽타주된 사진을 보라. 남산 정상에 우뚝 솟은 본전은 초월자의 위치에 섬으로써 '신풍'의 신성성과 권력성을 보편화한다. 이와 같은 절대적 시선의 확보는 경성(조선)을 원거리로 밀어내어 타자화·식민화하는 작업을 한결 쉽게 한다. 이를 일제의 시각에서 말한다면, 성聖과 속俗 양면에서 수행된 조선 정벌과 점령에 대한 근대적 실현 및

그림 16 신풍神風에 감싸인 대경성

완성 정도로 정리될 수 있을 것이다.

하지만 일망무제를 틀어쥔 시각의 높이와 넓이는 그에 기초한 제국주의의 대내외적 팽창을 침략주의나 식민주의로 바라보게 할 가능성을 보다 강화한다. 사진 〈신풍에 감싸인 대경성〉에서 포토몽타주 특유의 예술성이나 기술성보다 종교와 결속된 침략적 국가의식이나 식민주의적 (무)의식의 고취가 먼저 느껴지는 이유다. 이 첨단의 사진기술을 동아시아 전역으로 확장할 경우 "대동아공영권의 시각적 표상"으로도 읽힐 수 있다는 어떤 지적은 그런 의미에서 전적으로 타당하다.[30]

그러므로 신궁 아래 조선총독부는 식민통치와 지배를 위한 세속적 권력으로만 인지되어서는 안 된다. 오히려 '신광의 국체國體'를 널리 펼치는 현실적·제도적 '신풍'의 기관으로 번안되어 마땅한 것이다. 사실대로 말해, 신궁-총독부의 수직축과 총독부-경성 시내 수평축의 조합, 전자에서 후자로의 전망은 현실에서는 전혀 불가능하다. 신궁과 총독부의 한 화면 배치와 조합은 '신풍'(일본)에 의해 경성(조선)이 국토발전과 국태민안을 함께 누리고 있음을 선전하기 위해 고안한 허구적·자의적 장치일 따름이다. 요컨대 국가신도 아래 식민지 조선상을 구축하고 관리하기 위해 동원한 지리적 조작과 왜곡의 산물인 것이다.

푸른 연기에 감싸인 산 근처
신궁의 나무 높이를 알 수 없고
신풍은 이제
하늘에 시렁처럼 드리워져 있다.

신광 찬란하여
푸른 하늘에 비치어 흐르면
지상에서 솟아오르는 환호의 소리
하늘에 들리는 번영의 소리.

-〈신풍에 감싸인 대경성〉 부분(39)

푸른 하늘에 울울한 신광, 즉 예의 〈동경의 여로〉에서 엿본 바 '국체의 빛'이 식민지 조선에 펼치는 '은뢰'는 매우 분명하다. 지상을 울리는 '환호성'과 하늘에 들리는 '번영가'는 제신·천황·제국 삼위일체가 수행한 조선의 근대화를 찬양하고 기리기 위한 감사와 보은의 목소리일 것이다. 이 목소리가 커질수록 국체명징과 충군애국에 대한 정념 역시 절정을 향해 치달을 것이었다. 이러한 상황은 일제에게 매우 바람직한 것이었다. 하지만 하늘과 땅을 울리던 "환호의 소리"와 "번영의 소리"는 조선인의 총력전 동원과 희생, 죽음의 타율성을 더욱 촘촘하게 강제하는 폭력적 기제로 변질되어 갔다. 그럼으로써 적어도 조선인들 사이에서는 죽음을 부르는 불길한 목소리로 경원시되고 비난받는 상황에 처하게 된다.

아무튼 〈신풍에 감싸인 대경성〉의 사진과 시편에는 '신풍'으로 조·일신민 모두를 껴안아 신국의 변방 조선을 낙토로 전환시켰다는 자신감이 충만하다. 그렇지만 신궁과 총독부, 경성을 상하좌우로 잇는 조망 체계에는 조선병합에 대한 기념과 기억, 식민지 개척 및 통치에 관련된 국가의식의 고취 등과 같은 식민주의적 내셔널리즘을 더욱 심화하고 확산하는 권력적 시선이 가득 배어 있다. 이러한 차별적·타자적 감각은 식민지인에 대한 동원과 강요, 감시와 처벌을 일상화할 위험성이 높았다. 파놉티콘의 낙토에서 발생할지도 모를 균열과 갈등을 조절하고 감쇄하는 일이 국가신도가 감당해야 할 핵심 과제의 하나로 떠오른 이유였다.

이 작업은 신궁 참배자들의 성격상 제국과 식민지를 함께 포함하되 서로 다른 방법으로 집행될 수밖에 없었다. 하나는 일본 차원의 것으로, 신궁의 신비성과 심미성을 내지의 그것에 가깝게 등가화하는 작업이다. 다른 하나는 제국이 발명한 식민지 조선의 가치와 의미를 국가신도의 관점에서 보편화하는 작업이다. 전자는 조선신궁의 '본토화', 곧 '일본적인 것'의 실현과 표상으로, 후자는 조선신궁의 '지방화', 곧 '조선적인 것'으로의 기입과 구조화로 바꿔 말할 수 있다. 둘은 그러나 그 방향이 어떻든 국체의 본의인 천황에게 귀의하여 진충보국하는 자세로부터 출발되고 완성된다는 공통점을 전제한다.

《은뢰》는 조선신궁 팔경과 사계를 촬영하여 사진첩 이곳저곳에 나누어 배치했다. 더불어 신궁의 아름다움과 신비함을 한껏 느끼면서 거기에 아낌없이 동화되는 화자의 내면을 담은 시편들도 간간이 첨부하기를 잊지 않았다. 가령 '팔경'은 새벽과 저물녘, 달밤을 넘나들며 안개, 아침 햇빛, 노을, 달빛에 감싸인 조선신궁의 신비로운 분위기 포착에 집중했다. 이와 달리 '사계'는 만개한 꽃, 양산 쓴 처녀, 신궁의 달빛, 눈 내린 대전 등의 계절 풍경에 더욱 심취한다. 하지만 두 풍경은 결코 대조적이지도 않고 서로의 우선권을 주장하지도 않는다. 그보다는 짧은 순간의 '팔경'은 스스로를 둥글리며 긴 시간 '사계'의 풍경으로 제 몸을 서서히

그림 17 조선신궁 사계(위)와 조선신궁 팔경(아래) 일부

육화해간다는 표현이 보다 적절할 것이다.

1) 금빛 화살
날아가는 저쪽 끝
오늘도 또
좋은 날 만족스런 날을
기도하며 기다리네

- 〈동틀녘〉(조선팔경) 부분 (65)

2) 산사에 햇빛 쏟아지고 붉은 그림 그려진
처녀의 양산도 막 불타는 듯하다.

- 〈조선신궁의 사계-여름〉 (308)

사진의 풍경과 노래된 대상은 조선신궁이므로, 여기 관련된 시공간적 주체는 조선으로 지목하여 하등 이상할 것 없다. 하지만 신궁의 시공간과 자연풍경, 인간과 사물은 제신과 그들의 신체에 의해 새로운 생명과 가치를 부여받고 있다고 해야 옳다. 따라서 사진 속 조선신궁의 아름다움과 신비함은 제신의 은뢰와 일본적인 것의 뛰어남을 환유하는 미적 장치의 일환인 것이다. 이를 통해 조선신궁의 건립이 조선에 대한 일본의 부분적 이식을 넘어 전면적 대체로 수렴되고 주장될 수 있다는 잘 계산된 목적을 조·일 양 국민에게 자연스럽게 환기시킨다.

가령 〈조선신궁 봉찬창가〉의 2절 "태양신의 은혜 깊고 깊어/위대한 천황을 지켜주시는구나/아아, 우리를 되살리시니/황송함에 눈물은 흐른다"를 들어보라. 당연히 창가의 우선권은 '천황 귀일'을 예찬하고 다짐하는 일본인에게 있다. 그러나 '신풍'에 휩싸인 조선을 생각하면, 감사와 보은의 눈물은 '황국신민'의 은사를 입은 조선인의 몫이어야 마땅했다. 사실, 식민지인의 자발성은 마음속 깊은 곳에서 충군애국을 불러일으키는 핵심적 계기가 아니었던가.

이를 고려하면, 조선인이 미처 경험 못한 조선 내 '만들어진 신국'을 재현·전시하는 일은 '천황 귀일' 사상을 고조시키는 데 매우 효과적인 방법임에 틀림없다. 이 때문에라도 조선신궁의 '팔경' '사계' 같은 심미성과 신비성 포착, 나아가 그것의 정치적·문화적·종교적 활용, 예컨대 사진첩, 사진엽서, 경성 소개서, 관광안내지 등에의 조선신궁 수록 및 유통 같은 대중성 확보가 더욱 절실해졌던 것이다.

그런 의미에서 《은뢰》 발간의 핵심적 연유인 '조선신궁 진좌 10주년 봉축대제'는 조선신궁 성화와 예찬의 제도적 총화 사업이라 할 수 있다. 《은뢰》에 적힌 바, 제신의 신궁 진좌 후 10년 동안 "신덕神德이 실로 이 변방까지 미쳐 생민生民 모두 삶을 즐기게" 되었고 "누군들 그 은덕에 감사하는 마음이 용솟음치고" 있다는 게 일제의 공식적 견해였다. 그 기념으로 조선신궁 앞에는 전기 장식 봉축문이, 남대문에는 일루미네이션이, 경성부청 앞에는 봉축탑이, 경성역에는 봉축문이 "찬연하게 번영의 빛을 밝혔다"(294~295)고 한다. 이 장면에서 일제의 천황가 '경신숭조'를 향한 집념과 의지가 거의 최고조에 달했음이 숨김없이 드러난다. 조선신궁을 필두로 한 조선 전역의 신사참배가 한반도의 '충량한 신민'들에게 어떤 결석과 회피도 용납되지 않는 절대적 의례로 강제되었던 까닭이 여기 있다.

그렇지만 아이러니하게도 주체의 자발적 동의 없이 막무가내로 강요된 신사참배는 일본 학생에게조차 불편한 심기를 넘어 거부의 욕망을 낳는 원인이 되었던 것으로 보인다. 이를테면 경성에서 태어나고 자란 일본 여성의 조선신궁 참배에 대한 신랄한 비판을 보라. "높은 곳에서 위압적으로 사람을 지배하는 느낌이 들어 어쩐지 싫었어. 형식만 중요시된 것 같아 정말로 좋아지지 않았어. 하여튼 매월 가야 하는 참배는 우울했고, 도대체 왜 이런 일을 해야 하는지 갈 때마다 생각했어."[31] 비록 일제 지배계급의 구성분자로 자라나던 일본 소녀의 고백이긴 했어도 우리는 이 대목에서 다음과 같은 사실을 문득 확인한다. 근대 천황제의 식민 권력이 그토록 외쳐대던 "(내선의―인용자) 조화로운 공존, 내선일체로 완성되는 조화로운 전체라는 이상향"[32]이 실현 불가한 허구적 담론으로 그 내부로부터 차츰 의심받으며 균열, 붕괴되고 있었다는 사실이 그것이다.

'은뢰' 아래의 식민지 조선, 그 '신광'의 이면

식민지 조선을 관통하는 《병합기념조선사진첩》(1910)과 《은뢰》(1937) 사이에는 동질성만큼이나 차이점도 분명하다. 후진국 조선의 계몽과 개척을 내건 식민주의적 자의식, 우승열패를 전제한 식민지의 타자화는 예외 없는 공통점이다. 하지만 식민지 포착과 재현의 전략, 조선의 의미와 가치를 기호화하는 방법의 차이 역시 양자 사이에서 뚜렷하게 읽힌다.

《병합기념조선사진첩》은 그 목적과 성격답게 조선의 객관적 이해나 분석을 위한 시각 및 태도와 거리가 멀었다. 갓 병합된 조선은 "근대의 시선으로 본 전근대, 지배자의 시선으로 본 피지배자의 모습"[33]으로 그쳤기 때문이다. 이러한 시선은 인종과 생활, 문화와 관습을 막론하고 조선의 고유성에 대한 이해와 존중의 염을 앞세우지 않는다. 오히려 조선을 철저히 대상화하고 사물화하여 일제 아래로 서열화·체계화하는 소외와 폭력의 태도를 밑바탕에 까느라 바빴다. 그 결과 조선(인)은 그 형식이 실사實寫든 연출이든 원시와 후진, 미개와 무지로 경사된 모습으로 왜곡·굴절·정형화 되었다. 선진 문명, 곧 제국주의에 의한 후진사회, 곧 식민지의 계몽과 개척, 지배와 발전의 긴급한 필요성은 저 모습의 보편화를 통해 그 정당성과 필연성을 유감없이 확보해갔다.

그럼에도 《은뢰》에는 일제의 식민지 조선에 대한 타자화 및 사물화의 시선이 빼곡하다. 이 사진첩에는 기생을 제외하고는 빨래와 물긷기, 농사와 어업, 전통공예, 새 쫓기, 애 보기, 해녀의 물질 등 하층민의 생활과

그림 18 물지게꾼

그림 19 애마와 말하다

풍습을 담은 사진이 곳곳에 들어 있다. 이 대상들은 일제시대 내내 '조선 풍속'이란 이름 아래 조선의 후진성과 정체성을 표상하는 대표 항목들이었다. 궁핍한 초상들의 지속적 배포와 이미지 고착화는 일제의 조선 통치를 위한 식민주의를 계속 복제하고 구조화하는 내부적 조건으로 작동해 갔다. 이 때문에 《은뢰》의 주요 임무로 지목했던 '일제의 식민통치에 대한 권위와 정당성 부여'라는 토픽을 조선신궁의 '지방화', 곧 '조선적인 것'으로의 기입과 확장이라는 관점에서 살펴보는 일이 더욱 중요해진다.

일례로 예시한 사진자료 〈물지게꾼〉은 《병합기념조선사진첩》에, 〈애마와 말하다〉는 《은뢰》(238)에 실려 있다. 전자는 요구된 포즈를 취한 물지게꾼을 촬영하여 조선의 후진적 노동과 생활을 자신들의 의도대로 정형화했다. 후자도 여전히 후진적인 조선 생업의 특징을 드러내기는 마찬가지이다. 그렇지만 실제 일하는 모습을 촬영함으로써 조선 고유의 생활과 향토색을 놓치지 않았다. 더군다나 볏단 실어 나르기로 힘든 애마에게 다정한 위로의 말을 건네는 〈애마와 말하다〉라는 시편을 붙여둠으로써 소를 아끼는 조선 농민의 심성도 잘 드러냈다. 나아가 농부의 애마에 대한 애정과 정성을 포착한 이 장면은 제국의 가부장인 천황의 조선인에 대한 '애민정신'을 환유한다는 느낌마저 준다. 과연 잠시 뒤 함께 읽어볼 메이지 왕의 〈어제〉 시편은 천황과 신민의 관계를 농민과 애마의 그것과 매우 유사한 형태로 노래하고 있다.

《은뢰》의 조선(인)에 대한 천황의 제일 은사는 "백성을 위해 결실 풍성한 가을을 기원하는 이 몸은 / 견디기 어려운 여름의 더위도 괴롭다 생각하지 않았도다"(〈어제〉, 73)에 보이는 자애로운 가부장의 이끎과 돌봄일 것이다. 〈애마와 말하다〉를 위시한 《은뢰》의 각종 사진은 이 지점을 파고듦으로써 《병합기념조선사진첩》의 사진과 스스로를 구별한다. 요컨대 전근대의 현실이 압도하는 붉은 땅의 동식물과 요보들을 아끼고 보살피는 '은뢰'의 펼침을 전면화함으로써 천황의 지배와 통치를 더욱 가치화하는 것이다.

이를 증빙이라도 하듯이, 《은뢰》에서 조선(인)을 촬영한 사진들은 생업의 고통과 일상의 간난을 함부로 앞세우지 않는다. 그것을 배면에 깔면서도 식민통치 30여 년의 근대화가 가져온 발전의 효과와 후광을 전면화하는 형식을 취한다. 그럼으로써 제신들이 내려준 '은뢰'의 실제성과 상징성을 더욱 드높인다. 이를 위해서는 근대천황제와 국가신도의 연동시켜, 그것이 성취한 조선의 근대화와 발전상을 《은뢰》 전면에 부각시키는 것이 무엇보다 중요했다. 조선신궁과 경성의 발전을 함께 제시하고, 조선 팔도를 소개할 때 그곳을 대표하는 신사를 첫 장에 배치하는 편집 전략은 그런 점에서 필연적이었다.

《은뢰》에서 조선인은 조선신궁 참배와 국기배례 장면을 제외하면, 지역별·업종별 시정정책, 그와 관련된 일상생활과 생업의 대상으로 포착되곤 한다. 이와 더불어 경성의 여러 명소 이외에도, 금강산, 지리산, 백마강, 한려수도, 제주도 등의 자연풍경과 불국사, 통군정, 미륵불, 광릉, 남한산성 등의 문화유적이 곳곳에 배치된다. 만약 이런 장면들을 따로 편집하여 책을 만든다면, '조선 여행' 안내서로 손색이 없을 정도로 사진의 구도와 화질도 매우 뛰어나며 각 장면에 붙인 설명도 비교적 풍요롭다.

《은뢰》상의 지식과 정보의 우수성은 시정에 대한 정확한 파악과 기록 이외에도, 제국의 새로운 영토('조선'이라는 지방)에 대한 심상지리 확보와 이국 취향의 충족을 목적으로 성행하던 1920~30년대 '조선 여행'이 적절히 반영된 결과일 것이다. 실제로 근대 이후 조선의 투어리즘은 '외지' 조선과 '내지' 일본, 조선의 주요 도시, 자연과 유적의 명소를 연결하는 조선철도의 폭넓은 개발과 확장에 의해 더욱 활성화되었다. 한 연구자에 따르면, 특히 제국의 식민지 여행에 필수적이었던 여행안내서는 여행자나 독자에게 ① 여행이라는 물리적 행동'의 생산, ② '지리의식의 확대라는 정신적 측면'에의 깊은 관여, ③ 여행 관련 지식과 정보를 위한 '새로운 독서 현상을 낳는 재생산성까지 포괄한다.[34] 《은뢰》의 조선 관련 사진과 정보 역시 세 가지 효과의 생산과 제공에서 거의 벗어나지 않는다. 게다가 조선 각지의 신사를 첫 자리에 위치시킴으로써 조·일간의 지배와 피지배, 우열 관계 등을 기민하게 각인하는 데 성공하기까지 한다.

이를 통해 《은뢰》 속의 350여 장을 넘나드는 사진자료가 조선총독부 산하 조선철도국에서 발행한 각종 사진엽서와 여행안내서 등이 성취한 효과 이상의 무엇을 거둬들였다는 판단이 가능해진다. 식민지 관광에 대한 소개와 개발이 그러했듯이, 그 내용을 포괄하는 《은뢰》의 지식과 정보는 일제를 향해 경제적인 이윤을 더해줌과 동시에 문화의 주도권을 더욱 장악하게 했으며, 결과적으로는 통치의 정당성과 수월성을 확보하는 수단으로 그 역할과 기능을 다하게 된 셈이다.[35]

이제 《은뢰》가 조선을 이미지화하고 가치화하는 현장과 방법으로 눈길을 돌려보자. 자연경관과 문화유적은 편의상 '조선 여행'과의 연관성을 강조하는 정도로 여며둔다. 대신 '은뢰'와 '신광'의 펼침에 더욱 밀착되어 있는 경성시가를 촬영하고 노래한 이미지와 시편들에 관심을 집중하기로 한다. '경성'은 구 왕도王都에서 식민 수부首府로 전락한 '한양'의 새 이름이다. 경기도 일개 도시로의 위상 추락과 '경도(교토京都)'에 확연히 대비되는

그림 20 파고다공원 · 조선은행 앞 대광장

'경성(케이죠京城)'으로의 개명이 식민화의 욕됨과 비운을 우선 상징한다. 실제로 '식민지 수부'라는 지위와 속성은 경성이 제국의 수도 도쿄에 대한 동일화와 차별화를 끊임없이 반복할 수밖에 없음을 명확히 지시한다. 아니나 다를까 《은뢰》도 발명된 경성의 양가적 면모를 놓치지 않는다. 이 작업은 사진엽서나 경성안내서가 그렇듯이 일본-근대와 조선-전근대를 나란히 병렬하고 대조하는 방식으로 수행된다.

《은뢰》에서 경성은 조선총독부-조선신궁-조선은행-조선총독부박물관-경성부청의 근대적 건축과 경회루-근정전-파고다공원-비원-한강변의 전통적 건축(42~47)이 서로 대비되는 형식으로 소개된다. 일본에 의한 조선의 식민지 근대화가 전형적으로 묘사되는 구도인 셈이다. 제국의 근대문명과 식민지의 전근대적 문화가 확연히 대비됨으로써 '우승열패'의 서열과 더불어 조선 지배에 겨눠진 '국체의 빛'이 더욱 뚜렷해진다. 이를테면 '파고다 공원'과 '조선은행 앞 광장'을 위아래로 배치한 사진첩 한 장면(그림 20)에 실린 시가 두 편을 보라.

1) 종소리는 고려 벌판으로 사라지고
원각사 흔적만 남아 있는데,

팔각당엔 이끼가 끼어
이 세상의 피리 소리도 희미하다
- 〈파고다 공원〉 부분(44)

2) 방사포장한 (조선은행 앞) 대광장
빼걱대는 전차에 햇살은 떨어지고
사람과 차가 크로스하는
네온라이트의 밤이 왔다.
- 〈조선은행 앞 대광장〉 부분(44)

파고다 공원의 원각사지 10층석탑은 로우 앵글의 시선으로 인해 그 자태와 위엄이 더욱 두드러진다. 하지만 시편에서 노래된 원나라에 침탈된 유약한 고려에 대한 환기, 또 '여기 지금'의 종교성을 박탈당한 전시가치만의 잔존은 석탑의 본래적 가치와 의미에 대한 소외를 일상화한다. 파고다 공원은 근대적 피로에 한껏 침윤되고 노출된 군중들의 잠깐 휴식을 보장하는 대중공원이라는 효용성을 갖는다. 하지만 거기 우뚝 솟은 석탑은 근대문명의 활력과 무관한 응고된 사물성, 곧 종교적 "무관심, 사람들과 장소로부터의 소외, 돌아갈 집의 상실, 세계에 대한 비현실감과 소속감의 상실"을 뜻하는 '실존적 외부성'[36]에 완연히 갇혀 있다. 이러한 상황에서는 파고다공원과 석탑은, 경복궁과 창덕궁이 특히 그랬듯이, 허약하고 노쇠한 망국의 유물이라는 패배적 정체성 속에서 파악되고 인지되는 식민지적 소외현상을 면치 못한다.

이에 비하면 조선은행 앞 광장의 풍경은 그 의미가 남다르다. 조선은행이 위치한 경성 남촌에는 은행과 보험회사, 백화점과 호텔, 극장과 우편국 등 첨단의 소비자본주의적 시설과 기관이 빼곡히 들어섰다. 조선신궁은 일제 수혜의 식민지 문명을 굽어보는 남산 자락에 건립되었다. 남촌의 급속한 도시화와 소비문화의 홍성은 일제의 침략자적 본질을 은폐하는 한편 제국의 '문명'을 맛보려는 조선인이라면 반드시 본정本町(현재의 명동 부근) 일대를 들러야 하는 도시산보의 문법을 창출하기에 이른다.[37] 요컨대 "사람과 차가 크로스하는 네온라이트의 밤"은 그것을 주도하는 일본인이나 전깃불처럼 휘황한 '국체의 빛'에 하릴없이 나포된 조선인이나 결코 스쳐 지날 수 없는 매혹의 광경이었다.

그러나 이 광경은 문명의 주체를 따져본다면 '전시되는 제국, 구경하는 군중'으로 불릴 만한 성질의 것이었다. 조선은행과 백화점 등이 줄지어 들어서는 식민 수도 경성은 한편으로는 "문명의 위광을 과시하는 제국의 스펙터클이 상연되는 극장"이지만, 다른 한편으로는 조선과 일본 간의 "인종 차별적 양극화의 처절한 드라마가 양산되는 비극적 삶의 무대"였기 때문이다.[38]

그런 의미에서 '조선은행 앞 대광장'은 제국의 문명이 뿌리내린 곳 어디서라도 발견되는 '무장소성'의 공간인지도 모른다. 이를테면 조선은행 사진에 표상된 제국 중심의 매스컴과 대중문화, 대기업 자본과 강력한 중앙 권력 따위는 문명화 속도전의 스펙터클을 한껏 제공한다. 하지만 그것들 경험의 일상화와 평면화는 대상 공간과 사물에 대한 비슷한 느낌과 무감동한 경험을 점차 가속시키기 마련이다. 이에 따라 식민지 조선의 제국 문명에 대한 최초의 강렬함과 영향력은 근대 문물의 지속적 축적과 대중매체의 반복된 문명의식 선전과 조장에도 불구하고 점차 약화될 수밖에 없다.[39]

이 지점에 이르면 《은뢰》에서 경성 이미지가 후진 조선과 선진 일본, 비문명과 문명의 구도로 세밀하게 조직되고 널리 선전되는 까닭이 더욱 분명해진다. 하나, 일본 탄생 이래 천황가가 널리 지속해온 '은뢰'의 펼침을 강조한다. 둘, 그것의 현재화로서 일본 근대문명의 우수성과 보편성을 재차 확인한다. 이 책무의 실질적 주관자가 조선신궁 사무소와 《은뢰》 편집자였으며, 그들이 함께 공유하는 애국주의와 식민주의가 사업 추진의 원동력이었음은 어렵잖게 짐작된다.

'은뢰'에 감싸인 식민지 조선인의 발명

《은뢰》는 경성을 전근대 및 근대 건축의 대조를 통해 조·일간의 차이와 서열의 장으로 간명히 재현했다. 이와 달리 그 외의 조선에 대해서는 성별, 업종별 노동과 일상, 조선 어디서나 관찰되는 생활 현실의 포착에 집중한다. 《은뢰》는 그런데 호기심과 멸시의 시선으로 조선의 인물과 풍속을 촬영, 그것을 반복적으로 재활용하는 보통의 사진엽서나 사진첩과는 얼마간 다른 태도를 취하는 듯하다. 이를테면 근·원거리를 막론하고 촬영자의 입맛에 맞게 피사체의 포즈나 형상을 조작하고 왜곡하는 경우가 좀처럼 눈에 띄지 않는다. 대신 조선의 실제 생활과 풍경, 그 움직임과 분위기를 자연스럽게 포착하는 데 주력한다. 이런 이미지의 활력과 사실성은 그러나 촬영·편집 기술이 더욱 진화되었으며, 촬영·편집 의식과 목적 역시 훨씬 조직화된 결과의 소산일 수도 있다.

이를 감안하면 다음의 두 가지 사실이 주목된다.

첫째, 당시 조선 촬영의 문법으로 "인물에서는 표정을, 풍경에서는 대기의 표정과 로컬 컬러, 즉 거짓 없는 조선의 모습을 구하고 조선 고유의 생활을 반영할 것"이 요구되었다. 요컨대 조선 사진의 기록성과 예술성의 진정한 가치를 조선인의 '생활'과 조선 고유의 '향토색'에서 찾도록 했다는 것이다. 그럴 경우 조선의 "향토적인 자연풍경을 배경으로 서민들의 일상적인 생활 모습을 담은 목가적인 분위기"의 포착과 제시가 각별히 중요해진다.[40]

둘째, 《은뢰》 편집후기의 "사진 등 직관적으로 볼 수 있는 것을 넣었고, 지면은 상당히 우려전아優麗典雅하게 하여 변화를 주고자 했다"라는 문장과, "기사나 문장은 아주 간결하게 작성하되 보는 사람의 심정에 여운을 남김으로써 그 심상 가운데 유신唯神의 대도大道가 솟아나올 수 있기를 바랐다"라는 문장에 보이는 편집 방침의 영향과 개입 문제이다. 이 항목들은 조선신궁은 물론 조선의 인물과 풍경에 두드러지는 몽환적·낭만적 분위기를 채색하는 유력한 근거로 작동했을 것이다. 왜냐하면 저 편집방침은 국체명징과 신사의 특질 표명, 고대의 내선신기 관계에 대한 은밀한 표출, '내선동근' 사상의 배양(342)을 위해 취해진 문화정치학적인 조치이기 때문이다.

이들 상황에 유의하며 《은뢰》 속 조선인의 특징을 짚어본다.

먼저 여성들이다. 조선신궁 참배객으로도 곧잘 등장하지만, 역시 빨래와 물 긷기, 농사일, 바다 물질, 애 보기에 고단한 하위층 여성과 소녀가 주된 애호와 관심의 대상들이다. 식민지 근대화는 조선 여성의 고통과 좌절을 많이 바꿔놓았을 법하다. 하지만 예시한 사진(그림 21)에 보이듯이, 그녀들은 개인의 성숙과 발전을 위한 근대적 교육과 여가와 취미활동에서 대체로 소외되었다.

이를 고려하면, 소년의 출현에 뒤지지 않는 소녀들 중심의 교육 관련 사진과 기사[41]가 《은뢰》에 적잖게 실린 것은 매우 인상적이다. 당대 여성의 낮은 지위와 현실에 대한 객관적 파악 및 개선의 노력이 엿보이기 때문이다. 물론 교육 개선과 그 효과는 그녀들 자신보다는 '국운의 신장'과 '조종의 대업'(174)을 널리 밝히기 위한 것이었다. 이것은 목표가 천황제에 대한 동화와 헌신에 겨눠졌다는 점에서 그 한계가 뚜렷하다. 실제로 조선총독부와 조선신궁의 식민지 여성에 대한 관심은 제국 팽창과 확산을 위한 정치성의 계발과 이념성의 내면화를 중심으로 수행되었다. 예컨대 우측 하단부의 〈물 긷는 소녀〉(162)는 교육에서 소외된 채 가사노동에 시달

그림 21 조선여성의 노동과 일상

리는 모습을 전형적으로 표상한다. 그러나 《은뢰》에서 이 사진은 질병을 예방하고 위생을 확보하기 위해 필요한 공동 모범우물의 굴착과 보급을 장려하기 위한 도구로 제시되었다. 이를 감안하면 조선 여성의 실질적 권리와 지위 향상이 예전에 비해 크게 달라진 바 없음을 알게 된다. 아니나 다를까 '총력전'의 시대에 이르면 조선 여성은 노소를 불문하고 강제적인 노동과 위법적인 성의 착취 대상으로 구원의 여지 없이 내몰리게 된다.

그나마 다행인 것은 조선의 '생활'과 '향토색'이 강조되면서 조선 여성의 후진적 노동과 고통뿐만 아니라 그녀들 특유의 활력과 건강성도 함께 포착되었다는 사실이다. 미개한 토인 수준으로 응시되고 표현되던 조선 여성이 삶의 유지와 보존에 관련된 '생활'의 범주에서 다시 읽혔다는 사실은 신선한 충격을 넘어선다. 물론 이 사진들의 진정성은 의미와 지시가 더욱 분명한 관련 시편을 찬찬히 읽고 난 뒤에야 확증 가능한 것이다.

1) 빨래하는 내 손에 부서지는 내 그림자
부서지고 흩어져 흘러만 간다

자기 멋대로 그려놓은 물의 무늬
흔들리며 시늉하며 끝내는 사라진다.

흔들리며 가는 물결에 햇빛 쏟아져
황금 백금 솟아오르며 사라진다.

-〈맑은 물의 모습〉 2~4연(68)

2) 흰옷에
감싸인 모습
맑디맑아
호미를 쥔 솜씨
햇볕이 비치면
푸른 물드는 삼베옷
짜내기 아까운
풍정이구나.

-〈아침 풍경〉 2연(128)

상단부 사진 2장에 보이는 빨래하고 밭일하는 여성들을 노래한 시편들이다. 언뜻 보기에 조선 여성의 내면과 정서를 노래하는 듯싶다. 하지만 역시 그녀들에 기댄 일본인 화자의 소회와 감개의 내밀한 토로가 중심이다. 확실히 사진들에서는 근대문명의 편의로부터 소외된 채 험한 육체노동에 시달리는 조선 여성의 고통이 심심찮게 느껴진다. 한데 두 시편에는 대상과의 통합이라는 서정시의 문법 아래 표면적 '생활'은 포착하되 그 뒤에 감춰진 '현실모순'은 교묘히 회피하거나 은폐하는 정황이 비교적 역력하다.

이런 이중적 태도는 일본 문학의 미의식 '모노노아와레物の哀れ'의 깊은 영향에서 비롯되었을지도 모른다. 이 용어는 객관적 사물에 의해 촉발되는 적막하고 쓸쓸한 정서, 애수, 서글픈 감정 등을 이를 때 쓰인다.[42] 실제로 제목이 환기하듯이, 화자들은 조선 여성의 고된 빨래와 밭일, 그로 인한 현실적 고통과 슬픔에는 비교적 무감각하다. 오히려 그녀들을 둘러싼 '맑은 물' '아침 풍경'에 예민하게 감응할 따름이며, 그것들의 덧없는 순간성과 허무성에 대한 적막함과 쓸쓸함을 집중적으로 토로하느라 바쁘다.

간난에 처한 식민지 여성을 도외시하는 듯한 태도는 천황의 '은뢰'와 거의 무관한 것처럼 보인다. 그렇지만 자연과 인간의 융합, 타자와의 공감을 통한 상호 감정이입이 일본 와카의 핵심임을 떠올리면, '일본적인 것'의 '조선적인 것'에 대한 감쌈과 스밈은 피할 수 없는 것이 된다. 이 말은 두 시편이 단순히 화자의 사적인 감정 표출에 그치지 않음을 뜻한다. 그보다는 《은뢰》 '편집후기'에 이미 지시되었듯이, 이면에서 조선신궁 제신의 '은뢰'를 암암리에 되뇌며 송축하고 있다고 이해하는 편이 훨씬 타당하다.

아마도 성별 관련 노동과 직업의 차이가 반영된 결과일 텐데, 조선 남성은 더욱 다채로운 모습들(그림 22)로 등장한다. 농부가 중심이긴 하나, 발전 속도가 남달랐던 광공업과 수산업 종사자에 더해, 갓, 재떨이, 금속공예, 석물, 도자기를 만드는 장인들이 《은뢰》 곳곳에 포진되어 있다. 여성 사진에서 그랬듯이, 《은뢰》의 사진작가는 조선 남성도 일률적 형식과 포즈로 대상화하지 않고 현실 속 노동과 공예 장면을 포착하여 그들 고유의 생활과 향토색의 표현에 집중한다.

그 가운데 전통적 생활용품과 도자기, 석물 등의 공예품 제작은 조선 장인의 솜씨와 심미안을 보여주는 사례로 모자람 없다. 예술로서 전시가치가 더욱 출중해진 청자와 백자를 빼면, 나머지 공예품은 왕가나 세도가 같은 지배계급에서 애용하던 고급품과 대비되는 소박한 물품들이다. 그

그림 22 조선 남성의 노동과 일상

렇기에 그것들은 한편으로는 조선의 전근대적 생활양식에 대한 여전한 증거물로, 다른 한편으로는 일본 및 중국과 대비되는 조선 민예품으로 읽힐 수 있다. 특히 후자는 '조선미'의 특질을 정의하고 지시하는 특정 개념의 창안과 보급에 필요한 유용한 자료로 채택된다는 점에서 더욱 유의해야 한다.

실제로 조선의 전통공예를 옹호하며 긍정적 가치를 널리 알린 것으로 유명한 야나기 무네요시柳宗悅는 동아시아 미학의 일 요소로 서민의 생활미술을 중시하는 '민예'라는 개념을 새롭게 고안했다. 그러면서 조선 '민예'의 핵심을 '쓸쓸함과 슬픔의 아름다움', 곧 비애미와 유장하고 부드러운 곡선의 미에서 찾았다. 《은뢰》상의 조선공예도 크게 보아 야나기의 미학에 포괄할 수 있다. 물론 청자와 백자만 포착한 사진(64) 이외의 것들은 공예품과 조선 장인을 함께 포착하고 있어 특징적이다. 하지만 그럼으로써 조선 민예 자체보다는 그것을 생산하는 장인의 열정과 책무, 공방의 현장성이 더욱 부각되는 효과가 발생한다.

그러나 제국의 조선 민예 인식에서 중요한 것은 식민지 조선에 대한 오리엔탈리즘의 시선과 태도가 그곳에도 동일하게 관철된다는 사실이다. 일본 미학자 대개는 제국의 식민주의에 동의하지 않더라도 일본문화 전래의 전통적 감수성과 미의식을 조선 민예 연구와 관찰의 토대로 삼았다. 또한 삼면의 바다에 둘러싸인 반도의 역사와 현실이 갖는 한계를 강조하며 드디어는 일본 선진문화와 구별되는 소박한(?) 조선미의 발견이나 고안에 힘을 모았다.

야나기가 발견한 조선 민예의 비애미와 곡선미도 이러한 자장에서 크게 벗어나지 않는다는 것이 최근의 견해들이다. 그가 이해한 조선의 슬픔과 둥긂은 하나, 일본의 전통 미의식 '모노노아와레'에 기초한 감정투사의 일환이었다.[43] 둘, 서구에 구별되고자 했던 일본문화를 다시 조선문화와 대조시켜 차이, 아니 차별을 산출하는 식민주의적 '구별 짓기'의 실천이었다. 이를 감안하면, 조선 민예론의 바탕이 되는 조선의 '향토색'에 대한 강조도 그 의미가 더욱 분별될 수밖에 없다. 첫째, 일제에 통합된 '신내지' 조선의 건설, 곧 내선일체를 계속 유인하는 미학적 책략의 일환이었다. 둘째, 조선의 향토색 내부에 '중앙-제국-일본'과 '지방-식민지-조선'의 구도를 촘촘히 조직하기 위한 감각적인 프로파간다 문법을 적용하고 실현하기 위한 수단의 일환이었다. 이를테면 조선 노인의 농사와 갓의 제작을 아름답게 노래한 다음 시편들이 그렇다.

1) 건강하구나
들녘 노인의 두 손

쇠처럼 단단한 근육은 구릿빛
손에 쥔 낫
풀의 훈김

-〈들녘의 노인〉 1연(73)

2) 내가 갓을 만들지 못하면
사람들도 쓰지 못할 이 갓
때마침 찾아든 사람의 그림자
이 아름다운 날
어인 손님일까

-〈손님의 방문〉 부분(102)

풀 벤 낫을 들고 활짝 웃는 노인의 외면과 갓을 만드는 늙은 장인의 내면(그림 22)이 손에 잡힐 듯하다. "70여 년의 세월에 깊이 새겨진 얼굴의 주름"(〈들녘의 노인〉 2연)에도 불구하고 '들녘 노인'은 웃음을 잃지 않는 건강한 삶을 영위한다. 갓장인은 갓의 쓸모가 확연히 줄어든 근대적 복식의 대거 침투와 확산 속에서도 오랜만의 손님을 위해 정성껏 갓을 만든다. 일견 전근대적 삶의 포위 속에서도 직업과 책무에 최선을 다하는 조선 남성의 긍정적 면모를 따스하고 날카롭게 포착했다는 느낌을 주는 장면들이다.

그러나 〈들녘의 노인〉 사진과 시편 옆에는 "백성을 위해 결실 풍성한 가을을 기원하는 이 몸은" 운운하는 메이지 왕의 〈어제〉와 나지막한 '바람'과 맑은 '종달새 소리'에 화답하여 조용히 흔들리는 '노인의 수염'을 기리는 시편(〈신풍神風, 벽촌을 품다〉)이 함께 배치되어 있다. 우리는 이 장면들에서 첫째, 이제는 조만간 삶의 뒤안길로 쓸쓸히 사라져갈 조선 노인을 애달피 노래하는 '모노노아와레'의 감수성을 자연스레 읽는다. 둘째, 식민지 노인에 대한 포용과 긍정의 시초를 제국의 풍년을 기원하는 메이지 왕의 가부장적 자애에서 찾는 식민주의적 욕망을 엿본다. 그러니 일본인 화자라면 나이든 갓장인의 자랑과 책무감도 조선의 전통보다는 조선신궁 제신들에 대한 감사와 보은의 마음에서 기꺼이 찾을 것이었다. 이를 증명이라도 하듯이, 《은뢰》는 식민지 조선의 국태민안과 각종 산업의 발전을 소개할 때는 그 상황에 적합한 역대 천황의 조서와 칙서, 《만요슈萬葉集》의 와카 등을 사진 내부에 더불어 기입했다. 그럼으로써 식민지의 안정과 발전이 국가신도의 기원과 은사 덕택임을 명확히 표시했다.

그러나 이와 관련하여 주의할만한 사실이 하나 있다. 《은뢰》에서 조선인이 등장할 경우 제신들의 은사는 생각보다 노골적이지는 않다는 사실이다. 이를테면 "천지에 넘치는 맑고 시원한 기운 / 우리들 지금 / 신과 함께 호흡한다"(138)라는 시구는 천황에 대한 '경신숭조'의 장면에나 등장한다. 이와 달리 일본인 화자는 조선인을 등장시킬 경우, 그들의 적막한 모습과 쓸쓸한 감정을 나지막하게 토로하는 방식을 취하곤 한다. 이를테면,

1) 하지만 / 힘겨운 몸에는 / 봄이라도 봄 같지 않아 / 바람의 촉감도 싫기만 하구나. (〈조춘보早春譜〉 부분 [117])

2) 지금은 학교에서 부르던 노래는 잊었는데 / 그렇다면 잊을 수 없는 사람이 있기는 할까. (〈노래를 잊어버린 처녀〉 부분 [113])

3) 변하기 쉬운 덧없는 세상이 / 변하지 않는 동안 지금 다시 한번 / 마음의 술을 나눠야 하리라 / 자, 사람이여! 자, 꽃이여!
(〈정답게 이야기를 나누는 꽃〉 부분 [181])

4) 수레 소리도 / 조용히 묻히고 / 장작 때는 연기 피어오르는 / 작은 산골의 눈. (〈시골집의 눈〉 부분 [108])

그림 23 조선 생활의 이모저모

같은 시구들을 보라.[44] 대상의 뒷모습과 추레한 노인, 간난의 풍경과 낙화의 시절 등 몇 가지를 뒤섞어 누구라도 어쩔 수 없는 비애미와 애상감을 노출하는 것은 인생무상의 허무주의를 톺아내는 전형적 방식의 하나이다. 식민지 조선의 퇴락성과 정체성이 예시한 사진들에 교묘하게 각인되어 있다는 판단이 여기서 비롯된다. 이를 감안하면, 풍년을 기원하고 기뻐하는 농악 놀이 사진(그림 23), 사진 내부에 간무왕의 〈풍년진흥조서〉가 인쇄된 〈잘 자란 벼〉(157)와 〈젊은 농민은 노래한다〉(138~139) 내부의 시편은 그 의미가 썩 달라질 수 있다.

무슨 말인가 하면 당시 조선 농업은 양국 지주의 착취에 시달리는 소작농이 태반이었다. 또 일본 본토로의 쌀 공출도 매년 늘어갔던 차라 농업 이익의 안정적인 창출도 점점 어려워져 갔다. 여기서 '염치가 없이 막돼먹은 사람'을 뜻하는 '만무방'으로 전락하여 주변에 폐만 끼치는 조선 농부 응칠이 고통과 울분에 차서 내뱉던 "농사는 열심으로 하는 것 같은데 알고 보면 남는 건 겨우 남의 빚뿐"(김유정, 〈만무방〉)이라는 장탄식이 결코 과장이거나 거짓이 아니었던 이유가 찾아진다. 이러한 부정적 현실을 생각하면 밝은 웃음의 주인공은 조선 농부이기가 여간 어렵지 않았다. 그보다는 한반도 척식拓殖의 수혜자였던 일본 이주농민이었다고 보는 편이 당대 현실에 더욱 부합할 것이다.

물론 야마자와 산조山澤三造[45]로 짐작되는 사진첩 《은뢰》의 촬영자이자 편집자는 조선의 후진성이나 퇴락성만을 노출시킨 것은 아니다. 그는 일본 정서에 깊이 침윤된 것이기는 하나 조선의 일상생활과 향토색 채취를 특별히 강조했다. 그럼으로써 일본의 전통적 미의식으로 조영된 식민지 조선(인)의 쓸쓸함과 적막함을 음영 짙게 직조하는 데 성공한다. 이 때문에 《은뢰》의 조선 사진을 조선 문화의 역사성과 전통성을 사실에 즉하여 채집하고 살린 것으로 선뜻 인정하기 어려워진다. 그와는 반대로 일본문화의 하위체계 안으로 '조선적인 것'을 배치하고 서열화하기 위해 기획된 식민주의적 상징체계로 이해하는 편이 더욱 타당하다고 여겨진다.

조선신궁 · 총력전 · 황국신민의 길

식민지 조선에서 지속적으로 추구된 ⑤항목, 곧 '국가신도'의 확산과 '은뢰' 아래 조선인이 밟아갈 '생활' 원리가 궁금하다면, 조선신궁에서 행해진 황군 관련 각종 제의와 행사, 그리고 특히 아동 중심의 신사참배를 유의하여 살펴보아야 한다. 《은뢰》에 등장하는 조선인은 농어업, 광공업 종사자가 대다수를 차지하며, 근대의 정신과 유행을 선도하는 첨단의 모던 걸과 모던 보이는 거의 등장하지 않는다. 한편 조선신궁 참배나 명소 방문에 나선 조선인도 청·장년의 노동자나 사무원을 거의 제외한 존재들, 곧 어린 아동과 전통생활과 습속에 익숙한 부녀자 및 노인들만이 눈에 띈다. 공동체의 중추가 되는 조선의 청·장년은 부정되거나 감춰져야 할 부정적 존재인가라는 질문이 당연히 떠오르는 이유이다.

천황 존숭의 직역봉공職役奉公을 강조하는 국가신도와 관련시킨다면 예의 부정적 현상은 또 다른 의미를 가질 듯싶다. 《은뢰》에서 조선 청·장년들은 현재는 조선신궁 영내에 부재하지만, 조만간 등장해야 할 잠재적 형식으로 웅크리고 있다고 말해야 옳다. 왜냐하면 《은뢰》 출간(1937. 11)에 몇 개월 앞서 발발된 중일전쟁(1937. 7)과 더불어 조선 청·장년은 전선 총후의 주체로, 그러니까 특별지원병과 강제징용자로 총력전에 내몰릴 운명이었기 때문이다. 《은뢰》는 이렇게 예정된 조선 청·장년의 미래를 육·해군 기념일, 입영과 승전 기념식, 무운장구 기원제 등의 제의 형식으로 밝혀 두기를 마다하지 않았다. 이 행사들은 신체神体로서 메이지왕의

그림 24 애국기 조선호 명명식

도검, 만몽滿蒙 개척의 총포, 군용기 헌납 장면과 짝을 이루며, 군국주의 전쟁의 한 가운데를 향해 무척이나 빈번하게 송신되었다.

이 총동원 체제의 (비)극적 행로를 엿보려면, 이즈음은 기금 모금과 헌납의 '총후'였지만 대동아전쟁 발발 후(1941) 나와 적을 가리지 않는 '죽임'의 '신풍神風', 곧 '가미카제'로 급락하는 '전선' 군용기의 사례를 추적해보는 편이 보다 효과적일 것이다. 《은뢰》에는 군용기 관련 소식이 두 곳 실리는데, 애국기 조선호 명명식(220)과 보국 제81호기 헌납봉고제(285)가 그것이다. 군용기 명 '애국'과 '보국'에 보이듯이, 이 장면들에서는 천황을 향한 '충군애국'의 정신과 의욕이 물씬 풍긴다. 조선의 군용기 헌납은 1930년대 중반 본격화되기 시작한다. 군용기 헌납운동은 친일기업인, 종교계는 물론 '일군일기一郡一機 헌납운동'에 보이는 바 조선인 전체가 동원 대상이었다. 물론 처음에는 자발성이 강조되었으나 1930년대 후반으로 갈수록 조선총독부의 통제와 지도 아래 애국반, 부인회, 심지어 학생들에 대한 강제 모금이 급증하였다.

한편 모금과 헌납의 성과를 드높이기 위한 효과적인 계몽과 선전 수단의 확보도 반드시 필요했다. 신문과 잡지는 낮은 비율의 지식인 독자를 상정하는 관계로 가장 효과적인 선전 수단은 아니었다. 대다수의 어리숙한 군중에게는 현장성과 의도성이 잘 조합된 사진과 그림, 엽서 등의 시각적 매체가 총력전의 필요성과 당위성을 호소하기에는 훨씬 적합했다.[46] 《은뢰》의 전투기와 비행장 사진도 이 작업의 일환으로 이해된다. 식민지 조선에서 '애국심'을 빌미로 군용기 헌납운동을 더욱 강화함과 동시에 기금 모금의 참여율을 현격히 제고하기 위한 선전 장치. 여기에 《은뢰》로 날아든 군용기에 부여된 또 다른 전투 기술의 실체가 숨어 있다.

그러나 제국의 승리와 영토의 안전을 보장하기 위한 군용기 헌납운동은 스스로 방호하거나 해결할 수 없는 식민지의 위기도 장차 불러들일 예정이었다. 이를테면 경성의 흑야에도 심심찮게 "방공연습이 벌어져서 거리는 전시상태에 빠진 것처럼 소란스러워지고", 영미의 공격에 대한 "자극적인 호외가 연속해서 방울소리를 울려대는 통에 시민의 신경은 극도로 긴장해져서 가상한 적군의 폭격기의 폭음이 실전인 것처럼 현실감이 배가되는"(김남천, 《사랑의 수족관》) 잔혹한 일상의 출현과 지속이 그것이다.

물론 예의 전시상황은 《은뢰》(1937) 출간 당시에는 일상적 현실로 경험되기 어려운 미래의 사건이었다. 하지만 군국주의 체제를 강화하기 위해 실행된 그즈음의 '총동원' 운동은 조선인의 황국신민화, 전시 국책사업에 대한 협력과 참여, 조직과 훈련을 통한 전시체제의 확립 등을 목표했다. 이 목표들만으로도 이미 전시상황에 돌입한 형국임을 쉽사리 파악할 수 있다. 실제로 총동원 운동은 제국의 수세적 방어보다는 타국에 대한 전쟁 도발을 통해 천황제 군국주의의 승리를 도모하는 폭력과 죽음의 기획이었다. 총동원 운동이 흘러든 지옥의 싸움터 대동아전쟁은 그것을 여실하게 확인시키는 최적의 사례일 것이다.

이 지점에서 유의할 문제가 하나 있다. 조선총독부와 결탁한 조선신궁과 각 지역 신사가 전시 총동원체제 아래의 황민화 정책 및 전시 국책사업에 대한 협력의 중심부로 작동하고 있었다는 사실이다.[47] 이는 전시 중의 신사제도가 개인의 안위와 구원을 기원하는 종교적 기구이기에 앞서

그림 25 아동들의 조선신궁 아침 참배

군국주의의 승리를 위해 대중동원을 획책하는 정치적·군사적 장치였음을 뜻한다. 그러나 더욱 문제적인 것은 국가신도가 식민지 조선의 애국주의와 군사주의를 강화할 목적으로 어린 학생들을 신사참배의 핵심 자원으로 적극 동원하고 활용했다는 사실이다. 아동들의 황민화 의식과 애국심 강화는 얼마 후 성인된 그들에게 들이닥칠 '전선총후'를 별다른 저항 없이 받아들이는 방책이 된다는 점에서 매력적이며 바람직한 교육 목표로 부각될 수밖에 없었다.

신사참배 진흥과 황민화 의식 함양을 위한 조선신궁과 학교 사이의 협력은 크게 보아 두 가지 형태로 나뉜다. 하나는 학교를 통한 공식행사로서 아침 참배와 정기 참배의 정례화다. 특히 1930년대 중반 이후 조선총독부에 의해 심전개발 운동이 확산되면서, '국체명징'과 '경신숭조'를 표어로 내건 학생들의 신사참배가 제도화되었다. 이들은 특히 중일전쟁이 본격화되면서 단체로 신사참배에 참여하여 '무운장구의 기원'과 '황국신민의 서약'을 직립부동의 자세로 제창하도록 훈육되었다. 물론 개인 참배도 적극 장려되었다. 이를 위해 학생들은 신사참배 후 확인증을 수령하여 학교에 제출하도록 강제되었다. 〈아동들의 조선신궁 아침 참배〉(그림 25) 왼쪽 사진에서 여러 아동이 손에 쥔 흰색 종이가 참배 확인증인 것으로 알려진다. 게다가 참배 실적이 저조할 경우 교사의 질책과 벌칙을 피할 수 없었기 때문에 아동들은 야단맞지 않기 위해서라도 신사참배에 버릇을 들여야 했다.[48]

그러나 이 씁쓸한 현장은 일본인 화자에게는 신사참배에 대해 열성을 다하는 고무적인 풍경으로 인지되어 아래처럼 노래된다.

1) 해 뜨는 나라의 신을 받들고
건강하게 배우는 아이들
오늘도 아침 일찍 일어나
도보로 따라 올라오는구나.
작은 박수 소리에 깃들인 힘
산이라도 뽑지 못할 것인가.

– 〈조기 참배〉 부분(314)

2) 고운 자갈 빛나는 신사의 정원
손에 손잡고 아침 참배에 나섰는데
어느새 백일이 지나 여름이 왔다.

어린 나무 상록수 늘어선 길
어제도 오늘도 모여든 사람들
역시 아버지의 무사를 비는 것일까.

– 〈아침 참배〉(319) 1연 및 3연

어린 학생이 아침 일찍 일어나 남산 중턱에 자리한 조선신궁에 참배 가는 일은 어른에게도 힘든 과제였을 것이다. 게다가 무척 낯선 일본식 의례를 봉헌해야 했으며, 참배 불참 시 교사에게 벌칙을 받아야 한다는 공포감도 만만치 않았을 것이다. 두 시편에서는 그러나 조선 아동의 어려움에 대한 배려나 걱정 따위는 전혀 보이지 않는다. 강요된 황민화 정책에 순응하며 천황 숭배의 전통에 점차 익숙해져 가는 식민지 아동의 모습을 반갑고 어여쁘게 여길 따름이다.

하지만 이렇게 의도되고 조작된 기호는 조선 아동의 현실을 제멋대로 은폐하고 왜곡하는 불량의 미학이 아닐 수 없다. 조선신궁은 '신사'를 "아동에게 살아 있는 수신 교육을 하는 곳이며 아름다운 국민 도덕을 형성하는 곳"[49]으로 예찬했다 한다. 그렇지만 식민지인의 지속적인 신사참배는 조선의 주체성을 지워나가는 한편 '내선융화'의 미명 아래 조선의 타자성과 소외감을 더욱 심화시킨다는 점에서 허구성과 폭력성에 오염된 제의 행사일 수밖에 없다.

이를 고려하면, 조선신궁과 학교가 조선총독부에서 발행한 교과서《수신서》 배포 운동을 또 다른 협업으로 선택한 것은 매우 적절한 조치였다. 여기에는 '《수신서修身書》 수여식'(1926~1931)과 이를 개칭한 '권학제勸學祭'(1932~1945)가 포함된다. 이 사업도 '경신숭조'의 정신 함양과 '훌륭한 일본인'의 양성을 목표했다. 따라서 그 귀결점은 천황제 군국주의를 향한 식민지 아동의 진충보국에 두어질 수밖에 없었다. 두 행사의 필요성과 당위성은 백제계 도래인 계열의 간무桓武 왕이 인재 양성을 위해 내린 명령 〈권학전勸學田을 두신다는 칙어〉(280)에 근거하고 있다. 근대적 도덕과 윤리에 기초한 '국민' 양성이 아니라 천황의 시혜에 기초한 '황민'의 육성이 '권학제'의 궁극적 목표였던 것이다.

과연 실상을 확인하자니 조선총독부가 펴낸 소학교《수신서》에는 이와 관련된 주제와 내용들이 촘촘히 박혀 있다. 시기별로 약간의 차이가 생기지만,《수신서》에는 '일장기'와 '기미가요', '아마테라스 신'과 '메이지 왕', '야스쿠니신사'와 '조선신궁', 각종 축일과 대축일, 메이지 왕의 '교육칙어' 등이 거의 빠짐없이 등장한다. 일본의 위대함과 통치자의 탁월함을 중심으로 일본 정신과 애국심을 고취하기 위한 항목들임이 일목요연하게 드러난다. 더불어 《수신서》는 내선융화 및 황민화 정책에 필요한 조선에 대한 지식과 정보도 빠뜨리지 않는다.

그렇지만 《수신서》는 조선의 역사와 문화, 생활과 관습, 향토와 자연의 우수성에 대한 알림에는 비교적 무관심했다. 오히려 강제 합병을 초래한 부정적 조건들을 비판하는 한편 식민통치에 의한 조선의 개선과 발전을 널리 선전하는 일에 더 열심이었다. 그럴수록 조선 발전의 토대로서 '충량한 신민'의 육성과 그를 위한 식민사관의 주입, 근로 교육의 강조와 시정 현황의 소개, 황민화 의식의 고양을 위한 천황과 국체의 선전, 그것의 주요한 수행기관 조선신궁의 소개와 예찬 등[50]이 교과서의 전면을 차지했다.

문제는 《수신서》가 천황제 국가를 향한 애국심과 우수한 일본문화에 대한 자긍심 고취 정도로 그치지 않았다는 사실이다. 결국 일제의 세계 진출과 제패를 위한 천황 지휘 아래의 전쟁 야욕 및 목숨을 건 전투의식의 고취로 귀결, 아니 타락했다는 사실이 중요하다. 일본의 한 연구진은 일본, 조선, 대만, 만주 등 일제 본토와 식민지에서 발간된 소학교 국정교과서의 '전쟁' 담론을 치밀하게 분석하여 《교과서가 말하는 전쟁》이라는 책자를 펴냈다.[51]

저자들이 집중적인 비판 대상으로 삼은 교과서는 아동의 국가의식과 민족정신의 함양, 인성 계발과 삶의 태도의 단련에 깊이 관여하는 《수신서》, 《국어》, 《역사》, 《음악》이었다. 일본과 조선, 대만과 만주국 등에서 거의 공통된 내용과 형식으로 가르쳐진 이 교과들에 대한 학습 경험은 각국 《수신서》 교과의 '일본적인 것', 특히 근대천황제의 '팔굉일우' 사상과 이념을 언제 어디서고 통용되는 보편타당한 것으로 끌어올렸다. 이로부터 《교과서가 말하는 전쟁》이 마치 식민지 조선에서 행해진 천황 숭배 및 '대동아전쟁'에의 동원을 글의 실마리와 사례로 다루고 있는 듯하다는 모종의 착시를 불러일으킨다.

이들은 여러 자료를 통해 아시아·태평양전쟁 시기 아동과 학생을 '소국민' '군국소년'으로 호명하고, 그들의 '총후'에 대한 징발을 '학도동원'으로 정당화하는 논리의 주된 출발점 가운데 하나가 일제의 국정교과서임을 밝혀냈다. 그러면서 제국주의 전쟁을 향한 애국주의와 군사주의, 이것의 수렴체로서 근대 천황제의 쇼비니즘과 침략주의가 소학교 교과서의 주된 이념과 교육 내용이었음을 재차 확인했다. 아동을 향한 천황의 '은뢰'가 전인적 성장에 필요한 교양의 습득, 자발적이며 능동적인 시민정신의 함양, 타자와 공동체 존중에 바탕한 국민의식의 계발과 거리가 먼 과시용 선전물임이 더욱 뚜렷해지는 대목이다.

'권학제'라는 '은뢰'가 천황에 대한 멸사봉공의 다짐으로 조선 아동과 부모의 일상을 나날이 장악해갔음은 〈일장기를 바라보는 조선 가족〉이라는 이미지에서도 확인된다. 해당 이미지는 초가집에 일장기를 게양하고 그것을 우러르는 조선인 식구들과, 어느 일왕의 〈어제〉임에 틀림없을 그들 머리 위의 일문日文으로 구성되어 있다. 엄마의 손을 꼭 쥔 조선 아이들은 일장기, 곧 제신과 천황을 향해 넉넉한 삶과 여유로운 생활, 안정된 직업과 행복한 가정을 이루게 해달라고 기원 중인지도 모른다. 그러기 위해 조선신궁에서 받은 《수신서》의 지도와 규율을 더욱더 잘 따라야 한다고 다짐하면서 말이다.

이런 상상과 짐작에 어울리게 《은뢰》의 조선인들은 궁핍한 삶 속에서도 쾌활한 얼굴과 바지런한 노동, 성실한 신사참배의 면면을 자랑하고 있는 것처럼 보인다. 어쩌면 이것이 《은뢰》를 발간한 최초의 의도이자 최후의 목적일지도 모른다. 이 때문에 위에서 말한 여러 장면에서 선진문명에 비해 아직도 뒤떨어진 상태지만, 조선이 드디어 전근대적 삶을 넘어 일제 '은뢰'의 장에 들어서기 시작했다는 착시가 종종 발생한다. 발전과 풍요, 안정과 만족의 '은뢰'가 식민지 조선에 널리 퍼진다면 어떤 모습일까. 그 광경은, 《은뢰》에 벌써 암시되어 있지만, 해질 무렵 조선신

그림 26 일장기를 바라보는 조선 가족

궁으로 밀려드는 사방의 햇빛(100~101)이 드디어 경성의 흑야를 찬란히 밝히며 광명보천光明補天의 세계(130~131)를 새로 여는 모습이 아닐까.

그러나 일제가 《수신서》를 통해 조선의 어린 학생들에게 펼친 '은뢰'는 이상적인 국가 · 국민상을 제시하고 교육하는 일에 인색했다. 대신 총력전과 전선 총후의 용어들을 식민지 조선인의 권리와 의무로 아낌없이 투척하고 강제했다. 이를테면 '경신숭조' '혜민무량惠民無量' '강복양양降福穰穰' '신국' '신도神都' '신풍'의 원리와 가치를 노래하면서, 전쟁 관련 용어인 '청년훈련소' '출정군인' '무운장구' '황국정신' '국민정신' '시국대책' '국방의회' '국경 경비' '입영' '만주국' '국방부인회' 등을 꼼꼼히 기입하는 모습을 보라. 전시상황을 본격적으로 드러낸 말로 보기에는 다소 부족한 용어들이다. 그렇지만 얼마 지나지 않아 '소국민' '군국소년' '비국민' '근로봉사' '근로동원' '군신' '성전' '대동아공영' '귀축영미'鬼畜英美 등을 추가하면서 《수신서》를 비롯한 국정교과서는 전시상황의 재현과 전쟁독려의 현장으로 급속히 타락해갔다. 천황의 '은뢰'가 만인의 풍요와 행복의 일상화를 펼쳐가기보다는 식민지 조선인의 천황가에 대한 충성과 복종을 요구하기 위한 선전 · 선동의 미디어 장치로까지 이해되는 핵심적인 대목이다.

《은뢰》의 문화정치학이 넘어서지 못한 것들

누군가는 정치 종교의 속성을 '사람들을 자발적으로 복종하게 만들어 일상생활의 미세한 국면까지 지배권을 행사하는 보이지 않는 규율'[52]을 일상화하는 것으로 정의한다. 조지 모스를 빌려 실현 원리와 방법을 꼽아본다면, '민족'이라는 신화와 상징을 활용하고, 민중들이 자발적으로 민족 숭배에 참여토록 하는 각종 의례를 개발하는 것이다. 궁극적으로 국가신도와 근대 천황제를 향해 봉헌된 것이지만, 식민지 조선의 심미화와 낭만화로 나아갔던 《은뢰》 역시 이러한 역할과 기능에 충실했다. 과연 《은뢰》 속 식민지 조선은 각종 사진과 시(가), 시정의 보고 등을 통해 근대화와 문명화의 도정을 씩씩하게 밟고 있는 것으로 그려졌다. 더불어 각 산업 분야의 조선인도 일제의 문명을 빌려 새롭고 풍요로운 삶의 지평으로 서서히 올라가고 있는 것으로 재현되었다.

하지만 《은뢰》에 근거한다면, 식민지 조선의 개명과 발전, 미래는 엄밀히 말해 역사적 근대성과 과학적 합리성의 덕택이 아니었다. 핵심어 '조선신궁', '아마테라스 신', '메이지 천황'이 암시하듯이, 식민지 조선은 '신화적인 열망'을 통한 고대 제국의 부활에 유용한 '잘 쓴 후에 버리는 바둑돌'로 낙점되어 식민지 근대화의 대상이 된 것인지도 모른다. 《은뢰》는 현대적 발전과 미래적 가치를 절대 과거, 곧 본원적 시간으로 회귀시키기 위해 아마테라스 신의 현재화와 자연화를 끊임없이 수행했다. 근대 일본의 개척자 메이지 왕은 각종 신체神体와 〈어제〉 등을 통해 신성한 것들의 시각적·음률적 이미지로 재현되었다. 그럼으로써 신화적 과거와 일본 제신들의 현대를 향한 숭고한 도래를 부인할 수 없는 진실로 못박았다. 그러는 사이 식민지 조선은 사진과 이미지, 시편과 산문 들의 세련된 결합과 매끄러운 조작을 통해 여전한 궁핍성과 후진성에도 불구하고 '완전히 새로 만들어진 세계'로 재구성되었다.

하지만 이런 방식에 의한 '대중의 국민화', 곧 '조선인의 황민화'라는 '은뢰'의 작동은 아이러니하게도 '사실성'의 이미지와 '이념성'과 '지향성'의 시와 산문이 분리될 때 그것의 폭력적이며 허구적인 실체를 여지없이 드러낸다. 문자는 '일본적인 것'의 절대성과 우수성을 아낌없이 발화하는 반면, 실사實寫의 사진은 '조선적인 것'의 후진성과 정체성을 '생활'과 '향토성'의 미명 아래 은근슬쩍 노출시킨다. 물론 간혹 사진의 몽타주를 통해 '일본적인 것'의 지배가 가져온 '근대 조선'의 활기를 전시하지만, 그 문명화의 원리와 방법도 '만세일계'로 '만들어진 신'들의 자장을 벗어나지 못한다.

《은뢰》는 식민지 조선의 새로운 구성과 발명을 통해 일본 제국주의의 신화적 영광과 문명적 명예를 더욱 빛내고자 했던 예술적 기획의 일종이었다. 하지만 이 사진첩은 가장 가치 있고 조화로운 모든 것을 '만세일계'의 신화 속으로 되돌렸다. 그럼으로써 오히려 침략주의적 정치성과 식민주의적 이념성을 근대 천황제와 국가신도의 본질로 폭로하는 동시에 확정했다. 이를 두고 이제는 식상하지만 그래서 더욱 보편적인 수사, 그러니까 정치적인 것, 아니 파시즘의 예술화 혹은 예술(신화)적인 것의 파시즘화로 부를 수 있을 것이다.

과연 핏빛 선연한 국가신도의 얼굴은 '만들어진 신'의 가면을 취함으로써 '팔굉일우'의 꿈을 현재화하고자 했다. 하지만 허구적이며 조작된 신의 전능함과 그들이 몰아친 먹구름, 곧 '은뢰'에 대한 맹신은 일제 자신을 넘어 식민지 조선을 담천하曇天下의 어두운 현실로 급속히 몰아갔다. 우리는 그 무서운 장면을 일상생활과 군사주의가 명랑한 듯 음울하게 직조된 《은뢰》의 문화정치학, 곧 은폐된 폭력과 죽음의 악마적 기획에서 차근차근 엿보아온 셈이다.

제 2 장

‘일본어-조선어 대화’의 빛과 그늘

— 사진엽서 ‘일선어대화’들에 담긴 권력의 지도

사진엽서 속 '일본어-조선어' 대화의 성격

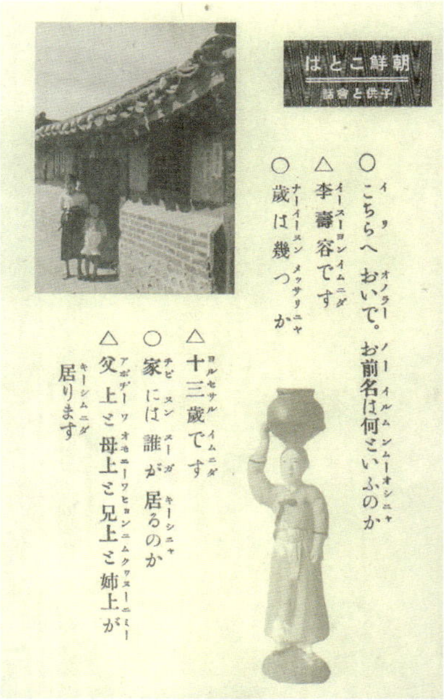

그림 1 조선말-아이와의 대화(①)

여기 흥미로운 사진엽서가 하나 있다. 식민지 조선을 여행하는 일본인들에게 적당한 편의와 정보를 제공하는 간단한 대화가 담겼다. 정중한 경어체로 사진 속 남자아이의 이름과 나이, 부모 형제의 존재를 묻는 내용이다. 큰 글씨(히라가나)로 일본어 대화를 적었으며, 오른편에 작은 글씨(가타가나)로 조선어 발음을 붙였다. 일본어로 일관하고 있어, 내지인 위주의 대화문이자 조선 관광 기념품임을 바로 알 수 있다.

이 사진엽서를 보면서 식민지 조선의 후예인 우리는 다음의 질문을 던질 법하다. 첫째, 사진 속 어린 삼 남매와 물동이 인 어머니(누이)는 왜 타민족의 피사체와 인형으로 징발되었는가? 둘째, 왜 내지 여행객들은 불편을 감수하며 조선어를 써야 했는가. 경제적 문제가 아니라면 일본어-조선어 통역이 가능한 양국의 누군가를 가이드로 활용하면 되지 않았겠는가?

첫 번째 물음에 대한 간단한 답은 식민주의와 오리엔탈리즘으로 대표되는 이념적·문화적 맥락에서 찾아질 듯하다. 아이와 어린 동생을 보는 '누이'는, 물동이를 인 소녀와 더불어, 어린 여성에게조차 가사노동을 무겁게 부과하는 식민지 조선의 비 근대 혹은 전근대를 대표하는 표상이다. '그녀들'은 제국의 권위적·차별적 시선에 의해 "그저 비인간적이며, 개인적 세부사항들이 생략되고 그저 구분되지 않는 집단, 덩어리로 묘사"되거나 "개성을 가진 인격체가 아니라 신체의 부분들로 인식"되는 방식으로 타자화되곤 한다. 우리는 이들을 담은 숱한 사진과 그림이 식민시기 내내 반복 재생산되며, '그녀들'이 "생명력의 부재, 아무 일도 일어나지 않는 단조로움, 변하지 않는 시간대에 속하는 것"으로 인지되고 소비되는 양상에서 식민주의적 '구별 짓기'의 비근한 예시와 실제를 쉽사리 발견한다.[1]

두 번째 물음은 일본어와 조선어의 이중언어적 맥락에 관한 것이다. 강제적인 한일병합 후 '국어로서 일본어, 지방어로서 조선어'라는, 두 언어 간의 권력과 위상 변화는 일본인의 물음에 '국어-내지어'로 명랑하게 응답하는 조선인의 급증을 불러왔을 법하다. 과연 일제는 조선인의 황국신민화를 위해 국어 교육, 곧 일본어의 보급과 확산을 지속적으로 추구했다. 일본어 필수, 조선어 수의隨意의 학교 교육과 더불어 각종 일본어 습득 운동과 강습회 개최 등이 구체적 사례에 해당한다.[2]

이 과정에서 조선총독부는 세 차례의 조선교육령을 통해 '고쿠고國語(일본어)' 상용자의 비율을 월등히 높이고자 했다. 하지만 정책적 의욕과는 달리 조선인의 보통학교 취학률은 1920년대 16퍼센트 내외, 1930년대 후반 35퍼센트 정도에 머물러 일본어 보급은 큰 성과를 거두지 못했다. 문자로서 일본어를 해득하는 조선인 비율은 더욱 낮아, 1942년 무렵에도 20퍼센트 이상을 넘지 못했던 것으로 알려졌다.[3]

그러나 식민지 조선을 수월하게 지배하려는 일제에게 조선인과의 원활한 소통은 촌각을 다투는 시급한 과제였다. 양국인의 소통이 전제될

그림 2 회화자재 조선말 봉투

그림 3 일선 대역 조선말 봉투

때 ① 일본인 관리의 업무 수행에 대한 편의성 제고, ② 내선융화의 도모와 확장, ③ '신내지新內地(조선)' 안정에 필요한 치안유지의 강화[4] 등이 가능했기 때문이다. 하지만 이 과제는 취학률도 낮고 일본어 구사력도 떨어지는 조선인을 통해서 원만하게 해결될 수 없었다. 조선총독부가 그 대안을 지적·문화적으로 우월하다고 자신하던 자국민들에게 '지배를 위한 조선어 학습'을 강제하는 것에서 찾았던 이유다. 그래도 문제는 남았는데, 누구를 조선어 교육대상자로 삼을까 하는 점이었다. 당시 재조선 일본인들은 ① 조선어를 직접 배우거나, ② 통·번역관을 대동하거나, ③ 조선인과 격리되어 그들만의 공동체 속에서 일본어로 대화하는 세 가지의 선택

지를 손에 쥐고 있었다.[5]

조선 여행을 위해 일본에서 갓 건너온 내지인들은 통·번역관을 활용하는 것이 최선의 방책이었을 것이다. 하지만 조선어와 일본어에 두루 능통한 자들은 그리 흔치 않았다. 설령 그들을 채용했더라도 통·번역 비용에서 손해를 면치 못했던 게 당대의 실상이었다. 여행 편의와 정보를 위한 간략한 조선말과 발음을 알려주는 엽서세트가 더욱 긴요해진 까닭이다. 그렇게 발간된 것들이 《회화자재 조선말會話自在 朝鮮ことば》(이하 《조선말》)과 《일선어대화日鮮語對話》, 《일선어 대역 조선말朝鮮ことば》 등이다.

이상의 엽서세트 제작에 관여한 인물이나 문화자본의 면모는 뚜렷이 확인되지는 않는다. 다만 엽서의 내용과 형식을 보건대, 업무 수행과 내선융화, 국민의 안정을 위해 조선어 학습이 필요했던 자들이 사용했던 기초교재들을 회화의 모본으로 삼은 것으로 짐작된다. 예컨대 식민 권력의 중간층 또는 현장업무에 종사했던 경찰과 교원, 관공서와 금융조합 직원, 간수와 형무관, 철도국과 체신국 직원 등이 사용한 조선어회화 교재가 그것들이다.[6] 특히 '공식적 상황에서의 대민업무'를 빌미로 식민통치의 효율성 제고와 안정성 보장에 가장 큰 역할을 했던 경찰용 조선어 교본의 영향이 컸을 법하다. 경찰들이 자주 출몰하던 여관, 요리점, 소개업소, 목욕탕, 이발소, 우체국 등은 일본인 여행자와 조선인의 일상생활 모두에서 없으면 매우 불편한 생활과 소비의 공간이었다. '일선어 대화'의 사진엽서가 특히 식민지 여행에 나선 일본인들의 안심과 편의에 초점을 맞춰 조선어를 선택하고 대화를 구성한 까닭이 여기에 있다.

'우리들'의 국가어에서 '그들'로의 제국어로

사진엽서에 인쇄된 일본어와 조선어는 어떤 성격의 말일까? 기호간 번역의 편리성과 효율성을 떠올린다면, 두 언어 공히 개별적 지역어가 아닌 국가적·민족적 공통어여야 마땅할 것이다. 이 문제를 떠올릴 때, 신라와 백제의 마지막 결전을 '거시기'의 활용과 해석을 둘러싼 언어 전쟁으로 치환했던 영화 《황산벌》(2003)은 여러모로 주목된다. 주제를 단순화한다면, 적을 이기려면 우선 그들의 언어에 정통해야 한다 정도겠다.

백제어 '거시기'는 신라어에 간파됨으로써 경주말의 일부로 편입되는 한편 패배자의 방언으로 전락했다. 신라어의 '거시기' 역시 고려, 조선을 거치면서 한국의 '표준어'로 점차 격상되었다. 하지만 그럴수록 내부에 은폐된 패배와 차별의 흔적은 더욱 두텁고 깊어졌다. 이 분열은 제국어=일본어의 지배 아래 놓이면서 식민화의 내상內傷까지도 덧입게 된다. 따라서 사진엽서 속 일본어의 조선어 흉내는 다음과 같은 뜻을 지닌다. '거시기'의 숨겨진 패배에 대한 역설적 재현이자, 승리의 '거시기'에 대한 지배를 열망하는 감시와 차별의 실천이라는 사실이 그것이다.

이 과정을 일본어와 조선어의 근대화, 일본어에 의한 조선어의 식민화에 관련시켜 간단하게나마 재론해 보면 어떨까. 언어의 근대성은 민족어≒국민어의 성립과 국가어로서 표준어의 제정으로 대표된다. '한문'으로부터의 독립과 자국어의 근대적 개량은 조선과 일본 모두 언문일치의 추구, 발명된 표준어를 향한 오랜 지역어의 복속과 평준화를 통해 이뤄졌다.

이것들은 근대국가의 확립과 발전에 필수적인 요소였다는 점에서 특히 구어, 곧 음성문자의 경제성과 직접성, 평등성을 중시했다.[7] 이를테면 다음 글을 보라.

> 언어적 근대화란, 해당 언어공동체의 최하위의 성원에 이르기까지 읽고 쓰기의 세계에 참가시켜, '국민nation'의 통합적인 구성성분으로서 중앙집권적인 국민국가를 형성하기 위한 필수 불가결한 조건이다. 이렇게 되면 언어는 19세기적인 언어관이 그렇게 한 것처럼, 마치 언어를 '자연물'처럼 관찰하는 것은 더이상 적합하지 않게 된다. 오히려 권력에 의해 근대의 요구에 응하지 않을 수 없이 '만들어진 것'으로 전환된다. 게다가 그것은 단순히 수동적으로 '만들어진 것'임에 그치지 않고, 적극적으로 '국민'을 이 언어에 의해 만들어내는 한편 그 사상이나 가치관에 일정한 형태를 더해주는 이데올로기적인 장치로서 기능하게 된다.[8]

일본어의 근대화는 '표준어로서 도쿄어'의 성립과 일치한다. "일단 이것을 모범어로 하고 난 후 보호하라, 조탁하라"는 주장에서 보듯이, 도쿄어는 도쿄 지방에서 사용하는 말이라는 지역어의 규정을 넘어 잘 만들어진 '표준어'의 지위를 먼저 부여받는다. 그럼으로써 국가어이자 제국어로, 곧 '고쿠고國語'로서의 일본어를 통괄할 수 있는 규범적 가치를 획득한다. 근대 이후 표준어로 재탄생한 도쿄어가 새로 발명된 언어로 간주되는 핵심적 요인이다.[9]

그런데 문제는 언어적 근대화를 통한 '국민'과 '촌놈'의 분열적 결속 혹은 통합적 분리가 일본어에 의한 조선어의 근대화, 곧 식민화 과정에서도 똑같이 반복된 일종의 식민주의적 현상이라는 사실이다. 조선의 '국어'로 등장한 일본어, 곧 '고쿠고'는 표준어였으며, 따라서 그것은 일본, 조선, 만주, 대만 등 제국 전역에 소통되는 공통어로서 제국어의 특권적 위상과 권력을 한껏 누렸다.

한 일본 연구자에 따르면, 이와 관련하여 근대 일본어는 두 가지 층위를 가졌던 것으로 파악된다. 첫째, 근대국가의 '국민어'로서 '고쿠고'이다. 이것은 "국민정신을 양성하고 국민의 품성을 닦는 데 가장 유력한 말"로, 특히 홋카이도의 아이누 종족과 오키나와를 포함한 일본 내지, 타이완, 조선 등의 식민지에 적용되었다. 이 지역들에서는 궁극적으로 '고쿠고의 상용화'를 목표했다. 둘째, 일제의 만주와 중국, 동남아 진출 시에는 천황의 신민으로서 '국민'보다는 '대동아공영'의 핵심원리로서 '일본 정신'을 강조했다. 이를 수행하는 공용어, 곧 '동양 공통어'를 '일본어'로 지칭했으며, 식민지에서와 달리 점령지에서는 이 '일본어'와 그들의 '고유어(민족어)'가 함께 교육되고 더불어 소통되었다.[10] 이런 면모는 그 효율성과 확장성의 제고에 적잖이 고전했던 학교 제도에서의 '고쿠고' 교육뿐만 아니라 조선총독부의 지배와 통치에 관련된 일본 식민자들의 조선어 학습에서도 확연한 진실이었다.

이를테면 일본인을 위한 학습서 《조선어 회화》(그림 4)[11]를 보라. 예시문은 일본에서 건너온 지 12일 차를 맞아 일본 여행객이 조선인의 생활과 관습 등에 대해 소개받는 장면이다. 한 가정에서 이뤄지는 부부의 관계와 역할에 대한 설명이 주요 내용이다. 이를 위

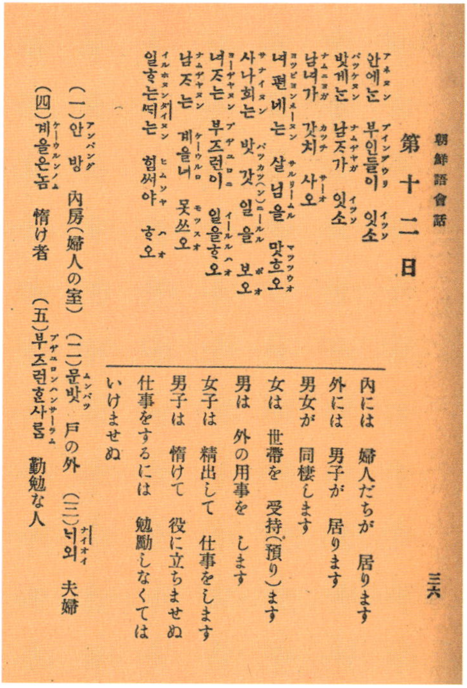
朝鮮語會話

第十二日

안에는 부인들이 잇소

밧게는 남ᄌᆞ가 잇소

남녀가 갓치 사오

녀편네는 살님을 맛ᄒᆞ오

사나희는 밧갓 일을 보오

녀ᄌᆞ는 부ᄌᆞ런이 일을ᄒᆞ오

남ᄌᆞ는 계을너 못쓰오

일ᄒᆞ는ᄯᅢ는 힘써야 ᄒᆞ오

(一)안방 内房(婦人の室) (二)문밧 戸の外 (三)닉외 夫婦 (四)계을은놈 惰け者 (五)부ᄌᆞ런ᄒᆞᆫ사ᄅᆞᆷ 勤勉な人

内には 婦人だちが 居ります

外には 男子が 居ります

男女が 同棲します

女は 世帯を 受持(預り)ます

男は 外の用事を します

女子は 精出して 仕事をします

男子は 惰けて 役に立ちませぬ

仕事をするには 勉勵しなくては いけませぬ

三六

그림 4 《조선어 회화》(연세대)

한 조선어-일본어의 기호 간 번역은 상단: 조선어+조선어 요미가나讀み仮名,[12] 하단: 일본어, 왼쪽: 한일사전을 제시하는 방식을 취하고 있다. 언뜻 보기에는 조선어 학습에 대한 편의와 정보를 규범 있게 보여주는 편집양식에 해당한다. 하지만 속내를 살펴보면, 제국어로서 일본어의 권력과 이데올로기를 한껏 자랑하는 형식에 가깝다. 이와 같은 성격을 압축적·상징적으로 재현한 부분이 예시 자료 왼쪽의 '한일사전'이 아닐까 한다.

(一) 안방(アンバング) 內房(婦人の室)　　(二) 문밧(ムンバツ) 戶の外

(三) ᄂᆞ외(ナイオイ) 夫婦　　(四) 게을은놈(ケーウロンノム) 惰け者

(五) 부즈런ᄒᆞᆫ사ᄅᆞᆷ(ブヂュウロンハンサーラム) 勤勉な人

조선어를 모르는 일본인이라면 회화문과 사전을 어떻게 읽을까? 아마도 문자 일본어를 먼저 인지한 다음, 한글 위 요미가나를 발음하면서, '안방' '문밧' 같은 그림-기호(한글)의 뜻을 떠올리는 순서를 밟을 것이다. 요컨대 조선어와 한글은 표준 일본어이자 제국어로서 '고쿠고'에 의해 투사되고 대상화됨으로써 식민지인 사용의 토속어를 넘어 제국의 변두리 말로 비로소 등장, 각인되는 것이다. 물론 이러한 통·번역 과정은 이질적 언어 간의 소통에서 피할 수 없는 보편적 수순이자 문법이라는 반론도 가능하다. 하지만 다음과 같은 언어의 형식과 내용은 조선어-일본어 대화가 식민주의와 식민지 간의 불평등한 언어교환, 보다 직설적으로 말해 언어예속의 과정임을 분명히 한다.

먼저 조선 여성은 '부지런한 사람으로', 조선 남성은 '게으른 놈'으로 인지하는 시선과 태도의 문제이다. '게으름'은 최남선의 《소년》과 이광수의 〈민족개조론〉에서 조선의 후진성과 퇴락성에 대한 근본요인으로 비판될 만큼 악명 높은 습성이다. 회화문의 일본인은 '게으름'을 남녀 간의 차이로 세밀하게 구분하여, 그 대립각을 더욱 날카롭게 세운다. 하지만 식민지 시대 발행된 각종 사진과 엽서의 피사체로서 조선 여성은 빨래, 다듬이질, 물 긷기, 김장, 아이 보기 등의 가사노동을 포함하여 도리깨질, 밭일 같은 농업노동에 시달리고 있다. 이와 상반되는 남성의 게으름과 유희, 곧 아무 데서나 낮잠 자고 술 마시며 활 쏘고 장기 두는 모습은 나태를 넘어 비도덕적인 행동으로 손가락질 당할 수밖에 없다.

이들의 맞은편에는 그러나 때론 명랑하고 때론 슬픈 표정을 한 기생들과 더불어, 쉼 없이 농사짓고, 벌목하고, 지게질하고, 물통을 나르고, 노를 젓는 초라한 행색의 남성들이 또다시 빼곡했다. 이러한 식민지 조선인의 대조적 구성과 배치에서 일본인의 시각과 태도가 의미하는 것은 분명했다. 발전과 개척을 앞세운 식민주의적 시선으로 식민지 조선의 인종, 습속, 문화, 풍경의 낙후성과 저열성을 정교하게 선택하고 배치함으로써 조선에 대한 지배와 통치의 정당성과 필요성을 역설하겠다는 근대천황제의 정치적 욕망과 권력의 행사가 그것이다.

한 연구자는 이러한 이중화 방식의 조선인 점유와 사물화 방식을 "조선을 '보고자 한' 욕망의 산물이며 조선의 인종과 사회와 풍경을 증명해 줄 증거물"로 지적했다.[13] 《조선어 회화》 제13일의 "서로 친절이 사귑시다 정답게 상종ᄒᆞ오"[14]라는 일본인의 조선인에 대한 교린 요청이 양 국민의 상호존중을 빌미로 언어적·문화적 동질화와 언어적·계급적 불평등을 만들어내는 '언어 제국주의'[15]의 일환인 까닭이 여기에 있다.

다음으로 《조선어 회화》에 등장하는 '조선어'는 어떤 성격의 말일까? 식민지 상용의 고쿠고國語가 표준어인 만큼 응당 조선어도 표준어야 할 것이다. 과연 조선총독부는 일본 관리들에게 '조선어장려정책'을 실시하면서 '조선 전체를 통하는 표준어' 학습과 습득을 강조했다. 이를 위해 조선어 학습에 따른 수당 지급과 시험 실시 등이 주요 항목으로 지정됐다.[16] 여기에 발맞춰 식민도시 '경성의 말'은 조선의 표준어로 별다른 경쟁자 없이 급부상하게 된다.

이 방향은 일본인 관리들의 주요 학습서 《조선어 회화》(그림 4)의 면면에도 뚜렷하다. 이 회화문에는 '·', 곧 '아래ᄋᆞ'가 계속 등장한다. '아래ᄋᆞ'는 조선총독부의 〈보통학교용 언문철자법〉(1912)과 조선어학회의 〈조선어맞춤법통일안〉(1933)에서 폐지가 확정되었다. 하지만 《조선어 회화》는 〈보통학교용 언문철자법〉의 규범에 따라 '서울 방언'에 토대한 '표음주의 표기', 예컨대 형태소가 무시된 받침 표기(예: 잇소, 밧게는, 갓치), 왼쪽에 'ㅅ'을 덧붙이는 방법만 인정한 된소리 표기(예: ᄯᅢ는)를 사용하고 있다. 다만 부사를 만드는 어미는 '-히'로만 적기로 한 원칙을 지키지 않고 '-이'를 사용한 예('부즈런이')가 보인다.

문제는 이렇게 시간과 규범이 뒤섞여 학습되고 통용된 '경성의 말'에 자못 심각한 언어적 헤게모니가 작동하고 있다는 사실이다. '경성의 말'은, 이를테면 경찰관들에게 그 편의성과 소통성 이전에 조선 전역에서 '경성의 말'이라는 일종의 우월감, 그것이 부여하는 '경찰관의 용어로서의 충분한 권위' 때문에 식민지 표준어로 선택되었다.[17] 이곳에 반영된 식민주의적 상황은 일본인들에게 '경성어'가 조선 땅에서 조선인이 '모범으로 사용하는 표준-조선어'로 충분히 이해되고 존중받지 못했음을 암시한다. 오히려 식민지 조선에서 제국의 우월성과 권력을 넉넉히 펼치기 위한 정치적·문화적 권력의 기호로 수용되고 소비된 측면이 짙어 보인다는 것이 사실에 더욱 부합한다.

조선인에 대한 고쿠고(일본어) 교육은 황국신민화, 바꿔 말해 조선의 해체와 삭제를 목표하는 동화 및 교화의 정책이었다. 이에 반해 일본인에 대한 조선어 교육은 식민지배의 수월함과 효율성을 강화하기 위한 보조적 수단이었다. 그런 만큼 식민지에 대한 지식과 정보 획득, 감시와 처벌의 정교화를 위한 분리와 배제의 언어정책에 가까웠다. 조선총독부가 경찰과 교원, 형무소 직원 등에게 조선어교육을 가장 먼저, 그리고 가장 오랫동안 실시한 이유다. '조선어장려정책'이 업무 수행, 내선융화, 인민의 안정 따위를 표면에 내세웠어도, 일본인의 이익 확대, 일본어 보급 과정의 과도적 수단, 조선의 안정적·효율적 통제장치 등으로 그 성격이 규정될 수밖에 없었던 결정적인 이유이다.[18]

'조선어장려정책'은 3·1운동이 야기한 제국의 균열과 불안을 진압하기 위해 실시된 문화정치의 대표적인 부산물이었다. 일본 관리들에게 사방에서 울리는 조선말에 대해 누구보다 빠르고 정확하게 그 의미를 파악하고 이해할 수 있는 능력이 요구된 까닭이다. 요컨대 그들은 조선어와 일본어에 대한 능숙한 발화보다는 "두 가지 말을 들을 수 있고 그 말을 알아듣지 못하는 자에게 전달해줄 수 있는"[19] 통·번역 능력을 충실히 발휘할 때 천황에 직역봉공하는 '충량한 신민'으로 인정되었다.

이 지점에 이르면, 지배로서의 조선어 학습의 본질과 성격이 더욱 뚜렷해진다. 내선융화를 위한 선린의 언어가 아니라 식민지배의 효율성을 드높이기 위한 도구어이자 예속어로서의 '표준-경성어'에 대한 발견과 교육이 그것이다. 물론 그들의 조선어에 대한 이해와 해석, 통·번역은 '표준-도쿄어', 곧 일본의 문화적 전통과 만세일계의 천황가를 떠받드는 '국체명징'의 정신을 중심으로 수행되었다. 요컨대 그들의 조선어 교육과 활용의 앞뒤에는 타 민족을 지배하고 동화하는 식민주의적 권능을 거머쥔 '국가어'-'제국어'[20]로서 일본어가 어김없고도 변함없이 어른거렸던 셈이다. 이러한 언어 현실은 만들어진 표준-도쿄어와 표준-경성어, 그리고 제국어와 지방어의 현격한 불균형으로 코드화된 대화엽서의 원리이자 문법이기도 했음을 이후의 사례들은 어김없이 증명한다.

일본 여행객의 조선어에 담긴 식민주의

일본인 학습의 조선어가 표준-도쿄어에 의해 발견, 호명, 해석된 표준-경성어였다는 사실은 일본어-조선어 대화엽서에서 어떤 의미를 지닐까? 우선 이렇게 말해보면 어떨까? 낯선 타지에 대한 호기심, 다시 말해 이국취향의 충족이나 여행의 편의를 위한 매개적 수단으로 간주하면 됐지, 그것을 굳이 '지배를 위한 조선어 학습'에 연계시킬 필요가 있을까라고 말이다.

이 판단은 그러나 매우 편의적이며 자의적인 실용론에 지나지 않는다. 제국주의의 성립과 확장에 연계된 식민지 여행의 본질과 성격을 살펴보면 더욱 그렇다. 아무려나 일본 여행객에게 주어진 조선어는 서로의 의사소통과 감정교환이라는 언어의 기초적 역할에 그치지 않았다. 일례로 이국 관련 여행기는 자신은 외국인과 다르다는 '차이에 대한 믿음', 개인적 지식과 경험에 비춘 '이국 문화에 대한 정형화', 심지어는 '자기 문화에 대한 우월성'을 암암리에 드러내는 경우가 적잖다.[21] 이런 성격은 조선인에게 교육된 고쿠고로서의 일본어뿐만 아니라 언어 활동의 약자로 인식될 법한 일본인의 식민지 조선어 학습에서도 분명하게 확인된다.

제국주의는 문명, 개척, 발전을 자임함으로써 식민지를 원시, 야만, 후진의 상황으로 내몰아 갔다. 이러한 방식의 식민주의적 점유와 거리화의 정책은 제국의 확장에 기여하는 우월한 기억과 기념의 서사 우선 요구했다. 나아가 "불결 미개한 땅"에 대한 지속적인 발견, 곧 "미개한 세계,

이질적인 세계를 보는 문명국의 시선"에 대한 끊임없는 보충도 당연시했다.[22] 일본의 식민지 조선에 대한 여행이 이와 같은 요구에 충실하게 부응했음은 세 측면에서 확인된다. 첫째, 일본 문명의 우월함과 조선 문명화에 대한 사명감을 지속적으로 노출했다. 둘째, 일본의 풍요로운 전통문화와 구별되는 퇴락과 폐허의 심미적 공간으로서 경성, 평양, 경주, 부여를 발명했다. 셋째, 한만韓滿 지역을 포괄하는 정한론의 역사와 승전을 앞세워 전적지에 대한 지속적인 기억과 현재로의 환기를 강화했다. 문제는 예의 식민주의적 시선과 태도가 타향이나 타자를 바라보며 자아의 만족과 안위를 구하는 폐쇄성을 면치 못했다는 사실이다. 이것은 타자와 그 문화에 대한 관심보다 자신의 필요성과 호기심에만 집중하는 각종 사진 자료들과 일본어-조선어 대화엽서에 공통된 대표적 특질이라는 점에서 주목을 요한다.

물론 이것은 일본 여행객 개개인의 요구나 욕망에만 관련된 사태가 아니다. 일개 국민어인 표준-도쿄어의 제국어로의 확장, 또 그곳으로의 표준-경성어의 예속이 그랬듯이, 그것은 근대 천황제에서 기원한 제국주의적 의식의 확장과 심화에 의해 벌써 예비된 것이었다. 식민지 조선에 대한 사진, 그림, 엽서, 여행책자와 안내서 등은 일본 정부와 조선총독부로 대변된 식민 권력, 이들의 요구와 이해를 자신들의 이익 추구로 치환한 일본여행협회 소속 단체와 대중 인쇄매체의 명랑한 결탁에 의해 발행된 것이었다. 동시에 조선, 만주, 대만으로 대표되는 식민지에 대한 자의적 조사와 연구, 평가와 가치화를 대동하는 '타자를 통한 자기 확인'의 방법에 의해서 수행된 것이기도 했다.

실제로 일제는 그들 영토에 대한 투어리즘 확산과 식민지 확인을 위해 영문의 경성 안내 및 금강산 안내, 로문露文의 금강산 안내, 그림엽서 수종을 1910년대에 이미 발행했다.[23] 이를 통해 일본인들은 '확장해 가는 일본 제국'의 우수성을 확인하는 한편 후진적 조선에 대한 문화적 주도권을 거침없이 확보해갔다. 그럼으로써 식민지 조선에 대한 지배와 통치의 정당성과 윤리성을 더더욱 강화했다.[24] 이렇듯 불우한 처지의 조선은 제국의 시선에 의해 포착되고 해석된 식민지의 처지와 위상을 한 치도 벗어나지 못했다. 그러한 채로 일제에 앞선 서구 제국 중심의 세계로 소개됨으로써 자연과 문화의 식민화 강도가 더욱 세지는 이중적 소외를 면치 못하게 되었다.

이제 식민주의적 타자화의 통·번역적 구현과 그 실상에 관련된 이미지 재현으로서 일본어-조선어 대화엽서의 관찰과 해석으로 나아갈 차례이다. 이를 위해 엽서 속 언어와 사진이 재현하는 기호의 의미와 가치를 먼저 전제해둔다. 모든 여행과 탐사가 그렇듯이, 제국주의에 의해 기록된 식민지 풍경과 사물, 인종과 문화는 "새로운 영토를 발견하는 과정과 같이 세상을 '포착'하고, 질서를 부여하고, 선별하여 제공하기 위한 노력의 산물"[25]이라는 사실이다. 따라서 이 과정에 대한 올바른 파악과 해석은 제국주의적 시각이 식민지에 미치는 영향과 더불어 식민지를 향한 왜곡적 창조와 차별적 변형의 입증에 유리한 국면을 제공한다.

이를 기억하며 《조선말》(총 8매, 히노데상행)과 《일선어대화》(총 8매, 해태브랜드([KAIDA BRAND])가 포착한 식민지 조선의 안팎을 탐문해보기로 한다.

[표 1] 《조선말會話自在 朝鮮ことば》 사진엽서 구성

구분	대화 내용	사진	인형	공간
1	아이와의 대화	삼 남매	물동이 인 부인	기와집 앞
2	숫자 세는 법	엄마와 딸	다섯 식구	술가게 앞
3	여관에서 (담배 심부름)	어린 소녀	담배 피는 노인	담배가게 앞
4	거리에서 (정거장 묻기)	조선 부인 두 명	장승	다리 위

구분	대화 내용	사진	인형	공간
5	우편소로 (엽서 사오기)	우체통 앞 소녀와 부인들	신혼부부	우체통 앞
6	가게에서 (인삼값 홍정)	항아리 고르는 부인	지게꾼	항아리 가게
7	식사 (차 주문)	장에 가는 노인들	도깨비	얕은 고갯길
8	여행 중 인사	나루터 풍경	물지게 진 남자	나루터

이곳의 《조선말》 엽서와 뒤편에 제시될 《일선어대화》 엽서는 크게 인물과 공간 사진, 여러 형상의 조선인 인형, 일본어-조선어 대화로 구성된다. 논의의 편의를 위해 인형과 사진의 의미를 먼저 기술한다. 두 엽서세트에서 인형의 종류와 개수가 동일하며, 사진의 형상 역시 대동소이하기 때문이다. 이 과정을 충실히 통과한다면, 1편을 제외하고 7편이 동일한 두 엽서의 대화에서 일본어-조선어 사이의 기호간 통·번역'의 정치문화적 맥락과 차별적 권력 관계를 파악하는 일도 한결 수월해질 것이다. 두 엽서세트의 모습을 함께 드러낸다는 뜻으로, 《조선말》에서 1~4를, 《일선어대화》에서 5~8을 가져왔음을 미리 밝혀둔다.

일본인이 조선인을 얕잡아 부르는 말로는 단연 '조센진', '요보', '토인' 따위가 손꼽힌다. '조센진'은 '朝鮮人'을 읽는 일본식 발음인지라 비교적 객관적인 느낌을 주는 듯하다. 하지만 '후테이센진不逞鮮人'으로 연동되는 순간 "불평·불만·원한을 품고 제멋대로 행동"하는 불순분자로 낙인찍힌다. '요보'는 조선인을 얕잡아보는 말이다. '요보ヨボ'는 일본인들이 조선인들이 서로를 부르는 호칭 '여보'를 음차한 것으로, 전근대적 노동에 종사하거나 옛 풍습에 젖어 있는 조선 남성을 비하할 때 주로 사용했다. 예컨대 조선의 생활풍습을 만화로 그린 우스다 잔운의 《조선만화》에서는 서로 싸우는 남성들, 큰 목재를 톱질하는 인부, 옛날 주머니를 애지중지하는

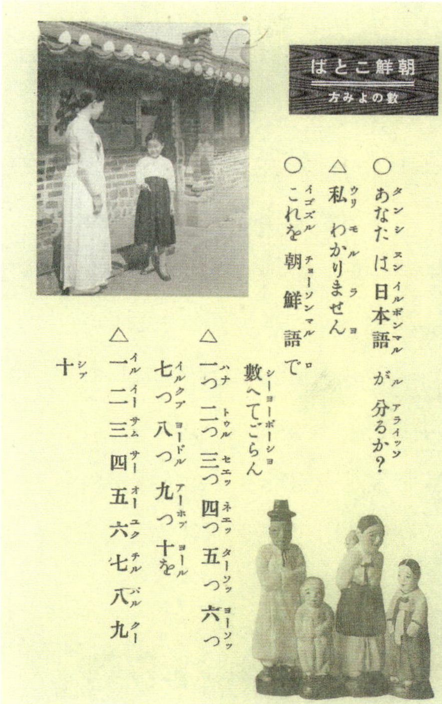
朝鮮ことば
數のよみ方

○ あなたは日本語が分るか?
△ 私わかりません
○ これを朝鮮語で數へてごらん
△ 一つ 二つ 三つ 四つ 五つ 六つ
七つ 八つ 九つ 十を
△ 一 二 三 四 五 六 七 八 九
十

그림 5 조선말-숫자 세는 법(②)

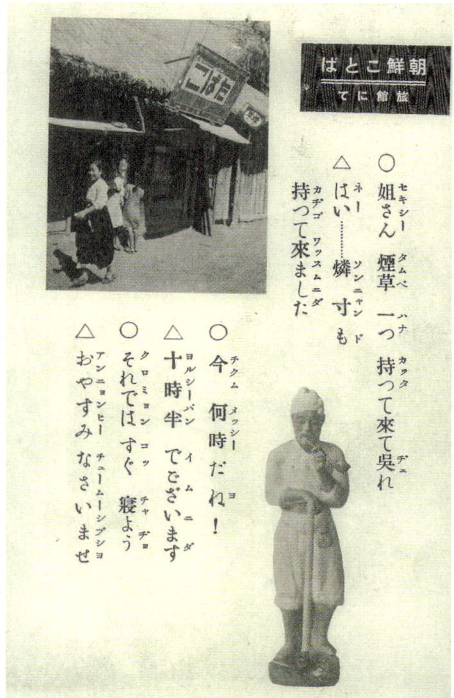
朝鮮ことば
旅館にて

○ 姐さん 煙草一つ 持つて來て吳れ
△ はい……燐寸も
持つて來ました
○ 今 何時だね!
△ 十時半でございます
○ それではすぐ寝よう
△ おやすみなさいませ

그림 6 조선말-여관에서(③)

노인을 '요보'로 부르고 있다. 그는 '요보'의 한자어로 '老耄(노모)를 사용했는데, 이 단어의 일본어 발음은 '로-모-'이다. 보통 '늙어서 정신이 혼미하다'는 뜻으로 소통되는 단어로, 경멸과 조롱의 어투가 뚜렷이 느껴지는 호명임을 알 수 있다.

'요보'는 염상섭의 《만세전》(1924)에서 문제적 주인공이 아내의 조산 소식을 접한 뒤 도쿄에서 경성으로 귀환하기 위해 승선했던 기선의 목욕탕 장면에서 확인되듯이 '쿨리苦力(중국인 노동자)' '생번生蕃(대만 고산족)'과 더불어 호명되곤 했다.[26] 이 경멸적 호칭에는 야만과 원시, 무지와 우둔, 나태와 퇴락 따위의 부정적 이미지가 울울한데, '망국의 망령'이 더해지면 제국의 지배와 통치 대상으로 완벽히 획정된다. 이들을 제국이 다스려야 할 열등한 식민지인으로 정형화하는, 다시 말해 "구분되지 않는 집단, 덩어리로 묘사"하는 말이 '적토'로 명명된 시뻘건 땅에서 쉴 틈 없이 일하는 노예란 뜻을 가진 '토인土人'[27]이다.

'요보'나 '토인'과 같은 식민지인을 향한 호칭에는 제국이 식민의 땅과 그곳 생활인의 정체성과 삶을 '포착'하고 특정 기호 및 의미로 질서화하며, 식민주의적 체계와 구조에 맞게 정형화하는 방법이 고스란히 담겨 있다. 이와 같은 경멸적 호칭을 흥미롭고 익숙한 사물과 상품으로 제작하여 박제화하고 앞다퉈 소비하는 인종주의적 전시물이자 노리개를 꼽으라면, 사진엽서의 후경으로 제시되는 조선인 인형들을 빼놓을 수 없다.

《조선말》과 《일선어대화》 사진엽서에 함께 등장하는 인형은 물동이를 이고 멘 여성과 남성, 담배 피는 노인, 지게꾼, 전통 복색의 신혼부부 및 다섯 가족, 장승, 도깨비이다. 이것들은 선물용과 장식물로 함께 쓰이던 것으로, 식민지 조선을 구성하고 표상하는 사진과 그림에서도 가장 많이 주목되던 대상들이었다. 조선을 대표하는 재현품으로 이 인형들이 전시, 소비됨으로써 발생하는 장점과 효과는 다음 정도에서 찾아질 듯하다. 여행객들이 쉽게 구입할 수 있고 싼 값에 선물할 수 있는 인형인 만큼, 첫째, 조선인에 대한 호기심을 그런대로 충족시키는 앎의 도구일 수 있으며, 둘째, 식민지의 열등한 인종과 생활, 문화와 관습에 대한

그림 7 조선말-식사(7)

정보를 일본 곳곳에 알릴 수 있는 선전물일 수 있다.

하지만 이런 장점은 일본인의 입장을 주로 반영한 것일 뿐이다. 따라서 식민지 조선에 대한 폭력적이며 차별적인 소외의 문제점을 거의 환기시키지 못한다. 식민화와 더불어 조선은 문명에서 반개半開로, 드디어는 원시와 야만으로 그 인종과 문화, 생활과 관습이 모두 강등되었다. 전근대적 형상의 인형들은 그 과정에서 획득한 서구와 일본의 식민주의적 (무)의식, 곧 오리엔탈리즘을 반영하고 재현한 '날조된 전통'의 일종으로 보아 그릇될 것 없다. 문명의 시선은 조선의 역사와 문화, 인종과 관습을 '상품화된 낯섦'으로 재생산하고 소비함으로써 자신들의 선진성과 우월성을 거꾸로 발견하고 더욱 내면화하는 역설적 승리를 구가했다.

이처럼 '상품화된 낯섦'[28]은 제국주의가 식민지에 대해 그들의 권력과 문명, 이념과 취향을 각인하고 조직하는 대표적인 식민주의적 문화전략 가운데 하나였다. 이를테면 탐험과 침입의 존재인 제국의 문명인은 처음 마주하는 식민지인을 낯섦을 간직한 환상 속의 존재로 인지한다. 그렇지만 식민지의 원시성과 야만성, 퇴락성과 후진성은 때때로 불안과 공포의 감정을 불러일으키기 마련이다. 이런 위험한 순간을 잠재우고 힘센 제국의 위대함을 강화하는 전형적 사례가 식민지인을 뒤처지고 무지한 '레디메이드'의 형상으로 박제화하고 전시하는 일이다.

기차와 전차가 철로를 달리고, 전등과 가스가 생활의 편의를 더하며, 근대적 공장과 도시의 거리에 모던 보이와 모던 걸, 학생과 노동자가 서로 엉켜드는 식민지 수부 경성의 면면. 하지만 제국의 사진술이 포착했고 문화자본이 제작했던 조선인들은, 근대화된 대도회 곳곳에서 전근대적 직업과 노동, 개성 없는 얼굴과 복색에 고착된 '요보'와 '토인'들로 발견되고 지시되는 열등 분자들이었을 따름이다. 이러한 식민주의적 욕망과 식민지적 소외를 일말의 감정과 움직임도 없이 충실히 담아내며 전시 중인 '사람 아닌 사람'이 기념품이자 선물로서의 조선 인형들이었다. 이 지점에서 조선 인형들을 두고 전통과 동양미에 충실한 심미적 대상보다는, 발전과 변화를 모르는 무시간성과 불변성에 포획된 균질하며 무미건조한 사물로 대상화할 수 있는 권력적 시선과 태도가 생겨난다. 이를 통해 조선인은 어디서도 개성화될 수 없는 천편일률적인 전근대적 형상의 전시품과 노리개로 제작되고 소비되기에 이른다.

그림 8 조선말–거리에서 (④)

다음으로, 《조선말》과 《일선어대화》에 실린 사진은 어떤 특성과 의미를 지니는가. 여기에도 '상품화된 낯섦'이 곳곳에 스며 있기는 마찬가지다. 제국의 사진이라고 해서 식민지의 열등한 인종적·문화적 타자에 대한 호기심과 신기함만을 포획하고 드러내지는 않는다. 식민지 사진 곳곳에는 별다른 사전 지식과 정보 없이 낯선 타자를 조우할 때 발생하는 이질감과 당혹감, 심지어 불안감이 공포감이 알게 모르게 배어 있다는 게 사실에 더욱 가깝다. 왜냐하면 낯선 땅에 던져진 관광객이 그러하듯이, 제국의 카메라맨 역시 현지인(식민지인)들에게 거꾸로 관찰되는 "'역전된 시선'을 경험하기도 하며, 되쏘아보는 피사체를 통해 불편한 감정"[29]을 느끼기도 하기 때문이다.

두 사진엽서에서 '낯선 타자' 조선인을 번역 · 해석 · 전달하는 방법은 크게 두 가지로 구분된다. 하나는 대화의 상황을 고려하고 사실성을 높이는 전략으로, 《조선말》이 취하는 방식이다. 이 엽서세트는 소녀와 여성 2~3명을 대화에서 지목되는 담배가게(그림 6), 우체통 앞[30], 정거장 근처(그림 8)에 배치했다. 주도면밀하게 '잘 구성된' 이미지들은 그러나 일제 남성의 숨겨진 시선에 의해 관찰되고 소비되는 식민지 여성을 한껏 반영하고 있어 상당히 문제적이다.

그녀들은 선진 문명에 의해 계몽·지도·보호되어 마땅한 수동적이며 타자화된 식민지인에 불과하다. 왜냐하면 그녀들이 담배와 엽서를 구매하고, 차를 주문받으며, 기차 시간을 알려주는 행동은 자신의 필요성을 해결하는 모습이 아니기 때문이다. 요컨대 그녀들은 일본 남성이 지시한 서비스를 충실히 수행하기 위해 문명의 자리에 서 있는 심부름꾼에 지나지 않았다. 이로써 숨겨진 카메라의 시선이 장소와 문명의 사실성을 지시하는 기계-장치이면서도, 남성 관광객의 힘센 목소리를 인증하는 권력-도구인 까닭이 더욱 분명해졌다. 그러므로 해당 엽서들은 우뚝 솟은 제국의 팔루스(남성과 카메라)가 식민지 여성을 성적으로 소비함과 동시에 타율적 객체로 고정시키는 폭력적 식민의 장으로도 충분히 해석될 수 있다.[31]

《일선어대화》는 《조선말》과 달리 엽서의 대화 내용과 사진 이미지를

그림 9 《일선어대화》-자동차 (④)

정확히 일치시키지 않는다. 자의적으로 선택한 사진들을 통해 조선인의 생활환경과 습속, 유흥과 취미 등을 전시할 따름이다. 이를테면 '《일선어대화》-자동차'(그림 9)는 '《조선말》-거리에서'(그림 8)와 똑같이 정거장까지의 요금을 묻는 대화를 취하고 있다. 그렇지만 사진은 엉뚱하게도 우마차를 실은 나룻배를 실었다. 대화와 사진의 불일치는 '아이와의 대화'에서 낚시터(표 2의 ①)를, '숫자 세는 법'에 항아리 실은 지게꾼(②)을, '엽서 사오기'에 물건을 인 아녀자(그림 10)를, '정거장에서'에서 한강 스케이트장(그림 12)을, '여행 중 인사'에서 정박된 짐배(그림 13)를 제시하는 모습에서도 확인된다. 더군다나 이 사진들은 가까운 곳의 인물을 촬영한 정면 샷(그림 8)이 아니라 멀리 있는 풍경을 포착한 측면 샷(그림 9)으로 제공되었다.

'낯선 땅'을 찾아 떠도는 여행과 관광의 본질과 속성을 생각하면, 식민지인과 나누는 대화 못지않게 그 풍토와 생활을 여유롭게 바라보는 관조(관람)의 경험은 포기할 수 없는 가치의 하나겠다. 그렇지만 카메라에 포착된 조선(인)은 신비롭고 아름다운 풍경보다는 전근대적 습속과 비근대적 장면들이라는 점에서 심미안의 대상과는 거리가 멀다. 더군다나 원경의 측면 샷은 식민지 조선의 익명화와 사물화를 더욱 심화시키는 데 기여한다. 그런 점에서 사진과 대화의 불화 혹은 갈등의 조장은 매우 고의적이며 이념적인 시선과 태도의 산물이 아닐 수 없다.

이를 감안하면, 《일선어대화》에 실린 사진들에는 두 가지의 사실과 욕망이 사이좋게 동거하고 있는 듯하다. 첫째, 가난과 고통으로 점철된 전근대적인 식민지 현실에 대한 충실한 재생과 전시, 둘째, 대화의 우편소, 자동차, 담배 가게, 엽서 등이 암시하는 바, 궁핍한 조선의 '붉은 땅'은 일제의 지배를 통해 편의와 즐거움이 가득한 곳으로 개변될 것이라는 밝은 전망의 제시가 그것이다.[32] 요컨대 이곳의 사진들은 일제와 차별되는 식민지 조선의 사실을 폭넓게 조감함으로써 오히려 일제와 조선의 통합을 서둘러 완수하겠다는 식민주의적 예견과 동화의 욕망으로 바쁜 상태인 것이다.

[표 2] 《일선어대화日鮮語對話》 사진엽서 구성

구분	대화 내용	사진	인형	공간
1	아이와의 대화	낚시터	다섯 식구	낚시터
2	숫자 세는 법	지게꾼(항아리)	담배 피는 노인	장터 길목
3	여관에서 (담배 심부름)	담배 가게	물동이 인 부인	담배 가게
4	자동차 (정거장 묻기)	나룻배 (마차와 사람)	물지게 진 남자	강의 나룻배
5	엽서 사오기	물건 인 아녀자	도깨비	마을 앞길
6	가게에서 (물건값 흥정)	가게 앞 노부부	장승	장터 귀퉁이
7	정거장에서 (기차 시간 묻기)	스케이트 (언 강물 위 활주)	지게꾼	한강 스케이트장
8	여행 중 인사	정박된 짐배	신혼부부	나루터

두 사진엽서의 본령인 일본어-조선어 대화를 되짚어볼 순서가 되었다. 먼저 대화에 재현된 표준-도쿄어와 표준-경성어의 권력 관계와 전도된 위상에 주의한다. 다음으로 엽서의 이념과 상업성을 꿰뚫기 위한 전략으로, 식민지 여행의 본질, 관광객의 호기심과 식민주의적 (무)의식이 투명하게 엿보이는 대화에 집중한다.

첫 과제는 두 엽서에 활용된 문자 형식과 통·번역 양상에서 그 답이 주어질 것이다. 《조선말》은 인쇄체 문자로 일본어에 조선어 요미가나를 붙였다면, 《일선어대화》는 필기체로 그렇게 했다. 다만 《일선어대화》 좌측 하단에는 일본어를 해석한 조선어 대화가 실려 있다는 차이점이 있다. 언뜻 조선인의 편의를 고려한 장치로 보인다. 하지만 글씨 크기나 문장 쓰기에서 일본어, 곧 표준-도쿄어에 복속된 표준-경성어의 실상이 어슴푸레 엿보인다. 예컨대 두 엽서세트의 [4] '거리에서'(그림 8)와 '자동차'(그림 9)의 통·번역 문자 양식을 보라.

○	オ、　ピーが　オーネー おっ、雨が降って來た。	비가 오내,
	ヨボ、　チョンゴヂャンカヂ　オルマエカーウ おい。停車場まで幾らで行くか	여보, 뎡거장까지 얼마애 가우.
△	オーシブチョン　イムニダ 五十錢で　乘りませう	오십전입니다.
○	クペヨ 急ぐのだぞ	급해요
△	ネー、　パルニー　カムニダ はい。早くやります	내, 빨리 갑니다.

'자동차'(그림 9)에 실린 일선어 대화를 옮겨본 것이다. 일본어의 경우, 화자와 청자의 말은 표준-도쿄어로 적혔다. 조선어는 언문일치의 표준-경성어는 아니다. 하지만 일상의 경성어로 손색없으며, 표기법도 발음에 초점을 맞추는 표음주의를 표방함으로써 조선총독부의 〈보통학교용 언문철자법〉(1912)에서 거의 벗어나지 않는다. 일본 여행객의 식민지 조선에 대한 관광과 탐방이 경성으로 제한될 리 없다. 그 밖의 여행지로 평양, 경주, 금강산 정도만을 떠올려보아도, 그들이 마주칠 조선인은 표준-경성어보다는 향토색 창연한 지역어를 쓸 가능성이 훨씬 크다. 이를 감안하면, 대화엽서에서의 표준-경성어 사용은 조선총독부의 조선어 정책을 충실히 따른 것임이 어렵잖게 확인된다.

왜 그런가? 이들 대화엽서는 앞서 밝힌 대로 민간업체의 생산품이다. 그러나 조선 관광을 제도적으로 총괄하던 조선총독부와 일본여행업체의 지도와 규제 아래 인출되었을 가능성이 크다. 이를 증빙하는 자료가 철도와 기차를 중심으로 조선 관광을 선도하는 한편 여행객들의 편의와 정보 제공을 위해 각종 사진엽서와 지역 안내서, 관광 팸플릿 등을 생산, 유통시킨 조선총독부 조선철도국의 활발한 활동일 것이다. 게다가 이곳 직원

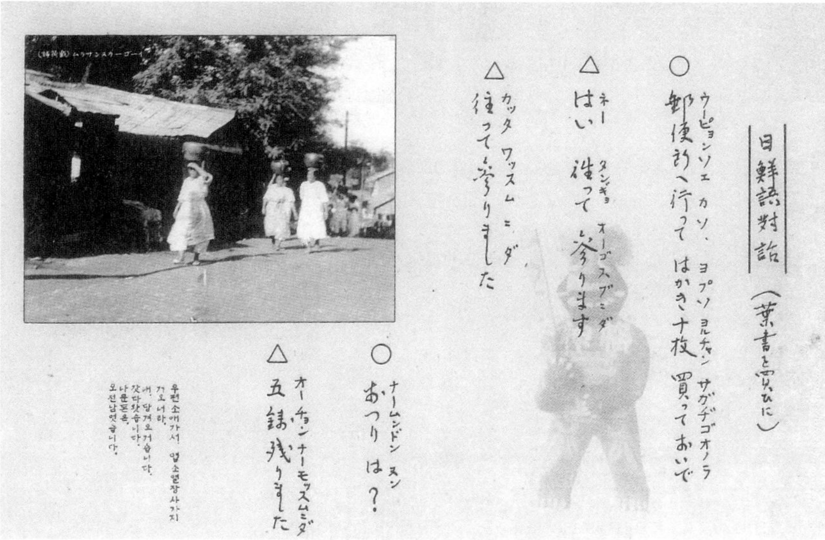

그림 10 《일선어대화》-엽서 사오기(⑤)

들이 '조선어장려정책'의 주요 대상이었으며 따라서 이들이 학습하고 사용한 조선어가 표준-경성어였을 것이라는 사실도 거의 확실하다. 일본어-조선어 대화상의 통·번역 틀과 문법으로서 주: 제국어-도쿄어, 종: 지방어-경성어라는 실질적 위상과 권력관계를 입증한다.

한편 그 차별적 배치는 두 엽서에서 어긋나는 일본 여행객과 조선 운전사의 대화에서도 흥미롭게 관찰된다. 《조선말》에서 여행객은 "비가 온다"라고 말한 뒤 《일선어대화》에 없는 "아이고 죽겠다"라는 신음을 내뱉는다. 또 《일선어대화》의 "급해요" "내, 빨리 갑니다"가 "위험하다! 가만히 가-" "괜찮습니다"로 바뀌어 있다. 전자에서는 기차 시간에 대려는 여행객의 조급함이 부각된다. 후자에서는 급하지만 안전을 고려하는 일본 여행객과 속도 내느라 바쁜 조선 운전사의 모습이 대비된다. 서로가 높임말을 쓰다가, 여행객은 반말의 명령어를, 운전사는 높임말을 사용하는 상황은 어떤 위험한 순간에서 얼마든지 발생할 수 있다. 하지만 동일한 상황을 높임말과 반말로 양극화했다는 사실은 여행객과 운전사 이상의 차이, 곧 제국과 식민지 "언어 간의 패권 다툼"과 제국의 일방적 승리, 그에 따른 "지배의 전이의 연쇄"33를 유감없이 보여준다. 이러한 특질은 나머지 대화에서도 거의 비슷하게 나타난다.

> 1) 이리 오너라. 너 셩명은 무어시냐. / 리수용임니다. / 나이는 맷살이냐. / 열새살입니다. / 집이는 누가 게시냐. / 아버지와 어머니가 게십니다. (〈아이와의 대화〉, [1])
>
> 2) 당신은 일본말을 아십닛가. / 몰라요. / 조선말로 이것을 시여 보시오. / 하나, 둘, 셋, 넷, 다섯, 여섯, 일굽, 여덜, 아홉, 열, 열 잇슴니다. (〈숫자 세는 법〉, [2])
>
> 3) 식씨, 담비 하나 갓다주. / 내, 성냥도 가지고 왓습니다. / 지금 맷시요. / 열시 반임니다. / 그러면 곳 자저. / 안영히 주무십시요. (〈여관에서〉, [3])

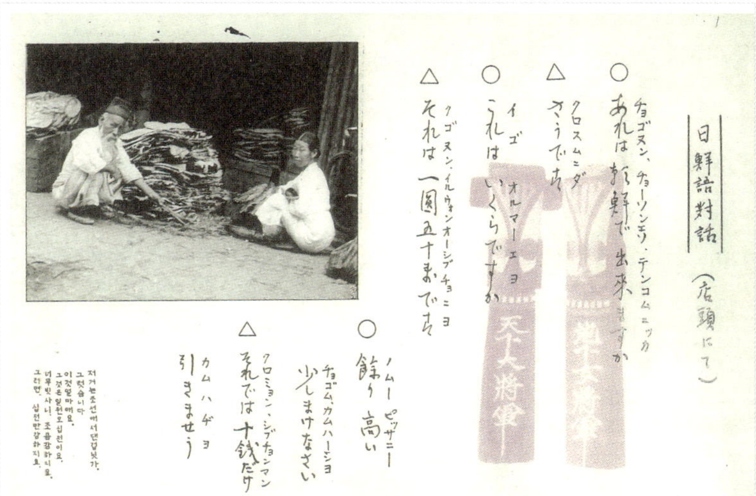
日鮮語對話 (店頭にて)

○ あれは朝鮮で出來ますか
チョゴヌン、チョーソンエソ、テンコムニッカ

△ さうです
クロスムニダ

○ これはいくらですか
イゴ オルマーエヨ

△ それは一圓五十銭です
クゴヌン、イルウォンオーシブチョニヨ

○ 餘り高い
ノムー ピッサニー

少しまけなさい
チョゴム、カムハーシヨ

△ それでは十銭だけ引きませう
クロミョン、シブチョンマン カムハゲヨ

저거는조선에서댄겁닛가.
그럿습니다
이것얼마애요.
그것은일원오십전이요.
너무빗사니! 조곰감하시요.
그러면. 십전만감하지요.

그림 11 《일선어대화》-가게에서 ([6])

4) 우편소애 가서 엽서 열 장 사가지고 오너라. / 내, 당겨오거습니다. / 갓다 왓습니다. / 나문 돈은. / 오전 남엇습니다. (〈엽서 사오기, 5〉)[34]

5) 저거는 조선에서 댄겁닛가. / 그럿습니다. / 이것 얼마애요. / 그것은 일원 오십전이요. / 너무 빗사니, 조곰 감하시요. / 그러면, 십전만 감하지요. (〈가게에서〉, 6)[35]

6) 경성행 기차는 몃 시에 써남닛가. / 급행은 오후 일급씨 이십분이애요. / 차표는 여기서 삼닛가. / 내, 저기서 팜니다. (〈정거장에서〉, 7)[36]

7) 안영하심닛가. / 고맙소. 편안함니다. / 어대를 가십닛가. / 내지애 갓다 오갯씀니다. / 언재 오십닛가. / 곳 당겨옵니다. (〈여행 중 인사〉, 8)

8) 미안합니다만, 차를 조금만 주세요. / 차는 없습니다. 더운 물은 있습니다. / 그것도 좋습니다. / 대단히 맛이 있습니다. / 많이 잡수십시오. / 잘 먹었습니다. (〈식사〉, 7)[37]

일본 여행객의 질문은 매우 간소하다. 숙소와 상점, 거리와 정거장에서 필요할 법한 내용들로 채워지고 있다. 처음 외국 여행을 떠났을 때 겪게 되는 불편함이나 당혹감을 떠올리면 꽤나 유용한 질문으로도 읽힌다. 하지만 여행 시의 호기심과 이국 취향을 충족하려면 타국의 역사와 문화, 관습과 자연풍경에 대한 궁금증은 필수적이다. 이를 감안하면, 일본인의 질문은 낯선 조선에 대한 풍부한 앎으로 나아가기 어려운 제한적인 사안들에 머물러 있다.

그렇지만 일본 여행객의 질문은 소소하여 오히려 당당했다. 동아시아 전역으로 나날이 팽창하는 제국의 심상지리를 가슴에 새기며 식민주의적 시선의 확장에 여념 없던 일등 신민을 위한 각종 지식과 정보는 하급 식민지인에 의해 생산될 성질의 것이 아니었다. 그 역할은 당연히도 조선총독부 조선철도국과 그들 문화자본에 맡겨졌다. 거듭 말하지만, 이들은 각종 통치기구와 자본의 협력을 바탕으로 각종 여행안내서와 팸플릿, 사진엽서 등을 계속 발행했다. 이를 통해 기차 노선, 유명한 자연풍경과 문화유적, 일본 복사판의 근대적 도회가 널리 소개되었다. 어디 그뿐인가. 조선 기생과 일본 게이샤, 그녀들의 섹슈얼리티가 매매되는 요릿집과 유곽 등의 환락지대에 대한 상세한 안내도 빼놓지 않았다.

이쯤 되면 대화엽서는 일본 관광객의 편의를 도모하는 매체를 넘어, 조선 투어리즘의 실질적 주권이 일제에 있었음을 강력히 주장하는 권력적 기호였음이 분명해진다. 이와 같은 저간의 사정을 기억하며, 일본인과 조선인 대화의 본질과 성격 몇 가지를 함께 살펴보기로 한다.

우선 일본인과 조선인 대화의 성격이다. 여행객의 질문이니만큼 '지배를 위한 조선어' 사용과는 거리가 멀 듯하다. 하지만 양 국민의 관계는 방문객-접대인의 평등성보다 사용자-고용자의 종속성이 훨씬 두드러진다. 이는 조선인이 일본인의 부탁에 따라 담배를 사오고 우편소에 다녀오며 차를 대접하는 허드렛일에 종사하고 있기 때문만은 아니다. 그보다는 첫째, 일본 여행객이 권위적인 남성의 목소리로 일관하고 있다는 사실, 둘째, 심부름하는 아이는 대화상으로 성별이 구별되지 않으나, 사진 속의 소녀와 부인들로 인해 여성으로 자연스럽게 고정되며, 그 결과 일본(인)과 조선(인)의 권력 관계가 더욱 차별화되고 있다는 사실 때문이다.

남성-제국주의 대 여성-식민지라는 성차의 확정과 권력의 배치는 오리엔탈리즘의 전형적 문법 가운데 하나다. 식민지인은 제국-남성의 시선과 욕망에 끊임없이 노출됨으로써 그들의 거친 팔루스에 사정없이 짓밟히는 비천하고 무력한 야만인으로 주저앉곤 한다. 이를 감안하면, 일제-남성의 목소리에 지시되고 시선에 관찰되는 조선 여성은 두 가지 차원에서 식민지를 은유하는 복합적 상징물에 해당한다. 원시적 여성으로의 물신화와 그 섹슈얼리티의 소비가 하나라면, 제국주의에 의해 개척되고 정복된 '발가벗긴 땅', 곧 '적토'가 다른 하나이다.

이렇게 소비되고 하위화 되는 조선 여성으로 이용악이 애처롭게 불렀던 〈전라도 가시내〉(《오랑캐꽃》)의 그녀를 들어보면 어떨까. "알룩조개에 입 맞추며 자라나" "눈이 바다처럼 푸를 뿐더러 까무수레한" '전라도 가시내'는 "단풍이 물들어 천 리 천 리 또 천 리 산마다 불타던" 가을날 "어디서 흉참한 기별이 뛰어들 것만 같은" "두터운 벽도 이웃도 못 미더운 북간도 술막"으로 팔려온 신세다. 그녀를 연민하고 동정하는 '함경도 사내'가 "두어 마디 너의 사투리로 때아닌 봄을 불러준다"고 해서 그녀가 "손때 수집은 분홍 댕기 휘휘 날리며 / 잠깐 너의 나라로 돌아갈" 수 있을 리 없다. 듣도 보도 못한 무서움과 추위로 가득한 식민의 땅 만주로 팔려올 정도니 그녀의 궁핍함과 무교육 상황은 따로 이를 필요가 없다.

그러나 그녀의 고통과 눈물은 당시의 식민지 현실에서 보기 드문 현실이 아니었다. 담배와 우편소로 심부름 갔다 온 소녀는 자신과 가족의 생활현실이 더욱 곤핍해질 경우 저 고통스런 삶을 고스란히 재현할 수밖에 없는 불우한 운명이었다. 예컨대 당시 만주에서 보도된 신문기사 "국경을 초월하고, 인종을 도외시하며, '일신'을 집어던지지 않고서는 하루 치 양식조차 구하기 어려웠다"라는 구절을 보라.[38] 일본 여성의 처지를 다룬 기사인데, 당시 만주는 새로운 삶의 꿈을 품고 일본 본토에서 건너온 카페 여급, 게이샤와 같은 하층계급의 여성에게도 "눈포래 휘감아 치는 벌판"(이용악)처럼 고통스럽고 전망 없는 불모의 땅에 가까웠다. 당시 조선인이 구독하던 《만선일보滿鮮日報》 기자로도 일했던 시인 김조규는 일본 여성들보다 훨씬 낮은 곳으로 제 몸을 던져야 했던 조선인 카페 여급을 "술상 건너 깨어지는 유리잔과 정력의 낭비와 난폭한 욕설, 순간에서 영원한 쾌락을 찾는 환락의 일대 광란 속에서 시드는 너의 청춘을 구원할 생각도 없이 웃음과 애교로 생존을 구걸하고 있다"(〈카페-'미스 조선'에서〉)고 고통스

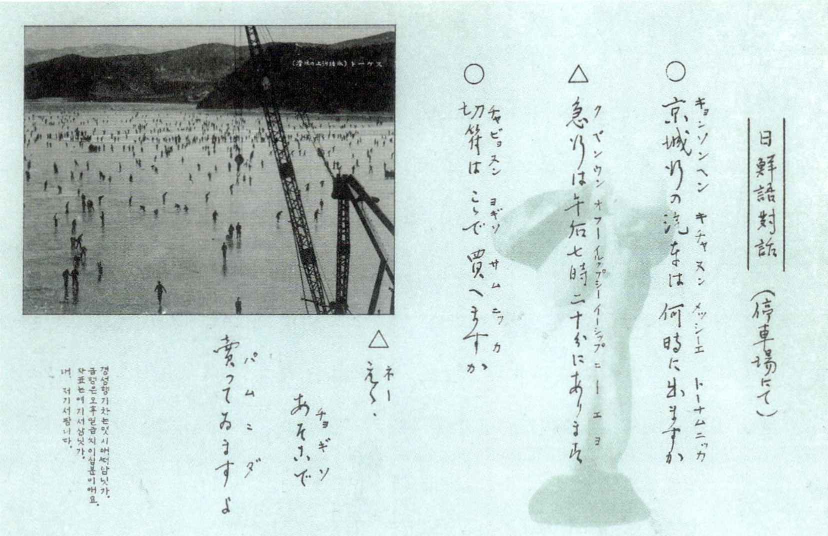

그림 12 《일선어대화》-정거장에서 (⑦)

럽게 노래했다. 이처럼 술막이든 카페에서든 조선 여성은 특히 제국—식민지 남성도 적잖게 포함되는—의 팔루스들에 의한 섹슈얼리티의 갈취와 정복, 곧 약자로서의 여성과 식민지로서의 조선을 동시에 상징하는 '발가벗긴 땅'의 사물화 현상을 결코 벗어나지 못했다.

물론 일제의 계몽과 지도에 충실했던 몇몇 조선인 가시내나 여급들은 기차를 타고 만주와 경성을 오가며 향긋한 차도 마시고 우편소에서 소식 한 장쯤 보내며, 겨울에는 스케이트장의 유희(그림 12)를 명랑하게 즐기는 문화인으로의 재탄생이라는, 거의 드물고 드문 기회를 움켜쥐었을지도 모른다. 대개의 조선인은 그러나 지위고하와 성별을 막론하고 "일본말을 아십닛가"라는 질문에 "예"라고 답하지 못한 순간 다음과 같은 야만과 무지의 울타리에 여지없이 감금되었다는 것이 사실에 더욱 부합할 듯싶다.

조선총독부의 악명 높은 조선학 연구자 다카하시 토오루가 지목한 폐습들, 예컨대 형식주의에 대한 집착, 심미 관념의 결핍, 문약함, 공사심의 혼동에 따른 사상의 '고착'과 '종속'의 심화가 그것이다.[39] 이것이 그 유명한 식민사관 '타율성론'과 '정체성론'의 다른 표현임을 감안하면, "일본말을 아십닛가"의 심층적 의미는 식민지 조선인의 일본어 지식과 능력을 묻는 것에 그치지 않는다.

과감히 말해, 이 질문은, 하나, 일본어로서 제국인의 정체성을 재차 호명하고 새삼 확인하는 행위이다. 동시에 언어능력이 열등한 조선인과 달리 제국어(일본어)로 조선어를 발화할 줄 안다는 것을 자랑하는 식민주의적 우월감의 표현이다.

둘, '일본어', 곧 '고쿠고國語'의 요구에는 '일본적인 것'에 대한 모방을 넘어 동일화에 대한 암묵적 강요가 숨어 있다. 여기에는 만약 그렇지 않으면 조선인은 "본질을 벗어난 어떤 것, 문화적 진리를 벗어난 어떤 것, '떨어져 빗나간' 어떤 것"[40]의 상태, 곧 천황의 찬란한 '은뢰'로부터 영원히 탈락할 것이라는 무서운 협박이 동반되어 있다.

이상의 상황을 바탕으로 '일본어-조선어 대화', 정확히는 전자의 후자에 대한 모방의 본질과 효과를 짚어보자. 첫째, 제국어로서 일본어가 일개 지역어로서 조선어를 모방한다는 것은 자국의 우수성과 권력성을 식민의 땅 곳곳에 흩뿌리는 식민주의적 언어지배의 일종이다. 둘째, 일본어의 조선어 발화에는 모어母語 화자들이 공유하는, 그래서 내셔널리즘의 근저를 형성하는 '공감의 공동체'에 대한 감각이 빠져 있다. 이것은 일본어의 조선어 모방이 '조선적인 것'에 대한 존중보다는 그 열등성을 재차 확인하는 '이민족 지배 논리'로 변질되고 환원될 수밖에 없는 결정적 까닭의 하나다.[41]

그러나 일본어의 조선어 모방은 다음과 같은 징후적 상황을 내포한다. 조선인이 일본어에 대해 모어만큼 능숙할지라도, 제국의 (이등)신민은 될 수 있어도 순혈의 일본인으로 올라설 수 없다는 사실을 입증하는 역설적 사례라는 사실 말이다. 제국주의와 식민지의 종속관계가 굳건한 상황에

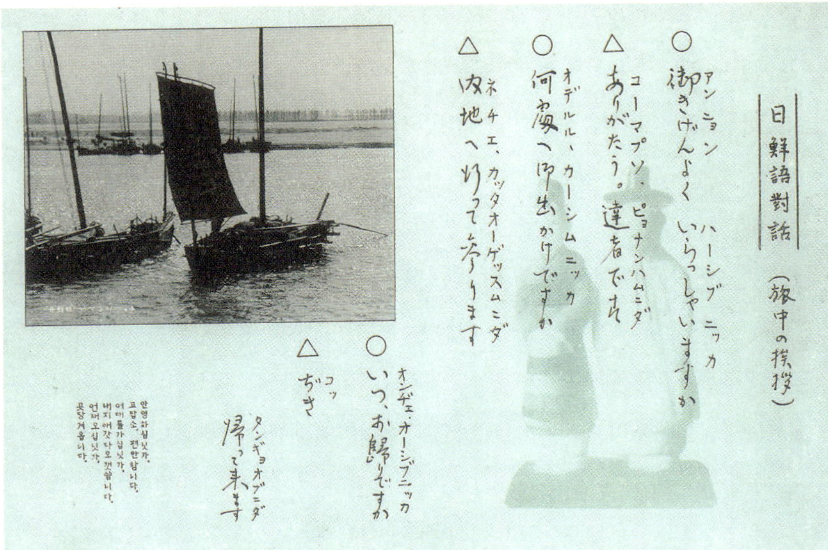

그림 13 《일선어대화》–여행 중 인사 (⑧)

서 조선어는 '알아들을 수 없는 모호한 말'이어도 일본어는 '알아들어야만 하는 투명한 언어'로 차별화되기 마련이다. 이 때문에 조선인의 일본어 학습은 미끄러지는 동화의 문제로 흘러들지만, 일본인의 조선어 학습은 차별을 전제한 계도의 문제로 더욱 이질화 된다.

그런데 이로 말미암아 일본 관리와 여행객의 조선 표준어 경성어 학습과 발화는 또 다른 역설에 처한다. 표준어 도쿄어와 경성어는 서로가 어느 쪽을 발화하든 제국과 식민지의 우열성, 곧 권력 관계를 빈틈없이 표상한다. 하지만 제국과 식민지의 두 표준어, 곧 "그 기념비적 권력을 모조하고 조롱하는"[42] '변두리 말'이 식민지 곳곳에서 거칠고 투박하며, 제 입맛과 기분에 따라 내뱉어지고 있었음을 각별히 유의할 일이다. 이 지점에서 일본어(고쿠고) 필수, 조선어 수의隨意라는 식민주의적 언어정책의 진정한 과녁 하나가 새롭게 떠오른다. 일본인용 사진엽서와 《조선어 회화》로는 좀처럼 번역하거나 소통하기 어려웠던 비속하고 불량한 '사투리'를 억압하고 배제함으로써 조선 통치의 편의성 향상에 박차를 가했다는 가설이 그것이다. 이를 수행하기 위해 표준어로서 경성어 학습이 도구적 짝패로 동원되었음은 이미 앞에서 살펴보았다.

이런 까닭에, 두 엽서세트에 공통적인 〈여행 중 인사〉(⑧)의 "어대를 가십닛가. / 내지애 갓다 오갯씁니다."(그림 13)나 "좀 만주에 갓다 오갯씁니다"라는 대목은 꽤나 의미심장하다. 조선인에게 '내지'와 '만주'는 황도사상皇道思想 아래 펼쳐지는 '근대 문명'과 '복지만리'의 신세계로 선전, 각인되던 획기적 공간이었다. 따라서 문명인이나 인텔리이기를 자부한다면, 저곳들에서의 공용어는 '일본어-고쿠고-제국어'여야 마땅했다.

하지만 일본인들이 식민의 땅 곳곳에서 만날 조선인들은 궁핍하고 무지한 농민과 노동자일 가능성이 컸다. 제 땅 없는 이들은 가련한 목숨을 부지하려 일본과 만주로 서둘러 흘러들었으며, 거기서 조선에 없는 풍요로운 '낙토'를 꿈꿨다. 그렇지만 대개의 식민지 유·이민들에게 주어진 보상이라곤 "머나먼 일본, 미워죽겠네 / 꽃 같은 새 신부 애가 타 죽겠네"[43]와 같은 슬픈 이별과 고통의 〈아리랑〉 가락에 지나지 않았다. 이 가사는 일본에 품 팔러 간 조선인들이 불렀던 또 다른 〈아리랑〉의 "실려만 가고 돌아올 줄 모르네 / 연락선은 지옥선"이라는 가사와 낯설고 고통스런 일본 생활의 어두운 면면을 아프게 공유한다.

이 지점은 조선민요가 시인 김소운의 정제된 조선어로 기록되고 일본어로 번역되기 전에는 가창자들이 태어나 자란 향토 곳곳의 사투리로 불렸을 것이라는 사실 때문에 매우 중요하다. 무지한 변두리 인생들에게 조선과 일본의 표준어는 규범적임에도 배우기 어려운 '당신들만의 언어'였을 따름이다. 남의 땅을 떠도는 따라지 인생들이 그들의 목구멍과 뱃속을 간신히 채워 서러운 〈아리랑〉을 불러내는 생명선은 옷과 밥과 말이 서로 다른 일본과 만주의 조각 땅들이었다.

이러한 조건은 조선인이 이곳저곳의 일본 '사투리', 바꿔 말해 조선 각지의 향토어를 반복할수록 '도쿄어-일본어-제국어'로부터 더욱 멀어질 것임을 어렵잖게 예상케 한다. 그 결과 조선인은 언어와 삶 모두에서 제국의 그것에 대해 메꾸기 어려운 차이와 결여를 생산하는 '반半 신민·반半 토인'으로 여지없이 밀려날 것이었다. 조선인에게 일본과 만주가 제국인의 신분을 제공하는 공공지대로 끝내 의미화될 수 없었던 결정적 까닭이다. 이로써 유이민의 이토異土/泥土는 환영幻影의 매혹적인 낙토와 거리가 멀다는 사실이 더욱 분명해졌다. 그렇기는커녕 아프리카의 탈식민주의 시인 세제르Césaire의 말을 약간 변용하자면, 일제가 조선(인)의 '식민화-사물화 되기'를 집요하게 수행하는 정체성 훼손의 폭력적이며 비생산적인 공간이었음이 자연스럽게 드러난다.

조선말의 모방,
식민지 일상의 기록

이제 사진(그림)엽서 총 8편 구성의 《일선 대역 조선말》(이하 《조선말》)과 조선의 어떤 생활을 산문과 그림에 담아낸 엽서세트를 살펴볼 차례다. 엽서 속 한·일 대화의 식민주의적 (무)의식과 식민지적 (무)의식에 대한 언어적·이념적 대차대조표는 앞서 충실히 작성했다. 따라서 반복은 최대

그림 14 쇼년-경주 석굴암

그림 15 기수-부여 백마강

한 피해가며 해당 엽서들의 특성과 가치를 밝혀나가기로 한다.

먼저 《조선말》(다이쇼사진공예소)은 '쇼넌' '기수基數' '철도' '기선' '인ᄉᆞ' '학교' '장날' '술집'이라는 제목을 취했다. '쇼넌'(그림 14), '기수'(그림 15)와 '철도'(그림 16)는 제목은 다르지만 《일선어대화》의 〈아이와의 대화〉(⑴), 〈숫자 세는 법〉(⑵)과 〈정거장에서〉(⑺)와 대동소이한 대화를 담았다. 질문의 순서, 인명, 장소 등을 바꾸어 여행 시 필요한 지식과 정보를 보충하는 정도로 대화를 재구성하고 있는 정도이다. 한 가지 특이한 점이 있다면, 이곳 《조선말》의 특이한 점은 엽서 뒷면에 "일억의 힘으로 건설하자 신체제", "마음을 굳게 먹고 웃는 얼굴로 전진하자" 등의 총력전 구호가 인쇄되어 있다는 사실이다. 1940년 전후 본격화된 '대동아공영'의 총력전 당시 생산, 유통되었음이 확인되는 지점이다. 이를 기억하며 《조선말》의 각종 형식과 특색 몇 가지를 짚어본다.

첫째, 조선어와 일본어의 배치 형식이다. 《조선어 회화》(그림 4)에서 그런 것처럼, 조선어를 중심에 두고 오른쪽에 일본어 요미가나를, 왼쪽에 일본어 번역을 붙였다. 글자 크기도 한글이 압도하고 있어 단연 조선어가 먼저 눈에 띈다. 또한 대화 내용도 여행객 중심의 특정 상황보다는 일상의 면면을 취하고 있다. 두 가지 특색은 일본인용 엽서임에도 불구하고, 조선인의 관심 유발 및 조선인의 일본어에 대한 학습 욕구 자극이라는 뜻밖의 효과를 불러들인다는 느낌이다. 더군다나 질의자와 답변자를 어른大人과 아이子供, 갑과 을, 남과 여, A와 B, 1과 2로 설정한 것도 흥미로운 선택이다. 제국-남성과 식민지-여성의 상징적 권력 관계를 거의 은폐시키는 한편 대화자들의 정서적 공감대도 자연스레 확장하는 효과가 발생하기 때문이다.

둘째, 사진 속 풍경들과 엽서의 바탕 무늬다. 사진으로는 '부여 백마강' '수원 장안문' '인삼 재배' '금강산 잡선봉'을 취했다. 바탕 무늬로는 은은한 색상아래 조선 민화나 장식 문양에 보이는 '기화奇花' '나비' '복주머니'

그림 16 철도-수원 장안문

그림 17 기선-관부연락선 금강환

'국화 화분' 등을 가져왔다. 사진의 자연풍경과 문화유적은 조선 곳곳의 것이며, 바탕 무늬는 조선의 미적 감각과 종교적 심성을 함께 보여준다. '조선적인 것'에 대한 주의 깊은 선택이 돋보이는 이유겠다.

1920년대 《동아일보》《조선일보》《개벽》 등과 최남선, 이광수, 현진건 등은 '조선혼'을 되찾고 앙양하기 위해 '국토순례' 운동을 펼쳤다. 그럼으로써 조선의 자연과 문화유적을 널리 알리고자 했다. 하지만 민족의 기원을 엿보고 국난 극복의 역사를 되새기는 경쾌하되 묵직한 그 발걸음은 여전히 노동 현실과 괴리된 부유계층과 고급 인텔리, 문화민족주의자들의 특권에 가까웠다. 그러니 조선인들이 《조선말》 엽서세트를 구입, 소비했을지라도 여전히 무지몽매했던 하위주체의 몫은 아니었을 것이다.

하지만 조선의 아름다운 풍경과 심미적 전통이 객관적으로 제시되었으며, 그것들이 우편제도의 형식으로 조선의 내·외부를 주유했을지도 모른다는 상황은 이 엽서들이 '조선적인 것'의 정전화正典化에도 제법 기여했을 것이라는 추측을 낳는다.

그렇지만 예의 풍경과 유적은 개항 이후 서구 및 일본의 시선과 권력 아래 촬영·인쇄되어 식민지 투어리즘의 주요 대상으로 선전된 오리엔탈리즘적 문화지배의 응축물이다. 해당 사진엽서가 일제 식민주의의 기호와 취향에 맞게 '발명된' 조선적인 것임을 뚜렷이 하는 요소인 것이다. 그러므로 이들 사진과 바탕 무늬는 조선의 전통과 속살을 깊이 파고들어 그것의 역사와 가치를 이야기해주는 숭고한 대상들이 아니다. 오히려 이와 반대로 근대세계와 격절된 조선의 정체성과 후진성을 수집하고 전시하기 위해 세밀하게 선택, 징발된 '식민지 기호'에 더욱 가깝다. 엽서세트 《조선말》에서 이 현실을 일제의 급속한 문명화와 거친 팽창의 심상지리와 관련시켜 지시, 재현하고 있는 사물과 이미지가 '철도'와 '기선'이다.

남 몃 시 기챠에 떠나십닛가 **녀** 오후 일시 기챠로 떠나랴고 하오 **남** 차표를 사쏩니가 **녀** 내… 정거장에서 잠간 쉬고 곳 경성까지 갑니다 **남** 그러면 나도 동힝협시다 — 〈철도〉 (그림 16)	ㅁ 하나님 일기 잘 하시는데 × 온화한 빗길이 되여 다힝이올 ㅁ 어듸까지 가시오 × 부산까지 감늬다 ㅁ 혼즈 가십니다 × 네… 처음입니다 그러면 잘 다여오시오 — 〈기선〉 (그림 17)

'철도', '기선'='관부연락선'은 '조선적인 것'의 계몽과 개척을 이끌어가는 제국의 속도와 힘을 뜻한다는 점에서 식민주의적 상상력과 (무)의식의

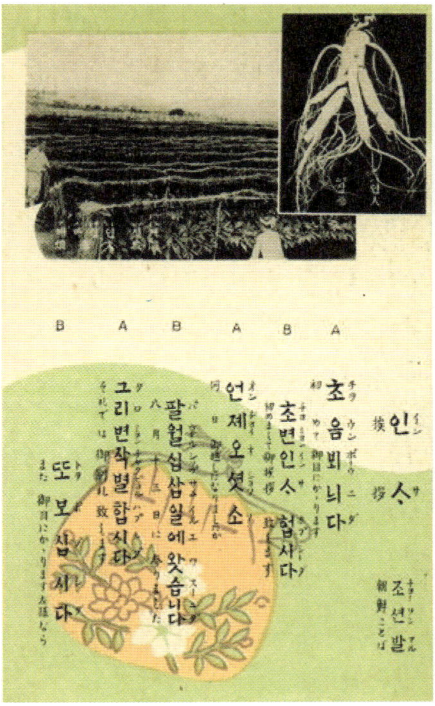

그림 18 인ᄉ-인삼

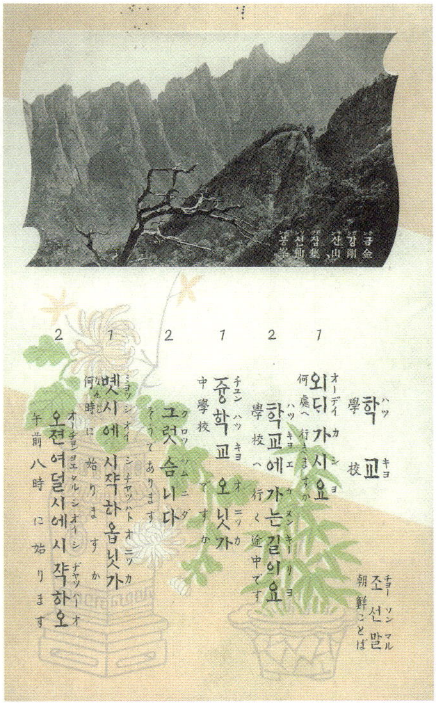

그림 19 학교-금강산 집선봉

이미지이자 기호라 할 만하다. 두 대화문은 여행을 앞둔 사람들의 가벼운 흥분과 까닭 모를 불안 등을 토로하고 있어 굳이 일제 신민의 식민지 조선에 대한 점령자나 통치자 의식이 크게 엿보이지 않는다. 화자와 청자를 경성과 부산을 오가는 조선의 초짜 여행객이나 향토의 상경자로 설정하고 이해해도 전혀 문제 되지 않는 이유이다. 그렇지만 '철도'와 '기선'이라는 문자, '관부연락선 금강환'이라는 이미지를 듣고 보는 순간 엽서의 의미와 맥락은 전혀 달라진다. 서구를 거쳐 일본으로 박래舶來한 첨단의 문명인 '기차'와 '기선'은 식민지 조선을 넘나들게 되면서 제국의 문명성과 위대성을 대변하는 상징으로 이미 오래전에 떠올랐다. 현해탄의 높은 파고를 헤치며 부산과 시모노세키를 오가는 '관부연락선'은 하필 이름도 '금강환

金剛丸'이다. '금강산'에서 가져온 이름은 조선 극치의 아름다운 자연을 뜻하기도 하지만 일제가 점령한 일개 지역인 '조선'의 명산을 자연스럽게 환기한다. 이렇게 본다면, 그것이 산악이든 배든 '금강'은 일제 최고의 신성한 공간 '후지산' 아래에 놓인 것으로 내려선다. 이것은 조금 일찍 개화한 일본의 기초적 힘과 속도가 훨씬 큰 차원의 제국주의적 권위와 권력으로 어떻게 성장했고 작동하고 있는가를 보여주는 전형적인 사례이다. 이를 감안하면 아래 대화들도 보다 새롭게 해석될 수 있다.

A 초음 뵈닉다	1 외딕 가시요
B 초면 인ᄉᆞ 헙시다	2 학교에 가는 길이요
A 언제 오셧소	1 중학교 오닛가
B 팔월십삼일에 왓습니다	2 그럿습니다
A 그리면 작별합시다	1 멧시에 시작하옵닛가
B 또 보십시다	2 오젼 여덜시에 시작하오
— 〈인ᄉᆞ〉 (그림 18)	— 〈학교〉 (그림 19)

이 대화들은 '조선어'로 적혀 있지만, 사진엽서의 주요 사용자, 곧 조선어 교육의 수혜자가 우선은 일본 여행객이라는 사실을 잊지 말아야 한다. 그러므로 그들의 초면의 '인사'와 '학교' 수업에 대한 질문은 일제의 새로운 영토 '신내지'에 대한 호기심과 실상에 대한 지식 및 정보의 습득과 긴밀히 연관된다. 다시 말해 '일본적인 것' 아래 재배치된 '조선적인 것'에 대한 식민주의적인 앎의 확보 및 내면화와 결코 떼어놓을 수 없는 대화의 형식인 것이다.

게다가 일본 여행객의 안전판 역할을 했던 식민지 조선의 관료, 경찰, 교사, 철도원 등에게 요구된 '조선어'는 조선과 일본의 광범위한 의사소통이나 문화 이해라는 교양주의와 거리가 멀었다. 그들의 조선어 학습은

"축음기 덕택에 통역만 잘하는 구변"보다는 "조선의 정치, 경제, 민심의 취향, 풍속, 습관 등 사회의 현상에 정통하여 능히 재상자(고급 관료-인용자)를 보좌하며 민중을 유도할 만한 지식을 가진 자"[44]를 양성하기 위한 것이었다.

이 때문에 당시의 조선어 회화서들은 경성에 거주하면서 그곳의 다양한 일상생활, 그중에서도 조선인과 관계된 면면을 포괄하기 위해 적극 노력했다. 이로부터 다채로운 직업 종사자를 등장시켜 식민지 조선의 일상현실과 생활방식을 풍부하게 드러내는 대화문의 채집과 제시가 이뤄졌다. 예컨대 수종의 회화서는 식민 수부 경성을 배경으로 특정한 장소(학교, 술집, 상점, 여관 등)와 특정한 장면(어린이, 여학생, 교사, 거간, 행상, 상인, 기생, 일본 경찰 등)을 중심으로 조선어-일본어 대화문을 실었다.[45] 조선어 학습의 이

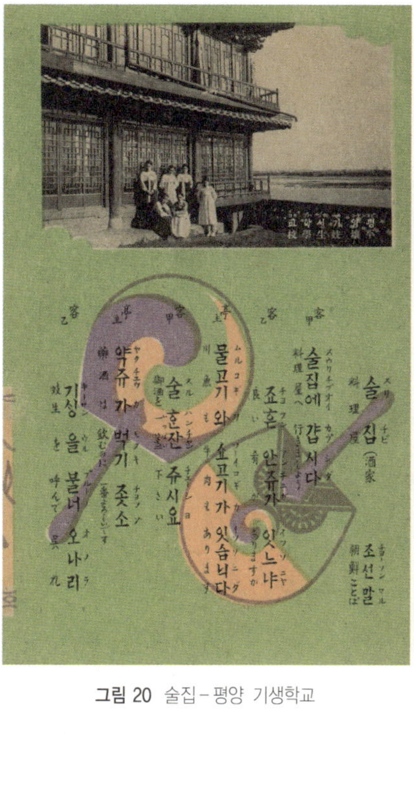

그림 20 술집-평양 기생학교

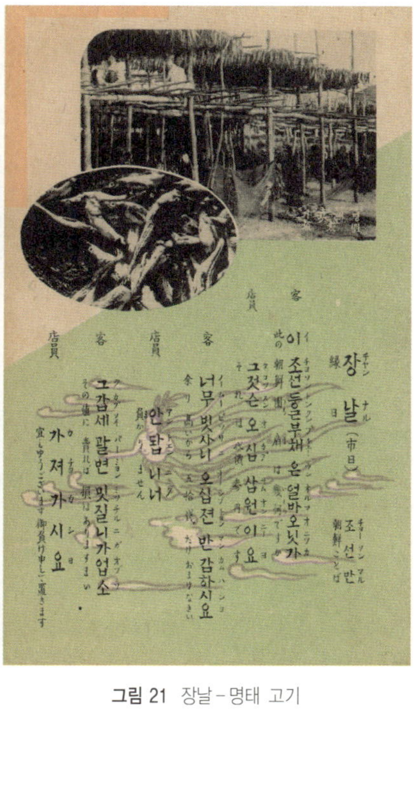

그림 21 장날-명태 고기

러한 면면이 《조선말》의 특색이기도 함은 앞서서나 지금 인용하는 대화문에서도 충분히 확인된다.

객 갑 술집에 갑시다
객 을 죠흔 안쥬가 잇느냐
정 주 물고기와 쇼고기가 잇습니다
객 갑 술 혼잔 쥬시요
정 주 약쥬가 먹기 죳소
객 을 기싱을 불너 오나라

— 〈술집〉 (그림 20)

객 이 조선 둥근부채는 얼마오닛가
점원 그것슨 오십삼원이요
객 너무 빗사니 오십전만 감하시요
점원 안됩니다
객 그 갑세 팔면 밋질니가 업소
점원 가져가시요

— 〈장날〉 (그림 21)

〈장날〉의 가격 홍정은 앞서의 《조선말》과 《일선어대화》에서도 살펴본 익숙한 장면이자 대화이다. 〈술집〉은 《일선어대화》에서 처음 나오는 장면으로, 제시된 '평양 기생학교' 사진에 어울리는 내용이다. 평양의 '기생학교'는 전통 가무, 서예, 창가, 조선어, 일본어 등에 대한 전문적 교습을 통해 근대적 전통 공연예술의 기틀과 방법을 튼튼하게 다졌다는 데 긍정적 의미가 있다. 그렇지만 〈술집〉의 대화에서 확인되는 것은 기생의 예술성 아닌 색주가에서의 역할, 그러니까 웃음과 성을 파는 섹슈얼리티의 점유와 소비에 대한 욕망뿐이다.

거듭 말하지만, 엽서세트 《조선말》의 특징은 근대적 일상의 대화문과 관련 없는 조선의 자연과 문화유적, 전통 문양을 한 화면에 배치한 것이다. 이것은 근대문명의 우월한 위치에서 식민지 조선의 물질(자연)과 정신(문화유산)을 관찰하는 한편 그 원시성과 후진성을 계몽하겠다는 식민주의적 (무)의식의 전형적인 발현이다. 이를 통해 일제는 정체와 타율의 식민지 조선을 끊임없이 타자화하는 한편 '충량한 신민'의 우수성과 권력성을 현격히 고무해간다. 여기에 《조선말》 엽서가 여행용 매체를 넘어 '지배를 위한 조선어'와 가족관계로 묶일 수 있는 핵심요인이 존재한다.

그림 22 가고시마말－가정

이제 일본어－조선어－요미가나 순서로 정렬된 그림엽서세트를 읽어볼 차례가 되었다. 이 엽서세트는 현재 4장이 확인되며, 경성 작명 도안사鵲鳴圖按社에서 발행되었다. 아쉽게도 엽서세트 봉투가 없어서 그 제목과 발행 시기가 정확히 파악되지 않는다. 그렇지만 회화문도 길고 복잡하며, 상황을 묘사한 그림도 컬러풀하며 소극笑劇적인 데가 있어 여러모로 흥미를 돋운다.

대개의 사진(그림)엽서가 그렇지만, 함께 살펴볼 4장의 그림엽서가 참조한 모형은 일본 본토의 것으로 보인다. 예컨대 일본 서남부 가고시마鹿兒島 말을 도쿄어로 바꿔 읽어가며 그곳 생활의 한 장면을 짚어내는 〈가고시마 말－가정〉(그림 22)을 보라. 부모와 어린 딸 한 가정이 저녁 식사로 두부 요리를 고른 뒤 하녀를 아이와 함께 두부 가게에 심부름 보내는 대화 장면을 담고 묘사한 그림엽서다. 부인을 도와 심부름과 아이 보기 같은 가사를 담당한 하녀까지도 행복감 넘치는 단란한 가정사를 표현하고 있다. 언뜻 보면 일본 변두리 지역의 생활을 소개하는 엽서로 읽힌다. 하지만 《가고시마 말》 그림엽서가 신혼여행, 산보, 방문, 이웃 및 친구와의 교제 등을 주제로 취하고 있음을 떠올리면 새로운 의미가 적잖게 집힌다.

가정생활과 여행, 산보와 교제, 타인 방문은 그 성격상 올바른 인간관계, 이를테면 정중한 예절과 겸손의 미덕 등이 중요시되는 영역이다. 이것들은 누구나 꿈꿀 만한 멋있고 세련된 취미 활동에는 못 미치는 여가생활 정도로 여겨진다. 그렇지만 고된 노동과 막무가내의 휴식에 그쳤던 전근대적 생활과 비교한다면 그 가치가 자못 커진다. 일부러 계획을 짜고 시간을 내어 각자의 욕망 충족에 나서는 모습은 매우 근대적이며 심미적인 문화양식으로 귀속되기에 충분한 것들이기 때문이다. 왜 그런지 몇 가지 사항을 주목해보자.

첫째, 시간 분할과 계획에 입각한 여가나 취미 활동은 근대적 교양 및 인격의 형성의 강력한 실현 수단이다. 둘째, 근대 일본의 입장에서 좋은 여가(취미) 활동이란 "일본인의 감성에서 서양의 문화를 흡수·소화하고 독자적인 새로운 문화를 만들어" 새로운 '풍속 스타일'을 조성하는 것이었다.[46] 《가고시마 말》에서 취한 생활양식들은 예의 조건에 대체로 부합하는 것으로 판단된다. 또한 '가고시마 사람'들은 아직은 낯설지만 '일본적인 것'에 대한 공유가 가능한 '고향 사람들'로 지시, 수렴된다는 점에서 일본의 여러 '향토'를 대표하는 인간상으로 변환된다.

현모양처에 의해 조성되고 유지되는 행복한 가정생활, 이웃이나 친우와의 친밀하면서도 예절 바른 교제와 상호방문, 몸과 마음의 휴식과 성찰을 동시에 취하는 산보 등은 많은 시간과 자본 없이 실천할 수 있는 여가 활동으로는 더할 나위 없이 건전한 양식들이다. 요컨대 《가고시마 말》류의 지방어-도쿄어 대화는 지역문화의 소개, 도시와 지역의 의사소통 정도에 그치지 않는다. 제국의 문명인이라면 응당 갖춰야 할 근대적 생활양식과 교양미 넘치는 도덕성, 건전한 취미와 취향에 대한 내면화와 실천을 안내하는 언어 기호로까지 그 가치가 커지고 기대된다.

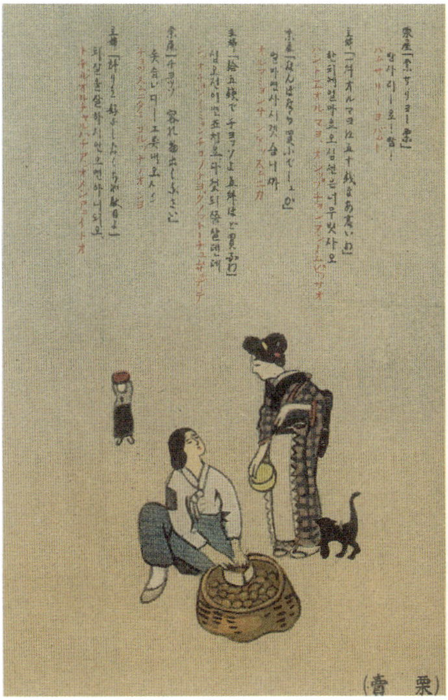

그림 23 밤 팔기

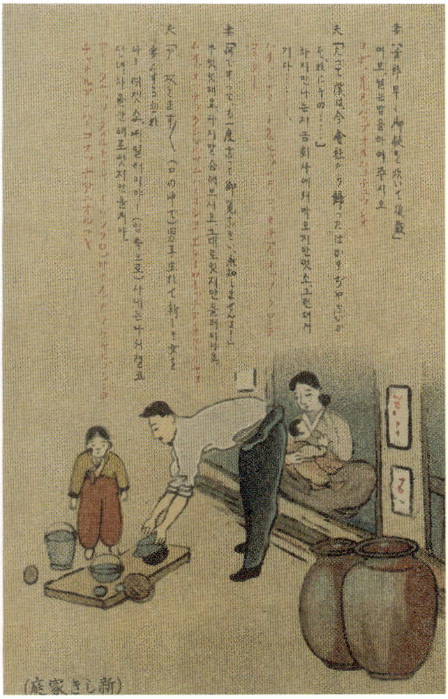

그림 24 새로운 가정

일제 식민주의가 수준 높은 문명과 문화를 자랑하며 식민지 조선인을 '요보'와 '토인'으로 함부로 멸시하고 비웃을 수 있던 기초적 여건이 의식주, 학문, 사상, 도덕에 이르기까지 화양和洋 양방이 조화롭게 혼합되어 있다는 교양주의적 자신감과 우월성 때문이었음은 널리 알려진 사실이다. 이것은 조선어-일본어 그림엽서의 안과 밖을 동시에 엿보고 성찰할 때 매우 유용한 기준점으로 판단된다.

4장의 엽서는 대화문의 화자와 청자를 조선인 밤 장수와 일본 주부(그림 23), 조선인 아내와 남편(그림 24), 일본인 객과 조선인 주인(그림 25), 산보하는 조선인 부부(그림 26)로 설정했다. 언어 형태는 조선총독부의 언문 철자법에 충실한 한글을 가운데 두고 일본어 번역을 오른편에, 조선어 발음의 요미가나를 왼편에 두었다. 대화 공간은 집과 술집, 시장 등을 선택함으로써 '조선어연구회'에서 발행한 일본인용 조선어 학습서의 면면을 거의 흐트러짐 없이 따랐다. 앞서 본《조선말》세트와 마찬가지로 일본어의 조선어 모방과 재현 과정에 식민주의적 시선과 이념이 알게 모르게 관철될 것임을 짐작케 하는 대목이다.

> 1) 밤 사리—요! 밤! / 한 되에 얼마요. 오십 전은 너무 빗사오 / 얼마면 사시겟습니까 / 십오 전이면 죠치요. 다섯 되쯤 살텐데 / 좃습니다—그릇내오 / 되질을 잘하지 안으면 아니되오 (〈밤 팔기〉)

> 2) 여보 얼는 밥을 하여 주시오 / 하지만 나는 지금 회사에서 막 오지 안엇소. 그런데 시키다…… / 무엇, 엇재요. 다시 말슴해보서요. 그대로 잇지 안을 터이야요. / 아— 씩겟소. 씩일 터이야— (입 속으로) 사내는 나서 결코 신녀자를 안해로 엇지 안을거야…… (〈새로운 가정〉)

대화 내용을 보면 그 장면을 점묘한 그림이 소극笑劇에 방불한 까닭이 자연스럽게 이해된다. 상황의 객관적 묘사보다는 거기서 발생할 풍자적 웃음이나 어이없음의 실소 제시에 초점을 맞췄다고나 할까. 예컨대 방점을 찍어 강조한 말들에 주목해보라.

먼저 〈밤 팔기〉(그림 23)의 핵심은 일본 부인의 밤 값 깎기와 조선 여성에 대한 정확한 되질 요구에 있다. 조선에서는 근대적 상행위가 여전히 미진하다는 것, 따라서 식민지인들의 상도덕은 의심해볼 만하다는 식민주의적 편견 때문에 발생하는 에피소드이다. 깔끔하며 화려한 일본 여성의 복색과 군데군데 기운 남루한 조선 여성의 복색의 대조를 통해 그 치졸한 편견은 사실의 힘을 얻는다.

〈새로운 가정〉(그림 24)은 회사를 다니면서 집안일까지 돌봐야 하는 조

그림 25 술집

그림 26 산보

선 남성의 비애를 그렸다. 그러나 실질적 초점은 남편의 비애가 아니라 '현모양처'와 거리가 먼 조선 '신녀자'의 부정성이다. 자신의 욕망에 충실한, 아니 눈이 어두운 모습은 《가고시마 말》 〈가정〉의 조신하고 후덕한 일본 부인과 정확하게 상반된다. 총후銃後의 현모양처는 전선의 근간이 되는 군국주의 청·장년의 성장에 없어서는 안 될 '애국 여성'의 표본이다. 이를 고려하면, 조선의 '새로운 가정'은 천황을 향해 직역봉공하는 충량한 신민의 생육에 반하는 불온하며 부정적인 대상에 지나지 않게 된다.

1) 조선와서 이걸 안 먹으면 조선통通이라 못한다지 / 맛이 조코, 또 게다가 소처럼 힘이 세진담니다 / 힘이 너무 써 당신과 가치 더머

리가 되어도 좀 어렵겟는걸 / 허…… / 하…… 저기 노힌 소머리도 웃는군 (《술집》)

2) 여기가 로량진 저-기가 경성 참 조흔 경치가 안이요. / 참 조흔 경치임니다. 심신이 상쾌하야 짐니다그려. / 그런데 오날은 여기저기 단여서 피곤하구려 천천히 돌아가지요. / 네, 그리시지오. 하지만 엇재 나는 안 되엿서요. 여러 사람들이 우리를 슬금슬금 보아서 (《산보》)

〈술집〉(그림 25)의 핵심은 조선 술집에 놀러 온 일본 남성이 대머리의 주인장에게 던지는 예의 없는 성적 농담에 두어진다. 언뜻 보기에 조선 주인을 웃음거리로 만드는 일본 손님을 비판하는 장면처럼 보인다. 일본 여행객의 성적 조소는 그러나 조선 주인의 "소처럼 힘이 세진답니다"라는 추임새에 대한 반응이므로 풍자의 최종 귀착지는 결국 조선 주인일 수밖에 없다. 이 기묘한 전세의 역전은 일본 여행객이 판매용 '소머리'의 웃음을 자신처럼 술집 주인을 희화화하는 것으로 동일화했기 때문에 가능해진 것이다.

마지막으로 〈산보〉(그림 26)이다. 대화의 주인공은 노량진 근처에서 한강 건너 경성을 바라보며 산보를 즐기는 신식의 조선인 부부이다. 산보는 서구에서 박래한 도시의 문화적 현상으로서 어떤 사회의 근대성을 가늠하는 척도 가운데 하나였다. 조선인 부부도 근대화의 초입에 들어선 식민도시 경성 주변부를 피곤을 느낄 만큼 오랜 시간을 산책 중이다. "심신이 상쾌하야 짐니다"라는 부인의 고백은 조선인 부부가 근대 첨단의 문화현상을 충분히 즐길 줄 아는 교양인의 자격을 착실히 획득했음을 암시한다. 하지만 산책의 쾌미를 모른 채 생업에 바쁘거나 여전히 남녀 구별의 전통사상에 붙박인 자들은 신식의 문화인 부부를 "슬금슬금" 엿보며 혀를 끌끌 차느라 바쁘다. 이 물색없는 시선과 수군거림은 봉건제적 이념과 생활양식에 여전히 물들어 있는 식민지 조선인의 후진성과 미개성을 여지없이 드러내는 부정적 대목에 해당된다.

이런 의미에서 〈산보〉의 최종 목적은 '산보'를 둘러싼 조선인의 대립과 갈등을 통해 벌써 그것을 생활화한 일본의 일상문화를 높임과 동시에 근대적인 취미와 취향 없는 조선 '요보'들의 삶을 깎아내리기에 있었던 것으로 판단된다. (도시)산책자의 부정적 면모로 흔히 지적되는, 따라서 일본의 산책자 문화에도 그 그늘이 깊이 드리워져 있었을 삭막한 근대문명 관련의 불안함과 박탈감, 고독과 공허 같은 우울한 정서는 〈산보〉와 하등 관련 없음이 이로써 더욱 분명해졌다.

그림엽서 넉 장에서 살펴본 대로, 식민주의에 토대한 풍자적 성격의 '웃음' 만들기는 '조선적인 것'의 기원과 본성, 현실과 역사에 대한 객관적 응시와 이해의 가능성을 깨끗하게 증발시키는 삭제와 해체의 전략에 가까웠다. 이는 전통적인 '술집'과 현재의 '산보', 그리고 미래의 '새로운 가정' 모두에 해당되는 사태라는 점에서 문제적이다. 이와 같은 식민지 조선의 시공간에 대한 폭력적 점유와 지배는 일제 신민의 호기심을 자극했던 '이국적 정서'를 순식간에 '우스꽝스런 풍경'에 대한 비웃음으로 뒤바꿔버린다.

이를 통해 구축되는 우선적 효과는 전통성과 현대성 전반에 걸친 일본과 조선의 문화적 차이를 고정시키며, 그에 따라 나날이 강화되는 서열체계를 재차 확인시킨다는 점이다. 이러한 효과를 발생시키는 제국의 시선과 태도는 "타자 혹은 이문화를 객체로서 관찰하며" "여행지(식민지—인용자) 문화를 번역하고 수집"하는 관광주의적 시선[47]을 훨씬 넘어선다는 점에서 매우 문제적이다.

일본과 조선 사이에 발생하는 문명·문화적 차별은 전자의 후자에 대한 계몽과 지배를 '선린의 문법'으로 획정한다. 이곳에 울울한 차별적 이미지는 일제의 우월성과 권력성에 대한 승인을 넘어, 식민지 조선의 퇴폐성과 후진성을 생래적인 것으로 착근시킨다. 그토록 폭력적이며 맹목적인 과정을 상징적으로 재현한 장면이 〈술집〉의 대조적인 감탄사들일 것이다. 요컨대 "허……"라는 조선 주인의 목소리는 어이없음의 탄식에 가깝다면, "하……"와 그 뒤를 이은 "저기 노한 소머리도 웃는군"이라는 일본 손님의 목소리는 의기양양함의 노출에 가깝다. 여기서 드러나는 결정적 문제는 대조적 웃음을 통해 조선인이 가계의 생명선 '소머리'를 유야무야 빼앗기고 만다는 사실이다. 이 순간 볼썽사나운 '소머리'는 후진적 식민지의 야만적 습속에서 제국의 세련된 문명을 응원하고 증빙하는 물질적·심리적 동일체로 그 성격이 급변된다. 이러한 시각적·구술적 장면만큼 '지배(자)로서의 조선어 학습'을 구체적으로 예시하는 기호의 전유는 쉽게 찾아지지 않는다.

저 '웃음의 연극놀이'에 방불한 대화엽서 읽기를 마무리하기 전에 이렇게 질문해보면 어떨까? 왜 하필이면 식민지 시절 사진에 자주 보이는 노상에서 떡을 팔거나 채소를 파는 아녀자가 아니라 군밤 파는 아녀자일까? 또 거친 막걸리와 보잘것없는 건건이로 술 추렴하는 간이주점이 아니라 꽤나 비싸 보이는 쇠머리를 안주로 제공하는 제법 근사한 주점을 소극의 공간으로 삼았을까. 그나마 일본인들도 큰 거부감 없이 즐길 수 있는 조선 간식과 음식의 하나가 군밤과 소머리 고기였을 것이라는 추측은 지나치게 안이하다.

〈밤 팔기〉와 〈술집〉 이야기의 필연성은 어쩌면 제국주의의 시선으로 조선의 생활풍습을 일찌감치 비웃고 깔봤던 우스다 잔운의 《조선만화》 몇 편[48]에서 찾아질 듯하다. 이 책의 만화들은 "조선인의 야만성=미개성을 불결, 악취, 태만, 폭식, 저능, 무사태평(=부주의함), 온순 등으로 구성하여 그것을 시각화(=만화화)한"[49] 것으로 일본인에게는 명성이 자자하고 조선인에는 악명 높다. 일제의 식민지 조선에 대한 뿌리 깊은 편견과 가차 없는 불신을 조장하고 고정시킨 《조선만화》의 활약상(?)은 과연 어떤 모습이었던가.

먼저 〈군밤〉(그림 27)의 경우다. 저자에 따르면, 조선의 '작은 밤小栗'은 도쿄의 '큰 밤大栗'보다 크기는 작지만 단 맛이 훨씬 많은 특산품이다. 낯선 타국에서 입맛 까다로운 일본인의 간식거리로 알맞은 과실인 것이다. 하지만 군밤을 파는 조선 여성의 품성은 문제성이 다분하다. 일본인이 보기에 "군밤 가게의 한인 부인들은 사나운 사람이 많다." "일본인 손님이 좀 깎아달라며 실랑이라도 하고 있는 것을 보기라도 하면, 언어 불통으로 인한 엉뚱한 오해를 하고, 군밤처럼 새까맣게 탄 얼굴로 마구 덤벼들곤" 한다.

그림 27 군밤

하지만 같은 장면을 담은 엽서 〈밤 팔기〉(그림 23)에서 '실랑이' 따위는 없다. 군밤을 사는 일본 여성은 고급스런 옷차림으로 우뚝 서서 "되질을 잘하지 안으면 아니되오"라는 협박에 가까운 말투로 흥정을 벌인다. 이에 반해 조선 여성은 거의 땅바닥에 주저앉아 여기저기 꿰맨 누더기를 걸친 채 되질을 하고 있다. 상하관계가 분명한 이 장면은 구매자와 판매자의 관계를 넘어 제국 신민과 식민지 여성 사이의 교체 불가능한 권력 관계를 명확하게 드러낸다.

창작과 유통 순서가 앞뒤로 분명한 〈군밤〉과 〈밤 팔기〉의 차이점은 시간이 흐를수록 더욱 넓어지고 깊어진 식민지배의 면면을 암암리에 지시한다. 두 텍스트는 조선 여성만 대상화되다가 부유한 제국의 여성과 가난한 식민지 여성이 함께 등장하는 시간의 흐름 속에 놓여 있다. 그 흐름에서 생산된 보는 자와 보이는 자의 명확한 위계질서는 '일본은 문명, 조선은 미개'라는 식민주의적 시선과 계몽주의적 태도를 전시하고 호소하는 힘으로 작동한다.

그림 28 점두의 우두골

다음으로 〈점두의 우두골〉(그림 28)의 경우다. 이 만화에서 조선 전통의 음식 '소머리 국'에 대한 폄훼는 도드라지지 않는다. 오히려 "노동자를 대상으로 한 조선 밥집"을 대표하는 음식으로 간주된다. 하지만 여기서도 조선인 주인이 문제다. 그는 "칼끝이 둥글게 감아 올라간 둔탁한" "우도牛刀를 쳐든 채 벼르고 있는 요보의 꼴"인지라 "웃음이 절로 나게" 한다. 게다가 가게 내부는 "형언할 수 없는 육수 냄새가 코를 엄습"하며, "눈을 뜨면 주위의 한인 점포에는 커다란 선반 위에 생 소머리가 올라 있는" 끔찍한 모습이다. 메이지 유신의 근대화 이전까지 쇠고기 취식이 금지됐던 일본인에게는 코를 틀어쥐고 눈을 가릴 만큼 아연실색하기에 충분한 광경인 것이다. 그 이질감과 괴로움을 조선 주인장의 '뎌머리'(대머리)에 비겨 풍자하고 조소한 것이 〈술집〉(그림 25)의 그림과 대사라 하겠다.

이렇게 본다면, 일상 전면화의 대화엽서들은 식민지의 일상에 대한 객관적이며 치밀한 관찰의 결과로 주어진 것이 아니다. 지배와 통치가 결정된 점령지 문화의 야만성과 불쾌함을 일찌감치 풍자하고 비웃었던 《조선만화》를 더욱 치밀하게 변형시킨 이미지와 문자의 문화정치학적 산물인 것이다. 요컨대 '삽화' 해설에 붙여진 그들끼리의 '일본어'는 그림엽서에서

'조선어-일본어' 동시의 대화체로 변주됨으로써 제국주의의 식민지에 대한 계몽과 비판을 더욱 효과적으로 수행하게 된 것이다. 그런 의미에서 다시 강조하자면, 일제가 생산한 대화엽서의 궁극적 목표는 여행객의 편의를 제공하고 일본인의 '조선어 학습'에 대한 효율성의 제고에 있지 않았다.

비록 식민지 언어에 대한 모방과 재현의 성격을 가졌지만 그것은 다음의 두 가지 사항을 최종적으로 목표했다. 첫째, 조선어의 지위를 일본어, 곧 '고쿠고'에 대한 방언으로 격하시키기이다. 둘째, '고쿠고'를 상용어와 생활어로 정착시킴으로써 조선어를 말살하고 해체하기이다. 일제의 주: 일본어, 종: 조선어라는 언어 편제가 식민지와 그 민족어의 전통성과 고유성, 현실적 발화의 힘과 발전의 가능성을 되도록 부정하기 위해 기획된 파시즘적 언어정책의 일환이었음이 여기서도 확인된다.

제 3 장

식민지 민족 정서의 제국화 또는 지방화

— 사진엽서 《조선정시》와 《국경정서》의 식민주의

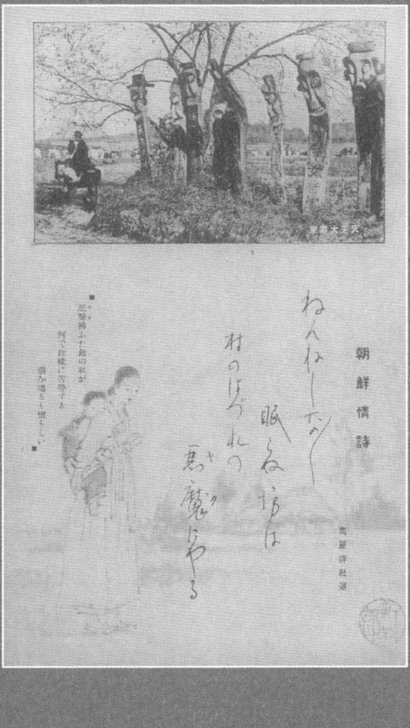

눈과 소리와 마음의 안과 밖

여행과 관광은 '낯섦'을 넘어 '친밀함'으로 다가서는 몸과 마음의 동시적 움직임이다. 다시 말해 이질성을 가로지름으로써 동일성의 지평에 안착하려는 심리적·육체적 굴신屈伸 행위이다. 이러한 성격의 '낯섦'은 다음의 양가적 특질을 한 몸에 지닌다. 하나는 미지에 대한 호기심과 부재한 것을 향한 충족의 욕망이다. 다른 하나는 부지不知에 따른 공포와 불안, 친밀성의 부재와 정지에 따른 고독과 소외이다.

제 나라와 향토로 귀환하기 전까지 여행의 동력은 이질적 세계를 향한 호기심과 탐구 욕망의 정도에 따라 그 크기와 밀도가 달라질 듯싶다. 하지만 더 깊이 생각하자면, 알지 못함을 극복하거나 초월하며, 마침내는 '낯선 것'에 대한 친밀감을 담뿍 얻게 될 때야 여행의 활기찬 명랑성과 역동성은 비로소 발휘되기 시작한다.

이러한 상황을 감안하면, 경성역 앞 '후타미여관二見旅館'을 소개하는 사진엽서(그림 1)는 매우 흥미로운 텍스트다. '경성관광협회' 발행의 리플렛 《경성명물京城名物》(1934)에 실린 광고에 따르면, 후타미여관은 조선철도국에서 지정한 공식 숙소로, 숙박요금 3원 이상에, 객실마다 전화를 설치한 꽤 고급스러운 공간이었다. 후타미여관 사진엽서가 여행객을 끌어들여 이윤을 남기기 위한 호객용 선전물임이 분명해지는 지점이다. 머나먼 일본과 만주, 조금 가까운 조선 각지에서 오랜 시간 달려온 기차 속 피곤한 몸과 긴장된 마음을 휘황한 경성역 근처의 숙소에 편히 뉘라는 휴식의 기호인 것이다. 물론 여행객의 투숙과 휴식은 '여관'이라는 상품에 합당한 화폐를 지불할 때만 가능하다. 이 때문에 이토異土의 여관은 끝내는 '향토'의 따스한 '내 집'과 영영 불화하는 차갑고 계산적인 돈 궤짝의 공간일 수밖에 없다.

그림 1 후타미여관

하지만 엽서 속의 사진과 그림(눈)과 노래(소리)는 자물쇠 채워진 금고金庫/禁錮 속 낯섦과 불안이 열린 생활 속의 친밀함과 안락함(마음)으로 어떻게 전환될 수 있는가를 극적으로 예시한다. 깔끔한 간판을 내건 후타미여관은 아직은 한옥과 초가로 넘쳐나던 식민도시 경성에서 꽤나 매혹적인 근대식 건축물로 각광 받을 만한 모양새를 갖췄다. 물론 조선총독부 철도국 직영의 조선호텔(1914)에 비하면 가격이나 시설 모두 소박한 휴식처를 넘어서지 못한다. 그렇지만 이 소박함이야말로 후타미여관 아래로 조선의 초가와 아이 달래는 자장가에 여념 없는 조선의 엄마를 배치할 수 있는 탁월한 조건인지도 모른다.

일본 여행객에게라면, 조선의 초가와 전통 복색의 엄마와 아기, 그리고 자장가는 일본의 집과 옷과 가족에 대한 절절한 그리움을 환기하기에 충분한 조건이다. 그리움의 정서에 의해 더욱 자극된 객수客愁는 여행자로 하여금 엽서 속 풍경을 내면화하여 유아기의 충만한 행복을 되살리는 한편 그 행복을 다시 살게 한다. 후타미여관이 식민 자본의 위용을 한껏 자랑하면서도, 집 떠난 여행객에게 안락한 휴식과 평안을 제공하는 '의사-스위트 홈'으로 올라서는 까닭이다.

그러나 따스한 여관을 나서는 순간 잠시나마 조선과의 선린을 꿈꾸던 일제 여행객의 순정한 의지는 식민주의적 시선과 욕망에 하릴없이 감염되고야 만다. 첫째, 근대 천황제의 탁월한 식민통치와 독점자본의 빈틈없는 지배를 조선 곳곳에서 확인하게 되며, 둘째, 이를 근거로 전근대적·후진적 세계에 대한 정복과 소유의 욕망을 (무)의식적으로 내면화하게 되기 때문이다.

그림 2 조선정시-천하대장군

그렇다, 여관은 낯선 땅에서 잠시 쉬기 위한 '의사-안식처'일 따름이다. 따라서 그곳은 여행객이 〈자장가〉의 유아기적 환영에 빠져들어 진군과 개척의 행보를 팽개치는 정지와 폐색의 공간으로 작동해서는 안 된다. 이러한 이유 때문이라도 일본 여행객의 여관 내 휴식을 식민지의 탐방과 개척으로 유익하게 전도시키는 방법이 시급히 요청될 수밖에 없다.

사진엽서에서 해당 전략의 수행은 의외로 간단하다. 문명의 후타미여관을 전근대 특유의 액막이 신앙물이자 마을의 이정표인 장승(그림 2)으로 대체하기가 그것이다. 일본 관료나 학자들에게 장승은 "도로 수호신 겸 역병 악귀가 부락에 침입하는 것을 막는 임무"를 가졌으며, "동네 입구에서 소나무 통나무로 만든 기교를 부리지 않은 원시적인 조각"[1]으로 파악된다. 장승을 미신 숭상의 민속 신앙물로, 또 심미성 누락의 투박한 '표목標木'으로 규정할 때 생겨나는 의미 변이는 비교적 뚜렷하다. 게다가 엄마는 "자장자장/잠들지 않은 아기는/마을 어귀의/아귀(악마)에게 줘버린다"[2]라며, 자신의 지극한 사랑에 반하는 협박(?)의 자장가를 부르고 있잖은가. 물론 이 거친 말투의 근본요인은 따로 있다. 〈천하대장군〉 좌측의 작은 인쇄체 시가 "액땜한 내가/왜 이렇게 고생을 하나/장승 앞을 지나기도 얄밉구나"에 보이는 육아 노동의 어려움과 괴로움이 그것이다. 이를 세심히 고려하지 않을 경우, 식민지 조선은 눈과 귀의 경험을 통해 확인될 정도로 주술이 횡행하고 마법이 지배하는 전근대적·비이성적 공간이라는 사실이 확인되고 주장될 수밖에 없게 된다.

장승과 〈자장가〉를 통한 주술적 상황의 전시와 비판은 후타미여관에 대해 의외의 상황과 의미의 맥락을 동시에 조성한다. 아직은 전근대적 상황에 놓인 어린 아기에 불과하지만, 그가 벌써 마법의 장승을 대체한 사실과 문명의 건축이 들어선 시대를 맞고 있다는 것은 무엇을 뜻하는가. 조선을 식민지로 복속시킨 일제의 입장에서는 조선 아이의 임무를 다음과 같이 지시할 법하다. 제국이 건설한 어머니의 품에 방불한 문명의 여관에서 따스하게 보호받고 씩씩하게 자라나 천황의 충량한 신민(병사)이 되라는 것, 그럼으로써 시대에 뒤처진 장승과 실체 없는 악귀들을 현실 저편으로 물리치는 문명인이 되라는 것 말이다. 만약 이러한 가정이 신뢰 된다면, 잠깐의 휴식처 여관은 훈육과 성장, 질서와 규율이 조직·실천되는 제국의 학교이자 병영으로 새로 의미화되어 괜찮을 듯하다.

이러한 연유로 후타미여관과 장승, 자장가와 아이를 둘러싼 식민주의적 서사의 구축과 확장을 상상된 허구로만 간주해서는 안 된다. 제국주의는 그 체제와 이념에 맹목적인 '내부 주체domestic subject'를 생산하기 위해 "우리가 아닌 타인이 다른 먼 곳에서 만든 역사의 한 부분"[3]에 자신들의 국민을 귀속시키는 방법을 택했다. 물론 이때의 귀속은 식민지의 본질과 한계('장승')를 꿰뚫는 한편 그것을 대체할 만한 가치체계와 실용적 문물('여관')을 생산할 줄 아는 능력과 태도를 뜻한다. 이를 충족하는 귀속의 형식을 꼽으라면, 비교적 간단한 것으로 식민지 '여행'을, 치밀한 전략과 제도를 수반하는 것으로는 식민지로의 '이주'를 들어야 할 것이다.

이를 감안하면, 여행의 서정성과 이국 취향의 표출에만 집중될 법한 '~정시情詩', '~정서情緖', '소패小唄(고우타)', '절節(부시)' 등의 일본 시가와 노래들은 순정한 심미적 텍스트를 넘어 매우 정치적이며 이념적인 텍스트로 재음미될 수밖에 없다. 앞에서 보았듯이, 해당 엽서들은 내면적 서정의 발산에 바쁘면서도, 제국인의 우월한 심상지리와 소유욕 표출을 결코 놓치지 않는다. 여행객들은 특히 후자의 감각을 집중적으로 각인함으로써 자신의 여행을 식민지에 대한 감각적 관람과 무분별한 소비로 밀어 넣지 않는다. 오히려 식민지를 "의미 있게 만드는 방법이자 제국의 삶을 일상적으로 만드는 방법"[4]을 눈과 귀와 마음의 지평에 세밀하게 조직한다. 그럼으로써 천황의 제국이 만들고 규율하는 제도와 담론을 의심할 여지없는 세계 유일의 진리와 법전으로 밀어 올린다.

시와 노래, 낯섦과 친밀함의 식민주의적 재현

1920~1930년대 일제의 본토와 식민지는 시와 노래가 기이하게 뒤섞이는 '정시'와 '정서', '소패'와 '절'의 대량 생산과 소비에 돌입했다. 엽서의 그것들이 읽든 보든 문자와 이미지의 형식이었다면, 유성기와 라디오의 그것들은 부르든 듣든 소리의 형식이었다. 이러한 노래와 시가들의 대유행은 본토와 식민지를 막론하고 근대화와 문명화의 폭발적 성장과 확산에 깊이 연루된 현상이었다.

제국 본토의 경우, 홋카이도와 유명 온천지, 후지산 등 명산 대상의 '신민요' 유행은 향토에 대한 호기심 급증, 지방의 급속한 근대화 관찰, 교양과 취미 충족을 위한 근대 투어리즘의 성행과 긴밀히 맞물린다. 도회인 중심의 지방 관광은, 그 목적을 문명과 자본의 우월성에 대한 표출에 두든, 산업화 사회에 필연적인 고독과 소외의 극복에 두든, "유람, 행락, 위안, 보양"[5]과 같은 다소 신파적이며 통속적인 욕망의 충족으로 기울기 마련이었다.

이러한 상황에서 여행객들이 우편물이나 기념품으로 사고, 지니고, 보내는 사진엽서는 더욱 건전하며 수준 높은 '취미'의 자극과 발현에 기여할 만한 조건을 갖추고 있었다. 아름다운 가락의 신민요와 지역의 멋진 풍물을 함께 담은 사진(그림)은 향토의 역사와 지리, 풍습과 문화, 언어와 노래에 대한 교양을 습득케 하는 한편 여행객들의 취향에 적합한 오감 만족에도 여러 힘을 보탰다.

물론 이들 엽서와 노래와 이미지는 '낯섦의 상품화'라는 속성을 존립의 근거로 삼는 제약과 한계로부터 자유롭지 못하다. 하지만 저 눈과 소리와 마음의 매체들은 한편으로는 지역 풍물과 감정에 대한 미적 인식과 감상에, 다른 한편으로는 일상생활에서 세분화된 기호와 유행 같은 사회문화적 현상에 연동된다는 점에서 문자 그대로의 '좋은 취미'에 부합할 만한 기제들이었다.

조선과 대만, 만주 등 제국의 식민지에서 유행한 엽서와 노래 속의 '정시'와 '정서', '소패'와 '절'도 이국 취향의 향유, 낯선 세계에 대한 앎의 충족, 자아 발전을 위한 취미 계발이라는 보편적 문법과 속성을 벗어나지 않는다. 그럼에도 식민지 대상의 사진엽서 생산과 소비는 본토의 그것과 결정적인 차이점을 지닐 수밖에 없다. 제국의 신민들은 여행과 관광을 통해 제국의 영토 개척과 확장의 위대함, 그 열매로서 제국의 무궁한 발전과 지속에 대한 굳건한 믿음을 새삼 확인한다. 이 심리적 기제는, 첫째, '보는 시선'의 권력성, 곧 미개한 세계나 이질적인 세계를 보는 문명국의 시선을 당연시하게 되며, 둘째, '보여지는 자신'의 우월성, 곧 타향이나 타자를 응시하면서 거기서 자아를 자기만족적으로 바라보는 태도[6]를 내면화시킨다는 점에서 독단적이며 폐쇄적이다.

이와 같은 식민주의적 시선과 태도는 이를테면 1920년대 조선에서 노래 된 일본 속요들을 모아놓은 《조선정서朝鮮情緖》[7]에서 전형적으로 나타난다. 이 책은 '조선 10경' '조선 음악' '기생의 춤' '기생의 역사' '조선의 유녀' '조선의 노래' 같은 다분히 통속적이며 유희적인 조선 문화를 소개하고 있다. 더불어 일본 신민요('고우타'와 '부시')를 빌린 경성, 백두산, 압록강, 두만강, 금강산과 같은 명승지를 비롯하여, 산업발전에 일로 매진하는 부산, 대구, 대전, 전남, 평북, 평남 지방에 대한 찬가 수록도 잊지 않았다.[8] 흥미로운 사실은 일제 문화자본의 강력한 영향 아래 놓여 있던 조선 음반사들도 이곳들에 대한 노래를 빠뜨리지 않았다는 것이다. 조선 향토를 노래하는 유행가들은 한편으로는 "향토 산하의 풍요와 생명, 생활의 여유와 안락, 세상의 질서와 문화의 은성을 예찬"하는 방향으로 그 음률을 밀고 갔다. 다른 한편으로는 이른바 '뽕짝'다운 정서로 지칭되는 "사랑의 황홀과 비련의 탄식, 그리움과 고독"을 애상적으로 표출하는 방향으로 또 다른 길을 잡았다.[9]

이러한 조·일 가요의 정황을 세세하게 파악했다는 듯이, 편자 가노 마사토는 《조선정서》의 서문에 다음과 같은 사실을 적어두었다. 첫째, "속요에는 그 지방의 로컬 컬러가 상당히 심각하게 포함"되어 있다. 둘째, "조선을 전 일본 국민의 마음에 강하게 새기기 위해서" 본래의 '조선적인 것'에 대한 설명과 제국의 일부로 거듭난 '새로운 조선'에 대한 노래를 함께 실었다.

이 발언에서는 두 가지 항목이 주목된다. 먼저 '조선적인 것'에 배인 '로컬 컬러' 문제다. 조선의 지방색, 곧 향토색은 당시 문학과 음악, 회화와 사진을 막론하고 반드시 취해야 할 제일의 가치로 강조되었다. 향토색이란 조선에 고유한 풍경과 자질만을 지시하지 않는다. 보다 정확하게는 "향토적인 자연풍경을 배경으로 서민들의 일상적인 생활 모습을 담은 목가적인 분위기"[10]를 겨누는 용어이다. 식민지 조선에 깃든 '분위기'의 가치와 의미를 파악하고 판별하기 위해서는 어떤 기준이 필요할 것이다. 향토가 지방색을 환기한다는 사실을 떠올리면, '조선 향토'의 대척점에는 '일본 향토'가 자연스레 놓인다. 조선 향토색의 강화와 표현에 대한 요구가 결국은 조선의 더욱 완벽한 '지방화', 곧 '식민화'로서의 동일화에 직결된다는 판단은 이로부터 가능해진다.

다음으로 "조선을 전 일본 국민의 마음에 강하게 새기기 위해서"라는 말이다. 일본인이 전근대적 습성과 행위로 무장한 미개한 '요보'들, 곧 식민지 조선인을 인정하고 수용하기 위한 최소의 조건은 무엇이었을까. 이른바 내선융화(일체)의 동일성은 후진의 조선이 근대 천황제 아래서 나날이 발전하고 윤택해지는 선진의 일본을 열심히 모방하고 뒤따를 때야 겨우 시작될 것이었다. 하지만 심리적 각인의 모든 기준과 척도가 일본인에 두어지는 상황이었다. 따라서 당시 일상화되어 있던 조선인의 소외와 배척 문제는 미해결의 과제로 남겨질 수밖에 없었다. 이와 같은 일본인의 '내부 주체'로의 자아 설정과 조선인의 타자화는 당연히도 식민지 조선에 대한 이해와 가치화에서 심각한 균열과 모순을 초래하게 된다.

사진엽서를 예로 든다면, 조선의 모든 도시와 농촌, 명승과 고적의 가치와 의미는 본래의 주인 조선(인)이 아니라 외지에서 귀속해온 일본(인)의 관점과 시선에 의해 전략적으로 파악되고 설정되는 경우가 허다했다. 이것은 실체로서의 조선이 일제의 기대와 욕망에 부합하는 어떤 모습과 형태로 상상되고 전시되며, 또 재단되고 구성되는 '허구적인 조선'으로 날조되는 과정 자체였다. 이것은 철저히 타자화된 조선인들이 일제의 식민지에 대한 상상과 취향에 부합하는 '인간 동물원'으로 새로 발명되는 동시에 우스운 놀잇거리로 던져졌다는 것을 뜻했다. 이로 따라 조선의 '요보'들은 대중매체가 진화할수록 일제의 통치 방법과 신념에 의해 조직되그 구축된 식민지인의 특색과 이미지를 자신의 고유한 자화상으로 오인하고 또 내면에 수용할 가능성이 더욱 짙어져 갔다. 이러한 상황은, 조선적 향토색의 심화에서든 아니면 일본(인)에 대한 조선(인)의 각인에서든, 조선이 일본의 조각난 지방으로 나날이 파편화되며, 일본을 거스름 없이 재주껏 모방할 때만이 최소한의 정체성과 다가올 미래를 기약할 수 있게 되었음을 뜻한다.

이러한 사정을 계속 기억하며, '정시情詩'류의 사진엽서에서 조선의 향토색과 조선을 "전 일본 국민의 마음"에 강렬히 새기는 현장을 찾아보기로 한다. 우선은 빨래하는 조선 여성과 금강산을 함께 담은 〈금강산 구룡연·빨래〉(그림 3), 총 들고 비적에 맞서는 일본 여성과 신의주경찰서를 함께 담은 〈국경정서-신의주경찰서〉(그림 4) 두 편을 함께 살펴보기로 한다.

먼저 사진엽서 〈금강산 구룡연·빨래〉이다. 엽서에서 조선 최고의 비경이라는 '사실'을 지시하는 '금강산'의 의미를 짚어보자. 일제는 그들의 후지산은 용맹무쌍한 신성神聖이나 영웅적 남성으로, 조선의 금강산은 미려한 여신이나 지혜로운 내조자로 비유하곤 했다. 예컨대 "높이는 백두·한라의 제산에 미치지 못하나, 일만이천 봉의 풍광의 가려佳麗함은, 내지의 후지산과 같이 세계에 그 이름이 높으니라"[11]라는 설명을 보라. 후지산은 아름다움과 높이를 모두 갖춘 제국의 신성한 산악이며, 그러므로 식민지 조선의 모든 산을 능가하고 압도한다는 우월감과 자신감이 암암리에 표출되는 문장이다. 요컨대 조선과 일본을 대표하는 두 산의 성별 분리와 그에 의거한 역할의 규정을 통해 후지산의 우월과 금강산의 종속이라는 서열적 구도를 완성하고 전파하는 식민주의적 (무)의식이 울울한 글귀인 것이다. 후지산의 중앙화와 금강산의 지방화가 일본과 조선의 권력 관계를 상징적으로 재현하는 기호 놀음이라는 판단과 해석이 이곳에서 가능해진다.

그림 3 금강산 구룡연·빨래

시냇물이, 짙푸르네
가시내 눈동자도 짙푸르네
날은 따스하고, 봄이 약동하니

즐거운 노래가
마을에서 마을로 흘러넘치네
언제나, 가슴 한가득
넘쳐흐르는 것처럼
여인네 마음이 발갛게 타오르네

–〈금강산 구룡연 · 빨래〉

엄밀히 말해, 조선에서 가장 아름다운 금강산과 누추한 차림새로 빨래하는 조선의 부인은 썩 어울리지 않는다. 빨래는 동네 개울가나 그보다 너른 천변이 제격이었지 금강산 '명경지수'에서 행해지지 않았다. 하지만 대상 간의 어긋남을 생각하면 일제가 금강산과 조선 부인을 함께 취한 이유가 분명해진다. 일본인들은 어쩌면 이 '조선적인 것'을 보면서 일본 정신의 담지체이자 발현체인 후지산과 천황을 문득 떠올렸을 법하다. 매일 가사노동에 시달리는 조선 여성과 아름다운 금강산은 숭고한 천황가와 그들이 강림한 성산聖山 후지산의 지배와 보호 덕분에 안정된 생활과 풍요로운 미감을 구가하고 있다는 식민주의적 의식 아래 말이다.

이 지점에 이르면, 서신의 도구인 사진엽서 〈금강산 구룡연·빨래〉가 식민지 조선의 향토색이 있어야 할 자리를 의욕적으로 지시하고 있는 것처럼 느껴진다. '일본적인 것'으로의 동일화와 제국 내부로의 지방화를 도범적으로 예시하고 선전하는 작업이 그것이다. 이런 점에서 〈금강산 구룡연·빨래〉를 제국의 절대성 확인, 그 결과로서 천황 제일주의를 향한 신민 의식의 급격한 고양을 자연과 예술의 형식에 담아낸 '프로파간다'로도 해석할 수 있다. 사진엽서를 통한 '정치의 예술화'를 엿볼 수 있는 지점이자 까닭이다. 이러한 방식의 사진엽서를 통한 '정치의 예술화'는 〈금강산 구룡연·빨래〉와는 정반대의 형상을 지닌 사진엽서 〈국경정서–신의주 경찰서〉에서 뚜렷이 확인된다.

백두산 봉우리 거친 바람 불어 닥쳐
비인가 안개인가 우뢰인가 요이쇼
홍창회비紅槍會匪의 맹습에
"아내도 총을 들고 나가 싸운다"
흩어버리면 모든 공은 벚꽃처럼 쵸이 쵸이

– 〈국경정서–신의주경찰서〉

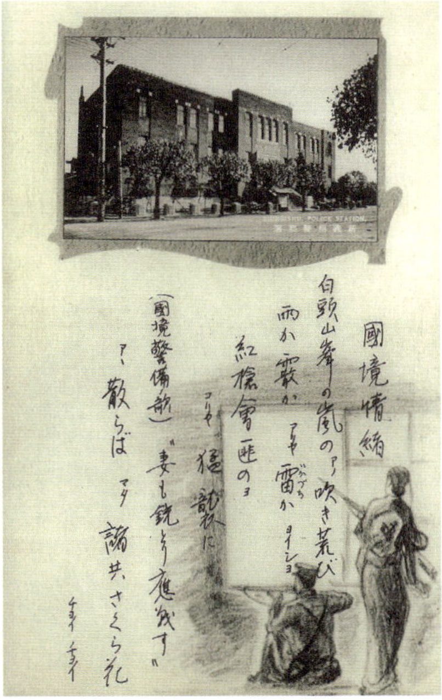

그림 4 국경정서–신의주경찰서

먼저 노래의 기원과 성격을 간단히 알려둔다. 일제 관동군 소속의 국경수비대가 부르던 군가의 일절이다. 마지막 행은 이어지는 절인 "강을 건너 습격해 오는 / 불령不逞한 무리의 기습에 / 아내도 총을 잡고 응전한다"에서 그 일부를 가져왔다. 국경 수비와 마적 토벌을 포함한 수 편의 〈국경수비가〉는 만주 일대의 혹독한 자연환경 및 난폭한 비적 떼와의 전투를 부각시키면서 수비대원들의 죽음을 각오한 천황에 대한 충성심과 조국에 대한 애국심을 뜨겁게 노래했다. 그런 점에서 일반 대중의 애창을 목적하던 가요풍 군가들, 이를테면 최소 10여 편의 곡목들로 구성된 〈압록강절〉, 〈백두산절〉 등도 주목된다. 몇몇 소절의 가사에 사계의 변화가 뚜렷한 백두산과 압록강, 광활한 만주 일대의 아름다운 자연풍경을 함께 포함시켜 서정성을 탐닉하는 한편 일본의 고향에 대한 향수를 절절이 토로했다는 점에서 〈국경수비가〉와 유사하기 때문이다.[12]

과연 일제는 러일전쟁(1904)에서 태평양전쟁 패전(1945)까지 거의 반세기를 만주로의 팽창적 진출과 독점적 경영에 심혈을 기울였다. 학생들의 수학여행과 일반인의 만주여행은 천황의 '팔굉일우' 실현을 몸소 체현함과 동시에 제국의 영원성을 다짐하고 노래하는 '내부 주체'(충량한 신민)의 심화와 확장에 그 목적을 두었다. 하지만 당시 만주 일대를 장악하고 있던 여러 군벌, '홍창회紅槍會'류의 반만항일 마적들, 조선의 민족주의적 무장단체들, 공산혁명을 주창하던 팔로군과 동북항일연군 등은 일제의 안정적인 만주 경영과 통치에 심각한 제약을 초래했다. 이에 따른 만주의 치안 공백과 질서의 혼란을 제압하기 위해 일제는 두만강-백두산-압록강으로 이어지는 한만 국경지대에서 관동군 산하 국경수비대를 조직, 운영하기에 이른다. 일제는 저항군 모두를 그 이념과 사상, 지향과 목적과 관계없이 비적 또는 마적으로 싸잡아 비난했다. 이것은 천황 지배의 정당성과 윤리성을 널리 선전·선동함으로써 토벌대 일본군의 사기를 더욱 드높이려는 책략의 일환이었다. 또한 일본 신민과 그들에 대한 협력자를 제외한 여타의 민족 구성원에 대한 경고와 순종을 더욱 압박하기 위한 대적對敵 '구별 짓기'의 일종이기도 했다.

〈국경정서-신의주경찰서〉의 가사에는 저간의 사정이 압축적이면서도 인상 깊게 녹아 있다. 대륙 진출의 희원 끝에 건설된 만주국(1932)은 전쟁 수행을 위한 병참기지나 '공업 일본, 농업 만주' 실현을 위한 노동기지로 그치지 않았다. 최종 목표 '오족협화' '왕도낙토' '복지만리'가 암시하듯이, 만주국은 제 민족이 협화하는 이상 국가, 즉 대동아공영권이 완미하게 실현되는 '흥아興亞의 유토피아'로 선전되고 추구되었다.[13] '총후銃後'에서 현모양처의 소임을 다하면 되는 일본 여성이 '전선'에 복무하는 '군국의 여성'으로 갱생해야만 했던 까닭을 이들 목표 바깥에서 따로 찾아내기란 여간 어렵지 않다.

실제로 만주국에서도 어김없이 강제된 '전선총후'의 임무가 분리된 사항이 아닌 '총력전'의 기초 원리였음은 일본 본토에서 제작·배포된 두 종류의 포스터에서 분명히 확인된다. 예컨대 "총후는 여성에게 맡기고 안심하시라"와 "각선미의 미녀에게도 군사 교련을 실시하라"는 문구를 보라.[14] 여성의 노동력과 생활력을 강조하면서도 그녀들의 섹슈얼리티를 궁극적으로 전투력의 일종으로 소환, 배치하는 여성의 군사화 술책이 아닐 수 없다. 여기에 〈국경정서-신의주경찰서〉의 일절 "아내도 총을 들고 나가 싸운다"의 본질이 숨어 있다. 이 지점을 꿰뚫는 선전 문구 하나를 들라면 "군국에 피어나는 꽃"을 피해가기 어렵다. 이것은 '아시아·태평양전쟁' 당시 여성들의 멸사봉공과 뜨거운 애국심을 이끌어내고 키우기 위한 주술적 명제로 유명하다. 따라서 붉은 꽃잎의 이면에는 '잘 가꿔진 신체'를 힘센 팔루스들이 목숨 걸고 싸우는 살벌한 전선에 아낌없이 바치겠다는 죽음의 충동이 자리하고 있었다.

이 지점은 조선 여성이 "전 일본 국민의 마음에 강하게 새겨지기" 위해 해야 할 일을 드러내놓고 암시한다는 점에서 매우 문제적이다. 일본 여성이 총을 쥐었다면, 조선 여성도 총을 쥐어 마땅하다. 그럴 수 없다면 총 쏘기에 상당하는 어떤 공여를 정성껏 마련해야 한다. 이때서야 일본인의 마음은 겨우 열리기 시작하며, 조선 '요보'들의 황국신민화를 향한 필수조건 약간이 쥐어진다.

그러나 조선 여성들이 총 쏘기를 대신하여 제공한 애국의 정념은, 아니 목숨의 대가는 목불인견의 상황처럼 지나치게 혹독하고 치욕적인 것이었다. 오로지 천황의 승리와 영원을 위해 애국부인회에서 목청껏 "천황만세"를 외치고, 근로정신대에 차출되어 노동력을 착취당하며, 끝내는 전쟁광 일본군의 위안부로 강제 징집되어 성의 폭력적 강탈과 착취에 내몰렸던 상황들이 그것이다. 더욱 문제적인 것은 이 약탈된 신체들이 일제의 패전, 곧 조선의 해방 후에도 공식적 구제와 보상의 대상에서 제외되는 비극을 거의 면치 못했다는 사실이다. 이러한 폭력적 상황은 비적을 "흩어버리면 모든 공은 벚꽃처럼" 휘황하게 찾아드는 명예와 보상이, 몇몇 체제 협력자들을 제외하고는, 조선 여성의 몫으로 할당될 가능성이 애초부터 부재했음을 역설적으로 증명한다.

지금까지 살펴봤듯이, 일제 문화자본이 발행한 사진엽서 속 '정시'와 '정서', '소패'와 '절'은 근대 천황제의 우월한 사상과 이념에 대한 찬양과 전파에서 얼마간 비껴 서 있다. 그보다는 내지 곳곳과 식민지의 생활과 풍습, 자연과 유적에 대한 서정과 감상의 표출, 그것들의 제국적 정서 내부로의 수렴과 동일화에 더욱 집중하는 듯하다. 그렇지만 엽서 이면에 깊이 스민 천황 봉공의 집단적 '신민 의식'은 그곳들의 풍경과 서정을 낭만화하되, "실체 없는 판타지이자 눈먼 자가 만들어낸 오류"로 이상화하지는 않는다. 그렇기는커녕 식민지는 물론이고 내지의 지방조차 역사 현실과 생활상의 구체적 지평에 놓이지 않고, 천황의 자애와 구원이 언젠가는 미쳐야 할 식민주의적 동일성의 대상으로 호명할 따름이다. 이와 같은 시선과 태도는 단지 지방과 식민지의 타자화에 그치지 않는다. '문명화된 삶'을 빌미로 "어느 곳에서나 똑같은 특성을 복제"[15]함으로써 일제 스스로를 재발명하고 더욱 성화聖化하기에 이른다. 이러한 식민주의의 폭력성과 맹목성을 올바르게 폭로, 비판하기 위해서라도 식민지 조선과 한만 국경을 조심스럽게 횡단하며 '정시'와 '정서의 서정과 음률을 신중하게 호흡하고 냉철하게 읽어내야 필요성이 생겨난다.

《조선정시》, 뒤쳐진 '생활'의 전시, 식민 정서의 낭만화

《조선정시朝鮮情詩》(다이쇼사진공예소)는 8매 1세트 구성의 사진엽서로 현재 총 2세트 16매가 전한다. 1920년대 중반 이후 생산, 유통되기 시작한 것으로 짐작된다. 식민지 조선인의 전근대적인 생활과 노동, 후진적 풍습과 유희 등을 남성과 여성, 아동들을 대상으로 촬영한 사진, 그 상황에 부합하는 각종 장면을 소묘한 세밀화, 등장인물들의 내면과 정서를 노래하는 '정시情詩'들로 재현했다. 특히 시가는 '정시'라는 장르에 어울리게 연인이나 부부 사이의 그리움과 기다림, 이별과 재회에 관련된 서글픈 소회와 서러운 한을 위주로 연정의 희열까지 표현한다. 이러한 면모는 제국 남성의 관음증적 시선과 감정이 주의 깊게 투사된 결과라 할 수 있다.

이를 통해 제국이 바라보는 식민지 조선의 이미지는 때로는 수동적이며 애처롭고, 때로는 관능적이며 퇴폐적인 모습으로 양가화 된다. 하지만 슬픔이 줄곧 강조되든, 명랑이 간혹 삽입되든, 이러한 이미지와 정서가 일본에 보호받고 계몽되어야 할 식민지 조선을 표상하는 미학적·심리적 기제로 줄곧 작동하고 있다는 사실에는 아무런 변함이 없다.

한편 《조선정시》는 조선에 대한 식민주의적 멸시와 조롱을 야멸차게 담아낸 《조선만화》(1909), 《조선풍속집》(1914), 《조선의 습속》(1924) 등을 모본으로 취했다는 인상을 지우기 어렵다. 이 책들에 실린 전근대적 풍습과 생활의 면면, 인물과 행동 양식을 그대로 불러내어 재차 정형화하고 있기 때문이다. 물론 이 책들과 엽서에 차이점이 아주 없지는 않다.

세 권의 책은 식민지인들의 경제적·문화적 후진성과 열악한 사회적 지위를 풍자와 비난의 철필로 그려냈다. 이에 반해《조선정시》는 같은 현실에 대해 자의적이며 일방적인 심미성과 서정성을 잘 조직함으로써 그 퇴폐성과 부정성을 은밀하게 재현한다. 서책을 압도하는 엽서의 세밀성과 세련성은 유통과 소비의 영역이 훨씬 넓은 사진엽서에 대한 대중성을 훨씬 넓힌다. 제국인의 식민주의적 (무)의식을 더욱 강화하기 위한 조치였음이 여기서 드러난다..

이렇듯《조선정시》에 울울한 일제의 문화정치학을 객관적으로 파악하기 위해서는 피사체의 인물과 직업 유형, 언어와 삽화의 특색을 짧게나마 일별해볼 필요가 있다. 빨래, 장보기, 타작, 옹기 장사 등을 감당하는 하층 여성, 임을 기다리거나 이별에 슬퍼하는 기생, 짐배와 나룻배 노동자, 항아리를 진 지게꾼, 거리의 잡화상으로 일하는 하층 남성, 아이 보개의 어린 소녀들이 주요 피사체들이다. 물론 이들과 함께 식민성을 공유하는 그림 속 조선인들도 궁핍한 생활과 힘겨운 노동에서 자유롭지 못하다. 한편 조선 고유의 습속과 유희로는 장승, 얼음낚시, 널뛰기, 장기, 기생의 화관무 등이 촬영되거나 그려지고 있다. 이것들도 제국의 문명적 시선이 집요하게 포착하고 반복적으로 재현한 식민지 조선의 문화적 이질성과 생활의 후진성을 대표하는 항목들이다.

《조선정시》 제작자는 예의 특성들을 더욱 입체화하기 위해 삽화가 '신공랑新工郎'[16]을 섭외하여 식민지의 오랜 곤핍과 설움, 잠깐의 다정과 명랑을 세밀하게 소묘했다. 이를 위해 실체가 분명한 인물과 풍경은 그것들이 촬영된 사진을 빌려 썼다. 반대로, 식민지의 유약하고 퇴락한 면면을 부각하려 할 때는 특정한 대상과 부분에 대한 자의적 편취를 아끼지 않았다. 과연《조선정시》 삽화에는 전근대적 풍모의 갓 쓴 남성과 한복 차림의 여성이 가장 많이 등장한다. 정시의 성격에 따라 남성은 직업과 풍류에 충실한 인물로, 여성은 한편으로는 현모양처로, 다른 한편으로는 임을 기다리는 눈물과 한탄 범벅의 기생으로 그려졌다.

하지만 이들 모습은 조선의 일면적 성격일 수는 있어도 전체를 포괄하는 본질일 수는 없다. 이 때문에 일제의 시선에 의해 포착되고 해석된 '조선적인 것'들은 천황 신민의 우월성과 권력성을 더욱 드높이는 한편 식민지 조선의 후진성과 열등성을 더욱 강조하기 위해 취택된 이념적 왜곡과 미학적 변질의 산물로 이해된다.

이 외의 작업으로, 《조선정시》는 필기체의 와카에서 일본에서는 낯선 대상들이나 조선적인 특색을 부각하기 위해 한자어에 조선어 발음을 일본어 요미가나로 붙였다. <ruby>包み<rt>ポティン</rt></ruby>(뽀팅: 보퉁이), <ruby>靴<rt>シン</rt></ruby>(신), <ruby>亭主<rt>ナンペン</rt></ruby>(남뻰: 남편), <ruby>上着<rt>チョグリ</rt></ruby>(저고리), <ruby>鵲<rt>カンチ</rt></ruby>(깐치: 까치), <ruby>裳<rt>チマ</rt></ruby>(치마), <ruby>桃の花<rt>ポクスんコ</rt></ruby>(뽁숭코: 복숭아꽃), <ruby>父さん<rt>アブヂ</rt></ruby>(아부지: 아버지) 등이 그 예다.

이러한 방식의 '조선어 읽기'는 일본에서도 자주 접하는 대상이나 조선 고유의 대상들에 대한 호기심과 앎의 욕구를 만족시키기 위한 장치로 이해된다. 하지만 그 욕구가 식민주의적 시선 및 감각과 연관되는 한 '지배로서의 조선어' 습득과 활용에서 명쾌하게 분리되기 어렵다. 부연컨대, 엽서 속 조선어 발음은 식민지의 현실과 사정에 대한 객관적인 이해보다는 문화적 이질성과 전근대적 면모를 확인하고 드러내는 과정에서 획득된 언어 제국주의의 부산물에 훨씬 가깝다.

조선총독부는 '조선의 습속'에 대한 관심을 "조선의 동포와 더불어 문화향상을 도모하고 행복을 향유"하는 "공창공영共昌共榮의 행진"[17]을 위한 것으로 상정했다. 《조선정시》가 주목한 '조선의 풍습'에 대한 일제의 진지한 관심도 언뜻 보아서는 후진 조선을 계몽하고 지도하려는 내선융화 정신의 충실한 발로로 읽힌다. 하지만 그 실질적 목표는 제국의 지배를 당위시 하는 이념을 형성하고 전파하며, 지배와 연관되는 지식의 형태를 조직하고 추진하는 일[18]에 명확하게 존재했다.

요컨대 조선의 문화 향상과 행복의 도모는 조선 자체의 발전과 향상보다는 제국의 팽창과 번영을 증빙하기 위한 부수적인 사안에 지나지 않았다. 이러한 식민주의적 시각과 태도는 멀리 갈 것도 없이 사진엽서 일반의 형식과 내용에 벌써 뚜렷하다. 조선은 고색창연하며 궁핍한 전근대적인 형상으로, 일제는 우수한 물질문명의 시혜자로 철저히 구분하여 재현하는 사진엽서의 차별적 문법과 서열적인 시각이 그것이다. 《조선정시》는 전자의 입장에서 발행·유통된 식민주의적 매체이자 기호라는 규정이 그래서 가능해진다.

《조선정시》에 게재된 이러한 이념적·미학적 전략과 현실에 주의하며, 4장의 엽서를 함께 읽어보기로 한다. 먼저 〈돌아오는 길〉(그림 5)과 〈손님을 기다리다〉(그림 6)의 경우다. 가사노동에 시달리는 조선 여성과 전근대적 상업, 아니 '장사'에 결박된 조선 남성의 결핍성과 후진성은 일제의

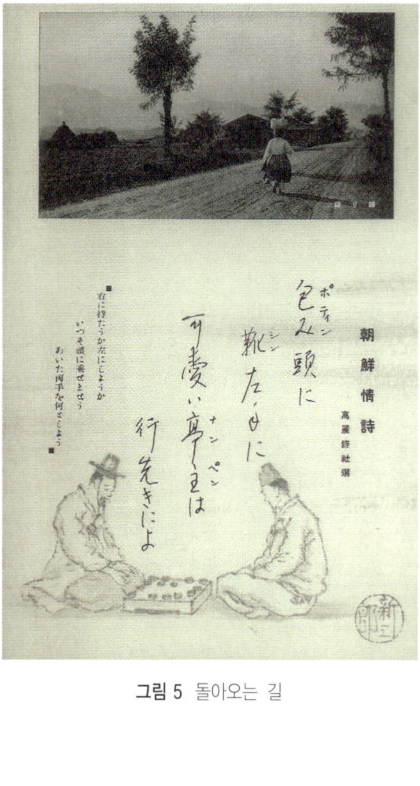

그림 5 돌아오는 길

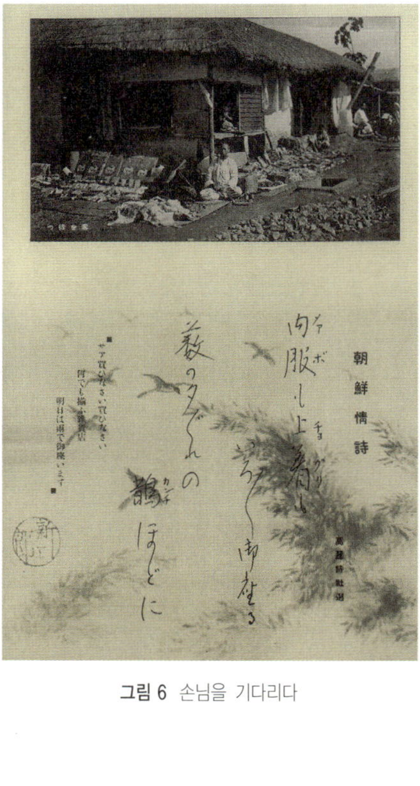

그림 6 손님을 기다리다

조선 계몽과 지배를 정당화하는 요소이다. 또한 그들의 근대적 생활과 자본주의적 상업의 우월성을 상징적으로 드러내는 장치이기도 하다. 마찬가지로 그림상의 장기 두기는 생산성과 발전성 없는 전근대적 유희라는 점에서 각종 서구식 운동과 영화관람 등이 즐거운 취미로 부상하던 근대 문명의 일상과 크게 대비된다. 더욱 결정적인 국면으로, 하늘을 향해 자유롭게 비상하는 새들의 아름다움은 초라한 행색의 장사치에 들러붙은 가난과 고통을 더욱 깊게 한다.

한 연구자는 근대적 시선과 욕망에 투철한 관찰자를 "보는 사람이기도 하지만 관찰자는 더 중요하게는 미리 규정된 가능성들의 체계 안에서 보는 사람이며 관습과 제한의 체제에 박혀 있는 사람"[19]으로 정의한 바 있다. 일제의 식민주의적 시선과 태도가 이러한 '관찰자의 기술'에 부합한다는 것은 다음 두 가지 사실에서 어렵잖게 확인된다. 첫째, '조선적인 것'의 어떤 국면을 아예 배제하거나 전면 부각시킴으로써 조선의 후진성과 식민성을 자연화 한다. 둘째, 그럼으로써 일제 자신을 숨긴 채로 사진엽서의 면면에 식민주의적 지식과 권력의 우월함을 노출시키는 데 능수능란하다. 두 가지 사실은 엽서의 노래에서 확인해보면 어떤 모습으로 나타날까.

○ 보퉁이는 머리에
신은 왼손에
사랑스런 남편을
찾아가는 길

● 오른손에 들까 왼손에 들까
차라리 머리에 이어보자
텅 빈 양손은 어쩔까
– 〈돌아오는 길〉

○ 내복도 저고리도
여러 가지 갖췄네
해질 무렵 덤불 속의
까치만큼

● 자 사세요 사세요
뭐든지 다 있는 잡화점
내일은 비雨랍니다
-〈손님을 기다리다〉

제시된 사진을 중심으로 '보는 자'와 '보이는 자'의 정서와 내면을 노래한 시편들이다. 굳이 구분한다면 전자가 관찰자 일본인, 후자가 피사체 조선인일 것이다. 언뜻 보아, 눈에 보이는 장면을 대상으로 주체와 객체의 느낌과 정서를 사실적으로 토로하고 있는 듯하다. 이 때문에 조선 고유의 풍습과 문화, 그와 관련된 정서와 감각이 객관적으로 이해되고 전파되고 있다는 인상이 부각된다.

하지만 이 시편들은 '조선적인 것'의 유일무이함에서 발현되는 미학적 감성과 표현이 아님을 각별히 조심해야 한다. 이 노래들의 이면에는 그것이 물질이든 정신이든 식민지 조선에 대한 비교우위를 항상 점유하고 있는 '일본적인 것'이 은폐되어 있다. 《조선정시》의 조선인에 대한 이해와 연민을 일상생활을 통한 친밀한 교섭과 소통이라는 동일성의 문법으로 읽지 못하게 하는 결정적인 까닭이다. 그 이해와 연민의 감정은 따라서 자신들의 높은 문명·문화적 수준에서 한참 동떨어진 조선의 실상을 재확인하는 역설적인 심리에 훨씬 가깝다. 다시 말해 식민지 조선을 제국의 "내부에 장치되면서도 그 속에서 차별화해 가는 '타자'로서 받아들이는"[20] 식민주의적 (무)의식의 미학적 발현인 것이다.

이러한 권력적 시선과 태도는 기생과 아이 보는 소녀의 형상, 그리고 그녀들에 대한 노래에서도 두드러진다. 먼저 '기생'(그림 7)은 조선과 일제의 가부장제적 팔루스의 기호와 욕망에 따라 그 형상과 특질이 사정없이 왜곡되고 변질되는 비극적 섹슈얼리티의 표상이었다. 그러니 한편의 슬픔과 정한, 다른 한편의 명랑과 인기는 생존과 화폐를 볼모로 한 성의 매매, 아니 강탈과 착취가 함부로 남조한 양가적 국면이었음은 두말할 나위 없다.

문제는 기생들이 단순히 성적 유흥과 소비의 대상으로 그치지 않았다는 사실이다. 그녀들은 수동적이며 애처로운 분위기일 때는 식민지 조선의 애상과 비애를, 명랑하며 밝은 분위기일 때는 제국의 의도에 부합하는 새로운 조선, 곧 '신일본'의 발전적 면모를 표상하는 것으로 이해되고 수용되었다. 이에 따른 최상의 효과는 식민지 조선의 열등성과 퇴락성, 그에 반하는 제국 일본의 우월성과 자부심을 더욱 넓히고 깊게 한다는 점이었다.

아기 업은 소녀(그림 8)의 이미지도 마찬가지 효과를 발휘한다. 1920년대 즈음은 방정환이 아동의 인간적 권리와 미래의 행복을 존중하고 보장한다는 의미로 '어린이'(1923)라는 말을 새로 만들어낸 때이다. 또한 식민지 조선에 대한 수월한 지배와 통치를 위한 정책이긴 했으나, 조선총독부가 보통학교 취학률을 제고함으로써 조선 아동들의 교육 기회를 넓히려고 한 시기이기도 했다.

하지만 도회에 비한다면 일제의 근대화 정책과 교육의 기회가 부족했던 농어촌 지역의 아동은 대체로 '아직 덜 자란 어른', 곧 부모의 고된 노동을 어떤 형태로든 감당해야 할 예비노동력의 소유자에 지나지 않았다. 여기 보이는 식민지 조선의 전근대적 아동관은 메이지 왕의 〈교육칙어〉(1890)에 비추어볼 때 여러모로 무익하고 미숙한 것이었다. 아동을 필두로 한 일제의 기초교육은 국가와 부모에 대한 충효, 상호협조를 통한 학문과 인격의 도야, 멸사봉공을 통한 공동체의 이익과 민족적 운명의

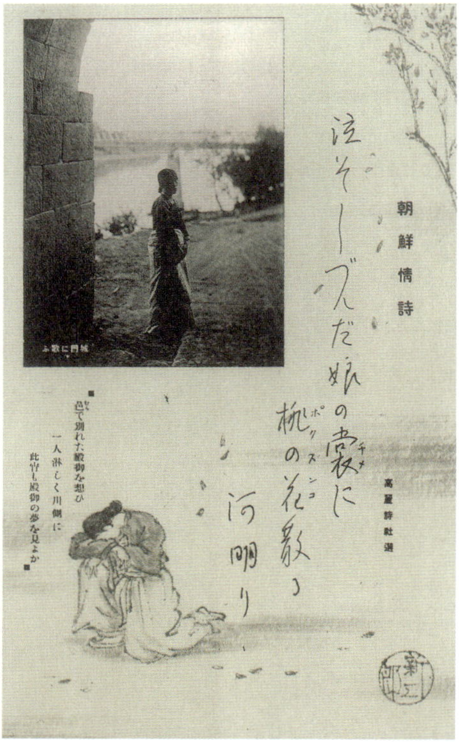

그림 7 성문 밖에서 노래하다

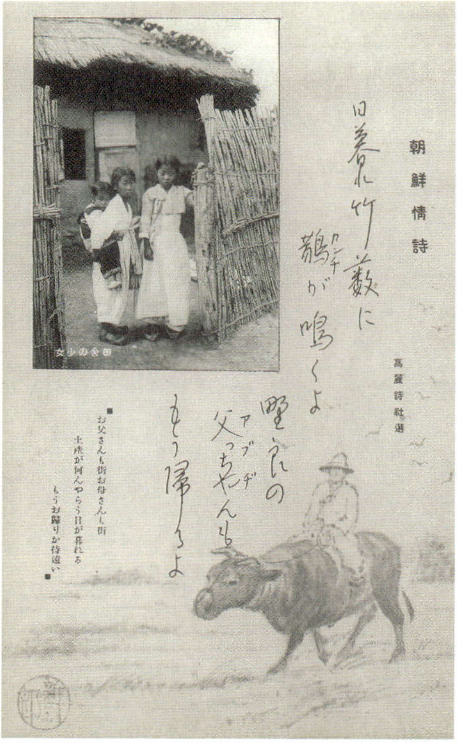

그림 8 시골집 소녀

부익扶翼에 나서는 충량한 신민의 육성에 맞춰졌다. 이러한 방식의 집단적 교육과 정체성 강화가 "과거로부터 내려온 사람들 간의 연대감과 충성심에 하나의 국가를 투영시킨"[21] '상상의 공동체'로서 제국 일본을 건설하는 데 크게 기여했음은 주지의 사실이다.

독자인 당신이 카메라를 응시하는 식민지 소녀들의 눈빛에서 낯선 타자를 향한 공포와 적의를 함께 느꼈다면 무슨 이유 때문일까. 그것은 아마도 문득 들이닥쳐 사진을 찍는 제국의 남성에게서 저 '상상의 공동체'가 부과한 잘 조직된 국가주의와 집단성의 차디찬 눈빛을 지금조차 피할 수 없었기 때문일지도 모른다.

○ 울고 울던 처녀 치마에
복숭아꽃 지네
밝은 강가에서

● 읍내서 헤어진 당신을 생각하네
나 홀로 쓸쓸한 강가에
오늘 밤도 당신 꿈을 꿀까

– 〈성문에서 노래하다〉

○ 해질녘 대숲에
까치가 우네
들판의 아버지도
이제 돌아오시겠지

● 아버지도 읍내에 어머니도 읍내에
선물은 무엇일까 날이 저무네
벌써 귀가를 기다린 지 오래

– 〈시골집 소녀〉

화자든 대상자든 두 '정시'의 주인공은 여성이다. 굳이 구분한다면, '기생'과 '소녀' 모두 필기체 시가(중앙)에서는 일본 남성의 시선에 노출된 대상자로, 인쇄체 시가(왼쪽 아래)에서는 자신의 내면을 토로하는 화자로 등장한다. 하지만 기생과 소녀의 이미지와 정서의 차이는 비교적 뚜렷하다. 기생은 연인과의 이별을 슬퍼하며 상대를 간절히 기다리는 섹슈얼리티의 여성을 대표하는 존재다. 이와 달리 소녀는 일 나간 아버지의 귀가를 기다리는 사랑스런 가족 구성원을 대표한다. 누군가 상대방을 향한 애틋한 친밀성을 호소한다 하더라도, 성숙한 기생은 성애性愛로, 어린 소녀는 효심으로 사랑의 성격과 방법이 갈라질 수밖에 없다.

하지만 기생이든 따님이든 그녀들은 남성의 지배와 보호를 받는 수동적인 주체라는 점에서는 전혀 동일하다. 이것은 그녀들이 "성적 이분법을 강화하는 극대화된 남성성"[22], 곧 가부장제 권력의 타자로 지속하여 변두리화될 운명임을 예시하는 제일의 지표다. 게다가 웃음과 슬픔의 혼란을 사는 기생들과, 앞으로 성장하여 대개는 생활의 장으로, 소수는 유희의 장으로 편입될 하층의 소녀들은 "조선이라는 지역과 민족의 여성성을 강조하여 젠더화"[23]하는 식민지의 성적 기표로 인지되고 수렴되는 가장 낮은 '토인'들이었다. 그렇지 않고서는 《조선정시》가 조선 여성의 매일을 속박한 고된 가사노동, 이를테면 '빨래하기'를 다음과 같은 섹슈얼리티로의 비유와 소비로 가져오기 어려웠을 것이다. "○ 주물러지고 젖고/두드려지고 싶네/열여덟 처녀의/방망이로" "● 방망이가 부러질까 옷이 헤질까/처녀가 두드리면 새하얘진다/처녀가 두드리면 물이 웃는다"(〈강물에서 빨래하다〉)라는 노래가 그것이다.

이상의 상황에 주목한다면, '시골집 소녀'는 장터에 다녀오는 촌부나 임과의 이별을 슬퍼하는 기생으로 동일화되고 분열하는 양가성을 자신의 미래로 떠안은 존재였다. 이렇게 예정된 소녀의 운명은 조선의 가부장제에 더하여, 그것을 압도하는 일제의 민족적·계급적·성적 차별의 엄혹한 질서와 규율을 통해 폭력적으로 날조되는 타자화의 산물이라는 점에서 더욱 비극적이다.

일제는 조선 여성에 상징적으로 부과되어 있던 제국과 식민지의 이질성과 차별성을 황국신민의 정체성을 부조함으로써 넘어서고자 했다. 하지만 제국의 허구적인 프로파간다와 달리 조선의 소녀와 여성들은 시간이 흐를수록 가부장제와 식민주의가 중첩된 팔루스의 힘과 폭력에 찢기고 조각난 '병든 신체'로 떠밀려갔을 따름이다.

《국경정서》, 제국 여성의 애국심과 연정

한만 국경지대에서 펼쳐진 애국과 연정의 길에서 일본과 조선과 만주의 여성은 얼마나 자유롭고 행복했을까. 일제와 그 문화자본이 그녀들을 향해 취했던 '사랑의 정치학'을 대중매체를 통해 엿보고자 한다면 사진엽서 세트 《국경정서》(다이쇼사진공예소)를 먼저 살펴볼 일이다. 이것도 8매 1세트로 구성 및 발행되었다. 사진은 한만 국경지대, 특히 압록강의 뗏목과 철교, 신의주 주둔의 국경수비대, 경찰서, 세관, 역사驛舍에 초점을 맞췄다. 이 사진들 아래 남녀의 이별, 밀수, 비적과의 싸움을 소묘한 세밀화를 배치했다. 그 위에 새겨진 《국경정서》 노랫말은 중간 소절에 〈아리랑〉과 일본 민요, 〈국경수비가〉 등을 인용하여 국경 생활의 애환 및 제국 팽창의 자랑을 주로 다뤘다.

백두산과 압록강, 조선 신의주와 만주 안동(현 단둥) 사이에 펼쳐진 한만 국경지대는 대륙 진출과 만주 경영의 포부를 펼쳤던 일제의 팽창과 확장을 위해서는 반드시 장악해야 할 전략적 요충지였다. 엽서에 실린 주요 관공서의 설치, 주변 도시의 급속한 근대화, 뗏목 산업의 거침없는 성장 등에서 보듯이 백두산~압록강 연선의 국경지대는 '왕도낙토'의 신개지로 개척되고 선전되었다. 하지만 만주 발전의 뒷면에는 처치 곤란의 어두운 면이 적잖았다. 일제의 지배에 맞서 싸웠던 여러 형태와 이념의 비적(마적)은 일제의 만주 경영에 많은 제약과 문제점을 초래하는 최대의 골칫거리였다. 제국인의 국경 시찰이나 여행 시 조선과 만몽 지역 영유에 대한

그림 9 〈압록강 노래에 사랑을 담아〉 신민요 국경정서 봉투

꿈만큼이나 "비적 혹은 마적의 위험에 대한 경비의 문제, 경관의 비장한 근무"[24]가 자주 화제에 오른 핵심적 이유다.

이렇듯 생명선과 사선死線이 함께 걸린 국경지대의 환호와 비명은 그 양면성을 반영한 '군가'와 '신민요'와 '유행가'의 탄생과 유통에도 큰 영향을 끼쳤다. 이러한 면모는 〈국경정서-신의주경찰서〉(그림 4)에 명칭이 보이는 관동군 〈국경수비가〉와 일본 본토의 여러 '부시', 조선 〈아리랑〉의 동시 등장에서 어렵잖게 확인된다. 과연 수비대의 사명감과 백두산·압록강 국경지대의 아름다운 풍경, 머나먼 고국에의 향수를 노래한 유행가이자 군가인 〈압록강절〉과 〈백두산절〉은 병영에서의 유행을 거쳐, 식민지 조선과 일본 본토의 유성기와 라디오, 술집과 요릿집, 그곳에 종사하던 게이샤와 기생마저 서둘러 장악했다. 《국경정서》에 이 노래들의 몇몇 가사와 이미지가 거의 그대로 박혀 있는 것도 그러한 영향의 소산일 것이다. 단적인 예로서 《국경정서》의 봉투에 적힌 소개의 글 "압록강 노래에 사랑을 담아"(그림 9)를 보라. '압록강 노래'가 암시하듯이, 《국경정서》는 이미 1920년대부터 널리 불렸던 〈백두산절〉과 〈압록강절〉의 내용을 거의 담고 있다. 백두산과 압록강 일대의 사계와 비경의 아름다움, 국경 수비와 뗏목일 하는 남성들의 자부심과 고통, 그들을 내조하는 한·만·일 여성의 슬프고도 명랑한 정서, 생명과 재산을 위협하는 비적에 대한 두려움과 결전의 의지 등이 여기 해당된다.

한편 조선에서도 1920년대 만주로의 고통스런 유이민, 1930년대 만주국에서의 농토 개척과 취직에 대한 열망, 그 과정에서 발생하는 가족과 연인, 향토에 대한 그리움과 정한, 애수와 명랑을 노래한 '압록강' 유행가들이 널리 불렸다. 다소 장황함을 무릅쓰고 예시해본다면, 도월색과 김산월의 일본 번안곡 〈압록강절〉(1925), 강홍식의 〈압록강 뱃노래〉(1935), 선우일선의 〈압록강 뗏목 노래〉(1939), 김영춘의 〈국경 특급〉(1939), 〈야루강 춘색〉(1941), 이해연의 〈뗏목 이천 리〉(1942), 고운봉의 〈통군정 노래〉(1942) 등이 눈에 띈다.

압록강 일대의 사연을 소리로 듣고 음률로 노래하는 사이, 조선인들은 이등 국민의 처지가 엇갈려 제공하는 식민주의적 (무)의식과 식민지적 (무)의식을 알게 모르게 내면화하게 된다. 이를테면 1920~1930년대 중반까지는 이별과 그리움 같은 애수의 정서가 득세했지만, 전쟁 분위기가 나날이 고조되던 1930년대 후반에 이르면 '신체제'를 찬양하고 '총력전'을 고무하는 내용이 급증한다.[25] 일제는 황국신민이라는 말로 제국인의 긍지를 각인하고 설득했지만, 그럴수록 조선인의 정체성과 감각은 더욱 옭어졌다. 이 지점에 조선인의 식민주의적 (무)의식이 일본화될지라도 그들이 폭력적으로 강요한 조선인의 식민지적 (무)의식을 넘어설 수 없는 까닭이 존재한다.

하지만 일본은 식민주의의 시선과 태도로만 한만 경영의 의욕과 애수, 궁극적 성공을 노래했으니, 이러한 사정은 《국경정서》에 담긴 식민지 민요 〈아리랑〉에 뚜렷하다. 잠시 뒤 상술하겠지만, 〈아리랑〉은 긍정적이든

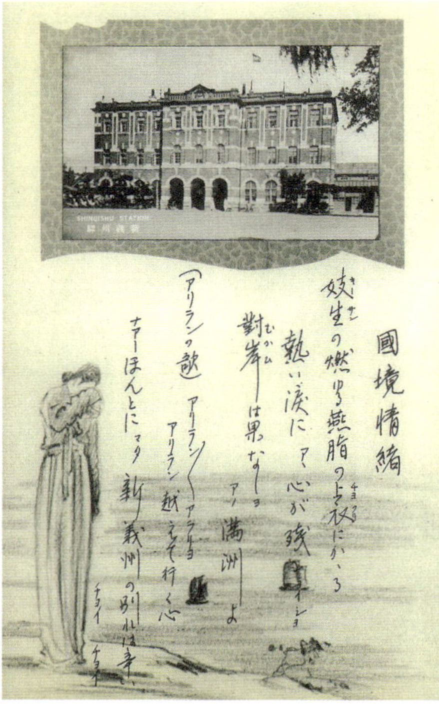

그림 10 신의주역

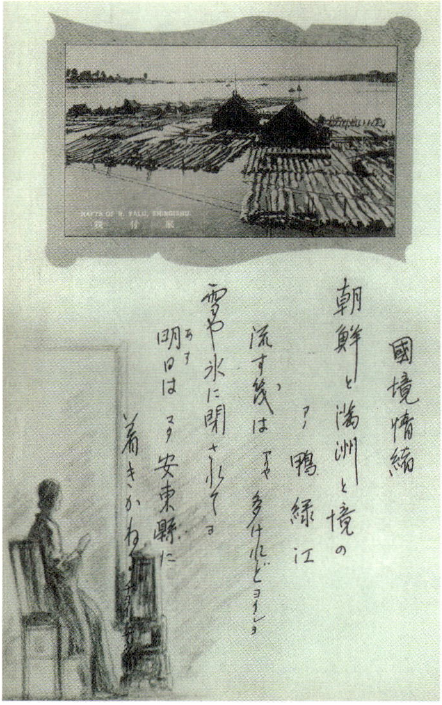

그림 11 뗏목 위의 나무집

부정적이든 조선인의 내면과 생활의 정서, 거기서 파생되는 퇴행적 오락성과 그것을 넘어서는 저항성으로 스스로를 개진하기에 이른다. 그러나 결국은 일제의 내용적·정서적 검열과 통제를 계속 통과해가면서 드디어는 일본풍 '신민요'에서도 거리낌 없이 선택되고 활용되는 '제국의 유행가'로 국경지대를 울리게 되기에 이른다.

《국경정서》의 주요 무대는 압록강이되, 화자의 시선은 조선의 신의주에서 만주의 안동을 바라보는 형식이다. 시간대는 사진과 그림, 시가를 종합해볼 때 가을이 뚜렷하지 않은 겨울-봄-여름의 순환구조로 보인다. 이미 거론한 〈신의주경찰서〉(그림 4)는 되도록 재론하지 않는다는 전제 아래 얘깃거리가 더욱 풍부한 엽서 7편을 보자.

기생의 불타는 연지 빛깔 저고리에 젖는
뜨거운 눈물에 마음이 남네 요이쇼
마주한 봉우리는 덧없어 만주여
(아리랑) 아리랑 아리랑 아라리요 아리랑 넘어서 가는 마음
정말로 신의주의 이별은 쓰라려 쵸이 쵸이
– 〈신의주역〉

조선과 만주 국경의 저 압록강
흘러가는 뗏목은 많기도 많다만 요이쇼
눈과 얼음에 가로막혀
내일은 안동현에 가닿으려나 쵸이 쵸이
– 〈뗏목 위의 나무집〉[26]

조선 여성이 세밀화의 주인공으로 등장하는 엽서 2편이다. 신의주역과 압록강 정크선 배경의 엽서에서는 임과 이별한 기생의 슬픔과 정한이 노래 된다. 뗏목 위 움막과 난로 쬐는 부인(기생) 배경의 엽서에서는 뗏목 가득한 압록강 풍경을 바라보며 그것들이 내일은 안동현에 무사히 닿기를 바라는 마음이 노래 된다. 이러한 상황은 "흘러가는 뗏목"과 "안동현"이 쓰라린 "신의주의 이별"을 겪은 조선 여성의 비애와, 그래도 결국에는 연인에게 가 닿고 싶은 간절한 애정의 비유체임을 넌지시 알려준다.

두 편의 엽서 가운데 제국 우위의 동일성을 식민지에 투척함으로써 조선 정서의 지방화와 제국화를 차례로 얻어가는 텍스트를 꼽으라면 〈신의주역〉이 아닌가 한다. 단적으로 말해, 슬픔의 기생과 그녀들 목소리의 〈아리랑〉은 '해어화'라는 비극적 운명만을 지시하지 않는다. 기생은 실물로든 이미지로든 남성의 시각적 욕구와 육체적 충동을 자극하고 충족시키는 성적 대상으로 간주되었다. 일제는 이러한 특질을 더욱 확대하여 기생을 조선을 대표하는 관광 상품이자 성적 충동의 해소물로 재주껏 사물화

했으며, 힘센 그들이 지배하는 식민지 조선으로 아낌없이 전유했다. 우리는 한만 국경지대, 나아가 만주 일대에서 술과 노래와 웃음과 성을 팔며[27] 메마른 삶을 탄식하던 싸구려 작부의 전형을 "북간도 술막"에서 "술을 부어 남실남실 술을 따른" 끝에 "외로워서 슬퍼서 치마폭으로 얼굴을 가렸던" '전라도 가시내'(이용악, 〈전라도 가시내〉)에게서 이미 엿본 터이다. 그 누구라서 식민지 기생의 숙명과 미래가 여기서 멀다고 자신 있게 말할 수 있을까.

그러면 〈신의주역〉(그림 10) 속 '민족의 소리' 〈아리랑〉은 어떻게 읽어야 하는가. 〈아리랑〉이 하위계층들의 서러운 삶과 소외의 숙명을 오랜 세월에 거쳐 위로하고 다독여온 전통 민요라는 것은 역사적 사실에 어긋나는 통념일 뿐이다. 〈아리랑〉은 근대 들어 유흥가에서 통속적·퇴폐적인 감정을 수십여 편에 담아냈던 잡가에 지나지 않았다. 생활과 노동의 고단함을 호소하거나 남편과 연인의 경제적·성적 무능력을 해학적으로 푸념하는 가사도 있지만, 기생의 서글픈 이별과 그리움, 가난과 매춘에 관련된 신세한탄, 농염한 색정과 유혹의 가사가 다수를 차지한다. 1920년대 최남선 등이 "기생도와 유흥도의 민중화"[28]로 통속 민요를 비판하며 민요의 개량을 열렬히 주장한 것도 가사의 불건전함과 음률의 지나친 애상적 정서 때문이었다.

게다가 김지연의 《조선민요 아리랑》[29]에 보이는 더욱 괴이한 변주는 어쩔 것인가. 이 책에는 당시 조선 각지에서 불리던 〈아리랑〉이 26종 100여 곡 이상이 실렸다. 이것들은 조선총독부 기관지 《조선》 1930년 6월호~7월호에 선뵈기 시작했다. 이를 감안하면, 《조선민요 아리랑》은 나운규의 영화 및 주제가 〈아리랑〉이 어렵게 획득한 '조선주의'와 '저항성'을 최대한 지우는 한편 유행가 특유의 통속성을 부각시키기 위한 노래집이었음이 확인된다. 그러나 편자 김지연은 그것에 그치지 않고 〈아리랑〉의 나아갈 길을 〈비상시 아리랑〉에 분명히 밝혀 두었다. "19의 35와 36년은

/ 평화냐 그 반대냐 갈림길일세 / 세계에 빛춰라 태양 마음"이라는 대목이 그것이다. 아시아·태평양전쟁의 주체이자 이념인 '태양의 마음'은 무엇을 지시하는 비유일까. 천황의 은뢰가 신민의 헌신과 죽음으로 대속代贖 되기를 바라는 타나토스의 검은 심연으로 해석될 수밖에 없다. 이 순간 〈아리랑〉은 그 기원과 실체를 천황 찬가의 식민지 음률로 바꾸게 되는 것이다.

그런데 주의하여 살펴볼 사실 하나는 《국경정서》 속의 〈아리랑〉은 기생의 노래로 소개되고 있어도 통속성과 퇴폐성 표상의 〈아리랑〉들과는 구분되는 텍스트라는 점이다. 왜냐하면 첫째, 나운규의 영화 〈아리랑〉이 현재의 애창곡 〈아리랑〉을 주제가로 채택함으로써 그것이 '민족의 소리'로 발명되고 '저항의 노래'로 가치화되었다는 사실, 둘째, 일제가 이에 맞서 조선과 저항 상징의 〈아리랑〉을 풀 죽이는 한편 퇴폐와 음란의 여타 〈아리랑〉에 대한 검열과 규제를 아끼지 않았으며, 나아가 몇몇 〈아리랑〉을 일본인의 정서에 맞게 순화시켜 일본 본토에 활발히 유통시켰다는 사실 때문이다.[30]

형편이 이렇다면 〈신의주역〉의 〈아리랑〉은 후자, 곧 "순화되는 민족(식민지–인용자)의 소리"로 이해되어 마땅하다. 물론 이때의 '민족의 소리'는 식민 제국에 납본되어 한편으로는 조선이라는 지방의 노래로, 다른 한편으로는 일본 민요군에 편입되어 제국의 일개 유행가로 재편되었음을 뜻한다. 이 과정을 통해 〈아리랑〉은 통속성을 간신히 딛고 얻어낸 체제 비판성과 저항성을 치밀하게 소거 당했다. 나아가 일본인도 기꺼이 즐길 만한 오락물로 그 성격이 개조되었다.[31] 이 지점에야말로 '오족협화'의 이념과 감각 아래 불리는 〈아리랑〉의 식민성과 제국성이 존재한다. 이곳의 기생과 〈아리랑〉은 그래서 제국의 폭력적 시선 아래 전시되고 소비되는 조선의 '요보'로도, 일본의 '로–모–老耄'(노모, 늙어 혼몽함)로도 해석될 불우한 여지를 한가득 안게 된다.

《국경정서》에 함께 한 조선 여성과 일본 여성을 함께 놓고 본다면,

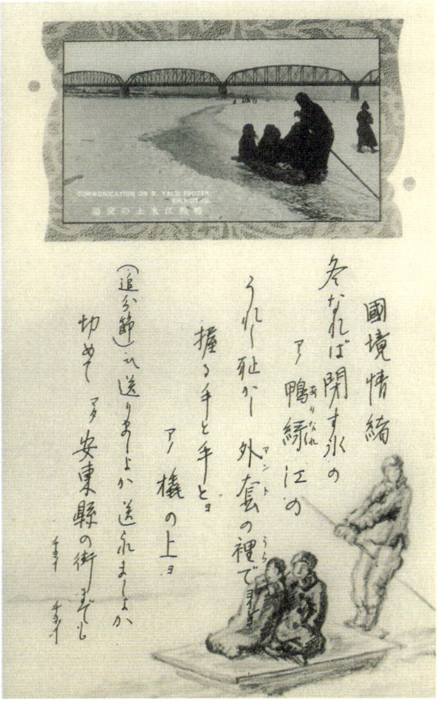

그림 12 압록강 얼음 위 교통

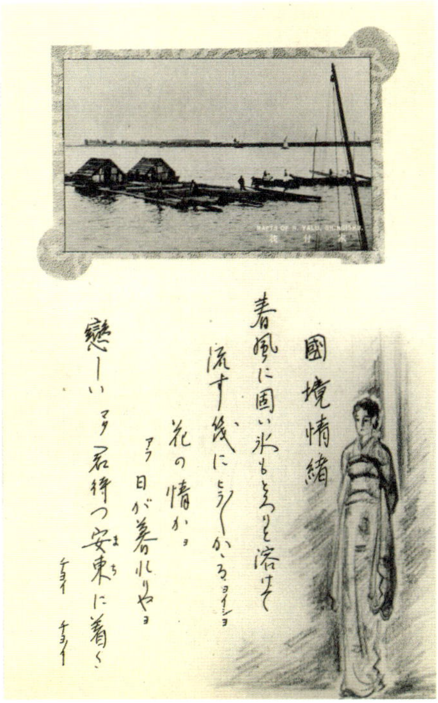

그림 13 뗏목 위의 나무집

"사랑에는 국경도 없고 계급도 없다"라는 '낭만적 사랑'은 수정되거나 폐기되어 마땅하다. 왜냐하면 엽서의 화자와 삽화가는 게이샤와 주부의 구분 없는 '일본 여성'이라는 대명사에 집중하고 있기 때문이다. 게다가 혼자인 조선의 기생 및 부인과는 달리 일본인은 그들 등장의 4편 가운데 3편에서 연인과 부부로 그려진다.

조선 여성이 슬픔과 기다림의 존재로 비극화 되는 반면 일본 여성은 다정과 연애의 존재로 낭만화되는 차이는 우연의 소산일까. 아닐 것이다. 제국의 시선은 식민지의 사랑과 애욕마저 열등하며 불완전한 것으로 묘사했다. 그럼으로써 조선인, 특히 여성은 자신의 사랑과 감정에 대한 권리와 실천을 수행할 수 없는 미숙한 존재로 고착시켰다. 이러한 배경 아래 일본 여성의 사랑이 노래 되고 있음을 기억하며, 국경지대와 만주에서 펼쳐진 그녀들의 연정과 삶의 여러 면모를 짚어본다.

《국경정서》의 경우, 압록강을 달리는 썰매 위에서 두 손 꼭 잡은 연인들(그림 12)과 봄바람 불어 얼음 녹고 꽃피는 시절 님 만날 기대로 홍성한 일본 여성(그림 13)의 모습은 차디찬 겨울을 이겨 만화방창한 봄을 부르는 뜨거운 연정을 부감시킨다. 이국 취향에 들뜬 제국 연인의 사치스런 행동이라는 느낌이 없잖다. 그렇다 하여 사랑의 음률을 식민 권력의 집행에서 파생된 행운의 소산으로만 흘겨볼 수는 없는 노릇이다.

① 겨울이면 얼음으로 막히는 압록강의
기뻐라 부끄러워라 외투 속에서 요이쇼
꼭 잡은 손과 손 저 썰매 위
(오이와케부시) 보낼까요 보낼 수 있을까요
정해줘요 안동현 거리에서 쵸이 쵸이"
– 〈압록강 얼음 위 교통〉

② 봄바람에 꽁꽁 언 얼음도 스르르 녹아
흘러가는 뗏목에 반짝반짝이네 요이쇼
꽃의 마음情인가 해가 저물어
사랑스런 님 기다리는 안동에 가닿네 쵸이 쵸이"
– 〈뗏목 위의 나무집〉

지금부터 할 일은 이향에서의 황홀한 사랑에 대한 정점을 다음 노래에서 확인하며, 그 거칠 것 없는 사랑이 가 닿을 자리 몇 곳을 점쳐보는 작업이다. 어쩌면 이곳에서 일본 연인의 사랑이 서로의 연정만이 아니라 첨단의 일제 문명에 의해서도 북돋아진 잘 만들어진 친밀성의 일종임이 드러날지도 모른다.

일만日滿 국경을 넘는 철교에
가로막혀 멈춘 정크선이라도 요이쇼
철교가 십자十字로 열리면 좋으련만
(이토야센부시) 당신과 함께라면 그 어디라도
황해의 휘몰아치는 파도 속에라도
돛에 바람 안고 나는 듯 가네 쵸이 쵸이
-〈십자 개방의 압록강철교〉

노래의 핵심은 첫째, 큰 배가 지나갈 때 십자로 열리는 압록강 철교를 건설한 제국의 문명에 대한 자긍심 표현, 둘째, 연인과 함께라면 어떤 어려움도 이겨내며 전진하겠다는 사랑의 다짐에 있다. 압록강 철교(1909~1911)는 일제가 도쿄에서 만주에 이르는 교통의 편의를 넘어 러일전쟁의 승리로 거머쥔 만주 경영을 위해 건설한 고급기술의 결정체였다. 이 점, 철교 지나 펼쳐지는 "황해의 휘몰아치는 파도 속"에라도 함께 뛰어들겠다는 두 연인의 사랑의 맹세를 나날이 팽창하는 제국 일본에 대한 멸사봉공의 충성서약으로 읽히는 핵심요인이다.

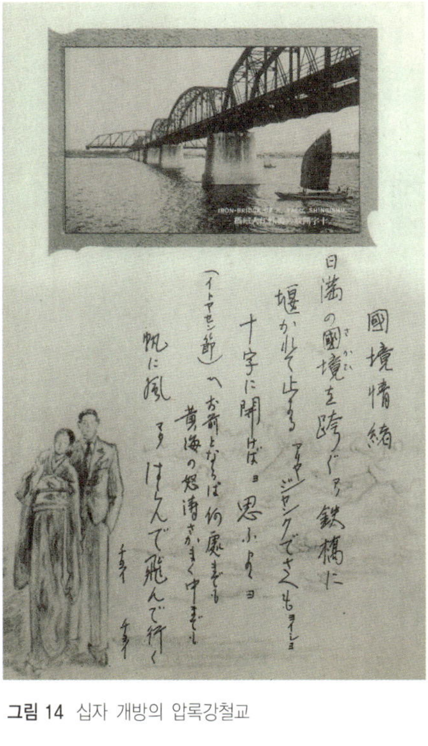

그림 14 십자 개방의 압록강철교

천황제에 기초한 일본의 근대화는 일본 자체의 문명화와 식민주의를 앞세운 제국의 팽창을 양축으로 해서 진행되었다. 이것을 총괄하는 이념과 방법인 근대 천황제의 '팔굉일우'는 청일전쟁~태평양전쟁까지 문명과 전쟁을 제국의 시대정신으로 계속하여 밀어붙였다. 약간의 과장을 무릅쓴다면, 팽창과 승리의 총력전, 곧 '결전 생활'의 요청은 일본 여성의 정체성을 '양처현모'의 가정주부와 '애국부인'의 전투원으로 이중화했다. '양처현모론'은 남성의 입신출세와 자녀들의 올바른 교육에 헌신하는 여성들의 윤리와 임무를 지칭하는 개념이다. 하지만 나날의 전쟁은 '양처현모'들을 '군국의 어머니와 군국의 아내'로, 다시 말해 천황에 충성하는 병사와 신민을 길러내는 총력전의 한 부품으로 병사화하기에 이른다.[32]

여성들이 가정에서 병영으로 귀속되는 과정은 주부들을 향해 "현대 부인의 저속하고 저급한 취미를 고상하게 향상시키며" "온건하고 우아한 실천적 교양을 고취시키겠다"고 천명했던 1910년대 여성잡지의 강령[33] 및 "할머니들의 군사교련" "신이 내린 전쟁과 황국부도皇國婦道" "생식生殖 결전에도 엄연 결기決起" "유한 부녀자를 징용하라"[34]와 같은 태평양전쟁 시기의 구호에 고스란히 반영되어 있다. 이것이 조선과 만주에 머물던 일본 여성의 현실이기도 했던 것은 연인과의 사랑에 열렬한 숙녀 및 남편과 함께 총을 들고 싸우는 주부가 더불어 등장하는 《국경정서》의 여러 엽서에서 뚜렷하다.

연인의 사랑을 천황에 대한 충성으로, 만주의 일상생활과 영토 개척을 '결전 생활'로 치환하는 작업은 그것들을 임전무퇴의 전투로 긍정하는 광적 믿음과 맹목적 실천을 수반하기 마련이었다. 하지만 '신민의 병사화'와 그것을 지탱하는 '죽음의 윤리'는 결국 인간의 도구화와 기계화를 초래했다. 그럼으로써 삶의 불능과 정체성 파탄을 일상화할 수밖에 없었다. 만주에서도 이와 관련된 여성들의 비극적 사태는 적지 않았다. 만주의 일본 여성에게는 오족五族의 모범을 자처함으로써 민족협화에 기여하는 의무가 어김없이 주어졌다. 가정주부와 농토 개척자로서의 역할은 물론이고, 관동군 간호부로의 차출, 비적 토벌 강조와 승전의식 고취의 선무

단 복무, 일본 혈통의 보존과 만주국 건설에 매진하는 일본 남성과의 배타적 결혼, 전쟁과 개척 관련 기념비와 위로비 참배[35] 등이 그녀들의 몫이었다.

> 동양의 평화를 여는 일만日滿의
> 국경을 지키는 우리들의 임무 요이쇼
> 꿈속에서도 보이네 비적의 그림자
> (대사) "정말 수고하셨습니다."
> 이것도 황국을 위해서라면 쵸이 쵸이
>
> –〈신의주수비대〉

그림에는 비적의 습격에 쓰러진 수비대원이 묘사되어 있다. 제국의 승리와 개선을 알리는 작업이 군사적 선무활동의 핵심임을 고려하면 다소 이례적인 장면이다. 하지만 병사의 부상이나 사망은 연인과 가정과 국가의 안전과 행복을 위협하는 가장 기초적이되 더욱 핵심적인 위해의 요소이다. "동양의 평화" 운운했지만 그것의 진정한 의미는 일본 제국주의의 영토 팽창과 세계 제패에 관련된 것이었다. 그러므로 나라에 헌신하는 전선총후는 그것이 어떤 길이든 "황국을 위해서"로 귀결될 수밖에 없다.

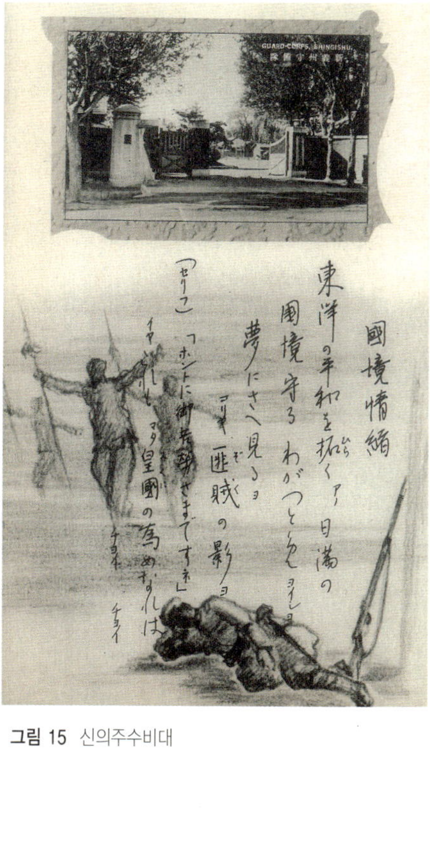

그림 15 신의주수비대

한 가지 덧붙인다면, 비적과 더불어 밀수꾼도 일제가 세운 만주국의 골칫거리였던 듯하다. 이를테면

> 압록의 강에 잘도 몰래 숨어든
> 대승부적大勝不敵의 밀수단 요이쇼
> 이 강 하나가 목숨 걸기
> 이곳 세관은 멋지지 않은가 쵸이 쵸이”
>
> – 〈신의주세관서〉

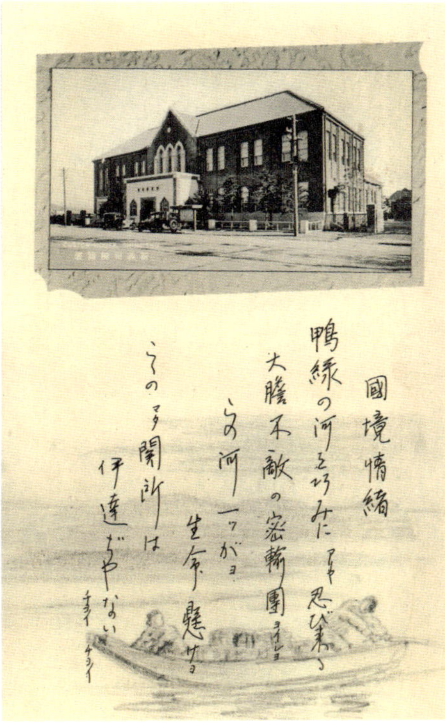

그림 16 신의주세관서

라는 가사를 보라. 이 노래를 읽다 보면, 국경지대 밀수꾼의 비극적 삶과 그를 기다리는 여성의 비애를 슬퍼한 김동환의 《국경의 밤》, 타향에서 숨을 거둔 밀수꾼 아버지의 비극적 운명을 그린 이용악의 〈풀버렛소리 가득차 있었다〉가 자연스럽게 떠오른다. 제 땅 잃은 식민지 조선인에게 밀수는 결코 포기할 수 없는 호구지책이었다. 그러나 일제에게는 '복지만리' 만주국의 경제적 풍요와 법률적 안정을 뒤흔드는 말 그대로의 도적질에 지나지 않았다. “황국을 위해서”라는 실질적 가치가 요구될 수밖에 없는 현실적 까닭이 성립하는 또 하나의 지점이다.

물론 일제는 이를 숨기고 '왕도낙토'의 만주국을 전경화하기 위한 프로파간다를 아끼지 않았다. 만주 곳곳에 배포된 각종 포스터나 전단지에는 다섯 민족의 남녀노소, 일반인과 군인 모두가 행복한 삶을 영위하는 장면과 비적이 만주국 신민을 무참히 살육하는 극악무도한 장면이 나란히 실렸다. 그러면서 보란 듯이 〈천국과 지옥〉이라는 속셈 훤한 이름을 붙였다. '동양 평화'의 실질적 주체와 권력이 어디에서 나오는가를 계몽하고 선전하는 잘 계산된 '이미지들의 전투'로서 손색없는 '삐라'이다.[36] 이러한 선전물의 의도는 분명하다. 군인만이 국가방위의 의무를 지지 않는다는 것, 곧 그들의 부모이자 형제자매이며, 친구이자 이웃인 모든 만주국 신민들도 힘을 합쳐 나라를 지켜야 한다는 것, 그럴 때 천황 통치의 '황국'이 앞장선 '대동아공영'이 가능해진다는 군국주의적 행동강령의 각인과 실천이 최후의 목표점이었다.

이와 같은 비상시국 아래서의 '여성의 병사화'는 당시 만주의 도회에서 취미로 댄스를 즐기던 일본 여성을 창부로 비난하며 '에로ero' 담론 속에 무차별적으로 감금하던 사태와 기묘하게 상통한다.[37] 여성의 병사화와 댄스 금지를 동시에 관통하는 원리와 규율을 꼽으라면, 쇼비니즘적 일본주의 내부로 신민들을 엄혹하게 폐쇄시키는 감시와 처벌의 작업일 것이다. 이 차가운 철창살 내부에는, 《국경정서》의 조선 여성상에 암시되어 있듯이, 식민주의와 인종주의, 국수주의와 남근주의가 잡거하고 있다. 여성의 병사화와 취미의 억압을 국민이 동의한 애국주의보다 더욱 폭력적인 전체주의, 다시 말해 군국주의 아래 국민들을 동원하고 규율하는 파시즘의 부산물로 정리할 수 있는 까닭이 여기서 비롯된다.

정시와 신민요, 사상지도의 국민가요가 되다

프로파간다와 대중매체의 결합을 파시즘의 예술화와 관련시킨다면, 나치의 방송과 영화와 포스터 등이 전형적 사례로 떠오른다. 나치 체제는 게르만 민족의 혈통적 우수성과 문화적 우월성을 대중매체를 통해 강변함으로써 국가사회주의 체제의 정당성과 세계 진출의 도덕성을 확보하는 데 전력을 기울였다. 그 과정에서 자행된 전대미문의 폭력적·침략적 행위에 대한 책임을 회피하는 한편 나치즘에 충성하는 국민을 결속하기 위해 고급문화와 대중문화, 본격 예술과 통속적 오락을 하나로 결합하는 프로파간다의 문법을 정교하게 작동시켰다. 그것을 정리하면 다음과 같다.

첫째, 문화적 엘리트에 비해 체제에 대한 설득과 동원이 비교적 손쉬웠던 대중들을 향한 유흥과 오락, 민속 문화를 적극 발굴하고 활용할 것, 둘째, 알기 쉽고 예측 가능한 내용과 형식으로 대중들의 신뢰와 호응을 많이 얻을 것, 셋째, 정치적 의도는 되도록 숨기면서, 다시 말해 프로파간다에 감염되었음을 알지 못하게 하면서 대중들의 체제에 대한 협력과 동참을 자연스럽게 유도할 것.[38] 이것들은 대중의 자발적 참여와 영향의 효율성을 제고함으로써 나치즘의 위상과 권력을 더욱 강고히 만들기 위한 방법이자 장치였다.

일제는 근대 천황제 주도의 '내선일체', '오족협화', '대동아공영'을 추구했다는 점에서 타 민족과 인종에 배타적이었던 나치즘과 구별되는 것처럼 보인다. 하지만 황도 정치와 일본 정신의 특권화는 식민의 땅 전반을 인종·민족·문화·성적 차별을 교묘하게 은폐한 폭력적 동화주의, 바꿔 말해 전시 파시즘과 일본식 동화주의 아래 결박했다. 이에 따른 체제 비판 세력의 탄압과 배척, 타민족 억압과 말소 정책의 횡행은 일제의 영토 전역에서 끊임없는 저항과 투쟁을 불러일으켰다. 그럴수록 체제 유지와 보존의 프로파간다는 없어서는 안 될 회유와 협박의 기호로 요청되고 동원되었다.

이러한 상황을 감안하면, 제국 전역의 지방 표지를 가슴에 단 정시, 정서, 소패, 절 등도 체제 협력의 프로파간다로부터 기원한 것인지 아니면 유행가로 떠들썩한 가운데 정치적·이념적 음역을 더해간 것인지 하는 질문이 제기될 수 있다. 이 시가의 기원과 확산 과정에 귀 기울이면 유행가에서 선전의 목소리로 그 역할과 기능이 점차 조정되어간 것처럼 느껴진다. 한 자료에 따르면 천황제 군국주의가 본격화되는 1930년대 일본, 조선, 만주, 대만에서는 110여 편 이상의 '음두音頭(온도)'라는 신민요가 들끓었다고 한다. 이 사실을 밝힌 오사가베 요시노리刑部芳則는 신민요 〈도쿄 음두東京音頭〉에서 비롯된 '음두'가 세 가지 단계를 거치며 시대사적·문화사적 의미와 가치를 확고히 다져갔다고 주장했다.

첫째, 지역의 풍물과 인정을 노래하는 '음두'는 유행가의 성격이 짙었다. 그러나 지역 정보의 효용성 때문에 향토의 경제 진흥과 발전에 기여하는 미디어로 자리 잡는다. 둘째, 하지만 교육 당국은 학생들이 통속적 가락과 내용에 휩쓸리는 부정적 상황에 예민하게 반응한다. 대책으로 '속가俗歌의 퇴치'와 '국민의 노래' 부르기 운동을 적극 추진한다. 셋째, 그러나 경제 대공황과 아시아·태평양전쟁에 돌입한 불안한 현실은 유행가 특유의 오락성과 현실회피 경향에 더욱 이끌리는 정서의 원동력으로 작용한다. 일제는 이와 같은 통속적 상황의 확장을 제어하고 '음두'를 국민통합의 소리로 재편하기 위해 계몽·감시·처벌의 정책을 병행했다. 대표적 사례가 '불량 음악'에는 발매와 선전 중지의 엄격한 규제를, '건전 음악'에는 사상지도의 효과적 운용을 적용하는 것이었다.[39] 대중적 재미와 경제적 효용성을 일본 정신의 확장 및 심화로 변환시켜간 일제의 파시즘적 예술 전략이 다시 한번 확인되는 지점이다.

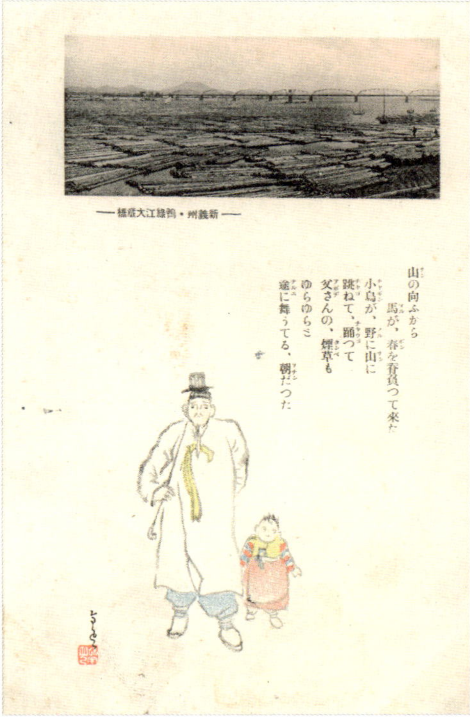

그림 17 신의주 · 압록강 철교

일제 사진엽서는 그 전반적 흐름을 살펴보면 '친밀성'의 전달에서 '총력전'의 선전으로 나아갔다. 바꿔 말해 '죽임의 승리를 위한 친밀성의 파괴'로 진격한 것이다. 이것은 사진엽서들도 정시, 정서, 소패, 절과 함께 칠흑의 행로에 함께 접어들었음을 뜻한다. 다시 말해 천황의 영원을 구가하기 위해 타민족에 대한 소외와 배제, 공격과 죽음을 거침없이 자행하는 파시즘적 폭력으로 거침없이 달려갔음을 의미한다. 이를테면 《조선정시》는 일제의 허구적 이념과 오염된 기술로 죽음의 격랑에 무자비하게 휘말린 한만 출신의 '요보'와 '쿨리'의 무력함과 불행함을 차갑게 전시하고 비하한 사진엽서를 대표한다. 두 엽서세트에서 일제는 '보는 눈'을 숨긴 채 '보이는 대상'을 전면화했다. 그럼으로써 식민통치와 관련된 정치적 의도는 숨기면서 생활의 참상에 대한 책임을 식민지로 귀속시키는 식민주의적 운영의 묘를 적극 발휘했다. 게다가 '정시'를 통해 식민지인의 정서에 동화된 듯한 홍취를 보이지만 실제로는 그들을 유희와 멸시의 대상으로 예외 없이 고착화시켰다.

이러한 사실은 군사적·산업적 목적 외에도 한만 국경지대의 교통 및 볼거리로 이름을 떨쳤던 압록강 철교와 백두산 뗏목을 촬영한 사진 아래 갓 쓴 할아버지와 색동옷 입은 손녀의 이미지, 두 사람의 산보를 노래한 와카를 배치한 것에서도 엿보인다. 물론 조선을 대표하는 이미지 두 개를 골라 자의적으로 배치한 것으로 해석해도 틀리지는 않는다. 그래도 조선적인 것의 실제와 감흥을 드러내고 싶다면 서로 어울리는 대상을 함께 배치하는 편이 더욱 효과적이었을 것임을 부인하기 어렵다.

산 저편에서
말이, 봄을 등에 싣고 오네
작은 새가, 들에서 산에서
솟구치고, 춤추고
아버지의, 담배도
한들한들
길에서 춤추고 있는, 아침이다
- 〈산보〉

'산보' 장면은 조선 대상 사진엽서 중에서도 가장 명랑한 정서와 산뜻한 이미지를 묘사하고 있다는 느낌을 준다. 현실에서는 압록강 하구를 뒤덮을 듯이 뗏목이 밀려들수록 조선과 일본 하층민의 노동과 피로가 더욱 쌓여 갔을 것이다. 하지만 기차가 달리는 압록강 철교와 그 아래를 유유히 흐르는 뗏목은 와카 〈산보〉와 결합되면서 경험치 못한 낭만적인 풍경으로 떠올랐다. 강렬한 이국적 정취의 자극과 그것의 즐거운 소비는 하나의 덤이었다. 이를 통해 일제는 내·외부의 식민지 건설을 대중적 정서와 표현을 빌려 굳게 독려하고 널리 알리는 홍보 효과를 거뒀다.

〈신의주·압록강 철교〉의 이런 성격은 언뜻 보면 '유행가'의 성격을 지워가며 계몽과 사상지도의 성격을 강화해간 《국경정서》와 상당히 대비되는 듯하다. 하지만 두 엽서는 한만 국경지대를 다룸으로써 일제 신민들의 애국의식 분출과 '일본적인 것'에 대한 믿음, 모두가 하나 되는 공동체 경험 등을 거침없이 유도한다는 공통성을 지니고 있다. 식민지에서 수행되는 민족 정서의 보편화-제국화가 제국 내부로의 지방화-식민화에 불과한 것임이 여기서도 뚜렷이 확인된다.

제 4 장

잘 만들어진 '경성'의 이중 삽화

— 사진엽서 《경성백경》과 식민 수도의 명암

전통의 왕도 한양 · 식민지 근대 · 식민 수도 경성

서울은 고대의 '한성백제'에서 시작, 중세 이후인 조선왕조부터 현재에 이르기까지 정치 · 경제 · 문화 · 예술 · 생활 · 군사의 중심지로 군림해온 한반도 제일의 '권력의 도시'이다. 논의의 편의상 이 모습을 한국의 근대성-식민성과 관련시켜 근대문학 텍스트에서 찾아보면 매우 흥미로운 현상이 발견된다. 자주적 근대국가의 건설에서 일제 식민지로 전락한 근대계몽기의 시공간은 대한제국의 명랑성과 식민지 조선의 비극성을 중층적 · 양가적으로 담아낸 텍스트들을 제법 양산했다. 그 가운데 전통의 왕도 '한양'에서 식민 수도 '경성'으로의 변곡점에 해당하는 1900년대 초반 서울의 풍경을 예의주시하겠다면 육당 최남선의 장편 창가 《한양노래》(신문관, 1908)를 맨 앞자리에 놓아야 할 것이다.

《한양노래》는 일본 《철도 창가》(1900)를 참조하여 작성된 《경부철도노래》(신문관, 1908)와 더불어 전근대적 조선을 선진 문명의 일제에 필적하는 '신대한'으로 개변시키겠다는 의욕과 다짐 아래 지어진 작품이다. 이런 까닭에 《한양노래》 속의 '한양'은 전통의 권위와 신문명의 미래가 동시에 공존하는 매혹적인 도시로 그려진다. 예컨대 "우리 성상 계신" "상서 기운 어린 굉장한 저 집"이 웅장하며, "이리저리 다니는 전차 자동차 / 위아래로 매어 놓은 전화 전보줄 / 새새틈틈 달리는 마차 구루마"가 빛나는 신구조화의 모습이 그렇다. 이 모습만 본다면, 대한제국의 수도 한양은 자주적 문명개화와 주체적 근대성이 빛을 발하는 감격과 감동의 공간인 것처

그림 1 경성 · 경회루

그림 2 경성 · 조선총독부

럼 느껴진다.

그렇다면 몇 년 뒤 일제 식민지로 형질 변경된 '한양'은 저 일말의 근대성을 조선 전역의 그것으로 확장하는 데에 큰 역할을 했는가. 최남선의 한탄에 가까운 목소리 "우리들이 주장해 경영할 것이 / 남의 손에 들어서 펀치 못함을"에 그 답이 있을 듯하다. 왜냐하면 '케이죠-경성京城'이'라는 일본식 명칭으로의 개명이 예증하듯이, 나름의 전통문화와 고유한 생활로 붐볐던 '한양'은 낡아빠진 전근대성을 제거하고 일제의 문명을 하루빨리 이식해야 하는 황량한 공간으로 주변화되어 갔기 때문이다. 이 모습을 사진엽서세트 《가요의 조선歌謠の朝鮮》(히노데상행)의 구성품인 인용 엽서 두 편을 통해 잠시 살펴보는 것도 괜찮을 듯싶다.

두 엽서에서의 주된 관심은 '경회루'와 '조선총독부'에 있으므로 함께 적힌 와카는 가사를 소개하는 정도로 그친다. 왼쪽은 처음 보는 '널뛰기'에 대한 호기심과 즐거움을 "붉은 해님 방글방글 웃고 / 널뛰는 아가씨들 뺨도 붉네 / 바람 불어와 댕기를 휘날리면 / 어쩐지 마음에 드네 마음에 걸리네"라고 표현했다. 오른쪽은 빨래를 마친 뒤 돌아오는 조선 여성의 모습을 "푸른 새싹이 움터 낭랑한 걸까 / 하늘이 그렇구나 / 산들바람이 가만히 불어와 / 치맛자락을 만지작거리는 즐거움"이라는 장면으로 재현했다. 총천연색으로 빛나는 색채만큼이나 밝고 산뜻한 이미지와 내용이 인상적이다.

그러나 조선왕조의 전통과 권위를 상징하던 경회루와 일제의 문명성과 식민 권력을 자랑하는 조선총독부 청사는 그 이미지가 꽤나 다르게 느껴진다. 잘 아는 대로, 경회루는 조선박람회 등을 개최하고 조선총독부 청사를 건설하면서 대폭 훼손되고 파괴된 경복궁 영역에서 간신히 살아남은 건축물이다. 하지만 경회루는 대중의 관람용으로 개방되고 또 기생들의 사진촬영 장소로 끊임없이 징발되면서 조선 국왕의 권위 상실과 신체의 소멸을 표상하는 패배의 공간이자 유물로 고착되었다. 그러면서 "적대와 파괴의 대상이 아니라 포섭하고 수용해야 할 유적과 잔해로 재규정"되기에 이른다. 이에 반해 광화문을 밀어내고 1925년 8월 건축된 '조선총독부'는 같은 해 9~10월 개장한 경성역 및 조선신궁과 더불어 일제의 권위와 영원을 자랑하는 "극적인 권력 현시적 이벤트"의 기념비적 상징물로 화려하게 등장하였다.[1] 육당의 "남의 손"이 뜻하던 조선의 식민성과 일제의 권력성은 이렇게 건설된 조선총독부의 새하얀 백악白堊에 의해 안전하게 보호(?)되면서 1945년 8월 그들의 패전과 조선의 해방 당시까지 유지되었다.

이곳의 관심은 일제 문화자본이 발행한 사진엽서 《경성백경京城百景》의 식민주의적 문화정치학의 본질과 전략을 해명하는 것이다. 그런데 왜

'신대한' 건설의 한 면모와 미래의 가능성을 노래한 육당의 《한양노래》를 먼저 주목했는가. 《한양노래》와 《경성백경》은 한·일의 주체, 언어, 시점이 서로 뒤바뀌었을 뿐, 매체의 성격과 텍스트의 주제에서 거의 일치한다는 것이 답변의 요점이다. 이후 자세히 검토되겠지만, 《경성백경》에 실린 대개의 피사체는 최남선이 예찬하고 자랑한 전통 건축과 근대 문물에서 크게 벗어나지 않는다. 동일한 대상과 경치지만 그것들의 가치와 의미는 제국과 식민지의 접촉 상황 및 그에 대한 해석의 방법에 따라 전혀 달라질 수 있다는 아이러니한 사실을 보여주는 장면이다.

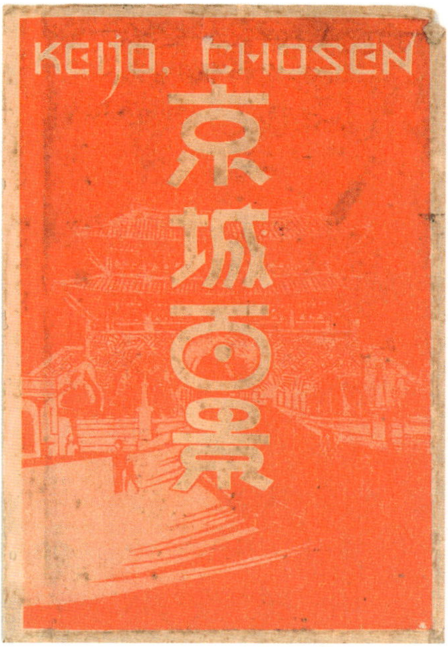

그림 3 《경성백경》

《경성백경》을 《한양노래》에 대한 식민주의적 전유물로 규정할 수 있다면 그 조건과 자격은 어디에서 찾아질까. 일제의 조선 사진엽서는 사진과 그림, 시가와 산문으로 대표되는 시각과 청각에 대한 포함-선택과 배제-회피의 형식[2]을 통해 제국의 우월성과 식민통치의 정당성을 선전하는 프로파간다 자체였다. 이 때문에 《경성백경》에는 두 가지 차원의 목표가 자연스럽게 설정되었다. 첫째, 식민지 관광과 탐방이라는 국가 주도의 취미 활동을 활성화한다. 그럼으로써 천황의 은혜로 획득한 '신내지' 조선에 대한 신민들의 자부심을 고취한다. 둘째, 식민지의 열등성과 후진성을 도저히 극복할 수 없는 민족적·인종적 특성으로 각인한다. 그럼으로써 뒤처진 조선의 계몽과 개척, 지배와 통치를 한층 수월하게 만든다. 두 항목은 식민지에 대한 소유권과 양국 동화의 원리를 끊임없이 주장하면서도 조선을 따로 분리된 하나의 체제를 통해 엄격히 관리하고자 했던 일제의 통치술을 대변한다.

이러한 배경 아래 생산·소비된 사진엽서세트 《경성백경》(다이쇼사진공예소)의 면면과 구성은 다음과 같다. 첫째, 총 32매의 엽서에 1매당 사진 1~5개를 배치하여 경성 100여 곳의 이미지를 제시했다. 그 위에 해당 풍경과 장소, 인물을 바라보는 구경꾼이나 그것들에 연관된 타자들의 정서를 노래한 시가나 민요를 얹었다. 이런 형식은 제국 본토에서 발행된 《에도 백경江戸百景》, 《대교토 백경大京都百景》 따위를 차용한 것이다.[3] 실제로 《대교토 백경》은 엽서 1매당 사진 3장을 실어, 주요 시가지, 건축물, 풍경을 제시하고 있다. 둘째, 엽서 속 사진의 방점은 '일본의 근대'를 표상하는 각종 건축과 시설, 문화적 명소와 위락 공간에 찍힌다. 셋째, 과거의 권위와 영화를 빼앗긴 채 관광객과 서민의 볼거리로 전시(제공)되고 있는 '조선적인 것'도 단골 대상이다. 조선왕조의 궁궐과 사찰, 누각과 성벽 등의 전통 건축물, 구태를 아직도 벗지 못한 하층계급의 남녀와 이들의 반대편에서 색정적인 기생들이 그 예를 대표한다. 이것은 비슷한 종류의 사진엽서세트인 《경성신대관京城新大觀》, 《경성대관京城大觀》에서도 보이는데, 이를 고려하여 두 엽서세트도 필요에 따라 함께 활용하기로 한다.

한편 일제 문화자본은 《경성백경》에서 선진 일본과 후진 조선의 문명·문화적 이미지와 기호를 차별화하고 서열화하기 위해 조선과 일본의 시가 역시 전략적으로 활용했다. 《경성백경》은 20여 매의 엽서에 1매당 1~4편의 노래를 실었다. 일본 와카와 일문 번역의 조선민요가 대종을 이루는데, 저자와 소비층, 감상과 청취의 목적이 다르다는 특이점에 유의할 만하다. 이 노래들은 제국의 시선과 문화의 기억을 '조선적인 것'에 대해 강제로 부과하는 식민주의적 서사나 식민성의 정서 표출에만 전념하지 않았다. 오히려 대상 풍경이나 인물과 전혀 상반되거나 어울리지 않는 노랫말들을 종종 싣기도 했다. 물론 그렇다고 해서 사진엽서가 노렸던 일제 중심의 '내선융화'나 '신내지 건설'이라는 목표와 효과가 감소되지는 않았다. 다음과 같은 까닭 때문이었을 것이다. 대개의 '조선적인 것'들은 애상과 쇠락의 정서에 의탁되어 나지막하고 어둡게 관조되었다. 이에 반해 '일본적인 것'들은 자부심과 자긍심 넘치는 목소리로 예찬되고 활성화되는 경우가 많았다. 물론 다량의 사진 이미지도 '중심-제국-경성'의 필요에 따라 '주변-식민지-한양'을 변두리에 위치 짓는 기술적·문화적 우월성의 도구로 전용되었다. 이를 두고 식민주의적 '사명 이데올로기'의 '정당화 원칙'[4]이 발현되는 현상으로 불러 무방할 것이다.

〈경성소패〉의 유람지: 총칼의 한양, 꽃의 경성

대한제국의 식민화와 더불어 조선의 500년 도읍지 한양(한성부)은 경기도 소속의 '경성부'(1910)로 신속히 재편되었다. 왕도 한양에서 식민도시 경성으로의 지방화는 그 권력과 재화와 문화의 식민성 때문이라도 각종 여행 안내서에 휘황하게 새겨진 '대경성'[5]을 과잉된 명명으로 바라보게 한다. 왜냐하면 패배와 복속의 '케이죠'가 제국의 수도 '도쿄'의 위세와 전통의 왕도 '교토'의 자랑을 함부로 자기화하려는 욕망은 어불성설의 '자기중독'이나 '환영'[6]에 지나지 않다는 판단 때문이다. 물론 이 왜곡된 욕망과 오만한 내면은 한양을 경성으로 새로이 명명하고, 조선을 '신내지'로 재구성하려 했던 조선총독부를 위시한 재조 일본인들의 것이었다. 그런지라 신문명의 경성으로 봉건의 구도舊都 한양의 위상과 미래가 혁신되었지만, 이곳의 진정한 주인인 조선(인)의 배제와 소외가 더욱 자심해질 수밖에 없었다.

그러나 한양의 다른 이름 '황성皇城'에서 식민도시 '경성'으로의 변화를 단지 식민화나 하위화의 관계로만 파악하지 않는다면 어떨까. 그 대신 "전통 권력과 식민 권력 간의 정치적 수도의 계승",[7] 곧 권력 관계의 관점과 입장에서 조감해보면 어떨까. 그럴 경우 '대경성'은 허구적인 욕망의 수사법에 머물지 않고 하나의 사실로 경험되는 실질적 현실로 올라설 수 있는 여지가 생기지 않을까. 이를테면 '정치적 수도의 계승'은 조선과 일본 양국의 기우뚱한 대립과 교체의 서사를 반영한 구절이다. 이를 일제 주도의 관점에 비추어본다면 어떤 변화가 일어날까. 경성을 소개한 어떤

저서들을 빌린다면 "임진왜란과 한양文祿の役と京城"에서 "꽃의 경성花の京城"으로 치환되거나 대체될 수 있을 것이다.

전자에 따르면 임진왜란은 진구神功황후의 신라 정벌을 계승한 정한征韓의 야욕과 실현으로만 이해될 수 없다. 조선왕조의 무능과 부패에 성난 조선 난민들이 여러 궁궐을 불태우고 쳐부순 후에야 "우리 군인"(왜병)은 한양에 진입했으며, 그 뒤로 "정정당당하게 경성(한양—인용자)의 안녕, 질서를 회복하는"[8] 일에 힘을 모았기 때문이다.

후자의 "꽃의 경성"은 "봄은 벚꽃, 오래된 이곳 왕궁부터 저곳 왕궁까지 포근하게 꽃에 감싸인 경성"을 찬양하기 위해 명명된 것이다. 경성의 봄날은 그러나 그 자체의 아름다운 풍경만을 재현한 '지금 여기'의 "멋진 모습伊達姿"으로만 그치지 않는다. "흩날리는 것은 구도舊都의 꽃 눈보라"[9]가 암시하듯이, 그 풍경에는 먼저 임진왜란 당시 실현한 '황성'(한양)의 안녕과 질서 회복에 대한 자랑스러운 기억이 녹아 있다. 다음으로 지금의 식민 도회 '경성'에서도 동일한 과업을 잘 이뤄가고 있다는 열렬한 자부심이 담겨 있다. 실제로 재조 일본인들은 과거와 현재를 관통하는 '칼('役')'[10]과 '국화('花')'에 대한 자랑과 욕구를 신민요 〈경성소패京城小唄〉에 담아 사계절 예찬의 형식으로 명랑하게 노래 불렀다.

1) 향기론 벚꽃에 즐겁게 녹아들어
등롱불 그윽해라 창경원
마음 가다듬고 돌계단 오르면
조선신궁 황송하구나

2) 물보라에 불꽃이 흔들려
마주한 한강바람 푸러지네
살짝 윙크하며 티켓 받으면
베이비 골프의 쾌적함

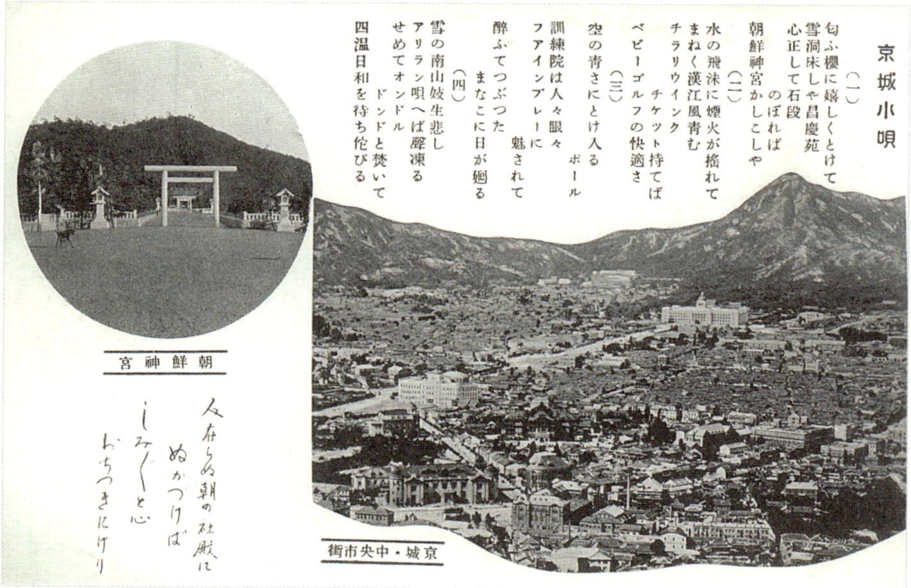

그림 4 신민요 〈경성소패〉(《조선의 가요》, 히노데상행)

3) 하늘의 푸른빛에 녹아드는 공
훈련원은 사람들의 눈과 눈
파인-플레이에 매료되어
잔뜩 취한 눈동자에 해가 도네

4) 눈 내린 남산 기생은 구슬퍼
아리랑 노래 부르면 목소리가 어네
그럭저럭 온돌을 뜨겁게 덥혀
사온四溫 맑은 날 쓸쓸히 기다리네

– 〈경성소패〉

여름과 가을 노래는 푸르고 맑은 조선의 풍광 아래 즐기는 약식 골프와 축구의 즐거움을 소재 삼았을 따름이다. 그러므로 저 '칼'과 '국화'의 심미성·폭력성이 무한 반복되는 장면을 따로 찾아낼 필요가 있다. 그 대상을 지목한다면, 단연 남산에 함께 놓인 봄의 조선신궁과 겨울의 조선 기생일 수밖에 없다. 둘의 대조적 형상에 일제의 전통과 문명의 우월함(조선신궁)을 바탕으로 식민지 조선(인)의 열등성과 정체성(기생)을 은밀하게 지시하고 재현하는 식민주의적 태도와 차별적 시선이 울울하기 때문이다. 사실 경성을 바라보고 노래하는 〈경성소패〉의 시선과 태도는 재조 일본인들의 최대 가집으로 이치야마 모리오市山盛雄가 편집한 《조선풍토가집》(1935)에서도 거의 동일하게 관통되었다. 이 책에 실린 경성 소재 단카들[11]도 식민도시 경성의 풍속과 생활, 인간상을 노래하는 한편 과거와 현재의 일군 관련 전적지나 역사적 흔적을 짚어보는 데 골몰하고 있어 〈경성소패〉의 분위기를 물씬 풍기고 있다.

조선신궁과 경성 전경을 배경으로 경성 생활의 즐거움과 식민지 조선의 한 단면을 노래한 〈경성소패〉가 사진엽서로 대량 생산되어 널리 소비되었다는 사실은 무엇을 뜻할까. 낯선 경성에 대한 모종의 식민주의적 정서의 창출과 일대 유행, 그를 통한 모종의 식민담론 확산과 심화 따위가 관심의 대상으로 우선 떠오른다. 과연 일제는 조선총독부 기관지《경성일보》 등을 통해 일제 통치하의 '젊고 모던한 경성'을 예찬하는 한편 근대화의 경성에서 낡고 뒤처진 조선의 역사를 은폐하거나 삭제하려는 노력을 지속적으로 펼쳐 나갔다. 그것을 대표하는 매체적·예술적 전략이 〈경성고우타京城小唄〉나 〈대경성행진곡〉 같은 유행가를 대대적으로 모집하여[12] 일본인 중심의 조선 대중들에게 널리 알리고 유통시키는 작업이었다.

모집된 '경성 창가'들에 보이는 노래의 기본 구도와 경성의 대체적 이미지는 앞서의 〈경성소패〉를 크게 벗어나지 않는다.[13] '조선적인 것'은 북한산, 한강, 남산, 남대문, 창경원, 장충단, 종로의 밤 시장, 유흥지 청량리, 사랑의 온돌방에 아리땁고 꽃다운 기생, 아리랑 수심가, 신선로, 취한 지게꾼, 오백 년 세월의 담쟁이, 저녁놀 까치, 다듬이질 소리, 두루마기들로 빼곡하다. 이를 통해 "유연하며 풍부한 조선의 정서"를 음미하고 즐기겠다는 심산인 것이다. 하지만 이 '조선적인 것'들은 각종 여행안내서, 신문과 잡지, 사진엽서 등에 반복해서 등장하던 식민지의 관광 이미지였다. 게다가 그 후진성과 퇴락성 때문에 일제의 일방적 지배와 보호에 속수무책인 식민지 조선을 암묵적으로 지시하는 은유적 표상들이었다.[14] 요컨대 주체화-진화의 가능성보다는 타자화-퇴보의 위험성이 현저히 높은 천편일률적인 피식민의 형상이자 사물들이었다.

이 때문에라도 일제가 추구한 진정한 "조선의 심장" '케이죠'는, "모던 경성의 희망과 정취가 흘러넘치는"[15], 더욱이는 "나아가면 대륙의 라일락 피는 파리/돌아가면 내지도 하룻밤의 파도길/경성은 참 좋은 곳 남과 북 잇는/무지갯빛 가교의 한복판"[16]으로 더욱 가치화되거나 낭만화될 필요가 있었다. '일본적인 것'으로서 '케이죠'의 형상과 내용은 따라서 "서울 좋다 좋다 서울 호이"(〈경성고우타〉)의 것들로 채워져 마땅했다. 은빛의 날개(비행기), 여의도(공항), 조선신궁, 사랑의 경성, 벚꽃놀이의 창경원, 보트, 대중공원 장충단, 본정 거리, 근사한 드라이브 들이 그것이다. 이 근대적 사물과 현상들은 경성의 선진성과 국제성을 표상하는 지표들이기도 했다. 왜냐하면 일제와 유럽을 잇는 국제적 가교의 도시, 곧 "무지갯빛 가교"로 만주국의 신경(창춘), 하루빈(하얼빈), 봉천(선양)과 더불어 조선의 경성이 노래 되곤 했기 때문이다.

이상의 사례는 식민도시 경성과 서울이 아니라 제국의 신도시 '케이죠'에 부합하는 선진적 물질문명의 요체들이었다. 또한 일본음악和樂으로 창안되고 노래 된 "백 퍼센트의 가치가 있는 케이죠의 노래"[17]를 완성하는 필요충분조건이기도 했다. 조선의 영토에 '일본적인 것'의 전통과 문명이 아로새겨질 때 발생하는 유의미한 효과는 식민 권력의 경제적 이익과 문화적 주도권에 대한 확실한 장악과 보장이었을 것이다.

이와 관련하여 《경성백경》에 실린 장소와 해당 사진들([표 1])은 '좋다 서울 호이'의 탄성을 자아낼 만한 것들로서 '경성 창가'들과 어깨를 나란히 한다. 물론 《경성백경》도 '경성 창가'들처럼 '일본적인 것'(근대)을 중심으로 '조선적인 것'(전통)을 선택·배치하는 식민주의적이며 문화정치학적인 시각과 태도를 잊지 않는다.

[표 1] 《경성백경》(총 32매)의 주요 건물·시설·장소

분 류	사진 이미지
한양 고적, 건축물	경복궁, 광화문, 근정전, 경회루, 향원정, 창덕궁, 인정전, 비원, 덕수궁, 석조전, 창경원, 원구단, 남대문, 동대문, 광희문, 독립문, 북한산성
조선 풍속·인물·풍경	기생, 남녀 노인, 애보개, 지게꾼, 뱃사공, 장승, 빨래, 타작, 장보기, 항아리 장사
조선총독부, 공공 기관	조선총독부, 총독 관저, 상공회의소, 경성일보사, 조선은행, 경성우편국, 경성부청, 동양척식회사, 총독부 철도국·체신국, 경성방송국
신사·교육·군사 시설	조선신궁, 노기乃木신사, 박문사, 경성제대, 경성중학, 용산중학, 제2공립고등여학교, 공립상업학교, 철도학교, 용산병영, 보병78, 79연대
경성시가지, 근대건축물	남대문통, 종로통, 본정통, 황금정통, 조선호텔, 경성역, 용산역, 미쓰코시백화점, 한강철교, 한강발전소
종교·문화시설, 공원, 교외 명소	창경원 식물원·동물원, 경복궁박물관, 창경원박물관, 길상사, 조계사, 청량리, 명동성당, YMCA, 경성운동장, 경성골프장, 파고다공원, 남산공원, 장충단공원

[표 1]을 잠깐 훑어보는 것만으로도 일제 판 '칼'과 '꽃'의 경성이 수효나 구성에서 훨씬 우세하다. 일제의 '케이죠'는 정치·경제·문화·교육·군사 관련 근대시설을 빠짐없이 갖춘 명랑한 도회로 거듭나는 중이다. 이에 반해, 조선의 '한양'은 다양한 관람·전시 공간이 들어선, 그래서 그

정통성과 권위를 일거에 상실한 여러 궁궐과, 전근대적인 생활양식 속에서 여전히 가난한 삶을 이어가는 하층민들이 어정쩡하게 잡거 중이다. 여기서 '모던 경성'과 '봉건 한양'의 선후와 높낮이, 미래의 방향성이 감각적으로 발현됨과 동시에, 식민주의 특유의 정치적·문화적 효과가 충실히 확산되는 전형적인 식민화 현상을 읽는다면 지나친 과장일까.

그런 의미에서 사진엽서든 신민요든 일제가 생산한 〈경성소패〉류의 미학적 기호와 문화적 의미들은 '지도'의 정치성과 이념성을 어김없이 재현하고 공유한다. 어느 시공간을 막론하고 지도는 세계를 있는 그대로 복사하거나 묘사하는 '중성적이고 투명한 공간'(텍스트)이 아니었다. 오히려 지도를 그리고 해석하는 사람들의 세계상과 규범, 가치의식과 욕망이 스며 있을 뿐만 아니라 그것들이 묘사되고 읽히는 세계에 고유한 구조나 표정을 부여하는 입체적 장소였다. 그럼으로써 다양한 의미와 형상을 생산하고 소비하는 소통과 쟁투의 장으로 동시에 기능했던 것이다.[18]

그러니 이렇게 말해보면 어떨까. 엽서 한 장에 사진 두 컷과 노래 한편을 담은 〈경성소패〉가 '케이죠'의 핵심부를 새긴 단편적 지도라면, 총 32매의 엽서에 100개의 이미지와 40여 편의 노래를 함께 아우른 《경성백경》은 종합적 지리지라고 말이다. 이후 경성 지리지에 대한 독도법이 제국과 식민지의 권력 관계가 얽히고설킨 문화정치적인 그물망의 식민주의적 이념과 담론 구조를 살펴보는 방식으로 진행돼야 하는 이유다. 이에 대한 하나의 사례로 〈경성소패〉와 《경성백경》 속의 주요한 장소와 볼거리들이 각종 관광안내도에서는 어떤 방식으로 소개, 배치되고 있는지를 살펴본다.

가장 번화한 경성의 남촌 일대를 주유하는 장면이 인상 깊은 박태원의 〈소설가 구보 씨의 일일〉(1934)이나 김남천의 《사랑의 수족관》(1940)을 보면, 당대 시민과 관광객의 발 노릇을 감당한 것은 역시나 전차와 버스였다. 버스와 전차는, 첫째, 출발지나 목적지에 비교적 가까운 위치에서 승

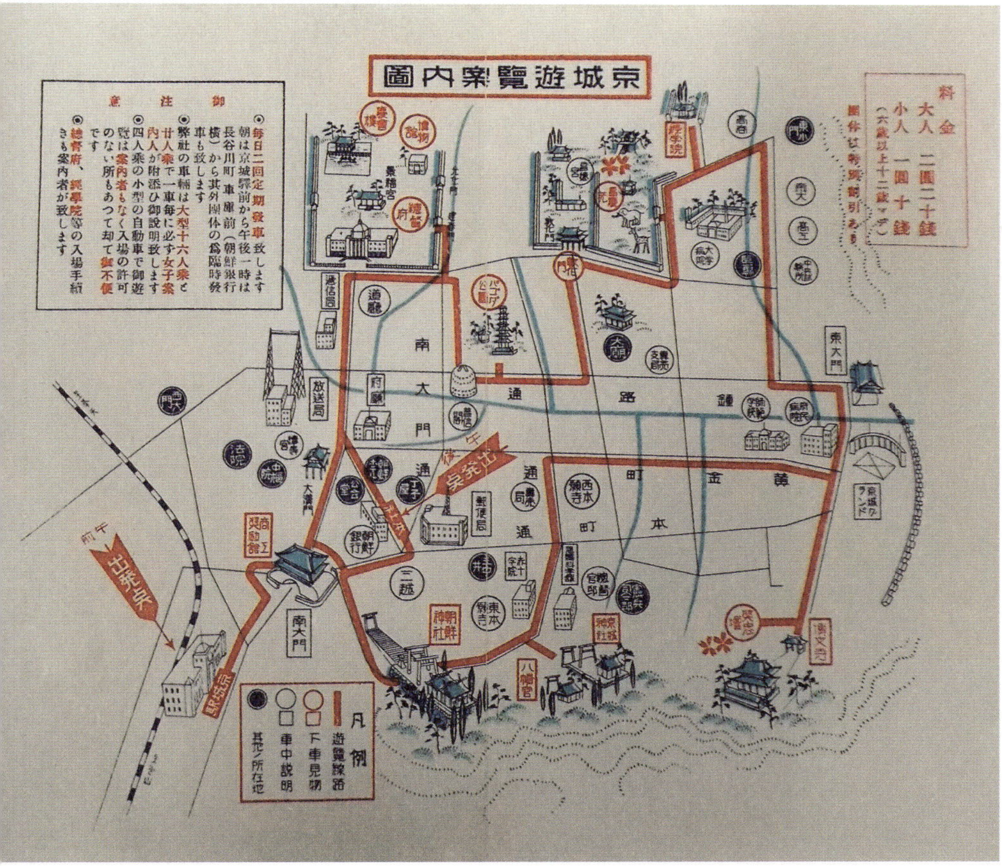

그림 5 경성 자동차유람버스의 경성유람안내도 (서울역사박물관)

하차가 가능했고, 둘째, 짧은 구간의 이동에 편리했으며, 셋째, 창밖의 도시공간과 시민들의 일상생활을 여유롭고 편안하게 바라볼 수 있는 문명의 이기였다.

그러한 이점을 충분히 살려 일본 본토와 조선 지방에서 방문한 관광객들에게 최대한의 편의와 감탄을 제공한 것이 여러 종류의 관광용 '유람버스'였다. 〈경성유람안내도〉(그림 5)의 건물과 장소 그림, 그곳을 통과하는 붉은 노선도에 안내된 대로, 식민도시 경성의 8대 명소는 경성역, 경성부청, 조선총독부, 동·식물원, 경성운동장, 남산공원과 조선신궁, 남대문통과 본정통, 용산과 한강 일대였다. 하지만 유의할 것은 '일본적인 것' 중심의 8대 명소는 '조선적인 것'으로서 남대문, 덕수궁, 경복궁, 창경궁과 창덕궁, 동대문, 한양공원, 남대문, 남묘 등과 거의 정확한 1대 1의 대칭 구조를 이루고 있다는 사실이다.[19] 독자의 짐작대로, 경성 명소에 전략적으로 각인된 듯한 제국과 식민지의 대칭 구조는 〈경성소패〉들과 《경성백경》 속 피사체 및 공간 구조의 그것이기도 하다.

이러한 상황은 시민이나 관광객들이 '경성안내도'니 《경성백경》이니를 손에 쥐고 거리를 울리는 〈경성소패〉를 느긋하게 들은 뒤 전차와 버스에 올라 창밖을 조용히 응시하거나, 다시 시내 명소에 내려 즐겁게 유람할 수 있는 관광 코스가 적절하게 안내되고 제공되었음을 뜻한다. 여기서 발생하는 문화정치학적 효과는 다음 현상에 뚜렷하다. 경성 명소의 양가적 서열화와 계급화에 발맞춘 '일본적인 것'의 숭고화와 '조선적인 것'의 저속화가 그것이다.

이와 같은 부정성은 제국과 식민지를 망라한 누군가들의 반성과 개선의 노력이 없는 한, 시인 오장환이 〈수부首府〉(1936)에서 목 놓아 절규했던 "위조화폐"의 불행과 "퇴폐한 절망"을 결코 면치 못할 것이었다. "시체가 타오르는 타오르는 끄름은 맑은 하늘을 어지러놓으며", "밤이면 더더더욱 열란熱亂키를 바라는" "비만한 상가, 비만한 건물, 휘황한 등불"들은 식민도시 경성을 "한낱 화농된 오점"으로 거침없이 "숙란하여 가는" 그런 상황 말이다.

'화농된 전통'의 계산된 점유 또는 거리두기

사진엽서 《경성백경》에서 경성의 비만한 식민성과 열란한 근대성만을 읽어내고자 한다면 명랑한 기대와는 달리 곤혹스러운 낭패에 빠질 가능성이 크다. 먹을 것과 즐길 것 중심의 퇴폐적 유흥과 성애로 이끄느라 바쁜 여행안내서 《대경성》 등과 달리 《경성백경》은 본국 도쿄에 방불한 식민지 경성의 산뜻한 풍모와 은은한 노래에 집중되어 있는 까닭이다.

하지만 이 때문에라도 우리는 《경성백경》 속 사진과 노래의 현란한 첨단성과 심미성에 대해 더욱 신중하게 반응하고 더욱 조심스럽게 해석해

그림 6 경성역

야 한다. 식민지의 입장에서 본다면, 제국의 식민주의로 무장한 그 기술적·예술적 특성을 통해 경성-케이죠의 열등성과 후진성, 다시 말해 '가짜'의 불행과 '뒤쫓음'의 절망이 더욱 깊어지고 넓어지기 때문이다. 이 부정적 현상은 일제가 서울 본래의 공간적·지리적 중심성을 그대로 이어받아 '케이죠-경성'이라는 식민지배와 통치에 가장 효율적인 공간으로 재조직하는 '장소 전용'의 전형적 사례였기에 오히려 정해진 수순에 가까웠다.[20] 그 장소 전용의 면면은 3년여의 공사 끝에 1925년 9월 조선반도의 출입구로 완성된 경성역을 소개하는 사진엽서와 그 전신인 남대문역과 그 일대를 취재한 신문기사의 차이점에서 또렷이 확인된다.

> 기차의 창에 기대어 잠깐 졸던 꿈에서 깨어나니, 홀연히 펼쳐지는 세계! 그곳에는 매우 훌륭한 도시계획 도로가 사방팔방으로 뻗었고, 당당한 유럽풍 건물이 하늘 높이 즐비하게 솟았으니, 역시 대륙 반도의 수도 경성의 풍모에 화들짝 놀랐습니다. 지금 이 수도의 대현관 경성역두에 서 있으니, 대합실과 오버-브릿지over-bridge를 같은 높이에 설치한 르네상스식 구조미에, 경이로운 느낌이 더욱 깊어진다는, 첫 소식을 우선…….
>
> -〈경성역〉

새로 문을 연 경성역은 '조선반도의 대현관'으로, 나아가 도쿄와 만주와 유럽을 잇는 정치·문화·외교의 교차점으로 자랑되곤 했다. "유럽풍"이니 "오버-브릿지"니 "르네상스식"이니 하는 박래의 "구조미"는, 속된 말로 '신삥新品' 경성역에 대한 예찬에서 빠짐없이 뒤따르는 전형적 수사였다. 이에 반해 이전의 수도 현관 남대문역은 잡초가 웃자란 "공터가 많고 게딱지 같은 집"[21]들로 둘러싸인 옹색하고 삭막한 공간에 지나지 않았다. 그런 만큼 새로 개변된 첨단의 경성역은 적어도 표면적 이미지만큼은 거칠 것 없는 사통팔달의 기차역이자 세계에 자랑할 만한 식민 조선의 상징적 공간으로 선전되고 실감되기에 충분했다.

그러나 대조적인 신구 형상을 빌미로 남대문역과 경성역에서 함께 공유될 만한 가치체계가 거의 없을 것으로 미리 단정 지을 필요는 없다. 두 공간은, 정교하게 계산된 출도착의 열차시간표나 그것을 정확하게 고지하는 역사 내외부의 커다란 시계가 지시하듯이, "규율 바른 시간"의 문명성과 필요성, '시간 엄수'의 윤리성과 효율성을 엄중히 훈육하는 "조선 사람에 대한 문명적 지도자"[22]의 다른 이름이었기 때문이다. 만약 근대의 시계가 지시하고 재촉했던 문화적 계몽과 근대적 갱생이 엽서 속 갓 쓰고 도포 입은 노인, 바꿔 말해 아직도 무지몽매한 현실에 놓여 있는 조선의 '요보'들에게 주어졌다면 "홀연히 펼쳐지는 신세계"는 더욱 경이롭고 행복한 시공간이었을지도 모른다.

하지만 불행하게도 경성역은 일제 주도의 "근대적 시간이 지배하는 시간 제국의 식민지"[23]로 조선을 개척하고 지배하는 데 필요한 교두보로 징발되느라 바빴다. 가령 일본-조선-만주(국)을 오가며 대개의 일본인과 어떤 조선인들이 함께 불렀을 〈조선철도창가〉 일 절은 일제의 식민지 경영에서 파생한 경성역 특유의 엇박자 리듬과 분열된 이미지를 가감 없이 들려주고 비춰준다. 예시한 노래는 총12절의 〈조선철도창가〉 1절과 11절로, 조선 심상소학교 5학년용 《초등창가》(조선총독부, 1941)에 실렸다. 집단적 가창이 어울리는 행진곡풍의 이 노래에서는 부산에서 경성까지 경부선 일대의 자연 풍광과 특산품, 전통 유적과 현대 문물이 명랑한 목소리와 밝은 색깔로 다채롭게 소개되고 있다. 조선 학생용 창가라지만, 노랫말 속 화자의 시선과 목소리는 일본인의 그것으로 읽혀 무방한지라 재조 일본 학생들에게도 익숙한 노래였을 것으로 짐작된다.

1) 흥아興亞 일본 새벽녘에
대륙을 향하네 쏜살같이

희망 싣고 질주하네
광채도 찬란한 경부선

11) 조선신궁 참배하네
천황의 위광 받드는 신궁의 기둥
창경원과 덕수궁
돌계단, 담쟁이덩굴 푸르구나

- 〈조선철도창가〉 부분

경성역, 아니 '케이죠에키'는 물리적 위치만 한반도일 뿐, 그것이 추구하는 가치와 목표는 천황체제의 '일본적인 것'에서 조금도 벗어나지 않는다. '신내지'로 불리던 신흥 조선의 면면이 명랑하게 재현된 장면인데, 경성역 개장의 연원은 그 까닭을 맞춤하게 짚어준다. '가교'니 '대현관'이니 하는 현란한 수사가 암시하듯이, 경성역은 조선인과 일본인 이용객들의 편의와 안전보다는 제국의 안정적인 식민통치와 강력한 권위 상승에 일차적인 목표를 두고 문을 열었다. 이런 사실은 첫째, 경성역이 1925년 10월 완공된 조선신궁에 바쳐질 일제 천황가의 신물 이송에 맞춰 개장되었으며, 둘째, 1926년 1월 경복궁 일부를 허물고 건축된 조선총독부가 남대문로를 통해 경성역과 곧바로 연결되도록 계획된 사례들에서 충실히 확인된다.

벌써 100여 년 가까이 흐른 이 장면들에서 제국을 상징하는 경성역-조선신궁-조선총독부라는 삼각 구도의 건축물이 식민 수도 경성의 중심부를 빈틈없이 점유해갔음이 뚜렷하게 드러난다. 또한 500년 이상 "왕조 권력과 결부되어 형성되어 있던 (한양의-인용자) 전통적 장소성"[24]이 마침내 해체되었음을 눈앞의 현실로 추체험한다. 저 '일본적인 것'의 삼각 공간은 특히 조선인에게 식민 수도의 소외성과 비인간성에 따른 '장소 상실', 곧 고향이나 자연 등 특정한 장소에서 느끼곤 하던 고유한 경험과 익숙한

그림 7 경성역 · 용산역 · 경성역에서 바라본 남대문통

감각을 빼앗기거나 잃게 되는 '무장소성'[25]의 경험을 지속적으로 강제하게 될 것이었다.

> 우) 한양의 옛날이 그리워
> 영겁의 번영 간직한 도시……
>
> 좌) 고향이라 아득한 고려 땅에서
> 여름도 서러운 불여귀
>
> 하) 산에 불이 나면 어디로 가야하나
> 진주 남강에 물 길러[26]
>
> –〈경성역 · 용산역 · 경성역에서 바라본 남대문통〉

경부선과 경의선 시발역인 경성역과 용산역, 경성역에서 남대문통 일대를 바라본 풍광을 담은 《경성백경》 한 편에 실린 노래들이다. "영겁의 번영"을 제외하고는 구슬픈 가락과 측은한 정경이 울울하다. 경성의 영화와 번영을 노래한 신민요 〈경성소패〉와 달리, 또 근대적 건축물의 세련미와 달리, 과거 지향의 퇴영적 시선과 우울한 서정이 압도적인 까닭이다. 게다가 일본인 화자의 내면이 노래 된 좌), 우)의 와카 곁에 두 신축 역사에 전혀 어울리지 않는 조선민요 하)를 번역하여 배치했다. 시가에 대한 취미라기엔 몰상식하며, '조선 애호'의 표시라기엔 괴이쩍은 모습인 것이다.

식민 담론의 중요한 특징은 식민지(인)의 타자성을 이데올로기적으로 구성할 때 '고착성'의 개념에 적잖이 의존한다는 것이다. 이때의 고착성은 "엄격성과 불변의 질서라는 의미뿐만 아니라, 무질서·퇴화·악마적 반복"이라는 심상지리를 확대 재생산한다는 점에서 문제적이며 폭력적이다.[27] 이에 따른다면, 일제의 고착된 시선과 목소리는, 먼저 신축 역사의 경우 그들에게 미래를 저당 잡힌 조선에 대한 식민주의적 '점유'를 의미할 듯싶다. 다음으로 과거 지향의 실향감과 맥락 없는 지방성에 대한 호출의 경우 황량한 조선에 맞선 의식적인 '거리 두기'를 뜻할 듯싶다. 잘 알려진 대로, 제국주의는 식민지 '원주민'을 '점유'하여 그들의 문명개화와 발전을 유인했다. 그렇지만 제국과 식민지의 완전한 동일화를 결코 허락하지 않는 '거리 두기'도 동시에 함께 수행했다.[28]

이러한 양가성의 전략은 경성역과 용산역이 함께 담긴 사진엽서(그림 7)의 이미지와 노래에도 어김없이 적용되고 있다. 과연 일제는 식민통치의 정당성으로 내세운 조선의 오랜 타율성과 정체성을 더욱 강화하기 위해 사진과 문자, 이미지와 노래를 같은 내용과 이념으로 함부로 통합하지 않았다. 오히려 신식의 경성역과 용산역을 실재의 건축과 사진으로 점유하면서도, 동시에 조선민요를 빌려 자신들의 충만한 문명과 그것이 여전히 결여된 조선의 '요보'들을 거리화 했다. 요컨대 통합 속의 분리를 통해 일제의 문명은 더욱 빛나고 식민지 조선의 결핍은 훨씬 짙어지는 비교로

그림 8 덕수궁 중화전 · 이왕가미술관 · 정원 · 석조전(《경성대신관》)

서의 차별을 식민주의적 통치술의 하나로 적극 활용했던 것이다.

그런데 식민주의 특유의 '고착성', 즉 식민지의 열등성과 후진성을 피할 수 없는 것으로 확증하려는 시선과 태도만을 톺아낸다면 다음의 질문을 피하기 어려울 듯하다. 하나, 왕도 500년을 상징하는 궁궐 중심의 조선 전통문화에 대한 애호증을 어떻게 바라보고 해석할 것인가. 둘, 동양 공통의 권위적 · 심미적인 지배문화에 대한 인정과 존중으로 가치화할 여지는 없는가. 이에 답하기 위해 궁궐의 아름다움에 주목하되 그것을 내면화하고 표현하는 방식이 서로 다른 두 장의 사진엽서를 보자.

1) 문득 찾아드는 슬픔 때문일까 철새
가슴 찢을 듯이 공중에서 우네
– 〈덕수궁 중화전 · 이왕가미술관 · 정원 · 석조전〉

그림 9 창덕궁 돈화문: 화려함의 극치(《관광의 경성》)

> 2) 창덕궁의 정문으로 조선 옛 건축미의 정수를
> 모아 세워 화려함의 극치를 자랑한다.
> – 〈창덕궁 돈화문 : 화려함의 극치〉

덕수궁 엽서는 그곳에 앞서거니 뒤서거니 자리 잡은 전통의 궁궐과 정원, 근대의 미술관과 석조전을 균형감 있게 조형하고 있다. 중간부에 위치한 노래는 덕수궁의 주인 고종과 순종 황제의 비극적 생애와 거기 흘려진 백성들의 눈물을 떠올리게 하는 바 그 나름의 운치가 있다. 하지만 그곳에서 벌어진 두 황제의 권위와 명예의 종언, 아니 조선왕조의 패망이 일제 및 조선의 협력자들에 의해 주도되었다는 점에서 일본인 화자의 슬픔은 어딘가 구차스럽고 이율배반적이다.

이에 비한다면, 창덕궁 돈화문에 대한 감탄 어린 해설은, 그들이 채취한 건축 구도의 웅장함이나 건물 외면의 아름다움만을 보더라도 이국 문화에 대한 감동과 존중을 적절히 표현하고 있다는 느낌을 준다. 그러나 돈화문 사진에서 각별히 유의할 사항이 하나 있다. 조금만 주의하면 눈에 바로 와 닿는 장면인데, 돈화문 중앙에 좌우로 내걸린 일장기가 그것이다. 흰빛 위로 불타는 태양 둘은 조선의 지배와 통치를 상징하는 의미 정도로 그치지 않는다. 제국기의 게양은 조선왕조의 창덕궁이 일제 문화주의에 대한 선전물로 어떻게 활용되는가를 은밀하되 유감없이 보여준다.

일제가 시행한 여러 궁궐의 공원화, 다시 말해 조선왕조의 전통적 상징 공간이자 생활 현장이 대중에게 개방되고 전시되었다는 사실은 무엇을 뜻할까. 누군가의 지적처럼, 조선 궁궐의 공원화는 조선 문화의 야만적 억압과 무분별한 파괴만을 뜻하지 않는다. 어떤 측면에서는 "조선인들의 민족 감정에 대해 고려하면서 동화주의 정책에 대한 자발적 협조를 이끌어내기 위한 전략적 고려"[29]로도 읽힐 수 있다. 그렇지라도 다음과 같은 식민주의적 전략을 무심히 지나칠 수는 없다. 첫째, 궁궐은 '임금'이라는 절대 권력의 권위와 명예를 상징하는 신성한 공간에서 '상놈'일지라도 약간의 돈과 관광 욕구만 있다면 제 맘대로 드나들 수 있는 문화소비의 공간으로 재탄생되었다. 둘째, 권력 공간의 대중화와 공원화, 곧 궁궐의 너른 공간을 산보하며 고급한 전각들을 차분하게 관람하는 삶의 여유와 문화적 향유의 진정한 제공자는 다른 누구도 아닌 근대 천황제 아래의 일본제국이다. 요컨대 일제는 조선왕조의 절대적인 권력 공간을 대중 일반의 관광지로 개방, 아니 감금시킴으로써 이중의 효과를 얻었다. 하나는 식민권력의 공적 성격과 선한 통치를 입체적으로 명시하는 것이다. 다른 하나는 일장기 게양이 암시하듯이, 몰락한 왕조를 애도하는 듯하지만 결국은 조소와 비하의 형국으로 몰아가는 식민주의적 지배 효과의 창출이다.

이처럼 주도면밀한 식민주의의 통치 전략은 식민지 조선 대상의 문화정치학적 영향력에서도 만만찮은 효과를 거두는 것으로 이해된다. 이를테면 두 엽서 모두 아름다운 궁궐을 담고 있다. 하지만 한쪽에서는 덕수궁을 향한 슬픔과 비애가, 다른 한쪽에서는 돈화문을 향한 긍지와 자랑이 토로되고 있다. 이렇듯 상반된 모습은 동일한 성격의 상징공간에 대해 서로 모순적인 정서를 발현하는 기이한 풍경으로 다가든다. 하지만 일본인의 조선 관광 붐과 본격적으로 달아오르던 식민도시의 소비문화를 함께 떠올리면, 한쪽의 슬픔과 다른 한쪽의 명랑함은 오히려 합리적으로 느껴질 법한 심리적 반응이자 정서적 조응으로 판단되기도 한다.

어째서 그런가. 일제 문화자본의 식민지 조선에 대한 사진엽서는 거듭 강조하지만 친밀감의 교통만을 목표하지 않았다. 그것은 오히려 '신내지'로 통합된 식민지 조선의 자연과 역사, 문화와 일상을 오욕의 시선과 수렴의 태도로 재현하기 위한 시각적·촉각적 장치로 활용되었다. 오욕의 시선과 수렴의 태도는 앞서 말한 '거리 두기'와 '점유'의 전략과 마찬가지로 결국은 식민 권력이 의도하는 식민지 유형의 창출 및 유지와 관련될 수밖에 없다.

그 식민성과 이데올로기성을 당대 투어리즘의 활성화에 얹은 것이, 또 식민도시가 제공하는 소비문화의 주요한 소재로서 상품화 논리에 부응한 것이, 일제의 전통적인 조선 문화에 대한 재발견과 재평가의 움직임일 것이다. 하지만 덕수궁과 창덕궁에 투사된 슬픔과 애도, 자랑과 명랑으로 표상된 식민주의의 양가성으로 볼 때 일제의 조선 문화에 대한 관심과 배려는 여러모로 제한적일 수밖에 없었다. '조선적인 것'은, 식민지(인) 대상의 잘 짜인 예속적 문화정책의 시행, 그를 통한 '내선융화'의 효율적 추진 등이 주된 목표로 설정되는 그 한계가 분명했다. '일본적인 것'을 더욱 빛내거나 어떤 빈틈을 메꾸는 도구적·부차적 쓰임새를 면치 못하는 불우한 운명이 그것이었다.

'비만한 근대'의 확장, '조선적인 것'의 축소

식민 자본이 "현란을 극한" 본정통과 남대문통, 명치정과 황금정 일대에서 사람들이 모두 "네 활개를 펴고 닭처럼 푸드덕거리는 것 같고 온갖 유리와 강철과 대리석과 지폐와 잉크가 부글부글 끓고 수선을 떨고 하는 것 같은" 이상한 가역반응을 꿰뚫어 본 것은 《날개》(1936)의 이상이었다. 그 일대를 주유하며 〈소설가 구보 씨의 일일〉(1934)을 써냈던 박태원은 "그들의 얼굴에, 걸음걸이에 역시 피로가 있었고", "그들은 결코 위안받지 못한 슬픔을, 고달픔을 그대로 지니고" 있음을 예민하고 내밀한 글쓰기의

그림 10 남대문통(상) · 본정통(좌) · 황금정통

촉수로 잡아냈더랬다.

자의식과 비판정신 충만한, '모·뽀'(모던보이)로서의 소설가 이상과 구보가 서 있는 식민의 회색지대를 성격 짓는다면, "문명의 위광을 과시하는 제국의 스펙터클이 상연되는 극장"이나 "인종 차별적 양극화의 처절한 드라마가 양산되는 비극적 삶의 무대"[30] 정도가 될 것이다. 이 불행한 현실은 그러나 물질과 정신 모두에서, 박태원의 《천변풍경》(1938)을 빌린다면, "종말 없는 비극", 다시 말해 "앞길에 눈곱만한 행복이 있을 듯싶지"도 않은 소외상황에 함부로 던져진 식민지 조선의 '요보' 또는 '토인'들에게나 어울릴 법한 삶의 조건이자 환경이었을 따름이다. 하지만 그랬으므로 '비만한 근대'의 주도자이자 수혜자로서 제국인들은 식민 수부의 스펙터클한 광장을 더욱 빛내는 정오의 휘황한 태양과 한밤의 찬연한 불빛마저 아래의 노래처럼 거리화 하고 점유할 줄 알았다.

> 우) 산산이 무너진 성벽 위에 연鳶줄
> 　　무성하다 바라보면 이곳이다 슬픔도
>
> 좌) 휴식의 밤 폐허는 나중에도 없을 것이네
> 　　옅은 불빛이 풀잎에 빛나네
>
> 　　- 〈남대문통 · 본정통 · 황금정통〉

예나 지금이나 명동과 충무로 일대(그림 10)는 최첨단의 유행과 소비문화를 조직하고 확장하는, 또 그럼으로써 거기서 소외된 피식민 민중의 불행과 불만을 양산하는 자본 생산과 소비의 양가적 지대로 기능한다. 이를 감안하면, "휴식의 밤"조차 "폐허는 나중에도 없을 것"이라는 '대경성'을 향한 제국의 자본과 소비 주권자들의 호기로운 자부심은 실체 없는 구호성과도 같은 허무맹랑한 자신감을 가뿐히 넘어선다.

그렇다면 자본과 소비의 광장에서 '슬픔'을 맛보는 태도는 무엇이란 말인가? 또 다른 엽서 〈조선은행 앞 대광장·우편국과 미쓰코시〉(《경성백경》)에 실린 노래 "길가에 모여든 귀뚜라미 떠들썩하니 / 사라진 것들 그리워진달까나"와 "여름 풀잎 입에 대는 순간은 / 내 마음의 조심스러움(부끄러움)일까나"에 보이는 화려한 자본의 내습과 확장에 대한 윤리적 성찰 혹은 비판적 저항의 태도로 읽어도 좋을까. 화자를 제국의 자본과 명예에서 소외된 아웃사이더나 방관자적 구경꾼으로 가정한다면, 저 회고의 시선은 얼마든지 상상 가능한 예외적 시선의 발현으로 간주될 수 있다. 그렇지만 그것은 제국인의 가슴 먹먹한 멜랑콜리일 수는 있어도, 식민지를 향한 연민이나 동정심에는 대체로 미달한다는 느낌이다.

화자는 경성의 무너진 성벽에 무성하게 걸린 연줄에서 느꼈던 '슬픔'을 일본 본토의 근대화·도시화 과정에서 벌써 경험했을 가능성이 크다. 이 지점은 두 가지 면에서 문제적이다. 첫째, 전통 단절 혹은 파괴의 유사성이 그것에 얽힌 슬픔을 공유하게 만든다. 둘째, 폐허 위에 건축된 제국과 식민지의 근대성을 냉혹하게 견주도록 이끌기도 한다. 이를 감안하면, 근대의 불빛을 건네는 제국인과 그것을 전해 받는 식민지인 사이의 '성벽 위 연줄'에 대한 '슬픔'은 자의든 타의든 동일성(균질성)보다는 차별성(후진성)의 영역에 던져질 가능성이 훨씬 농후할 것으로 생각된다.

이런 장면을 상상해본다면, 아니 오래전 증빙된 역사적 사실을 '지금 여기'로 소환해 본다면 어떨까. 성벽과 그 위의 아이들을 쫓아낸 도쿄와 경성의 폐허 지대는 누가 차지했을까. 답은 명쾌하다. 근대인으로 변모한 대중의 편의와 산업의 근대화를 더욱 가속하기 위해 도시 곳곳을 연결하는 아스팔트 도로와 전차 노선, 그것들을 따라, 또한 가정의 불빛을 밝히기 위해 설치된 전신주 및 전선이 새로운 주인으로 들어섰다.

문명화의 동시성은 그러나 제국과 식민지의 정치적·경제적 우열에 따라 원본과 모조품으로, 지도자와 학습자로 일본과 조선을 차별적으로 구획하고 체계적으로 서열화하였다. 여기서 조선의 전신주와 그것을 타고

그림 11 한강 발전소 · 한강인도교 · 한강철교

그림 12 태평통 · 총독부 첨탑 · 총독 관저 · 관저 정문

흐르는 전선줄이 조선 원래의 연줄과 달리 언제고 박래한 '짝퉁', 오장환의 〈수부〉를 빌리자면, "메인스트리트 한낮을 속이는 숙난한 메인스트리트"의 부속품으로 소외되는 환경이 빈틈없이 조성되고야 만다. 이 때문에 일본 화자의 '슬픔'이 조선이란 주변성과 결부되는 순간 자국의 선진성과 우월성을 더불어 떠올리는 식민주의적 기억과 감각의 매개로 작동했을지도 모른다는 판단이 가능해진다.

이상의 정황을 참조한다면, 다음 사진엽서들은 어떻게 이해되고 분석될 수 있을까. 한 편은 일본과 조선 공히 근대문명의 상징으로 내세웠던 한강철교와 인도교, 당인리 발전소(그림 11)를, 다른 한 편은 식민지배의 본산 조선총독부와 총독 관저(그림 12)를 담았다. 이들 엽서의 교량과 발전소,

건축물에는 일제의 거대 자본과 첨단의 기술 문명이 오롯이 담겨 있다. 하지만 그에 못지않게 오랜 세월 제자리를 지킬 천황 치세의 천추불후千秋不朽를 자랑하고 기억케 하려는 식민 권력의 의도가 더욱 강렬하게 느껴진다. 제국이 생산하는 문명의 광휘와 권위의 확장은 식민지의 발전 가능성보다는 식민 모국의 선진성과 위대성을 먼저 각인시키는 환경을 조성한다. 이와 같은 우승열패의 체계화와 구조화는 '내선융화' 구호와는 다르게 일본과 조선을 '일등 신민'과 '이등 국민'으로 더욱 분열시키고 둘의 내면에 지울 수 없는 균열의 그림자를 덧칠하기 마련이었다.

그런데 두 엽서 속의 노래 한 편씩을 마주 세워 놓자니 예상 밖의 효과가 발생하는 듯하다. 우승열패의 길을 끊임없이 확장하는 제국의 식민지 '점유'와 '거리 두기'라는 의도된 균열과 차별의 면면이 기이하게 봉합되는 듯한 현상이 그것이다.

1) 찬 안개는 십 리에 걸쳐 평원을 잠궜고
황혼녘 하늘 황량한 곳곳마다 마을이라
한강물 마르려 하고 가을 경치 다해가니
모랫벌과 기러기 달빛에 비치는 황혼
– 〈한강 발전소 · 한강인도교 · 한강철교〉[31]

2) 정원에 꽃 심으니 그 꽃 끄트머리도
담장 너머 뻗은 이파리도 무성하다
오늘도 길을 가는 사람들
꽃에 마음을 빼앗겨 해가 지네
– 〈태평통 · 총독부 첨탑 · 총독 관저 · 관저 정문〉[32]

1)의 한시漢詩에서 제국 증여의 첨단 문명은 접어두고 유구한 세월을 흘러온 한강 변의 쓸쓸한 가을 풍취를 노래한 이는 누구일까. 정답은 이

토 히로부미이다. 조선통감부의 수장이었던 그는 조선과 일본을 오가기 위해, 또 순종의 수차례 영토 순행을 보좌(≒감시)하기 위해 선진 일본의 자본과 기술, 조선 '요보'='토인'들의 노동력이 함께 투입되어 건설된 한강 철교를 셀 수 없을 정도로 건너다녔을 것이다. 그러니 이토의 한시는 이국 정취에 대한 몰입과 감흥을 훌쩍 넘어서서, 한강에 대한 익숙한 경험과 정겨운 인상을 일상의 감각으로 노래한 것으로 이해된다. 사진엽서 제작자는 이토의 한시를 수시로 암송하고 환기함으로써 그의 조선에 대한 미적 감각과 정서를 자기화하려 했던 것인지도 모른다.

하지만 그렇다고 이토의 음률이 한강 변 자연풍경의 감상과 내면화에 멈춰서 있다고 예단하면 크나큰 오산이다. 왕조의 전근대적 수도 한양의 몰락과 식민 수도 경성의 번화가 동시에 암시하듯이, 그의 한시 속에는 천황가의 보호 아래 황국의 영토와 신민으로 재편되어가는 식민지 조선에 대한 기대와 희망이 알게 모르게 담겨 있다. 그의 후예들이 조선 정복의 실질적 성취자였던 이토의 한시를 끊임없이 암송하는 의미가 결코 간단하지 않은 이유다. 그들의 이토 한시에 대한 현재적 기억과 호명은 적어도 다음 두 가지 의미를 포괄하는 심리적·심미적 행위에 해당된다. 하나는 일본의 풍요롭고 찬연한 힘에 대한 굳건한 신뢰를 다지기 위함이다. 다른 하나는 식민 권력에 의해 하루속히 개척되어야 할 조선에 대한 계몽과 점유의 정당성을 호소하고 강화하기 위함이다.

2)의 노래는 김소운이 일본어로 번역한 조선민요[33]이다. 그가 일본에서 펴낸 《언문조선구전민요집》(1933)에서 조선어 원본을 찾아보았으나 가사가 일치되는 민요가 안 보여 아쉬움이 큰 작품이다. 식민 권력의 건물로 가득한 해당 엽서에 식민지 민요는 무슨 까닭으로 인용되었을까. 제국주의는 이국 정서를 충족하거나 타문화에 대한 호기심을 해소하기 위해서만 식민지 문화를 점유·모방하지 않는다. 오히려 그것들을 자신의 것으로 동일화함으로써 호미 바바의 말처럼 '우리 것인 동시에 타자의

것인 활동의 형식들'을 창안하고 요구하기 위해 전략적으로 포용하곤 한다. 이 전략은 인용의 조선민요와 잘 어울리거나 그 의도에 적절하게 부응하고 있는가.

조선총독부나 총독 관저에 꽃을 심고 즐긴다거나 "등롱에 촛불을 가득 밝혀 들고" 찾아오는 이들은 아무래도 조선과 본토의 일본인 주재자거나 여행객일 가능성이 크다. 애국심 넘치는 일본인의 심미적 행위를 조선민요에 담아 드러낸다는 것은 무엇을 뜻할까. 추측컨대, 일본인 특유의 충군애국의 정서와 담론을 조선인도 똑같이 수행해야 한다는 문화적 규율과 정서적 실천에 대한 요구이지 않을까.

물론 식민통치에 대한 조선인의 자발적 동의와 참여를 목적한다면, 어떤 사진엽서들에서처럼 조선어 표기에 일본어 루비를 다는 방식으로 언어의 리터러시literacy를 충실히 보장하는 것이 더욱 현명한 선택일 터이다. 그러나 조선민요의 역할은 조선인의 황국신민화에 대한 독려로 멈춰서는 안 되었다. 제국의 식민지 탐방 혹은 정복을 다룬 문예물이나 영상자료들이 증거하듯이, "눈부신 운명을 향해 나가는 제국의 증거라 할 수 있는 평정된 이미지"[34]를 제국과 식민지에 두루 흩뿌려야 했다. 조선민요의 일본어화는 '평정된 이미지'를 대표하는 언어 전략의 하나였다. 덧붙인다면, 조선의 자연풍경 및 문화유적과 대비되는 조선총독부와 총독 관저(그림 12), 한강 발전소와 한강철교(그림 11) 사진도 일제의 식민 권력에 의한 식민지 조선의 평정을 재현하는 대표적 이미지이다. 어쩌면 일제는 이와 같은 문자와 이미지의 평정을 통해 일본-주인과 조선-노예의 구별 짓기와 거리 두기가 더욱 확실하게 드러나고 유지되기를 기대했을지도 모른다.

이러한 식민주의적 전략과 구도 아래에서라면, '경성신사' 하나만을 최상단에 배치한 후 나머지 사진과 노래 모두를 '조선적인 것'으로 무심한 듯 나열한 사진엽서(그림 13)의 의도가 뜻밖에도 새롭게 읽힌다. 남산에 위치한 경성신사는 제1 지위의 관폐신사官弊神社 조선신궁과 더불어 식민 수부 경성의 종교시설을 대표하는 제2 지위의 국폐소사國幣小社였다. 조선 각지에 설치된 신사는 현인신 천황가와 일제에 대한 충군애국의 지도와 실천, 1930년 후반 신사참배 강요에 기입된 바 황국신민화와 내선일체의 추구와 진작에 일차적인 목표를 두었다.

그림 13 경성신사 · 교외 청량리 · 조계사 · 북한산성

이를 참조한다면, 경성신사 아래의 청량리, 조계사,[35] 북한산성 이미지는 세 가지 정도의 의미를 갖는다. 첫째, 방문해볼 만한 관광 명소로서 경성 이곳저곳의 소개이다. 둘째, '일본적인 것'과 '조선적인 것'의 서열화와 차별화이다. 셋째, 천황체제 아래 '국가신도'의 종교적 역할과 의무, 곧 천황의 은뢰로 식민의 땅 경성과 조선을 갸륵하게 보호하고 통치하겠다는 의욕의 표현이다.

상) 문경새재 박달나무
다다미 방망이로 다 나간다
아리랑 아리랑 아라리요
아리랑 띄여라 노다가게

중) 자그마한 개구리가 힘껏 껴안으니
아주 대단한 일이 생겨났다

하) 길은 멀고 석양도 저물어
말고삐 쥔 님은 훌쩍거리며 운다
아리랑 아리랑 아라리가 났네
넘어가세 아리랑고개까지

– 〈경성신사 · 교외 청량리 · 조계사 · 북한산성〉

경성 풍경과 함께 실린 〈아리랑〉 두 편과 동요 한 편이다. 이 노래들은 이상의 식민주의적 책략과 어떻게 연동되는가. 엄밀하게 말해 신민요로서 〈아리랑〉은 그 유흥성과 방탕성, 지나친 색정과 성적 표현 때문에 종종 검열과 금지의 대상으로 감시·억압되었다. 하지만 나운규의 무성영화 〈아리랑〉 상영을 계기로 현재 우리도 합창해마지않는 주제곡 〈아리랑〉은 '민족의 소리'와 '저항의 소리'로 가치화되어 금지곡 목록을 때때로 장식하기도 했다.

그럼에도 일제와 그 문화자본의 조선민요에 대한 관심과 흥미는 왜 중단 없이 지속되고 나날이 강화되었던가. 우선은 식민지의 민요 조사와 채집, 자료집과 악곡 발간 등의 일련의 행위가 더욱 효율적인 식민통치를 시정 자료의 확보 및 조선인의 본성과 정서 파악에 도움이 되었기 때문이다. 이를테면 "진실한 조선을 알기 위해서는 반드시 이 나라 민족의 민족성을 알지 않으면 안 된다. 소박한 민중의 시대적 심리를 여실히 표현하는 민요에서 민족성을 엿보는 것은 가장 유력한 자료가 될 것이다"라는, 재조 일본인 중심의 조선민요 채집자와 연구자들이 결성한 《신진眞人》 동인의 주장을 들어보라.[36] 이들의 저술과 논문 곳곳에는 조선민요에 대한 애호와 동경의 말이 아름답게 박혀 있다. 하층민의 조선민요는 중국문화에 오염되고 속박된 상층문화와 달리 소박·솔직·야생의 원시성과 건강성이 넘쳐난다는 판단 때문이다. 하지만 그들은 결국 조선의 민족적·문화적 단점으로 일본인 사이에 널리 퍼져 있던 권력에 대한 순종성, 창조성의 결핍, 중국 지향의 타율성을 조선민요에서도 읽어낸다. 그런 연후 저 폐해들이 조선의 미발전과 사방 폐색의 정체를 불러왔다고 주장하는 식민주의적 사유와 논고에 젖어 들게 된다.[37]

그런데 제국은 식민지 문화에 대한 거리 두기를 수행하면서도 그것을 식민 모국의 가치체계나 문화 범주에 통합·결속하기를 잊지 않았다. 인종과 혈통이 다른 식민지도 제국의 일부라면, '지방'의 총화가 곧 '국민'이라는 구도에 대한 승인이 먼저 필요했다. 제국과 식민지가 함께 이 논리에 편제될 때만이 서로에 대해 국민됨의 논리와 명분을 강제할 수 있기 때문이었다. 실제로 조선총독부 및 관련 단체의 조선민요 발굴과 채집, 자료집 편찬은, 일본의 지방민요 통합 작업을 참조하여 '모든 국민의 소리'를 하나 된 '국민의 소리'로 재편하는 과업에 중점을 둔 것으로 알려진다.[38] 조선민요를 '국민의 소리'로 재편하는 핵심 방법의 하나가 조선민요를 일본어로 번역하는 한편 그것을 신문과 서적, 사진엽서와 음반 등 대중매체를 통해 알리는 작업이었다. 여기에는 조선민요를 일본 본토의 형편과 수요자들의 감각에 맞게 가사와 음률을 얼마간 수정, 보완하는 작업도 당연히 포함되었다.

물론 그렇다고 하여 조선민요의 일역과 유통이 조선민요를 일본민요의 하위체계로 재편하거나 구조화하는 작업에서 이상적인 효과를 거두었다고 말하기는 어렵다. 첫째, 조선총독부와 경성제대의 조선민요 조사와 채집 당시 동원된 고정옥, 김소운, 김사엽, 방종현 등속의 조선 대학생들이 원래의 창조자이자 향수자의 자격으로 조선민요 연구에 본격적으로 뛰어들기 시작했기 때문이다. 둘째, 조선민요 일역 과정에서 필연적으로 발생하는 문제와 한계 때문이다. 일본인에는 조선민요의 형식과 내용이, 조선인에게는 일역된 민요가 낯설었기 때문에 일역 조선민요는 이질·이형의 소리를 온전히 벗어나기 어려웠다.

이 점, 일역 조선민요가 신분 뚜렷한 '제국의 소리'로 안착하는 대신, 조선의 식민지적 (무)의식과 일제의 식민주의적 (무)의식이 뒤엉킨 분열된 기호로 조선반도와 일본열도 이곳저곳을 떠돌았음을 짐작케 한다. 일역 조선민요 내부에 '일등 신민'의 소리와 '이등 국민'의 소리가 서로 갈라지며 대립하는 음색의 반목과 싸움이 은폐되어 있다는 판단은 이로부터 가능해진다.

'경성운동장' · 제국의 '학교' · 국민가요

경성은 일제의 권위와 명예가 자랑되는 식민 수도였기에 탁월한 모더니티를 드러낼 만한 취미 활동과 여가생활이 자유로운 다양한 공간과 시설이 절실했다. 그래서인지 여러 궁궐에 설치된 박물관, 동·식물원, 정원, 박람회장은 조선왕조의 상징을 세속화하는 방식으로, 백화점과 영화관은 시대의 모드와 유행을 사인화私人化하는 방식으로 조·일 경성부민의 취미 활동과 취향의 소비를 뒷받침했다. 물론 부민들은 조선 최고의 도회 생활을 위해 이 정도로 만족하지 않았다. '관광 명소'로 지정된 시내외의 근대식 공원과 전통 유적지의 관람과 방문도 일상생활의 회로 가운데 하나로 잘 갖춰 두었다. 이러한 활동들을 통해서 '근대·서양·일본'의 문화와 문명 속에 녹아 있는 정녕 새롭고 위대한 것을 예민하고 풍요롭게 감지하는 능력과 감각을 더욱 키워나가고자 했던 것이다.

일본의 식민지 근대화를 선전하는 《경성백경》인 만큼, 해당 사진엽서들은 조선인과 일본인, 외국인 누구라도 쉽게 찾아가 즐기게끔 관광 명소나 여가생활 관련 시설물을 다채롭게 소개했다. 앞서 본 경성역과 용산역, 덕수궁과 창덕궁, 조선은행 앞 광장과 본정통 번화가, 총독부 관련 건축물, 한강변 교량과 발전소, 경성신사와 북한산성 등이 대표적인 사례들이다. 여기에 조선신궁이 자리한 남산공원, 구한말 고종에 충성을 다한 조선 병사의 영혼을 내몰고 건설한 장충단공원, 이토 히로부미를 추모하는 박문사, 경성운동장과 경성골프장 등을 더하면 《경성백경》 내의 취미와

그림 14 남산서 바라본 시내 전경 · 경성그라운드 · 경성방송국

여가 관련 시설물이 거의 망라된다. 누군가는 이런 환경을 두고 “강렬한 취미의 모더니티가 경성을 휘감았다”[39]라고 표현했다. 사치스런 도시 도쿄를 능가할 정도로 화려하고 첨단 미 넘치는 ‘대경성’의 번화가를 여유롭게 거닐고 각지의 운동장에서 힘차게 달리던 명랑한 군중에게 썩 어울리는 문장이다.

저 여럿의 근대적 공간 중에서 건강한 신체로 경성운동장을 달리던 청년들이 당시 어떻게 의미화되었는가를 살펴보면 어떨까. “몸도 튼튼, 마음도 튼튼, 나라도 튼튼”, 청소년들의 지·덕·체를 균형감 있게 연성할 목적으로 1972년부터 시작된 ‘전국소년체전’의 공식 구호이다. 사실을 말한다면, 이 구호는 건전한 취미 활동과 건강한 여가생활을 바라는 동서고금의 모든 사람에게 필요한 심신의 조건이었다. ‘건전한 국민’을 넘어 ‘병사형 신민’으로 제국인들을 개조하고자 했던 일제의 신체 육성 전략도

앞의 구호에 기초했을 것이다. 따라서 '신민'과 '병사'의 넘나듦, 아니 후자로의 완전한 귀속을 엿보고자 한다면, 학생과 성인의 체력 단련에 소용된 각급 운동장에 먼저 주목할 일이다. 1920년대 전반까지 조선의 각종 스포츠 행사는 학교운동장이나 훈련원·장충단·사직단 등의 소규모 운동장에서 열렸다 한다. 1925년 10월 훈련원운동장을 개축하여 총 면적 2만 2,700평에, 수용 인원 2만 5,800명 규모의 국제적 종합운동장이 완성되었는데, 이것이 곧 '경성운동장'의 탄생 과정이다.[40]

우) 벚꽃 피는 봄은 꽃구경의 우이동
안개에 휩싸인 그 깊은 곳에서
맑디맑은 소리들 들려옵니다.
마음 바삐 흩날리는 벚꽃

좌) 은세계 바라보나니 조용하게 남산에서
권커니 잣거니 맞이하세 술잔
어젯밤 구설口舌도 엷게 깔린 눈에
녹아 즐겁고 기쁜 가슴 속

-〈남산서 바라본 시내 전경·경성그라운드·경성방송국〉

두 시편은 우이동 벚꽃과 남산 유람을 노래하고 있는지라 경성운동장 및 경성방송국과 무관해 보인다. 그러나 방송국과 운동장은 꽃놀이 못지않게 신나는 취미 활동과 여가생활을 안내하고 유인하는 첨단 시설물이었다. 조선인의 기개를 펼친 엄복동의 자전거와 손기정의 마라톤 우승을 떠올리면, 그들이 달렸던 운동장과 라디오는 거의 분리되기 어렵다. 실제로 경성운동장은 '요보'로 손가락질 당하던 조선인들이 일제 주최의 각종 운동대회에 참가하여 식민지인의 우수성을 자랑하는 한편 자긍심을 회복하는 '민족 감정 표출의 장'[41]으로 종종 떠오르곤 했다.

그러나 식민지에서 터져 나오는 저항의 신체와 해방의 운동은 어떤 경우든 '조선 스포츠의 스펙터클한 이벤트 이상'[42]을 넘어서기 어려웠다. 메이지 시대부터 일제는 "용감무쌍한 국민의 상속자다운 제2 국민을 양성할 책임"을 다하기 위해 '소국민'(소학생-인용자)이 "의용봉공義勇奉公의 장한 뜻을 불러일으키고 적개심을 환기할 수 있는"[43] '병사형 신민'의 육성에 주력했다. 이것은 제국의 병사로 차출될 조선 아동과 청년의 의무이자 미래이기도 했다.

아니나 다를까, 일제는 경성운동장 준공(1925)의 첫 행사로 〈조선신궁체육대회〉를 열어 1942년까지 총 18회를 개최했다. 1925년 10월 개장한 조선신궁은 메이지 왕을 배향하는 조선 최대의 관폐대사였다. 이러한 특성과 자격에 맞춰 '팔굉일우'의 '신체제 건설'에 필요한 '국체명징'의 관념, '경신숭조'의 사상, '국가신도'의 신앙심을 열렬한 고취하는 일에 전력을 다했다. 이러한 상황은 신사와 운동장, 학생-청년의 결합이 나아갈 진로를 확정지었다. 조선 모든 곳의 운동장을 한편으로는 조선청년을 예비병사로 육성하는 전선의 장으로, 다른 한편으로는 충군애국의 '국민정신'과 '국민체력' 총동원체제를 확충하는 총후의 장[44]으로 전용하는 신체와 정신의 도구화로 동원하는 작업이 그것이었다.

실제로 일제는 경성운동장을 식민지인의 신체와 체력을 꾸준히 관리하는 군국주의 체화의 장으로, 또 천황체제의 우월성을 과시하고 영원성을 송축하는 체제 과시의 장으로 적극 활용했다.[45] 소년 병사들의 황국신민체조와 모의 백병전 시현, 청소년의 체력 향상을 위한 체력검정 실시, 단결력과 협동심 강화를 위한 집단적 매스게임 실시, 각종 전쟁의 승리와 개선을 축하하는 전첩戰捷 축하행사, 출정 장병의 무운장구를 비는 집단적·군사적 행진 등이 그곳에서 열린 집단 활동을 대표한다.

그렇다면 'JODK'라는 호출부호를 사용하던 경성방송국과 경성운동장, 그리고 일상의 체육활동은 어떻게 연결되는가. 1924년 12월 10일 개국한 경성방송국은, 최초 편성표의 '뉴스' '일기예보' '조선노래' '파아노 독주' '라디오극' '조선 음률' 등에서 보듯이, 대중의 취향과 욕망에 부합하는 '조선적인' 음악과 드라마, 세계 보편적인 클래식 음악의 감상과 향유에 초점을 맞췄다.[46] 하지만 아시아·태평양전쟁 시기에 이르면, 경성방송국은 "내선일체의 식민지 방송국"이라는 본문 타이틀에 걸맞게 '성전聖戰' 동원을 위한 프로파간다에 집중하는 전쟁 매체로 급속히 타락해갔다. 국어, 곧 일본어 방송과 일본어 강좌의 일상화, 통속적 유행가의 국민 지도 선전가와 군가로의 대치, '국민정신 총동원 계획'에의 적극적 협조와 참여, '내선일체'의 영역을 넘어 동아 신질서 건설과 국가 총력전에 대한 조선의 참여 독려 등과 같은 작태들이 그것을 입증한다.

1) 솟아오르는 아침 해의 햇살 받으며
굽히세요 펴세요 우리들의 팔
라디오는 구령하네 하나 둘 셋
- 〈라디오체조 노래〉 1절[47]

2) 영광스런 몸이라네 신민이라네
천황의 군대로 단련하면서
건아의 실력 지금 떨치세
- 〈체력단련의 노래〉 2절[48]

경성운동장에서 체육대회나 군중대회가 열릴 경우, 전선-병사의 사기를 진작하고 총후-국민의 총력전 지원과 참여를 선동하는 각종 군가와 국민가요가 빠짐없이 울려 퍼졌을 것이다.[49] 이것은 일본에서 대중공모의 '국민가요'로 뽑힌 〈애국행진곡〉 〈태평양행진곡〉 〈홍아행진곡〉 등이 조선 소학생용 《초등창가》와 《초등음악》에도 실렸다는 사실에서도 충분히 짐작된다. 이 노래들은 무엇보다 아시아와 태평양 일대가 제국의 권역임을 환기시킬 때 유용했다. 나아가 '대동아공영'의 실현에 관련된 그곳의 개척과 경영이 황국의 미래임을 확약하는 프로파간다로 기능하고 작동했다. 이 과정을 통해 식민지 조선의 초중등 학생들은 충량한 '소국민'을 넘어 천황을 위한 죽음으로 나아가는 '소학생 병사'로 특정되었다.

파시즘의 예술화로 모습을 드러낸 일본의 '국민가요'는 식민지 조선에서도 유성기 음반을 타고 경성운동장이나 학교운동장을 쉬지 않고 울려 퍼졌음에 틀림없다. 하지만 가정과 거리의 일상을 지배하는 더욱 위력적인 매체가 있었으니 경성방송국의 라디오방송이 그것이다. 조선총독부의 관리와 지도 아래 놓였던 경성방송국은 신체 건강한 국민의 양성에 기여하는 〈라디오체조 노래〉와 그것의 전쟁 동원형 변주곡인 〈체력단련의 노래〉를 일정한 시간과 정해진 횟수로 조선 전역에 꾸준히 송출했다. 이 노래들에 맞춰 조선인들은 1930년대 초반 '라디오체조', 1937년 '황국신민체조', 1940년 '대일본국민체조'로 그 내용과 형식을 바꿔가며 체력 향상에 나섰다.[50]

정녕 '라디오체조'는 총력전 준비태세를 갖추기 위한 전략적인 제식훈련의 일종이었다. 이를테면 일제 말 체제 협력 잡지를 대표하는 《신시대》(1941년 1월호 및 2월호)에 실렸던 〈라디오체조 지상강습회〉를 보라. 강습자는 라디오체조의 목적을 "국민 총력을 나라에 바쳐야 하는 오늘날 우리의 심신단련과 보건을 위해서 가정마다 식구마다" 하는 것에 두었다. 그러면서 "라디오체조(국민보건체조)"의 기원과 출발점을 "쇼와 3년(1938) 금상 천황폐하의 어즉위대례御卽位大禮를 기념하와 국민 전체의 신체를 튼튼히 하겠다는 뜻"에 두었다. 그런 만큼 "짧은 시간에 아무 데서나 아무 준비도 없이 시작할 수 있다"는 편리성과 간편성에 기댄 '신체 건강의 보장'보다는 "국민훈련의 훌륭한 기초"를 다지기 위한 것에 두어졌다.[51] 요컨대 체조의 명칭 및 체조 형식의 변화에서도 벌써 암시되었지만, '라디오체조'는 일제의 군국주의적 야욕과 전쟁 참여에 철저히 복무하는 '병사로서의 조선인 육성'을 위한 집단적 제의에 가까운 신체의 형식이었던 것이다.

이상의 과정을 거치면서 '굽히고 펴는 우리들의 팔'은 '천황의 군대로 단련'되는 '영광스러운 몸'으로 더욱 굳세졌다. 이것은 일제의 라디오방송을 매개로 조선의 '개인의 신체'가 영미귀축英美鬼畜과 맞서 싸우는 내선일체의 '집합적 신체'로 동일화되었음을 뜻한다.[52] 소학생 대상의 학교생활이 이렇다면, 성인 대상의 "성전하의 일상생활"이 어떻게, 얼마만큼이나 "일상생활의 성전화"로 전투화, 아니 폭력화되고 타락해갔을지 충분히 짐작된다.[53]

'쳐부수자'와 '지켜내자'를 앞세운 옥쇄의 결의가 대표적인 성전의 구호와 다짐이었음은 이곳저곳에서 증빙된다. 그 예로 가장 강력하고 도발적이었던 보국保國/報國단체 국민정신총동원연맹 발행의 그림엽서를 통해 열렬히 선전되고 강제된 구호들을 들어보면 어떨까. 도보로 행동하고 매일 라디오체조를 실시하여 심신단련에 노력할 것, 아동의 훈련과 영양에 주의하면서 몸과 마음을 튼튼히 할 것, 매일 궁성 요배를 거르지 말고 황실의 안녕을 기원할 것, 화재 및 재해 방지에 힘씀은 물론 국민 보호의 방공防空에도 주력할 것 등이 그것이다.

이것들은 1938년 11월 조선총독부가 선포한 〈조선 교육 3대 강령〉인 '국체명징' 곧 '황국신민의 자각', '내선일체의 신념 확립', '인고 단련의 교육 천거'에서 구체화 된 항목들이다. 이를 집약하여 일본 정신의 앙양과 천황체제에의 충군애국 발현으로 신체화한 체육활동이 '황국신민체조'(1937)와 '대일본국민체조'(1940)였던 것이다. 라디오와 유성기 음반을 통한 '황국신민체조'와 '대일본국민체조'의 방송, 소년과 청년들의 학교 운동장이나 경성운동장에서의 집단적인 체조 시현. 이것은 첫째, 학교체육과 군대체육, 교련수업과 국민 활동이 일체화된 전시체제의 교육시스템을 상징적으로 재현한 장면이자, 둘째, 인성 함양 및 전인적 품성 계발의

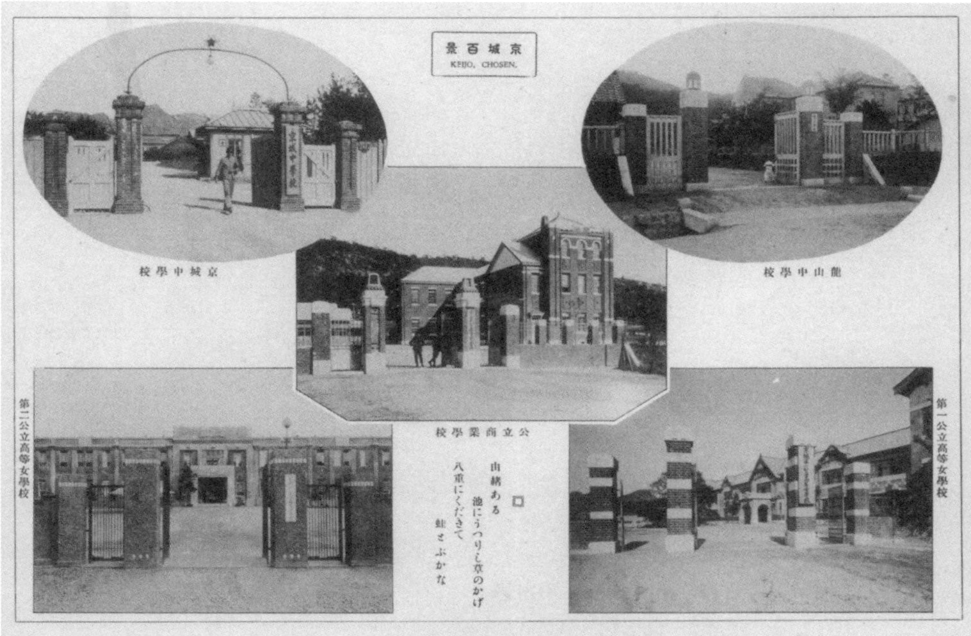

그림 15 용산중 · 경성중 · 공립상업학교 · 제1고녀 · 제2고녀

학교-가정교육이 전쟁 징병을 위한 꼬마 병정 육성 활동으로 하위 배치되었음을 뚜렷이 드러내는 현장이 아닐 수 없다.[54]

식민의 땅에서 경성운동장과 경성방송국의 파시즘화 경향을 1930년대 군국주의 강화에 따른 소학교(국민학교)의 교수·학습의 변질 문제, 특히 체육과 음악⊏병영 교육, 학생과 청년⊏예비병사로의 폭력적인 전환의 관점에서 살펴온 셈이다. 이 때문에라도 《경성백경》에 실린 중등학교와 대학교의 사진은 각별한 관심의 대상으로 떠오른다.

엽서에 보이는 용산중, 경성중, 공립상업, 제1고녀, 제2고녀(그림 15)는 다수의 일본 학생과 소수의 우수한 조선 학생이 재학했던 당대 최고의 명문 학교들이었다. 또한 이들이 주로 입학했던 경성제대(그림 16)는 내지의 제국대학들과 어깨를 나란히 하는 식민지 유이(경성제대와 타이페이제대)의

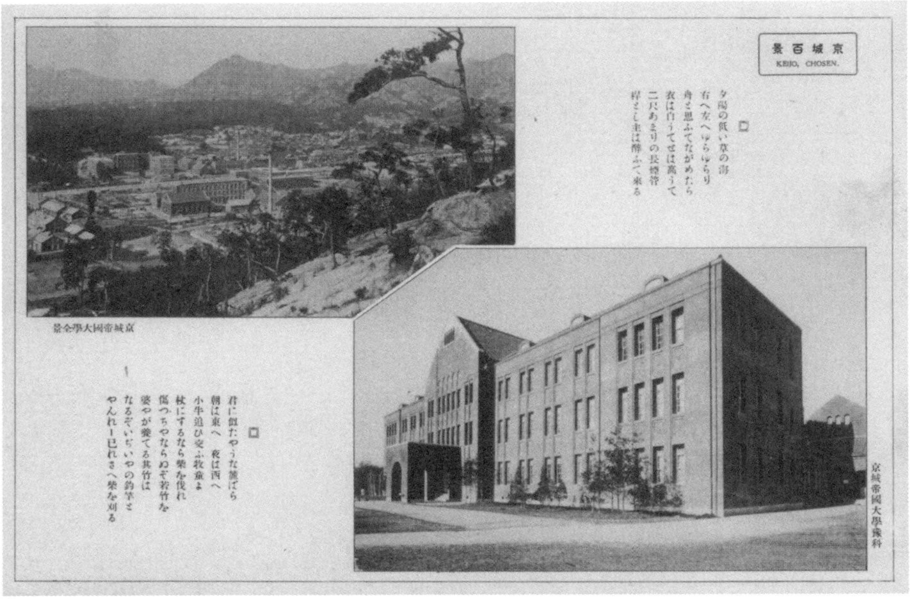

그림 16 경성제대 전경 · 경성제대 예과

제국대학이었다. 이 학교들의 재적在籍 학생은 일본인들이 압도적이었다. 가령 경성제대의 경우 1926년 개교 당시 조선인 교수는 5명 / 57명, 조선 학생은 47명/150명에 불과할 정도였다. 경성제대의 조선인에 대한 전략적 억제와 관리는, 첫째, 1920~1926년 전개된 조선민립대학설립운동에 대응하여 설립되었다는 것, 둘째, 조선의 독립이나 사회주의 사상을 고양시킬 우려가 있는 정치학부 · 경제학부 · 이공학부(1938년 설치) 등을 제외하고, 식민통치에 효과적으로 활용 가능한 법문학부 · 의학부만 설치했다는 것에서 여실하게 드러난다.

그러고 보면, 사진에는 조선 아동의 소학교, 이화, 배재, 휘문, 보성 등의 중등학교, 연희전문, 보성전문, 이화여전 등의 사립대학이 전혀 포함되지 않았다. 일본인 중심의 국립학교 제시, 조선인 중심의 사립학교 배제, 이를 통해 노린 영향과 효과는 무엇이었을까.

하) 유서 깊은 연못에 비치는 풀 그림자
여러 겹으로 부서져 개구리 팔짝 뛴다
– 〈용산중 · 경성중 · 공립상업 · 제1고녀 · 제2고녀〉

우) 석양이 낮게 깔린 풀의 바다
오른쪽으로 왼쪽으로 한들한들
배를 떠올리며 가만히 바라보면
옷은 희고 키는 커
두 척 남짓 긴 담뱃대
삿대 삼아 주인은 취해서 돌아오네

좌) 그대와 닮은 듯한 산기슭 찔레꽃
아침엔 동쪽으로 저녁엔 서쪽으로
송아지 몰고 좇는 목동이여
지팡이로 쓰려면 잡목을 베어라
다치게 해선 안 된다 어린 대나무를
할멈이 기르는 그 대나무는
될 것이다 쑥쑥 자라날 낚싯대가
얼싸–벌써 잡목을 베는구나
– 〈경성제국대학 전경 · 경성제국대학 예과〉

노래 하)는 자연의 한순간을 포착하여 인상 깊은 장면만을 묘사하는 방식으로 그 서정과 흥취를 드러내는 전형적인 와카에 해당된다. 교육 관련 정책이나 이념의 안내 또는 선전과 전혀 무관한 모습이라 해도 그만인 장면인 것이다. 이에 비한다면, 경성제대와 함께 실린 시편은 꽤나 상징적이며 암유적인 데가 있다. 우)의 "긴 담뱃대 삿대 삼"은 술 취한 '주인'은, "석양이 낮게 깔린 풀의 바다"에서 보듯이, 제국–식민지 현실과 거의 단절된 자유롭고 낭만적인 서생을 연상시킨다. 이러한 와카의 삽입은 일본과 조선을 막론하고 현실의 제 모순을 파헤치며 군국주의 천황체제의 폭력성과 부정성에 저항하는 열혈 지식인보다는 그런 것에 무관심한 채 하루하루를 즐기는 유홍의 대학생이 낫다는 뜻일까.

하)와 우)의 시편 때문에라도 좌)의 시편은 매우 목적적인 노래로 평가될 수 있다. 왜냐하면 "어린 대나무"와 "잡목"의 대비, 전자의 양생과 후자의 폐기가 암시하듯이 재목을 길러 나라의 동량으로 쓰겠다는 전통적인 교육 사상과 이념을 아낌없이 드러내기 때문이다. 이것은 경성제대의 본질적 성격과 임무, 그러니까 '고등교육의 학교'이자 '지식생산의 연구기관'이라는 것[55]을 나타내는 표징임에 틀림없다. 하지만 더욱 중요한 것은 동량의 육성이 목표하는 최후의 과녁이다. '근대 지식'의 생산과 배분을 효과적으로 장악하여 그것을 식민통치의 중요한 지적 자원과 방법으로 활용하라[56]는 식민 권력의 지시와 명령이 거기 새겨져 있을 법하지 않은가.

이 때문에라도 조선 식민화 후 전개된 일제의 식민지 교육의 본질과 목적은 무엇이며 어떤 변화를 거쳤는가라는 질문이 중요해진다. 조선총독부는 제1차~제4차 〈조선교육령〉을 통해 각 시기의 세계 정세 및 일제의 식민정책 변화에 맞춘 교육 이념과 방법을 치밀하게 조율해 갔다. 이것들은 초·중등학교에 공히 적용되어 조선의 아동과 청소년을 내선융화와 황국신민의 길로 이끌어 가는 과업에 크게 공헌했다. 1911(1차)~1941년(4차) 〈조선교육령〉은 메이지시대 반포된 '교육칙어'의 실천을 통해 천황체제에 멸사봉공하는 황국신민의 양성이라는 목표를 변함없이 공유했다. 하지만 그 육성 지침과 규율화의 정도는 1940년대로 내려올수록 더욱 강화된다. 이러한 변화는 '내선융화'에서 '내선일체'로 강화되는 식민지 통합 정책과 밀접히 연관된다. 과연 일제 문부성은 1941년 일본과 조선 공히 '국민학교 교육의 본지'를 "황국의 도에 따라서 보통교육을 실시하고 국민의 기초적 연성을 위한다"로 설정함으로써 '내선일체'와 '황국신민화'

를 제일의 과제로 밀어 올린다.[57]

이것을 입증할 만한 교육목적의 변화 과정을 두엇 들어본다면 어떨까. 예컨대 "아동의 덕성을 함양하고 충량하고 근면한 국민을 육성하는 것"은 "황국의 도를 수련시키고 특히 국체에 대한 신념을 깊이 갖도록 할 것"으로, "생활에 필요한 지식기능을 기르는 것"은 "국민 생활에 필요한 보통의 지식기능을 체득시키고 정조를 순화하고 건전한 신체를 육성하도록 한다"로 강화되었다. 특히 후자는 애초에 실용 지식과 기술의 습득에 초점을 맞췄던 식민지 조선에서의 교육정책이 전시체제에 부응하고 기여할 수 있는 '병영형 지식기능'의 습득과 이를 위한 '병사형 신체'의 육성으로 더욱 고도화되고 치밀화 되었음을 분명히 드러낸다.

일제가 설립, 운영하던 각급 국공립학교는 친체제적 교육제도를 대표했다. 그런 만큼 식민지 계몽과 지배의 제도적·도구적 장치로서 그 활용도가 매우 높았다. 물론 그 역설적 결과로서 일제 식민주의에 대해 투옥을 마다하지 않는 '붉은 이념'의 지식인이나 일군에 맞서 목숨을 건 탈출을 감행하게 될 열혈 학병의 배양지로도 종종 작동했지만 말이다. 이러한 역효과를 제외하고, 만약 '학교' 엽서를 총독부 제반 시설의 그것과 함께 식민지배의 최종심급에 위치시킨다면 《경성백경》은 어떻게 평가될 수 있을까. 굳이 답한다면, '꽃'의 일제 판 오리엔탈리즘이자 천황체제 선전과 찬양의 프로파간다, 바꿔 말해 우편제도에 편승한 공적 '삐라'로 간주될 수 있을 듯하다. 《경성백경》을 조선과 일본에 널리 판매하고 지체없이 전송한 까닭은 분명하다. 하나는 경성과 케이죠, 곧 '신내지'에서 생활하는 식민의 타자와 주체에 대해 보고하기 위함이었다. 다른 하나는 일제의 문명과 문화에 접촉한 결과로서 조선(인)의 상태, 특성, 일상의 급속한 향상[58]을 널리 알리고 강력하게 주장하기 위함이었다.

이 지점에서 다음의 질문이 제기될 법도 하다. 취미 활동과 여가생활의 관점으로 경성을 조감했으니, 획일적이며 세속적인 욕망과 상품이 범람하는 유흥과 오락의 공간도 살펴봐야 하지 않는가. 지극히 타당한 궁금증이다. 《경성백경》을 장식한 백화점 소재의 번화가나 근대 스포츠의 운동장, 대중공원, 영화관 등을 젖혀 놓는다면, 경성 민낯의 파행과 타락의 풍속도가 다반사인 카페, 요릿집, 기생집, 유곽 등의 뒷골목 유흥 시설들이 거기 해당한다.

사실을 말하건대, 성애와 유흥의 공간을 담은 사진(그림)엽서는 부지기수라 해도 좋을 만큼 흔하다. 식민지 조선의 풍속과 일상을 소개하는 인쇄매체들에서 거의 빠짐없이 등장하는 기생, 요릿집, 유곽을 포착한 사진과 그림이 특히 그렇다. 깨어 있는 시인에게 그녀들은 '화농의 오점'에 가까웠더랬다. 하지만 황금과 권력으로 여성의 섹슈얼리티를 점유, 소비하려는 조·일의 폭력적인 팔루스들에게 그녀들은 손안에 쥐고 놀기 좋은 장난감에 지나지 않았다.

아니나 다를까 경성, 아니 케이죠 유흥가의 새새틈틈을 특히 일본 관광객 중심으로 안내하는 《신판대경성안내》(1936)에는 '잇또イッと의 경성'이라는 광고가 게재되었다.[59] 이 광고는 화려한 기모노를 곱게 차려입은 일본 게이샤의 전신사진 옆에 "요리점·게이샤·기생·창기·갈보·은군자"라는 표지를 큼직하게 배치했다. 식민지와 제국의 소속 여부를 가릴 것 없이 술과 여자를 즐기라는 섹슈얼리티의 상품화를 극대화함으로써 그것을 탐닉하고 소비하는 양국 팔루스들의 성적 욕망을 노골적으로 자극하는 광고임이 여지없이 드러나는 장면이다.

그 형식과 내용상 이 광고는 한 신문에서 비판해 마지않던 "값싼 모더니즘, 아메리카니즘의 수입 전선"과 긴밀히 연결된 '환락경'[60]의 일종이다. 왜 그런가 하니, "잇또의 경성"이 '요염한 경성'을 뜻하기 때문이다. 이때의 '잇또'는 미국영화 〈It〉(1927)의 발음을 음차한 것이다. 영화 속의 'It'은 남녀 서로를 사랑에 빠뜨리는 '그것', 그러니까 '육체적 매력'을 넘어선 '정신적 순도a quality of the mind'를 뜻한다.[61] 하지만 '그것'은 일본에서

"성적 매력이 풍부한" 여성을 뜻하는 말로 속화되어 유행함으로써 그 본의가 상당히 왜곡된다. 그러던 것이 식민지 조선(인) 대상의 유흥산업과 여성 상품화 관광에 고스란히 이월되어 가장 저속한 성적 메타포만 들끓는 '그것'으로 재차 오염되기에 이르렀다. 우리는 이 지점에서 겉으로는 경성의 식민지 근대화를 자랑하면서, 속으로는 "한 껍질을 벗긴 그 뒷면까지도 검토하여 진정한 경성"[62]을 즐기고자 했던 일제 식민통치의 모순성을 새삼 확인한다.

근대 천황제의 보루, '경성'의 신사와 병영

식민지 조선에서도 항상 강조되던 일본 정신에 대한 최고의 심적·물적인 수호체를 든다면 신사와 병영이 가장 앞에 선다. 두 곳은 '국가신도'와 '병영형 국가체제'에 기초한 군국주의적 근대 천황제의 명령과 목표를 앞장서서 실천하는 가장 핵심적인 조직이었다. 이러한 까닭에 《경성백경》을 비롯한 '경성' 관련 사진엽서에서 두 곳은 "종교적 신앙을 포용하고 순화하는 영적 장소"[63]와 "국가에 대한 숭고한 책무"[64]를 다하는 명예로운 공간으로 이미지화된다. 국가신도와 병영은 학교가 그렇듯이 신민들의 충군애국의 일편단심을 끌어올리는 데 가장 적합한 국가장치였다.

이것은 달리 말해 신민이 국가 장치에 의해 감시당하고 있다는 의식을 스스로 내면화시키는 구조를 만들어내는 데 가장 효과적이었음을 뜻한다. 이 의식은 '충량한 신민'의 죽음을 마다하지 않는 천황에 대한 충성과 희생을 자율적이며 윤리적인 것으로 상상하고 신뢰하는 힘으로 작동했다. 하지만 그래서 오히려 식민지를 포함한 일제 전역에 감시와 처벌의 사회가 창출되어 가는 과정에서 천황의 권력적 시선과 태도에 상응하는 필수적 요소로 더욱 굳게 자리 잡았다.[65]

먼저 신사의 경우이다. 1930년대 중후반에 이르면 조선 전역에는 무려 300개소 이상의 신사가 세워지게 된다. 이에 따라 그 중요성과 규모가 컸던 조선신궁과 경성신사는 각 지역의 신사들을 총괄하고 지도하는 대표

그림 17 조선신궁 본전 정면 · 조선신궁 제1도리이(경성신대관)

신사로 떠오른다. 여기 발맞춘다는 듯이 《경성백경》은 조선신궁에 대한 장엄한 사진과 찬양의 와카를 함께 인쇄한 사진엽서를 담았다. 앞서 논한 《은뢰》의 장에서 살펴본 배전拜殿과 제1, 2 도리이鳥居 사진 석 장이 담긴 사진엽서가 그것이다. 여기서는 또 다른 자료를 읽어보자는 뜻에서 《경성대신관》의 조선신궁을 대상으로 '일본 정신'의 선전과 '경신숭조'의 전파에 주목하기로 한다.

〈조선철도창가〉에 뚜렷하듯이, 조선신궁은 식민지에 위치한 들러 마땅한 관광 명소가 아니었다. 그렇기는커녕 일본인의 정체성을 확인하며 천황에 대한 절대적 숭배와 복종을 다짐하는 성스러운 참배 공간이었다. 이것은 1930년대 들어 일제가 학교를 포함한 조선의 전역에 대한 신사와 봉안전의 설치, 곧 '일면일사一面一祠' 정책을 시행할 때 천황에 대한 존엄과 '존귀한 국풍의 선포'를 가장 앞세웠던 것에서도 분명히 확인된다.[66]

상) 굳건히 나라 지키는 신전 기둥
위엄스럽게 서 있는 대도리이大鳥居
우러르매 높은 돌계단을 이슬 마르는 사이 아침 참배하러

하) 존엄한 위광 빈틈없이 신궁 안에
옷깃을 여미고 절하면
마음 맑은 새벽의
바람의 산들거림도 상쾌하게
- 〈조선신궁 본전 정면 · 조선신궁 제1도리이〉

동트는 새벽 조선신궁 참배에 나선 일본인 화자의 맑은 내면과 거기에 어울리는 유연한 자연미를 노래하고 있다. 신과 자연과 사람이 하나 된 풍경은 조선신궁의 신성성과 이상성을 재현하는 장치로는 무엇보다 제격이다. 신격의 하늘과 그것이 내려앉은 땅에 절대 복종하며 그것들을 숭고함의 정서로 찬양하는 신민들에 의해 "여기는 세계가 모습을 드러내는 곳이며, 거기는 우리가 갈 수 있는 곳이다"라는 '참된 장소감'[67]이 되살아난다는 느낌마저 준다.

그러면 조선인에게 조선신궁으로 대표되는 천황체제하의 국가신도란 과연 무엇이었을까. 가장 열렬한 충군애국의 '소국민'으로 기대된 학생들의 신사참배 과정과 내용을 좇아보면 그 실상이 비교적 정확하게 드러난다. 초중등 학생들은 천황에 대한 숭경심을 키우고 드러내기 위해 학교의 각종 행사 때마다 기미가요 제창, 천황의 어진영에 대한 경례, 교장의 〈교육칙어〉 봉독에 맞춘 〈칙어봉답勅語奉答〉 제창 등 천황 숭배를 위한 일련의 제의를 반복했다. 또한 1930년대 들어 총력전의 시대에 가까워질수록 경성 학생들의 조선신궁 참배를 필두로 각 지역 학생들의 신사참배가 의무화되었다. 이에 더해 학생들은 나라로부터 《수신서》 교과서를 받는 조선신궁 주관의 권학제나 승전한 병사들의 귀향을 축하하고 전쟁에

나서는 장병들의 무운장구를 기원하는 시국 행사에도 수시로 참석토록 강제되었다.[68]

그러나 잘 알다시피 천황가 숭배의 신사참배와 신령에 대한 멸사봉공의 다짐은 결국 나이 어린 '소국민'을 '꼬마 병사'로 신체를 전환시키는 괴이한 야합을 불러왔다. 그것을 국가적·종교적 제도의 틀과 뜻으로 묶은 것이 내선일체의 황국신민화였다. 그 결과 어린 조선 학생 일부는 청년이 되어 자의든 타의든 전장에 나아가 천황을 위해 '옥처럼 아름답게 부서지는'(玉碎) 비극적인 죽음을 맞이하게 된다. 여기에 조선신궁을 필두로 조선 전역에 설치된 신사에 기이하게 부조된 '참된 장소감'의 허구성과 폭력성이 존재한다.

이제 조선에 설치된 '병영'을 다룬 사진엽서로 넘어갈 차례이다. 식민지 조선에서 신사, 학교, 군사의 일체화는 진충보국의 정신으로 국체(천황)의 존엄과 제국의 무한 발전을 기원하며, 마침내는 '전선총후'의 총력전에 손수 참여하는 '병사형 신민'을 만들어내련다는 종교적 전투행위의 일환이었다. 이상의 장면을 1943~1944년 사용된 조선총독부 간행의《초등음악》제3~6학년 수록곡 몇몇으로 재구성해 본다면, 〈야스쿠니신사〉, 〈신민인 우리〉, 〈소년전차병〉, 〈대동아〉, 〈아시아의 빛〉 정도로 정리될 것이다.

마음속으로 신민 됨을 다짐하고 큰 목소리로 그것을 실천하는 노래를 부르는 식민지 학생들의 모습. 이것은 어린 그들이 죽음으로 황국신민임을 선언하는 '제국의 첨병'으로 던져질 것임을 예고하는 참담한 장면이 아닐 수 없다. 과연 조선총독부는, 조선인 대상의〈육군특별지원병령〉 공포(1938)와 〈징병제〉 전면 실시(1943)로 젊은 죽음을 현실화했다. 여기 발맞춰 조선신궁은 지원병제와 징병제를 기념하고 감사하는 봉고제奉告祭를 열어 죽음의 길로 들어설 식민지 병정의 발걸음을 기꺼이 축원했다. 천황체제와 국민신도의 입장에서 본다면, 이 지점은 '식민지·학교·신사·병

그림 18 용산병영 전경 · 보병 제79연대 · 보병 제78연대

영'의 일체화가 성취된 이상적 장면으로 모자람 없다. 그러나 강제 동원된 조선 병정의 입장에서 본다면, 저 장면은 타자의 목숨에 대한 경쟁적 쟁탈이 벌어지는 '생명의 무장소'를 그린 폭력적이며 끔찍한 '죽음의 극락도'에 불과할 따름이다.

그런 의미에서 천황의 신민들이 그들의 병사 혹은 병영을 어떻게 노래했는지를 잠깐이라도 살펴보는 일은 여러모로 뜻깊다. 《경성백경》에는 식민지 조선의 치안 유지와 방비를 담당했던 조선군사령부 예하 지역 부대의 사진과 그곳을 바라보는 일본인 화자의 심경을 표현한 노래 2편과 조선민요로 짐작되는 노래 1편이 실려 있다. 서로 다른 국적의 노래를 맞세우는 대비적 구성은 일본인 개인의 정서와 그들의 '제국의식'에 스며 있는 집단적 애국심을 드러내는 한편 자신들이 위치한 식민지 조선의 향토색도 함께 노출하기 위한 미학적·이념적 장치로 이해된다.

우) 푸른 잎에 비친 달빛 은은하여
내 가슴에 닿으며 숨어들며
어쩌면 붙잡을 수 있었을지도

좌) 옛 성터 천지 풀잎 무성한 황혼녘에
들판으로 멀리 사라지며 백로가 운다

하) 해질녘 소나기 내리겠다 비 내리겠다
김치 항아리에 뚜껑을 덮어라

– 〈용산병영 전경 · 보병 제79연대 · 보병 제78연대〉

병영 사진에 굳이 붙일 것 없는 서정성 풍부한 노래 세 편이다. 우)와 좌)의 노래는 황혼녘과 달밤을 배경 삼아 그리움과 고독감을 조용히 토로하고 있다. 이 점만 본다면 병사의 사기와 규율 잡힌 병영 생활과는 거의 무관한 노래들로 느껴진다. 특히 우)의 노래는 누군가에게 연정을 고백하는 연가로 읽어도 무방할 정도이다. 그러나 이러한 서정적 분위기는 좌)의 "옛 성터 풀잎 무성한"이나 하)의 "김치 항아리에 뚜껑을 덮어라"에 의해 오히려 반전된다. 전자에서는 패망한 조선, 바꿔 말해 식민화된 조선에 대한 인지상정의 쓸쓸함과 연민이 살짝 엿보이는 듯하다. 하지만 병영 사진을 장악한 충군애국에 불타는 병사들의 사기와 위용은 화자의 애수를 저만치 밀어낸다. "옛 성터"에서 '부국강병'의 태세를 갖추지 못한다면, 일제 자신도 '망국의 조선'과 같은 패멸의 지경에 던져질 수도 있다는 은밀한 경고의 발언을 청취하는 까닭이 여기 있다. 그런 의미에서 "김치 항아리"는 조선의 향토색을 대표하는 데 그치지 않는다. 그 상황을 넘어 강철과 화약으로 무장된 일제의 강병에 의해 쉽게 깨져버린 조선의 현실을 암유하는 비유의 매개체로 기능한다는 인상을 준다.

일제의 신사와 군대는 근린 약소국에 대한 보호와 지원을 조선 진출의 명목으로 삼았다. 하지만 이런 언술은 지배와 억압의 욕구 가득한 점령과 통치의 책략을 얼핏 감추기 위한 식민주의적 수사학의 일종이었다. 식민지 후기로 갈수록 이등 국민 조선인이 내선일체와 황국신민화에 기여하는 신사참배와 총력전의 주체로 강제 호명되고 동원된 역사적 경험이 그에 대한 결정적 증거이다. 신사와 병영에 대한 일제 사진엽서가 식민지 조선에서 그때 벌어진 동원과 희생의 비극적 서사를 잘 만들어진 이미지와 시가 속에서 찾아볼 수 있도록 안내하는 역설적 기호인 까닭이 여기 있다.

염천과 혹한의 길바닥과 식민지의 '요보'들

《경성백경》에서 마지막으로 유의해볼 장면은 자꾸만 삶의 변두리로 내몰리는 불우한 형편의 하층민들이다. 그것이 노동이든 성적 착취든 궁핍과 고난의 현실로 점철된 조선 '요보'들의 생활상은 조작 운운할 필요도 없는 주어진 사실 자체였다. 일제가 추진한 식민지 근대화의 측면에서 보자면 궁핍한 조선인의 모습은 감춰지거나 지워져야 마땅했다. 그러나 궁핍한 조선을 '있는 그대로' 촬영하고 묘사한 각종 사진과 그림은 일제의 식민통치에 정당성을 부여하고 내선의 통합에 합리성을 제고하는 유효적절한 수단이기도 했다. 게다가 《경성백경》에 잔뜩 실린 화려한 근대적 건축물과 대중공원과 화려한 번화가, 이곳을 활보하는 무료한 대중, 곧 '혼부라'(명동 일대를 떠돈다는 뜻으로, 일본 긴좌銀座에서 그런다는 '긴부라'에서 파생된 말)들, 안락한 외출을 보장하는 전차와 버스, 택시 등은 조선의 가난과 불행을 더욱 커 보이게 하는 야멸찬 돋보기나 다름 없었다.

이러한 근대성의 자식들에 비춰보면 엽서 속의 조선인은 매우 가련하고 불쌍한 '옛날 사람'에 가까웠다. 그 모습은, 〈성장한 소녀·애 보개·기생·한강 뱃짐·지게꾼〉(그림 19)에서 확인되듯이, '붉은 땅의 토인' 신세이기는 여전한 조선인들이 왜 일제가 자랑하는 '근대의 요지경' 속으로 지체없이 뛰어들어야 하는가를 설명해주기에 충분했다. 하지만 궁핍한 조선인을 바라보는 일제의 식민주의적 시선과 담론에는 뜻밖에도 서로 어긋나는 두 가지의 사실과 이미지가 교차, 충돌하고 있는 것처럼 보인다.

첫째, 이른바 '식민지 근대화론'에 따르면, 경성의 대도시화는 일제에 의해 이식된 각종 근대적 제도와 사회간접자본의 성공적 작동, 식민 교육에 의해 준비된 인적 자본의 축적 등에 의해 실현된 것이다.[69] 따라서 식민도시의 일상을 퇴폐적인 '화농의 오점'이나 식민주의적 개발의 부산물 따위로 비판해서는 안 된다는 것이다. 그렇지만 실상은 어떠했던가. 간혹 '식민지 수탈론'의 주장이라고 타박 되지만, 경성 곳곳에는 전국 공사장을 떠도는 유민노동자에 비견되는 '반농반노半農半勞'의 품팔이가 항상 진을 쳤다. 이는 "하루의 삶을 이으려고, 삶을 찾으려고/주린 창자를 움켜쥔 후 거리를 헤매는 군중"이 나날이 늘어갔음을 반증하는 요소이다.[70] 식민지 근대화의 어두운 이면, 즉 조선인의 주변화·도구화를 오히려 조장하는 식민지 수도의 개발이 초래하는 역설과 모순이 여기서 확인된다.

그림 19 성장한 소녀 · 애 보개 · 기생 · 한강 뱃짐 · 지게꾼

둘째, 그럼에도 일제 사진엽서는 꽃단장의 조선 기생을 미화하는 조선민요를 '반농반노'의 처지에서 멀지 않은 어린 기생, 애 보개, 뱃사공, 지게꾼 같은 하층민들에게도 굳이 붙였다. 하루의 삶에 급급한 조선인의 불행한 현실 위에 그들의 고통스러움과 비참함을 가리는 연정과 유흥의 정서를 다음과 같이 들씌운 까닭은 어디에 있을까.

우) 사람 꽃이라면 숨어서 필 것을
공연히 눈에 띠어 속 썩이네[71]

좌) 진주 기생의 울타리 길인지라
술도 안 마셨건만 취기가 도네[72]

– 〈성장한 소녀 · 애보개 · 기생 · 한강 뱃짐 · 지게꾼〉

조선인 사진과 일문 번역의 조선민요는 서로 어긋나는 듯하다. 그렇지만 일제 문화자본이 조선인을 재현하는 기호의 성질과 문법을 살펴보면 오히려 이치에 합당한 구성법으로 읽힌다. 유흥과 성의 제공에 포박된 기생이나 제 나이에 합당한 양육과 교육에서 배제된 채 어린 아기를 보거나 물동이를 이고 나르는 어린 누이의 사진은 가사노동에 시달리는 여성의 열악한 사회적 지위를 명시함으로써 조선의 전근대성을 더욱 부각시킨다. 마찬가지로 화물 열차와 자동차, 철제 상선과 군함이 떠다니는 마당에, 지게로 판매할 물건을 져 나르고 노 젓는 나룻배로 뱃짐을 옮기는 조선 남성들도 그들이 속한 하층계급의 실질과 후진적 노동의 전근대성을 더불어 재현하는 작업에 매우 적절하면서도 효과적이다.

이것이 매우 전략적인 식민주의적 시선과 그 표현법이라는 사실은 또 다른 조선인 남녀가 등장하는 《경성백경》 사진엽서에서 분명하게 확인된다. 해당 엽서에는 집으로 돌아가는 노파, 곰방대를 물고 거리를 물끄러미 바라보는 한복차림의 노인 둘, 즐겁게 담소를 나누는 부인(다른 엽서에서는 기생으로 등장하는) 둘이 제시되어 있다. 이들은, 가사 및 직업 노동에 꽉 묶여 거리로 "늘어가는 무리"들과는 달리, 일할 능력이 없거나 일터에서 배제된 무능력한 '요보'들에 속한다. 그러므로 함께 제시된 "산에 산에 초롱꽃풀/나이 모른다는 듯이 허리 젖혔네/아직은 아직은 젊기에 허리 세우지 않네"[73]와 "천자봉에는 안개가 자욱하고/기생의 울타리에는 노래가 가득하네"[74]라는 조선민요 두 편은 이렇게 읽힐 수밖에 없다. 그들의 삶에 대한 응원과 존중은커녕 생활의 활력과 건강한 노동을 빼앗긴 '늙거나 무능한' 식민지인에 대한 차가운 조소와 손가락질로 느껴진다는 서글픈 독해가 그것이다.

그런데 힘겨운 노동에 시달리거나 무료하게 소일하는 조선인들이 위치한 장소와 공간에 대한 설명에서 유의할 대목이 하나 있다. 사실을 말한다면, '한강 뱃짐'(그림 19)은 해당 장소를 특정할 수 없는 사진이다. 왜냐하면 또 다른 사진과 엽서, 안내서에서 한강 대신 대동강을 취하고 있는 경우도 종종 보이기 때문이다. 식민지 조선 대상의 사진엽서를 일별해본 독자라면 일제가 식민화를 전후하여 촬영한 조선의 자연, 유적, 인물, 생활 습속 사진들이 해방 전까지 반복적으로 생산, 유통, 소비되고 있다는 사실을 알아차렸을 것이다.

이것은 해당 사진과 엽서들이 지배자의 시선이 투영된 식민지 타자의 이미지들을 보관하는 저장고이자 그것들을 조선을 포함한 일제 전역으로 발송하는 우편국으로 함께 기능했음을 자연스럽게 환기한다. 이러한 배경은 사진엽서에 기록된 어떤 장소가 제국의 필요와 판단에 따라 전혀 다른 장소로 교체되는 일이 다반사로 벌어졌을 것임을 짐작케 한다. 물론 생활과 문화, 풍습과 인물의 유사성이 매우 짙어 특정 장소로 '구별 짓기'가 어렵다는 조건 아래서 말이다. 이러한 방식의 친밀한 장소에 대한 전환과 해체, 낯선 장소에 대한 강압적 투사와 위치 부과야말로 제국주의가 식민지에 대해 '거리 두기'와 '점유하기'를 동시에 수행하는 식민주의적 문화지리학을 대표한다.

제 5 장

잘 만들어진 평양의 '칼'과 '꽃'

— 사진엽서 《평양오십경》과 식민 도회의 음영

'평양'을 관통한 일본의 두 총탄

한국과 중국, 일본이 격돌한, 또 그 싸움에 서구 열강이 은연중 관련된 두 차례의 동북아 국제전은 우연찮게도 고구려의 왕도이자 북선北鮮의 정치·경제·문화적 중심 도시였던 평양을 주전장으로 삼았다. 하나는 조선에 대해 왜나라는 점령을, 명나라는 구원을 내세워 맞붙었던 임진왜란 당시의 평양성 전투(1592)이다. 그 결과 동양3국의 권력 지형에 상당한 균열과 파국이 발생했다. 중국과 일본은 청나라와 에도막부로 정권 교체가, 조선은 이후 폐주廢主가 되어 쫓겨나는 광해군의 등장이 앞서거니 뒤서거니 일어났다. 둘은 근대 전환기 동양의 패권을 둘러싸고 벌어진 청일전쟁 때의 평양성 전투(1894)이다. 중국 대륙으로까지 전선이 넓혀졌던 전쟁의 결과, 동양의 지배질서 자체였던 중화체제의 붕괴, 일제의 세계열강으로의 도약, 뒤늦게 개화에 나선 조선의 식민화 가능성이 현실화되었다. 크게 보아서는 청나라의 발상지로 한때는 봉금의 땅이었던 만주를 둘러싼 러일전쟁(1904)도 여기 포함된다. 이 동서양의 싸움을 계기로 대한제국은 서구 열강의 승인 내지 묵인 아래 일제의 식민지로 급속히 전락되어갔다.

예시한 세 전쟁은 싸움의 시기와 각국의 목적은 달랐지만, 최근 《러일전쟁》 1~2권(2019)을 펴낸 일본학자 와다 하루키和田春樹의 말처럼 일종의 국제전인 '동아시아전쟁'의 형태를 띤 '조선전쟁'이나 마찬가지였다. 왜냐하면 조선에 대한 영향력의 강화 또는 조선의 전면적 점령을 통해 통칭하여 '식민의 권력'을 행사하고 각종 이권을 독점하겠다는 '그들끼리의 전쟁'

에 가까웠기 때문이다. 러일전쟁 종전 직후 발행된 오오와다 다테키大和田建樹의 《만한철도창가滿韓鐵道唱歌》(1906)의 한 구절은 특히 동양의 패권과 세계열강의 지위를 양손에 거머쥔 일본의 오만한 승전의식과 광분의 도취감을 유감없이 보여준다. 청일전쟁의 평양은 "저기 보아라 1894년 전쟁에서 / 보병부대가 쳐부순 모란대"로 노래 되었다. 러일전쟁의 평양은 직접 등장하지 않는다. 그렇지만 '압록강'을 돌파하는 분위기 "쿠로키黑目 군대이 강을 / 열풍파죽裂風破竹의 기세로 / 건너가 내지른 함성 소리"에서 당시의 분위기가 어렵잖게 짐작된다. 평양에서의 승전과 그것에 자극받은 만주 제패의 욕구는 당시 촬영된 '평양부 선화당'과 '압록강 / 압록강 가교로의 진군'에 관한 사진을 통해 희희낙락하는 역사적 사실로 떠오른다.[1]

오스터함멜은 제국주의에 의한 식민지 형성이 "무정부적인 경계 지역에서 전사들이 지녔던 거친 야만성보다는 식민 모국의 고도로 통제된 폭력"에 주로 의존한다고 보았다. 그러면서 '통제된 폭력'의 내용과 방법을 "(1) 최초의 접촉 내지 정착, (2) 정복, (3) 공고화"의 3단계에서 찾았다.[2] 만약 평양의 정복에 관련된 이 3단계의 식민화 과정을 그 기원과 결과로 드러내는 문자와 이미지를 찾아본다면 어떤 매체가 될까. '접촉'과 '정복'의 지평에 초점을 맞춘다는 뜻에서 하나는 이인직李人稙의 신소설 《혈의 루》(1907)에서 다른 하나는 일제가 제작한 사진엽서와 우키요에浮世繪에서 구해 본다.

이인직의 '평양'은 "일청전쟁의 총소리"로 인해 "사람의 자취는 끊어지고 산과 들에 비린 티끌뿐"인 아비규환의 전장으로 등장한다. 그렇지만 타국의 전쟁에 휘말린 조선(인)의 참상은 공정한 일본군의 의지와 실천에 의해 매끄럽게 봉합되고 치유될 기회를 갖는다. 예컨대 이곳저곳 딸을 찾아 헤매던 옥련 모 최씨 부인을 "군중軍中에서 보호하고 그 이튿날 제집으로 돌려보내"거나 부모와 생이별한 옥련을 일본의 "학교에 보내어 공부하도록" 주선하는 보호와 구원 행위가 그것이다. 문제는 이 장면의 기억과 환기가 조선의 소설가에 의해 이뤄지고 있다는 점이다. 조만간 식민화에 떨어진 조선의 작가가 전쟁을 일으킨 일제의 어쭙잖은 보호 행위에 기꺼이 동의하고 환호하는 문자 행위는 전쟁의 보편적인 슬픔과 아픔, 같은 핏줄의 조선인의 죽음과 피해를 천연덕스럽게 감춰버린다. 동시에 낯설고 무서운 일본군이 갖는 '근엄함과 딱딱함'을 제거하는 대신 앞으로 있어 마땅할 군인의 참된 '친근함과 부드러움'을 느끼도록 만든다.[3] 이로써 오랜 고도古都 '평양'이 상처와 죽음의 공간이 아니라 한때는 왕도였던 당시의 권위와 활력의 장소로 다시 환기되는 까닭이 분명해진다. '(소)중화'라는 거짓 권위와 명성을 격파한 천황 '제국의 규율 잡힌 병사'[4]와 친밀한 관계를 새로이 구축하기를 열망하는 이인직류의 미래의 '신내지인'이 있어 가능했던 것이다.

일제는 청일·러일전쟁 당시 우키요에와 전쟁화, 첨단의 기술문명과 우편제도의 산물인 사진과 그림엽서를 적극 활용했다. 이것의 첫 목표는 타국에서 벌어지는 전투 상황을 기록하고 본국에 전파하는 데 있었다. 전투 상황, 특히 승전의 현황이 담긴 인쇄·우편 매체는 참전 병사들의 용기를 북돋우고 가족과 동족의 따스한 위무를 이끌어 내는 것에도 효과적이었다. 하지만 궁극적 목표는 전쟁에 관한 대중의 호기심과 열정을 채워줌으로써 그들을 하나의 의식과 이념을 가진 '국민'으로 통합하고 결속하는 데 있었다.[5] '운명공동체'로 서로를 떠올리고 신뢰하는 '상상의 공동체'를 건설함으로써 근대 천황제의 우월성을 영구히 하고자 했던 것이다.

이러한 국가주의적 전쟁 미화의 정황과 예시한 사진엽서와 우키요에는 어떻게 관련될까. 〈평양·현무문〉의 와카는 《조선정시》와 《국경정서》를 살펴보는 앞 장에서 함께 읽은 바 있다. 그러므로 그나마 할아버지와 손녀의 산보에 어울리는 평양의 현무문 사진에 집중해보자. 풍광이 아름답기로 소문난 평양성 내부나 둘레에도 산보할 장소가 숱할 텐데 왜 하필 여기저기 파손된 듯한 현무문을 엽서 상단부에 얹었을까. 사진엽서는 일

그림 1 평양 · 현무문

그림 2 현무문을 열다

본어 와카를 제외하고 건축물과 인물만 보면 '조선적인 것'이 전면화되는 분위기이다. 이럴 경우 자칫하면 일제의 평양에 대한 지배와 통치에 어떤 균열이나 곤란함이 발생할 위험성도 없잖아 보인다. 물론 전근대적인 분위기를 물씬 풍기기에 복고와 퇴락의 정서를 벗어나기 어려운 장면이기는 하다. 일제는 소비자의 감각과 근대성의 맥락에 호소함으로써 조선을 여전히 소외시키며 즐거운 관람의 대상으로 못박고 있는 것이다.

이를 토대로 일제가 현무문을 선택한 답을 찾아보면 우키요에의 제목인 〈현무문을 열다〉가 힌트가 된다. 그림은 난공불락의 요새로 손꼽히던 평양성을 함락시키기 위해 죽음을 무릅쓴 용맹무쌍한 분투로 성벽을 넘어가 '현무문'을 열어젖힌 병사 하라다 쥬키치原田重吉의 모습을 담은 것이다.

그는 궁핍한 농부의 아들로 태어나 나라의 부름을 받고 참전하여 평양성 점령에 큰 공을 세움으로써 각종 전쟁 때마다 영웅담의 주인공으로 호명되기에 이른다. 천황과 제국에 대한 충군애국, 멸사봉공의 헌신적인 병사상, 승전의식의 고취와 신민의 대통합 등 천황제 국가에 필요한 모범 사례로 단번에 떠오른 것이다.[6]

현무문에 얽힌 일개 병사의 영웅담이 조선인 할아버지와 꼬마 손녀에 발휘하는 효과는 분명하다. '신내지인'으로 새로 등재된 식민지 조선의 '요보'들도 천황의 부름에 열성을 다하는 '충량한 신민'이자 '용맹한 병사'로 거듭나라는 근엄한 분부가 그것이다. 밝고 상큼해 보이는 사진엽서 〈평양·현무문〉도 일제 사진엽서 특유의 사상전에 충실하다는 것이 뚜렷이 확인되는 지점이다. 일제 사진엽서는 사진과 그림, 시가와 산문의 틈새와 맥락에 '조선적인 것'의 전근대성과 후진성을 적극적으로 노출하는 데 열심이었다. 그럼으로써 선진의 '일본적인 것'을 본받아 식민지(인)의 비애와 울분, 결핍과 열등을 벗어나 보라는 기이하고 생뚱맞은 식민지적(무)의식을 요구했다. 에드워드 사이드의 말을 약간 바꾸자면, 조선인들은 이 요구에 적합하도록 스스로를 일제의 요구에 적응시켜 거기에 예속되게끔 하는 권력 장치를 적당히 수용하는 어리숙한 '토착민'들로 자꾸만 재구성되었다. 일제의 권력적 시선에 포획된 사진엽서의 할아버지와 손녀가 이를 대표하는데, 이러한 양상은 함께 읽을 사진엽서세트 《평양오십경》과 《평양백경》에서도 예외가 아니다.

《평양오십경》과 《평양백경》 모두 1세트 총 32매 구성이며 다이쇼사진공예소에서 발행되었다. 《경성백경》을 기본 삼아 두 엽서세트를 발행한 것으로 보아 무방할 정도로 세 엽서세트는 형식과 내용에서 매우 닮은꼴이다. 대표 삼아 말하면, 《평양오십경》은 엽서세트 봉투에 적힌 대로 "사적·명승·기생으로 휘황한" 평양에 초점을 맞췄다. 이를 전제로 평양 엽서세트의 구성과 특징을 간단히 정리해둔다. 첫째, 32매 엽서에 1매당 사진

1~5개를 배치하여 평양 50개소의 이미지를 제시했다. 그 위에 해당 풍경과 장소, 인물을 바라보는 구경꾼이나 그것들에 연관된 타자들의 정서를 노래한 와카와 조선민요를 얹었다. 둘째, '평양적인 것'을 대변하는 자연풍경과 건축물은 임진왜란과 청일·러일전쟁 당시의 일본군 전적지와 관련되도록 선택했다. 셋째, 일제의 식민지 근대화를 대표하는 철도, 기차, 공원, 운동장, 취수 시설, 공회당, 방송국, 병영 시설도 잊지 않았다. 넷째, 《경성백경》과 가장 대비되는 것이라면, '평양기생'의 면면과 기생양성소의 모습에 네댓 편의 사진엽서를 할애했다는 사실이다. 그녀들은 단순한 전시나 감상의 대상이 아니라 재조 일본인과 일제 여행객의 성적 유흥과 소비의 대상이었다. 그랬기에 평양기생들은 의복은 제대로 갖춰 입었으되, 일제의 시선에는 '노출된 신체'로 비치는 불우한 비극을 면치 못했다.

그림 3 평양오십경 봉투

이상의 구성과 특징은 일제가 평양을 전통의 왕도보다는 상반될 듯한 두 모습으로 상상하고 응시했음을 뚜렷이 한다. 하나는 문명과 기술에서 우월한 일제 승전의 전장('칼')이다. 다른 하나는 자신들의 게이샤보다 훌륭한 기예와 아름다운 용모를 갖췄다고 종종 부러워하던 기생, 곧 '해어화'의 전시장('꽃')이다. 청일·러일전쟁을 거치면서 강력하게 형성된 '국민의식', 곧 '황국신민'의 애국심과 영토 팽창에의 심상지리가 승전의 기억에 대한 끊임없는 소환과 '신내지'에서 발견한 이국적인 섹슈얼리티의 열렬한 소비로 이끌고 있음이 확인되는 지점이다.

전장의 평양, 일본의 승전 및 한만韓滿 경영의 거점

중고교 시절 《국사》와 《국어》 학습을 떠올리건대, 북선北鮮의 맹주가 일본과 '칼'과 '꽃'으로 만난 뜻깊은 사례는 고구려 시절 광개토대왕 및 담징과 관련된다. 서기 400년경 신라를 침공한 왜군을 정벌하고, 600년경 나라奈良 호류지法隆寺에 선진의 불법과 최상의 예술을 전달한 일이 그것이다. 잘 알려진 대로, 두 사건은 일본의 유구한 '정한론'에 맞서 한반도의 우월한 힘과 선진문화를 입증하기 위한 '역사적 사실'과 '반反식민주의'적 이념의 공세적·방어적 기제로 동시에 작동해왔다.

그렇다면 식민주의 사관으로 무장한 일제시대 이래의 역사적 기억과 기록은 어떨까. 당시 간행된 관광 안내서나 팸플릿에서 고구려와 두 위인에 대한 언급은 찾아보기 어렵다. 대신 임진왜란과 청일전쟁 시의 평양 점령도 조선의 안녕과 질서를 가져온 한양-경성 점령과 동일한 의미를 갖는다고 평가할 때 평양은 다시 밟아보는 호쾌한 전승지로 전면에 등장한다.

예컨대 "근세 이래 '문록의 역'(임진왜란-인용자) 당시엔 코니시 유키나가小西行長의 군세가 평양을 공략했으며, 또 '일청의 역'(청일전쟁-인용자) 당시엔 노즈 미치즈라野津道貫 사단이 포위 공격을 통해 현무문을 격파하는 등 아직도 기억에 새로운 평양의 역사를 채색하고 있다"[7]라는 서술이 그것이다. 300여 년의 시차가 있는 두 전쟁에서의 평양성 점령과 돌파를 일본군 승전의 핵심 서사 가운데 하나로 가치화하는 장면이다. 잠시 뒤에

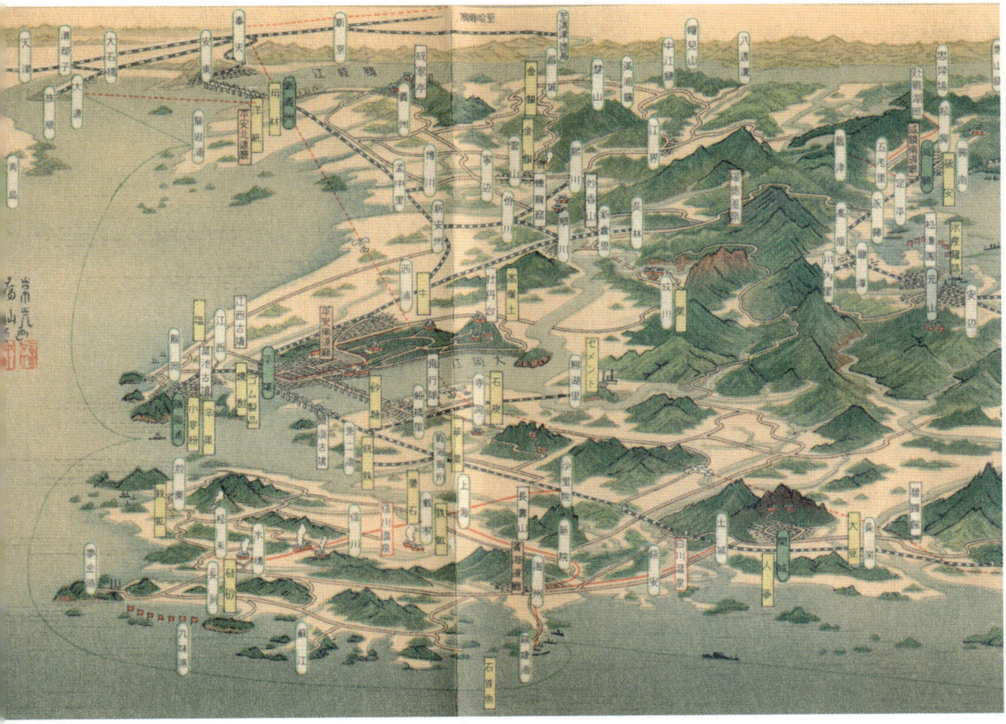

그림 4 개성 · 사리원 · 평양 · 진남포 · 신의주 · 안동 (조선총독부, 《조선 안내》, 1934)

살펴볼 《평양오십경》에 전쟁 관련 충혼비 사진이 다수 등장하는 까닭도 전승지로서 평양에 대한 기억과 깊이 관련된다.

그렇다면 이미 조선을 식민화한 상황에서 평양에 대한 과거의 승전보를 기억하고 현재의 시점으로 재현한다는 것은 어떤 의미를 지닐까. 동양의 맹주로 올라선 일제의 위용과 실력을 자랑하려는 조치만은 아닐 것이다. 과연 앞서 인용한 팸플릿에는 평양은 고래로 서부 조선의 물자 집산지였으며, 현재는 공업과 광업의 기지로서 중국과 만주를 향한 대외무역 중심지로 기능하고 있다는 해설이 또렷이 박혀 있다. 이러한 평양의 경제적 순기능은 평양역 중심의 경의선 노선이 가진 이점, 곧 남으로는 일본과 연결되는 경성이, 북으로는 만주로 연결되는 신의주와 안동이 놓인다는 사실과 깊이 연관된다. 일본 소설가 다카하마 교시高浜虚子는 조선 여행에 대한 감상과 포부를 개진한 장편소설 《조선》(1912)을 빌려 교통의 이점에 대한 적극적 활용을 강조하며 다음 세 가지의 '평양개발 정책론'을 제시했다. 첫째, 평양은 철도 건설을 통해 대륙과 세계로 진출하는 통로가 된다. 둘째, 이를 위해 일본 정부가 열의를 가지고 평양 경영정책을 펴고 있다. 셋째, 평양은 일본의 근대사에서 빼놓을 수 없는 전승지이다.[8] 교통과 군사, 식민 정책이 긴밀히 연결된 삼각 구도가 투명하게 드러나 있다. 아무려나 청일전쟁·러일전쟁의 승리로 공식화되기에 이른 일제의 한만 개척과 경영에 대한 의지와 욕망은 다카하시가 제시한 범주를 거의 벗어나지 않는다. 그렇기 때문에 평양은, 아래의 전승 시편에서 보듯이, 군국주의적 식민화와 팽창주의의 중요한 기획이자 결실에 해당되는 조선과 만주의 정복 및 경영을 위한 주요한 물적 토대이자 일본 정신 고양의 장소로 새로이 가치화되는 것이다.

1) 물길은 넓어 대동강 보루는 높아 모란대
참으로 평양의 요새는 팔도강산에 둘도 없는 땅

2) 산세 험한 적문敵門을 격파하는 용감 결사의 병사
유산탄榴散彈은 하늘을 날고 병사의 함성 땅을 흔드네

3) 하룻밤 새 적은 도망가고 총검을 거머쥔 우리는 추격하네
아 보라 성의 나무 끝에 펄럭이는 아침 해 깃발의 모습을
–〈펄럭이는 깃발의 모습〉[9]

청일전쟁의 향방을 결정지은 평양성 전투에서 승리한 광경을 노래한 시편으로 오오와다 다테키가 지은 《평양》(1899)에 실렸다. 이인직의 《혈의 루》에 묘사된 옥련과 어머니 최씨 부인의 생이별, 집을 잃고 굶주리는 조선인의 참상이 증거하듯이, 평양성 전투는 청국과 일본의 조선 복속과 지배를 위한 다툼이었다. 따라서 조선인에 대한 안전과 보호 장치의 마련

그림 5 기자릉(대동강 변 평양 모란대 명승집)

에는 거의 무관심했다. 《만한철도창가》를 통해 '한만 경영'의 필연성과 정당성을 설파했던 오오와다 다테키는 《평양》에서 전투 장면을 제외한다면 특히 다음의 두 가지를 강조했다. 일본은 영구적인 동양 평화를 희망하고 추구한다는 것, 이에 맞춰 조선의 독립국 지위를 승인한다는 것이 그것이다. 이와 같은 동양 평화와 상호 교린의 감각은 《혈의 루》에 점묘되어 있듯이 일본 여성으로 구성된 간호부대가 부상당한 청국 병사를 정성껏 치료하고 돌본다는 '적십자정신'의 실천에서 절정을 이룬다.

하지만 "평양의 요새"나 "펄럭이는 아침 해 깃발"에 새겨진 조선 점령의 감각은 동양 평화와 상호 교린의 선언이 매우 교활한 식민주의적 담론과 직결되어 있다는 인상을 준다. 왜냐하면 조선의 평양을 자기화함으로써 식민 권력의 위대성을 마음껏 과시하는 한편 조선을 소외된 타자로 능수능란하게 점유하기 때문이다. 평양을 대표하는 관광 명소 '기자릉'에

첨부된 다음 설명이 매우 의도적이며 전략적인 언표로 다가오는 이유도 두 요소와 깊이 관련된다.

> 을밀대 후방 노송 울창한 곳에 기자릉箕子陵이 있다. 기자는 일세의 폭군 은나라 봉왕封王의 태사太師로 봉직했다. 봉왕에게 끊임없이 간언했으나 받아들여지지 않자 조선으로 몸을 피했다. 평양에 도읍을 정해 나라를 잘 다스린 사람(왕)이었다.
>
> -〈기자릉〉 전문

역사학계에서 기자조선은 단군조선과의 관계를 두고 논란을 거듭해온 대상으로 악명 높다. 현재로서는 그 사실과 의미가 많이 의심되지만, '기자동래설'에 따르면 기자는 은나라 사람이다. 주周의 무왕武王이 새 나라를 세우자 고조선으로 도망쳐와 왕위에 올랐다. 백성에게 전잠田蠶과 방직, 예절과 8조 금법을 가르쳤다. 이러한 업적 때문인지 고구려 평양에는 기자신神을 섬기는 신앙이 존재했으며, 고려 시대에는 원래 존재하지 않던 기자릉까지 새로 만들어졌다. 이후 고려~조선에 걸쳐 기자릉 제사를 국가적 차원에서 거행하는 등 특히 고려와 조선 유학자들에게 자랑스러운 전승으로 믿어지는 분위기가 만연했던 것으로 전해진다.

그렇다면 일제는 왜 패망한 조선왕조가 그토록 중시하던 기자조선 및 기자릉의 위상과 가치를 관광 명소 이상으로 드높이고자 했던 것일까. 두 가지 사실을 떠올려보면 그 까닭이 분명해진다.

하나는 신채호류의 역사의식과 항일민족의식을 약화시키기 위한 전략의 일환이었다. 신채호는 조선의 식민화가 눈앞에 닥친 시점인 1908년 〈독사신론〉[10]을 통해 고대사 구도를 조선-부여-고구려로 획정했다. 동시에 중심 지위를 차지했던 기자·위만·한사군을 부여족의 역사에 부속시켰다. 이에 따라 평양은 주체적이고 독립적인 '조선상고사'가 펼쳐진

한민족의 고도古都로 새롭게 가치화되기에 이른다. 이러한 상황은 일제 당국에 예민한 경계심을 발동시켜 그 위험성에 대한 대처를 준비토록 할 만한 것이었다. '기자조선'을 부정하는 신채호의 역사의식은 항일민족운동을 위한 만주로의 망명과 아나키스트로의 변신을 이끌 정도로 급진적인 것이었다. 일제의 입장에서 본다면, 신채호의 변화는 조선 독립운동을 넘어, 조선 자체로 제국 되기, 곧 조선 스스로가 제국이 되어 근대 천황제에 맞서겠다는 위험천만한 도발까지[11] 초래할 수도 있는 아주 불령스런 것이었다. 이러한 사태를 방지하기 위해서라도 신채호류의 불령한 역사관과 민족의식을 억압하고 약화시키는 통제 장치가 반드시 마련되어야 했다. 일제는 그 장치로 중국 기원의 기자조선과 낙랑군에 대해 역사적 정통성을 재차 부여하는 방법을 택했다. 그럼으로써 신채호류 역사의식의 준동을 막아내는 한편 조선의 식민성과 유약함을 더욱 굳혀나가고자 했다.

여기서 발생하는 최대의 효과는 한국 고대사에서 북선北鮮 일대는 중국 왕조의 영향과 간섭에서, 남선南鮮 일대는 일본 왕조의 정벌과 복속에서 자유롭지 못했다는 식민사관의 광범위한 유포와 고착화일 것이다. 한국 고대사의 정교한 날조 덕택에 임진왜란과 청일·러일전쟁 당시의 평양 점령은 폭력적 침략주의와는 무관한 사건으로 거듭난다. 이를 계기로 평양 점령 역시 정한征韓의 꿈을 반드시 마무리하라는 천황가 신령들의 목소리를 받든 '경신숭조' 사상의 군사적 실천으로 새로워진 것이다. 일제가 기자조선을 드높이는 기자릉에 대하여 관광 명소 이상의 가치와 의미를 부여한 또 다른 까닭이 여기서 찾아진다.

평양 고적古蹟 관광과 일본 승전의 기억

고도 평양의 풍광과 명승을 사진과 노래에 담아 일종의 관광기념품이자 실용적 우편물로 제공한 인쇄매체를 꼽는다면 《평양오십경》과 《평양백경》을 쉬이 지나칠 수 없다. 자료 현황을 살펴보면, 전자는 1세트 총 32매가 온전히 갖춰져 있다. 이에 반해 후자는 완비된 세트를 구해 보기 어려운 상황으로 수 편의 단품만을 접할 수 있다. 이 때문에 사진이 더욱 풍부할 듯한 《평양백경》이 보조 자료의 처지를 면치 못한다. 이를 전제로 《평양오십경》의 사진을 소재와 성격에 따라 분류해본다.

[표 1] 《평양오십경》의 주요 건물 · 시설 · 장소

분 류	사진 이미지
평양 고적, 건축물	대동문, 보통문, 현무문, 칠성문, 모란대, 을밀대, 부벽루, 득월루, 연광정, 전금문, 최승대, 영명사, 능라도, 기자릉
조선풍속, 인물 · 풍경	김영월, 노은홍, 장연홍, 여러 기생, 기성箕城 기생양성소, 구舊시가지, 대동강변 항아리 집산지
경찰서, 병영 공공시설	평양경찰서, 비행 6연대, 비행대 격납고, 보병 77연대, 고사포대 병영, 능라도 정수지
기차역, 시가	평양역, 평양시가 전경, 대화정大和町, 대동교
근대공원, 문화 시설	일청전쟁 충혼비, 만수대 충혼비, 공회당, 평양운동장, 평양신사

《평양오십경》은 근대문명 관련의 '일본적인 것'이 우세한 《경성백경》과 달리 전통 고적 중심의 '조선적인 것'이 더욱 많은 모습이다. 하지만 수효의 많고 적음이 '조선적인 것'에의 전면적 집중과 '일본적인 것'에의 단편적 관심을 뜻하지는 않는다. 왜냐하면 일제는 조선의 고적과 풍물을 대상으로 승전의 기억을 떠올리는 모습과 평양기생으로 대표되는 '잇또'의 탐닉과 소비에 집중하는 모습을 중심으로 《평양오십경》을 구성하고 있기 때문이다. 여기에 이 엽서세트를 평양에 대한 있는 그대로의 기록물보다 일제의 시선과 욕망이 잘 투영된 만들어진 재현물로 보는 까닭이 숨어 있다.

이상의 배경을 유념하며 《평양오십경》 곳곳에 박혀 있는 승전의 서사와 감각에 눈길을 먼저 던져본다. 평양과 북선 일대를 소개하는 팸플릿에 따르면 "평양 시내 명소 구적舊蹟" 관광은 다음과 같은 여정으로 진행된다. 평양신사에서 시작된 관광의 여정이 기생학교에서 종결된다는 것은 무엇을 뜻할까. 고적 탐방을 빙자한 승전지 확인, 곧 충군애국의 '일본정신' 함양과 전리품 성격의 '잇'의 대상인 조선 기생의 점유와 탐닉이 일본 관광객의 식민주의적 의식과 심상지리의 확보에 기본 동력이 되고 있음을 의미할 듯싶다.

① 도보와 전차 이동 : 역-(전차)-평양신사-(이하 도보)-칠성문-박물관-기자묘-을밀대-현무문-부벽루-청류벽-(유람선)-대동문-연광정-기생학교-(전차)-역 또는 여관 (소요시간 5시간)

② 자동차 이동 : 역-서기산공원-평양신사-칠성문-박물관-기자묘-을밀대-현무문-오마키お牧찻집(휴식)-부벽루-청류벽-(유람선)-대동문-연광정-기생학교-역 또는 여관 (소요시간 2시간)[12]

이 코스는 어떻게 정해졌을까. 조선인에게 이름 높은 명승고적을 참조하여 구성한 코스가 아닐까. 그러나 웬걸 청일·러일전쟁의 서사와 승전을 확인할 수 있는 장소가 관광의 여정을 구성하는 실질적 기준이었다. 이는 학생들의 수학여행도 인용한 코스대로는 아닐지라도 유명한 자연 명소나 문화유적 중심보다는 일본군의 무훈과 승리를 직접 살펴볼 수 있는 승전지 중심으로 짜인 것에서도 확인된다.[13] 학생들은 미래의 황국신민으로 성장하여 멸사봉공의 자세로 천황을 위해 목숨을 바치는 충군애국의 정신을 기르는 일이 가장 중요했다. 여기에 비하면 식민지의 자연 풍광과 문화유적이 풍겨내는 이국정서는 잠시 즐길만한 쾌미에 지나지 않았다.

평양 여행 또는 관광에서 일본 정신의 확인과 감격이 주가 되고 식민지 이국정서의 호흡이 종이 되었음은 일제의 평양 소개 관련 기본구도에서도 확인된다. '단군 왕검의 도읍지라는 전설(강조-인용자)—기자씨 9백 년간 옛 도읍–낙랑군 설치–고구려 건국과 멸망–당나라 안동도호부 설치–고려조 서경 지정–임진왜란 당시 코니시 유키나가의 승전과 퇴각–청일·러일전쟁의 승전지'임을 기술한 뒤 모란대, 현무문, 부벽루 등의 전통유적을 소개하는 한편 각종 행정기관과 군사시설, 광공업 현장을 알리는 장면이 그것이다.[14] 이처럼 일제에게 평양은 조선 정벌이나 대륙 진출의 역사를 소환하고 기념하기에 적절한 영예로운 승전 및 식민통치의 기념비적 장소였던 것이다.

그러나 고색창연한 유적과 수려한 자연 풍광이 암시하듯이 조선의 고도 평양은 역사와 문화 중심의 '참된 장소감'이 넘쳐흐르는 매력적인 도회였다. 그러므로 조선의 역사적·문화적 승경지를 일제의 근대 천황제에 복무하는 식민도시로 재편하는 작업은 상대에 대한 인정과 존중을 아예 무시하는 비윤리적이며 폭력적인 행위에 가까웠다. 일제는 물론 그것을 뒤처진 타자를 계몽하고 개선하기 위한 역사적 기억의 교정과 전통문화의 재배치로 정당화하느라 바빴다. 이를 염두에 두면서 《평양오십경》의 사진과 시편에 다가서도록 하자. 그곳이 어디든 여행과 관광의 시작은 해당 장소의 관문에 해당하는 기차역이나 터미널이 될 것이다. 그러므로 《경성백경》에서도 그랬듯이, 《평양오십경》에서도 '서평양역' 관련 사진엽서(그림 6)를 먼저 살펴보는 것이 합당한 순서겠다.

서평양역으로 출발하기 전에 미리 기억해두고 싶은 것은 평양신사가 첫 번째 이동 장소라는 사실이다. 경성역 근처 남산공원에 조선신궁을 위치시켜 일본 관광객의 참배를 북돋운 것처럼 평양역 다음 코스도 평양신사로 설정했다. 이는 단순한 관광지 방문이나 종교 활동 배려 차원의 코스 구성으로 보기는 어렵다. 여행/관광이라는 사적인 취미 활동조차 근대 천황제 주도하의 국가신도, 곧 종교 제도와 결합된 집단주의적·국가주의적 원리와 규율에 의해 제어되고 있음을 드러내기 위한 의도에 가깝다.

그 구체적인 연유는 어디에서 찾아질까. 평양신사는 을밀대와 평양박물관 입구에 해당하는 칠성문 근방에 위치했으며, 평양성 일대 관광의 마지막 구간인 대동강 변 청류벽과도 가까웠다. 이는 일제가 '조선적인 것' 일색의 평양성과 구도심에 '일본 정신'의 상징이자 그것의 국가적 추구체인 평양신사를 일부러 배치했음을 짐작케 한다. 평양성 일대가 청일·러일전쟁의 격전지였으며, 게다가 비록 승전으로 끝났지만 거기 바쳐진 피와 죽음이 적잖았다는 사실은 평양신사 건립과 일본 관광객 배례의 까닭을 분명히 짚어준다. 관광객들은 여행 활동에 앞서 국가를 위해 산화해간 일본군을 정중히 애도하는 한편, 천황의 영원성과 제국의 안녕 및 발전을 간절히 기원했을 것이다. 낯선 이역 '평양', 아니 '헤이죠'에서 일본적 정체성과 천황의 위대성을 확인하는 '참된 장소감'을 감격에 겨워 느꼈다면 필시 저 애도와 희원의 제의祭儀와 깊이 관련될 것이다.

신라의 고도 경주역처럼 북선의 서평양역도 기와집 형태의 역사로 지어졌다. 궁금한 점은 왜 관광의 출발선이 규모가 훨씬 큰 평양역이 아니

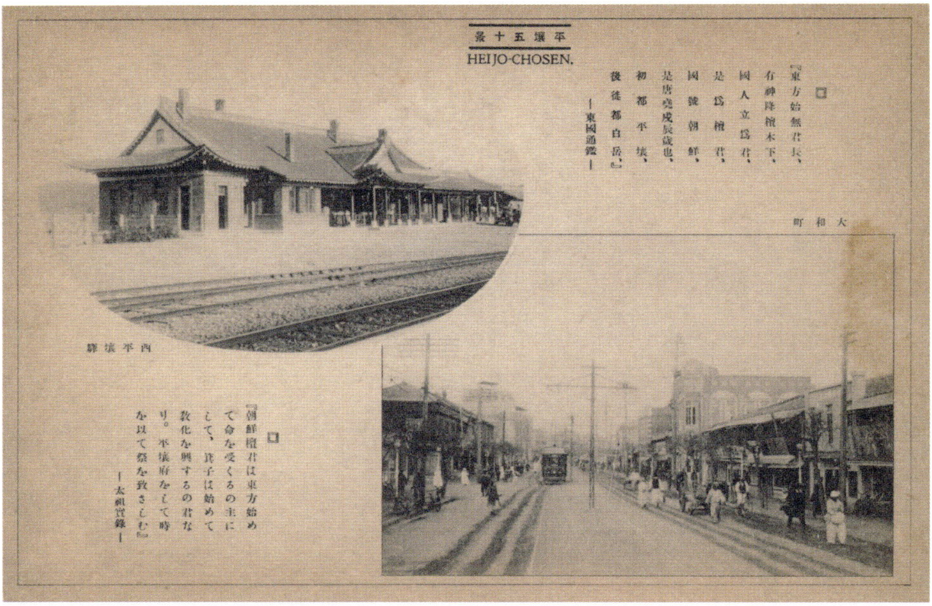

그림 6 서평양역과 대화정(《평양오십경》)

고 자그마한 서평양역인가 하는 것이다. 지도 〈평양부 안내도〉에 따르면, "평양 시내 명소 구적舊蹟"은 북쪽에 위치한 서평양역 근처에 몰려 있다. 이 지역의 고적을 대표하는 을밀대와 부벽루, 칠성문과 현무문 등은 청일·러일전쟁의 승전보가 울려 퍼진 평양성의 주요한 건축물이었다. 이 때문에 평양신사~청류벽 일대를 둘러본 후 대동강 유람선을 타고 내려와 옛 도심의 '대동문-연광정-기생학교'를 관람하는 코스가 설정된 것이다.

한편 코스의 마지막에 제시된 역 또는 여관은 엽서의 사진 '대화정大和町'을 감안할 때 평양역일 가능성이 크다. 대화정 일대에 평양부청, 평안도청, 상공회의소가, 그 맞은편인 앵정櫻町~행정幸町 일대에 조선은행, 미나카이백화점,[15] 공회당, 도립병원, 법원 등이, 이곳에서 서쪽으로 약간만 이동하면 홍매정紅梅町의 평양역이 있기 때문이다. 동회 명칭도 서평양역 일대가 '~리里'임에 반해 평양역 부근은 '~정町'인 경우가 많다. 평양역 일대가 일제에 의해 새로 개발된 신도심을 짐작케 한다.

그렇다면 일본인 화자는 전통적 색채로 고즈넉한 북쪽의 서평양역과 전차 달리는 남쪽 번화가인 대화정 일대를 놓고 어떤 감개와 흥취를 노래했을까.

> 우) 우리나라엔 처음에 임금이 없었는데
> 어떤 사람이 신단수 아래로 내려와
> 나라 사람들이 그를 임금으로 세웠으니
> 이 사람이 바로 단군이라네
> 국호를 '조선'이라 하였으니
> 중국 요나라 무진년 때라네.
> 처음엔 평양에 도읍하였다가
> 후에 옮겨가 백악산에 도읍하였다네 (《동국통감》)
>
> 좌) 조선 단군은 동방의 시조로서 명을 받은 군주였다면, 기자는 처음으로 교화를 수행한 군주였다. 평양부에서 때에 맞춰 제를 올린다. (《태조실록》)
>
> - 〈서평양역과 대화정〉

서평양역이나 대화정에 대한 감홍은 전혀 등장하지 않는다. 평양의 오랜 기원과 유구한 역사를 조선왕조의 《태조실록》과 서거정 등의 《동국통감》(1485)을 바탕으로 제시하고 있을 따름이다. 두 기록은 언뜻 보아 왕도 평양의 오랜 기원과 역사를 객관적으로 기술하고 있는 듯하다. 그 주체로서 단군과 기자가 함께 등장하고 있기 때문이다. 그렇지만 두 자료는 식민사관의 입장에서 의도적으로 채택된 것으로 의심된다. 《동국통감》은 단군조선을 중국 요나라에 비교해 그 실체를 인정한 역사서로 인정된다. 그런데 일제 식민사관은 단군을 신화적 인물로 간주하여 그 실체와 역사를 일체 부정했다. 그래야만 중국서 이주한 기자와 위만의 조선 통치, 바꿔 말해 이민족에 의한 식민통치를 조선 역사의 첫 장으로 비정하는 타율성론과 정체성론의 확립이 가능했기 때문이다.[16]

이를 고려하면, 《태조실록》에 기록된 기자에 대한 국가적 제의 수행 및 '기자는 교화의 군주'라는 탁월한 통치력에 대한 인정은 일제의 식민사관에 부합하는 자료로서 더할 나위 없이 적합하다. 하지만 《동국통감》에 기록된 단군조선의 사실적 측면은 어찌할 요량이었을까. 단군을 조선 건국의 비조로 인정한다 해도, 땅에서 태어난 단군이 신성한 천황가의 권위와 명예를 넘어설 수 없다는 자신감에 해답이 숨어 있다. 이 때문에 일본 건국과 통치의 주체인 만세일계의 천황가는 태양신 아마테라스로부터 연원했다는 신화의 실질적 역사화가 중요해진다. 아마테라스 여신의 존재는 '단군은 사람'이라는 《동국통감》의 역사의식을 종교와 신화, 곧 국가신도의 차원에서 압살하는 무소불위의 신념이자 논리에 해당한다.

《평양오십경》과 《평양백경》에서 일제의 식민주의는, 하나, 고적古蹟만을 담되 전통문화의 후진성 드러내기, 둘, 구적舊蹟과 근대화된 평양시가 대비하기로 양분하여 카메라를 들이댄다. 이런 양가적 시선과 태도는 제국의 우월성과 식민지의 열등성을 입체화하는 한편 제국이 선점한 문명개화의 위력과 효율성을 재현하는 작업에 매우 유용하다.

먼저 고적을 배경으로 전통문화나 생활상의 후진성을 드러내는 장면이다. 제국주의는 차별적 시선을 통해 식민지를 대상화하며, 식민주의적 의도가 반영된 기호장치를 통해 식민지에 대한 부정적 이미지를 아낌없이 제조하곤 했다.[17] 이는 일제가 생산하고 유통시킨 평양 사진의 원칙이자 문법이기도 했다. 평양성과 부속 건물들은 무엇보다 외적의 침입에 맞서 백성의 안전과 평화를 보장하기 위한 시설물이었다. 하지만 특히 임진왜란 및 청일·러일전쟁 당시 평양성은 일본군에 속수무책으로 점령됨으로

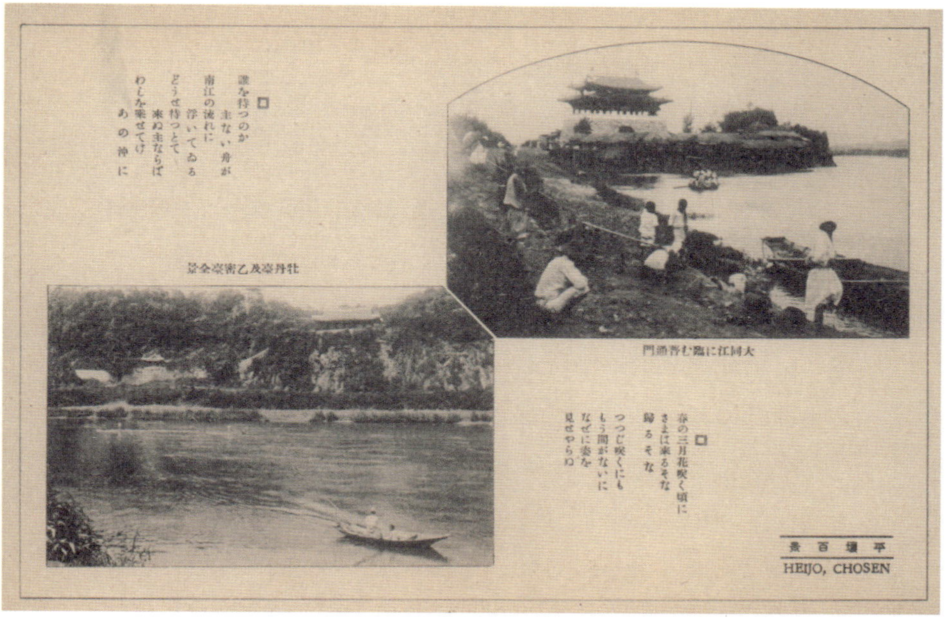

그림 7 대동강에서 바라본 보통문 · 모란대와 을밀대 전경(《평양백경》)

써 조선왕조가 국민 보호의 소임을 다하지 못했음을 입증하는 치욕의 공간으로 떠오르게 된다. 만약 사진 속 대동강에 기댄 평양인의 후진적 생활상이 국가의 허약함과 무책임에서 발생된 것임이 자연스레 환기된다면 이와 무관할 리 없다.

좌) 누구를 기다리는 걸까 주인 없는 배는
남강南江 물결에 흔들리고 있네

아무리 기다려도 오지 않는 주인이라면
내가 올라타 저 강물 한가운데로[18]

우) 춘삼월 꽃피는 시절에
당신은 오겠지 돌아오겠지

진달래 꽃필 때에도 벌써 시간이 없나
어째서 모습을 보여주지 않는지[19]

– 〈대동강에서 바라본 보통문 · 모란대와 을밀대 전경〉

두 편 모두 조선민요를 번역한 것으로, 연인을 기다리는 여성의 서글픈 심정을 그리고 있다. 이와 달리 좌)의 시편은 이른바 '임자 없는 나룻배'에 용감하게 올라타겠다는 남성 화자의 욕망을 전면화함으로써 '당신'을 다소곳이 기다리는 여성 화자의 모습이 안쓰러운 우)의 시편과 한층 구별된다. 물론 그 긍·부정성과 상관없이 '조선적인 것'의 전통성만을 앞세운다면 조선의 전근대적 생활상과 연인을 향한 애절한 그리움을 노래한 두 민요는 서로 거슬리거나 어긋날 것 없는 동시대성을 공유한다. 그렇지만 이때 발생하는 이상한 가역반응을 피하기는 어렵다. 사진과 노래에 스민 전근대의 시공간적 성격이 수동적이며 퇴행적인 조선(인)의 이미지를 더욱 강화시킨다는 사실이 그것이다.

중) 영명산 아래 대동강 흐르네
낮엔 작은 배 찾아오는 부벽루
바람피리 매우 높아 하늘 저물려 하지 않네
연파煙波 망망하여 사람들 슬프게 하네

우) 영명사 어름에선 나그네 아직 잠자고
부벽루 위엔 새벽달이 둥그렇구나
멀리서 닭 울음소리 들려와 강기슭에 이른 줄 알겠거니
능라도 그림자가 연기보다 담백하구나

좌) 마음은 느긋하게 흘러가고 부드러운
수면 위로 가을바람 불어온다
대동강 흐름에 흰 돛단배 물안개 휩싸여

그림 8 모란대 전경 · 대동강 얼음낚시 · 대동강 낚시놀이(《평양백경》)

흔들흔들거리며 간다네 강배

– 〈모란대 전경 · 대동강 얼음낚시 · 대동강 낚시놀이〉

권력과 명예와 금전을 거머쥔 자들의 대동강 뱃놀이는 거의 예외 없이 기생과 술도 함께 태웠다. 평양 관찰사나 양반내기들의 희희낙락한 홍취는 식민지 시대 그 즐거움과 이국정서를 자신들도 즐기겠다는 유한계급 혹은 관광객들의 사진(엽서)로 재탄생하였다. 예시한 엽서(그림 8)의 이미지를 지시하는 '얼음낚시'와 '낚시놀이'는, 비록 조선의 가난하고 무능한 노인들일지언정 그들의 취미와 여유를 살려낸다는 느낌도 없잖다. 그러나 대동강의 여름과 겨울, 거기에 낚싯대를 드리운 조선 노인의 서정이 그것들을 대상화한 일본 여행객의 관조적 시선이나 서글픈 여수旅愁와 동일할

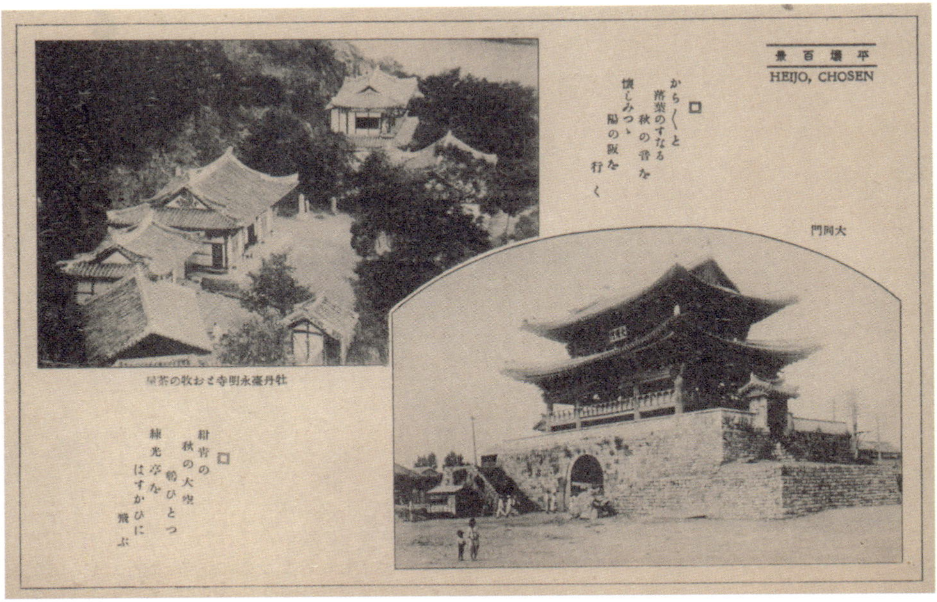

그림 9 대동문 · 모란대 영명사와 오마키찻집(《평양백경》)

리 없다. 조선 노인의 낚시는 생활의 궁핍과 입맛의 배고픔을 잠시나마 감추려는 일거리 대용 행위에 가깝다. 이에 반해 일본인의 관조는 식민주의적 입장에서 평양성과 대동강의 이국정조를 즐기려다는 유희 행위에 속한다. 이러한 차이점이 드러나는 한, 조선 노인은 식민지의 일상적·경제적 낙후성과 거칠고 조악한 식생활을 재현하는 사물화된 존재로 계속 박제될 수밖에 없다.

이러한 현실은 낯설고 이질적인 '조선적인 것'을 즐긴다는 차원을 넘어, 그것을 '일본적인 것' 아래 복속시키는 치밀하게 계산된 효과를 낳는다. 대동강 연변의 고적과 나룻배, 평양인은 일제가 포착한 조선의 후진성을 환유하는 대표 주자들이다. 이 불쌍한 대상들은 일제 자신을 조선의 구원자이자 보호자로 호출하는 식민주의적 효과를 어김없이 산출한다. 일제의 평양 점령은 근대 천황제가 '임자 없는 나룻배', 곧 조선의 새로운 주인으로 등극했음을 알려주는 역사적·상징적 장면으로 손색없다. 이 지점에서 평양 사람들이 오가는 보통문, 모란대, 을밀대, 대동강을 담은 사진엽서들이 그들의 궁핍한 삶을 포착한 역사적 기록물이기에 앞서 식민지 조선에 대한 미학적·심리적 침탈의 재현물로 보인다.

> 우) 바싹바싹 낙엽이 울려대는 가을 소리를
> 그리워하며 햇볕의 언덕길을 간다
>
> 좌) 감청빛 가을 하늘 까마귀 한 마리
> 연광정을 비스듬하니 난다
>
> –〈대동문 · 모란대 영명사와 오마키찻집〉

가을날 저물녘의 쓸쓸함과 애잔함을 청각적·시각적 심상을 맵시 있게 버무려 표현한 노래라 할 만하다. 서로가 조화를 이루는 이상적 자연에의 유추적 상상력이 낳은 '메마른 절경'의 진면목인 셈이다. 그렇지만 예민한 독자라면 벌써 눈치챘겠지만, 대동문과 영명사 사진에는 보통문과 을밀대 사진과는 달리 조선인이 아예 배제되거나 매우 작은 형상으로 점점이 박혀 있을 따름이다. 이 장면은 평양의 전통 고적이 더럽고 뒤처진 '요보'들의 축소·은폐·삭제를 통과함으로써 마침내 그 기원과 소속에 무관한 보편적 역사성과 심미성을 거머쥐게 되었음을 뜻한다. 평양은 일제에게 점령·착취되는 재앙에 처했지만, 그럼으로써 자연미와 인공미 조화로운 고도로 다시 발견되었다는 역설은 그래서 가능해진다.

그렇지만 이상의 상황은 빅토르 위고가 프랑스의 알제리 통치에 대한 정당성을 강변하기 위해 내뱉은 식민주의적 설교의 일절 "그것은 문명이 야만에 대항하여 전진하는 것이다"[20]라는 왜곡된 사유와 상상력을 환기시킨다. 왜냐하면 전통 고적만의 노출로도 야만과 싸워 승리하는 식민주의적 문화정치학의 효과가 뚜렷이 발휘되는 장면이기 때문이다. 문제는 해당 효과로 인해 '구적舊蹟과 근대화된 평양시가 대비하기'라는 식민주의 본연의 구별 짓기가 매우 퇴폐적이며 폭력적인 기호의 운동 장소로 기능한다는 사실이다. 평양의 전통성과 근대성이 사이좋게 배치된 사진엽서로는 먼저 (상) 모란대와 능라도, (좌) 평양운동장, (우) 공회당 사진으로 구성된 것이 주목된다. 함께 실린 두 편의 노래는, ① 푸른 가을하늘의 젊음과 그와 연동된 을밀대의 명랑한 춤사위, ② 누각 난간에 걸쳐 앉은 웃는 벗과 그의 어깨를 물들이는 가을볕의 여유로운 흐름을 노래한다. 변함없이 유구한 자연풍경과 새로 건설된 체육과 교양의 장을 더불어 즐길 수 있다는 것은 천황체제의 식민지에 대한 은뢰의 황홀한 표징이다. 하지만 식민주의적 은뢰에 대한 자기반성 없는 믿음과 환상은 평양 사람들의 고유하고 진정한 삶을 의도적으로 외면케 한다는 점에서 매우 문제적이었다. 보통문과 모란대 사진엽서(그림 7)에서 보듯이, 인용된 조선민요에는 지나치게 낭만적이며 현실 초월적인 분위기가 팽배하다. 이럴 경우, 조선(인)이 처한 삶의 불우와 관련된 현실모순은 물론 그것을 견디고 이겨가는 범속한 지혜나 생활의 덕목이 비집고 들어갈 자리는 자연스럽게 사라진다.

물론 가난한 삶과 피로에 찌든 전근대적 형상의 조선인이 족출하는 일제 사진엽서의 특성을 떠올려보면, 위의 판단은 식민지 생활 현실의 객관적 제시라는 명목에 위배될지도 모른다. 그러나 일제의 카메라에 포착된 조선(인)의 현실은 그 사실성을 감안해도 사물화의 수준을 넘어서지 못한다. 왜냐하면 사진엽서상의 인물과 생활, 문화들은 역사적·현실적 모순을 올바르게 비판하고 통찰하기 위한 '발견적 개입'과는 전혀 무관한, 조선인을 하나의 전시물로 나열하기 위한 박제된 이미지일 따름이기 때문이다. 요컨대 평양 사람들은 자신의 의지와 무관하게 우연히 식민 권력의 카메라에 포착된 주변적 타자의 신세를 벗어나지 못했던 것이다

식민주의적 시점과 틀에 갇혔다는 것은 그들이 지배자들의 이국정서

그림 10 모란대 벚꽃 · 시가 전경 · 평양경찰서(《평양오십경》)

나 조선 '요보'들에 대한 호기심을 충족시키기 위한 기념품이자 오락거리로 대상화되었음을 뜻한다. 이런 사태가 진행되면 될수록 진과 선과 미, 추와 악이 더불어 삶을 이끄는 평양의 본원적 현실은 가뭇없이 사라진다. 그 대신 그것들에 대한 판단중지 가득한 다음과 같은 노래가 평양 거리를 배회하게 된다.

우) 산 끝 높은 누대 을밀대를 바라보니
바다 속 요도瑤島가 삼신산을 격해 있는 듯
신선 바람이 빗방울 몰고 와 도무지 정처 없으니
속세의 거마 탄 사람들을 웃으며 사절하네

좌) 대동강 위 누대를 바라보니
문은 누런 먼지에 휩싸여 낮에도 열리지 않네

빠른 구름에 뒤섞여 별자리 짚이지 않고
빈 창문 강물 가까이로 달이 먼저 떠오르네
– 〈모란대 벚꽃 · 시가 전경 · 평양경찰서〉

이 노래들을 모란대의 벚꽃과 시가 전경, 평양경찰서에 어떻게 연결시킬 수 있을까. 꽃의 국적을 따지는 것처럼 쇼비니즘적 민족주의(국가주의)가 따로 있겠는가마는 평양의 신도심과 그곳의 안녕을 지키는 경찰서 위에 활짝 핀 벚꽃은 그래서 더욱 심상치 않다. 이 삼각 구도의 꽃놀이야말로 식민지의 전통=야만에 저항하여 전진하는 제국의 문명=근대를 표상하는 상징물이 아니었을까. 꽃의 환영은 식민 도회의 일상적 궁핍과 고통을 슬쩍 감추는 대신 제국에 의한 발전과 번영을 확대하여 비춘다. 문제는 이 과정에 필요한 칼의 권위와 명령, 바꿔 말해 식민 권력의 폭력성과 강압성이 적법한 규율과 통제 장치로 승인·미화된다는 사실이다. 이것은 꽃그늘의 확대든 축소든 그 어느 곳에도 조선인의 진정한 삶과 고유한 표정이 스며들거나 깃들 데가 없었거나 사라졌음을 뜻한다.

이로써 조선(인)의 고도 평양은 중국 출신의 기자를 이은 일제 천황가의 타율적인 교화 정책에 또다시 호출되어 그 문화적 지평 내부로 수렴되었다. 이 상황은 그러나 조선(인)은 일찍 개화한 일본 신민에 의해 계몽되고 훈육 받아야 할 무지몽매한 타자였음을 역설적으로 입증한다. 여기서 거리와 가정을 울리던 내선융화의 허구성이 확인되며, 이것은 평양 사진엽서에서 다음과 같이 현상했더랬다. 하나, 병영과 충혼비 사진엽서는 수편 존재하지만, 일제의 교육 당국이나 조선의 선각자가 설립한 학교를 촬영한 사진은 전무했다. 둘, 점령과 식민 상태의 조선을 상징하는 이미지로 치환되곤 하던 평양기생(기생학교 포함) 사진은 《평양오십경》과 《평양백경》 공히 빠뜨리지 않았다. 크기도 작고 무게도 가볍던 사진엽서는 그 외양이나 친교적 기능과는 정반대로 일본의 우승과 조선의 열패를 열렬히 주장하고 신속하게 전파하는 식민주의적 편견과 차별의 육중한 산탄散彈이었던 것이다.

평양기생 · '색향의 꽃' · '단장화斷腸花'

조선 사진엽서 최고의 여성 모델이라면, 가사와 생업 노동에 고통 받는 촌부를 오른손에, 화사하게 꾸민 슬픔과 명랑의 기생을 왼손에 나눠 꼽아야할 것이다. 물론 안타깝게도 이들은 그 자체로 촬영과 출판의 대상이 되지는 못했다. 낯설고 이질적인 '조선의 정조情調'를 마음껏 호흡하려는 때나, 근대적 교양과 양처현모의 이념으로 다듬어진 일본 여성과의 대조가 필요할 경우에 관심의 대상으로 떠올랐다. 조선 촌부는 일본 주부들이 그랬듯이 전근대적 구태에 익숙한 남편을 돕고 어린 자녀를 키우는 가정생활의 '내조자'라는 부수적 존재로 그려진다. 이에 반해 기생은 일본산 게이샤나 유곽 창기와의 비교 속에서 조선 유흥문화를 책임지는 이국적 '잇또it'의 대상으로 일본 관광객에게 다가섰다.

아무려나 조선적인 '잇또'에 대한 요구는 왜색에 물들기보다 "조선에 고유한 조선적 정서"를 중시하라거나, 천박한 행동에 빠지기보다 "고상한 품격"을 지닌 '조선의 기생'이 되라는 충고를 불러일으키곤 했다.[21] 이는 '조선적인 것'을 향한 주체성 회복과 존중의 감각을 강조하는 것처럼 보인다. 인용구는 그러나 효율성을 중시하는 근대의식에 충만하여 조선에 건너온 일본과 미국으로 대표되는 제국주의의 팔루스들이 건넨 충고였다는 한계를 가진다. 게다가 그들이 조선 기생의 손님으로 참석하는 한, '고유한 정서'니 '고상한 품격'이니 하는 기준점 설정은 서구세계 외의 인종과 혈통, 문화와 성별을 얕잡는 오리엔탈리즘을 쉽사리 벗어나기 어렵다.

그림 11 기생학교 · 가야금 타는 기생 · 기생(《평양백경》)

'색향의 도시'라는 별칭이 말해주듯이, 북선의 평양은 남선의 진주와 더불어 조선 기생의 명성을 대표하는 도시였다. '평양기생'은 단지 상품화되기 용이한 섹슈얼리티, 곧 아름다운 육체와 성적 매력 때문에만 유명해지지 않았다. 조선인이든 일본인이든 남성의 욕망을 자극한 것은 평양기생의 육체와 미모를 넘어선 '무엇' 때문이었다. 그 '무엇'은 조선총독부 교육과정에 준하는 수준의 다채로운 학습경험의 결과 및 효과와 관련된다. 그녀들은 수신, 국어(일본어), 산술, 지리 과목을 배우고, 자신들의 성가를 높이기 위해 창가와 무용, 글씨와 그림 등의 예술적 재능을 꾸준히 단련해갔다.[22] 특히 일급 기생학교였던 '기성箕城 기생양성소' 출신의 그녀들은 예의범절이 바르며 "예능을 갖춘 완성된 여자"[23]들로 호평을 받았다. 충실한 교육 덕분에 상당한 수준의 예술 능력과 공연 실력을 갖추게 된 젊은 그녀들은 평양기생이라면 기생집과 요릿집의 한 축을 이루던 갈보나 은군자 같은 육체와 색정만의 매춘부로 떠돌지는 않을 것이라는 믿음을 주었다.

예컨대 1921년 평양을 방문했던 일본인 조선 음악 연구자는 평양기생의 음악성과 예술성을 높이 사며 그녀들을 이슬 머금은 해당화에 비유했다. 그러면서 성애의 판매에 그쳤던 일본 예기와 똑같이 취급해서는 안 된다고 역설했다.[24] 물론 평양기생은 조선 다른 곳의 기생들과도 확연히 구분되는 대우를 받았다 그 음악학자는 그녀들 상찬 끝에 "그러니 경성기생들 중에는 일본 예기와 조금도 다름이 없는 기생들도 많았다"는 조소와 비난의 문장을 괄호 안에 넣어 두었던 것이다. 그렇지만 이렇게 물어볼 필요가 있다. 일본 관광객들은 타자화된 식민지 여성에 대한 성애의 욕구를 괄호치고 교육받은 기생이라는 특이성에만 주목하거나 집착했는가라고 말이다.

> 상) 꽃은 꺾고 싶은데 손은 닿지 않네
> 높은 가지가 원망스러워
>
> 하) 그리움을 이름에라도 남기려네
> 꺾을 수 없는 꽃이라면
>
> – 조선민요 〈단장화斷腸花〉[25]

일본의 시선과 목소리 대신 조선 남성 화자의 그것을 담은 일문 번역의 조선민요이다. 높은 담장 위 '꽃'은 이름 높은 기생에 대한 비유일 것이다. '단장화', 곧 '남의 애간장을 끊는 꽃'이라는 이름은 그녀에게 다가설 수 없는 어떤 사내의 욕정과 좌절감이 동시에 반영된 명명일 것이다. 조선 남성의 차용이 갖는 효과는 일제 자신의 팔루스를 노출하지 않고도 식민지 기생의 섹슈얼리티, 나아가 여성으로 표상된 조선과 평양 일대를 뜻한 바대로 점유할 수 있다는 점이다.

그렇다면 조선민요에 감춰졌던 조선 기생의 섹슈얼리티에 대한 일제 팔루스들의 욕망과 소비의 진짜 현실은 어떠했을까. 한 신문기사에서 보듯이, 평양기생의 현실은 일반인의 따가운 눈총과 거센 비난을 불러올 정도로 그 폐단이 적지 않았다. 《조선만화》(1909)의 우스다 잔운은 몽매한 악습과 무지한 생활을 대표하는 조선의 '요보'로 기생과 무당, 장님의 점쟁이를 들어 신랄한 조소를 퍼부었다. 이들은 1920년대에도 민족의 질병을 일으키고 퍼뜨리는 악마적 존재로 지목되어 "축기축무逐妓逐巫"라는 척결의 대상으로 비난되었다. 이들은 약간씩 변형된 형태로 그 명맥을 유지하다가 1970년대 새마을운동에서 또 한번 집중적인 공격을 받았다. 천황을 위한 죽음의 행진곡이 널리 불리던 1940년을 전후한 '총력전'의 현실에서라면 이들의 혹세무민과 금전 편취의 죄과가 더욱 높았을 것이다. 그런 만큼 식민 권력과 대중 동시의 이들에 대한 타파와 추방의 수모는 더욱 강력했을 것으로 짐작된다.

> 권번에 든 기생이 일백오십여 명, 동기童妓가 이백여 명으로 합계 삼백오십여 명 되는 기생이 시내 각처에서 자기 임의로 산재하여 이곳저곳에서 음악 가곡과 외입 남녀의 오고가는 행동은 풍기상 좋지 못한 영향을 미치며 그뿐 아니라 근래에는 경찰의 취체가 이곳에까지 철저히 미치지 못함으로 인하여 기생이 마음대로 매음하며 그 결과 화류병을 무수히 전파하여 민족에게 큰 해독을 끼치는 일이 많이 있고 또 소위 숭신인조합崇神人組合의 무녀와 장님들이 멀쩡한 미신으로써 우민을 미혹케 하고 부당한 금전을 편취하되……[26]

이렇게 신문기사를 인용했다고 해서 조선 기생의 점유와 소비가 재조 일본인이나 본토 관광객만의 작당이고 사업이었다고 강변할 필요는 없다. 잠시 뒤 얘기될 이태준의 〈패강랭浿江冷〉(1938)이나 시인 백석과 뜨거운 연애로 유명한 기생 자야子夜 김진향(본명: 김영한)의 경우에서 보듯이 조선

남성의 이른바 '기방 출입'도 상시적이었다. 이처럼 조선과 일본 남성은 서로 구분 없이 조선 기생의 신체와 가무를 서슴없이 탐닉했다는 점에서 전혀 공통적이었다. 이를 더욱 적나라한 말로 표현한다면, 거리의 유리 진열대에 전시된 그녀들의 발가벗겨진 신체에 대한 상품적 소비와 성적 착취에 일이관지했다는 정도가 될 것이다.

다만 일본 남성은 식민지의 이국 정조에 흠뻑 취하여 평양기생과의 유흥을 "지역에 예로부터 전해오는 예술"[27]을 즐기는 고상한 취미 활동으로 추켜세우는 데에도 조선 남성보다 훨씬 능수능란했다는 차이점을 보인다. 이것은 긍정적으로 보면 평양기생을 조선의 전통과 정서, 예술과 미모의 아름다움을 대표하는 상징적 집단으로 가치화하는 장면이라 할 수 있다. 하지만 그 이면에서는 식민지 조선 여성에 대한 제국 일본 남성의 성애적 욕망과 그것의 해소 욕구, 바꿔 말해 "남성적인 성적·식민적 정복의 서사"가 쉼 없이 출렁거리고 있었다.[28] 이를테면 "경성을 구경한다면, 하룻밤은 조선 요리에 젓가락을 대면서, 기생의 장구에서 흘러나오는 애조의 〈수심가〉를 듣고 싶은 것이다"[29]라는 일본 남성의 말을 들어보라. 고상한 취미 활동 같아 보이는 경성 기생집의 이 장면은 평양의 그것이기도 했다.

조선인 기자는 어둠 속의 권력적 향연을 다음처럼 바꿔 적었다. "더럽게 몸을 팔고 음란한 노래를 부르며 오히려 부끄러움 없이 시가지와 또는 보통 인가 근처에 섞이어"[30] 이웃 아이와 청년들에게 악영향을 끼치는 매소부, 곧 평양기생의 더러운 매춘 행위로 말이다.[31] 평양기생에 대한 비판만 앞세웠다는 한계가 오롯한 말이다. 그러나 오히려 그렇기 때문에 조선을 병들게 하는 기생의 화류병과 통속적 유흥에 대한 실질적 책임은, 또 엄혹한 비판의 과녁은 조선 남성 말고도 제국의 권력을 앞세운 일본 남성을 향해야 된다는 은폐된 주장을 일부러라도 꺼내 들고픈 것이다.

그림 12 기생(노은홍) · 기성 기생양성소(《평양오십경》)

그러므로 '조선적인 것' 존중의 상고주의자 이태준에게 이국 여성에 대한 애호로 치장되곤 하던 일본 남성의 기생 접촉은 매우 불쾌한 행위일 수밖에 없다. 상품적 성애의 열락이 불 지펴지는 찰나는 그의 단편소설 〈패강랭〉에 따르면 "그들의 악센트 명랑한 사투리와 함께 '피양내인'들만이 가질 수 있는 독특한 아름다움"으로 "흰 호접胡蝶과 같이" 살아 보였던 "평양 여자들의 머릿수건"을 빼앗기는 순간이기도 하다. 고유한 문화 부재의 '아사리판'만 남았다는 "폐허라는 서글픔"은 그렇게 문득 치솟아 이태준의 설움과 분노를 더욱 자극하게 되는 것이다.

이태준은 그러나 치사하게도 억누를 길 없는 두 감정을 평양기생의 탓으로 돌렸다. 가령 "기생엔 여기(평양—인용자)가 서울"이었지만, 이제는 그녀들도 "유행가 나부랭이나 비명을 허구" "딴슬 어떻게 잘하는" 돈맛의 유흥장에 빠져들었다고 노여워하는 장면을 보라. 그랬을지라도 새하얀 "평양 여자의 머릿수건"을 "유행가 나부랭이"와 '딴스', 값싼 웃음과 성애

그림 13 기생(김영월) · 모란대 영명사 · 오마키 다실(《평양오십경》)

그림 14 기상(장연홍) · 대동강 모란대(《평양오십경》)

로 바꿔치기한 자들이 일제의 식민 권력이자 자본이었음을 이태준이 모르지 않았다고 믿고 싶다. 〈패강랭〉 끝자락의 '이상견빙지履霜堅氷至', 곧 "서리를 밟게 되면 멀지 않아 매서운 겨울이 닥칠 것" 말 속에 평양기생과 식민 권력의 전망 꽉 닫힌 차디찬 관계가 선연해 보이기 때문이다.

한편 《평양오십경》에는 평양을 넘어 조선을 대표하는 평양기생의 얼굴 사진 석 장이 실렸다. '기성 기생양성소' 사진과 조선민요 〈단장화〉의 주인공 노은홍(그림 12),[32] 소리와 무용과 연기에 능통하여 영화 〈낙양의 길〉(1927) 주인공으로 활약한 김영월(그림 13),[33] 가난한 집안의 고통을 덜기 위해 기생이 되었으나 결국은 "더럽힌 몸과 마음을 깨끗이 씻어야 한다"는 일념으로 중국 상하이로 훌쩍 떠났다는 장연홍(그림 14)[34]이 그녀들이다.

이들은 사진엽서와 각종 대중잡지에 얼굴이 실리고, 인기 절정의 대중가수나 신흥 예술을 대표하는 영화의 주연배우로 활동할 만큼 뛰어난 미색과 실력의 소유자들이었다. 그런 점에서 "근대적 연예인으로 변신하고 사회적 승인을 받기 위해 인정 투쟁을 감행했던 일급 기생"[35]이라는 어느 여성학자의 규정은 설득력 넘친다.

하지만 그렇다손 치더라도, 그녀들의 유명세와 위상은 대중문화의 생산과 배급을 장악한 일제-식민자본-남성 및 그에 방불한 가부장제적 권력을 행사하던 조선 남성들에게 크게 의존된 상황을 면치 못했다. 그런 점에서 궁핍한 몸의 섹슈얼리티를 근근이 팔아 아까운 목숨을 간신히 유지하던 최하층의 조선 '창기·갈보·은군자'들이 처했던 비극적 상황에서 그녀들이 완전히 자유로웠다고 말하기는 매우 어렵다. 그녀들도 식민주의 아래서 더욱 거칠어지는 인종과 계급과 젠더 갈등의 약한 고리이자 피해자의 처지에 변함없이 내몰리기는 마찬가지였다.

이와 관련된 자료라면, 자국 및 조선 여성에 대한 성적 착취와 소비 행위가 불야성을 이루는 낯 뜨거운 경성의 유흥장을 무람없이 소개·안내하는 다음의 관광 안내서는 어떨까. 앞서의 경성 논의에서도 참조했지만,

'잇또'의 경성'을 대놓고 선전한 《신판 대경성 안내》의 편집자는 조선과 일본의 유녀遊女와 창기의 성매매가 이뤄지는 유곽과 권번, 그 아래의 선술집과 내외주점, '신식 여급'과의 화려한 환락이 성대하게 벌어지는 댄스홀, 카페와 바 등을 점포 이름과 위치까지 곁들여 소개하고 있다. 특이하다면, 가장 최하층의 성매매 조선 여성인 '갈보'를 경원시하고 힐난하는 목소리가 안내 글 전반을 울리고 있다는 사실이다. 일제의 팔루스적 시선과 목소리를 대표하는 구절로는 행상하는 조선 여성을 향해 "미망인도 있고 첩이나 하녀나 유부녀, 기생도 있지만 그것도 역시 갈보에 지나지 않는다"라고 비웃는 장면이 압권이다.[36]

어디 이것뿐인가. 조선의 하층 여성에 한정한다면, '기생'된 사연의 단골 메뉴라 해도 좋을 두 가지 형태의 잔혹한 '여성 매매'가 일상적으로 벌어지곤 했다. 이는 식민지 조선에서 "눈물겨운 나의 애화哀話"[37]를 끊이지 않게 하는 토대로 작동했다는 점에서 가공할만한 사태였다. 구체적인 예를 들자면, 하나는 집안을 위해서라고 포장된 가부장제 아래서 '딸'과 '누이'를 팔아넘기는 식구들, 즉 '친밀한 적'들의 배신행위이다. 다른 하나는 돈벌이에 대한 달콤한 유혹으로 이웃과 타지의 '피녀彼女'들을 '악마굴혈'로 서슴없이 집어던지는 철면피한 팔루스들의 말종적 작태이다. 따라서 이런 추측도 얼마든지 가능하다. 남들의 부러움을 사는 저 사진 속의 '평양기생' 세 명도 필시 그런 까닭으로 기생첩에 이름을 올렸을 것이다. 그렇다면 대동강 변 가난한 조선 남성들 가운데 누군가는 그녀들의 아버지이자 오빠일지도 모른다.

그러니 당대의 1급 기생 김월선, 박녹주, 전난홍, 이월향 등의 17명은 "자유와 평등을 위하야 새해의 새봄마지를 나아가"는 삶의 "첫 소리"로 "조롱 속에 이 몸을" 해방하겠다는 의지로 가득한 《장한長恨》을 발행할 수밖에 없었을 것이다. 비록 2호로 단명했지만, 《장한》은 "사회에 끼쳐지는 해독"을 없애며 "자신에게 도라오는 참담을 면하도록" "문화적 시설의 하나이며 항상 진보긔관의 하나로" 존재하고 실천하기를 바랐다.[38] '숙명적 비애'와 '기나긴 한'(長恨)을 넘어서 건강한 생명과 주체적 삶을 향해 도약하려는 '첫 소리'의 개진으로 모자람 없는 장면이다.

이 순간, 국적 불문의 팔루스가 내뿜는 낭만적 욕망에 점거되었던 조선의 '단장화'들은 그 힘센 타자들의 권력적·폭력적 조롱鳥籠/嘲弄을 스스로 부수고 열어젖히는 독립적이며 자율적인 '단장화'로 간신히, 아니 드디어 피어나기 시작한다. 《장한》에 평양 출신의 노은홍, 김영월, 장연홍의 이름이 없다 하여 자유와 평등을 향한 그녀들의 '첫 소리'는 부재했던 것이라고 섣불리 단정할 필요는 없다. 장연홍이 그랬듯이, 나머지 둘도 어떤 방식으로든 "자긔자신의 개성에 존중과 행복에 존재를 망각하지"[39] 않으려는 필사의 노력을 전개했을 것으로 믿어지기 때문이다.

지금까지 살펴온 《평양오십경》과 《평양백경》에 대한 소결을 내려 봐도 괜찮겠다. 식민 수부 경성에 비한다면 지방의 대도회 평양은 전근대적 형태의 전통과 고적이 압도하는 옛 도시의 면모가 뚜렷하다. 이러한 특질은 '평양-헤이죠'가 제국의 '칼'을 통해 식민지의 '꽃'을 피우는, 하지만 그래서 그 '꽃'이 더욱 무참하게 떨어지는 참담한 식민의 문화지리학에 던져지는 결과를 낳았다. 요컨대 일제의 새로운 여행의 문법은 권력적 시선과 욕망으로 조선을 다시 읽고 발견하는 성과를 거뒀다. 하지만 그 순간 조선은 전통과 근대에서 동시에 소외되는 이중적인 암흑의 유곡에 빠지고야 말았다. 이 모순된 형국은 《평양오십경》을 제국의 신민을 위한 낭만적인 여행안내도로만 바라보지 못하게 한다. 그것을 둘러싼 식민주의와 팽창주의에 주목한다면, 엽서 속 사진과 노래들은 섬뜩한 '주술적 비결秘訣'의 일종이라 해도 무방하다. 충량한 신민의 발자국이 수행하는 세계 진출과 이토異土 정복의 프로젝트를 순진하고 아름다운 예술로 위장한 파시즘적 폭력주의로 수행하고 있기 때문이다.

식민통치의 주술과 부적, 평양의 신사와 병영

조선신궁 진좌鎭座 10주년을 기념하는 사진첩《은뢰》는 조선 소재의 유명한 신사들이 식민지 '붉은 땅'에 베푼 은혜를 정성껏 조감했다. 평안남도에서는 평양신사와 진남포신사를 사진으로 소개하면서, 모란대, 오마키찻집, 영명사, 부벽루, 기자릉, 현무문 의 아름다운 풍경도 함께 전했다. 더불어 석탄 매장량이 풍부한 평양이 우수한 공업도시로 성장할 가능성을 여러 공업시설과 군수산업의 핵심격인 육군병기창을 통해 타진했다. 또한 일본의 "옛 도시 나라奈良와 비슷한 점"을 "산과 물, 고각高閣과 성벽이 혼연일체를 이루고 있"는 "우아한 풍치"에서 찾아낸다.[40] 이 부분은 고구려와 일본의 옛 왕도였던 '평양'과 '나라'의 전통적 가치를 더불어 인정한다는 뜻일 것이다. 하지만 동시에 제국과 식민지란 현재의 위상을 토대로 '나라'와 '평양'의 차별적 서열체계를 은연중 강조하겠다는 의지를 드러낸 것이기도 하다.

두 신사가 사진첩 상단부에 배치되었던 사실은 일제의 평양 점유에 대한 두 가지의 마음가짐을 암시한다. 하나는 천황가의 신령이 평양에 임재하고 있다는 신성성의 알림이다. 다른 하나는 숭엄한 신격神格에 힘입어 평양이 국가 발전의 주요한 현장으로 올라섰다는 자긍심의 표현이다. 어쩌면 이러한 의식이 공유되고 있어《평양오십경》에서는 별다른 시가와 산문 없이 평양신사 단독사진 1장만을 크게 실었는지도 모른다. 그 속내를 예시한 사진엽서에서 엿보게 된다.

황공하신 아마테라스대신天照大神과 쿠니타마대신國魂大神 두 신을 엄숙하게 받드는, 다이쇼大正 5년(1916) 창건된 숭엄한 평양신사(고도 · 평양)

- 〈평양신사를 참배하러〉

평양신사에 봉안된 두 신령과 창건 시기를 밝히는 간단한 알림이다. 그러나 두 신령의 위상을 알고 보면 평양신사의 의미는 결코 가볍지 않다. 아마테라스는 일본 창세신화의 주신이자 태양신으로, 쿠니타마는 큰 나라를 다스리는 제왕의 신으로 숭배되었다. 식민 수도 경성의 조선신궁에 봉안된 창조신 아마테라스와 근대기 일본 중흥의 주역 메이지 왕에 비견될만한 위상인 것이다. 골똘히 생각하면, 호칭 속 '천조天照'와 '국혼國魂'은 매우 상징적이다. 평양의 수천 년을 차지해온 '단군'과 '기자'를 인격

그림 15 평양신사를 참배하러

人格으로 절하하는 신격神格의 강림과, 그것을 '조선적인 것' 내부로 침투시키려는 신화적 주술, 아니 계몽 행위를 강력히 환기시키기 때문이다. 신사의 내부를 촬영할 때는 대체로 사람들을 배제하기 마련인데, 유자儒者의 분위기 물씬 풍기는 조선 노인을 함께 그려 넣은 것도 이와 무관치 않을 듯하다. 식민지 조선인에 대한 내선일체와 황국신민화를 더욱 선동하고 강화하기 위해 '신사와 국가와 국민의 결합'이라는 구도를 설정했음이 더욱 분명해지는 지점이다.

경성의 조선신궁에서 행해진 다양한 의례 중 횟수와 규모에서 첫 순위를 다퉜던 것들은 여러 군사제도 및 병영 활동에 관련된 행사들이었다. 짚이는 대로 뽑아보면, 재향군인대회, 출정군인 무운장구 기원, 만주 파견 간호부와 경찰관 봉고 참배, 애국기愛國機 조선호 명명식, 국방의회 발회식, 적십자구호반 참배, 평양비행대 개선 봉고 참배, 입영 봉고제 등이 눈에 띈다. 규모와 횟수는 다를지라도 국가신도와 군국주의적 병영체제의 강력한 결합은 평양신사에서도 예외가 아니었을 것이다. 그 면면을 엿볼 수 있는 사진엽서가 평양 소재 병영을 필두로 비행대대와 충혼탑의 사진을 담은 품목들이다.

평양은 신의주를 거쳐 압록강 철교를 타고 중국 안동安東(현 단둥)으로 월경하는 출발지로 불러 뭐랄 것 없는 도회였다. '수비대 노래'로 보건대, 평양의 일본군은 평안도 일대의 치안 유지와 경비 말고도, 만주의 관동군과 더불어 한만 국경 일대에 곧잘 출몰하던 마적, 즉 반만 항일의 중국 저항군이나 말 그대로의 도적떼인 비적, 조선의 항일독립군과 사회주의 항일연군을 두루 토벌하는 임무를 수행했던 듯하다. 이들의 군사 활동은 《평양오십경》의 〈국경수비가〉 4편을 포함하여 총 8편으로 구성되고 간행된 엽서세트 《조선만몽 국경수비가》에 압축적으로 제시되어 있다. 이들 군가 8편은 밤낮과 사계절을 가리지 않는 조선 국경과 만주·몽고 일대에 대한 목숨을 건 수비, 행군, 야영, 비적 토벌의 전투 장면을 실감나

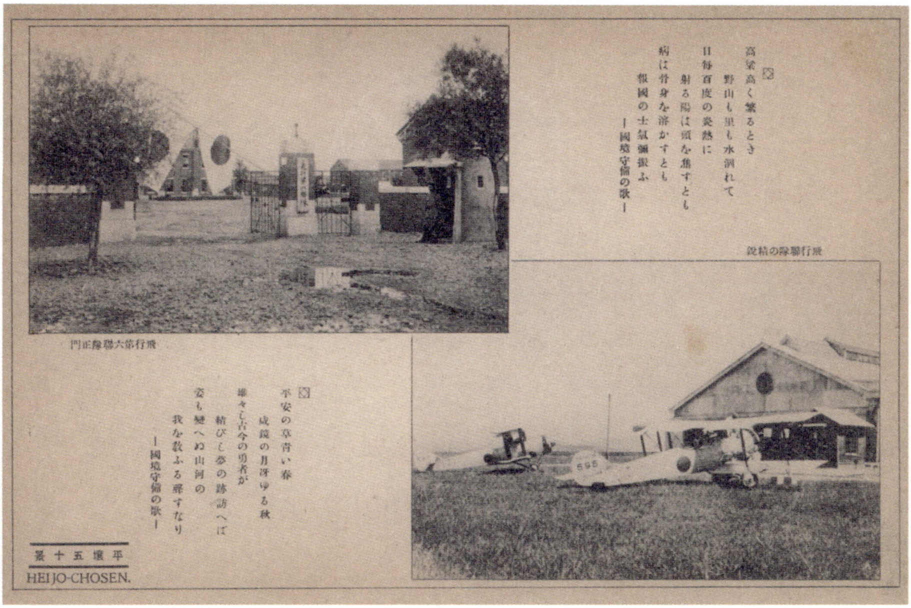

그림 16 비행제6연대 · 정문 비행대의 정예(《평양오십경》)

게 묘사하고 있다. 이 사실을 3편의 〈국경수비가〉를 통해 구체적으로 확인해 보자.

우) 수수 키 크고 무성한 때
야산도 마을도 가물어
매일 백도의 혹염에 내리쬐는
태양은 머리를 태운다 해도
질병은 뼈와 살을 녹인다 해도
보국의 사기 두루 떨친다 (〈국경수비가〉)

좌) 평안도 풀 푸르른 봄
함경도의 달 차가운 가을
씩씩한 어제 오늘의 용사가

그림 16 정문 · 보병제77연대 전경 · 제77연대 영내 충혼탑(《평양백경》)

맺은 꿈의 흔적 찾아가면
모습도 변함없는 산하가
우리를 가르치는 소리 들려온다 (〈국경수비가〉)
– 〈비행 제6연대 · 정문 비행대의 정예〉

하) 들은 끝없이 넓고 아득한 군영의
새벽 어스름 정중하게 받드는 천황의 칙유
저녁에 갈고 닦는 검태도劍太刀
고향을 멀리 떠나와 전장에 서서
생사고락을 함께하겠노라 맹세하는
추억 깊은 단란함이여 (〈국경수비가〉)
– 〈정문 · 보병 제77연대 전경 · 제77연대 영내 충혼탑〉

병사들은 풍요롭고 따스한 향토를 떠나 낯설고 머나먼 한만 국경지대에 파병되어 영상 40도의 폭염(화씨 "백 도의 혹염")과 영하 30도의 혹한, 훈련의 피로와 야전 생활의 질병을 견뎌야 했다. 나아가 흔히 '비적'으로 통칭되던 항일무장단체의 습격에 맞서거나, 그들에 대한 강력한 토벌 전투에 목숨을 내놓고 동원되는 경우도 비일비재했다. 죽음의 위험이 일상화된 병영 생활은 병사들의 육체적 긴장과 고통, 심리적 불안과 공포를 피할 수 없도록 강제했을 것이다. 이러한 신체적·정신적 위기의 상황은 생사고락을 함께 하는 전우애, 천황과 제국에 대한 보국 정신, 신민을 향한 동포애 등을 통해서야 극복될 수 있었다.

그렇지만 무운장구하지 못하고 죽음에 던져지는 비극이 다반사인 곳도 전투의 현장이었다. 병영 안에 세워진 '충혼탑'은 전사한 자를 국가가 공적으로 애도하고 현창하는 대표적 장치였다. 당연히도 그의 위패는 천황과 제국을 위해 목숨을 바친 자들을 봉안하는 일종의 국립묘지 '야스쿠니신사'에 봉안되었다. 일제는 이에 그치지 않고 자국민에게 자신이 알고 있는 영령에 대한 추모문, 영령을 맞아들일 때의 감상문, 야스쿠니신사 참배와 위령제, 초혼제 참가 시의 감상문, 자신을 감동시킨 유족의 행동과 그들을 향한 자신의 각오문을 작성하도록 유도했다.[41] 이러한 추모 사업은 지원병으로 참전하여 전사한 조선인에도 행해졌다. 대표적 실례가 조선인 최초로 전사한 이인석과 가미카제 특공대로 옥쇄한 개성 청년 마쓰이 오장, 곧 인재웅에 대한 각종 추모 행사이다. 거기에는 유명 문인의 송가와 추도문 발표, 일반인의 감사문 작성, 조선 군중을 동원한 대대적인 각종 추모식과 위령제, 유족 방문과 조위금 기탁 등이 포함되었다.

그러나 군가의 함성이 높고 추모 의식이 빈번해질수록 이른바 '전쟁의 사소화'가 피할 수 없는 사태로 떠오르게 된다. 이 개념은 전쟁을 찬양하고 미화하는 행위 못지않게 "전쟁을 익숙한 것으로, 사람이 자신의 힘으로 선택하고 지배할 수 있는 것으로 만듦으로써 전쟁에 대처하는 방법"을 뜻한다. 어느 나라의 권력 당국이든 전쟁을 건전화하고 감당 가능한 것으로 전쟁 경험을 신화화하는 매체의 창안과 활용에 매진했다는 것은 공공연한 비밀에 속한다. 이를 위해 권력자들은 적군의 경우 그들의 죽음과 패전은 최대한 조롱하고 비웃는 방식으로, 아군의 경우 전쟁에 관한 '저속한 취향'과 '불합당한 기억'을 삭제하고 영웅적인 면면을 내세우는 방법을 채택했다. 이때 동원된 예술과 인쇄매체가 대중의 감각에 호응하며 그들을 계몽할 수 있도록 잘 기획된 연극, 영화, 뉴스, 사진집, 사진엽서 등이었다.

평양신사와 병영 건물, 충혼탑, 그리고 그것들을 담은 사진엽서는 무엇보다 승전의식과 애도의 윤리를 고취하기 위한 장치이자 매체였다. 하지만 그럴수록 한만 국경과 깊숙한 만주 일대의 조선 독립군과 항일연군, 나아가 이들과 연결된(것으로 의심된) 조선인들은 외딴 곳으로의 도피와 추방, 피 흘림의 상흔과 죽음을 더해갈 수밖에 없었다. 이러한 역사적 사실을 떠올리면, 두 장의 사진엽서는 "전쟁을 평범한 것으로 만들고 일상생활에서 사용하거나 감상하는 인공물로 축소"할 뿐만 아니라 "전쟁에 대한 호기심을 충족하고 싶어 하"는 자들에게 대리만족을 실현하는 '전쟁의 사소화'에 관련된 매체임이 더욱 분명해진다.[42] 일제는 '전쟁의 사소화' 정책을 신령의 이름과 은혜라는 명분 아래 식민지 조선을 비롯한 제국 전역으로 확대해 가는 일에 주저함이 없었다. 이 책의 마지막 장에서 만나게 될 전쟁 사진-그림엽서, 곧 일련의 침략 행위를 '아시아 해방'과 '대동아 공영'으로 정당화하고 미화하는 이미지와 군가용 신민요들이 그것을 역사적 사실로 입증한다.

제 6 장

금강산의 여성화, 식민지 자연의 발명

— 사진엽서 '금강산'과 이국 취향의 수행

식민지와 제국이 바라본 '금강산'들

세계 대공황의 먹구름이 몰려들던 1929년 6월 시인 김동환은 대중잡지 《삼천리》의 창간을 기념하여 문인 37명에게 흥미로운 설문지를 돌렸다. 자신이 즐겨 찾거나 민족적·문화적으로 가치가 뛰어난 '반도팔경'은 어디고, 그 까닭은 무엇인가 하는 내용이었다.[1] 새로 창간되는 잡지의 제호 '삼천리'에 박힌 민족성과 향토성을 감안하면, 김동환의 설문은 하등 낯설 것 없는 자연스러운 이벤트였다. 그러니 홍명희, 이광수, 김기진, 염상섭, 김동인, 한설야, 박팔양, 김억, 임화, 이기영 등 문단의 선후배, 좌·우파를 가리지 않고 시행된 설문의 목표는 뚜렷했다.[2] "제씨에게 산하 답파踏破의 장거를 촉促하며 또 우리 조선인의 자부심을 굳게 하는 기연機緣을 짓고저" 함이 그것이었다.

그러나 참여 문인들의 의견을 빌어 독자 대중에게 국토순례의 야망이나 명소 여행의 욕구를 불러일으키겠다는 《삼천리》의 의도는 결국 중단되었다. 제2호 서두에 '반도팔경 답사 문인 발표'라는 큼지막한 표를 싣는 것 이상의 진척을 못 보였기 때문이다. 자료 삼아 반도팔경과 집필 문인의 명단을 제시해둔다. 제1경: 금강산(벽초 홍명희), 제2경: 대동강(독견 최상덕), 제3경: 부여(요한 주요한), 제4경: 경주(김동인), 제5경: 명사십리(팔봉 김기진), 제6경: 해운대(횡보 염상섭), 제7경: 백두산(춘원 이광수), 제8경: 촉석루(서해 최학송).[3] 제주도를 제외하고 전국 팔도의 자연 명소가 거의 포함되어 있다. 1938년 정지용이 한라산을 등반하고 〈백록담〉(《문장》, 1939.

그림 1 부산 선차 연락 · 금강산 옥류동

그림 2 금강산 · 삼선대

4)을 발표했으니 10여 년만 앞섰다면 제주도 한라산도 《삼천리》에 실렸을 성싶다.

하지만 조선 팔경 답사의 파약 사태는 어쩌면 당연한 귀결이거나 의도된 전략이었는지도 모른다. 왜냐하면 이미 다량의 여행안내서와 기념엽서의 발행, 신문·잡지·방송의 부단한 설문, 이를 토대로 기획한 관광 상품과 탐승단 조직이 성황을 누리던 차였다. 또한 이를 잇는 효과로 여러 형식의 기행문이 인쇄매체의 지가를 올려가던 참이기도 했다.[4] 문인들의 감동 어린 답사기가 없어서 조선인들의 국토순례나 문화유적 탐방이 지지부진한 것이라는 의혹의 눈초리조차 훌쩍 뛰어넘은 관광 전성의 시대를 한반도는 이미 살고 있었던 것이다.

당시 금강산 관광의 매력과 필요성을 알리는 사진엽서 두 편을 올려둔다. 먼저 〈부산 선차 연락·금강산 옥류동〉(그림 1)이다. 금강산 비로봉 일대를 화려한 빛깔로 단순화·추상화한 화법이 눈길을 끈다. 그러나 핵심은 역시 '관광안내도' 역할을 하는 좌측 상단의 부산항 관부연락선과 경부선 열차의 환승 역사 및 금강산 옥류동을 촬영한 사진이다. 엽서 뒷면에 '만철 제15주년 기념'이라는 표지가 선명하다. 본 회사명인 '남만주철도주식회사'가 1906년 설립되었으니 엽서 발행은 1921년의 일이다. '만철'은 1917년 8월~1925년 3월 사이 조선철도를 위탁 경영했으므로 식민지 공간에서 일제의 선전과 수익의 창출에 심혈을 기울여 마땅했다.

그 방법의 하나가 제국 신민의 여행 공간을 조선~만주로 묶어 대폭 확장하는 일이었다. 실제로 1906년에 이미 '만한순유선'의 광고가 신문과 잡지에 실리기 시작했으며, 부산, 경성, 평양을 거쳐 다롄, 뤼순, 펑톈을 둘러보는 여행 일정이 많은 인기를 끌었다. 이때 중요한 사실은 '만철'의 요금 할인과 경성, 만주서의 숙식 제공에 대한 교섭에 일본 육군성이 적극 관여했다는 사실이다.[5] 조선, 만주 여행의 목적이 이국의 풍물과 문화를 둘러보는 유희의 관광이 아니라 일제의 대륙 팽창과 문명의 우월성을 자랑하고 확인하는 일본적 정체성, 바꿔 말해 '황국신민 의식'의 굳건한 확립에 있었음을 확인케 하는 대목이다.

다음으로 사진엽서 〈금강산·삼선대〉이다. 조·일 관광객에 '금강산'이 인기 절정이었음은 이 엽서가 담긴 《가요의 조선》의 8매 중 3매가 금강산(구룡연, 삼선대, 총석정)이었다는 사실에서 확인된다. 장죽을 문 양반 형상의 노인과 물지게 진 물장수의 모습은 금강산과 썩 어울리지 않는다. 이들의 모습은 금강산 관광과는 거리가 먼, 여전히 전근대적인 조선의 일상생활을 보여주기 위해 선택된 존재들이기 때문이다. 그렇지만 "언제나 올 적마다 / 웃는 얼굴로 오지만 / 만나고 헤어지는 / 눈물 젖은 얼굴 / 길은 두 갈래 / 어느 길로 갈거나 / 밤이슬 아침이슬에 / 젖은 길"(〈금강산 유람〉)

이라는 가사는 제법 어울린다. 미국 시인 프로스트의 〈가지 않은 길〉을 떠올리지 않더라도 산행의 면모뿐만 아니라 삶의 갈림길이나 선택의 문제를 자연스럽게 환기하기 때문이다. 물론 일제의 권력의 시선에 초점을 맞춘다면, 망국 조선의 지배계층 및 그들의 부와 권력을 뒷받침하며 수탈에 시달렸던 하층민 모두가 실패한 인생들이라는 사실을 강조하려는 의도도 은밀히 작동 중임을 알 수 있다.

다시 설문지로 돌아와 보자. 앞서 보인 대로 금강산은 34표를 얻어 제1경에, 경주는 13표를 얻어 제4경에 선정되었다. 김형원은 반도팔경 선정 이벤트를 중국 '소상강瀟湘江 팔경'의 모방에 지나지 않는 것으로 비판하면서 자연미에 대한 순위 매김을 마뜩잖아 했다. 김기진은 조선 승경勝景을 거의 밟아보지 못했음을 자책하면서 "억지로 들라면 금강산 하나는 말할 수 있겠다"라고 겸연쩍게 고백했다. 김동인은 경치에 대해 무취미하기 때문에 금강산과 성북동, 일본 후지산의 웅대와 경주 봉황대의 웅대를 구분치 못한다는 냉소적 견해를 먼저 밝혔다. 그럼에도 경주는 자신의 머리에 '미경美景'으로 남아 있다고 말하면서, 그 까닭을 같이 여행했던 동반자에 대한 훈훈한 기억에서 찾는 낭만적 면모를 과시했다.

문인들의 기록을 읽다 보면 금강산이든 경주든 군소리 하나 없는 명승의 위상과 가치를 획득치 못했다는 느낌을 지우기 어렵다. 하지만 그들이 이름 밝힌 관광 명소가 오로지 금강산과 경주뿐이었음에 유의할 일이다. 그만큼 금강산과 경주의 성가가 드높았다는 뜻이다. 실제로 1930년대 중반 두 명소는 관광객을 3만 5천~4만여 명 정도 유치하며 서로 수위를 다퉜다.[6] 여기서도 짐작되듯이, 금강산과 경주를 향한 문인들의 긍정적 기억과 여행 호소의 장면은 그 방향이 저항적이든 협조적이든 일제의 조선 관광에 대한 장려와 깊숙이 연관될 수밖에 없었다.

이를테면 대동강(28표)이 제2경, 부여(21표)가 제3경에 꼽힌 반면 백두산(8표)이 최하위로 제8경에 간신히 턱걸이한 사정이 그렇다. 근대 관광은 편리한 교통과 숙소, 매력적인 음식과 휴게 등을 준비하기 위해 적잖은 자금을 필요로 한다. 또한 관광객들은 지불한 대가에 걸맞은 편안하고 즐거운 여행을 결코 포기하지 못한다. 이를 감안하면, 대황조大皇祖 단군을 앞세운다 해도 울창한 삼림과 높이 솟은 봉우리 말고는 매혹적인 볼거리도, 군침 도는 음식도 흔치 않던 백두산의 비인기는 오히려 당연했을 법하다.

그렇지만 최남선과 이광수의 백두산과 금강산, 지리산과 남해안 일대를 몸소 밟은 '국토순례기'가 증언하듯이, 자국 곳곳을 찾아가서 '조선심' 또는 '조선혼'의 기원을 확인하는 행위는 완벽하고 건전한 애국 활동의 하나였다.[7] 그것이 순례든 여행이든 겨레의 땅과 문화를 직접 접촉할 기회가 많아지면, 강렬한 민족의식과 풍부한 애국심에 의해 지탱되고 추구되는 '국가적 이상주의'[8]도 더욱 농밀해지기 마련이었다. 이런 사실 때문에 백두산보다 평양과 부여를 앞세우는 문인들의 답변에 얼마간의 고소를 금치 못하게 된다.

1920년대 백두산은 민족 교육 아래서는 민족의 기원이자 단군의 신시神市로 널리 각광 받았다. 이런 연유로 최남선과 이광수를 위시한 문화민족주의자들은 민족의 위대성과 영원성을 담보하고 미래의 가능성과 발전성을 고취하는 역사와 전통의 현재화 및 미래화에 주력했다. 또한 그것을 구체화하는 서사-서정 모델의 창안과 확산에 주력했는데, 그 결과의 하나가 1920년대 중후반 조선을 강타했던 '시조 부흥론'과 조선적 '국민문학'의 추구였다. '금강산'과 '경주'가 볼 것 많은 관광 명소이기 전에 민족혼과 민족정기가 흘러넘치는 성스러운 터전으로 새로이 가치화되고 있었다는 평가는 그래서 가능해진다.

그러나 이와는 반대로 일제는 소학교 《조선어독본》, 《초등지리》 등에서부터 백두산을 조선과 만주 국경의 일부로 소개하는 데 그쳤다. 또한 금강산은 남성적 면모의 후지산과의 대비하면서 여성적 이미지로 채색했다. 조선 문인의 선택에서 경주를 앞선 평양과 부여는 나당연합군에 의해 패망한 고구려와 백제의 수도였다. 동시에 두 곳은 일제의 승전의식(임진왜란, 청일 · 러일전쟁)과 내선융화의 감각(백제-왜의 동맹)을 더욱 다질 수 있는 고토 회복의 땅으로 선전되었다. 이것은 조선 정벌에 관련된 역사의 회고와 현재로의 소환이 일제 관광객의 자부심과 팽창의식의 제고에 기여하는 심상지리의 확보 전략이었음을 뜻한다. 일제의 식민지 관광산업이 '한만경영'으로 대표되는 식민지 개척과 지배를 위한 효과적인 영토 확장 정책의 하나로 각광 받았던 이유[9]가 여기서 찾아진다.

금강산 탐승探勝과 조·일 관광객의 시선

누구나 탐승하기를 갈망했던 관광 명소 금강산을 향한 일제와 조선 관광객의 심리적 동선은 어떤 궤적을 그렸을까. '보는' 입장에 선 일제와 '보이는' 입장에 놓인 식민지 조선의 심리적·정서적 반응이 동일했을 리 없다. 관광객이기는 마찬가지지만 조선인과 일본인은 두 명소를 자민족의 시선과 프레임을 통해 바라봄으로써 전자는 자기화-대상화, 후자는 대상화-자기화의 균열적인 질감과 소회를 두 명소에 투영해 갔을 것이다. 조선과 일본 관광객의 금강산에 대한 시선과 평가를 일률적 통합보다는 분열적 경합의 관점에서 살펴봐야 할 결정적인 이유이다.

예컨대 금강산과 경주에 대한 다음과 같은 감탄이 그렇다. "산으로는 금강산을 가면 절미한 풍경을 볼 것이라 하면 고적지는 이 경주를 오면 극치한 예술을 볼 것이다.", "자연은 금강산, 인공은 경주라고 조선에서는 그 값어치가 정해져 있다." 앞은 조선의 가객 이병기[10]가, 뒤는 조선총독부의 마츠무라 마츠모리松村松盛[11]가 감격적으로 토해낸 찬탄들이다. 이 말들의 기표 아래 숨겨진 어떤 차이나 차별의 기의와 맥락을 신중히 헤아리지 못한다면, 금강산과 경주는 일제가 식민화한 조선이라는 일개 지방에 소속된 변두리 풍경에 지나지 않게 된다. 따라서 우리는 금강산과 경주에 대한 한·일 양국의 정서적 친밀감에 고개 끄덕이면서도, 거기 감춰진 일제의 식민주의적 (무)의식에 깊이 유의해야 한다. 안 그럴 경우, 두 곳을 포함한 조선의 유명 지역이 단순한 관광 명소를 넘어, 특히 조선인을 일본화된 그곳으로 기입하고 편제하는 반동적 공간으로 변질되어 갔음을 확인하느라 바빠질지도 모른다.

만약 조선의 시를 통해 '금강산'을 불러보고자 한다면, 최남선과 정지용의 언어에 주목해야 한다. 먼저 최남선이다. 그의 《금강예찬》(1926)에 기대자면, 금강산은 "조선심의 물적 표상, 조선 정신의 구체적 표상으로 조선인의 생활·문화 내지 역사에 장구長久코 긴밀한 관계를 가지는 성적聖的일 존재"[12]로 숭고화되고 있다. 이렇듯 '국민정신'과 '민족 신앙'의 최고 대상이 되어온 금강산을 염결한 노래로 성별聖別하면 어떤 음률이 될까. 이를 위해 경험적 사실과 허구적 상상이 혼합된 그의 《조선유람가》(1928)에서 '금강산' 대목을 찾아 적어본다. "조화의 잔재조를 총석叢石에 보고 / 세계의 넓은 뜻을 창해滄海에 아니 / 세간의 기관장관奇觀壯觀 이에 그칠 듯 / 낫나치 관동팔경 차저서 무삼" '조선심'을 드높일 기이한 장관과 넓은 바다의 웅지를 총석정과 해금강에 비겼다. 이 장면에는 국토순례 과정에서 체험한 조선 성인과 영웅의 위대한 족적, 거기서 수혈받은 문화민족으로서의 자긍심과 가능성에 대한 감격이 해금강의 절경에 스며드는 방식으로 반영되어 있다.

백록담은 물론 금강산의 시인이기도 했던 조선 최고의 모더니스트 정지용은 그 절경을 이렇게 불러냈다. "황혼에 / 누뤼가 소란히 싸히기고 하고, / 꽃도 귀향 사는곳"(〈구성동〉)이자 "들새도 날러들지 않고 / 신비가 한곳 저자 선 한낮"(〈옥류동〉)으로 말이다. 농담 짙은 동양 산수화에 방불한 작품 속의 아름다운 탈속과 적요의 세계는 선비가 꿈꾸는 고도의 이상적 경지로 흔히 찬탄된다. 하지만 민족의 언어 미술에 예민했던 시인은 현실과 동떨어진 기교 중심의 문자 행위로 금강산의 풍경을 절개하는 법이 없었다. 그와 반대로 "시적 상태에서 왕성"한 "문화욕에 치구馳驅하는 겨레의 두뇌"[13]를 함양코자 금강산의 심미성과 율동성 표현에 집중했다. 이 부근에 선경, 비경 같은 뻔한 비유 없이 그 절경을 꿰뚫는 몇 마디

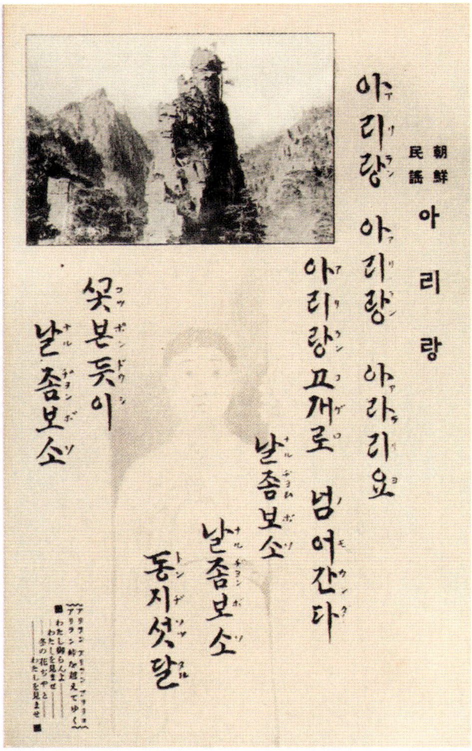

그림 3 아리랑 · 금강산 귀면암

그림 4 해금강 · 총석정

소묘로 금강산에 민족 최상의 언어 미술을 현현케 하는 정지용의 시적 천품이 숨어 있다.

우리는 백두산과 단군, 금강산과 경주의 역사적 가치와 문화적 의미는 국정 교과서와 대중매체에서, 그리고 하루를 열고 마감할 때 TV에서 울려 퍼지는 〈애국가〉와 그 영상에서 거의 매일 배워왔다. 이토록 굳건히 규율화된 애국의식의 세리머니가 겨누는 과녁은 분명하다. 하나가 집단의 차원에서 위대한 민족성을 환기하고 고취하는 '신화적 공간'으로 영성화하는 것이라면, 다른 하나는 개인의 자아정체성 형성과 유지에 없어서는 안 될 '실존적 내부성'을 고취하는 '진정한 장소'[14]로 숭고화하는 것이다. 요컨대 민족과 자아의 동시적 도약 및 진화에 필수적인 요소들, 그러니까 문화적 충만함과 자연의 신성성을 우리에게 수혈하는 본원적 세계로 그 날쌘 화살이 당겨질 것이었다.

이와 달리 일본 관광객은 금강산을 종교적·신화적 숭고함보다는 '자연미'의 절경으로 바라보는 경우가 많았다. 다음 대목은 조선총독부 관광안내서에 적힌 말이지만 일본 예술가들도 거의 비슷한 평가를 내렸다. "세계적인 명산 조선 금강산"은 "조선이 가진 세계적인 지보至寶"로, 신비한 산수미와 자연미, 암석미(산악미)와 계류미의 극치를 자랑한다.[15] 이런 방식의 자연미 찬탄은 흔히 물아일체의 경지에 들기를 갈망하는 정신적 태도로 읽히곤 한다. 그러나 금강산을 관통하는 신화나 종교와의 대화, 역사와 현실과의 소통 없이 그 아름다움만 예찬한다면, 금강산은 특정 가치만 편애 되는 소외된 사물화로 빠져들 수도 있다. '자연미'만의 관찰과 표현은, 마치 타자와의 대화 없는 관조 행위가 그렇듯이, 한쪽만 바라보는 관찰자를 내세워 금강산을 단일한 형상으로 대상화·고착화할 위험성이 농후하기 때문이다. 이미 알려진 사실과 정보에 맞추어 관찰하거나, 남들이 말한 정서와 느낌을 반복적으로 투사하게 되면, 금강산의 다채로운 개성과 내적인 밀도는 서로 연관 없이 어긋나고 겉도는 조각들로 파편화될 수밖에 없다.

이를테면 기괴한 형상의 '귀면암'에 조선민요 〈아리랑〉을 함께 결합한 〈아리랑·금강산 귀면암〉(그림 3)을 보라. 이 사진엽서가 담긴 엽서세트 《조선민요 아리랑》은 중앙에 손글씨로 우리가 익숙히 알고 있는 〈아리랑〉 가사 8편을 적고 좌측 하단에 일본어 번역을 실음으로써 '조선적인 것'의 문화적 가치를 충분히 존중하는 것처럼 보인다. 거기다 식민지 조선의 대표적인 자연 풍경과 문화유적을 사진으로 함께 제시하고 있다. 그런데 문제는 배경으로 깔린 그림 이미지가 빨래터 장면을 제외하고는 임과 이별하고 슬퍼하거나 임을 그리워하며 무사안전과 빠른 귀환을 고대하고 기원하는 전근대적 여성상으로 채워지고 있다는 사실이다. 이러한 형상은 임에 대한 그리움과 이별의 고통으로 매일 눈물 흘리는 기생의 비애를 포착한 사진들과 매우 닮았다. 그럴 경우 일제 '관광객의 시선'은 충분히 개화하지 못한 조선 여성을 가련하고 소극적인 인물로 바라보게 된다. 게다가 조선의 대표적 자연과 유적이 함께 제시됨으로써 식민지 조선은 연약한 여인처럼 일제에 의해 보호받고 개척되어야 한다는 식민주의적(무)의식을 더욱 강화하게 된다.

이것은 〈해금강·총석정〉(그림 4)도 마찬가지인데, 장기를 두는 노인들의 모습은 이렇게 노래 된다. "어차피 이 세상이 / 괴로움의 할머니라면 / 악착같이 살아봤자 / 그날이 그날인 것 / 어차피 이 세상이 / 괴로움의 할머니라면 / 그저 빈들거리며 / 그날을 보내야 하는 것". 인간의 힘으로 어쩔 수 없는 비극적 한계, 이를테면 '늙고 병들고 죽는' 참혹한 사태를 허무주의에 기댐으로써 견디련다는 자조적 목소리가 가득한 노래다. 그러나 장기로 소일하며 더 나은 내일에 대한 희망도 없이 소일하는 조선인의 모습은 동족인 최남선조차 '밥벌레', '담배구덕이'로 비난할 정도로 '무실역행務實力行'의 근면주의와는 거리가 먼 부정적 형상이었다. 이러한 조선인의 게으름과 비생산성이 '관광객의 시선'을 지배할 때 총석정은 아름답긴 해도 생산적 가치가 없는 공간, 아니 놀고먹는 조선인에게는 과분한 것이라는 부정적 인상으로 남겨질 수밖에 없게 된다.

제국주의의 지식과 정보에 견인되는 관광객의 식민지에 대한 여행 체험은 식민주의적 '시선을 위해 디자인하기'라는 전략적 실천에 뒷받침된 것이다. 존 어리는 어떤 이의 말을 빌려 '과거'란 "형태에 관한 무궁무진한 레퍼토리, 즉 누구나 재활용할 수 있는 '양식'"이라고 정의했다.[16] 세계 어느 곳의 식민 권력이든 제국주의는 발전과 미래의 시간성을, 식민지는 정체 / 퇴보와 과거의 시간성을 산다는 것을 식민지배와 통치의 기초 원리로 삼았다. 이를 참조한다면 '과거'라는 시공간의 명사는 '식민지'로 바꿔 불러 무방하다. 또한 '재활용한다'라는 동사에 주목한다면 식민지의 모든 것은 제국의 욕망과 취향, 의지와 목적에 따라 얼마든지 변형과 착취가 가능한 사물에 지나지 않는다는 뜻을 지니게 된다.

조선 부인 또는 기생, 노인으로 점유됨과 동시에 거리화 된 '금강산'도 여기서 예외가 아니었다. 일제는 나중에 자라서 이들을 이을 어른이 될 조선 아동에 대한 교육에서도 금강산의 재활용을 적극 시도했다. 다시 강조하지만, 특히 금강산을 '여성미'의 터전이자 보고로 상징화·심미화함으로써 그것의 독보적 개성과 비할 데 없는 아름다움을 영웅적 면모의 일본 후지산에 종속된 제2의적인 것으로 못박았다. 조선 아동들의 신민화, 곧 일제 '소국민'(늑꼬마 병정)으로의 양성과 단련을 위해 수차례 개정되는 국정 교과서 《조선어독본》은 금강산을 일본 후지산과 비교·대조하는 방식으로 소개했다. 예컨대 "후지산은 그 산용山容이 웅장수려함으로, 금강산은 그 산자山姿의 우미유수優美幽邃함으로, 공히 세계의 굴지하는 명산이오"[17]라는 대목이 그렇다. '세계 굴지의 명산'이라는 위엄과 명예를 두 산 모두에 부여했지만, 양자가 차지하는 가치와 의미는 사뭇 다르다. 후지산은 일본 본토에, 금강산은 제국의 변두리(지방) 조선에 솟아 있다는 것, 산세는 전자: 천황 상징의 남성-영웅적 풍모를, 후자: 미인풍의 여성-내조자 형상을 띠고 있다는 것이 암암리에 노출되는 형국이다. 중앙과 지방, 남성과 여성, 웅장과 우미의 대조는 제국주의와 식민지의 우열과 종속 관계를 압축적으로 보여주는 권력의 지리지이자 남근주의 우월의 가부장제 및 오리엔탈리즘을 밀어 올리는 성적 권력의 배치도이기도 하다.

이러한 경향이 극단화될 때, 금강산은 그 자체로 가치 있는 산악의 위상을 더이상 지킬 수 없게 된다. 그럴수록 '자연미' 내부로 일제의 지배술에 기여하는 도구적 성격의 산악관이 파고들 가능성이 커진다. 이를테면 금강산이 "자연을 상대로 몸을 사용하여 정신을 위로"하며, 최후에는

"국민의 견실한 정신과 사회의 미풍양속"을 함양하는 일제 국가주의 범주의 산악으로 식민화되는 불우한 사태를 보라.[18] 이와 관련하여 금강산에 대한 식민 권력의 국가주의적 속박을 대표하는 경우로 그것의 여성화와 군사화 경향이 손꼽히는데, 잠시 후 그 실체를 목도하게 될 것이다.

명승 금강산,
관능과 비애의 이중 공간

금강산 탐승의 성격 변화는 전근대와 근대의 서로 다른 등정의 목적을 살펴보면 비교적 투명하게 드러난다. 근대 이전의 금강산은 근대의 일제에 의해서도 "금강산의 자연미 또는 경치미는 천하에 비할 데 없이 호화롭고 웅장하며, 신비로운 선경"[19]이라고 극찬되던 절경의 감상으로 그치지 않았다. 이를테면 조선 후기 정선의 〈금강전도〉는 금강산의 실제 풍경을 웅혼한 필묵에 담아낸 진경산수화로 유명하다. 하지만 감상자들은 부드러운 운무와 뾰족한 산악의 다정한 조화 및 힘찬 분산이 금강산의

그림 5 금강산행진곡 · 외금강 천선대

감춰진 영혼을 세상 밖으로 불러내는 형국이라는 상찬 역시 잊지 않았다. 이는 금강산이 특히 선비들에게 호소했던 철학적·종교적 목적의 심신 수련, 학문 고양 및 득도得道를 위한 호연지기의 장으로 다가들었음을 뜻한다. 이에 비하면 제국주의와 자본의 권력이 세계화되는 근대의 여행이나 관광은 한편으로는 국가주의의 강화에, 다른 한편으로는 여가와 오락에 중점을 둔다. 집단과 개인 모두, 하나는 국민의 정체성과 민족의식의 확증 및 고양을 위해, 둘은 새로운 세계의 경험과 관련된 문화적 욕구의 충족 및 안온한 오락과 휴식에 필요한 여가를 확보하기 위해 여행이나 관광은 수행되는 것이다.[20] 여기에 우리들의 여행(관광)이 작으나마 정신적 해방운동으로 간주될 수 있는 까닭이 숨어 있다. 이상의 전제 아래 금강산에 대한 국가주의적 정복의 서사는 나중에 열어보기로 하고, 유행가요로 인기 높던 신민요 〈금강산행진곡〉이 담긴 사진엽서를 먼저 펼쳐 본다.

(1) 이곳 조선의 중앙부 험준한 산 연마하여 금강산
일만이천 봉 안과 밖 기승奇勝 다투면 동안東岸의
일본해에 호응하는 해금강도 맞장구친다

(2) 윗대 문화 흔적 멈추어 부처 모신 큰 절 빛은 바래고
명경대를 정파리淨玻璃라 칭하는 전설도 싣고 목숨 걸어
기어오르는 열반의 망군대 만폭팔담 눈에 깨끗하다

(3) 험한 길 더더욱 험난해져 만물상은 여름에도 차가운데
물소리 노하는 옥류계곡 무봉폭포 무지개와 함께 보니
백칠십 척 큰 폭포 떨어지는 구룡연에 소리조차 없다

(4) 큰 바위 모여선 푸른 소나무에 물결 파랗게 부서져 해금강
천연의 솜씨 마침내 가 닿았네 춘하추동 밝음과 어둠

신비 넘쳐 여하튼 펴낼 수 없는 세계 명승 금강산

– 〈금강산행진곡〉

사진의 '천선대'는 만물상의 일부로, 〈아리랑〉 엽서의 귀면암과 삼선암 등이 이웃이다. 그 높이 때문에 만물상을 한눈에 조망할 수 있는 곳으로 이름 높다. 〈선녀와 나무꾼〉 설화로 유명한 상팔담上八潭처럼 하늘에서 내려온 선녀의 전설을 간직한 봉우리이다. 한편 엽서 우측에 일문으로 유려하게 흘려 쓴 단카가 보인다. "나도 모르게 눈동자 흐려져 밝은 / 바위 경사지에 걸터앉아 버렸네"라는 뜻이다. 사진과 실제 경험을 합체한 감정의 토로일 텐데, 높은 산 등정에 지친 모습과 일망무제로 펼쳐지는 만물상에의 감격을 동시에 담은 것으로 이해된다.

총 4절의 〈금강산행진곡〉은 이름난 명소를 차례로 들어 금강산 절경을 "천연의 솜씨"에 비유하며, 신비감 넘치는 네 계절 풍경을 "세계의 명승"으로 극찬한다. 우리는 그러나 금강산의 위대함에 자긍심을 가지면서도 일제 '관광객의 시선'이 세계 명승을 표상하는 방식에 유의해야 한다. 1절은 2~4절의 풍경을 요약한 장면으로 읽힌다. 전체와 부분 관계의 일종인데, 처음과 끝 모두에 등장하는 '해금강'을 중심으로 '일본해'와 '세계의 명산'을 배치했다. 이러한 방식의 문장 구성이 노리는 효과는 무엇일까. '일본해'가 드러내 놓고 지시하듯이, 하나가 금강산의 일본화라면, 둘은 중앙의 후지산과 대비되는 금강산의 지방화일 것이다. 이럴 경우 '세계의 명산'이라는 칭호는 금강산이 위치한 식민지 조선의 것이 아니라 그곳을 세계적 관광 명소로 개척한 일제의 것이 된다. 자연의 식민화를 통해서 일제의 식민주의적 (무)의식과 조선의 식민지적 (무)의식이 어떻게 강화, 확산되는가를 흥미롭되 서글프게 보여주는 아이러니한 장면이다.

예의 '관광객의 시선'으로 금강산을 노래한 일제 신민요가 또 있다. 현재 총 8매 중 5매가 확인되는 《금강산소패小唄》이다. 다이쇼사진공예소에서 발행되었으며, 정확한 간행 시기는 미상이다. 일제가 금강산 일대를 관광 명소로 급속히 개발하기 시작한 때가 1920년대 중반 이후이므로 비슷한 시기에 발행되었을 가능성이 높다. '금강산소패'라는 제목 아래 작사가 도쿠다 사토시德田三十四를 밝혀 두었다. 이 자의 1930년대 후반 음악 활동이 의미심장하므로 그것을 소개해 두는 것도 《금강산소패》의 이해와 분석에 여러모로 도움이 될 듯하다.

조선총독부는 1937년 가요정화운동을 통한 황민화 정책을 수행하기 위해 '조선문예회'를 조직한다. 이 모임은 '제1회 조선문예회 신작가요발표회'(1937년 7월 11일)를 개최하여 15편의 '애국 가곡'을 발표한다. 〈한강소패〉 〈반딧불이螢〉 〈총후銃後〉가 그의 작품이었다. 특히 전쟁 용어 '총후'에서 소학교 《초등창가》와 군국주의적 '국민가요'가 공히 목표했던 '충량한 황국신민의 정조 함양'이라는 주제가 물씬 풍겨난다. 한 가지 덧붙여 둔다면, 이 시국 가요 발표회에 《금강예찬》(1928)의 최남선이 〈내일〉과 〈동산〉 등 4편을, 장차 일본의 발명된 고전 《만요슈萬葉集》를 번역할 예정(1943)인 김억이 〈복사(복사꽃)〉과 〈붉은 송이〉 2편을 이면상과 현제명 작곡으로 출품했다는 사실이다.[21] 예시한 시국 가요의 면면은, 특히 자연과 향토에 대한 노래에 주목한다면, 금강산의 여성화가 그곳의 병영화로 전환, 변질되어 갈 행로와 미래를 어렵잖게 짐작케 한다.

이를 토대로 《금강산소패》에 드러난 일제-남성 편향의 '관광객의 시선' 및 그에 따른 금강산의 여성화와 통속화 경향을 함께 읽어본다. '관광객의 시선'은 대상을 보는 주체의 주관성에 의해 그 성격이 규정될 듯하지만 사실은 전혀 그렇지 않다. 오히려 그 주체를 둘러싼 관광(여행)의 담론과 기호에 따라 시선의 태도와 문법이 조정되고 달라지는 '공연적이고 신체화된 관행'에 의해 관광객의 경험과 이해는 많은 영향을 받는다.[22] 사진엽서세트 《금강산소패》에서 예의 '관행'을 가장 잘 드러내는 것이 〈비로봉 정상의 전망〉이다.

옷자락은 파도치는 일본해로
일만하고 이천을 굽어보는 비로毘盧
흰 구름옷에 철쭉꽃 두건
무지개 띠 푸는 멋진 모습
-《금강산소패》- 비로봉 정상의 전망

그림 6 비로봉 정상의 전망

비로봉의 화려한 봄날 풍경과 꽃구경하는 조선 부인을 빈틈없이 동일화한, 다시 말해 일제의 신민요(소패)와 '조선적인 것'의 이미지가 하나로 매끄럽게 결속된 사진엽서로 손색없다. 그렇지만 이 노래에는 제국주의의 식민지 자연과 여성에 대한 점유와 지배의 상상력이 은밀하게 넘쳐나고 있다. 그 까닭의 핵심은 "옷자락은 파도치는 일본해로"와 오른쪽을 바라보는 조선 여성의 시선에 숨어 있다. 그녀의 시선은 식민지 조선은 일제의 식민화된 일개 지방에 불과하다는 식민주의적 의식을 내면화한 모습과 다를 바 없다. 바꿔 말해 일제의 '공연적이고 신체화된 관행'을 통해 모든 '조선적인 것'을 제국의 발아래 복속시키고 그들의 일부로 지방화하는 장면을 조선 여성과 비로봉을 통해 재현하고 있는 것이다.

이런 점에서 '동해', 곧 저들의 '일본해'에서 몰아치는 거대한 파도는 일본 남성의 영웅성이나 전투성을 표상한다는 해석도 가능해진다. 일본 본토에서 지극히 여성적이며 섹슈얼리티로 충만한 금강산을 기다리며 자애로운 손짓과 미소를 아끼지 않는 자는 어떤 존재일까. 자연물로는 후지산이라면 인격으로는 그것을 상징하고 지배하는 절대자 천황일 것이다. 이 권력적인 시선을 기억하며 나머지 《금강산소패》를 읽어 나가 보자.

그림 7 (외금강) 구룡폭포

> 산이 단풍인가 단풍이 산인가
> 갈팡질팡 삿갓 쓴 가마꾼 다리 풀리고
> 잘 짜인 비단에 석양이 타오르고
> 하늘에는 첫 기러기 팔랑팔랑
>
> -《금강산소패》- (외금강) 구룡폭포

높디높은 금강산에 오를 때 그 신분과 계급은 뚜렷이 드러난다. 사진의 구룡폭포도 장관이지만, 엽서 배면에 소묘된 가마에 올라탄 관광객과 그것을 어깨에 메고 산을 오르는 하층 노동자의 모습도 적잖이 인상적이다. 조선 시대 양반을 태운 가마꾼은 숭유억불 정책으로 천시되던 승려들의 몫이었다. 하지만 일제 시대 그들은 명소 곳곳에 대한 해설을 맡아 적잖은 사례금을 붓다에게 올리는 행운을 얻게 된다. 이를 감안하면, 가마의 관광객은 조선인이든 일본인이든 권력과 자본의 소유자일 것이며, 반대편의 가마꾼은 말없이 힘만 쓰면 그만일 조선 하층민일 것이다.

그림 8 (내금강) 명경대 (부산박물관)

일본인 화자는 풍악楓嶽의 붉디붉은 석양과 겨울을 앞세우는 외로운 기러기 등의 주어진 풍경에 먼저 눈길을 던진다. 하지만 유력한 관광객, 곧 자본과 권력의 하중 때문에 다리 풀린 가마꾼에게 연민의 눈빛을 보탬으로써 인간미의 추악한 상실에서 벗어난다. 물론 그렇다고 해서 그림에 또렷한 제국과 식민지의 종속-차별 관계가 아름다운 절경 속으로 속절없이 감춰질 까닭도 없다.

> 주옥같은 화첩이여
> 금강산은 하늘과 땅의 가교
> 연보라빛 지나온 많은 세월
> 누구를 기다리나
> 명경대 비추는 구름 동리
> 봄 아지랑이여
>
> -《금강산소패》- (내금강) 명경대

명경대明鏡臺는 '정파리淨玻璃'라고도 불린다. 망자의 살아생전 악업을 비추는 맑은 거울을 뜻하며, 저승길 입구에 세워져 있다 한다. 인과응보설에 기대어 선한 삶을 권면하고 악행을 경계하는 불교의 가르침을 산봉우리에 투사한 종교적·철학적 비유인 셈이다. 하지만 엽서의 명경은, 거울 앞에서 단장하는 조선 부인(≒기생)의 모습에 결속되면서 신성의 맥락과 성찰의 면모를 벗어나 세속적이며 성애적인 도구로 사물화되고 만다.

이를 감안하면, 조선 부인의 임을 기다리는 비애감이나 조만간의 만남에 대한 설렘을 노래하는 태도는 그다지 긍정적이지 못하다. 그녀의 다소곳한 태도는 임에 대한 충만한 에로스의 발현으로 가치화되기 어렵다. 오히려 자신의 삶과 심신, 감정과 이성을 남성에게 의존하는 소외된 삶의 편린에 가깝다. 그런데 아연실색할 만한 사태는 따로 있다. 저 맑은 거울 앞의 여인이 조선의 기생과 일본의 게이샤가 되어 금강산 곳곳에서 음란한 성애의 대상으로 호출, 소비되었다는 사실이 그것이다. 《금강산소패》 한 구절에도 금강산의 성애화가 발견된다. 이 구절을 천하절경을 향해 우뚝 발기한 제국의 팔루스가 저지르는 폭력적 행패로 규정할 수 있는 까닭이다.

> 부신浮身을 새겼구나 만물상은
> 신의 손도끼 그 맛을 보여주네
> 따사로운 온천 마을
> 사람 기다리는 온정리
> 손님 마중하러 떠가는 구름
>
> -《금강산소패》- 만물상

미려하게 우뚝 솟은 만물상 어딘가를 "부신浮身", 곧 색정과 유흥의 논다니로 떠도는 유녀에 비유하고 있다. 실제로 만물상과 그림 속 여성은 절경과 절색이라는 심미적 유사성을 갖는다. 둘의 아름다운 행색이 "신의

그림 9 만물상

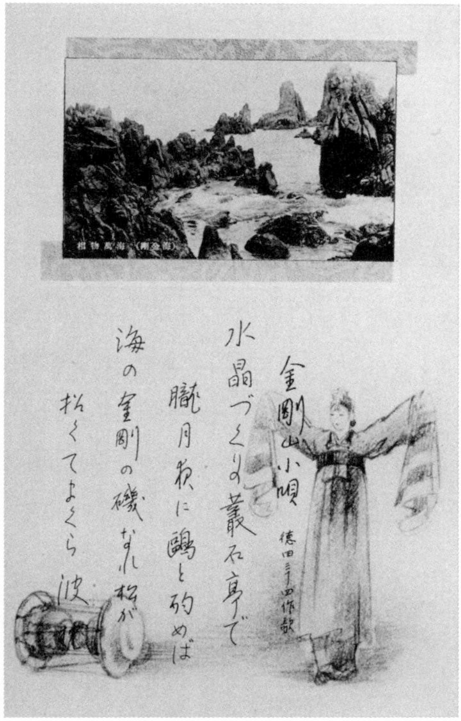

그림 10 (해금강) 바다만물상 (부산박물관)

손도끼"가 깎은 예술품으로 더불어 간주될 수 있는 이유인 것이다. 하지만 "손도끼 그 맛"과 "손님 마중"은 관광객과 유녀 사이의 매매춘 정황을 연상시킨다는 점에서 지극히 퇴폐적이다. 여성으로 상정되는 '부신'과 '구름'은 조신한 부인으로 현신하든 질펀한 성애의 유녀로 출몰하든 남성의 문화적 욕망과 성적 유희를 충족시키는 일 방향의 대상일 수밖에 없다. 그렇기에 두 대상을 존재의 억압과 삶의 소외를 면치 못하는 불우한 여성으로 읽어내는 독해법이 가능해진다.

> 수정으로 빚은 듯한 총석정에서
> 어스름 달빛에 갈매기인가 바라보면

해금강 갯바위와 하나인 소나무가
부서질 듯 검은 파도에

-《금강산소패》-(해금강) 바다만물상

앞서 본 〈비로봉 전망〉과 가장 잘 호응하는 사진엽서일 것이다. 총석정 아래의 기묘한 주상절리와 해금강의 아름다운 바다 만물상이 함께 이룩한 극치의 절경에 감탄하며 그것을 예찬한 노래로 읽어 무방하다. 그렇지만 '검은 파도'의 움직임이 '일본해'의 그것으로 규정되는 것을 이미 보았는지라 식민 권력의 문화정치학을 함부로 지나칠 수는 없는 노릇이다. 제국의 중심화와 식민지의 지방화라는 차별적 구도와 시선의 존재는 조선의 해금강 일대에 대한 일제의 지배와 통치에 관련된 어떤 '유형적인 움직임과 기쁨'[23]을 동반한다. 이것의 구체적 면모는 "해금강 갯바위와 하나인 소나무가 / 부서질 듯 검은 파도에" 보이는 정지와 운동, 수세와 공격의 대조적 면면을 떠올리면 어렵잖게 파악된다. 일제가 거친 '붉은 땅' 조선과 덜 문명화된 '요보'들을 일제의 영토에 포함시켰다는 식민주의적 (무)의식이 그것에 가장 가까울 법하다. 또 다른 금강산 관련 사진엽서에도 이러한 식민의 사유와 상상력은 여지없이 발견된다.

홀연히 찬바람이 불면
나타나 밀려드는
안개는 흘러서
저쪽 산을 바라보네

-〈외금강 · 집선봉〉

산에 눈이 녹았네.
붉은 저고리에
아지랑이 피어오르네.

하이얀 뺨.
물기 어린 촉촉한 눈동자에
봄빛이 찰랑찰랑
물동이에 담긴
물방울이 햇볕을 들이마시네.

-〈조선 서경시: 물 긷기〉

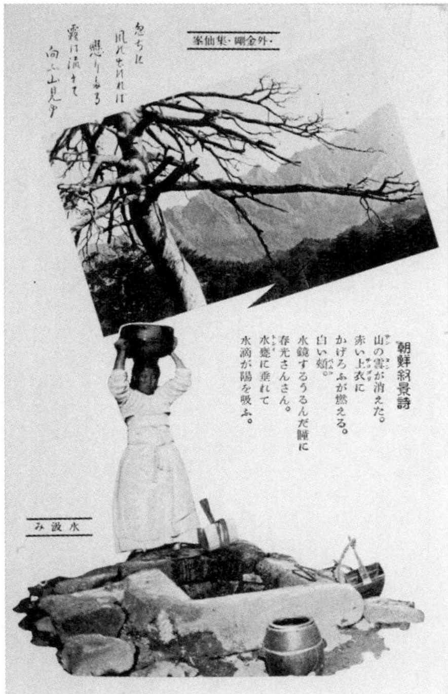

그림 11 외금강 집선봉·물 긷기

또 다른 종류의 《가요의 조선歌謠の朝鮮》(히노데상행)에 속한 〈외금강 집선봉·물 긷기〉(그림 11)에는 집선봉을 찬양하는 일본 와카와 물동이를 인 조선 부인을 묘사한 '조선 서경시'가 함께 실렸다. 그 밖의 7매도 조선의 자연과 풍속을 담은 사진에 일본 단카나 조선민요를 더했다. 단카는 주어진 서경에 대해 주관적 서정을 담백하게 토로하는 형식을 취했다. 하지만 조선민요는, 〈조선 서경시: 물 긷기〉에 보이듯, 식민지의 후진적 풍속과 인물을 드러내는 '친밀한 적'으로 인용되는 경향이 짙다. 조선민요가 '일본적인 것'과 접속되는 순간 '조선적인 것'을 희화화하는 자기분열의 장으로 강제 소환되는 식민주의적 효과가 발생하는 순간이다.

엽서 상단에는 집선봉에 구름과 안개가 모여들었다 흩어지는 모습이 생생한 사진이 배치되었다. 집선봉 정상의 고사목 가지 사이로 건너편 산악을 조망하는 시선을 재현 중인 카메라의 눈도 탁월하다. 그렇지만 민요로 따진다면, 봄꽃 구경도 못하며 물 긷느라 바쁜 하층 여성의 행색은 금강산 절경 때문에 더욱 초라해진다. 〈조선 서경시〉의 화자는 그녀의 힘든 노고를 안쓰럽게 여긴 탓인지 겨울 뚫고 피어나는 봄빛에 비기면서 활기찬 생명력의 또 다른 근원으로 노래했다. 하지만 그랬다고 해서 '아지랑이', '봄빛', '햇볕'에서 소외된 그녀의 궁핍한 일상을 향해 윤택한 재화나 느긋한 여유가 뜻밖의 보상으로 주어질 리 없다. 밝고 따뜻한 봄빛 때문에 조선 부인의 가사노동이 표상하는 식민지 여성의 부정적 면모는 그 음영이 더욱 깊어진다. 다시 말해 그녀들의 개인적인 동시에 사회적인 열악한 지위와 경제적 낙후성이 더욱 부감되는 것이다. 이 점, 《금강산소패》에 소환된 식민지 조선 여성들의 공공연한 숙명이기도 했다는 사실을 어느 누구라도 부인하기 어렵다.

사진엽서 《금강산백경》과 식민지 근대성

'오십경'이니 '백경'이니 하여 총 32매 1세트 사진엽서에 담긴 조선의 식민 공간은 경성, 평양, 금강산 세 곳뿐이었다. 일제가 보았고 보여줄 것이 그만큼 많은 '신내지' 도회와 자연이라는 뜻이겠다. '보았다'는 것은 자연과 유적, 풍속과 생활 관련의 '조선적인 것'이겠고, '보여주다'라는 것은 일제 자신이 성취한 식민지 근대화의 여러 면면이겠다. 이 때문에 상반된 두 시선의 구도에 야만과 문명, 멸시와 자랑, 퇴락과 진화 등 잔혹한 우승열패의 체계적 서열화가 빈틈없이 어른거린다는 설명이 가능해진다.

《금강산백경》은 《경성백경》《평양오십경》과 마찬가지로 다이쇼사진공예소에서 발행되었다. 출품 시기는 금강산 개발이 본격화된 1925년 전후로 추정되며, 엽서 32매에 금강산 명소와 풍경 사진 80컷 정도를 담았다. 일제의 금강산 장악과 전시 욕망을 확인해 본다는 뜻으로 촬영 명소 몇몇 곳을 헤아려 둔다. 내금강: 명경대, 구성동, 만폭동, 유점사 등 18곳, 외금강: 비로봉, 만물상, 구룡연, 신계사 등 21곳, 신금강: 신금강, 십이폭포 등 3곳, 해금강: 총석정, 해만물상, 입석리 등 6곳, 편의시설: 외금강역, 내금강역, 스키장, 구메산장久米山莊, 공회당 등 7곳이다.

《금강산백경》에 모아진 일제 '관광객의 시선'은 다음과 같은 특징을 지닌다. 첫째, 산의 기이한 형상과 아름다운 풍광에 주된 초점을 맞췄다. 둘째, 산악과 사찰 곳곳에 박혀 있는 신화적·종교적 서사나 역사적·문화적 흔적들은 잠깐 스쳐 가도 좋을 흐릿한 배경으로 처리했다.[24] 이른바

그림 12 《금강산백경》 봉투

'조선심'과 그것이 뿌리내린 '참된 장소'의 삭제가 금강산을 그들의 '일본해' 연안에 우뚝한 '콘고산'(KONGO-SAN, 봉투 상단)으로 뒤바꾸는 제일의 문법으로 작동했던 것이다.

이상의 정황은 《금강산백경》이 이국의 자연과 유적, 인물과 풍속을 채집·전파하는 역할을 처음부터 넘어섰던 매체라는 사실을 말해준다. 그것은 일제 신민에게 조선에 대한 여행 충동과 지리의식의 확대, 자아의 성숙과 세계 지식의 심화 등을 환기하는[25] 문화적 투기投企의 장으로 애초에 주어졌던 것이다. 그래도 일제에는 신경이 곤두설 만한 문제가 남아 있었다. 금강산이 식민지의 '붉은 땅'으로 조선 '토인'의 역사와 생활의 무대였다는 것 말이다. 따라서 일제에게는 이를 은폐·삭제하면서 변두리 금강산을 세계적 관광 명소로 탈바꿈시킬 만한 효과적 책략이 더욱 절실해졌다.

《금강산백경》은 그 의도에 부응한다는 뜻인지 《경성백경》, 《평양오십경》과 달리 조선민요로 대표되는 '민족의 소리'를 지면에서 아예 배제했다. 그 대신 자연과 고적, 시설에 대한 간략한 소개문, 예술가와 지식인의 감격적인 탐승기 일절, 금강산의 서경과 서정을 함께 노래하는 단카 몇 편으로 엽서의 빈자리를 메꿨다. '조선적인 것'을 감추고 지우면서 그것을 일제 소유의 '세계적인 것'으로 써 넣고 널리 알리기. 주변부 금강산이 식민지 '조센'이라는 '신내지'를 대표하는 명산이 되어 '내지' 중심부의 후지산과 단 한 번도 희망한 적 없는 결연을 맺게 된 결정적인 까닭이다.

이를 바탕으로 일제 '관광객의 시선'이 금강산에 어떻게 투영되고 어떤

그림 13 【외금강】 관음봉 · 은선대

의식구조를 낳는가를 외금강, 내금강, 신금강, 해금강, 편의시설을 담은 사진엽서 1~2매를 골라 함께 살펴보기로 한다.

1) 금강산을 찬탄하여 자연산인데 가장 그로테스크한 기형아라는 둥 말해지고 있다. 하지만 기형아라는 것은 보아봤자 쾌감을 느낄 수 없다. 오히려 압도될 듯한 불쾌감에 부딪히고 만다. 금강산에 접해서는 조화의 묘미를 극한 기교에 놀람과 동시에 쾌감과 숭고와 신비의 염에 부닥친다.

2) 금강산 세계에서 가장 뛰어난 자연의 극미
하늘 높이 솟은 일만이천 봉
웅장한 모습과 표정에 지팡이 기댈밖에
황홀함 역시 신이 빚어낸 절경인가

– 〈【외금강】 관음봉 · 은선대〉

산문에는 그 필자가 명기되어 있으나 따로 밝힐 필요는 없을 듯하다. 단카와 더불어 금강산의 세계적 극미極美를 예찬 중임을 확인하는 것으로 충분하다. 다만 금강산을 "가장 그로테스크한 기형아"에 비유함으로써 오히려 추미醜美에서 강렬한 쾌감을 구하련다는 누군가의 전도된 미의식을 비판하는 모습이 인상적이다.

하지만 금강산에서 추의 미학을 읽어내는 자의 미의식은 불건전하거나 퇴폐적인 것만은 아니다. 그는 추의 미를 강조함으로써 "쾌감과 숭고와 신비"를 초월하는 금강산의 어떤 형국, 곧 순수해서 더욱 기괴하고 불쾌해서 더한 쾌감을 불러오는 '부조리의 정당성'을 예찬하고 싶었던 것은 아니었을까. 금강산의 자연미를 추미 그것으로 전도시켜 내면화하는 자의 심리는 어쩌면 다음과 같은 것인지도 모른다. 보들레르의 부조리 시학에 울울한 '불쾌감을 자아내는 데서 오는 귀족적인 만족'을 구하는 파격적 지향과 닮았다는 사실 말이다.[26] 요컨대 금강산 관련 추의 미학은 금강산 외부의 기이한 형상('기형아')을 오히려 극미를 추구하고 그것으로의 해방을 도모하는 미의 역설적 확장술일 수도 있다. 이렇게 하여 금강산의 외연 확장을 통한 내포의 심화가 그것의 괴기미를 하나의 현실로 창안하고 구조화하는 순간이 출현했던 것이다.

> 이 주변은 금강 2대 고지의 하나로 암자 부근 일대에는 높은 봉우리가 난립해 있으며, 심히 그윽하고 깊숙한 세속 저편의 땅이다. 앞쪽의 깊은 계곡을 가로막은 병풍처럼 우뚝 솟은 날카로운 봉우리 가운데 법기봉 동쪽에 기이한 혈망봉이 있다. 이 산의 기이함은 산꼭대기 가까이 비스듬하게 남북으로 돌출한 둥근 구멍을 갖고 있다는 점이다. 구멍의 상하좌우에는 수목이 울창하게 우거져 있으나, 마하연암에서 이 구멍을 바라보면, 구멍 깊숙이에서 하늘이 반짝반짝 빛나서 보인다.
>
> –【내금강】마하연본당 · 구성동 · 명경대 (그림 14)

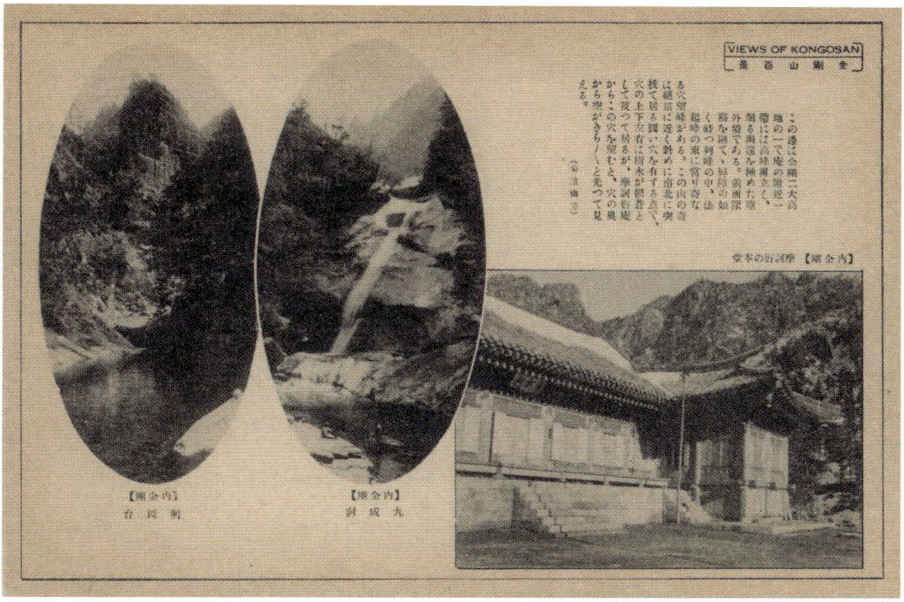

그림 14 【내금강】 마하연본당 · 구성동 · 명경대

사진의 세 대상에 대한 설명은 따로 없다. "그윽하고 깊숙한 세속 저편의 땅"에 보이듯이, 세 곳이 속한 내금강 일대의 탈속적인 자연미를 극찬하고 있다. 멀리 바라보는 빼어난 조망미 대신 산 정상의 "둥근 구멍"에 대한 체험담을 기술함으로써 "하늘과 땅의 가교"(《금강산소패》 (내금강) 명경대)가 되어 선경의 신성성을 발현 중인 금강산의 미덕을 더욱 확장시켰다는 느낌이다.

그런데 절경의 자연미만으로 금강산의 숭고성은 아무런 문제 없이 극대화되는가. 또 사진으로만 전시되어도 명경대, 구성동, 마하연의 역사적·문화적 가치는 변함없이 유지되는가. 두 질문에 대한 답변은 얼마간 부정적일 수밖에 없다. 왜냐하면 자연미에만 집중하고 사진만을 제시하는 방법은 해당 명소들의 '무장소성' 내지 '장소 상실'을 불러올 수 있기 때문이다. 각종 여행안내서와 사진, 영상 등의 대중매체는 그것들이 포착,

소개하는 장소들에 대해 유사성을 더하는 뜻밖의 효과를 발휘한다. 여기서 발생하는 비슷한 느낌 때문에 관광객은 명소 어디를 찾아가든 '무감동한 경험'에 종종 부딪칠 위험성이 농후해진다. 이른바 '장소의 정체성'을 약화시켜 금강산 어느 곳이든 그저 아름답기만 하다는 '균질화된 공간'으로 평균화되는 미학적 전도顚倒의 오류가 발생하는 지점이다.

물론 손바닥 크기의 엽서에 피사체 관련 모든 사항을 빼곡히 담을 수도 없고 그럴 필요도 없다. 하지만 명경대의 불교 설화를 조선 여성의 어여쁜 단장으로 세속화했듯이, 구성동도 사진만 제시함으로써 그곳 고유의 신선 설화에 기꺼이 괄호를 쳤다. 흔히 '쑥밭 전설'로 불리는 구성동 설화는 신선 세상의 절경과 영원함, 그곳을 향한 인간들의 욕망에 먼저 초점을 맞췄다. 이어 신선놀음에 갔던 동네 노인이 며칠 지나 현실로 돌아왔더니 200여 년이 흘러 옛 풍경과 정취가 사라졌더라는 얘기가 후반을 장식한다. 인간 욕망의 가없음과 인생무상의 삶을 애석해하는 이중구조의 서사인 셈이다. '쑥밭 전설'을 자연과 현실을 향한 삶의 지혜, 곧 버리고 취할 것에 대한 가치 판단의 기준을 동시에 담고 있는 서사로 판단하는 이유이다. 다시 말해 이 이야기는 "우리 삶의 방향을 정하고 길라잡이가 되는 어떤 것"[27]의 귀중함을 간곡히 호소하는 매우 뜻깊은 인생담론에 해당된다.

구성동 설화에 담긴 '장소 정체성'과 관련하여 '신금강'은 매우 흥미로운 지역이다. 신금강에 대한 산문과 단카의 핵심은 "신비의 경지"에 다다른 '자연미'에 대한 쾌감이다. 전자는 금강산 등정의 서사를 환기하는 방식으로, 후자는 수려한 자연미를 눈앞의 현실로 묘사하는 방식으로 처리하고 있다는 차이점이 있을 뿐이다.

> 1) 누구라도 한 번 땅을 밟으면, 신비의 경지에 있는 자연미의 쾌감을 판별할 수밖에 없다. 나는 30여 년 전에 유점사에 갔다가 장안사까

지 올라간 적이 있다. 오늘 재차 금강산을 방문하여 그 새로 뚫은 도로, 그 충분한 설비에 실로 놀랐다.

2) 수려한 산봉우리에 석양 쉬이 기우는데
깎아지른 절벽 낭떠러지에 오솔길 트였구나
졸졸 흐르는 시내 한 줄기 못물로 들어가니
얼핏 보건대 물보라가 눈처럼 흩날리누나
-【신금강】 은선대에서 바라본 신금강 전경

한 가지 다른 점이 있다면, 금강산에 새로 난 신작로와 교통설비 등의 편의시설이 산문에서 언급되고 있다는 사실이다. 이에 대해서는 차후 언급할 기회가 있으니, "새로 뚫은 도로"가 '신금강'의 개발과 관련되어 있음을 먼저 확인해 둔다. '신금강'은 금강산을 관광 명소로 개발하기 위해 '외금강'에서 떼어낸 은선대, 칠보대, 유점사 등이 위치한 지역을 이르는 명칭이다.

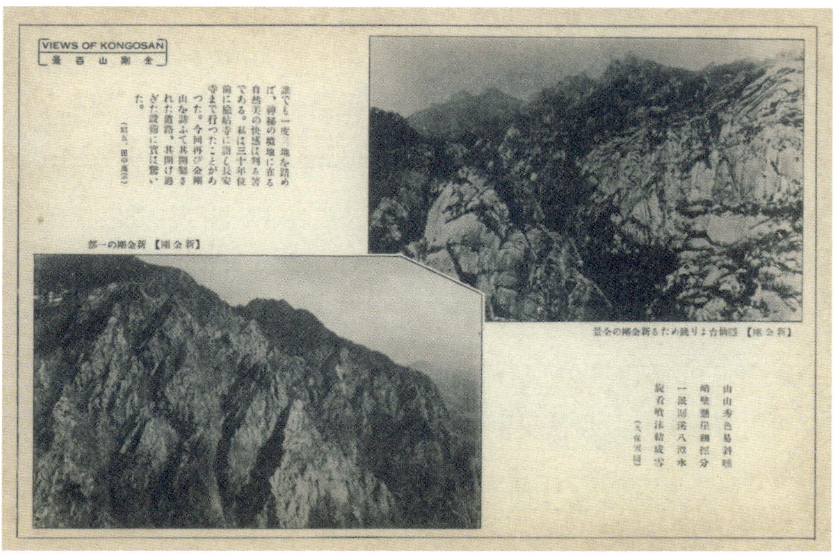

그림 15 【신금강】 은선대에서 바라본 신금강 전경·신금강의 일부

금강산 구석구석을 새로이 탐승하는 기회를 넓혔다는 점에서 '신금강'의 개발은 대중의 동의와 환호가 더해질 만한 문화적 사건이었을 성싶다.

그런데 최남선은 일제의 '신금강'에 개발에 대해 다음과 같은 비판을 아끼지 않았다. 유점사 근방의 이 일대는 "예전부터 난아蘭若(한적한 수행처-인용자)가 별같이 박혀 있던 곳"이며, 따라서 어느 일본인이 "모르던 데를 새로 발견하였다 하여 신금강이란 이름으로 천하에 선전한 일"[28]은 가소로운 행위에 지나지 않는다고 말이다. 최남선의 비판을 조선 전통을 무시한 일제의 무분별한 개발 행위에 대한 거부와 저항 정도로 처리할 일은 아닌 듯싶다.

문제의 본질을 파악하려면 근대 관광업의 폭력성과 상품성에 대한 비판적 이해가 도움이 될 듯하다. 관광 사업은 대중의 흥미를 자극하여 상업적 이득을 취할 수만 있다면, "조용한 휴식의 장소이자 경이와 미, 역사적 흥밋거리를 가진 모든 장소들을 발가벗기는" '경쟁적 쟁탈'을 마다하지 않는다. 이러한 후안무치한 행위는 어떤 장소 본래의 진정성을 은폐·삭제함으로써 그곳을 자본과 유흥에 굴복하는 '가짜 장소'로 대체하는 끔찍한 결과를 낳는다.[29]

최남선은 이와 관련된 금강산의 불행한 사태를 '신금강'뿐만 아니라 만물상에서도 찾아낸 바 있다. 그럼으로써 '신금강' 비판이 문화민족주의에 비친 자연과 국토의 숭상에만 기초한 것이 아님을 밝혀 주었다. 육당은 '만물초'를 조물주가 만든 "물형미物形美의 전량全量이자 총람"이라면서, 그렇기에 "금강산의 목록"이자 "산악미의 총목록"이며, "물체적 변화의 전 목록"이기도 하다는 극찬을 남겼다. 그러면서 일본인이 조선 본래의 이름 '만물초萬物草' 대신 만물상을 취하게 된 까닭을 '草'와 '相' 공히 일본어 '소-(そう)'로 발음되는 "음상사音相似 관계"에 놓여 있다는 사실과 "상相이 불교적으로는 아명雅名" 곧 그윽한 이름이 될 법도 하다는 사실에서 짚어냈다.[30]

최남선의 비판이 의미 깊다면, 근대 관광의 부정성을 금강산 개발에도 고스란히 적용할 수 있는 여지를 남겼기 때문이다. 첫째, 신금강과 만물상 개발은 많은 자들의 관광을 처음 유발시킨 '국지적·지역적 경관의 파괴'에 해당된다. 둘째, 제국의 논리에 맞춰 금강산을 개발함으로써 '경관의 획일성'을 폭증시키는 폐해를 낳았다. 셋째, 관광객에게 명칭과 사진을 통해 '표준화된 취향과 패션'을 전달하고 조장함으로써 금강산 고유의 '장소 다양성'을 파편화하는 결과를 낳았다.[31] 이에 따른 '장소 상실'이 가져올 가장 비참한 현상은, 잠시 뒤 살펴보겠지만 '금강산의 유곽화', 즉 등·하산 뒤 섹슈얼리티의 소비를 매개로 벌어지는 휴게의 세속화와 유흥의 퇴폐화 경향이었다.

1) 거친 파도에 소매도 젖지 않네
바다에 빠져 죽는다면
그대를 유혹할 수 있으려나
–【해금강】불암 · 영원단 · 바다만물상

2) 금강문을 오른쪽에 두고 절벽을 왼쪽에 두며, 앞에는 들쭉날쭉 기암괴석 연달아 서서 열을 지어 절벽에 접한다. 열과 열 사이에는 거친 파도 난입하여 바위를 깨물고, 또 파도가 조용할 때는 바다 밑에도 금강산을 드러내 보인다.
–【해금강】입석리 해변 · 현종암

해금강은 장엄한 해돋이, 바닷가 높이 솟은 총석정, 풍화와 침식으로 형성된 기묘한 모양의 바다만물상海萬物相을 관광 명소로 거느린다. 이에 대한 대체적 해설이 2)의 산문이다. 해변의 지극한 형상과 짙푸른 풍경을 두고 〈【해금강】 입석리 해변·현종암〉(그림 16) 우측의 단카는 "모든 부처 해수욕하러 내려왔구나"라고 노래했다. 그럼으로써 주어진 '자연' 명소를

그림 16 【해금강】 입석리 해변 · 현종암

감히 누구도 넘볼 수 없는 붓다의 극락정토로 종교화·절대화하기에 이른다. 그렇지만 해금강의 불토화는 그 풍경과 정취의 극한적 아름다움을 조건으로 삼지 않는다. 해금강은 엽서세트 《금강산소패》, 《가요의 조선》(그림 18 참조) 등에서 조선 부인이나 기생과 더불어 제시되곤 하며, 예외 없이 식민지 조선의 '동해'가 아닌 일제의 '일본해'에 속한 장소로 지목된다. 다시 반복하지만, 이런 장면은 조선 여성의 시선과 비로봉의 "옷자락" 모두가 금강산을, 더욱 확장한다면 한반도의 조선을 제국 일본에 귀속시키는 역할을 감당하고 있음을 뜻한다.

이러한 방식의 식민주의적 '장소 귀속성'이 생산하는 '영토'와 '국민'의 효과는 뜻밖의, 그러나 잘 계산된 리얼리티를 갖는다. 첫째, 해금강은 지도, 엽서, 관광안내서 등의 텍스트를 통해 공인받은 후에야 비로소 일제의 현실적 신개지에 존재할 자격을 얻게 된다. 둘째, 일제 관광객은 '해금강-일본해'라는 식민주의적 기호와 이미지가 현실적 지형과 조응하는 바로 그곳에 위치함으로써 제국 신민의 정체성을 재차 확인하게 된다. 이 과정을 통해 해금강은 지도 위에 실재하는 어떤 '사실'의 땅을 넘어 일제 식민 권력의 조선 통치와 관련된 특정 '개념'과 '이미지'의 영토로 새롭게 재편된다.

한편 〈【해금강】 불암·영원단·바다만물상〉의 와카에는 "바다에 빠져 죽는다면 / 그대를 유혹할 수 있으려나"로 표현된 임 향한 절대적 애정이 선명하다. 좀 더 깊이 해석한다면, 영원한 그리움과 사랑을 다짐하는 정사情死의 욕망이 절절이 스며 있다. 그래서인지 표면상 남성을 향한 여성의 비극적 구애처럼 느껴진다. 하지만 '그대'를 '해금강'으로 치환한다면, 최상의 아름다움을 자랑하는 선경에 들기 위한 기꺼운 몸 던짐으로 읽힐 소지가 다분해진다. 절경의 공간을 영혼의 휴식이나 만개의 장소 아닌 '나'의 죽음과 '너'의 죽임을 함부로 부르는 절멸의 심연으로 상정한다는 것은 어쩐지 사령死靈 / 邪靈의 장난처럼 느껴진다.

그러나 웬걸 해금강을 포함한 금강산은 뜻밖에도 해방감 가득한 연애와 불륜의 장소임과 동시에 이런저런 사정을 거느리는 비극적인 자살의 공간이기도 했다. 이를 시화한 가장 처연한 풍경은 정지용의 〈호랑나븨〉(《문장》 1941년 1월호)에서 찾아진다. 한겨울 생生의 문을 걸어 닫고 눈 속에 일부러 갇혔다가 봄날 "구두와 안ㅅ신이 나란히 노힌 채 연애가 비린내를 풍기기 시작"했던 일본 하카다 출신 화가 부부의 정사가 그것이다. 가장 좋게 해석하여, 남녀의 사랑과 예술과 자연을 비유컨대 시간과 존재 일체를 초월한 죽음으로의 통합 속에서 영구화하려는 시적 존재 전환이라 부를 수 있겠다.

물론 일본인에 비해 관광 조건이 훨씬 여의치 않았음에도 금강산에서의 자살은 조선인이 다수를 차지했던 것으로 알려진다. 그것도 현실의 가난과 고통을 끊거나 피하는 형식으로 말이다. 기행문이나 신문 자료를 참조하자면, 남녀의 연정을 중간에 끊어버린 비통한 사고사[32]가 아니고서는 화류춘몽의 비극에 매인 유곽이나 색주가의 여성, 삶의 궁핍과 그에 따른 괴로움에 떠밀린 부부, 가부장의 폭력에 절망한 노파 등의 자살[33]이 대부분이었다. 생활의 압박과 가난의 심화가 가하는 심리적 불안과 공포를 조선 최고의 비경에 숨어듦으로써 끝내겠다는, 아니 넘어서겠다는 존재 보상의 유혹이 불러들인 씁쓸한 비극의 단면들이다. 죽음, 특히 자살을 둘러싼 예술과 생활의 간섭과 개입, 그곳에도 제국주의와 식민지 간의 서열체계가 굳건했다는 사실을 금강산은 이렇게도 차디찬 얼룩으로 제 몸속에 깊이 새겨 두었던 것이다.

마지막으로 금강산 편의시설이 가져온 편리함과 그 이면의 세속화·퇴폐화 경향을 살펴볼 차례다. 《금강산백경》은 자연미의 산악과 해변, 고색창연한 사찰을 제외하고는 기차역, 산장, 공회당, 스키장 등의 편의·휴게시설만 카메라의 눈에 비추었다. 만약 내·외금강, 해금강, 온정리, 원산역을 거미줄처럼 연결하는 경원선, 금강산전기철도, 동해북부선, 이를 보조하는 도로교통시설이 없었더라면, 절대 비경의 관광도, 또 그곳을 삶의 저편으로 삼겠다는 비극적 자살의 사태도 그렇게 용이한 일이 아니었을 듯하다. 마찬가지로 산장과 호텔에서의 여유로운 휴식, 여관과 음식점에 딸린 식도락, 온천 목욕, 남성의 유흥과 색욕에 팔려갈 조선 기생과 일본 게이샤의 피로한 행보도 교통시설의 대폭적인 개발과 설비에 힘입은 것이었다.

1) 겨울이 오면 순백으로 치장하는
금강의 봉우리를 찾아가누나
사람도 없는 온천의 여관에
유유히 메아리치는 신계사의 해질 무렵 종소리

2) 금강산의 특징은 제일은 암석적이라는 것, 제이는 그 면적의 광대

그림 17 【내금강】 비로봉 설경 · 구메산장 · 내금강역

> 함이라는 것이다. 게다가 산만한 경치가 아니라 엑기스적이어서, 통일된 표현이 있고 일관하는 정신이 있다. …… 금강산은 산악 가운데 천재天才이다.
>
> –【내금강】 비로봉 설경 · 구메산장 · 내금강역

어떤 관광이든 명소 탐방을 위한 몸의 수고와 피로, 거기 동반되는 정신적 긴장감과 신경증을 충분히 풀 수 있는 양질의 숙소와 음식점의 존재는 여행의 성패를 좌우할 만큼 중요하다. "산악 가운데 천재"를 아무리 눈에 깊이 담았던들 '금강산도 식후경'이라고 느긋한 휴식과 입맛을 채워줄 "온천의 여관"이 없다면 관광객의 몸은 불운한 동티에 휩싸일 우려가 훨씬 커진다.

실제로 금강산 숙박업소들, 예컨대 '경성여관'은 금강산 탐승의 최후기착지로 자기 업소를 추천하며, "온천 내탕 완비" "연회석 일간一間 백명 수용"[34] 등을 강조하는 광고를 신문과 잡지에 내걸었다. 숙소와 음식에 대한 경성여관의 광고를 긍정적으로 생각한다면 그 의미는 이렇게 정리될 수 있다. 단순한 취미 활동에 그치지 않고 국민의 체력 향상, 국민정신의 미적 도야를 위해 감행한 금강산 등정에 걸맞은 신체적 보양과 정신적 위안을 제공하겠다는 뜻이 그것이다. 물론 그것 최후의 목적은 더욱 건강하고 건전한 황국신민으로의 거듭남과 천황에 대한 충성에 있었다.

하지만 연회석에 확대경을 대보면 경성여관의 맥락과 이면은 썩 달라질 수 있다. 금강산 관광에서 오락과 유흥의 흥취를 북돋우는 연회는 필수 불가결한 요소의 하나였다. 이를테면 금강산 탐승단 모집 광고에 빠짐없이 실리던 "여흥으로는 명창 김창환과 유명흔 여우女優 기타 요리점과 밋 명기 수 명이 유有홈[35]이라는 문안을 보라. 금강산의 각종 여관, 주점, 음식점 등이 성적 유희와 퇴폐적 환락으로 넘쳐나던 식민 수부 경성의 '잇또it' 문화를 뒤쫓는 축소 공간으로 암암리에 기능했음을 짐작케 하는 문구로 모자람 없다. 이에 대해서는 《가요의 조선》에 수록된 또 다른 사진엽서가 시사적이다.

1) 출렁이는 해면海面에 물보라 치네
파도여 울려 퍼져라 그 소리 다하도록
- 〈해금강 · 만물상〉

2) 연분홍, 바알간 분粉.
흐르는 눈물에 어여쁘게 녹아내려
우리는야 기생
한 송이 피어난 꽃이라네
떠다니는 작은 새가

지저귀고 울면
꽃은 피어나는 법.
향기는 나는 법.

– 〈조선민요 : 기생〉

그림 18 해금강 만물상 · 기생

'조선적인 것'의 대표로서 금강산과 기생을 선택한 것으로 읽혀 문제될 것 없겠다. 더구나 기생들이 금강산 나들이에 나선 이야기도 기행문 곳곳에 보인다. 하지만 해금강은 일본해로 귀속된다는 것, 따라서 거친 '물보라'와 '파도소리'는 일제 병정의 용감함과 전투력을 상징하는 것으로 얼마든지 읽힐 수 있다. 바다의 웅혼한 남성성에 비한다면 〈조선민요〉의 기생들은 어떤가. 화장, 눈물, 꽃, 향기 따위는 연약하고 소극적이며 오로지 슬픔과 아름다움으로 그 가치가 평가되는 남성 소비용 여성의 섹슈얼리티 자체가 아니고 그 무엇일까. 참담하게 상품화되는 금강산 화류계의 불우와 소외를 조선과 일제 남성의 가부장적 권력 아래 비추어보는 작업을 빼놓을 수 없는 이유이다.

객수客愁를 핑계 삼은 금강산 여관과 색주가에서 성난 조선인의 팔루스가 거침없이 우쭐댔음은 조선 최고의 미술학자 고유섭과 프롤레타리아 문학의 핵심 분자 한설야의 금강산 기행을 참고하는 것으로 족하다. 고유섭은 일본 여주인의 지휘 아래 조선 여급 둘이 음식과 성애를 함께 팔던 여관에 투숙했을 당시 동반자가 여흥에 겨워 한 여급과 잠자리를 같이 하러 재빨리 사라졌음을 기록해 두었다.[36] 한설야는 온정리 최고의 여관에 들어 친절한 하녀와 향긋한 미각을 돋우는 일본 술로 홍겨운 여정을 끌어올린 뒤 저녁 식사를 마치고 어떤 요정으로 넘어가 한층 예뻐 뵈는 미기美妓와 즐겁게 어울렸음을 천연덕스럽게 고백했다[37]. 실족사의 비극에 침통했던 김도학의 《금강산유람기》 곳곳에도 등장하는 기생-작부, 색주가-갈보, 화류계, 여자 유흥 등 금강산 관광의 '물질주의 세속화' 경향에는 조선 미술과 언어를 빛내던 혜안들도 부끄럼 없이 일조했음이 착잡하게 드러나는 장면이다. 이런 뜻에서라면 앞서 본 김형원의 금강산 개발 비판은 무엇보다 조선인을 향한 것이었다. 그는 금강산이 "명승으로의 가치보다도 조선이라는 땅에 자본가를 유인하는 일종의 간판"으로 높이 서 있음을 신랄하게 비판했다. 그러면서 "옛날의 금강은 유심적唯心的으로 고명하였으니 지금의 금강산은 유물적으로 유효하다"[38]라는 울분에 찬 한탄을 아낌없이 던졌다.

그러나 일제 관광객의 성적 일탈과 소비의 예를 이 자리에 제시 못했다고 해서 '자본가'와 '유물적'이라는 비판이 그들의 식민주의를 벗어나는 것은 아니다. 앞서도 말했듯이, 일제의 근대적 등산과 온천 문화는 심신 단련과 정신적 휴식을 함께 강화함으로써 근대 천황제 숭상의 국민의식과 애국주의를 드높이려는 잘 만들어진 취미 활동이었다. 그러나 끝없는 자본의 팽창술은 위안과 휴식의 장소였던 온천과 숙박시설을 성적 일탈과 환락을 부추기는 관능적이며 퇴폐적인 향락가로 나날이 변질시켜 갔다. 그렇지만 대동아전쟁 발발이 눈앞의 현실로 다가오면서 온천의 향락적 풍조에 대한 반동과 비판은 피할 수 없이 거세졌다. 일제는 국가총동원법(1938)을 공포하여, 등산 지침에서도 그랬듯이 온천에 대해서도 근대 천황제에 멸사봉공하는 국민의 체력과 건강을 증진하는 '후생 자원'으로 징발하는 전체주의적 병영화에 곧장 착수했다.[39]

금강산의 향락화에서 병영화로, 역시 일본 온천의 그것과 유사했음은 물론이다. 첫째, 관광 활성화 시대의 향락화 경향: 조선 매음녀를 고용한 일본 여주인–일본 남성을 상대하는 일본 매음녀의 존재도 짐작케 하는–의 색주가의 활발한 운영에서, 둘째, 황국신민화를 앞세운 총력전 시대의 병영화 경향: 금강산 보승保勝구역을 설정한 후 건강한 장정을 동원하여 영봉애호반靈峰愛護班을 결성한다거나[40], "금강산에 도장을 건설하여 총력운동 지도자를 연성"[41]하겠다는 군국주의 강화로 나아가는 모습이 그것이다.

금강산의 병영화: ‘소국민’에서 ‘충량한 신민’으로

조선총독부 주도의 제3~4차 〈조선교육령〉(1938년 3월~1945년 8월) 개정은 조선 식민통치의 본령이 조·일 일체의 황국신민화를 넘어 ‘식민지 병영화’로 급변해 갔음을 뚜렷하게 보여준다. 예컨대 그 강령의 변화, 곧 국체명징·내선일체·인고단련(3차)에서 ‘황국의 도에 입각한 국민 연성’(4차)으로, 그리고 드디어는 ‘진충보국’의 총력전(전시교육령)으로 식민지 조선인을 몰아가는 군국주의적 교육 행태가 그렇다.

〈조선교육령〉의 군국주의적 행보는 ‘국민다운 자격 양성’, ‘고대의 미풍양속 존중’, ‘선량한 인격도야의 계획’ 등을 목표하는 제2차 개정령을 잘 배려된 ‘문화정치’로 오인케 할 만큼 그 변화의 편폭이 크다. 이를테면 아동의 ‘소국민’화를 위한 음악 교육에 집중했던 《보통학교 창가서》(1920~1938)는 일본 천황가·역사·문화·지리·영웅에 대한 노래와 더불어 조선의 그것도 부족한 대로나마 적재적소에 배치했다. 자연, 도시, 인물로 보면, 경성, 부산항, 금강산, 모란대, 백두산, 계림(경주), 개성, 압록강, 부여, 정민혁, 성삼문, 석탈해 등이 노래 되었다. 역대의 영웅과 우수한 인물에 대한 의도적인 배제를 빼고는 조선 역사의 주요한 지명, 곧 각 나라의 왕도와 대표적인 자연 명소가 골고루 노래되고 있다.

그렇지만 《초등창가》(1939)와 《초등음악》(1942)에서는 금강산과 조선철도만이 남겨졌다. 그렇지만 엄밀히 말해 〈조선철도창가〉는 도쿄에서 경성을 넘어 만주로 팽창하는 일제의 첨단 문명을 자랑하는 노래라는 점에서 '조선적인 것'으로 치부하기도 어렵다. 금강산과 조선철도를 제외하면, "찬란한 아시아"를 건설하는 "희망의 빛, 대일본"[42]의 전투 장면과 각종 병기, 전쟁영웅과 꼬마 병정, 그리고 일제 군국주의가 진격하는 중국과 만주와 태평양 곳곳의 전장을 찬양하는 노래로만 채워졌다.

식민지 조선의 주요 명소 삭제와 병영기지로의 재편, 이것은 천황제 이념 전파와 '일본 정신' 교육의 기초매체인 국정 교과서뿐만 아니라 사진엽서를 포함한 일제 인쇄매체의 열렬한 행보이기도 했다. 이를 매체교육의 관점으로 명제화 한다면, "교육으로 단련되는 선량한 '소국민'과 '충량한 신민'에서 만세일계 천황가에 대한 직역봉공을 다짐하는 '꼬마 병정'과 '전선총후 국민'으로" 정도가 될 것이다. 이 과정을 금강산에 관련된 '군사우편엽서'를 통해 확인해 보면 어떨까.

1) 천 년의 숲 그림자 드리운 울창한 초목
우르르 울려 퍼지는 구룡폭포의 급류
기암괴석 풍파에 씻기고
순풍에 돛단배 모두 건너다보이는 해금강
- 〈금강산〉 2절 (《보통학교 창가서》 제4학년용)

2) 초겨울 찬바람 불면 금강산은
온 산이 은빛 겨울옷
겨울밤의 밝은 달 하늘에 얼 때
일본해에 파도 높구나
- 〈금강산〉 4절 (《초등창가》 제5학년용)

앞의 〈금강산〉은 비로봉, 만물상, 구룡폭포, 해금강의 절경을 노래한 뒤 "금강산을 보지 말고 천하의 경치를 / 논하지 말라. 모두 가서 구경이나 하세 / 비할 데 없는 자연의 조화를"로 맺는다. 금강산의 자연미를 충실히 즐김으로써 문명국의 신민다운 인격과 품성을 도야하라는 메시지가 분명한 동요이다. 이에 반해 뒤의 〈금강산〉은 '봄: 비로봉, 여름: 구룡포, 가을: 만물상, 겨울: 해금강' 사계절의 절대미를 시공간적 순서로 노래한다. 금강산 풍경의 시간화가 발휘할 효과는 비교적 분명해 보인다. 식민지 조선의 아름다움에 대한 기억을 넘어, 금강산 사계에 비견될 일본 본토의 절경을 한껏 환기하는 향토애와 애국의식의 고양이 그것이다. 이것은 금강산 사계절의 자연미가 동요의 마지막 행 "일본해 파도"로 일거에 수렴되는 장면에서 의심할 여지없이 확인된다.

아동용 동요, 따라서 평생을 기억하게 될 노래 교육의 변화는 무엇을 의미하는가. 이 질문은 짚이는 대로의 금강산 자연미 찬양에서 그것의 사계절로의 질서화 및 일본해로의 집중이 노린 문화적·심리적 효과는 무엇이었는가와 특히 관련된다. 다른 무엇보다 총력전이 일상화되는 전시체제에서 '국체명징', 곧 천황 제일의 국가체제를 더욱 강화하겠다는 의도에 출발했을 것이다.

동요 〈금강산〉의 잘 계산된 교체에 주목한다면, 일제 관광객의 금강산 등정이 목표한 바와 그 변화 양상을 물어 마땅하다. 첫째, 앞의 〈금강산〉에 선명한 자연미의 쾌감과 그 감동에 흠뻑 빠져들기 위한 명승지 탐방이었다. 둘째, 높은 산 등정을 위한 심신의 단련과 그를 통한 일상생활의 건전성 확보를 추구했다. 셋째, '총력전' 시대가 다가오면서 산악 등반은 '대동아공영'의 '성전 완수'와 '총후 봉사'에 필수적인 '노동 후 위무'의 하나로 간주되었다.[43] 요컨대 금강산 등정도 '신체의 국가화'에 부응하고 기여할 수 있는 매혹적이며 효과적인 전투 활동의 하나였다. 이런 판단은 《초등창가》와 《초등음악》에서 아동의 순연한 심성과 자연과의 친화를 담은 동요가 거의 사라지고, 천황의 일방적 찬양과 승전 의식 고취의 '국민가요'가 대폭 증가하는 현상에서 그 정확성이 확인된다.

그림 19 【금강산 120態】 외금강 스키장 · 외금강 눈의 수정봉 · 북금강

자욱한 눈발 화려하게 남기며 떠나간 사람
아아 가슴에서 사라지지 않는 한 줄기 쓰라림
– 〈외금강 스키장 · 눈 덮인 수정봉 · 북금강〉[44]

설원에서의 스키 타기와 금강산 등정의 병사화는 썩 어울리는 조합이 아니다. 스키 자체가 조선인에게는 낯선 운동이었으며, 그것을 서구에서 먼저 수용한 일본인도 시간과 자본에 크게 구애받지 않는 유한계급 정도 되어야 스키를 제대로 즐길 수 있었기 때문이다.[45] 재조선 일본인들은 '조선산악회'를 창립하면서 산악 등정의 가치를 "견실한 국민, 평화로운 사회, 또 훌륭한 국가는 이러한 대자연을 사랑함으로써 생겨난다"[46]는 점에서 찾았다. 이 주장은 겨울 산악활동의 일환인 금강산 스키 타기에도 거의 예외 없이 적용될 만한 것이었다.

하지만 문제는 이곳의 '국민', '사회', '국가' 등은 그 앞에 천황을 주체와 주어로 반드시 내세워야 하는 군국주의 체제의 용어였다는 사실이다. 이런 정황은 산악회나 스키회 활동이 총력전 체제에서 신체의 병사화와 국가화 작업을 추진할 때 참고할 만한 가치가 충분한 모델이었음을 짐작케 한다. 실제로 취미 활동에 주안점을 두었던 두 단체는 대동아전쟁을 총후에서 지원하고 '국민총력운동'과 스포츠를 전면 결합한 충정보국 활동에 적극 참여했던 것으로 기록된다. 단체의 이름은 명기되지 않았지만, 아래에 예시하는 '국민 연성' 대회는 금강산 소재의 도장 입소나 체력단련 활동 등에서 어떤 방식으로든 산악회나 스키회의 도움을 입었을 것으로 추정된다.

'대동아공영' 달성과 '귀축영미' 축출을 내건 태평양전쟁 당시 일제는 금강산에 도장을 건설하여 '총력운동 지도자'와 '보도자' 등에 대한 '국민 연성' 대회를 수차례 개최했다. 금강산 탐승은 당연히 뒷전이었으며, "선경에서 신인합일의 경지를 탐구하면서 심신을 연마"[47]하는 것이 최고의 목표였다. 이때의 '신인합일의 경지'가 '천황'과 '신민'의 일체화를 뜻하는 것임은 의심할 나위 없다. 결국 절경 금강산은 그 자체로 더이상 아름답지 않다. 핏빛 울울한 전쟁 책임자 천황의 '은뢰'를 몸소 체험하는 결전의 도장으로 지정되었기에 일본인들이 등정할 만한 장소로 남겨졌을 따름이다. 이와 같은 '금강산의 병영화'는 조선군사령부에서 발행한 군사우편엽서에서 상징적인 재현을 얻고 있어 매우 흥미롭다.

> 금강산은 사계절 내내 탐승할 수 있는 세계적 명산으로 상찬된다. 그 까닭이 옛적부터 만이천 봉으로 노래 되는 그 숱한 기이한 봉우리와 험준한 고개, 대체로 1,000m 이상에 달하는 뾰족한 산봉우리들이 서로 뒤섞여 생겨난 그 많은 계곡, 이것에 딸린 폭포, 연못, 세찬 물줄기가 빚어내는 호장豪壯, 웅혼雄渾, 청정, 유적幽寂한 산수미의 경치에 있

그림 20 금강산(조선군 출동 장사(將士) 위문 봉함엽서 급 회(繪)엽서)

그림 21 금강산 기승(만물상) · 사자봉

다는 것은 군이 탐구할 필요도 없이 누구나 잘 알고 있는 바이다. 더욱 이 기괴한 봉우리를 배경으로 한 절벽 아래 또는 깊은 산골짜기 안에 흩어져 있는 푸른 처마 붉은 기둥의 고색창연한 장안사, 표훈사, 신계사, 유점사 등의 큰 가람과 다수의 말사는 흥미 깊은 사적과 전설을 간직하고 있는 등 반도(조선) 예술의 순수함은 천공天工과 인공人工의 미를 혼연일치시켰다는 강렬한 인상을 준다.

– 〈금강산〉 부분

산문 〈금강산〉 옆에 놓인 단카는 "천공과 인공의 미"가 '혼연일치'된 금강산을 "내가 서 있는 봉우리도 건너편의 산들도 다투어 늘어서니 하늘도 걸릴 듯"이라고 극찬한다. 산문과 단카 모두 금강산의 압도적인 자연미와 산수미, 유서 깊은 사찰과 옛 전설을 감동적인 목소리로 안내하고 있는 것이다.

하지만 사진의 배치는 어떤가. 우측 상단부의 금강산 비로봉이 만주 펑텐奉天(현 선양)인지 베이징인지 점령된 중국의 도회 시내를 행군 중인 일본군 대오 위에 슬쩍 얹힌 형국이다. 게다가 흑백의 비로봉과 대비되는 총천연색의 중국 거리는 화려한 색깔만으로도 독자의 시선을 강력하게 유인한다. 일본군이 조선과 만주를 넘어 중국 본토와 태평양, 동남아와 남양 일대를 옥쇄의 다짐으로 넘나들던 전장의 상황을 감안하면, 일제에게 총격전 없던 비로봉은 식민지 조선의 평화로운 휴게 공간에 불과한 것이었을지도 모른다.

물론 일제가 금강산을 여성의 아름다움과 그것을 더욱 굴곡지게 하는 여성적 육체에 대한 비유로만 일관하여 소비했던 것은 아니다. 조선총독부 시정 4년(1915)을 기념하는 〈금강산 기승(만물상)·사자봉〉의 풍경은 기암절벽으로 울울한 만물상과 사자봉의 기승奇勝에서 보는 대로 심미적 비경을 넘어 웅혼하고 울뚝불뚝한 남성미조차 갖추고 있는 것으로 표상된다. 문제는 그러나 그 건장한 남성적 기상이 힘차게 하늘을 나는 매서운 독수리의 공간으로 주어짐으로써 '조선적인 것'을 넘어 '일본적인 것', 특히 천황 중심의 '일본 정신'으로 전유되고 만다는 사실이다. 그 결정적 국면은 다시 강조하거니와 대동아공영을 빌미로 조선 전체를 총력전의 상황으로 밀어갔던 태평양전쟁 당시의 금강산 활용에서 찾아진다.

이를테면 조선총독부 기관지 《매일신보》는 금강산에 '총력운동 지도자 연성'을 위한 도장이 건설된다면서 다음과 같은 기사를 실었다. "세계의 명산 금강의 경승도 시국의 각광을 받아 관광의 대상으로부터 한 걸음 나아가 대동아전쟁 아래 반도 총력전사들이 심신을 연성할 도장이 된다." '유흥의 '관광지'에서 승전의 '총력전' 준비 공간으로'라는 명제로 정리될 법한 인용 기사는 당시로부터 25여 년 전 금강산의 여러 기승들과 사자봉이 마침내 도달할 '일본 정신'과 그 가치를 뒤늦게 확인하고 있는 셈이다. 누군가는 저 독수리를 민요와 판소리에도 곧잘 등장하는 조선 상징의 "수진이 날진이 해동청 보라매"로 읽고 싶을지도 모르겠다.

그러나 일제의 일개 지방으로 식민화된 붉은 땅 금강산은 1915년에 벌써 1942년의 현실 "이 도장이 건설되는 날에는 총재(일왕의 대리자 조선총독부 미나미 지로南次郎-인용자)의 혼이 그대로 전 연맹지도원의 혼이 되고 나아가서 전 반도 연맹원의 혼의 도장으로서 영봉靈峯 금강의 웅대한 풍모가 총력운동에 자못 강하게 나타날 것으로 기대되는" 미래를 살고 있었다.[48] 앞뒤의 시간을 가로질러 '내선융화' 시대의 독수리를 내선일체 시대의 금강산으로 다시 불러온 까닭이 여기 있다.

이와 같은 총력전 상황의 도래와 더불어 일제는, 또 조선의 체제협력자들은 황국신민으로 강제 명명된 '요보'들을 '전선총후'의 살육전과 노역장으로 보란 듯이 송출하느라 바빠졌다. 1940년대 들어 본격화된 조선 남성 대상의 징병·징용제도, 조선 여성 대상의 근로정신대와 위안부 투입 등은 그렇게 준비된 '식민지 소모품'의 처리 방식이었다. 내선일체로 죽음을 다짐시키는 각종 지도단체와 언론보도자들의 국민연성대회가 금강산 몫의 일부였음을 우리는 이미 보았다. 그렇지만 이런 방식의 황국신민화는 오로지 일왕을 위한 아낌없는 죽음을 최고의 가치로 삼았다. 그랬기에 일왕의 영원에 맞춰진 '전선총후'는 식민지 조선의 황폐화와 지방화를 더욱 재촉하는 지극히 타락한 방식의 식민통치로 귀결될 수밖에 없었다.

제 7 장

왕도 경주, 고토의 기억 또는 폐허미

— 사진엽서 '경주'와 문화적 식민화의 두 경로

식민지 경주,
고토의 회복과 폐허의 공간

금강산과 동해를 그린 추상화 위에 함남 안변의 석왕사와 경주 불국사의 다보탑 사진을 좌우로 배치한 사진엽서(그림 1)는 어디에서 발행되었을까. 조선 어디선가 제작되었지 싶지만, 엽서 후면에 "평화기념 도쿄박람회 조선협찬회 발행"라는 표지가 보이므로 일본 내지일 가능성이 크다. 도쿄박람회는 1922년 도쿄 우에노에서 개최되었는데, '조선의 날'을 설정하는 등 조선의 물품과 전통문화를 소개하기 위해 노력한 것으로 알려진다. 그렇지만 거기 비치된 조선인 사진과 모형, 각종 생산품과 생활용품은 식민지 '붉은 땅'의 야만스런 환경과 미개한 분위기를 환기하고 조장하기 위해 의도적으로 선택한 저질의 물품들에 가까웠다.[1] 이 사실은 "저주하라! 평화박람회, 평화박람회와 조선인의 격렬한 공분, 추악한 조선관과 눈물 나는 관광단원, 동포여! 관광을 단연 중지하라"[2]라는 어느 신문의 맹렬한 비판만으로도 여실히 확인된다.

그래도 다행인 것은 조선의 전통성을 대표하는 건축물과 공간으로 식민지의 대표적 사찰인 석왕사와 불국사를 들었다는 사실이다. 두 사찰은 건축미도 빼어나지만 종교적 성물聖物도 충분한 영혼의 도량인지라 대중들의 신을 향한 존숭과 기원이 활달했던 것으로 유명했다. 조선총독부는 이 신성하고 유려한 종교의 장소를 조선과 일본 관광객에게 널리 알리는 한편 식민지 관광 수입을 제고하기 위해 '경원선'에 '석왕역'을, '경주선'에 '서악역'과 '불국사역'을 설치했다. 석왕사와 불국사 사진이 조선 불교와

그림 1 함경 안변 석왕사 · 경주 불국사 다보탑

문화에 대한 소개뿐만 아니라 식민지 관광의 선전을 위해서도 취해진 것임이 확인되는 대목이다. 이곳에서 사진엽서 〈석왕사·다보탑〉을 일제 식민권력이 박람회와 관광 산업을 필두로 조선의 자연과 문화를 어떻게 식민화·영토화하고 있는지를 압축적으로 보여주는 이미지-매체로 규정할 수 있는 까닭이 찾아진다.

한편 당시 유행했던 조선 철도창가에서 금강산 관광지대와 연결되던 석왕사와 천년의 고도 경주는 이렇게 노래 되었다. "수림 속에 우뚝 솟은 저기 저 사찰 / 이태조의 창건하신 대찰大刹이 되니 / 기암괴석 절경으로 대찰이로다"(〈경원철도가〉). "동서양 탐승의 예술대가로 경주의 고예술을 시찰함이라"(〈경주행진곡〉).[3] 두 창가 모두 조선인이라는 사실 이외에는 작가에 대한 정보를 알 수 없다. 당시 석왕사와 불국사에 대한 일반적 정보 외에 더욱 특별한 '조선적인 것'을 환기하지는 않는다. 다만 분명한 것은 '석왕사'

에서는 조선의 역사와 권위에 대한 자긍심이 두드러진다. 이에 반해 '경주'는 일제의 공적 사업을 통해 '나라의 정화精華'로 발견된 신화적·예술적 성격[4]에 대한 침윤이 강하게 느껴진다. 이 대목은 일제의 권력적 시선이 폐허의 왕도 경주를 새로 발명된 '얼굴의 신화성',[5] 곧 전시와 관람의 가치가 충분한 근대의 문화도시로 변환시키는 데 성공했음을 암시한다.

그렇다면 경주를 제국의 역사와 전통을 자랑하는 고적의 땅으로 새로 발명한 일제의 조치에 대해 조선 문인들은 어떻게 반응했을까. 최남선은 '나라의 정화'로 가치화된 신라의 새 얼굴을 《조선유람가》(1928)에서 적극 활용했다. "옥적玉笛을 누가 부나 계림이 쓸쓸 / 일천년 유수성流水聲 중 오십팔五十八 왕릉 / 슬긔의 첨성대에 조선 빗나고 / 솜씨의 불국사에 세계가 온다". 버려진 폐허의 면모 가운데서도 신라의 경주가 이룩한 슬기와 솜씨를 적극적으로 예찬하는 대목이다. 육당은 전통의 왕도 경주를 식민 도회 경주로 점유한 일제의 문화적 담론을 '조선적인 것'을 기억할 만한 '좋은 대상'으로 다시 탈환하는 역설의 기호로 활용했던 것이다.

이와 달리 서정주는 〈경주시〉(1937)를 통해 안압지와 시림(계림), 석빙고, 첨성대를 심미성과 영원성의 관점에서 예찬했다. "가슴에 한 아름 사랑을 안고 / 신라 가시내 연주시聯珠詩 읽든 자태", "이제는 모다 눈물"인 '신라', "차거운 어름보담도 화랑花郎이를 조와하든 / 키 크신 공주", "하늘보다 아름다운 낭만의 왕국"과 "〈로맨티스트〉라야 하는" '경주 사람'이 그것이다. 훗날 신라의 지혜로운 여성과 솜씨 좋은 예인, 그리고 타인(에)의 사랑에 감격할 줄 아는 남녀를 시와 삶 동시의 '영원성'의 모델로 조형하게 되는 미당 시의 이른 예고편이라 할 만하다.

한편 문화의 도시인 동시에 폐허미의 공간으로 경주에 대한 '얼굴의 신화성'을 새롭게 고안한 일제의 시각과 태도에 결정적 영향을 끼친 전통적 유산과 그것의 가치는 무엇이었을까. 일제의 예술가와 지식인들은 황금빛 기교가 찬란한 왕릉의 각종 유적보다는 돌의 미학으로 발현된 석굴암과 불국사에 훨씬 경도되었다. 이를테면 "구조미와 기공, 하자何者를 견見하던지 그 우아 기교함이 실로 희세의 작품"인지라 신라 미술의 정화는 차처此處에 현로現露하여 동양 제일의 가치를 보유했다"(석굴암)거나 "좌에 다보탑, 우에 석가탑은 실로 영취산靈鷲山 다보탑을 상상할 만치 기묘하다"라는 극찬을 보라.[6] 종교적 열반의 소원이 극치의 예술미로 발현된 모습에 대한 충격과 감동이 뚜렷하다.

사실을 밝히면, '동양 제일' 운운의 필설을 흘린 해동초인海東樵人은 신소설 《추월색》의 저자 최찬식이다. 그렇다면 그의 찬탄은 민족적 자부심의 반영과 토로로 읽어야 하지 않을까. 하지만 그럴 수 없는 사정이 있다. 이 글이 수록된 《반도시론》은 사장 다케우치 로쿠노스케竹內錄之助가 일본 도쿄에서 조선총독부의 식민정책을 선전하기 위해 발행한 월간 시사종합지였다. 경악할 만한 사실은 이 잡지가 조선어로 발행되었다는 것, 또한 문예란에는 조선총독부의 식민정책에 호응했던 최찬식 등의 친일파를 골라 썼다는 것이다. 이를 감안하면 최찬식의 경주 견문과 찬탄은 조선 그대로의 것이기 전에 일제의 시선과 해석을 경유한 '식민화된 기호'의 받아쓰기를 결코 넘어서지 못한다.

일본인 주재의 《반도시론》과 조선 필자의 관계는 일제와 식민지 조선의 지배-종속 상황을 그대로 재현한 모습과 다를 바 없다. 이러한 정황은 일제의 전형적인 경주 전유 방식에도 그대로 적용될만하다.[7] 왜냐하면 조선 문화의 보고 경주는 문명한 일본의 학문과 자본과 기술에 의해 새로이 발굴, 전시, 보존되어야 한다는 식민주의적 문화정책이 식민통치 기간 내내 지속되었기 때문이다. 실제로 일제는 '조선의 경주'에서 '일본의 경주'로, 다시 '동양의 경주'로라는 '조선적인 것'에 대한 전략적인 식민화의 과정과 방법[8]을 지속적으로 밟아갔다. 그럼으로써 자신들의 전도된 오리엔탈리즘을 조선의 과거-현재-미래의 시공간 내부에 깊이 각인하고 구조화하는 데 얼마간 성공하게 된다.

이러한 경주의 점유 및 거리화와 관련하여 존 어리가 제안한 '관광객의 시선tourist gaze'에 주목해보자. 그에 따르면 '관광객의 시선'은 관광 행위를 통해 생성되지 않는다. 반대로 비관광적 형태의 사회적 경험과 의식, 이념과 지식 등과의 관계 속에서 조직되고 체계화된다.[9] 가령 각종 인쇄·영상매체가 제공하는 관광 정보는 관광지에 대한 객관적 지식과 그곳을 돌아보는 관광객의 편의를 제고하기 위한 자료들로 흔히 이해된다. 하지만 실제를 말한다면, 관광 정보를 통해 제공하는 온갖 이미지와 기호들은 '재미있고 흥겨운 볼거리'를 생산하기 위한 잘 구성된 규율에 해당한다. 관광과 짝을 이루는 단어 '명소(attaction)'가 '사람들의 관심을 끄는 행사나 물건'을 말하며, 근대 들어 널리 쓰이게 되었다는 사실도 관광객의 시선에 게재된 인위성을 잘 보여준다.[10]

그렇다면 예시한 사진엽서들에는 '관광객의 시선'이 어떻게 작동하고 있을까. 임에 대한 애절한 사랑과 그와의 이별에 대한 두려움이 배인 〈아리랑〉과 '다보탑'에는 특별한 연관성이 크게 찾아지지 않는다. 김소월의 〈진달래꽃〉을 빌린다면 '산화공덕'으로 대표되는 임을 향한 보시의 미덕이 살짝 엿보이는 정도이다. '첨성대'와 빨래하는 조선 부인의 관계도 마찬가지이다. 여타의 사진에 비춰보면 귀가하는 조선 부인의 배경은 마을 근처의 냇가이거나 신작로인 경우가 대부분이다. 겨우 어울리는 장면이라곤 엄마를 기다리는 꼬마의 미음을 담은 와카 정도이다. "아가 아가 예쁜 아가다, / 어서 어서 이리 오너라 / 달님이, 저 산 너머에 / 또다시 떠오르면 / 엄마 생각에 / 작은 까치가 운다네 / 아가 아가 예쁜 아가다, / 어서 어서 이리 오너라".

저자의 입장에서 말한다면, 두 사진엽서에는 일제가 극찬했던 '신라의 정화'라는 이미지가 쉽사리 떠오르지 않는다. 오히려 그것보다는 '관광객'-'보는 자'와 '원주민'-'보여지는 자' 사이의 권력 관계가 먼저 눈에 밟힌다.[11] 아무려나 일제의 관광객은 이국적인 조선의 풍경과 하층민에 대

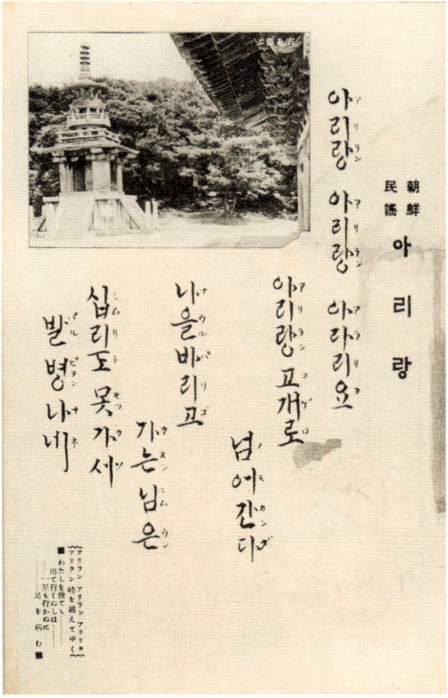

그림 2 다보탑 (국립민속박물관)

그림 3 경주 · 첨성대

해, 물론 그것은 여전히 작동 중인 현실이었지만, 과거의 삶과 애환의 정서를 투영함으로써 자신들의 우월함을 확인하고 있는 것이다. 이와 같은 권력의 시선은 스스로를 우승의 제국에 소속된 영웅으로, 조선인은 열패의 식민지에 갇힌 노예 정도로 바라보는 폭력적 행위의 토대로 작동하기 마련이었다.

결국 '관광객의 시선'은 권력의 사회학에 의해 이미 규정된 것이며, 관광객은 결정된 규율을 수동적으로 따르는 소극적 수용자에 불과한 것이다. 이 사실은 우리들의 여행 경험을 살짝 떠올려보는 것으로도 충분히 확인된다. 여행의 규율·규범을 내면화한 '유순한 관광객'인 우리는 정해진 일정표와 코스를 따라, 또 안내원 제공의 지식과 정보를 바탕으로 관광 명소를 떠돈다.[12] 그런 연후 해당 명소를 자기화했다는, 아니 '밟아 보았다'='정복했다'는 증거로 사진 몇 장을 잊지 않고 찍는다. 이것으로 낯선 곳, 특히 약자나 식민의 땅에 대한 관광을 마칠 경우에는 다음과 같은 문제점을 피하기 어렵다. 힘센 관광객의 입장으로 타자의 주어진 현실과 역사적 과거를 화석화거나, 그들의 자연과 문화유산을 오락과 유희의 목적으로 왜곡하는 비인간적 행위가 그것이다.

일제의 경주에 대한 시선과 태도가 '관광객의 시선' 속에 내포된 긍정성과 부정성을 동시에 발휘하고 있음은 매우 분명해 보인다. 근대의 끔찍한 모더니티를 아직 통과하지 않는 미개발 상태의 경주를, 동양을 넘어선 세계적인 관광 명소로 널리 알렸다는 사실은 그 자체만 놓고 본다면 상당히 긍정적이다. 하지만 경주에 대한 점유와 개발은 제국의 위상 제고와 식민지 영토화를 확증하기 위한 식민주의적 '시선의 확장'이라는 점에서 그 침략성과 폭력성을 면치 못한다. 이를 두고 한 일본학자는 "욕망의 광맥을 발견하다"라는 팽창과 침략의 수사로 정의했다.[13] 여기 담긴 '관광객의 시선'은, 하나, 정복자로서의 성취와 자긍심을 드높이는 '보는 것' 둘, 자신을 식민화하려 했던 서구에 맞서 조선에 대한 식민통치의 성공담을 과시하는 '보여주는 것'을 동시에 포함한다.[14]

이와 관련된 경주에 대한 일제의 권력적 시선을 꼽으라면, 금강산에서도 그랬듯이, 왕도의 권위와 분위기를 은폐하고 박제하는 퇴폐미와 여성미의 공공연한 투영일 것이다. 두 요소는 경주를 넘어 '조선적인 것'의 타율성과 유약함, 성적 관능미와 세속적 음란성을 낳는 결정적 요소로 이월된다. 이렇게 조작된 경주의 식민주의적 미학은 금강산처럼 일제 군국주의에 의한 병영화·군사화 정책에 나포되는 불우한 운명을 면치 못하게 된다. 이 사태는 본 장의 말미에서 신라 영웅과 불국사의 점유와 활용, 그리고 후세에 조작된 것인 진구神功황후의 신라정벌의 서사를 통해 확인될 예정이다.

경주 관광의 기원, 일제 '관광객의 시선'

경주는 조선 최고의 관광 명소로 개발된 일제 시대부터 해외 수학여행이 인기를 끌게 되는 2000년대 이전까지 중고교 수학여행단이 반드시 탐승해야 할 역사적·문화적 공간이었다. 그 까닭을 1920년대 작성된 보성고등보통학교 〈경주수학여행기〉에서 짚어본다. "지리에 승지강산勝地江山이며 사학에 미술 고적과 인정풍속을 실탐實探하야 알고 증명코저 할진대……"[15]. 나라의 지리와 역사, 예술과 생활을 직접 탐구함으로써 학문상의 지식을 재차 확인하는 교육적 실용성을 중시했음이 드러나는 대목이다. 하지만 최후의 목표는 우수한 민족문화와 유구한 전통의 확인, 뜨거운 민족의식과 조국애의 고양에 두어졌다. 이 사실은 "역사로나 예술로나 동양의 '기리시아'(그리스-인용자)인 신라의 천년 고도를 여행의 목적지로 정했다"는 어느 교원의 자부심 어린 목소리에서 충분히 확인된다.

한 연구에 따르면, 대한제국의 수학여행은 '신대한' 건설에 필요한 충군애국 정신의 강화 및 그 물적 토대로서 근대 문물의 견학에 초점을 맞췄다. 하지만 일제의 조선 병탄을 계기로 조선 수학여행단은 조선총독부의 지침에 따라 조선을 넘어 일본과 만주로까지 탐방 영역을 넓히게 된다. 그들의 식민주의적 동화정책, 곧 천황의 "국민으로서의 자작자중의 마음을 함양"하는 일이 조선인에게도 요구되었기 때문이다. 이에 따라 조선과 만주 곳곳의 일본군 승전지 탐방, 조선과 일본의 역사적·문화적 관계를 알려주는 문화유적지 방문, 식민지 근대화의 성과가 돋보이는 박람회, 박물관, 군사시설에의 입장이 수학여행의 일과로 각광을 받게 된다.[16]

(5) 벌판을 건느면 산이 닥치고
산맥을 넘으면 강이 달리네
넘고넘고 건느고 달아나는 차
금호역 영천역도 지내였고나

(6) 기차가 이리로 따라오면은
하천은 저리로 쫓기어가고
쫓기고 달아나고 하는 동안에
임포와 아화를 또 넘었고나

(7) 근산을 돌아갈제 원경을 보고
벌판을 가를때는 산이 맴도니
어언 듯 건천역도 마저 넘었고
경주선 서악역에 당도하였네

– 〈경주행진곡〉 5~7절

경주 사람의 실생활과 관련될 '인정풍속'을 제외하고는 '승지강산'의 경험과 '미술 고적'에 대한 기대가 잘 드러난 철도창가 〈경주행진곡〉(총 8절)의 일부이다. 관광객을 '경주의 고예술'을 탐방하는 전문가("동서양 탐승의 예술대가")로 치켜올린 8절은 앞에서 이미 보았다. 이 노래의 정확한 창작 시기는 확인되지 않는다. 1918년 11월 대구~불국사역을 운행하는 경주선이 개통되었으니 1920년을 전후한 시기가 아닌가 한다. 지은이도 알 수 없으나 용어의 선택과 쓰임새를 보건대 조선인으로 짐작된다. 하지만 가사의 내용이 일본 관광객도 함께 느끼고 기억할 만한 지식과 정보들인지라, 지은이의 국적은 크게 문제 될 소지가 없어 보인다. 다만 속도감

높은 기차를 활용한 경주 방문의 편의성 제고, 신라의 찬란한 문화유적 발굴과 심미적 가치의 복원, 조선 최고의 관광 명소로서 경주의 세계화 작업 등은 식민지 문화 지배의 당위성과 성과 알리기에 주력했던 일제 문화정치학의 소산임을 우선은 긍정해둔다.

〈경주행진곡〉에 구비된 객관적 지식과 정보의 유용성을 고려하면, 일본 시인의 석굴암 찬양은 보성학교 학생들의 그것과 멀지 않을 듯하다. "이것이 신라문화의 정화이며 그 한 사람의 인격을 상상하여 그 제작자 전체의 대표자로 생각해보면 깊은 종교적 및 예술적 기품을 갖고 또한 인간미, 인간 생활에 대해서 큰 이해 및 동정을 갖고 있는 주체를 방불하고 있다."[17] 종교-신, 인간-인격, 예술-심미가 하나로 통합된 석굴암의 위대성을 극찬하는 발언이다. 이 문장에는 석굴암에 새겨진 동양미-동양 정신이 그리스 예술에 각인된 서양미-서양 정신에 필적하거나 그것을 능가한다는 문화적 동양주의가 꿈틀거리며 숨어 있다.

그렇다면 일제는 무슨 연유로 석굴암을 포함한 신라의 불교예술을 '조선적인 것'으로 개성화하는 대신 '동양적인 것'의 정수로 상징화·보편화했던 것일까. 일본이 '삼한 정벌'(정한론)을 내세운 이래 한국을 낮추고 일본을 높여온 역사적 사실을 떠올리면 '신라미'와 '동양미'의 등가화는 어딘가 모순적이다. 여기 답하려면 일제의 '오리엔트' 곧 '동양' 개념의 발명과 각인에 유의해야 한다. 일제는 동양사를 서구적 위계질서와 제국주의에서 떼어내어, 서구세계에 식민화된 동양인들에게 되돌려주고자 했다. 하지만 일제는 이 야심찬 해방의 계기를 근대 천황제 주도의 '대동아'라는 병영적 총체성에 감금하는 전도된 식민주의 내부로 기꺼이 집어던졌다. 그 결과 일제의 통치 아래 놓인 동아시아 각국은 일본의 불완전한 변형이라는 열패劣敗의 길을 걷게 되었다.[18] 이 부정적 사태를 보상하는 우승優勝의 행보는 일제의 군국주의적 사상과 이념, 정책과 지도에 완전히 동화되었을 때만이 겨우 시작될 수 있었다. 이로부터 일제가 호명하는 '동양'에 응답할수록 '대동아'라는 파시즘의 유곡에 더욱 깊게 빠져드는 아이러니가 발생하기 시작했다.

일제 '동양' 담론의 미학적 버전이 '동양미'임을 따로 언급할 필요가 있을까. 대신 이 점만은 기억해 두자. 신라예술을 '동양미'에 고착시킬수록 그 명예와 자긍심은 경주의 본적지 조선을 벗어나 그곳을 세계적 관광 명소로 개척한 일제의 것으로 예외 없이 회수되었다는 사실 말이다. 가령 이러한 사례는 어떨까. 식민지 조선에서 전통과 문명의 관광 명소로 인기 높았던 도회로는 경성, 평양, 경주가 손꼽힌다. 세 도시는 오랜 전통성과 왕도로서의 위엄, 자연환경의 아름다움 때문에 명성을 얻었다. 게다가 객수에 젖은 관광객들이 즐길 만한 편의시설과 유흥업소까지 충분히 갖췄다. 일제 관광객의 발걸음이 잦아질 이유로 부족함 없는 조건이지만, 과연 그들을 유인한 조건은 이것뿐이었을까.

이 물음에 답하기 위해서는 세 도시가 삼한에서 근대까지 격차를 두고 일본 승전의 공간으로 명기되어 왔다는 역사적 사실에 유의해야 한다. 일제 신민에게 세 곳은 이른바 '고토의 회복'의 관점에서 반드시 잊지 말고 찾아나서야 할 전쟁 기념의 관광 명소였다. 자신들의 빛나는 역사를 더욱 북돋기 위해서라도 조선의 세 도회는 내지의 산업과 문화를 힘껏 모방하는 식민지 근대화의 가장 효율적인 유수지遊水池로 잘 조성되고 관리되어야 했다. 식민지 관광산업이 이 과제를 달성하는 핵심적 방법의 하나였음은 물론이다. 요컨대 세 왕도는 한반도 역사 속의 사적지가 아니라 제국 일본의 역사 및 현재와 깊이 관계되는 승전지였기 때문에 일제 관광객의 필수적인 탐승 장소로 떠올랐던 것이다.[19]

이런 방식의 일제 '관광객의 시선'은 석굴암 본존과 불국사, 조선부인이 함께 실린 사진엽서에서는 어떻게 드러나고 있을까. 예시한 사진엽서는 조선의 자연과 문화유산 1~2컷, 조선의 인정풍속을 담은 인물 1컷, 일본어 전용의 와카와 조선민요 각 1편씩으로 구성되는 엽서세트 《가요의 조선》

에 충실하다. 일제가 식민지 여행을 장려하며 내세웠던 '덕성 함양'과 '국어(일본어) 보급', '제국 신민'의 자질과 품성의 구비라는 목표[20]에 부응하는 잘 계산된 디자인인 셈이다.

화자가 석굴암 본존에게 느끼는 생명의 황홀은 세계적인 동양미에 대한 예술적 감응인 동시에 일찌감치 학습된 기억의 발현에 해당한다. 엽서의 석굴암과 불국사는 신라 본연의 것이 아니다. 폐허 지경에 이른 두 곳을 일제가 막대한 자본과 신기술을 들여 새롭게 보수하고 아름답게 다듬은 결과물이다. '전통미술의 창조적 부흥'을 강조했던 오카쿠라 덴신岡倉天心은 석굴암을 '나라의 정화'로 명명했다. 그의 호명은 석굴암의 종교성과 예술성만을 절대화하기 위한 것이 아니었다. '동양(미)' 담론이 그랬듯이, 일본과 조선의 서열화·차별화를 암묵적으로 승인하는 가운데 두 나라를 하나의 예술적·역사적 공동체로 묶어주려는 식민주의적 상징 행위에 가까웠다.[21]

그림 4 석굴암 본존상 · 경주 불국사 · 과일 수확

1) 드디어 시야에 익숙해지면
석불은 생명 깃든 모습 드러내누나
- 〈석굴암본존상〉

2) 쥐었다 놓은
작은 가지에서
과일 두 개가
사라졌다.

저이에게 한 개,
내게도 한 개.

오늘 밤 몰래 만날 일
몹시 기다려지네

– 〈조선민요: 과일 수확〉

일개 사진엽서를 매개로 오카쿠라 덴신의 '아시아는 하나다'라는 슬로건에 담긴 식민주의와 국수주의의 흔적을 찾은 까닭이 없잖다. 가라타니 고진은 오카쿠라 덴신의 국수주의적 성격을 동양을 자율적 세계로 간주함으로써 서양 중심주의를 초월코자 했던 미술 연구의 태도에서 찾았다.[22] 와카 〈석굴암 본존상〉에도 오카쿠라식의 동양주의가 엿보인다. "생명 깃든" 붓다의 모습은 동양적 신비성과 모성성을 환기함으로써 서양의 물질문명과 인간소외 현상에 대한 반성의 계기를 제공한다. 그래서일까, '생명의 붓다'는 비정상, 감정, 미개, 여성다움 등을 동양의 본질로 간주하는 서양의 오리엔탈리즘에 맞서, 그 누구도 부인하거나 파괴할 수 없는 동양미의 정수이자 그것을 인간화한 심리적 응축물로 느껴진다.

그러나 와카 속의 동양(미)는, 사진과 시편의 구도가 암시하듯이, '조선적인 것' 위에 올라서는 순간 일제가 조선에 강제하는 식민주의적 미학으로 타락할 수밖에 없다. 사과나무 앞에 미소 짓고 서 있는 조선 부인은 식민지 여성의 미색이나 노동의 건강함을 선전하기 위해 동원된 인물로 짐작된다. 물론 일제 시대 사과의 주산지가 경상북도 일대였음을 감안하면, 경주 사과밭에서 일하던 조선 부인을 실제로 촬영한 사진이라는 해석도 가능해진다.

하지만 이런 해석에 제동을 거는 요소가 있으니 〈조선민요〉의 문제적 내용과 성격이 그것이다. 출처 불명의 〈조선민요〉는 훨씬 설득력 있을 두 소재, 곧 과일 수확의 기쁨과 노동의 고단함을 짝짓지 않았다. 대신 사과 수확과 야밤의 은밀한 애욕을 드러내놓고 결속시키느라 바쁘다. 물론 바지런한 노동과 이성에의 연정을 연결 짓는 태도를 퇴폐적인 행위로 무조건 비판할 필요는 없다. 하지만 식민주의를 배면에 깐 일제의 '동양미'와 그것에 의해 숭고화 된 붓다의 신체 아래 조선부인과 그녀의 애욕을 위치시키는 순간 뜻밖의 퇴폐적인 정황이 발생한다. 식민권력 일제-남성이 주체 상실의 조선-여성을 향해 제멋대로 상상하고 실현하는 성적 탐닉과 소비 현상의 만연이 그것이다.

더 큰 문제라면, 조선부인의 과잉된 섹슈얼리티가 붓다의 성적 세속화로 연결될 소지 역시 다분하다는 사실이다. 이를테면 아동용 교과서 《조선어독본》은 석굴암 석가본존상을 일러 "그 조각의 우미優美함은 동양예술의 자랑거리"[23]라고 극찬했다. 일본 고고학자의 평을 빌리자면, 조각된 붓다의 '우미'는 "단정, 숭고, 우아, 화려"의 다른 이름이다. 이들 심미성은 "예배하는 자의 가슴에 사랑으로 가득 찬 불지佛智의 화살"을 그침 없이 날리는 모습[24]도 장엄하게 포괄한다. 이곳에 재현된 여성미는 종교의 신성성을 통해 신비한 동양미의 우수성을 자랑하려는 의도와 결속되어 있다는 점에서 정신적·관념적인 성향이 짙다.

이를 감안하면, 육감적·성적 면모 충만한 붓다의 형상은 비상한 관심을 재촉하기에 충분하다. ① "두 팔 가득 풍성한 살점 석불을 옆에서 쳐다보면 실로 여체이어라", ② "어깨 근처 빛 미끄러져 젖가슴에 닿으니 돌부처 선 풍만하구나". 이 단카들은 재조 일본인 시가 동인지 《신진眞人》을 이끌던 이치야마 모리오市山盛雄가 편찬한 《조선풍토가집》(1935)에 수록된 것이다.[25] 앞서 논한 숭고한 '우아미'에 비한다면, 이곳의 붓다는 풍만하고 성숙한 여체가 환기하는 관능적·선정적인 섹슈얼리티가 과잉된 모습이 아닐 수 없다. 이처럼 극히 세속화된 붓다의 여성적 면모는 일본 관광객들에게 석굴암과 경주, 나아가 조선 전체가 심미적 대상을 넘어 왜곡된 성적 욕망의 대상[26]으로 인지되었음을 입증한다.

여기 보이는 전통의 고도 경주를 향한 일제 관광객의 오도된 관점과 이해는 일제의 정부기구, 학교, 대중매체, 예술단체 등에서 수시로 진행된 공공적 성격의 교육을 매개로 학습, 훈련된 것이라는 점에서 매우 문제적이다. 이 때문에 예시한 엽서의 폭력적인 신성모독은 그 밖의 신라예술과 조선인을 동시에 열등한 존재로 서사화하는 이야기의 발명으로 자연스럽게 전환될 수 있었다. 이와 같은 매체의 자기 변신은 일제 식민권력이 '일본 정신'과 '국민도덕'을 '조선적인 것' 내부로 개입시켜 식민통치의 당위성을 설득하고 우수성을 선전하려는 식민주의적 책략과 깊이 연관된다. 이제 함께 읽게 될 사진엽서세트 《신라고적전설》은 그것이 우편제도 및 인쇄매체에 실현된 대표적인 사례 가운데 하나이다.

《신라고적전설》(1): 설화의 역사화, 패망의 자연화

일제는 조선 병탄 후 조선의 의식주, 무속과 점복, 설화와 민요 등 생활 풍속과 놀이문화 전반을 치밀하게 조사하고 폭넓게 수집하였다. 이때 내세운 원칙 가운데 하나가 "옛날부터 전해 오는 조선의 미풍을 존속시키거나 혹은 전부 보존하여야 할 것"[27]이라는 명제였다. '조선적인 것' 전반의 가치를 새로이 밝혀 문화적 의미를 더욱 향상시키겠다는 다짐처럼 들린다.

하지만 뒤를 잇는 조선의 "미풍을 조장하거나 혹은 약간의 수정 및 보완을 가하여 시대에 적응하도록 지도할 필요"를 절실하게 느낀다는 말은 어딘가 께름칙하다. '지도편달'은 "바른길로 가도록 가르쳐 이끌며 경계하고 격려함"이란 뜻을 가진다. 대상 간의 권력과 서열체계가 굳건한 말인 것이다. 이를 참조하면, 인용문의 말본새는 '조선적인 것'의 개량과 시대 적응이 조선의 미풍양속 자체에 대한 존중과 먼 거리에 있음을 짐작케 한다. 식민지 대만의 《생번生蕃전설집》(1923)에도 적혔듯이, 오히려 "우리(일본)의 국민성 내지 문명을 그 민족에게 이식"[28]하기 위한 식민주의적 문화정치학의 일환임을 확신케 한다.

염상섭의 《만세전》(1924)을 읽다 보면, 대만의 '생번'은 조선의 '요보', 중국의 '쿨리'와 함께 일본 하류 자본의 화살에 꿰뚫려 일본의 열악한 광공업 지대로 팔려가는 미개한 족속으로 등장한다. '고산족'이라는 생활환경의 특이성이 알려주듯이, 그들은 중국 본토에서 건너온 중화주의 이념의 내성인內城人들에게 멸시받고 천대받던 존재들이었다. 게다가 타 종족 대상의 인두人頭 사냥과 담벼락 전시를 자신들의 힘을 알리고 생활을 보호하는 종교적 방책으로 삼았기에 문명에 반하는 야만의 족속으로 악명 높았다.

일제의 '국민성 내지 문명의 이식'이라는 명제는 특히 이 지점을 노린 말이었다. 실제로 《생번전설집》은 일본 영토로 편입된 대만과 최초 거주민의 역사, 문화, 인정, 풍속을 탐구, 기록하는 학문적 성과에 그치지 않았다. 그런 점에서 "다양성을 지닌 원주민(생번)의 이야기에서 그 일부만을 선별"하여 일본 문명을 이식하기 위한 기초 자료로 활용했다는 일본 학자의 통찰은 매우 주목할 만하다.[29] 일제는 생번 설화를 대만 지배와 통치에 기여하는 방향으로 왜곡, 각색하는 데 주저하지 않았다. 그럼으로써 대만 고산족 문화와 정신을 식민화함과 동시에 그것을 새롭게 구상된 제국 일본의 광범위한 설화체계 속에 편입, 다시 말해 변두리 문화로 재차 '지방화'했던 것이다.

사진엽서세트 《신라고적전설》은 신라 건국에서 멸망에 이르는 천 년 역사를 총 8매의 그림엽서에 압축하여 제시했다. 엽서의 고적, 설화, 삽화는 신라의 흥망을 대표할 수 있는 요소들을 가려 뽑은 것이다. 이것들이 대중에게 제국의 식민사관을 고취하는 데 유용할 것이라는 계산 아래 선택되었음을 짐작케 한다. 과연 엽서들의 서사와 화폭은 신라와 일본의 밀접한 관련성 및 통일신라 멸망의 당위성을 안내하는 쪽으로 집중되고 있다.

일제 식민주의에 비참하게 나포, 처형, 전시된 《생번전설집》의 불우한 운명이 《신라고적전설》을 관통하고 있음은 조선총독부를 필두로 일본인들이 앞다퉈 발행한 《조선의 기담과 전설朝鮮の奇談と傳說》(1920), 《경주의 전설慶州と傳說》(1927), 《조선동화집朝鮮童話集》(1926), 《지나·조선·대만 신화 전설집支那·朝鮮·臺灣神話傳說集》(1929) 등에서 뚜렷이 확인된다. 특히

식민지 조선의 울산과 대구 등지에서 교사로 근무했던 나카무라 료헤이中村亮平가 직접 간행하고 편집에 참여한 후자의 두 권이 문제적이다. 그는 《삼국유사》와 《삼국사기》를 신라 전설과 설화의 근본 자료집으로 취하되, 일본과 연관 깊은 서사들을 의도적으로 골라내고 고쳐 쓰는 방식으로 두 책을 편찬했다. 그럼으로써 일제 식민통치의 근간을 이루는 차별적·서열적인 '일선동조' 및 '내선융화'의 창출과 확장에 앞장섰다.[30] 이렇게 의도적으로 왜곡, 날조된 신라의 전설과 고적이 《신라고적전설》의 원형 자료로 활용되었음은 양쪽의 서사를 비교, 대조해볼 때 거의 틀림없는 사실로 확인된다.

나카무라 료헤이의 두 책이 출간된 즈음인 1928년에 일제의 식민사관을 구상하고 실현하는 '조선사편수회'에 참여했던 최남선은 1927년 《삼국유사》에 대한 고평을 아끼지 않았다. 함께 읽을 그림엽서처럼 육당도 신라 건국과 발전의 제왕들인 박혁거세와 석탈해 관련 난생卵生 설화를 특히 드높였다. 가령 후인에게는 "탄괴誕怪라 할 것이 원시 신앙과 고관념古觀念의 필연상임을 생각하면, 《삼국유사》의 전하는 바가 탄괴할수록 신화적 신문信文이요 전설적 원형임을 드러내는 것"[31]이라는 고평을 보라. 탄생의 모습이 더욱 괴이할수록 오히려 신라 건국의 영웅들이 "신들의 현존과 활동에 의하여 성화된 원초적 시간 속에서 살게 된다"[32]는 종교적·신화적 진리를 설파하는 말로 이해된다. 요컨대 자신이 주장한 '불함문화론'에 근거하여 '조선혼'의 본원성과 신화성을 탁발하고자 했을 때 《삼국유사》가 끼친 영감과 각성의 정곡을 날카롭게 드러낸 발언인 셈이다.

이를 감안하면, 육당의 주장을 단지 '신대한'의 건설을 위해 '대황조大皇祖'를 숭고화하는 식민지 문화민족주의의 발현으로만 읽어서는 안 된다. 그보다는 엘리아데의 통찰을 빌리건대 "거룩한 것의 현현은 존재론적으로 세계를 창건한다"는 것, 그럼으로써 신화적 사유와 상상력을 미개한 것으로 몰아세우는 근대 이성주의에 맞서 "하나의 절대적인 고정성을, 하나의 중심을 계시해준다"[33]는 것에 대한 신뢰감의 표현 정도로 받아들이면 어떨까. 하지만 실증주의에 기초한 일제 식민사학은 최남선류의 신화 해석을 애초에 차단하겠다는 뜻으로 《삼국유사》의 원형적·종교적 위상을 허구투성이의 '옛이야기'쯤으로 고정시켜 버렸다.

《신라고적전설》에 각인된 식민주의의 안팎을 살펴볼 순서이다. 이 작업을 통해 '잊힌 영광'의 잔영으로 남겨졌던 신라사에 어떤 왜곡이 굴절이 발생하는가를 살필 수 있기를 기대한다. 이 엽서세트는 총 8매[34] 구성으로, 경성 소재 '카이다'사에서 제작·발행했다. 그 시기는 아직 정확하게 파악되지 않는다. 우표 부착란에 'KAIDA BRAND'라는 상호 아래, 시비와 선악을 판정하는 상상의 동물 '해태'(일본어 발음 KAIDA)를 전면에 인쇄했다. 발행 장소를 명확히 드러내기 위해 엽서 중간에 "Made in Keijo", 곧 경성에서 제작되었음을 밝혀 두었다. 엽서 우측 5분의 1면에 신라의 고적과 전설을 소개하는 산문을, 그 옆 5분의 4면에 사건의 장소와 서사의 핵심을 보여주는 총천연색 삽화를 배치했다. 산문 제목 '신라고적전설' 위에 반쪽 남은 연꽃무늬 와당을 그려 넣었다. 엽서 최상단부 중앙에 'THE TRADITION OF SHIRAGI(신라—인용자)'라는 영문 제목을, 최하단부 중앙에 전설의 제목과 장소를 인쇄했다. 일제 그림엽서는 대체로 삽화를 그린 작가의 낙관을 그림 형식으로 붙여두는 데 여기서는 보이지 않는다.

이상의 정보를 바탕으로 《신라고적전설》에 서사화된 신라 흥망성쇠의 면면과 그것들에 대한 일제 선택의 까닭을 여러 보충자료를 활용하여 밝혀본다. 그림엽서의 첫 자리는 당연히 신라의 국조 박혁거세의 탄괴, 곧 난생설화가 차지했다.

> 신라 건국 13년 전, 소벌공이 어느 날 높은 산에 올라서 보아하니, 양산楊山 산기슭 나정蘿井이 자리 잡은 숲속에서 상서로운 기운이 번갯불처럼 광채를 발하매, 한 마리의 용마가 무릎 꿇고 절하고 있는 것을

그림 5 나정 전설(경주군 내남면 탑리)

> 발견했다. 가까이 다가가니 용마는 하늘을 뒤흔들며 날아가고 그 말이 앉았던 자리에는 자줏빛 큰 알이 있었다. 그것을 깨뜨려 보니, 그 안에서 매우 훌륭한 사내아이가 나타났다. 그 아이를 집으로 데려가 잘 키웠더니 성장함에 따라 지혜와 덕성을 고루 갖춘 뛰어난 인물이 되었다. 마침내는 여섯 마을 촌장이 모여 그를 서벌국(신라) 왕으로 추대했다. 그가 신라의 시조 혁거세왕이다. 알에서 태어나 그 모양이 표주박과 닮았기 때문에 '박朴'이라는 성을 붙였다.
>
> – 〈신라고적전설 1: 나정蘿井 전설〉

그곳이 어디고 어떤 민족이든 '난생설화'를 만들어 후대로 전파하는 까닭은 분명하다. 사전의 뜻풀이를 빌린다면, "나라의 시조나 영웅의 탄생을 신비화하고 초인적인 권위를 부여하기" 위한 '잘 만들어진' 신성의 서사인 것이다. 혁거세가 알에서 태어나 여섯 마을 촌장의 추대로 신라의 황조가 되었다는 사실은 《삼국유사》와 《삼국사기》에서 공통적이다.

다만 일연은 혁거세의 탄괴 옆에 장차 황후가 될 '알영閼英'의 탄괴, 그러니까 계룡鷄龍의 옆구리에서 태어났으며, 입술이 닭의 부리를 닮았다는 이야기를 같이 적어 두었다. 한편 서정주의 〈꽃밭의 독백-사소단장娑蘇斷章〉을 읽어본 독자라면, 혁거세가 중국 황제의 딸로서 '신선의 술법'을 익혀 동쪽 나라(신라)에 건너와 살았던 사소娑蘇 부인의 소생임을 알고 있을 것이다. 이것이 경주 소재 선도산 신모설화의 배경이다. 그녀는 사람들이 놀랄만한 이적을 숱하게 행하였기에 마침내 성모聖母로 추앙받고 사당에 모셔지는 국가적 제의의 대상으로 거듭난다.

나정을 취하든 사소 부인을 택하든, 혁거세의 탄생이 신비로웠으며, 신성의 보호 아래 "지혜와 덕성을 고루 갖춘" 제왕의 재목으로 자라나 마침내 신라를 열었다는 내용에는 서로 다름이 없다. 엽서의 '나정 전설'도 우리가 아는 박혁거세 탄생과 신라 건국 이야기에 충실하다. 엽서의 '나정 전설'이 거의 동일하게 조선총독부 발행의 국정교과서 《조선어독본》에 실렸으며, '출생의 신이함'이 특히 강조되었음도 확인된다.[35] 조선 아동에게 신라의 건국 서사를 재미있게 소개한다는 교육목표를 세웠다면, 박혁거세의 신이한 탄생담이 그 예로써 제격이었던 셈이다.

그런데 잊지 말고 고려해야 할 사항이 하나 있다. 1920년대 일제가 내세운 '보통학교 교육'의 핵심적 목표는 "아동의 덕성을 함양하며, 충량하고 근면한 국민을 육성하는 것"이었다. 1930년대 중반이 되면, 이 부분은 "우리 국민성을 도야시키고" "황국신민다운 정조를 함양하는 것"으로 더욱 구체화 된다. 이런 정황에 비춰보면, 박혁거세 탄생설화가 '충량한 신민'의 양성에 여러모로 도움이 될 것이라는 식민교육 당국의 판단 아래 교과서에 수록되었음이 거의 확실해진다. 이를테면 '박혁거세'가 실린 《조선어독본》 두 권에는 신화 속 일본 개국을 축하하는 〈기원절〉(1923)과 일본 전쟁의 신으로 추앙받는 〈진무천황神武天皇〉(1931)이 함께 실려 있다.

'박혁거세'는 앞쪽에, 일본 천황가 관련 두 항목은 뒤쪽에 배치되어 있는지라, 전자가 후자로 수렴되는 식민화의 서열 구조를 교묘하게 의도했다는 부정적 인상을 주기에 충분하다.

신라 국조의 신화를 통제와 활용 가능한 '옛이야기' 정도로 취급한 근거로는 세 가지 정도의 이유가 있겠는데, 먼저 두 가지만 들어본다. 첫째, 일제는 천지창조의 두 신이 일본 열도를 만들고 태양신 아마테라스를 낳아서 만세일계 천황가를 열게 했다는 창세신화를 가지고 있었다. 둘째, 일제는 실증주의적 식민사학을 토대로 단군신화를 허구적인 것으로 규정함으로써 한국사의 출발점인 고조선의 실체를 최대한 부정했다. 일제는 자국의 근간인 근대 천황제가 신화와 역사가 하나로 통합된 거룩한 역사의 소산임을 무엇보다 강조했다. 그럼으로써 일본국이 현인신 천황의 자애로운 통치 아래서 "세속적인 시간을 벗어나 부동의 시간"과 '영원의 세계'를 회복한다[36]는 종교적·군국적 감각과 정신에 충실하고자 했다. 그렇지만 단군신화는 허구적인 옛이야기로, 고조선은 역사 바깥의 상상의 나라로 규정됨으로써 아마테라스 여신 이래의 신국神國 일본에 철저하게 패배하고 소외되는 불우한 운명에 내몰리게 된다.

이와 같은 식민사학의 역사적 지평 아래라면, 박혁거세 탄생 신화는 한반도 내 신라라는 일개 국가, 그것이 위치한 '경주 지역의 전설'로 그 의미와 가치가 자연스럽게 반감된다. 이 언저리에 신라의 건국 신화가 '나정 전설'로 얕잡아 소개되고, 《조선어독본》에서 신라의 건국 제왕이 어떤 경칭도 없이 "박혁거세"라는 넉 자의 이름만으로 함부로 호명되는 까닭이 숨어 있을지도 모른다.

계림鷄林은 원래 시림始林으로 불리는 곳으로, 상대로부터 신성한 숲이었다. 신라 4대왕 (석)탈해왕 시절, 대보大輔 호공瓠公이 이 원시림 가운데서 광명이 빛나는 것을 알아차리고 숲속으로 들어가 보았더니 나뭇

그림 6 계림 전설(경주읍 교리)

가지에서 금궤가 빛나고 그 아래서 흰 닭이 울고 있었다. 호공은 왕성으로 돌아와서 그 사정을 왕에게 아뢰었다. 탈해왕은 신속히 시림으로 가마를 움직여 금궤를 열어보니 그 안에서 한 아이가 나타났다. 왕은 하늘이 내린 후계자라고 기뻐하며 그 아이를 태자로 삼았다. 그가 김알지金閼智로 경주 김씨의 시조다. 이때부터 이 숲을 계림으로 칭했으며 후세에 국호도 계림이라고 부르게 되었다.

– 〈신라고적전설 2: 계림鷄林 전설〉

두 번째 엽서는 '시림'으로 불리다가 김씨 왕조의 시조 '알지'의 탄생과 더불어 신성한 숲의 지위는 물론 국호의 위상까지 얻게 된 '계림'을 다루고 있다. 이곳의 계림 설화는 '제이과 김알지'라는 제목으로 보통학교 《조선어독본》[37]에 실린 그것과 크게 다르지 않다. '박혁거세'와 마찬가지로 일제의 승인을 득한 이야기라는 뜻이다. 그 이유가 없을 리 없는데, 문제를 풀기 위해서는 '대보 호공', '석탈해'[38] 왕, 그들과 김알지의 관계를 세심하게 살펴보아야 한다. 여기에 박혁거세가 《조선어독본》에 단군이나 주몽을 제치고 앞장서 실린 세 번째 까닭이 있다.

일제의 어떤 국학자들은 여신 아마테라스의 남동생 스사노오須佐の男가 신라국 어느 지방에 얼마간 머물렀다는 신화적 기록을 매개로 그를 아예 단군으로 비정했다. 그러나 이것은 조선과 일본의 동조동근론을 확증하려는 의도에서 취해진 '날조된 역사'에 불과했다. 그렇지만 일제의 식민사학은 단군왕검에 대해 그랬듯이 신라 3대 왕가의 기반을 다진 국조 박혁거세, 4대 왕 석탈해, 김씨의 시조 김알지, 두 왕을 보좌하고 김알지를 거둔 명재상 호공이 모두 왜인이라는 주장을 널리 설파했다. 특히 박혁거세 왜인설은 신라에서 '박'과 '호'가 같은 뜻으로 통했다는 《삼국사기》를 근거로 일제 관변학자들이 억지로 꾸며낸 가설에서 비롯한 것이었다.[39]

과연 교과서에 따른다면, 호공과 석탈해는 왜국 추정의 나라에서 신라로 건너와 전자는 국조 박혁거세를 보좌하는 뛰어난 재상으로, 후자는 박씨 아닌 석씨로 신라 왕좌에 오른 영특한 제왕으로 소개되고 있다. 엽서에서 김알지는 계림에서 태어난 것으로 기록되지만, 그의 존재를 발견하여 거두고 기른 이들은 호공과 석탈해 이사금이었다. 이를 입증이라도 하듯이, 조선총독부 제1기 교육과정(1915~1921)에 사용된 조선총독부, 《조선어급한문독본 권5》 '한문독본'에는 기자조선, 박혁거세, 석탈해, 김알지 설화가 차례대로 실렸다. 또한 제2기(1923~1924)에 사용된 일본어 교과서 《국어독본》 11과에는 호공 설화를 다룬 〈표주박 이야기〉가 올랐다.[40] 이런 방식의 교과서 편찬은 단군과 고조선에 대한 의도적 부정, 박, 석, 김씨 왕들과 왜국(일본)의 긴밀한 연관성 강조를 반영한 '잘 구성된 역사'의 실천으로 이해된다. 이때의 '잘 구성된'이라는 수사는 일종의 역설어법으로 "전설과 사실의 혼동을 무릅쓰고 신라사를 일본사의 지류"[41]로 날조한 작태와 수법을 이르기 위해 취한 말이다.

이로써 삼한 초기 신라와 일본의 밀접한 관계는 다음과 같은 식민주의적 문화 통치술로 나아가기 위한 방법적 도구로 활용되었음이 더욱 분명해진다. 첫째, 이후 살펴볼 진구황후의 고토 회복에 관계된 침략주의를 형제 관계를 배신한 '친밀했던 적국'에 대한 정벌로 사실화하겠다는 역사적 반전의 구축이다. 둘째, 세계적 관광 명소로 떠오른 식민지 문화도시 경주에 대한 개척과 홍보, 폐허 지경에 빠진 신라 고적의 이상적 복원과 보존을 위해 제국의 소명과 노력을 다 바치겠다는 식민주의적 욕망의 실현이다.

《신라고적전설》(2): 가야계 신라인과 '전선총후'의 접속

신라의 흥망성쇠는 중국 당과의 관계에 좌지우지된 면이 적잖다. 특히 국가적·문화적 제도의 발전과 군사적 성장은 당과의 교류에 크게 힘입었다. 예컨대 삼국통일의 기초가 된 나당연합군의 결성 및 왜 황실과 연결된 백제 정벌을 떠올려보라. 상황은 정반대이지만, 후대의 임진왜란과 청일전쟁도 일본의 조선 진출이 중국과의 경합을 전제로 수행된 사태였음을 새삼 확인시킨다. 특히 청일전쟁은 일제의 동북아 패권 장악과 열강 합류, 대만의 할양과 식민지화, 조선에 대한 지배권 확보에 결정적인 계기를 제공했다. 일제는 이 상황을 동양의 새로운 질서로 구조화하기 위해 한편으로는 중국과 조선의 주종관계 단절을, 다른 한편으로는 조선의 중국 의존으로 대변되는 타율적·정체적 역사현실을 강조해 마지않았다. 요컨대 일제는 조선의 중국에 대한 주체성을 내세움으로써 조선에 대한 통치권을 장악하는 우승열패의 길을 활짝 열었던 것이다.

> 신라 제38대 원성왕 시절 황룡사에 묘정妙正이라 불리는 어린 승려는 매일 금광정金光井의 자라에게 약간의 음식을 놓아 주었다. 그러던 어느 날 자라는 작은 구슬을 묘정에게 선물했다. 어린 승려는 그것을 몸에 잘 지니고 다녔다. 그 때문인지 누구에게나 사랑을 받았으며, 마침내 국왕에게까지 사랑받기에 이르렀다. 그 후 묘정은 사신으로 선발되어 당에 가게 되었는데, 당 임금도 역시 묘정을 사랑한다는 소문이었다. 이것 모두가 그가 지닌 작은 구슬 덕분이라는 말이 돌았고, 게다

그림 7 금광정 전설(경주군 내동면 구황리)

가 이 작은 구슬은 당 임금 비장의 여의주 가운데 하나라는 것도 알려져 결국 구슬은 당 임금에게 돌려졌다. 그 뒤로 묘정은 사람들의 사랑을 잃게 되고 말았다. 묘정은 고국 신라로 돌아와 매일 금광정 물 아래를 바라보며 자라를 부르고 있다 한다.

– 〈신라고적전설 4: 금광정金光井 전설〉

이 전설의 핵심은, 하나가 매일 음식을 챙겨준 승려 묘정에 대한 자라의 은혜 갚기라면, 둘은 선물 받은 구슬을 당 임금에게 돌려준 뒤 발생한 묘정의 불행에 관한 것이다. 묘정은 선자善者이기는 해도 현자賢者는 아니었다. 선행으로 타자가 선물한 구슬의 행복을 만끽하지만, 결국 그 행복은 타자의 권력에 의해 무로 돌려진다. 구슬의 본래 주인이 당나라 임금이었다는 사실은 이국의 절대 권력에 의해 신라인의 행복과 불행이 결정되어 왔음을 암암리에 시사한다. 바꿔 말하면, 조선의 타율적 성격이 과

거는 물론 현재까지도 무발전을 넘어 퇴보를 초래하고 있다는 부정적 행로에 대한 우회적 표현인 것이다.

조선총독부 촉탁을 거쳐 경성제대에 봉직했던 다카하시 토오루는 조선의 부정적 면모를 거론할 때 사상의 고착과 사상의 종속을 맨 앞에 두었다. 그러면서 당의 문물을 수입하기는 마찬가지였던 일본과 신라가 어떻게 달랐던가를 이렇게 설명했다.

> 신라는 앞서 두 나라보다 후진국이었으나 삼국통일을 하고 적극적으로 당나라의 문명을 배워 동해에서 개화의 한 경지를 이루었다. 그런데 조선의 지리적 관계나 민족의 사상이 없었던 사정으로 중국 문명 수입 후의 나라 정세는 일본과 전혀 달랐다. 오로지 자기를 버리고 중국을 모방하는 데에 이르러, 사상적으로는 조선의 특색을 잃어버린 채 두 번 다시 되살리지 못하게 되었다.[42]

'신라'를 '묘정'과 '조선'으로 대체해도 불통되는 대목이 없다. 조선의 타율성과 정체성의 근원이 신라에 있다는 것, 따라서 조선의 오랜 열패는 그들의 힘만으로 극복될 수 없음을 강조하고 있다. 여기서 신라 최초의 형제국이었던 선진 문명의 일본이 후진적인 조선의 계몽과 문명화에 앞장서야 한다는 식민주의적 (무)의식의 출현이 자연스러워진다. 이런 연유로 묘정의 '금광정 전설'은 조선이 "지배를 '받아야만 한다'는 생각을 포함하는 이념적 형성에 의해, 그리고 지배와 연관되는 지식의 형태에 의해 추진"[43] 되어야 한다는 식민지적 (무)의식을 내면화하라는 명령어로 보아 무방하다.

《신라고적전설》에서 흥미로운 대목이 있다면, 일제가 '명령받는 자'를 '묘정', 곧 순수한 신라인으로 설정하지 않았다는 사실이다. 그들이 보기에 묘정은 현실의 곁핍이나 고통과 맞서 싸울 의지와 용기 없이 "금광정 물 아래를 바라보며 자라만 불러대고 기다리는" 수동적·의존적 인간형에 지나지 않았다. 이 대목은 왜 《신라고적전설》의 발행자가 선덕여왕이나 김춘추 관련 고사를 배제한 채 김유신 관련 고사를 두 편이나 실었는가에 대한 중요한 힌트를 던져준다. 그의 태생이 임나일본부설의 주요 지대였으나 끝내 신라에 패망·복속된 금관가야의 적통이었다는 것, 신라의 종복으로 머물지 않기 위해서는 스스로 주인의 자리로 올라서야 했다는 것, 곧 가야인의 '식민-되다'를 신라인의 '식민-하다'로 대체하지 않으면 안 되었다는 것. 어쩌면 이곳에 조선인의 황국신민화를 추진했던 일제가 주인의 삶을 성취하기 위해 노예의 삶을 더욱 자청해야 했던, 가야의 피와 신라의 피가 반반 섞인 전쟁영웅 김유신을 호명한 진정한 까닭이 숨어 있을지도 모른다.

> 신라 제일의 공신으로 칭송되는 각간 김유신은 젊은 시절 홍등녹주紅燈綠酒의 색주가를 드나들었다. 어머니가 이를 알고 크게 탄식하며 엄

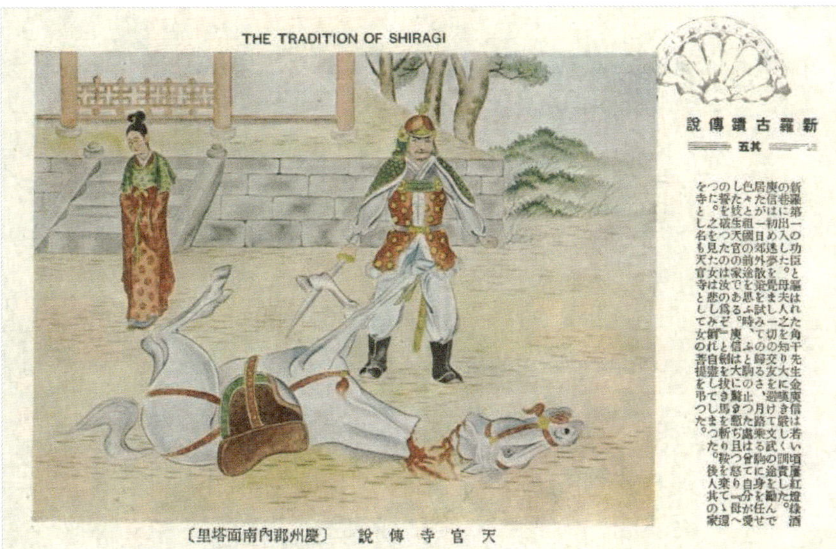

그림 8 천관사 전설(경주군 내남면 탑리)

하게 훈계하고 책망했다. 유신은 처음으로 미몽을 깨닫고 동무들과의 교제를 일체 피하면서 문무의 길을 닦아 나갔다. 그러던 어느 날 교외에서 산책을 마치고 돌아오게 되었다. 그는 올라탄 말에 몸을 맡긴 채 달빛 아래의 길을 걸으며 이렇게 저렇게 조국의 앞날을 골똘히 생각했다. 그러던 차에 문득 말이 멈추어 선 곳은 일찍이 자신이 사랑했던 기생 천관天官의 집이었다. 유신은 크게 놀라 부끄럽고 또 분노하여 "어머니에 대한 맹세를 깨뜨린 것은 네 탓이다"라고 꾸짖으며 검을 빼내어 말의 목을 베고 안장을 버린 채 그곳을 떠났다. 이것을 본 천관녀는 슬픔이 극에 달해 목숨을 끊고 말았다. 후세 사람은 그 집을 절로 고쳐 짓고 이름도 천관사라고 붙임으로써 그녀의 '보리菩提'를 애도했다.

– 〈신라고적전설 5: 천관사天官寺 전설〉

천관녀의 연정과 죽음을 자신과 신라의 승리로 냉정하게 교환한 자는 김유신이었다. 그 핵심에 성실한 "문무의 길"로써 "조국의 앞날"을 활짝 비추는 충군애국의 정서가 자리하고 있다. 이를 감안하면, 천관녀의 자결은 지고지순한 연정의 실패 탓이 아니다. 반대로 자신의 죽음으로써 충량한 신민 김유신의 앞길을 개진하겠다는 자기희생 및 타자 지향의 에로스에서 피어난 것이다.

김유신의 차가운 지혜는 〈신라고적전설 6: 까치성鵲城 전설〉(그림 9)에서도 빛난다. 그 핵심은 신라에 잠입한 백제 공주의 밀행을 알아차린 뒤 오히려 신라의 "진중을 거리낌 없이 보여줌"으로써 그녀의 죽음을 가져왔다는 내용에 존재한다. 백제 왕녀의 죽음이 백제의 패배임을 감안하면, 김유신 한 명의 슬기로 백제 병사 수천 명을 물리친 것이 된다. 그 결과로 까치로 화했던 백제 공주는 "오봉산 기슭에 떨어져 이상한 형체를 남긴 채 죽었으며 혼령만은 슬프게도 고국(백제)의 부소산으로 날아갔을" 따름이었다. 남의 책략에 속수무책으로 속아 넘어가는 슬기 없는 자의 최후는

그림 9 까치성 전설(경주군 서면 건천리)

이토록 비참한 것이다. 일제는 어쩌면 백제 공주의 아둔함에서 자신들이 이끄는 문명개화의 길로 직진하지 못한 채 서구 열강에 비굴하게 손 내밀던 조선의 굴욕과 패망을 날카롭게 엿보았던 것인지도 모른다.

두 설화는 김유신의 영웅적 생애담, 곧 '신이한 탄생-초월적 능력의 획득과 발현-죽음 이후 신으로의 좌정'이라는 신화적 구조의 핵심을 이룬다.[44] 보통 사람과 구분되는 '초월적 능력', 아니 날마다 갈고닦은 문무의 지혜가 자신과 조국의 앞길을 가로막는 연인과 적병을 넘어 통일신라라는 '왕도낙토'의 시대를 예비하는 힘이 되었다. '왕도낙토'라면 일제가 '오족협화'와 더불어 만주국을 이상적 동양세계로 건설하기 위해 내세웠던 군국주의적 이념의 요체였다. 시대적 격차를 감안하면 김유신이 주도한 삼국통일의 위업에 '오족협화'를 연결시키기 매우 어려울 것이다. 그렇지만 시대와 이념을 넘어 신라의 삼국통일과 만주국의 오족협화를 한 자리에 올리는 허구적 상상력의 발동에 그 까닭이 없을 수 없다.

잘 아는 대로, 김유신은 일본의 주장을 따른다면 '임나일본부'의 지배를 받다 법흥왕 시절 신라에 병합된 패망국 금관가야, 곧 그 시조인 김수로왕의 후예였다. 그의 부친 서현은 신라의 왕족 만명부인과 극적인 인연을 맺음으로써 폐족의 좌절과 울분을 넘어서고자 했으며, 둘 사이에서 유신이 출생했다. 신라에 목숨 바치기를 맹세한 화랑 출신의 김유신은 진골의 설움에서 자유롭지 못했던 김춘추와 은밀히 결탁함으로써 가야와 신라의 통합에 마침표를 찍었다. 이런 김유신의 행적은 일제가 완전한 조선 복속, 아니 삭제를 위해 적극적으로 추진했던 '내선융화(일체)'와 '황국신민화' 책략에 더할 나위 없이 요구되는 조선 쪽 모본에 가까웠다.

물론 군국주의와 총력전의 시대가 1930년대 후반부터 본격화되었음을 고려하면, 그 이전에 발행된 듯한 《신라고적전설》의 고고학적 시선과 목적에 어울리지 않는다는 우려가 제기될 수도 있다. 일견 타당한 지적 같지만, 김유신 설화의 식민화는, 조선(인)의 근대 천황제에 대한 충량한 봉공이란 관점에서 본다면, '대동아공영'의 태평양전쟁에서 그 설득력과 효용성이 가장 높을 수밖에 없었다. 가령 이런 구도는 어떤가. 신라 왕국에 충성하는 장수, 그를 신라의 영웅으로 길러낸 어머니, 용사(남편)의 내조에 전력하는 아내-천관녀도 포함시키자- 이것은 김유신의 사적을 일제 시대의 '군국의 어머니'와 '총후부인'의 서사로 연결하고 재현할 때 없어서는 안 될 역사적 구성물이었다. 게다가 임전무퇴의 계율을 어기고 귀환했다 김유신에게 쫓겨난 아들 원술랑의 일화도 저 구조에서 한 치도 벗어나지 않았다.

이 사실을 식민지 조선에서 생산된 문학 텍스트에서 찾아본다면 무엇일까. 부자지간의 용투와 어머니-아내의 (준)병사화 서사를 친일 협력의 문장으로 앞장서 치환한 문인으로는 이광수와 최재서가 손꼽힌다. 두 문인은 "조선에 최고의 황도문학皇道文學을 수립한다"는 기치를 내걸고 조·

일 문인들이 함께 모여 창립한 '조선문인보국회'의 핵심 분자였다. 조선인의 '황국신민화'와 '총력전' 출정을 앞장서 선전·선동하는 예술의 파시즘화가 그들의 몫으로 돌려진 필연적인 까닭이다. 그들이 제출한 모범답안의 면면과 그것에 연계된 식민지 황도문학이 빠져든 자기파멸의 모습은 이렇다.

《인문평론》을 거쳐 조선문인보국회 기관지 《국민문학》의 주간으로 활약했던 최재서는 이시다 고조石田耕造라는 창씨명으로 중편 분량의 소설 〈때 아닌 꽃非時の花〉과 〈민족의 결혼〉을 연달아 발표했다.[45] 앞의 소설은 김유신 아들 원술랑을 주인공 삼아 화랑의 계율 임전무퇴 정신과 그 죽음의 싸움에 적극 부응하는 어머니와 아내의 내조를 활달하게 그려냈다. 게다가 가야계가 목숨을 던진 신라 중심의 삼국통일을 강조하기 위해 '나당전쟁'을 전투의 시공간으로 삼았다. 뒤의 소설은 김유신의 계략으로 성사된 진골 김춘추와 여동생 문희의 결혼을 주된 소재로 삼았다. 둘의 결혼은 엄밀히 말해 권력의 주변부에 머물러 있던 가야계 김유신과 진골 김춘추가 신라의 권력을 장악하기 위해 꾸며낸 정략적·야합적 결사의 수단에 가까웠다.

하지만 최재서는 그들의 야합을 서로의 단점을 수정·보완하여 장차 삼국통일의 위업을 달성하게 될 '민족의 결혼'으로 드높였다. 그럼으로써 김유신과 김춘추의 결속은 1940년을 전후하여 강력하게 요구되던 '내선일체'의 골간과 형태를 조성하고 제공하는 매우 의미 있는 원재료로 기꺼이 승인된다. 정리컨대 몇 자의 기록에 불과했던 삼국통일에 관련된 전쟁영웅 김유신 생애담을 소설화하는 최재서의 목표는 뚜렷했다. 조선인 스스로 걷는 '내선일체'의 길만이 '대동아공영'의 달콤한 결실을 맛볼 수 있는 유일한 방법이라는 것, 그것을 지도하고 승인하는 주체가 현인신 천황 중심의 일제 군국주의 체제라는 것에 대한 프로파간다가 그것이다.

이광수의 관심은 원술랑으로 향했다. 그는 가야마 미쓰로香山光郎라는 창씨명으로 단편소설 〈원술의 출정〉(《신시대》 1944년 6월호)을 발표했다. 이 작품은 화랑의 신분으로 나당전쟁에 출전했던 원술랑이 패장에서 승장으로 올라서기까지의 쓰라린 패배담과 빛나는 무훈담을 서사의 두 축으로 삼았다. 춘원은 극적인 재미와 묵직한 교훈을 전달하기 위해 전쟁에 패한 아들을 내쫓은 김유신의 냉엄한 기개, 장군의 사후에도 그 뜻을 받드는 어머니 지소부인의 결연한 자세, 무슨 일이 발생하든 원술랑을 따라 죽을 것임을 맹세하는 아내의 굳센 지조를 입체적으로 짜 넣었다.

가장 포괄적인 서사인 신라와 가야의 통합, 그리고 당나라와의 전투는 일제와 조선의 일체화('내선일체') 및 '영미귀축'에 맞선 '대동아전쟁'을 한 치의 빈틈도 없이 떠올리게 한다. 이 대목을 통과함으로써 신라인과 가야인 동시의 영육을 살았던 김유신 가문의 실체와 역할은 더욱 분명해진다. 여성이라면 '군국의 어머니'와 '총후부인'의 몫을 함께 감당하는 현모양처로, 남성이라면 천황의 '소국민'='꼬마 병정'에서 육탄 돌격의 황군과 굵은 땀의 노역자로 성장하는 군국주의적 변신이 그것이다.

그러나 조선과 일본, 만주와 남양을 포괄하는 '천황 성전의 장'으로 나아가 산산이 부서지는 죽음의 미학인 '옥쇄'가 전생의 가야인이자 현생의 조선인들에게 유일하게 허용된 삶의 아름다움, 바꿔 말해 비극적 운명이었음을 그들의 후예인 우리는 모르지 않는다.[46] 이와 관련하여 하나만 더 부연한다면, 이광수와 최재서는 김유신과 원술랑의 신라인-됨을 당대 식민지 조선인의 일본인-됨으로 대속함으로써 그들을 역사의 승리자 아닌 민족의 배반자로 또다시 지목하고 재차 소외시켰다. 이 지점에서 군국주의 파시즘에 호명된 김유신 가계가 크나큰 승전과 드높은 권위의 쾌미에도 불구하고 신라의 망국을 불러들인 다음 이야기의 경애왕보다 더욱 불행해지는 문학사의 소극笑劇이 발생한다.

《신라고적전설》(3):
패망의 신라, 폐허의 경주

《신라고적전설》을 이루는 8매의 그림엽서를 읽다 보면 의외의, 아니 매우 의도적인 구성 때문에 놀라게 된다. 삼국통일 이전의 고적-전설이 6장, 통일신라 멸망기의 고적-전설이 2장이기 때문이다. 경주 일대가 기와집으로 가득 채워질 만큼 부국의 시대였다던 700년대 통일신라의 고적-전설이 텅 비어 있는 것이다. 8장의 엽서는 비교적 짧은 시간 동안 방문 가능하며 이국 취향을 자극하는 옛이야기가 구전되는 경주 근방의 유적지를 담았다. 이 기준에 따른다면, 괄호 안의 통일신라 시절은 기억하고

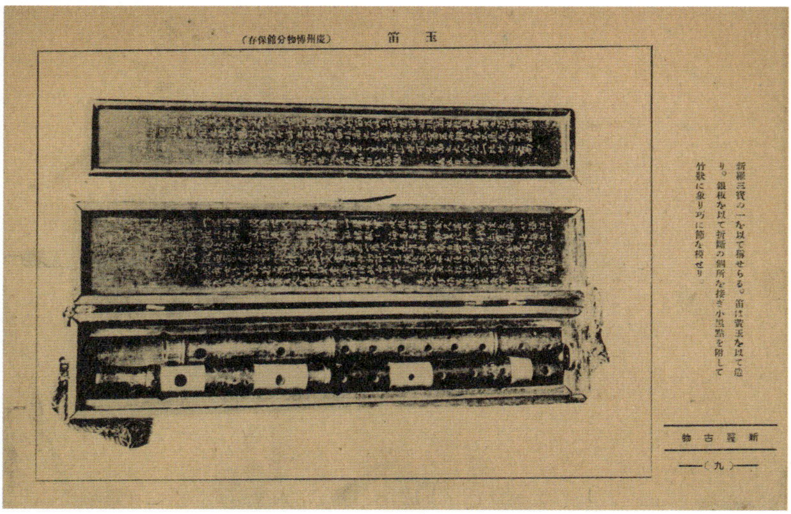

그림 10 신라고적 옥적玉笛

기릴 만한 고적과 전설이 부재했다는 뜻으로 이해된다.

하지만 정말 그런가. 아사달을 향한 아사녀의 슬픈 연정이 탑신 전체에 배어 있는 무영탑(석가탑) 전설, 불심을 시험하는 범종에 시주 된 아이의 비극이 담겨 있는 경주 봉덕사의 '에밀레종'(성덕대왕신종) 설화도 있잖은가. 그럼에도 《신라고적전설》은 왜 통일신라의 사적과 전설을 텅 빈 것으로 남겨두었을까. 이 비밀의 실마리를 찾아보라면, 죽어서도 일본에 맞선 호국지룡이 되겠다는 유언을 남긴 삼국통일의 완성자 문무왕의 유택인 '대왕암', 왜적이 침입하면 소리를 내어 대비케 했던 신령스런 피리 만파식적 정도에서 구해질 듯하다.

무영탑과 에밀레종은 불사佛事의 일이자 지극한 불심 시험의 고적이었기 때문에 지혜로운 신라 황조나 용맹한 전쟁영웅과 거의 무관했다. 심지어 대왕암과 만파식적은 일본의 침략에 대비하겠다는 선왕 유훈의 성스러운 공간이자 보물이었다. 일제가 그들 '관광객의 시선'을 강화하기 위해서라면 전혀 취할 까닭이 없었던 고적과 전설임이 드러나는 대목인 바, 일본 극복과 승전 의지를 고취하는 반일의 유물들인 탓이다. 물론 그렇다고 신라 유물이 소개될 때 만파식적과 대왕암이 사진엽서에서 모조리 배제된 것은 아니다. 일본인 중심의 경주고적보존회는 특히 만파식적에 대해 그 이름을 사용하지는 않았지만 이 '옥적玉笛'이 신라 삼보三寶 중의 하나임을 밝힌 사진엽서를 발행, 유통시켰다.[47] 반일의 정서가 울울한 만파식적의 전설을 은폐, 삭제한다면 신라 호국의 의지를 반영한 유물로 소개하여 문제 될 소지가 없었던 유물이었던 것이다. 그렇다면 가야-신라의 관계에서 식민지 조선-일본 제국주의의 그것을 연상시키는 고적과 전설이 부재한 상황에서 신라를 고토 회복의 대상으로 재차 호명하려면 어떤 목소리와 증폭 장치가 필요해질까. 신라의 패망을 필연적인 것으로 재구성함으로써 경주의 폐허화를 전면에 부각시키는 방법이 그나마 효율적인 방책이 아니었을까. 여기에 포석정과 안압지 전설이 신라 패망의 필연성을

그림 11 포석정 전설(경주군 내남면 배리)

널리 알리면서, 그곳에서 흥청망청 놀아났던 권력자들을 향해 손가락질하기 가장 좋은 옛이야기로 선택된 이유가 숨어 있다.

> 신라 제55대 경애왕은 국운이 날로 기울어 적병이 이미 왕도 가까이 다가왔음을 알면서도 비빈종척妃嬪宗戚과 더불어 잔치를 벌이며 홍겹게 놀고 있었다. 질펀하게 가득 채운 물을 굽이굽이 흘려보내면서 임금과 신하가 그 둘레의 주지육림 사이에서 함께 어우러져 태평가를 부르고 있자니, 문득 하늘에서 떨어진 것인지 땅에서 솟아난 것인지 후백제의 대군이 갑자기 밀어닥쳤다. 왕은 몹시 당황하고 낭패하여 흘러넘치는 술잔을 막지도 못한 채 적의 손에 사로잡히기도 전에 (견훤에게 자결을 강요받아—인용자) 최후를 마쳤다. 이 비극의 무대야말로 실로 이 포석정이었던 것이다.
>
> –〈신라고적전설 7: 포석정鮑石亭 전설〉

국왕과 귀족의 주지육림이 넘쳐나던 포석정에는 김유신 가계의 충군애국을 구성했던 지혜로운 장수와 용맹한 화랑이, 또 그들을 내조하고 집안을 다독이는 총명한 희생의 어머니와 아내가 앉을 자리가 전혀 없었다. 이 빈자리를 호시탐탐 노렸던 세력 가운데 하나가 상주 가은현加恩縣(지금의 문경) 태생의 신라인 견훤이었다. 그는 김유신의 지혜로 사자밥 신세를 면치 못했던 백제 공주의 원수를 갚겠노라 다짐하며 군사력을 키워 나갔고, 마침내 신라의 왕도 경주를 말발굽으로 가차 없이 짓밟았다. 이 지점에서 오래전 소멸된 백제-왜의 동맹은 '친밀한 적' 견훤의 힘을 빌려 자신들을 파묻은 역사의 지층을 뚫고 나올 호재의 순간을 거머쥐었다는 복수의 서사가 발명된다.

문제는 이를 계기로 어디선가 은밀하게 빈틈을 노려보던 외부-타율성과 내부-정체성이 봇물 터지듯이 그 실체를 유감없이 드러내게 되었다는 것이다. 이로부터 통일신라 후반기를 혼란에 빠트린 민란의 빈번한 발발과 호족 세력의 거침없는 대두, 결국 통일신라를 접수하기에 이르는 고려의 성장이 비롯되었다. 신라의 자연미와 곡선미가 하나 된 이상적 공간으로서의 포석정은 이렇게 해서 천년왕국 멸망의 치욕과 오점으로 뒤덮인 적의 영토로 패퇴하게 된다. 이 신라 패망의 어지러운 서사와 뒤늦은 눈물의 통곡을 압축적으로 제시하는 것이 안압지 전설이다.

> 그토록 화려했던 나라 신라도 결국 천 년의 기나긴 역사의 막을 내리지 않을 수 없었다. 제56대 경순왕은 마지막 회의를 임해전臨海殿에서 열고 당시의 국운을 오직 천운으로 두려워하여 고려로의 합병을 결정했다. 이때의 태자 마의麻衣는 통곡하고 울면서 조국의 마지막 길을 슬퍼했다. 그리고 마침내 주위의 애원을 뿌리치고 홀로 금강산으로 들어가 불문에 귀의했다. 늦가을 찬 바람 불 때가 되면 안압지의 갈대들 사이에서 사람의 울음소리가 들려온다. 그것은 태자의 떠남을 슬퍼

하는 많은 궁녀들의 훌쩍이는 울음 바로 그 소리라는 것이다.

- 〈신라고적전설 8: 안압지雁鴨池 전설〉

신라 망국의 비극적 절정은 고려 태조 왕건에 신라를 바친 경순왕의 패배와 굴욕이 아니었다. 오히려 신라의 폐절을 반대하다 금강산에 들어가 기댈 곳 없는 몸과 마음을 불문에 의탁했다가 비로봉 아래 어느 곳에 묻힌 마의태자의 최후였다. 그 사연을 기록한 '안압지 전설'의 핵심은 신라 동궁의 떠남을 궁녀 몇몇만 슬퍼했을 뿐 과도한 세납과 군역의 폭정에 지쳤던 백성들은 오히려 환영했다는 사실일 것이다. 백성들의 반역 또는 침묵이야말로 신라 천년의 왕도 경주가 함부로 버려져 폐허의 땅으로 황폐화 되기 시작하는 진정한 이유였던 것이다.

경주 관광객, 특히 조선과 일본 작가들은 그 찬란했던 신라의 역사와 문화에 대한 지식과 정보에도 불구하고 경주를 폐허의 공간으로 인지하고

그림 12 안압지 전설(경주읍 인왕리)

표현했다. 물론 신라 패망 후 후대 왕조의 전략적 홀대로 천 년이나 버려진 왕도의 물리적 현실이 폐허화의 실질적 요인이었음을 모르지 않는다. 하지만 이러한 '관광객의 시선'은 오로지 폐도廢都의 현실만을 직시했기 때문에만 생겨나지 않았다. 오히려 "옛일 물어도 대답 않는 백발 늙은이 낚싯대 드리운 안압지여"나 "신라 흙 술잔 흘려보내나 굽이치는 물 뒤에 낙엽만 쌓였더라"(포석정)[48]라는 와카가 암시하듯이, 편견에 찬 조선의 타율성과 정체성을 식민주의적 시선과 태도로 내면화한 결과로부터 비롯된 것이다.

물론 일제 관광객의 경주 소견이 폐허의 시공간에만 집중되었던 것은 아니다. 경주는 800년경 교토 헤이안平安 시대가 열리기 전까지 나라奈良 시대의 왕도였던 나라와 종종 비교되었다. 예컨대 나라도 경주처럼 "옛 도읍의 옛 모습은 그 면모를 지금에 남긴" "고사古寺며, 고탑이며, 고분이며, 고허古墟가 즐비한"[49] 퇴락한 고도에 지나지 않았다. 그렇지만 나라 시대는 '일본'이라는 국호의 첫 사용, 일본 역사와 문학의 대표적 저작 《니혼쇼기日本書紀》와 《만요슈》의 발행, '견신라사'와 '견당사' 파견을 통한 불교문화의 수용으로 빛나던 때였다. 그 문화융성의 면면에서 고구려와 백제의 압박 사이에서도 당나라와의 적극적인 교류를 통해 국가 제도와 문물을 일신하고 삼국통일의 기틀을 닦아가던 신라 중기의 모습이 자연스레 환기된다.

그런 점에서 신라 경주에서 일본 나라를 떠올리는 일본 지식인(예술가)의 한없는 감흥을 "경주라는 미지의 조선 고도를 나라라는 기지의 고도 이미지로 착색하는, 황홀한 의사疑似적 감각"으로 파악한 일본 학자의 발언[50]은 상당히 주목된다. 이 의사적 감각에는 적어도 식민지 소읍 경주를 제국의 고도古都 나라의 계몽과 지도가 필요한 곳으로 바라보는 서열적·차별적 시선을 상당히 약화시킬 가능성이 있어 보인다. 이럴 경우 경주와 나라는 "땅의 신성성, 땅 위에서 언젠가는 죽어야만 하는 인간 생명의 비극성, 그리고 존재의 사실에 대한 인식의 전체적 본질인 신을 찬미"[51] 하는 그리스 도시국가의 핵심적인 역할과 기능을 공유할 계기를 얻게 될 것이었다.

그러나 식민지 조선의 1930년대 후반 '고전부흥론'에도 많은 영향을 끼친 것으로 평가되는 '일본낭만파'의 핵심 멤버 야스다 요주로保田與重郎와 고바야시 히데오小林秀雄는 경주에서 일체가 폐허이고 유물이며, '완전을 대신한 결여'인 부정적 상황만을 발견했을 따름이다.[52] 이러한 '관광객의 시선'은 경주를 "'지금-여기의 의미 있는 장소가 아니라, 과거-저편의 차원에서만 의미를 지닌 공간"[53]으로 인식했기 때문에 발생하지만 않는다. 오히려 결정적인 까닭은 "나라는 구도舊都라고 부르지만, 그러나 폐허라고 하지 않는다"와 "나라의 혈연을 찾는 것이 아니라, 별개의 고대문화의 운명의 모습이다"라는 야스다 요주로의 말에서 찾아진다.

서구 근대문명 비판과 일본 고전주의 부흥을 선도한 야스다 요주로는 근대 천황제의 '팔굉일우' 이념을 높이 받들면서, "아시아 대혁명의 근본정신은 메이지 유신을 계승하려는 의지였다. 사이고 다카모리西鄕隆盛 정신의 계승이었다. 이 마음은 대동아전쟁에도 살아 있었다"[54]라는 회고를 남겼다. 이를 참조하면, 야스다의 나라 발언은 그곳이 지금은 교토에 옛 영광을 빼앗긴 쓸쓸한 구도舊都에 불과하지만, 여전히 천황의 정신과 치세가 울울한 '황도皇都'의 위상을 간직한 '참된 장소'라는 의미를 지닌다.

이를 이해할 수 있다면, 경주를 폐허와 별개의 '고도古都 문화의 운명'으로 격하한 까닭이 일목요연해진다. 조선 지식인이 신라의 찬란한 불교문화와 화랑도 정신을 제아무리 강조할지라도 경주에는 자신들의 유구한 '황도주의皇道主義', 곧 '야마토정신大和魂'에 비견될만한 전통적인 '신라 정신'이 부재하다는 비판이 그것이다. 결국 경주는, 이를테면 최남선이 그토록 숭고화 하고자 했던 단군 이래의 '조선혼'에 대한 역사적·문화적 기억과 흔적이 부재한 공간, 기껏해야 근대 들어 '잘 만들어진' 관광 명소에 지나지 않는다는 것이 '황도주의'에 열광했던 '일본낭만파'의 냉정한 평가였던 것이다.

조선의 지식인이나 예술가도 현실의 폐허 앞에서 경주를 역사 최고의 이상적·심미적 공간임을 소리 높여 주장하기는 어려웠던 듯하다. 가령 김동리는 자신의 탯줄을 묻은 고향 경주를 '폐허'로 지시하면서 "그것은 끝없는 슬픔이요, 우울이요, 주검"[55]이라고 침통하게 고백해 마지않았다. 이토록 가라앉은 내면의 심연에 주목한다면, 소설가에게 경주는, 그의 문학적 동반자였던 서정주의 어떤 시구처럼 "그 늘근 어머니의 파뿌리 같은 머리털과 누런 잇발과 안해야 네 껌정 손톱과 흰옷 입은 무리 조선말. 조선말.-이저버리자"(〈풀밭에 누어서〉)라는 탈향의 '무장소성'에 지나지 않았는지도 모른다. 이런 심리적·감각적인 위축의 까닭, 곧 '폐도 의식'은 한 연구자의 날카로운 지적처럼 식민지적 (무)의식의 산물이자 그 개인을 넘어선 "제국의 문화적 상징 정치 논리"가 강력하게 작동한 결과물일 가능성이 매우 크다.[56]

그러나 김동리는 다시 "이 슬픔과 우울과 주검의 리듬이 나의 전생과 연결되어 〈나〉로서 태어났다"고 적었다. 이 순간 폐허의 고도 경주는 무슨 일이 있어도 "복종할 수밖에 없는 압도적이고 교환 불가능한 무엇이며", 마침내는 언제 어디서건 그의 "삶의 방향을 정하고 길잡이가 되는 어떤 것", 곧 "인간실존의 근원적 중심으로서의 집"[57]과 같은 '참된 장소'로 영원화·숭고화된다. 그렇게 하여 경주는 적어도 김동리에게는 '특유의 미적 감수성을 지닌 한국인이라는 의식'[58]을 끊임없이 환기하고 북돋우는 삶과 예술 최후의 이상적 귀소처로 현재화·미래화되었던 것이다.

경주의 병영화: '신라정벌'의 소환, 불토佛土의 전장화

경주에 대한 일제의 권력적 시선 변화를 명제화한다면, "'선량한 인격도야'의 '관광 명소'에서 '결전 태세' 다짐의 '보국의 전장'으로" 쯤이 될 것이다. 경주에 적을 두었던 신라의 충신은 앞서 본 대로 단연 김유신과 원술랑이었다. 그러나 태평양전쟁기에 이르면 '보국의 전장'을 지켜갈 '충량한 신민'의 모범이 되는 인물로 김유신의 부인이자 원술랑의 어머니인 지소부인이 호명되곤 했다. 부인은 김유신 사후 몸소 사찰의 스님이 된 뒤에도 원술랑이 장군에게 파적당한 후 끝내 용서를 받지 못했단 이유로 그녀 자신도 동일한 자세를 취했다. 이 이야기를 신문에 실으며 '반도 남녀청년'의 분발을 당부한 이는 동경제대 출신의 역사학자로 1943년 당시 숙명여전 교장이었던 오다 쇼고小田省吾였다.

문제는 그가 지소부인을 '고대 일본부인의 품격'을 갖춘 이로 높이 평가하며 호명했다는 사실이다.[59] 이것은 신라의 지소부인이 당대 조선 여성에게 요구되던 '군국의 어머니'의 모범으로만 호명된 것이 아니라는 것을 뜻한다. '고대 일본부인'이 암시하듯이, 아마테라스 여신에서 진구황후에 이르는 여성 제왕과, 그들의 정신과 태도를 잇는 일본 부인의 계보에 지소부인이 강제로 등록되었음을 뜻한다. 애초에 일제로부터의 자유와 해방의 가능성 없는 '황국신민'으로 가치화, 아니 박제화되었음을 뜻한다. 이것은 계림에서의 김알지 탄생이 일본에서 건너온 것으로 주장되던 대보호공과 석탈해 이사금의 서사와 상당히 닮은 데가 있다. 고대 일본에 의

한 신라의 정벌 또는 지배로 상징되는 식민화의 욕망과 실현이 호공과 탈해왕 같은 남성 영웅뿐만 아니라 지소부인 같은 군국의 여성에까지 개입된 현상임이 뚜렷해지는 지점이다. 이러한 사실 아래라면 아동의 '소국민화'를 넘어 '꼬마 병사화'에 소용된 《보통학교 창가서》(1920~1938)에 호공과 김알지, 당대의 신라왕 석탈해가 같이 연관된 계림 전설이 실린 것도 단순한 우연이 아니었던 것이다.

충신 호공의 기쁨이란
나뭇가지에 걸려 있는 금빛 상자
아래서 지켜주는 은빛 닭
상자 열어 보니
김알지
하늘에서 내려주신 왕자님

계림 팔도 명성도 드높은
금성金城의 옛 이야깃거리
시림에서 닭이 우네
금방울
은방울
하늘 높이 낭랑하게 울려 퍼지네

– 〈계림〉 2절 및 3절(《보통학교 보충 창가집》)

조선총독부가 발행한 '음악(창가)' 교과서를 통틀어 박혁거세의 이름은 어디서도 보이지 않는다. 그 대신 〈신라고적전설 2: 계림 전설〉(그림 6)의 요약본 같은 동요 〈계림〉에서 호공, 석탈해 왕, 김알지가 동시에 호명되었을 따름이다. 신라 관련 다른 인물들은 모두 젖혀두고 세 사람만 등장하는 동요를 가르친 까닭은 무엇일까. 우리는 '계림 전설' 엽서를 살펴보

그림 13 진구황후 삼한 정벌 출정 · 조선왕성(경복궁 근정전)

면서 호공과 석탈해 왕이 왜인 또는 왜국 도래설의 주인공이었음을 확인했다. 신라 역사에서 가장 유력했던 김씨 왕조의 시조 김알지를 왜국 출신의 재상과 임금이 거두어 키웠다는 것, 그러자 "금방울 은방울이 / 하늘 높이 낭랑하게 울려 퍼졌다"는 것. 조선 아동에게 자신들을 보살피고 가르치는 일제 천황의 은뢰를 우러르게 함으로써 식민통치의 정당성을 자연화 하려는 파시즘적 예술 책략과 정확히 일치한다.

한편 호공과 석탈해 왕을 빼면, 초중등학교 《조선어독본》과 《국사》(일본사)에서 가장 중요하게 다뤄진 신라 관련 인물은 누구일까. 신라계 도래인(모계)의 후예로서 천황의 지위에 올라 삼한, 곧 신라 정벌에 직접 참전했던 진구神功황후였다고 답해도 괜찮을 듯싶다.[60] 이를테면 그녀의 신라 정벌 출정식과 경복궁 근정전이 크고 작게 대조적으로 배치된 일본 본토산 사진엽서(그림 13)를 보라. 그녀의 신라 정벌에서 기원한 정한론의 위력이 1910년 한일병합에까지 뻗쳐 있음을 즉각 환기시키는 구도이다. 실제로 이런 내용과 형식을 취한 근대 우키요에는 진구황후의 뒤를 이어 조선 정벌에 나섰던 임진왜란의 도요토미 히데요시와 가토 기요마사加藤淸正의 용맹한 풍모를 줄곧 묘사했다. 이들 우키요에가 대유행한 까닭은 메이지기 신국 일본 만들기의 일환으로 그 실체가 불분명했던 '임나일본부'를 역사적 사실로 부흥시키는 한편 옛 속국 신라에 대한 회복을 염원하는 식민주의적 조선 정벌의 요구가 빗발친 결과에서 주로 찾아진다.[61]

> 진구황후의 이름은 오키나가타라시노히메미코토息氣長足姬尊이다. 어렸을 적부터 총명하고 지혜로웠으며 용모도 씩씩하고 아름다웠다. 주아이仲哀 천황 2년 정월 결혼하여 황후가 되었다. 천황이 붕어한 후 다케노우치노스쿠네武內宿禰와 공모하여 삼한을 정벌하고 조공을 바치게 했다. 츠쿠시筑紫(현재의 큐슈-인용자)로 개선하여 오진応神 천황을 낳고 70년을 섭정했다. 기축년 붕어했는데 향년 100세였다.
>
> -〈진구황후 삼한 정벌 출정 · 조선왕성〉

일종의 설화에 불과한 진구황후 삼한 정벌의 사실화가 미친 제일의 영향과 효과는 두 가지 정도로 정리된다. 하나, 천 년을 훨씬 넘은 상대上代 시절 가야와 신라는 벌써 일본의 속국이었다. 둘, 그러므로 1910년의 한일합방은 그 후예인 조선이 다시 일본으로 돌아온 것에 지나지 않는다.[62] 조선의 식민화는 이미 예정된 사건이었다는 결정론적 역사관에 대한 확신, 되찾은 조선 영토의 제국화=지방화는 천황의 탁월한 영도가 이룩한 대위업이라는 식민주의적 심상지리의 확장. 과거와 설화의 인물 진구황후가 현재와 실재의 식민지 조선과 제국주의 일본에 개입하여 '국가신도'화된 일본식 오리엔탈리즘을 기이하게 실현하는 장면임이 뚜렷하게 드러나는 지점이다.

이와 같은 식민주의적 (무)의식을 불국사에 연결하여 상징적 의미 다분한 '경주의 병영화'로 재현한 것이 조선군사령부에서 발행한 군사우편엽서 〈불국사〉일 것이다.

> 동해 중부선 불국사역에서 약 4km. 토함산 중턱에 있다. 지금으로부터 1,500여 년 전 승려 아도我道에 의해 창건된 신라 시대의 명찰이다. 그 석조물이나 불상 등의 유물은 당시의 모습을 잘 간직하고 있다. 특히 대웅전 전면에 세워진 두 석탑은 하나를 다보탑(석조 높이 6m여), 다른 하나를 석가탑(석조 높이 8m여)이라 이르는데, 그 기나긴 세월을 견뎌내고 지금도 엄연히 좌위에 우뚝 서 있다. 그 구조의 신묘함에 이르러서는 신라 왕조의 대표적인 걸작이라고 칭할 만하다.
>
> – 〈불국사〉

1930년대를 앞에 두고 한 일본 미학자는 석굴암을 "신라예술의 정수"로서 "조선만이 아니라 온 지상미의 전당"[63]이라고 극찬했다. 불국사를 "그 구조의 신묘함에 이르러서는 신라 왕조의 대표적인 걸작"으로 추켜세우는 엽서의 해설에도 그 감개가 고스란히 투영되고 있다는 느낌이다. 이 때문에 맨 하단의 단카 "불국사 가득히 향긋한 작약 꽃 살짝 떨어져 가랑비 내릴 내일"이라는 표현은 낙화의 상실감을 넘어 꽃 진 자리의 황홀한 고즈넉함을 여유롭게 읊조리는 목소리로 들려온다.

하지만 금강산 비로봉에서도 그랬듯이, '불국사'는 천황에 대한 멸사봉공을 다짐하며 총칼 쥐고 말달리는 일본군 군홧발 아래서 불행을 면치 못하고 있다. 엽서 상단부에 붓다의 극락이 놓여 있지만, 거기서 내려붓는 승전의 자비와 살육의 용서는 결국 천황의 '왕도낙토'로만 허용될 것이기 때문이다. 지나친 해석으로 들릴 수도 있겠지만, 불국사를 원형에 가깝게 수리, 복원한 일제의 신라미와 동양미를 향한 집념은 과거와 현재 모두의 일본에 대한 신라의 복속과 조선의 식민화를 정당화하기 위한 식민주의적 기술의 집행과 적용으로 자꾸 읽히는 것을 어쩔 수 없다.

한 연구자는 제국의 식민지 관광을 권력 재현의 '지도 그리기'로 규정한 바 있다. 이를 일제의 조선 관광에 적용한다면, 첫째, 식민지 조선에 대한 객관적 정보를 파악하려는 '지도학적 표기 행위'를 넘어, 둘째, 모든 '조선적인 것'을 지식의 대상으로 수렴하는 동시에 그것들에 대한 권력의 행사를 재현하려는 통제와 선전의 양면적 실천으로 정리될 수 있겠다.[64]

그림 14 불국사(조선군 출동 장사將士 위문 봉함엽서 급 회繪엽서)

이를 감안하면, 자그마한 불국사의 이미지에 맞서 거대한 형상의 일본군을 배치하는 미적 책략은 식민권력 재현으로서의 현실적·내면적 '지도 그리기'로 얼마든지 규정될 수 있다. 더군다나 군사우편엽서의 이미지 권력은 지도의 추상적 기호와 달리 구체적 형상으로 경주를 식민화하고 있다. 여기에 관광 명소의 예술화를 '일본적인 것'으로의 결속과 통합을 넘어 '조선적인 것'의 은폐와 삭제에 기여하는 뺄셈의 '지도 그리기'로 규정할 수 있는 까닭이 존재한다. 그런 점에서 '파시즘의 예술화'는 식민지의 파괴와 해체를 위해 군사적 가치들을 주의 깊게 선택하고, 군사적인 해결방식을 각별히 효율적인 것이라 생각하며, 군사적 태도로 접근하는 것을 최선으로 여기는 '군사주의의 패션화'[65]와 깊은 유대관계를 형성하고 있는 것으로 파악된다.

실제로 근대 천황제의 입장에서 본다면, 식민지 조선은 제국의 팽창과 영광을 재현하는 승리와 명예의 공간이기도 했지만, 여러 방면에서 제국 일본의 식민통치를 힘껏 방해하고 심지어는 그에 대한 저항 행위를 일삼는 골칫덩어리이기도 했다. 이에 근거한다면, 내선일체나 황국신민화는 조선과 일본의 실제적 통합을 목표했던 최후의 국책에 해당되는 것이 아니었을지도 모른다. 오히려 두 정책은 '군사주의의 패션화'와 같은 부류의 식민주의적 통치술을 적절히 활용하여 식민지 조선(인)이 초래할 법한 여러 위험성을 순화시키는 '식민지 길들이기'에 더욱 가까운 정치적·군사적 책략이었는지도 모른다.

제
8
장

조선여성, 전근대적 일상과 성애의 육체성

— 사진엽서 '조선부인의 일상'과 식민지 여성의 관람

비숍 여사가 바라본 조선여성의 초상

근대문명의 우월한 힘과 찬란한 혜택을 흠뻑 들이마신 서구 여성이 때로는 즐겁게 때로는 착잡하게 바라본 식민지 조선 여성의 운명과 현실은 《한국과 그 이웃 나라들Korea and her neighbors》(1898)에 뚜렷하다. 널리 알려진 대로, 이 책의 저자는 영국 왕립지리학회 최초의 여성 회원이었던 이사벨라 버드 비숍Isabella Bird Bishop(1831~1904)이다. 이 책은 서양의 푸른 눈에 남김없이 나포되기 시작한 조선, 일본, 중국을 1894년 봄부터 1897년 겨울까지 4차례 여행하면서 느끼고 얻은 다양한 지식과 정보, 감각과 정서를 풍부하게 집약한 여행서로 그 이름이 높다.

그녀는 맹목적인 '소중화'의 조선을 일신할 근대국가 '신대한'의 건설 의지가 한 손에 '총칼'(문명-폭력)을 쥐고, 다른 손에 '성경'(문화-계몽)을 든 제국주의 열강에 의해 무력하게 제압당한 구한말 현실을 이렇게 표현했다. "한국에 머무는 사람들은 누구나 예외 없이 이 나라가 처음 안겨주는 찝찝한 인상들을 잊게 할 만큼 강렬한 매력을 지니고 있음을 알고 있다." 질병의 위험과 전근대적 이미지를 환기하는 "찝찝한 인상"은 너무나 익숙한 오리엔탈리즘의 문구이다. 그렇기 때문에 낯선 이방인을 끌어들인 "강렬한 매력"이라는 말이 오히려 인상적이다. 그녀의 대한제국에 대한 신뢰감과 기대감이 뜻밖에도 약소국인 "조선 사람의 품성과 근면성"에서 찾아진 장면인 것이다. 이것은 후진성에 아직도 휩싸인 대한제국이 새로운 문명국으로 도약할 가능성의 근거를 제시한 문구이기에 의미가 각별하다.

그림 1 시베리아의 한국 정착민들 (《한국과 그 이웃 나라들》)

비숍 여사가 그 가능성을 처음 본 곳은 '시베리아 한국 정착민들'의 자조적 생활이었다. 그녀는 타향에서 새 삶을 일군 조선인의 긍정적 성과를 "한국은 번창하는 부농이 되었고 근면하고 훌륭한 행실을 하고 우수한 성품을 가진 사람들로 변해갔다"라고 해석했다.

이런 질문은 어떨까. 첫째, "조선 사람의 품성과 근면성"은 무엇이건대 조선에 대한 불쾌감, 이를테면 결국은 식민화의 주요 요인으로 지목되는 문약과 형식주의, 나태와 가난, 불결과 질병 따위의 부정적 한계를 극복하는 긍정적 원리와 조건으로 호명되는가. 둘째, 여성으로 한정할 경우, 두 요소는 비숍이 도시와 상류층 여성의 우월한 자질로 지목한, 그래서 하류층 여성에게도 암암리에 강요된 도덕적 건전성과 어떻게 연관되는가.

비숍은 여행 당시 조선인의 외국인에 대해 의심, 교활함, 진실성 없음 등의 '동양적 악덕'에 곧잘 부딪쳤음을 서론에 착잡하게 적어 두었다. 이런 부정적 인상은 조선의 향토를 떠나 러시아령 동북 만주 일대에서 농토를 개척하던 이주민들의 힘찬 에너지와 근면함, 검소하고 유족하며 안락한 생활상을 직접 마주하고서야 대폭 교정된다. 물론 그녀의 판단 기준이 조선인 자체에만 있었던 것은 아니다. 그녀는 조선인을 영국 백인 남성에 대비시키는 일종의 식민주의적 잣대와 기율을 결코 잊지 않았다. 가령 "토착 한국인의 특징인 의심과 나태한 자부심, 자기보다 나은 사람에 대한 노예근성이, 주체성과 독립심, 아시아인의 것이라기보다는 영국인의 것에 가까운 터프한 남자다움으로 변했다"라는 발언을 보라.

하지만 이러한 한계를 감안하고라도 그녀의 변화는 정든 고향을 잃고 낯선 타국에서 새 삶의 터전을 개척하는 건강한 모습에서 다음의 사실을 간파했기 때문에 가능한 것이었다. 하나, 조선인의 영혼을 좀먹는 게으름과 가난은 민족적·혈통적 기질 때문이 아니며, 둘, 오히려 지배계층의 소작료 수탈과 노동력 착취 같은 '권력구조의 끝없는 부패'와 '고질적인 권력의 남용'에 의해 발생한 것이다. 서양 여성의 눈에 비친 조선 왕조의 부정성이 얼마나 잔혹했으며 개선의 여지가 전무했던가는 "모든 인생을 근면과 생업으로부터 파산시키고 강탈해가면서 바닥도 끝도 보이지 않는 몰락과 부패, 타락으로 출렁거리는 거대한 바다"로 비유하는 장면만으로도 충분히 확인된다.[1]

이토록 신랄한 봉건 권력의 비판을 앞세운 비숍의 건강한 조선인에 대한 재인식은 "허위되고, 공상과 공론만 즐겨 나타懶惰하고 서로 신의와 충성이 업고 임사臨事에 용기가 업고 이기적이어서 사회봉사심과 단결력이 업고 극히 빈궁하다"[2]는 말로 조선인을 야멸차게 비판했던 일제와 체제협력자 누구들의 왜곡된 조선 이해를 뒤돌아보게 한다. 식민주의의 이른 수혜자 비숍은 구조적 모순에 주목함으로써 봉건적 조선의 핵심 모순을 정확히 파악했다. 이를 바탕으로 봉건모순의 타파와 극복을 통한 조선의 주체적 근대화와 탈식민을 응원하고 기대했던 것이다. 이에 반해 아류의 식민주의로 무장한 일제와 이광수류의 협력자들은 조선인 개별의 단점과 한계를 특별히 강조했다. 그럼으로써 조선의 식민성을 드러내는 한편 식민통치의 당위성을 선전하고 정당화하는 데 골몰했다. 양자의 대립구조는 식민지 조선 여성에 대한 비숍과 일제의 상반된 시각과 태도를 가름하는 핵심적 요소로 판단된다.

그렇다면 노동의 성격은 근면함의 요소를 갖췄으나 되레 불쾌함을 자극하는 조선인의 노동 현실, 특히 여성의 그것은 비숍의 글에서 어떻게 포착되고 있을까. 그 본질과 모순을 직시할 때야 조선 여성들의 무기력한 순종에 관련된 정치·경제·문화적 의미가 입체적으로 드러나지 않을까.

비숍에 따르면 조선 여성은 항상 멍에를 짊어지고 살며 남성과의 차별을 자신의 자연적 몫으로 받아들이던 수동적 존재로 멈춰 있었다. 이로 인해 결혼생활에서의 애정도 기대하지 않았으며 구습을 타파하겠다는 주체적 의지도 갖지 못하게 되었다.[3] 비숍에게 조선 여성이 주체의 자율성과 욕망을 박탈당한 '쇠우리에 갇힌 노예'에 가까운 하급 인생으로 인지되어 연민과 동정을 불러일으킨 제일의 요인인 것이다. 식민지 조선의 부조리한 현실과 조선 여성의 비극적 운명을 확증하기 위해서는 아래의 글이 상당히 유의미할 듯하다.

> 아츰은 샛별을 이고 나가는 농부들의 아츰밥을 지어주기 위하여 가마귀 소리가 나기 전에 니러나지 않으면 안 됩니다. 그러고는 등에 어린 애를 들너지고 머리에 무거운 짐을 이고 농터로 나감니다.……날이 저물면 또 식사 때문에 꼬부랏다 뛥니다. 그우에 아해들 걱정, 빨래까지 바느질까지 안 하면 안 됩니다. 또 밤이 늦도록 절구를 찧어여 함니다. ……일 년 열두 달, 설 명절, 단오 명절, 추석 명절과도 갓흔 농민 유일의 휴식일, 위안일이라 할 만한 명절조차 농촌 여자에게는 도리혀 보통 때보다 더욱 큰 고통의 날이 됩니다.[4]

조선 농촌 여성의 일과를 나날의 일상과 드문 명절로 나눠 서술한 글로, 문체에서 짐작되듯이 비숍의 글이 아니다. 필자는 저 불우한 어미와 누이들의 사랑과 희생을 거쳐 사회에 나선 조선의 젊은 지식인이다. 잠시도 쉴 틈 없는 과중한 노동에 성의 대상화 문제가 더해지면, 샤를 달레 Charles Dallet(1829~1878)가 냉철히 파악한 조선 여성의 숙명이 안쓰럽게 완성된다. 조선 여성은 가부장에게 온몸을 바치는 경멸적인 하녀, 다시 말해 자아의 권리를 박탈당한 쾌락 또는 노동의 도구[5]에 불과하다는 사실이 그것이다.

조선 여성의 노동 현실을 구조적 모순의 관점에서 접근한다면, 그녀들은 논밭에서의 노동과 의식주 전반에 걸친 가사노동의 전담자 자체였다. 이것은 그녀들의 노동을 수탈, 착취하는 권력자가 가부장제하의 조선 남성이자 조선 땅에 대한 토지조사와 척식 사업 등을 통해 식민지 수탈체계를 제도적으로 완비해간 일제임을 보여주는 명백한 사례 가운데 하나이다. 이를 입증이라도 하듯이, 한 조사에 따르면 1930년대 초반 부부와 2~3인의 자녀들로 구성되는 소가족의 총 노동 일수에서 기혼 여성인 아내의 노동 일수가 가장 많은 것으로 나타난다. 예컨대 당시의 조사를 정리한 표 '빈곤층 가족의 연간 농업노동, 재생산 노동, 총 노동 배치 상황(1930년대 초)'에 따르면, 농업노동에서는 남편이 190시간, 가사노동에서는 아내가 200시간으로 서로의 영역에서 압도적이다. 하지만 아내는 농업노동에서도 평균 35시간 이상 근로함으로써 남편의 집안일 노동시간 25시간을 훌쩍 넘어서고 있었다.[6]

1890년대 비숍의 기록과 1930년대 조선 지식인의 기록을 어떻게 등치시킬 수 있는가라는 의아함이 떠오를 수 있다. 그렇지만 이것은 그다지 염려할 필요 없는 궁금증일 따름이다. 아래 인용한 비숍의 기록 바로 위의 문단에는 조선 여성이 매일 빨래하기, 의복 만들기, 식사 준비, 쌀을 얻기 위한 절구질, 무거운 짐을 이고 시장보기, 물 긷기, 밭일하기, 틈날 때마다의 베 짜기, 아기 보기와 젖먹이기에 시달리느라 "일찍 이러나고 자정이 넘어야 휴식하"는 막일꾼으로 전전하고 있음을 통탄하듯이 적어두고 있기 때문이다.

> 농촌 여성에겐 기쁨이 없다고 말해도 될지 모른다. 그녀들은 자신의 며느리에게 고된 일의 일부를 물려줄 때까지 단지 막일꾼에 지나지 않는다. 이런 고동 노동 때문에 한국의 농촌 여성들은 삼십대에 이미 오십대로 보이고, 사십이면 종종 이가 없어진다. 개인적인 몸치장조차도 인생의 아주 이른 시절에 그녀의 삶에서 사라진다. 매일 매일의 일상적인 삶 이외에 그녀의 생각은 땅과 공기 중에 거주되는 것으로 여겨지는 여러 초자연적인 존재(신령)들을 생각하고 원화소복遠禍召福을 비는 일 외에 다른 곳으로 나아가지 않는다.[7]

비록 근대문명에 근거한 식민지에 대한 냉혹한 비판일지라도 비숍의 판단은 1930년대 여성의 현실에서 보듯이 매우 예리하고 정확한 것이었다. 그녀는 여성에게 더욱 가혹한 전근대적 조선의 노동 현실을 '특권계급의 착취'와 '총체적인 정의의 부재', '모든 벌이의 불인정'에 따른 가난의 축적이라는 부정적 상황의 결과로 보았다. 또한 동양 정부의 가장 나쁜 전통인 '비개혁적 정책 수행' 및 조선의 식민화를 예견하는 듯한 '외국인들 서로의 질투라는 관점'에서도 파악함으로써 조선 여성의 불행한 삶이 조선 내·외부 권력에 의해 더욱 파편화되었음을 정확하게 짚어냈다.

더욱 중요한 사실은 비숍이 조선 여성의 현실을 젠더의 소외와 착취 및 미신과 무당에 대한 의존으로 대표되는 '미숙한 종교'의 관점에서도 파악하고 비판했다는 사실이다. 이를테면 그녀는 《한국과 그 이웃 나라들》의 상당량을 조상 숭배, 미신과 무당에 대한 의존, 장승과 성황당 같은 괴이쩍은 종교 대상에 대한 소개와 비판에 할애했다. 이를 바탕으로 조선은 서양이나 일본과 달리 신앙의 권위를 지니는 종교예식이나 성전聖殿을 찾아보기 힘들며, 종교가 민중의 정신에 상당한 영향력을 지닌다는 사실을 보여주는 사례가 거의 부재하다는 종교적 결핍 상황을 예리하게 짚어냈다.

이로써 조선 여성의 소외성과 식민성이 제국주의와 봉건주의가 얽히고설킨 구조적 모순에 더해 비극적인 현실 타파와 개혁에 대한 필요성이나 욕망의 부재에 따른 것임이 더욱 분명해졌다. 이 때문인지 비숍은 봉건적인 조선의 개혁을 강력히 지지하면서도, 아직 계몽과 각성 이전인 조선 여성을 위해서는 가족 구성원이 서로 존중하고 배려하는 '친밀한 가정'의 현실화를 힘껏 강조했다. 근대의 서양과 일본에서 강조되던 '스위트 홈sweet home'이 조선의 것이기도 해야 한다는 사실은 "한국인에게 집은 있으나 가정은 없다", 따라서 이를 극복하기 위해서는 부부 사이의 친밀함을 맺어주고 유지하는 '공통된 유대감'과 '외적인 이해심'이 충족되어야 한다는 주장에 잘 드러나 있다.

이런 의미에서 1960년대 김수영이 "나는 이사벨라 버드 비숍 여사와 연애하고 있다"라고 호기롭게 선언한 시인 〈거대한 뿌리〉(1966)의 일 절은 다시 음미되어야 한다. 그는 매일 밤 인경전 종소리에 맞춰 부녀자의 시간과 남자의 시간이 뒤바뀌는 한양의 풍경을 통해 세계 어디에도 없는 "기이한 관습을 가진 나라"로 조선을 바라본 비숍의 기록에 주목했다. 그녀는 깊은 밤 여성 외출의 허용에 대해 "다른 어떤 나라의 여성들보다도 더 철저히 예속적인 삶을 꾸려가고 있는" 조선 여성들, 특히 양반가 여성들의 부자유한 생활을 배려하기 위한 것으로 파악했다. 이는 "아직 한 번도 한낮의 서울 거리를 구경하지 못했다"라고 고백하는 한 양반가의 귀부인[8]의 폐색된 삶을 감안하면 충분히 일리 있는 판단이었다. 이러한 부자유와 억압의 현실을 일러 김수영은 "더러운 전통" "더러운 역사" "더러운 진창"으로 일갈했던 것이다.

하지만 의미심장하게도 김수영은 조선의 '더러운 것'들을 빌미로 1960

년대 4·19혁명의 실패와 5·16쿠데타에 편승한 군사정권의 등장이 교차하는 "이 우울한 시대를 파라다이스로 생각하는" 역설적 세계인식에 도달한다. 시인은 그 근거로 스스로 가려 뽑은 "가장 아름다운 우리말 열 개"를 들었다. 그것들 가운데 요강, 곰보, 애 못 낳는 여자[9] 등이 조선 여성 관련 단어들이다. 이 단어들은 산업화가 시작된 1960년대 현실에서 전근대적이며 '사멸되어 가는 말'이라는 부정적 함의를 면치 못하던 형편이었다. 그럼에도 김수영에게 이것들이 정말 아름다운 모어이자 민족어였던 까닭은 "진정한 시의 테두리 속에서 살아 있는 낱말들"이었기 때문이었다. 시인은 점차 그 쓸모와 뜻이 점점 미약해져 가는 해당 낱말들에서 일체의 고착되고 편협한 사상과 제도를 거부하며 새로운 의미와 가치를 생산하는 "무수한 반동"을 읽어냈다.[10] 어쩌면 비숍여사는 이 "무수한 반동"을 "조선 사람의 품성과 근면성"에서 엿봤던 것이며, 그것에 이끌려 식민지 조선에 대한 "강렬한 매력"을 느꼈던 것인지도 모른다.

비숍의 글에 비춰본 사진엽서 '조선부인의 일상'

대영제국의 지리학자 비숍이 근대 서구의 식민주의와 오리엔탈리즘에 적잖이 감염되어 있었음은 부인할 수 없는 사실이다. 하지만 그녀는 여행자요 관찰자로 근대 전환기 조선을 객관적으로 응시하고 사실대로 기록했다. 그럼으로써 조선의 오늘과 내일, 긍정·부정적 면모를 핍진하게 채록하는 데 일정한 성공을 거두었다.

그렇다면 메이지유신의 성공적 단행으로 탈아입구脫亞入歐의 성취, 그러니까 동양의 맹주이자 아류 제국주의로 성큼 올라선 일제가 바라본 조선 여성의 모습과 현실은 어땠을까. 일제의 조선에 대한 응시와 관찰은 무엇보다 식민지로 전락한 우매하고 경멸적인 조선인, 곧 '요보'들을 우생학적 시선과 인종학적 구도 속에 가둬두는 일이었다. 이를 토대로 내선융화라는 명분 아래 조선인을 제국의 신민으로 살아가는 데 요구되는 계몽과 교육의 대상으로 끊임없이 호출했다. 이 과정에서 처음 발견된 조선여성의 어쩔 도리 없는 비문화적·반이성적 모습은 다음 장면과 같은 것이었다.

> 시골이라면 모르지만 경성 시내에서 그러하다니 지독하다. 머리에는 불량한 머릿기름을 잔뜩 바르고 이따금 그것을 손으로 만지작거리거나 혹은 손으로 코를 푼다. 그 손으로 가마에서 밥을 꺼낸다. 여름이면 파리가 들끓는다. 게다가 악취를 풍기는 부엌이 한인의 집에 있으니

욱하고 메슥거릴 정도로 심각하다. 어느 부엌에든지 박을 갈라서 말린 바가지가 한두 개씩 있는 점은 묘하다.

그림 2 조선가옥의 부엌

1909년 즈음 조선에 머물렀던 만화가 도리고에 세이키의 만화 〈조선가옥의 부엌〉[11]에 저널리스트 우스다 잔운이 붙인 글이다. 미각과 영양의 생산 장소인 부엌과 그 담당자 조선부인의 불결함과 몽매한 행위를 노골적으로 비웃고 있다. 두 저자는 위생과 청결을 무시한 의식주 생활은 질병이나 조기 사망을 지속적으로 초래하는 근본요인임을 강조했다. 그럼으로써 건강 유지와 질병 예방에 필요한 기초적 사실에 거의 무지한 조선인의 미개함과 우둔함을 유감없이 폭로했던 것이다. 아니나 다를까 《조선만화》는 문명=일본, 조선=야만이라는 이분법 아래 50여 편의 만화에 조선인의 생활과 풍속에 드러난 불결, 악취, 태만, 폭식, 저능, 무사태평, 부주의성, 무력한 온순함 따위의 부정적 면모와 성격을 집중적으로 기술한다.[12] 그럼으로써 조선을 철저히 타자화하는 한편 일제의 우월성을 더욱 역설하는 식민주의적 시선과 태도의 권력화에 앞장선다.

그렇다면 조선부인의 하루 생활을 담고 있는 세로 본의 사진엽서세트 《조선부인의 어느 하루 생활》의 시선과 태도, 이념과 평가는 어떤 성격을

그림 3 《조선부인의 어느 하루 생활》 봉투

그림 4 《조선의 부인생활의 페이지》 봉투

가졌을까. 여전히 전근대적 관습과 생활에 둘러싸인 조선부인을 그리고 있다는 점에서는 《조선만화》와 거의 비슷하다. 하지만 꽤나 부드러운 시선과 애정 어린 태도로 이웃 나라 조선부인의 생활을 소개하고 있어 어떤 변화의 기미와 시각 전환의 노력마저 엿보인다는 느낌도 없잖다.

이런 뜻에서 이형동질의 사진엽서 《조선부인의 어느 하루 생활》(세로 본, 그림 3)과 《조선의 부인생활의 페이지》(가로 본, 그림 4)의 생산·유통 과정, 조선부인의 재현과 소개 방식, 그 문화적 성격을 간단히 살펴보는 과정이 더욱 필수적이다. 이를 통해 그 변화가 조선 여성의 이상적 면모를 재발견하는 탈식민주의적 사유와 연동되는 것인지, 아니면 일제 신민의 낭만적인 이국 취향과 식민지 여성에 대한 자의적 욕망을 상상적으로 투사한 작업에 불과한 것인지가 웬만큼 드러날 것이다.

두 엽서세트는 결혼한 조선부인의 하루를 아침 7시~저녁 10시까지 16장의 사진과 글에 담아낸 꽤나 고급스런 기획 상품이다. 다이쇼사진공예소에서 발행된 이것들은 발행 시기가 정확히 파악되지 않는다. 사진이나 산문의 내용을 고려할 때 1920년대 중반 무렵 첫 생산되어 해방 전까지 조선과 일본에서 동시에 유통, 소비되었던 듯하다. 사진엽서는 세로 본과 가로 본 공히 동일한 사진과 산문을 사용했으며 일본어 표기를 취했다. 다만 엽서를 꾸미는 디자인과 장식물에 이런저런 차이를 두었다. 서로 다른 제목을 취한 것도 이 때문일 법한데, 대중의 관심과 흥미를 제고하는 새로운 상품 형식으로 다가서고자 했던 의도가 투명하게 엿보인다.

이와 같은 출판 양식의 변화는 판매량 증대를 통한 상업적 이득의 개선과 깊이 관련될 것이다. 이를 위한 회심의 전략 가운데 하나가 일본 남성들에게 조선 여성의 생활과 성애를 공공연히 엿볼 수 있는 관음증적 취향을 충족시키는 것이었다. 《조선부인의 어느 하루 생활》과 《조선의 부인생활의 페이지》(이하 전자로 통칭)는 거기 실린 조선 여성의 다양한 면모와 생활 현실의 면면만으로도 조선 여성의 섹슈얼리티에 대한 관찰과 소비를 유인하는 시각 매체로서 인기가 높았던 것으로 짐작된다.

다만 사진은 이미 시중에 널리 퍼져 있던 중하층 여성과 아름다운 기생을 빌린 생활상의 제시에 머물러 있다. 사진의 반복적 재활용과 그 맥락의 변조는 조선 여성에 대한 일제 문화자본의 시선과 평가가 큰 변화 없이 지속되었음을 뜻한다. 그런 만큼 《조선만화》에 보이는 식민지 여성에 대한 악의적 관점과 멸시적 태도가 사진 이미지를 통해 더욱 교묘해졌음을 암암리에 증빙하는 사례로 읽힐 소지가 다분하다. 이런 이유로 사진과 함께 제시된 일본 화자의 조선부인에 대한 해설과 평가가 더욱 중요해진다.

적나라한 풍자와 조소가 울울한 《조선만화》 속 '요보'와 구분되는 《조선부인의 어느 하루 생활》 속 '조선부인'의 낭만적인 면모를 확인하기 위해 하나의 사진엽서에 실린 산문을 함께 읽어본다.

> **■ 오후 4시: 부지런히 일하다**
>
> 잘 익은 벼이삭을 타작하는 경쾌한 도리깨 소리!
>
> 한가운데를 겨냥하는 그 즐거움, 도리깨를 끝없이 내리치고, 이삭을 계속 털며, 여성은 올해의 풍요로운 소출에 감사하고, 지금까지의 고생을 아름답게 씻어내고 있다.
>
> 그건 그렇다 치고 조선의 부인은 정말로 일을 잘하는데, 어떤 때는 오히려 남자보다 더욱 뛰어날지도 모르겠다.
>
> -〈오후 4시: 부지런히 일하다〉 부분

그림 5 오후 4시: 부지런히 일하다

화자는 영국인 비숍과 조선인 이성환이 주목한 조선 여성의 고된 노동에 그다지 눈길을 돌리지 않는 눈치다. 1년 농사 끝에 찾아온 수확의 즐거움만을 주목하고 있다. 물론 일본 화자의 말이 상식을 아주 벗어난다고 보기는 어렵다. 아무리 지주의 소작료 수탈이 극심할지라도 일용할 양식을 거두는 농사일은 비할 데 없는 기쁨이다. 하지만 사진 속 농촌 여성의 즐겁고도 고단한 도리깨질은 이미 농업의 기계화 과정을 통해 이앙기, 비료살포기, 탈곡기 등을 속속 도입하여[13] 농업노동의 힘겨움을 덜어가던 서양·일본과 크게 대비될 수밖에 없다. 일개 농촌 여성의 성실한 근면성과 쉼 없는 노동 따위로는 첨단의 기계문명을 결코 극복할 수 없기 때문이다. 일본 화자의 낭만적 진술과 달리 식민지 농촌 여성의 고달픈 이미지가 암시하는 노동의 원시성과 미개함의 본질이 이 부근에 숨겨져 있는 것이다

그런 의미에서 일본 화자의 시선과 진술은 조선부인을 서구 오리엔탈리즘 특유의 시선에 기대어 "다소의 야만성을 가지고 사는 '자연인'"[14]으로 파악하는 면모가 역력하다. 이와 동격을 이루는 '착한 야만인Bon sauvage'은 "자연으로부터 온전하고 건강한 몸을 받고 바른 생각과 정직한 마음을 가지고 있는 자"라는 뜻을 가진다. 18세기의 서양에서 동양 및 제반 식민지의 야만성과 미개함을 선하며 정숙한 여성적 이미지로 순화하기 위해 고안된 말로 프랑스 철학자 장 쟈크 루소 등이 처음 사용했다고 알려진다.[15]

이 지점에서 일본 화자의 조선부인을 향한 낭만적 시선이 그녀에 대한 이국 취향과 성애의 발로로만 파악되어서는 안 되는 까닭이 분명해진다. 그보다는 식민지 조선에 대한 정치적·경제적 낙후성, 풍속적·문화적 이질성, 인종적·민족적 열등성을 사진을 통해서는 사실적으로 드러내되 산문을 통해서는 교묘하게 감추는 허위적인 예술형식의 산물로 해석되어 마땅하다. 일제 사진엽서가 서구의 그것을 내면화한 일본판 오리엔탈리

즘의 소산이자 식민지의 일본식 발견과 재구성을 널리 알리는 국가주의적 시선을 폭력적이며 제도적으로 전유한 기호 형식임이 명확해지는 대목이다.

한편 조선부인에 대한 일본 화자의 낭만적 시선은, 궁극적으로 천황을 향한 복종과 희생으로 귀결되는 일제의 '부덕론婦德論', 곧 '양처현모론'에 강력하게 견인된 것일지도 모른다. 일제는 일본과 조선의 초·중등학생 교육에서 '여성의 의무'를 반복적으로 가르치면서 화목한 가정과 사회의 발전, 국가의 흥성을 위한 절대적 책임이 여성에게 있음을 항상 강조했다. 나아가 1930년대 후반 전시동원체제가 발동되면, 여성 교육은 '군국의 어머니'의 양성과 동원에 집중된다. 이에 따라 국민의 도덕 함양과 부덕의 양성, 양처현모의 자질 습득을 통한 충량지순忠良至順한 '황국 여성'의 육성이 가장 중요한 목표로 떠오르게 된다.[16]

> 여자는 한 사람의 아내가 된 뒤로는 남편에게 복종하고 시부모를 잘 모시며, 아동을 훌륭하게 기르는 한편 그밖에도 이런저런 집안 내의 대소사를 꾸준히 챙기지 않으면 안 됩니다. 아동 교육은 어머니의 힘에 의존하는 바가 매우 큽니다. 그러므로 국민이 선해지는 것도 악해지는 것도 그 뿌리는 어머니의 마음에 달려 있는 경우가 많습니다.[17]

이 문장에서는 근대가족 형성의 조건이 되는 가족 간의 정서적 유대, 남자는 공적 영역, 여자는 가내 영역이라는 성별 분업, 어린이 중심주의, 가족의 집단성 강화 등의 요소가 쉽사리 찾아진다. 이것은 근대 가정의 이상적 측면, 예컨대 "애정의 감각, 친근함, 즐거움, 친밀성, 감정표현, 배려 등"의 바람직한 인간관계 형성 및 유지를 위해 사회적으로 정해진 규범적 조건에 해당한다.[18] 여성의 의무인 양처현모론을 개화를 완수한 일본적 의미의, 또 미몽에서 깨어나기 시작한 조선의 현실에 바람직한

'도덕적 건전성'에 부합하는 가정 원리로 지목했던 까닭이 드러나는 지점이다.

그러나 최근 들어 날카롭게 비판되듯이, 근대가족 시스템은 무엇보다 자본주의 시장체계에서 필연적으로 발생하는 남녀 노동력과 그 가치의 불균형을 가정 내의 성별 분업을 통해 제어하기 위한 통합의 장치이다. 더불어 국민의 양과 질을 통제함으로써 국가에서 필요로 하는 가족 형태를 구성하고 유지하기 위한 잘 조직된 훈육과 동원의 수단이기도 하다.[19] 그렇다면 근대적 가족주의를 소가족 형태 지향의 사적 영역이나 부모-자녀 간의 가없는 사랑과 배려의 공동체로 정의하는 친밀성의 사회규약 및 국가주의적 교육체계로 무작정 환원시키는 순간 어떤 일이 벌어질까. 가장 부정적인 장면을 꼽아본다면, 가족 내에서의 위계적·성적 차별과 현재에도 대중매체에 공공연히 노출되는 여성과 아이들에 대한 폭력적 전횡이 가뭇없이 은폐되고 만다는 사실일 것이다. 이와 같은 부정적 면모는 이상적 가족형식으로 선전, 교육된 '스위트 홈'의 이념이 그 탄생 이래 지금까지 해결 못 한 과제로 미뤄두고 감춰온 추악한 민낯의 한 형태일 것이다.

한편 《조선부인의 어느 하루 생활》에는 문화적 체계로서 '잔여적인 것'이 압도적이라면 '부상적인 것'에 대해서는 거의 무관심하다. 이런 현상은 '조선부인' 사진엽서가 동양의 가부장제 및 근대 천황제의 폭력적인 지배와 통치에는 눈 감은 채 식민지 조선의 봉건성과 후진성을 적극 드러내기 위한 전략적인 문화정치학적 기호이자 매체임을 섬뜩하게 드러낸다.

이 문제에 대해서는 레이몬드 윌리엄즈의 입론이 여러모로 도움 된다. 그에 따르면 문화적 체계로서 '잔여적인 것'은 과거에 그 효과적 형성을 보았으면서도 문화적 과정 속에서도 여전히 활동하고 있는 것을 말한다. 봉건제 시스템과 문화가 이에 해당한다. 이에 반해 '부상적인 것'은 끊임없이 창출 중인 새로운 의미 체계와 가치관, 새로운 관례 및 새로운 관계

등을 말한다. 전 지구적인 위세를 떨치고 있는 자본주의 시스템과 문화가 이에 해당한다.[20]

예의 기준에 준거한다면,《조선부인의 어느 하루 생활》은 근대 가족시스템으로서의 양처현모론에도 불구하고 봉건제 시대 조선부인 특유의 '잔여적인 것'에 대한 발굴에 집중하고 있다. 그런 만큼 식민지 근대화의 도회적 상징이자 섹슈얼리티의 화신인 '부상적인 것'으로서 '신여성'에 대한 관심과 표현은 완전히 삭제되어 있다. 식민지 근대화에 따른 도시화는 다양한 서비스직 여성의 탄생과 고용을 가져왔다. 이른바 '~걸'로 불렸던 '데파트 걸' '엘리베타 걸' '전화교환수' '버스 걸'[21]을 비롯하여 여공, 여급, 점원 서비스직 여성을 통칭하는 '모던 걸'들이 그들이다. 비슷한 또래의 '여학생'은 고급한 교육과 취미의 수혜자였기에 자신들보다 낮은 형편의 '모던 걸'과 여러모로 대비되었다. 그녀들 모두는 그러나 조선 문학작품에서 주요 인물로 그려졌던 것과 달리 사진엽서에서는 유의미한 대상으로 거의 포착되지 않았다. 이들은 남성 대비 생활 현실의 어려움, 노동과 성의 착취 문제 등 결코 가볍지 않은 소외의 유곡에 던져진 상태였다. 하지만 일제 사진엽서는 제국의 지배 능력과 통치 수준에 의문을 제기할 수 있는 하층 여성의 현실적 소외와 차별 문제는 철저히 은폐하거나 도외시했다. 대신 그녀들 모두를 적절히 점유되고 거리화 된 식민지 여성 일반으로 기표화·이미지화하는 재현의 수사학에 관심을 기울였을 뿐이다.

식민지 조선 내 하위계층 중심의 '부상적인 것'에 대한 의도적 무관심, 아니 거기 감춰진 계획된 차별과 배제의 의도나 목표는 어렵잖게 손에 잡힌다. 일본 본토와 식민지 전역에서 식민지적 (무)의식의 광범한 전파와 내면화가 그것이다. 에드워드 사이드의 말을 빌린다면, 식민지적 (무)의식은 열등한 자는 마땅히 제국주의의 "지배를 '받아야만 한다'는 생각을 포함하는 이념적 형성" 및 "지배와 연관되는 지식의 형태"[22]에 의해 훈육되어야 한다는 복종적 태도의 일상화와 깊이 관련되는 장면들이다.

이런 까닭에 사진엽서세트《조선부인의 어느 하루 생활》에 관한 읽기는 그곳 엽서에 깊이 각인된 일제-팔루스의 식민주의적 (무)의식의 폭력성과 반동성을 폭로하고 비판하는 것에 집중돼야 한다. 물론 이 작업은 그들이 촘촘히 엮어놓은 조선 식민성의 그물 속에서 시인 김수영이 말했던 "무수한 반동"을 찾아내는 것과 함께 병진되어야 한다. 그래야만 일제 식민권력에 의해 폄훼와 유희의 장으로 함부로 던져지던 조선 여성에게서 충만한 생명 현실을 다시 찾아내는 한편 그것을 "거대한 뿌리"로 휘감긴 전통과 역사로 동일화할 수 있기 때문이다.

'조선의 아침', 아름다움과 조용함의 어두운 이면

조선부인의 하루를 어떤 식으로 읽어가며 그 의미를 해석하고 특이점을 짚어갈까. 가장 간단하게는 시간의 흐름에 따라 사진과 산문에 보이는 조선부인의 행동과 정서, 그것을 기호화하는 일본 화자의 시선과 태도를 정리하면 그만일 것이다. 하지만 이런 방법으로는 일제 식민주의의 문화정치학과 그것을 통해 조선인 모두에게 깊이 새기고자 했던 식민지적 (무)의식을 입체적으로 드러내기 어려울 듯하다. 이를 감안하여 몇몇 장은 시간의 추이에 맞춰, 또 다른 몇몇 장은 조선부인의 비극적 숙명이나 유희의 순간이 환기하는 '조선적인 것'의 성격을 재구성하는 방법으로 조선부인의 모습에 얽힌 일제의 식민주의적 문화정치학과 조선의 식민지적 (무)의식을 함께 살펴보기로 한다.

《조선부인의 어느 하루 생활》은 오전 7시 조선부인의 기상과 세안, 잠깐의 산보 및 이웃 부인과의 담소로 시작된다. 농번기로 몹시 바쁜 때가 아니라면 조선 여성 누구나 즐길 법한 여유로운 아침 생활의 한 단면이겠다. 그런 의미에서 쾌적한 봄날 신록의 아침을 맞이하는 조선부인의 모습은 멀리 떨어진 일본과 서양에서도 흔히 관찰되는 일상적 풍경의 하나로 보아 무방하다.

그러나 우리는 이 지점에서 비숍의 조선 (농촌)여성에 대한 평가를 다시 음미해보아야 한다. "농촌 여성에겐 기쁨이 없다고 말해도 될지 모른다. 그녀들은 자신의 며느리에게 고된 일의 일부를 물려줄 때까지 단지 막일꾼에 지나지 않는다"라는 비판 말이다. 가부장제의 억압과 제국주의의 수탈이 일상의 문법인 한 조선(농촌) 여성의 근면함은 주체적 활동은커녕 굴종과 복속의 노예적 속성, 바꿔 말해 막일꾼의 의무로 변질될 수밖에 없었다. 이 장면은 조선을 향한 다음의 서구적 오리엔탈리즘과 긴밀하게 접속되며 활발히 내통한다는 점에서 매우 문제적이다.

서양이 조선에 붙인 대표적인 수식어를 들라면 '조용하다'나 '고요하다'를 빼놓을 수 없다. 이를 증빙하는 핵심적 물증의 하나가 아침 일찍부터 말쑥한 흰옷을 차려입고 물동이나 빨래거리를 머리에 인 채 종종걸음 치는 조선여성들이었다. 실제로 어떤 조선 여행기는 "조선의 아침은 그녀들로 인해 더욱 싱그럽고 상쾌하다"는 식으로 이방인의 이국 체험과 정서를 담아내기도 했다. 떠오르는 해나 아침 안개 등과 함께 놓일 때 더욱 흰빛을 자랑하는 "한민족의 의복은 흰색이 으뜸을 차지한다. 흰색이야말로 순한 한민족에게 가장 잘 어울리는 색이다" "가난 속에서도 이들은 흰색을 좋아하며, 이 색이 시각에 미치는 즐거움을 아끼기 때문이다"[23]와 같은 긍정적인 상찬도 이국적 시선과 감상이 반영된 결과의 것이다. 서양인과 마찬가지로 일제 문화자본의 시선과 렌즈의 포착점도 여기서 크게 벗어나지 않았음은 "오전 7시: 신록의 아침"(그림 6) 속 조선부인에게서 또렷하게 확인된다.

하지만 "고요한 아침의 나라"로 해석되던 '조선'은 힘센 내방자들에게 맑은 이미지와 상큼한 정서만을 환기하는 시적 감정의 기호로 그쳤을까. 식민주의적 멸시와 조소를 동반하는 정반대의 뜻은 전혀 없었을까. 아니다, 그들에게 조선은 고요함과 조용함의 부정적 의미가 생산하는 미달과 결여, 심지어 후퇴와 패배의 나라로 읽히는 경우도 적지 않았다.

이를테면 누군가는 코리아Corea의 어원과 조선의 역사를 짚어가며 끝내는 용맹하고 호전적인 선조 고구려의 정열과 힘을 전적으로 상실한 쇠잔한 후예국 조선을 찾아냈다. 이를 근거로 "Corea라는 말은 분명히 부패

그림 6 오전 7시: 신록의 아침

한 시체를 의미할 뿐이며 Korai(고구려－인용자)라는 말의 의미를 묻어버린 패잔의 국호에 불과하다"고 차갑게 일갈했다.[24] 조선의 열패에 대한 강조는 우선 서구 제국주의의 힘을 자랑하는 역설의 언어로 읽힌다. 하지만 마지막 과녁은 조선에서 그들의 선진 문명과 문화가 "정신, 정의, 이상의 범주"임을 내세우는 '영혼의 정복'[25]에 언제고 설정되어 있었다. 이상의 사실에 유의하며 조선부인의 어느 하루 첫 장을 열어본다.

■ 오전 7시: 신록의 아침

조선의 아침은 싱그럽고 상쾌하다. 아름다운 새벽녘 잠에서 깨어나면 여기저기서 잇따라 닭 우는 소리가 들려온다. 가지런히 몸단장 하고 머리 빗고 세안을 마친 다음에는 고풍스런 창문을 열고 정원으로 나간다. 아직도 아침이슬이 홍건한 정원에 불어오는 아침 바람의 상쾌함……무슨 이야기를 나누려는가 두 아가씨는?

엄밀히 말해 사진과 산문의 조선부인은 대개의 농촌과 식민 도회 곳곳에 상존했던 막일꾼과 거리가 멀다. 두 여성의 신분은 미색의 단장과 단정한 복색에서 짐작되듯이 기생이다. 그녀들은 양반가 여성에서나 찾아질 법한 조선부인의 정결·청초한 모습을 재현하기 위해 1920~1930년대 조선과 일본에서 유통·소비되던 기생 사진들에서 골라온 잘 연출된 모델들이다. 만약 분주한 농촌 여성의 실제 아침을 소개하고 싶었다면, 일찌감치 일할 채비를 갖추고 걸음을 재촉하는 구차한 행색의 촌부를 올리는 편이 주어진 사실이나 얻어질 효과의 강화에 더욱 적합했을 것이다.

물론 '잔여적인' 문화체계에서 '부상하는' 문화체계로 직업전선을 넓힌 여공, 여급, 모던 걸 등의 신여성을 등장시켜도 사정은 크게 나아지지 않는다. 예컨대 가난한 집 맏딸로 태어나 배운 것 없어 번듯한 직공이나 점원은 고사하고 경성 뒷골목의 카페 여급으로 전전하는 가련한 여성의 자기 조소와 악다구니를 들어보라. "흥! 어느 옘병을 허다가 거꾸러질 년이 그래 지가 좋아서 여급 노릇을 하겠니? 다아 집안 사정이 할 수 할 수 없어서 그러는 게지. 그래 제 동기 간에두 욕을 먹어가며, 천대를 받어가며 어느 개딸년이……."[26] 근대 들어 새로이 출몰한 유흥가의 카페 여급은 웃음과 몸을 팔며 눈물을 삼키던 기생, 유곽 여성과 마찬가지로 낮은 임금과 열악한 환경에 시달리는 노동의 소외 및 다양한 형태의 성적 폭력으로부터 자유롭지 못했다.[27] 이런 정황은 소수의 상층여성을 제외하고는 어렵사리 직장생활을 이뤄가던 하위계층의 조선 여성 대개가 마주칠 수밖에 없었던 불우한 현실 자체였다.

그런 의미에서 신록의 아침에 다정스런 대화를 나누는 조선부인은 비숍의 "한국인에게 집은 있으나 가정은 없다"라는 매몰찬 주장을 뒤집기 위해 일제가 치밀하게 고안한 조선 여성의 주체적인 모습처럼 언뜻 비치기도 한다. 조선부인에 초점을 맞춘 탓이기도 하겠지만, 《조선부인의 어느 하루 생활》에서 조선 남성은 주변 인물로 두어 번 배치될 뿐 단 한

번도 그녀들과 어깨를 나란히 하지 못한다. 그들이 서슴없이 은폐, 배제된 까닭은 무엇보다 조선 남성의 인물상에 가득한 남루한 봉건적 습속 및 근대와 격절된 불결한 모습 때문일 것이다. 과연 일제는 '잔여적인 것', 곧 봉건적 생활양식과 문화를 거의 벗어나지 못한 농부, 지게꾼, 벌목꾼, 뱃사공, 땔감과 채소와 항아리 등을 파는 장사치, 물장수들에게 문화정치학적인 시선과 관심을 집중했다.

이들은 나태하거나 무지한 토색土色 인종으로 멸시받고 조롱당하며 식민주의적 지배와 통치, 계몽과 훈육의 대상으로 타자화되곤 했다. 게다가 하위계층의 주력부대였던 이들은 교양과 지혜를 제대로 갖추지 못한 무지몽매한 인상 탓에 화목한 가정을 이루기 어려운 인간군으로 치부되곤 했다. 가족 사이의 강력한 정서적 관계를 형성하고 거기 필요한 심신의 교류를 이끄는 자상한 아버지와 멀리 떨어져 있다는 것이 하위계층의 조선 남성에 대한 대체적인 인상이자 느낌이었던 것이다. 이 때문에 두 조선부인의 사진에 대해 현실에 부재한 친근한 남편과 단란한 가정의 모습을 보여주기 위해 친근한 이웃 여성을 등장시켜 끈끈한 유대감과 따스한 이해심을 전달하고 있다는 해석이 가능해진다.

그러나 더욱 가까운 진실을 말한다면, 일제 문화자본의 시선(사진)과 진술(산문)에 포착된 조선부인은 일제가 본토에서 강조하던 '스위트 홈'의 이상적인 부인상에 가깝다. "웃는 얼굴이야말로 당신의 보석이며 아름다움이다" "사랑이야말로 당신과 나의 아름다움이다"[28]라고 노래하는 그녀는 직장인 남편의 욕망을 실현하는 선량한 아내良妻의 이미지로 투사되곤 했다. 이를 빼놓고는 하루 종일 계속되는 가사노동과 생산 노동에도 불구하고 괴로운 표정이나 신음 소리 하나 없이 즐겁게 일하는 조선부인들의 이미지와 정서를 아무런 거부감도 의심도 없이 받아들이기 어려웠을 것이다.

조선부인의 가사노동, 강요된 근면의 폭력성

식민주의가 이역의 식민지에서 타자 만들기를 수행할 때 줄곧 유지하는 원리가 있었다고 한다면 무엇이었을까. 첫째, 식민지인은 대체로 고유한 개인보다는 특정 집단의 모습이나 성질을 뭉뚱그려 드러내는 방식으로 호명되었다. 이를테면 조선은 요보, 만주(중국)는 쿨리, 대만은 생번으로 불리며 일제 신민의 폄훼와 조롱에 시달렸다. 둘째, 개인의 이름보다는 집합명사인 '그들'로 불리거나, 인격체를 무시한 신체의 부분들로 묘사되는 경우가 많았다.[29] 이를 통해 서구의 오리엔탈리즘은 계속 앞서나가는 제국주의와 작은 변화도 없이 멈춰선 식민지 사이의 권력 관계 및 서열체계를 결코 뒤바꿀 수 없는 세계의 질서와 윤리로 획정할 수 있었다.

이런 관점은 서양과 일본의 조선 여성에 대한 파악과 묘사에서도 어김없이 관통되었다. 예컨대 그녀들의 고된 노동과 낙후한 습속을 지시할 때면 김장, 빨래, 물 긷기, 옷감 짜기, 다림질, 다듬이질, 아기 보기 등을 빠짐없이 앞세웠다. 그럼으로써 힘센 권력들이 확보한 것은 식민지 조선의 전근대성과 퇴락성의 전면화, 이에 반하는 선진 제국주의의 우수성과 영원함, 식민 통치의 정당성과 식민지 개조의 합법성이었다.

그러나 이러한 식민주의적 시선과는 다르게 《조선부인의 어느 하루 생활》은 조선부인의 열패와 퇴락을 전면화하지 않는다. 오히려 그녀들의 가사노동이 환기하는 이국적 정조와 일하는 여성의 아름다움을 다채롭게 표현하는 작업에 집중하는 편이다. 그런 사례의 하나가 해당 시간을 알리

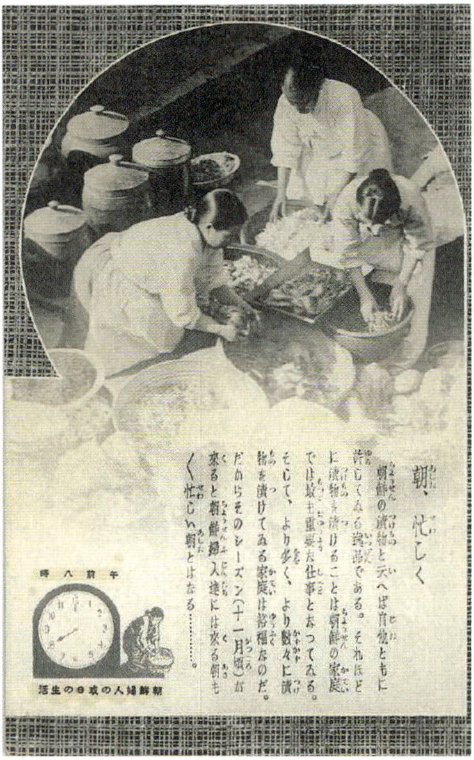

그림 7 오전 8시: 아침, 몹시 바쁜

그림 8 오전 10시: 흐르는 물가에서

는 시계 옆에 가사노동 중인 조선부인의 이미지만을 싣지 않고 오전 7시의 수탉, 오후 3시의 유아, 오후 10시의 탁상 스탠드를 배치하는 구성법의 변화일 것이다. 그 결과 조선부인의 열악한 삶과 서글픈 비애가 잠시 감춰지거나 눅어지는 효과가 발생한다.

■ 오전 8시: 아침, 몹시 바쁜

조선의 김치라면 자타가 공인하는 일품이다. 그 정도로 김치를 담그는 일은 조선의 가정에서는 가장 중요한 일이 되고 있다. 그러므로 더욱 많이, 더욱 가지가지로 김치를 담그는 가정은 유복한 것이다. 그렇기에 11월 김장철이 오면 조선의 부인들에게는 밝아오는 매일 매일의 아침은 몹시 바쁜 아침이 되고 만다…….

■ **오전 10시: 흐르는 물가에서**

조선만큼 청결한 의복을 입는 곳은 어쩐지 세상 그 어디에도 없을 듯하다. 오로지 백색만이 조선 땅 곳곳에 뻗쳤다. 그런 만큼 더러워진 것을 몹시 싫어하여 반드시 세탁을 해야 하므로 조선의 부인은 실로 바쁘다.

그래서 조선 어디를 다녀 봐도 흐르는 물이 있으면 그 물결을 따라 반드시 빨랫방망이 소리가 리드미컬하게 울려 퍼지는 것이다.

조선부인에게 오전의 주요 일과는 맛있는 김장을 담그고 더러운 빨래를 하얗게 빠는 일이다. 산문은 그녀들의 가사노동을 조선의 일상과 관습에 비추어 설명하되, 그 문화적 가치와 의미를 긍정적으로 서술한다. 이에 따라 그녀들의 일상적 노동과 고된 일과에 스며있는 전근대적 후진성과 뼈저린 고통은 자연스럽게 은폐된다. 오히려 김장하고 빨래하는 이미지에서 발산되는 조선부인의 긍정적 면모와 생활상의 가치가 전면에 부각된다. 이런 방식의 사진엽서 구성과 묘사는 일제 자신의 문화를 우월시하고 조선의 풍속을 퇴락한 것으로 내모는 식민주의적 시선과 태도를 뒤로 감추는 심미적 언술의 효과를 발휘케 하는 힘이 아닐 수 없다.

그러나 일본 화자가 내세운 조선부인의 명랑성은 이른 새벽부터 늦은 밤까지 각종 노동에 시달렸던 (하위계층) 조선 여성의 실제 모습과 여러모로 충돌한다. 짐작컨대 김장은 전통적 식생활의 보존과 적절한 영양의 유지, 빨래는 가족이 선호하는 정갈한 흰옷 장만이라는 명분으로 조선부인이라면 응당 떠맡아야 할 소중한 임무로 떠넘겨졌을 것이다. 하지만 이미 여성의 가사노동을 가벼이 하는 생활혁명에 돌입한 서구 문명국에 견준다면, 김장과 빨래는 조선 "여자들을 계속 바쁘게 만들기 위해"[30]

그림 9 오후 7시: 방 안에서

그림 10 오후 8시: 다듬이질 소리

발명된 일거리라고 비꼬아져도 어쩔 수 없는 성격의 성가시고도 힘겨운 노동이었다. 다시 강조하지만, 제국의 식민주의자들에게 김장, 빨래, 물 긷기 등은 조선 여성의 열악한 지위와 현실, 경제적·문화적 낙후성을 재단케 하는 볼썽사나운 일거리에 지나지 않았다. 조선 여성이 비숍에 의해 신산한 운명을 피할 수 없게 하는 '빨래의 노예'로, 샤를 달레에 의해 법과 풍속의 배려가 전혀 미치지 않는 열등한 '노동의 도구'로 주저 없이 규정되고 거세게 비판된 까닭도 이와 같은 부정적인 면면에서 비롯된 것이다.

■ 오후 7시: 방안에서

조선의 가정에서는 장롱이나 가구들에 금은으로 만든 장식을 전부 달고 있어 아찔할 정도로 훌륭한 모습이 있다. 그런 만큼 밤이 되면 부인들은 무엇보다 먼저 그 가구들을 정성껏 닦는다. 그러나 그녀의 기쁨은 그 가구가 점점 빛나게 될수록 더더욱 커져간다.

■ 오후 8시: 다듬이질 소리

해가 지고 밤의 장막이 내려와 저녁 식사도 끝나서 주위가 조용해지면, 그 어디고 할 것 없이 다듬이질 소리가 뚝딱뚝딱 들려오기 시작한다. 낮에 널어둔 빨랫거리를 그렇게 하여 잘 정리해두려는 것일 테지. 그러면 조선부인의 하루 치 노동이 마침내 끝나간다.

아침 8시에 시작된 "조선부인의 하루 치 노동"은 꼬박 12시간을 채우고 저녁 8시에야 겨우 끝났다. 조선부인은 이광수가 〈민족개조론〉에서 그토록 강조한 청결과 위생의 수호자라도 되는 듯이 가구를 반짝거리게 닦기 시작한다. 그런 뒤에 아침에 "리드미컬하게 울려 퍼지던" 빨랫방망이 소리에 대응하여 저녁의 다듬이질 소리를 "뚝딱뚝딱 들려오게" 하는 아름다운 소리의 기술을 발휘한다. 이 다듬이질이 끝나야 비로소 하루의 소임이 마감되는 것이다.

그런데 식상한 지적이겠으나, 사진의 집안 배경이나 등장 여성은 일정한 생활 규모와 격식을 갖춘 중류층 이상의 존재들에 가깝다. 그러므로 예시한 사진엽서는 가사노동의 모습을 빼놓고는 하층 조선부인의 실생활에 온전히 부합하지는 않는다. 이 때문에라도 상하 계급에 공통적인 조선부인의 신체와 행위의 포착에 집중하는 식민주의적 시선의 이념성이나 폭력성에 대한 비판적 성찰이 더욱 중요해진다.

한 연구에 따르면, "몸을 읽는다는 것은 몸을 둘러싼 사회적 코드를 읽는 것"이다. 이 주장을 활용하면, 제국주의의 시선은 식민지인의 몸 자체에 대한 객관적인 응시와 관찰을 위한 것이 아니다. 오히려 열등한 타자들에게 투영하고 싶은 가치와 의미를 그들의 몸에 연결시키는 '신체적 표지'를 발명, 조작하기 위해 던져지는 간교한 눈빛에 더욱 가까웠다.[31] 과연 서양인은 쉴 틈 없이 고된 노동에 시달리는 조선 여성에 대한 신체적 표지로서 '막일꾼' '빨래의 노예' '노동의 도구'와 같이 비인격화·사물화된 기계-신체로 일찌감치 명명했다. 이러한 인상은 조선 남성에게도 다를 바 없었는지 앞서 본 이성환은 모친과 부인의 불우한 처지를 "바늘귀만 한 안식의 여유"도 없는 고달픈 삶으로 심란하게 기록했다.

일본 화자는 깊어가는 밤 속의 장롱 닦기와 다듬이질에서 고단한 노동의 서글픔보다는 하루 생활을 깔끔하게 정리하는 조선부인의 사려 깊은 마음과 손길에 눈길을 던지고 있다. 그는 '탈아입구'에 성공한 일제의 신민이기는 했어도, 손 바쁜 조선부인을 목도하며 전통적인 농경사회가 여전히 상존하던 일본 향토를 문득 떠올렸을 법하다. 그러면서 가없는 사랑과 희생으로 자신을 금지옥엽 길러준 모친, 그것을 본받아 정성껏 내조하는 부인에 대한 애처로운 상념과 절절한 그리움에 울컥했을지도 모른다.

그렇지만 그가 식민의 땅 곳곳에서 마주친 실제의 조선부인은 누구였을까. 그들 문화자본의 기획에 따라 잘 연출되고 촬영된 규방과 안채의 정숙한 여성들이었을까. 아닐 것이다. 힘겨운 노동에 시달리느라 머리가 마구 헝클어지고 저고리 앞섶이 함부로 열렸으며, 흙 묻은 더러운 손을 간간이 닦아대는 꾸겨진 치마를 허리에 두른 하위계층의 여성들이었을 가능성이 훨씬 크다.

이러한 짐작이 크게 틀리지 않음은 다음 사례로도 충분하다. 섹슈얼리티의 감상과 소비에 바쳐진 기생을 빼면, 전근대적 습속과 후진적 생활상에 묶여 있는 하위계층 여성들이 일제의 주된 이미지 관찰과 신체의 촬영, 그것들에 대한 유통과 소비의 대상으로 식민지 기간 내내 존재했다는 사실이 그것이다. 만약 조선의 후진성과 정체성에 무관심했다면, 뒤처진 조선의 거친 땅을 문명화된 '작은 일본'으로 개척해 나가겠다는 일제의 식민주의적 (무)의식은 그 정당성과 윤리성을 확보할 기회와 논리를 충분히 획득하기 어려웠을지도 모른다. 이런 이유 때문에라도 빨래하고 시장 보는 여성, 농촌 여성의 일생을 구성하는 대상들인 애 보개 누이, 젖먹이는 엄마, 타작하는 늙은 부인 등에 대한 은폐와 조작 없는 실제 민낯이 더욱 궁금해지는 것이다.

즐거운 시장 보기,
불공평한 소비의 현실

조선부인의 중요한 임무 가운데 하나는 시장 보기였다. 그녀는 자가 생산의 식료품과 토산품을 제외한 생활용품을 돈 아껴 구매함으로써 가정의 경제를 유지하고 식구들의 반듯한 생활을 이끄는 가내의 재무장관이나 다름없었다. 일제의 강력한 식민지 근대화 정책과 달리 조선의 농림수산업 종사자는 해방 전까지 거의 80퍼센트를 넘나들었던 것으로 알려진다. 이를 감안하면 농촌 여성의 장보기는 시장 방문이 매일 가능했을 잘 개발된 도회 주부들의 그것과 달리 닷새마다 열리는 5일 장에서 주로 이뤄졌을 것이다.

아니나 다를까 《조선부인의 어느 하루 생활》에는 장 보는 날의 흥성한 소읍 풍경이 세 장의 사진과 산문에 명랑한 모습과 훈훈한 정서로 포착되어 있다. 향촌 곳곳에 신작로가 간신히 깔리긴 했어도 남부여대男負女戴의 힘겨운 행색은 봉건시대에서 크게 달라진 것 없는 5일 장 보기 말이다. 하지만 그것이 매일의 고된 노동에 단비 같은 휴식이 되었음은 "빳빳이 풀 먹인 흰 수건으로 머리카락을 감싼 주부들"의 모습과 점심시간 넘어서도 시장 곳곳에서 벌어지는 "아직도 끝날 줄 모르는 북새통"에서 어렵잖게 확인된다.

■ 오전 9시: 시장에 와서

조선의 어디서고 오전에 열리는 시장은 실로 몸을 움직일 수 없을 정

그림 11 오전 9시: 시장에 와서

그림 12 정오: 아주 떠들썩한 시장

도로 매우 혼잡스럽다. 빳빳이 풀 먹인 흰 수건으로 머리카락을 감싼 주부들이 사방팔방에서 모여든다. 그런 연후 이를테면 건어물 가게에서는 고추나 말린 명태 등이 그녀들의 눈길을 끈다. 그런데도 등에서는 어린 아이가 아무 일 없다는 듯 쿨쿨 자고 있다.

■ **정오: 아주 떠들썩한 시장**

점심이라 할지라도 반드시 정오에만 국한되지는 않는다. 왁자지껄한 시장에는 아직도 끝날 줄 모르는 북새통이 곳곳에 보인다. 조선의 주부들은 지금부터 점심 준비를 해야겠다는 것일까 커다란 흰색 보자기나 장바구니를 들고 야채니 건어물이니를 잔뜩 사고 있다. 그리고 그 북새통에서 풍겨 나오는 고약한 냄새에 뒤섞여 일종의 이루 말할 수 없는 특이한 향기가 나는 것도 여행객에게는 이국의 향취를 짙게 느끼게 하는 요인이다.

어느 사회의 진면목을 확인하려면, 정치·경제·문화 전반에서 소외된 최하층민의 생활상, 그들이 모여드는 시장, 하릴없이 배회하는 뒷골목을 눈여겨보라는 말이 있다. 이 조언을 지키려는 듯이 일본인 화자는 가난한 조선인의 옹색한 복색과 조심성 없는 행태, 눈과 코를 자극하는 낯선 음식에 대한 솔직한 인상비평을 아끼지 않는다. 호기심 못잖게 불편함을 자극하는 조선 5일 장의 "고약한 냄새"와 거기 뒤섞인 "특이한 향기"를 해외여행 방문세訪問稅 격인 "이국의 향취"로 유쾌하게 수용하는 태도는 여러모로 바람직해 보인다. '조선적인 것'을 일방적으로 폄하·경시하는 대신 그것의 고유성과 개별성을 얼마간이라도 공유하려는 교양인다운 배려와 미덕이 엿보이기 때문이다.

하지만 조선 시장의 "고약한 냄새"와 "특이한 향기"를 "이국의 향취"로 호흡하는 일제 여행자의 후각을 선한 의도로만 파악하기에는 어딘가 모르게 께름칙하다. 왜냐하면 후각만큼 한 존재나 특정 사회의 선진성이나 계급성 여부를 드러내는 감각도 드물기 때문이다. 근대 들어 낯설고 이질적인 냄새나 무언가 부패하거나 코를 막게 하는 악취는 질병과 위생의 차원에서 새롭게 이해되기 시작했다. 가령 첫째, 개인의 민감한 신체적 반응에서 비롯되는 불안과 공포의 미심쩍은 병인으로, 둘째, 냄새 없이 청결한 부르주아와 악취 풍기는 노동자·농민을 구별하는 계급적 기호로, 셋째, 부드러운 향기를 충분히 향유하는 제국주의와 부패한 독기를 내뿜는 퇴락한 식민지를 위계 짓는 식민주의적 표징으로 자기 영토를 넓혀갔던 다양한 냄새들의 역사를 떠올려 보라.[32]

그림 13 오전 11시: 항아리를 비교하며

비숍 여사는 《한국과 그 이웃 나라들》에서 조선의 수도 한양의 냄새를 이렇게 적었다. "나는 베이징을 보기 전까지는 서울이 세상에서 가장 더러운 도시가 아닐까 생각했고 사오싱紹興의 냄새를 맡기 전까지는 서울이 세상에서 가장 냄새나는 도시가 아닐까 생각했다." 하수도에 온갖 오물, 배설물, 쓰레기가 함부로 넘쳐나고, 그것이 뒤섞이고 썩으면서 내뿜는 악취를 참을 수 없어 작심하고 던진 말이다. 한 나라의 왕도가 그랬으니, 궁벽한 지방 소읍이나 농어촌 마을의 현실이 어땠을지 능히 짐작할 수 있다. 식민 통치 기간에도 농촌의 환경개선 사업이 소외 지대였음은 1970년대 새마을운동을 통해서야 낙후된 상하수도와 가옥에 대한 개량사업이 본격화되기 시작했음을 떠올려 보는 것으로 충분하다.

이렇게 본다면, 여행자가 조선에서 맡은 "이국의 향취"는 단순히 개인의 취각이나 호오를 드러내는 냄새가 아니었다. 이방인의 위치에 서서조차 부자와 빈자, 제국 본토의 신민과 식민지의 '요보'를 가를 수 있게 하는 계급적·민족적 차별의 기호이자 원리였다. 이것은 조선부인의 구입 물품이 야채와 건어물, 고추와 말린 명태로 지목되는 장면에서, 또 늙수그레한 부인이 그것들을 조리하거나 보관하기 적당한 옹기항아리나 질그릇을 사는 모습을 담은 11시 장보기 엽서에서도 어김없이 작동하고 있다.

> ■ **오전 11시: 항아리를 비교하며**
>
> 항아리는 가정의 아주 귀한 저장고이다. 김치나 물건 넣는 용기로, 바케쓰나 (나무)통 대용으로, 그 용도는 매우 많고 다양하다.
>
> 그토록 필요한 항아리인지라, 혹은 큰 것, 혹은 작은 것 등등, 항아리가 나란히 늘어선 시장에서 조선의 주부를 비롯한 제반 여성들이 활기차게 움직이는 것도 무리가 아니다. 아무튼 흠집이라도 있으면 큰일인 것이다.

조선 항아리의 용도는 다양했다. 이를테면 된장과 간장, 음식물의 저장고로, 식수를 길어 나르는 물동이로 기능하는 필수의 생활용품이었다. 하지만 식구들 끼니를 챙기느라 시장에서 점심을 굶고 집으로 달려가며, 그들이 마실 맑은 물 한 사발을 위해 물동이를 몇 차례고 이어 나르는 조선부인들을 생각하면 "그토록 필요한 항아리"들은 콩쥐의 온 힘을 빼앗던 '밑 빠진 독'이나 마찬가지였다.

조선 시장의 대표적 상품으로 역겨운 냄새의 전통 식료품과 그것을 보관하는 항아리를 고른 일제 문화자본의 의도는 일본인과 조선 상류층이 즐겨 찾던 신식 문물 가득한 백화점을 떠올려 보는 것으로 충분하다. 고급음악이 나지막이 울려 퍼지고 샹들리에가 아름답게 빛나는 최신식 소비 공간에서 아리따운 여성 점원의 안내에 따라 상품을 구입하고, 엘리베이터를 타고 올라가 옥상의 인공정원에서 커피 한 잔의 담소를 나누는 여유로운 일상. 이 풍족한 생활이 벌어지는 인공낙원 백화점을 일러 누군가는

"사람의 이목을 유혹하고 잇는 근대의 요귀", "'떼파-트멘트스토어'는 '근대의 특산물이요 상업경쟁장의 총사總師'"[33]라고 서슴없이 지칭했다.

물론 우리는 식민지 현실에서 나날이 극대화되어간 백화점의 허구성과 악마성에 한층 예민할 필요가 있다. 어느 연구자가 날카롭게 지적한 바, 풍족한, 아니 그렇다고 스스로를 최면에 건 조선 여성들이 "백화점의 소비 주체로 몰려드는 풍경 속에서 여성들 내부의 계급적 차이가 뒤범벅된 채 성별만이 유표화有表化되는 양상"이 그것이다.[34] 그럴수록 조선 여성의 상품에 대한 욕망과 소비의 문법은 '조선적인 것'을 초라하고 창피한 '잔여적인 것'으로 자꾸만 몰아가는 일그러진 취향에 빠져들 수밖에 없었다.

그렇지만 적어도 일제 신민과 조선 상류층 여성들에게 그곳은 하위계급의 조선 여인들이라면 감히 바랄 수 없는 최첨단의 근대문명과 도시문화의 전시장이었다. 또한 조선과 일본 상류층의 습관·행동·소비문화에 관련된 생활양식과 삶의 가치를 훈육, 전파하는 고급한 경제적·문화적 교실이었다.[35] 거기서 "고약한 냄새에 뒤섞여 일종의 이루 말할 수 없는 특이한 향기"가 제멋대로 풍길 리 없었다. 이처럼 가난한 이들의 북새통이 벌어지는 조선 시장은 일제 건축의 얼굴 감춘 휘황한 백화점이나 세련된 상점들과 비교되면서 또 한 차례 식민의 구렁에 던져지고 갇혀버렸던 것이다.

여아로 태어나
'조선부인'이 된다는 것

1930년대 한국 시문학을 풍요롭게 살찌운 백석의 시편 가운데 〈팔원八院—서행시초 3〉(1939)이 있다. 자신의 고향 평북 정주 가까운 팔원 지역을 여행하며 마주친, 텅 빈 "묘향산행 승합자동차"에 올라타던 "나이 어린 계집아이"의 스산한 삶을 아프게 노래한 작품이다. "옛말 속같이 진진초록 새 저고리를 입고 / 손잔등이 밭고랑처럼 몹시도 터진" 계집아이는 머나먼 삼백오십 리 길 '자성慈城'으로 출발하려는 참이다. 그곳이 고향인지 또 다른 타향인지 알 수 없으나, 시인이 짐작한 불우한 삶에서 한 치도 못 벗어날 것임에 틀림 없어 보인다. "계집아이는 몇 해고 내지인 주재소장 집에서 / 밥을 짓고 걸레를 치고 아이 보개를 하면서 / 이렇게 추운 아침에도 손이 꽁꽁 얼어서 / 찬물에 걸레를 쳤을 것이다."

사실 1920~1930년대 근대소설을 보면 백석이 긍휼하게 바라본 "계집아이"의 모습은 부지기수이다. 특히 충격적인 것은 조선 봉건제와 일제 식민 통치의 괴팍한 결합에 따라 더욱 가팔라진 집안의 가난을 넘어가기 위해, 아니 어떤 경우에는 자신의 술값과 노름 돈을 충당하기 위해 딸을 팔아넘기는 아버지가 없지 않았다는 사실이다. 이를테면 정혼자가 있음에도 푼돈 20원에 매춘부로 팔려갔다가 질병과 빚에 시달리는 젊은 나이의 농촌 여성(현진건, 〈고향〉, 1926), 어릴 적 부모를 여의고 모 지방에서 상경하여 화대라면 "오십 전도, 아니 이십 전도 좋다"면서 헐값에 몸 팔겠다는 '갈보집'의 열여덟 살 여성(채만식, 〈레디메이드인생〉, 1934)이 그런 사례들이다.

조선 여성의 삶은 조선의 가부장제와 일제 근대 천황제의 발기한 팔루스가 그 폭력성과 비윤리성을 더해갈수록 더욱 비참해졌다. 이 끔찍한 현실은 '스위트 홈'의 구성과 실천에 필요한 모성 이데올로기와 가정 이데올로기조차 그 위력을 제대로 발휘하기 어려워졌음을 암시한다. 근대의 모성론과 가정론은 그러나 일개 가족을 넘어 근대 국민국가의 발전과 유지에 반드시 필요한 공동체의 가치와 윤리를 생산, 전파하는 일종의 보급기지였다. 그런 만큼 그 가치와 역할에 대한 선전과 계몽은 나날이 강조될 수밖에 없었다.

그런 의미에서 두 이념의 의미와 목적을 간단히 정리해볼 필요가 있다. 먼저 모성 이데올로기는 엄마의 아이들에 대한 사랑의 절대성과 아이에 대한 최고의 선물로서의 엄마의 애정을 무엇보다 강조한다. 다음으로 가정 이데올로기는 모든 환경을 막론한 가정의 보존과 유지, 그를 위한 가족끼리의 훈훈한 사랑과 친밀성의 고양에 핵심적 가치를 둔다.[36] 두 이념은 결국은 국민국가 또는 국가주의 이데올로기와 긴밀히 연관되어 자녀 특히, 여아와 소녀에 대한 훈육의 기초문법을 이루게 된다.

이와 관련하여 이광수의 '모성 중심의 여자교육'에 대한 열렬한 강조와 지지는 좋은 참조가 된다. 춘원은 "조흔 어머니가 되며 조흔 아희를 길너 내는 것"이 오직 여자의 인류와 국가와 사회에 대한 의무를 다하는 길이라 주장하면서[37] 그것을 '민족개조'의 원동력으로 삼았다. 춘원이 여성의 가치를 모성론 중심의 가정론 실현에 두었음은 "녀자의 인생에 대한 의무의 즁심은 남의 어머니 되는 데 잇다"라는 주장에 분명하다. 여기서의 중심은 여성 자신의 삶이 아니라, 남편과 자녀의 성공을 위한 양처현모론의 실천이다. 이것은 마침내 조선 여성을 민족의 계몽과 개조에 앞장서는 가부장제 권력의 불쏘시개로 던져지는 희생의 제물로 타자화한다는 점에서 매우 폭력적이며 퇴폐적인 성격을 피하기 어려웠다.

그렇다면 근대 가정의 필요성과 소중함을 일찌감치 깨달았을 일제

그림 14 오후 2시: 엄마를 도와서

그림 15 오후 3시: 젖 먹일 즈음

신민의 눈에는 조선부인의 “남의 어머니 되는” 모습이 어떻게 투영되었을까.

■ **오후 2시: 엄마를 도와서**

이 자리에는 세 명의 자매가 아직 점심도 먹지 않은 채, 장 보러 간 엄마의 귀가를 바깥 담장까지 나아가 기다리고 있는 것이다.
그 어디에 가더라도 장소도 변하고 물건도 변하겠지만, 변함없는 것은 역시 인정이다. 엄마를 도와 동생을 돌보면서 또 오로지 엄마의 귀가를 기다리는 어여쁜 동심에는 여행객의 마음을 흔드는 눈물겨운 무언가가 있는 건 아닐까.

■ 오후 3시: 젖 먹일 즈음

따스한 어머니의 소중함! 아름다움!

여행을 계속하다 보면, 이리저리 걷고 있는 여행객의 마음을 아주 드물게도 사로잡는 것은, 역시 이러한 인정미 가득한 생활의 자태이지 않으면 안 된다.

그리고 틀림없이 춥다거나 서늘하다고 생각되는 조선부인의 정말 짧은 저고리일지라도, 그 쓸모에 저절로 미소가 담뿍 지어질 듯하다.

두 장의 엽서 뒤에 앞서 본 〈오후 4시: 부지런히 일하다〉(그림 5)를 놓는다면 가난한 조선 여성의 성장 서사나 삶의 비애가 실제 현실에 가깝게 재현될 법하다. 화자의 시선은 먼저 배고픔을 참으며 어린 동생을 업은 채 "장 보러 간 엄마의 귀가"를 기다리는 딸들의 대견한 모습에 가닿고 있다. 시간의 흐름에 맞춘다면, 사진엽서의 단골 메뉴인 동네 어귀쯤 도달한 엄마 사진을 제시해야 더욱 자연스럽다. 하지만 "따스한 어머니의 소중함! 아름다움!"으로 대변되는 엄마의 사랑과 희생, 곧 자녀와의 가없는 유대감을 감각적으로 묘사하기 위해 시장 바닥에서 서슴없이 젖을 물리는 젊은 모정을 대신 취했다. 이 가족애의 근본이 어미의 '변함없는 인정'과 자녀의 순진한 '동심', 둘의 합심으로 영위되는 '인정미 가득한 생활'인 셈이다.

사실대로 말해 부모와 자녀 간의 서로 사랑은 특정한 조건을 붙일 필요 없는 동서고금의 보편적 정리에 해당한다. 그렇지만 근대의 부상적인 문화체계의 본격화와 그에 따른 여성 취업의 증가 및 사회운동에 대한 적극적인 참여는 근대의 소가족 중심의 모성론을 다음과 같이 변별시켜 나갔다. 첫째, 근대계몽기: '신대한'의 건설에 필요했으나, 그것의 좌절에 따른 위기의식을 극복하기 위해 요청된 민족주의적 모성론, 둘째, 1920~1930년대: 엄마와 아동의 건강한 심신을 중시하고 올바른 양육법을 강조하는 의료적·과학적 모성론, 셋째, 1930년대 후반 이후: 황국신민으로서 총력전에 참전할 남편의 내조와 자녀의 양육에 주력하는 전시동원 차원의 모성론, 곧 '군국의 어머니'론의 순차적 출현과 적용이 그것이다.[38]

식민지 조선의 근대적 모성론은 그 시기와 흐름상 약간의 시차를 가질 뿐 일본의 그것을 거의 답습한 것으로 인정된다. 이를테면 국가주의적 경향이 농후한 이광수의 여자교육론이 그렇고, 일본 유학을 거친 여성 지식인에 의해 급속히 확산된 일본산 양처현모론의 조선적인 변용과 적용이 그렇고, 천황제 국가주의와 양모현처론이 굳게 결속된 전시체제 아래서의 '총후부인銃後婦人'과 '군국의 어머니'로의 마지막 변신이 그렇다.[39]

일제가 지향하는 가정-모성 담론을 충실히 따랐을 두 엽서의 단계를 굳이 따진다면, "녀자의 반생은 어린 아희를 나하 기르는 것으로 보내게 되며 어린 아희는 어미의 품에서 성격의 토대가 잡히는 것이다"라는 이광수의 주장[40]에 가까운 수준인 듯하다. 일본 화자가 근대적인 '스위트 홈'보다는 전통적 혹은 민족주의적 가족 담론의 수준에서 조선의 모녀를 바라봤을지도 모른다는 추측은 그래서 가능해진다. 두 장의 엽서가 1920~1930년대 널리 유통되었다는 사실을 떠올리면 이 지점은 매우 문제적일 수밖에 없다. 왜냐하면 일제 문화자본의 시선과 목소리가 조선 가정의 따스한 가족애 이전에 잔여적인 봉건문화에 여전히 둘러싸인 가족 구성원의 원시성과 후진성에 가닿고 있음을 암시하기 때문이다.

다시 강조하지만, 어린 동생 업은 누나, 젖먹이거나 일하느라 가슴 드러낸 여성, 원시적 농기구로 힘겹게 작업하는 촌부(그림 4)는 하층 조선 여성의 가난과 질곡을 표상함과 동시에 그녀들의 고단한 일생을 압축적으로 전달하는 서사적 재현물이기도 하다. 실제로 그녀들의 이미지는 기계식 농업과 근대적 가정생활에 벌써 안착해 있던 일제의 선진성과 문명성에 크게 대비되었다. 이 때문에 가난한 소녀와 교양 없는 촌부와 초라한 노파를 차례로 살아가는 그녀들의 사진은 조선 여성의 거칠고 미개한 습속을 재현하는 수단을 애초에 넘어섰다. 그녀들에 대한 이미지의 채집과 전시는 당연히도 식민지 조선의 전근대성과 후진성을 효과적으로 드러내기 위한 상징적·실증적 사례로 동원하기 위한 것이었다.

그렇기 때문에 일제의 문자와 목소리는 가족을 구제한다는 명목 아래 초보적 교육제도에서도 배제된 채 '덜 자란 어른'으로 떠도는 조선 소녀의 참상에 대한 고발과 비판에 애써 무관심했다. 그 대신 가난하고 가련한 조선 여성을 끊임없이 남조하기 위해 부유한 조선과 웬만한 일본 가정의 서글픈 애 보개, 식모살이로 떠돌거나 가장 심각하게는 조선과 일본 남성에게 소용되는 창기의 모진 운명에 던져질 '방치된 운명'[41]의 포착과 전시에 집중했다.

일제의 시선과 문자가 벌인 폭력적인 권력 행사는 젖 먹이는 엄마의 모습에서도 어김없이 발견된다. 일본 화자는 사람들이 오가는 길거리에서의 수유 장면을 "따스한 어머니의 소중함! 아름다움!"으로 높이 사고 있다. 그렇지만 젖 먹일 때나 일할 때 어쩔 수 없이 노출되곤 하던 조선 여성의 가슴이 서양과 일본 사진기=남근의 욕망을 자극하거나 충족시키는 힘센 욕정의 매개체로 인지됨과 동시에 소비되곤 했다는 사실을 감안하면 저 진술은 거의 허구에 가깝다. 다른 무엇보다 "조선부인의 정말 짧은 저고리"(〈오후 3시: 젖 먹일 즈음〉)라고 외치는 음흉한 눈초리와 어투가 꼭 그렇잖은가.

여기에 초점을 맞춘다면, 젖먹이를 위해 당당하게 드러냈던 조선부인의 젖가슴은 모성의 건강함과 아름다움을 지시하는 에로스의 기호로만 읽혔을 가능성이 거의 없다. 이와 반대로 힘센 남성-지배자의 열띤 관음증과 달아오른 욕정을 충족시키는 물화된 성애의 육체로 다가들었을 것이다. 이 때문에 내남없이 고된 노동에 시달리는 조선의 소녀와 아기 엄마, 그리고 초로의 촌부를 칭찬하고 위로하는 일본 화자의 시선과 목소리는 다음과 같은 의혹에서 자유롭지 못하다.

일본 화자의 선한 의도를 인정하더라도 조선 여성에 대한 응시와 관찰은 식민주의적 위계와 질서 체계 아래 빈틈없이 편제되어 있다는 사실 말이다. 조선 여성의 고단한 일생을 연속 배치한 오후 2~4시의 사진엽서 석 장이 일제의 우월성과 조선의 열등성을 은밀하고도 괴이쩍게 드러내는 민족적·문화적 차별주의의 온상으로 확장되어 다가서는 까닭이다.

조선부인의 취미, 잘 만들어진 쾌락의 이면

지주든 가부장이든 남녀 막일꾼의 내일 없는 탈진과 소모에 대비하려면 몸과 마음을 잘 추스를 수 있는 여가와 취미를 적절히 제공해야 한다. 이것은 식민지에 대한 제국주의 문화정치학의 근본 원리이기도 했다. 제국주의는 식민지에서 근대화 업적과 이윤 수탈을 동시에 가속시키기 위해 본토의 신문화와 적토의 전통문화를 기우뚱하게 배치하고 조절하기를 마다하지 않았다. 이를테면 근대 전환기부터 유행된 신민요 〈아리랑〉 수십 편은 민중 가득한 저잣거리보다 색정 탕진의 기생집이나 요릿집에서 주로 소비되던 '잡스런 노래雜歌'에 지나지 않았다. 하지만 현재 국내외에서 널리 가창되는 〈아리랑〉이 나운규의 영화 〈아리랑〉(1926)의 주제가로 선택되면서 '우리의 감정을 잘 대표한 노래'이자 민중의 저항의식을 담은 '민족의 소리'로 거듭났다.

그러나 일제에게 민족의식을 환기하는 조선민요는 식민지의 안정적 통치와 지배를 위해서라도 함부로 허용될 수 없는 불령不逞한 소리였을 따름이다. 하여 일제는 문화 권력을 촘촘하게 동원하여 조선 문화의 현장과 기억을 왜곡, 굴절시키는 세 가지의 엄정한 조치를 취했다. 첫째, 민족의식과 저항의식이 담긴 〈아리랑〉에 대해서는 검열과 통제, 감시와 처벌의 정책으로 대응했다. 둘째, '비상시 아리랑'이란 명칭이 알려주듯이, 식민 통치와 민중교화에 부응하는 체제 협력의 〈아리랑〉을 치밀하게 기획하고 생산했다. 셋째, 일본 본토에서 연인들의 이별과 향수, 세기말적 우수

그림 16 오후 1시: 오후가 되면

를 노래하는 한낱 유행가로서의 〈아리랑〉을 널리 창작, 유통시켰다. 그럼으로써 조선 고유의 서러운 정한과 울울한 애수는 물론이고, 당대 현실을 호흡하는 소리의 본색마저 의도적으로 은폐, 삭제하기에 이른다.[42]

이와 같은 식민지 문화의 선택적인 허용과 통제는 식민주의자들의 시혜적 선언, 곧 선진 제국의 통치는 저열한 식민의 땅에 전에 없던 풍요로운 삶과 새로운 문화를 마음껏 제공할 것이라는 약속이 얼마나 허구적인 것인지를 가감 없이 보여준다. 그러니 이렇게 말해도 괜찮을 법하다. 숙명의 막일꾼 조선부인들의 놀이와 여가도 일제의 문화정책의 관리와 통제를 피해갈 수 없었던 '잔여적인 문화'의 일부였다고 말이다.

■ 오후 1시: 오후가 되면

조선부인의 놀이에는 활쏘기, 공차기 등 여러 가지가 있으나 가장 인기 높은 것으로는 널뛰기를 들 수 있다. 오후 한 식경 지나 햇볕이 따사로운 정원으로 나가 즐겁게 널을 뛰며 흥겨워하는 모습은 정말 한가로우며, 또한 아이들부터 소녀들, 처녀들부터 주부에 이르기까지 실로 천진난만한 기분이 우러나는 좋은 풍경이다.

서구와 일제는 조선 여성의 널뛰기와 그네타기를 중심으로 남성의 수효가 더 많던 씩씩한 아녀자들의 활쏘기, 제기차기에도 사진기 셔터를 부지런히 눌러댔다. 이 놀이들은 조선 여성의 "천진난만한 기분"을 유쾌하게 훔쳐보며 한복에 가린 탄력적인 몸매까지 떠올리게 하는 성적 환상의 매개체였을지도 모른다. 그러나 유래대로라면 널뛰기나 그네타기는 설, 단오, 추석 같은 큰 명절에 행해지는 경우가 많았다. 요컨대 두 놀이는 밖으로 외출할 기회가 흔치 않던 조선 여성들이 누구나 휴식을 취하는 명절을 빌미로 담장 바깥의 풍경을 엿보려는 소소한 심신 해방의 유희였던 것이다.

이를 감안하면, 간신히 짬을 내어 즐기는 놀이를 매일의 한가로운 놀이로 소개하는 화자의 시선은 어딘가 모르게 의뭉스럽다. 제국주의는 식민의 땅을 유례없는 신개지로 개척하기 위해 우월한 문명과 풍부한 자본만을 앞세우지 않았다. 식민지 영혼의 지배와 통치에 필요한 부정적 타율성과 정체성을 강조하기 위해 "'기이한 풍속'과 '소름 끼치는' 관습"을 지닌 인간들을 발견·발명하는 '야만의 전시'[43]에 각별한 공력을 쏟아부었다.

그네와 널을 뛰는 조선 여성들을 '야만의 전시'의 중요한 품목이라고 부를 수 있다면 무슨 이유 때문인가? 멀리 갈 것도 없다. 식민 수부 경성의 각종 유원지와 박물관, 박람회장과 영화관, 백화점과 카페를 여유롭게 들락날락거리던 다수의 일본 여성과 어떤 조선 여성들을 떠올려 보라. 이들은 일제의 '풍요롭고 빛나는 힘'[44]을 만끽하고 자랑할 수 있다는 점만으로도 선진 문명의 명랑한 화신이자 대표적인 수혜자였다. 이런 까닭에

그림 17 오후 5시: 동무를 기다리며

그림 18 오후 6시: 동무를 만난다면

조선 여성의 널뛰기와 그네뛰기는 특히 일제 상류층 여성의 찬란한 유희와 대조될수록 기껏해야 이국 정취를 물씬 자아내거나 머지않아 사라질 부수적인 문화 현상으로 더욱 부감될 수밖에 없었다.

이러한 환경에서라면, 늦은 오후 조선부인들의 즐거운 만남도 한가로운 자연 속의 대화라든가 서로의 일상과 취미를 함께 나누는 친밀감의 장이라는 식의 긍정적인 의미를 획득하기 어려웠을 것이다. 오히려 카페나 백화점의 화려한 인공정원에서 소외된 곤핍한 여성 '요보'들의 두서없는 수다 정도로 비쳤을 가능성이 농후하다. 과연 아래에 예시한 조선부인의 담소 장면에는 "우정이 잔뜩 샘솟는" "즐거운 시간"의 분위기만이 도드라진다. 실제 현실의 탐방과는 동떨어진 기성품 사진을 통한 대화의 상상과 표현임을 감안해도, 엽서 속 산문에는 무언가 현실적인 삶의 차원과 개인의 생활 따위가 완벽하게 증발되어 있다. 이런 현상이 벌어지는 까닭은 무엇일까.

> ■ **오후 5시 : 동무를 기다리며**
>
> 저물녘이 가까워지면 아가씨에게는 자유롭고 즐거운 때이다.
>
> 그 즐거운 시간을 이용하여 처녀는 동무와 이야기를 나누며 시간을 보내려고 한다. 그리하여 그 동무가 오는 것을 푸른 잎사귀 무성한 청아하고 아름다운 공원의 돌문 옆에서 기다리고 있는 것이다.
>
> 해가 긴 날 많은 나뭇가지들 끝에선 아직도 작은 새들이 시끄럽게 재잘거리고 있다.

> ■ **오후 6시 : 동무를 만난다면**
>
> 동무를 만난다면 무슨 얘기를 할까?
>
> 그저 즐거운 시간이다. 말 한마디에 웃고, 또 한 마디에 흥겨울 따름이다. 우정이 잔뜩 샘솟는 곳, 시간이 너무 빨리 흐르는 것을 한탄할 수밖에 없다.
>
> 그래서 "안녕, 안녕"이라고 말하지 않으면 안 된다.

그게 무어든 "'안녕, 안녕'이라고 말하지 않으면 안 되는" 진정한 까닭을 찾아내면 서툰 응답이나마 제출하는 셈이 되지 않을까. 첫째, 멋쩍은 이유일 수 있지만, 일본식 '양처현모론'의 입장에서라도 주부에게 오후 5~6시는 휴식의 시간이 아니다. 그렇기는커녕 일을 마치고 귀가하는 남편과 배고프다고 칭얼대는 자녀들을 위해 맛있는 저녁 식사를 준비해야 할 시간이다. 바른대로 말해, 엽서의 여성들은 저녁 준비에 바쁠 주부와 전혀 관계없는 기생들로, 그녀들의 하루 생활을 기록한 사진첩이 본래의 출처이다. 이로 말미암아 여전히 가사노동에 붙잡혀 있는 조선부인의 실체가 전면 삭제될 수밖에 없다. 알맹이 없이 분위기만 희뿌연 즐거운 대화의 허상이 자연스럽게 폭로되는 지점이다.

둘째, 사진의 여성들을 조선부인이라 가정한다 해도 과연 그녀들은 근대 여성을 특징짓는 개성적인 취미나 취향을 따로 갖추었을까. 농촌공동체의 압도적 비율은 근대화된 일부 도시의 일상적 풍경과 문화를 조선 곳곳에 퍼트리기 어려운 조건이 되었다. 이러한 환경은 특히 조선의 농촌 여성들이 백화점, 영화관, 박물관 등에서 근대적 문화나 세련된 미감을 체험할 수 있는 기회를 여러모로 가로막았다. 이 점, 조선부인들이 폭압적 봉건 문화에 맞서 참다운 자아나 이상적 미래를 추구하는 교양학습이나 취미활동 같은 문화자본에서 사정없이 배제되었음을 뜻하는 유력한 증표이다.

> **■ 오후 9시 : 창가에 기대어**
> 일을 잘하는 조선의 부인, 그래도 드디어 밤이 깊어지기 시작할 즈음이면 어쨌든 하루의 일과는 일단락을 고한다. 그 후에는 독서를 한다든지 악기를 연주한다는지 하여 위안의 시간을 보내면서 '휴식'을 취하는 것이다.
> 지금 그녀는 창가에 기대어 조용하게 하루의 피곤함을 달래고 있다. 그날의 이런저런 일들이 주마등처럼 그녀의 뇌리를 스쳐 지나가면, 가지각색의 감회를 품어보는 것이다.

하루의 일과를 마치고 피곤함을 달래며 휴식을 취하는 "위안의 시간", 그녀는 "가지각색의 감회"와 상념에 빠져 오늘을 되돌아보며 내일 할 일을 미리 짚어보는 중일지도 모른다. 두 손으로 턱을 괸 채 미소 짓는 편안한 자세도 인상적이지만, 유의미한 위안의 시간을 보내기 위해 일종의

그림 19 오후 9시: 창가에 기대어

취미활동으로 '독서'를 하고 '악기'를 연주한다는 대목이 더욱 눈에 띈다.

독서 활동과 악기 연주가 조선부인의 하루를 정리하고 성찰하는 활동이라면 그 의미는 자못 중요할 수밖에 없다. 두 가지 취미활동은 상품 구매를 위해 백화점을 순방하고 대중적 취향의 영화를 감상하거나 카페와 다방에서 친한 벗과 담소를 나누는 활동과 다소 구별된다. 이것들은 새로운 풍속과 유행에 발맞추는 유희의 성격이 강하다는 점에서 세속적 욕망의 실현과 밀접하게 관련된다. 이에 반해 책 읽기와 악기 연주는, 만약 그것이 교양이나 클래식 추구를 전제한 것이라면, 통찰적인 세계의 이해나 심미적 예술의식의 발현 같은 고급문화의 실천으로 가치화된다.

그러나 문제는 악기 연주나 독서 활동이 1920~1930년대 조선부인들이 내남없이 즐기던 보편적인 취미 생활로 간주되어 괜찮을까 하는 점이다. 당시의 조선에서 고된 노동에서 벗어나 내외면의 아름다움을 가꾸고 여러 방면의 근대적인 취미활동을 통해 '나다운 나'를 찾아갈 수 있었던 여성들이 존재했을까. 만약 있었다면 그녀들은 과연 어떤 부류의 사람들이었을까.

먼저는 '말을 알아듣는 꽃', 곧 해어화解語花로 불리던 기생들이 떠오른다. 그녀들은 비록 손님을 상대하기 위한 방편이긴 했어도 기생 양성소(학교)에서 전통 시가와 작시作詩, 서예와 문인화, 각종 전통 악기와 무용, 국어(일본어)와 조선어 등을 체계적으로 학습하며 그 실력을 길러 나갔다. 예시한 사진 속 여성(그림 19)은 뛰어난 미색과 유려한 가무로 남성들의 인기를 독차지했던 대성권번 소속의 기생 윤채선이다. 누구에게나 인정받던 그녀의 뛰어난 성가는 시간표로 촘촘히 짜인 저 교육 과정을 충실히 밟은 덕택에 얻어진 것이겠다.

그런데 가만히 생각해보면, 오후 9시라면 기생들이 떠들썩한 요릿집이나 음란한 유곽의 취중醉衆 앞에서 좋든 싫든 자신들을 상품으로 내세우며 섹슈얼리티를 자랑하고 호소해야만 했던 시간대였다. 이러한 견지에서 본다면, 그녀들에게 이른바 영업시간으로 통칭되는 오후 9시 무렵은 위안과 감회의 시간대이기는커녕 성의 노동에 종사하며 자신의 불우한 몸과 마음에 한탄을 던져야 했던 '장한長恨' 축적의 시간대였을 따름이다. 더군다나 그녀들은 단순한 개별적 유희자이기를 넘어 조선을 대표하고 대리하는 집단적 섹슈얼리티의 수행자이자 이미지로 받아들여지고 소비되었다. 이 지점에서 조선이 여성적이며 수동적인 대상으로 표상되는 은유의 상호 연쇄가 발생했다. 그 결과 '조선·여성·기생'은 서구와 일본의 오리엔탈리즘을 지속적으로 통과하면서 동양 및 조선에 대한 이국 취향과 성적 호기심을 자극하고 유인하는 기제로 작동하기 시작했다.[45]

다음으로 조선에서 자신의 취향에 맞는 책 읽기와 악기 연주를 취미로 삼을 수 있었던 또 다른 여성들을 꼽으라면, 중산층 이상의 안정적인 경제 기반을 갖춘 여학생과 그 출신의 신여성, 그리고 유학생 출신의 여성 지식인들을 빠트릴 수 없다. 이들에게 독서와 음악 활동은 삶의 성장에 필요한 교양 수업 듣기, 다시 말해 삶과 세계에 대한 폭넓은 이해와 심도 깊은 통찰의 기회를 배우고 익혀 성숙한 존재로 거듭나는 전인교육의 장이었다.[46]

그러나 여기서 제기되는 결정적인 문제점은 1930년대 현재 모든 조선 여성 가운데 한글과 일본어 모두를 읽고 쓸 수 있는 이가 1.9퍼센트, 두 언어 중 하나라도 사용할 수 있는 이가 10.5퍼센트에 지나지 않았다는 사실이다.[47] 이 순간 여기 포함된 조선부인들이 문자와 음률의 세계에서 온갖 혜택을 누릴 수 있던 소수의 특권층이었음이 명백해진다.

일본 화자가 조선부인 소수의 취미 생활을 조선 여성 전체의 것으로 일반화했다는 사실은 그러므로 다음과 같은 의미를 지닌다. 첫째, 식민지 조선의 여성 현실에 아예 무지했거나 일부러 눈을 감았다는 것, 둘째, 일본 '스위트 홈'에 요구되는 이상적인 '일본부인'상을 '조선부인'에게도 그대로 투영했다는 사실이 그것이다. 이를 통해 얻어진 의외의, 아니 치밀하게 기획된 식민주의적인 계몽의 효과가 있다면, '열등한 조선(부인)'의 허구적 면모를 심미화하는 역설적인 방식으로 '우월한 일본(부인)'의 지성과 미모를 조선과 일본에 널리 알리고 새겼다는 사실일 것이다.

이를 감안하면, 잠자리에 들기 전 휴식과 위안의 시간을 즐기는 조선부인의 내면은, 또 아름답게 치장한 그녀의 신체는 일제 남성-권력의 기대와 욕망에 적합하게 창안된 낭만적 기호이자 허구적 이미지임이 자연스레 드러난다. 《조선부인의 어느 하루 생활》 속 조선부인의 이미지는 그러므로 단순히 식민주의 여행자의 이국 취향이나 낯선 것에 대한 욕망을 자극하는 심미적 매개체이자 대중적 상품으로만 그 의미가 그칠 수 없다. 그녀들은 일제의 강력한 권력과 우월한 문화 능력에 대한 자랑, 그에 기초한 조선 지배의 정당성과 윤리성 확보 따위의 지배자적 시선을 잔뜩 품은

'보이지 않는 폭력'의 가해 대상이자 목표 자체였다. '조선부인'을 일제의 식민지 조선에 대한 허구적 이미지와 기호적 폭력 행사에 동시 노출된 이중적 소외의 대상으로 정의할 수 있는 연유와 논리가 더욱 뚜렷해지는 지점이다.

'조선부인'의 서글픈 앞 이야기 또는 끔찍한 악몽

오후 10시, "이른 아침부터 밤늦게까지 쉴 틈도 없이 일을 해온" '근면한 노력가' 조선부인이 이제는 잠자리에 들 시간이다. 엄밀히 말해 사진엽서상의 이미지는 '편안한 휴식'의 모습과는 썩 어울리지 않는다. 살림살이나 생활용품, 장롱과 작은 탁상 등이 규모 있게 갖춰진, 작은 불빛이 은은하게 비치는 안방에서 잠자리에 들 준비를 하는 조선부인의 모습이 우리에게는 훨씬 익숙하고 살가운 까닭이다. 그래서일까, 무표정한, 아니 상심 가득한 것처럼 느껴지는 어느 기생을 빌린 조선부인의 얼굴은 내일 감당해야 할 고된 일거리를 미리 걱정하는 듯한 표정으로도 읽힌다. 변함없을 내일의 상황을 강조한다면, "다시 찾아올 내일을 위하여 건강한 활기를 회복하려는" 조선부인의 휴식은 평온과 위안의 시간을 표면으로 하는 우울한 악몽의 심연일 수도 있다.

> **■ 오후 10시: 이젠 편안한 휴식**
>
> 근면한 노력가인 조선부인은 이른 아침부터 밤늦게까지 쉴 틈도 없이 일을 해왔는데, 이제 드디어 하루의 생활을 마치려고 한다. 다시 찾아올 내일을 위하여 건강한 활기를 회복하고자 한다.
>
> —— "그러면, 편안히 주무셔요."

휴식과 잠은 혈족과 계급, 인종과 성별을 막론하고, 심지어 노동에 종사하든 유희를 일상으로 삼든, 모든 존재에게 필요한 활력과 생명 행위라

그림 20 오후 10시: 이젠 편안한 휴식

할 수 있다. 그러니 일본 화자의 말이라 하여 '내일을 위한 건강한 활기'를 회복하려는 조선부인의 모습을 식민주의에 깃든 섹슈얼리티의 부감과 소비라고 일부러 비판할 필요는 없겠다. 그런데도 나는 조선부인의 편안해야 할 잠자리를 '우울한 악몽의 심연'으로 넌지시 비유했다. 이것은 그녀의 꿈에 어떤 부정적인 경험과 기억이 고통스런 심리적 외상, 곧 트라우마로 곧잘 출몰하거나 작동한다는 것을 전제한 발언이다.

이 말을 이해할 실마리는 '서글픈 앞 이야기'와 '끔찍한 꿈'이라고 표현한 소제목에 숨어 있다. 《조선부인의 어느 하루 생활》은 가사 및 생업노동에 시달리는 농촌 여성, 가정주부, 그들을 대신하는 기생의 다양한 이미지를 포괄하고 있다. 그렇지만 해당 이미지를 서술하는 일본 화자 나름대로의 긍정적 시선과 목소리를 통해 조선부인의 건강한 삶과 의욕적인 생활을 포착, 가치화하려는 노력을 기울였다는 사실을 아주 부정하거나 아니면 허구에 불과하다는 식으로 비판하기는 어려운 게 사실이다.

이 때문에 엽서세트 《조선부인의 어느 하루 생활》의 분석에서 대조적인 문제가 발생한다. 일제의 잘 만들어진 심상지리에 의해 조각된 역사적·일상적 실체가 불분명한 낭만적·허구적인 이미지[48]를 읽어내기가 비교적 쉬워진다. 하지만 이와는 반대로 그 실체가 심각하게 왜곡, 변형된 지배자적 시선의 폭력성과 억압성을 찾아내기가 비교적 어렵게 된다. 이런 연유로 일제가 '조선부인'에게 강요한 '서글픈 앞 이야기'나 '끔찍한 악몽'을 읽어내기 위한 어떤 방법이 절실해진다. 두 이야기를 정확한 읽어내기 위해서는 일본의 문명 현실과 조선의 전근대적 현실을 대조적으로 표상하는 어떤 기호체계를 찾아내어 엽서상의 조선부인들과 비교하는 작업이 요청된다. 이제 함께 살펴볼 조선 여성 대상의 만화와 사진 몇 점은 이 과제 수행을 위한 유의미한 참조 거리가 되어줄 것이다.

문명의 서구와 일본이 조선을 야만과 미개의 땅으로 서슴없이 경멸할 수 있었던 핵심요소 하나를 꼽으라면 전근대적인 비위생의 생활양식과 그에 따른 질병의 만연을 피해갈 수 없다. 가령 구한말 육영공원의 교사로, 또 《코리아 리뷰Korea Review》 편집자로 활동했던 선교사 헐버트는, 첫째, 한국인은 초보적인 위생 상식조차 배우지 못했다. 둘째, 따라서 하늘에서 쏟아지는 물이 빠져나갈 수 있는 수채만 있으면 만사형통으로 여긴다. 셋째, 인분을 치우기 위해 청소부가 시내를 돌아다니는데 어떤 경우 사람들은 그가 비켜주기를 바라느니 그 옆으로 비켜 지나가는 편이 낫다고 단언했다.[49] 그럼으로써 조선의 가옥이든 거리든 오물로 가득 찬 곳곳을 불쾌함만 자극하는 불결하기 짝이 없는 비위생적 공간으로 냉정히 규정하는 한편 그 모습을 마음껏 힐난했다.

하지만 문제는 조선인의 비위생적인 행위와 활동이 문밖의 큰길뿐만 아니라 잘 감춰진 여성의 내방에서도 공공연히 벌어지곤 했다는 사실이었다. 이를테면 《조선만화》에 실린 조선부인들의 경악할만한 행태를 보라.

그림 21 실내 변기(요강)를 씻다

그림 22 변기(요강)와 세면기의 잡거

안방에서 입안을 헹구고 세수를 하며 요강을 씻는 비위생적인 행동은 조선의 가옥 형태와 상황, 문밖 외출이 자유롭지 않던 조선부인의 처지를 생각하면 아주 근거 없는 정황과 사실로만 부인하기 어려울지도 모른다.

그러나 예시한 조선부인 만화 두 편은 다음과 같은 사실로 인해 매우 문제적이다. 하나, 《조선만화》의 작가는 문명의 우월성에 기초한 식민주의적 시선을 가득 품은 일제의 남성이다. 둘, 남성이라면 그 누구도 함부로 발들이기 어려운 내방에서의 비밀스런 여성 생활을 소재로 삼고 있다. 셋, 조선부인의 무지함과 비위생성을 강조하기 위해 방안에서 세수하고 대소변받이 요강을 씻는 기이한 청결 행위를 만화의 대상으로 취했다. 이 장면들은 조선 여성의 나태와 불결을 조롱하고 비꼬기 위해서만 동원된 선택지들일 리가 없다. 그녀들과 함께 생활하는 조선 남성과 아동도 부지런하거나 깨끗할 리 없다는 것, 그러니까 미개한 조선(인) 전반을 야유하고 경멸하기 위해 골라낸 '청결에 반하는 불결'의 양상인 것이다.

세면기와 요강이 잡거하는 조선 규방의 비위생성과 후진성은 과연《조선만화》 작가의 식민주의적 (무)의식에 의해 한 치의 예외도 없이 조롱받고 있다. "실내에서 소변을 보고, 실내에서 변기를 씻는다. 게다가 손으로 공들여 씻는 데 감심할 따름이다."(그림 21) 이 말이 조선의 야만과 미개를 닦아세우는 풍자의 언설임은 그 누구라도 부인하기 어렵다. 왜냐하면 조선부인의 요강을 둘러싼 기이한 행위는 조선에 변소 설비가 거의 미비하다는 후진성 및 예로부터 영양 공급을 위해 소변으로 얼굴을 닦는 몽매함의 소산으로 비난되곤 했기 때문이다.[50] 그러므로 씻으면 깨끗해져 악취가 사라지는 도자기 요강의 장점을 들어 노송이나 삼나무로 만든 일본 변기도 도자기로 개량되어야 한다는 일말의 칭찬은 달가울 것도 우쭐할 것도 없는 공치사일 수밖에 없었다.

"변기와 세면기를 나란히 두고 기상하여 한쪽에서는 소변을 보고, 그 손으로 한쪽에서 얼굴을 씻는"(그림 22) 행위는 비단 내밀한 규방에서만의 불결한 작태가 아니었다. 조선이 "야만 미개의 인간"들의 더러움에서 풍겨나는 '악취'의 나라임은 "변기와 세면기의 잡거"말고도 여타의 몇몇 사례를 통해 증빙되던 차였다. 예컨대 문명한 제국의 여행객들은 조선에 "상륙해서 먼저 야릇한 악취"를 느낀다거나 "수도에 들어서서 분변이 길거리에 흩어져 있는 것"을 볼 때도 자신들의 코를 틀어막지 않을 수 없게 된다.

이 지점에서 우리는 이렇게 되물을 수밖에 없게 된다. 조선을 '악취의 나라'로 매도할 수 있는 근거는 어디에 있을까. 오랜 역사적 사실로서의 '청결한 일본'에 답이 있을 듯하다. 하지만 그 깨끗함의 이미지가 배 타고 건너온 근대의 산물임은《조선만화》 작가의 위생 담론 속에 분명히 시사되어 있다. "문명이란 냄새 나는 것을 덮어버리는 것으로, 그 감추려는 마음은 대단히 진보 개명한 것"이라는 주장이 그것이다.[51] '진보 개명' 운운한 것을 보면 일본 역시 봉건제 아래서는 조선에 비해 그다지 청결할 것 없는 비위생적 환경에 놓여 있음을 짐작케 한다.

실제로 일본이 조선인에게 그랬던 것처럼, 서양인 역시 게이샤의 나신을 제외하고도 일본 남성의 벌거벗은 신체와 복색에도 많은 흥미를 표했다. 예컨대 총포로 무장한 흑선黑船을 타고 장차 개항도시로 이름을 떨치게 될 요코하마 항구에 상륙한 서양 만화가는 수건을 머리에 두르고 간단한 웃옷과 바지 없는 훈도시 차림의 맨발로 부두에서 일하는 일본 노동자를 만화로 스케치하여 서양에 널리 알리곤 했다. 그는 일본(인)의 후진성과 미개함을 풍자하기 위해 '근대적 항구의 풍경'과 '전근대적 노동자의 스타일', 곧 거의 벌거벗은 신체와 복색을 의식적으로 대비시켰다.[52] 당연한 수순으로 메이지 정부는 서양인의 흥미와 조롱을 돋우는 후진적인 국가상에 대한 노심초사를 덜기 위해 1901년부터 도쿄 등지에서 인력거꾼이나 노동자가 맨발로 일하는 것을 금지하는 정책으로 서구의 비뚤어진 시선과 목소리에 맞서게 된다.

근대 전환기 일본과 조선의 여전히 불결한 환경을 살펴볼 때, 서양 근대도시의 오물과 악취를 둘러싼 계급의 대립과 갈등을 날카롭게 파헤친 알랭 코르뱅의 작업은 매우 시사적이다. 그에 따르면, 부르주아들은 자신들이 억압·배제하고자 한 것들을 빈민계급에 대해 투사하기를 마다하지 않았다. 그 결과 배설물을 기초로 한 하위주체의 역겨운 사회적 표상, 곧 오물과 악취로 들끓는 부정적 형상의 민중 이미지가 지속적으로 남조되기 시작했다. 그 대표적인 사례가 "자신의 허름한 오두막에 오물로 뒤범벅이 된 채로 웅크려 있는 냄새나는 동물이라는 모형"의 발명이었다.

계급대립을 둘러싼 악취의 담론과 '냄새나는 동물'의 모형은 가장 아름다운 곳을 단장하는 세면기와 가장 더러운 것을 쏟아내는 요강을 일상과 휴식의 공동장소 안방에서 함께 사용하는 무지몽매한 조선부인의 것으로 간주하여 전혀 이상할 것 없다. 단지 그 구도가 가진 자와 못 가진 자 사이의 계급 차별에서 제국주의와 식민지 사이의 민족 차별로 치환되었을 따름이다. 물론 일제 역시 그들보다 앞선 서구 문명의 조롱과 비난에서 자유롭지 못했다. 하지만 일본은 조선보다 먼저 서구화를 달성함으로써 '냄새나는 동물'의 오명을 회피하는 한편 그 악취와 불결을 조선의 본질로 떠넘기는 데 어렵잖게 성공하게 된다.

이와 같은 상황에서의 민족 간 차별은 권력의 집중과 피탈 문제를 넘어 지배문화의 강력한 영향과 피지배 문화의 하릴없는 악화 문제로 재현될 수밖에 없다. 이는《조선부인의 어느 하루 생활》과《조선만화》의 '조선부인', 그녀들의 확장체로서 전근대적 조선을 '악취의 나라'로 명명하는 장면에서도 어김없이 확인된다. 물론 이것은 조선의 후진성만을 강조하기 위한 전략이 아니다. 그 심층부에는 선진적 문명에 의한 후진적 구태의 개선이라는 식민주의적 지배와 개척에 골몰하는 국가주의적 야욕이 도사리고 있다.

이를테면 악취를 추방하는 은은한 향기가 청결한 몸이라는 이미지를 떠올리게 하며, 깨끗한 육체가 맑디맑은 영혼을 비추는 거울을 상징하기도 한다는 사실은 인류 보편에서 널리 인정될만한 주장이다.[53] 그러나 민족과 계급의 문제를 떠올리는 순간 청결과 향기의 진정한 의도 및 목적은 전혀 다른 곳에 존재하게 된다. 향기와 청결 담론은 무엇보다 민족과 계급의 장 모두에서 야만적이며 폭력적인 동물성의 위협을 누그러뜨리기 위한 조치이다. 또한 감정적인 여성(식민지-노동자)의 거친 욕망을 억압하고 순화시켜 이성적인 남성(제국주의-자본가)의 맑고 차가운 정신 아래 복속시키기 위한 방법이다. 향기와 청결의 문제는 위생과 건강을 위한 신체 장치일 뿐만 아니라 제국 중심의 민족과 계급, 성차의 이념을 관철하기 위한 체제 경쟁의 장치였음이 이로써 더욱 분명해졌다.

그런 점에서 이제 함께 읽어보려는 또 다른 조선부인의 여러 사진은 더욱 의미심장하다. 이 사진들은 사진엽서《조선부인의 어느 하루 생활》의 가사노동과《조선만화》의 세면기와 변기 이야기를 공유한다. 잘 알려진 대로, 문명화된 서구와 일제의 카메라는 조선부인의 하루 생활을 요약하여 제시하되, 그들의 시선에 매우 이국적이며 미개한 것으로 비쳤던 몇몇 생활 습속에 렌즈를 들이댔다. 그 대표적 장면이 함부로 노출된 신체, 자주 빨지 않으면 금방 더러워지는 흰옷, 물 긷기, 요강 씻기, 다림질하기, 고된 노동을 마친 뒤의 식사 장면이다. 6장의 사진을 순서대로 배치하고–환복 장면을 맨 뒤에 놓아도 괜찮다– 이야기를 구성하면, 《조선부인의 어느 하루 생활》 속 그녀들처럼 가사노동의 도구로 징발된 조선부인들의 고된 일상이 얼추 재현된다.

예시한 사진(그림 23) 이야기로 넘어가기 전에 가사노동에 관련된 조선 여성과 일본 여성의 같음과 다름을 간단하게나마 살펴본다. 그 까닭은 조선부인의 모습이 낯설기는커녕 어떤 일본 여성들의 일상일 가능성을 배제할 수 없기 때문이다. 만약 그렇다면 일제 자본의 사진술은 자국 및 이국의 여성들 모두에 대한 폭력과 소외의 장치일 수밖에 없다. 어떤 자료에 따르면 일본 여성도 "아침 일찍부터 밤늦게까지 쉴 새 없이" 방 청소, 식사 준비, 아이 돌봄, 설거지, 정원 청소, 방과 후의 학생 마중, 물 긷기, 목욕물 데우기, 저녁 식사 준비 및 설거지 등으로 바쁘고 고단하기는 마찬가지였다. 다만 조선에서도 그랬듯이, 이러한 종류의 고된 노동은, 부잣집의 경우, 가부장제에 꽁꽁 묶인 하층계급 출신의 '하녀' 몇몇의 몫이었다.[54] 그래서 이렇게 묻거나 상상하고 싶은 것이다. 만약 일본 사진가가 자기 나라의 '하녀'를 떠올렸다면, 같은 처지의 조선부인은 멸시의 대상이었을까 아니면 연민의 대상이었을까.

이제 여섯 장의 조선부인 사진(그림 23)으로 돌아가 보자. 사진관 세트 속에 반쯤 벌거벗겨져 앉혀진 조선부인의 촬영과 사진의 유포 시기는 비슷한 장면과 그에 대한 해설이 등장하는 《조선만화》가 출간된 1909년 전후가 아닐까 한다. 어느 쪽이 먼저 출품되었든 분명한 사실 하나는 잡다한 생활용품의 잡거 및 세면기와 요강을 앞에 둔 조선부인의 식사가 조선인 전반의 비위생적 환경과 불결한 행위를 표상한다는 점이다. 이것

그림 23 조선부인의 기상 · 물 긷기 · 요강 씻기 · 다림질 · 식사

은 일제의 사진술이 양가적인 식민주의적 (무)의식의 소산임을 분명히 한다. 그들은 첨단의 사진술을 활용하여 조선의 후진성과 미개함을 널리 알리고자 했다. 또한 자신들의 선진문화와 미풍양속을 바탕으로 사진에 적나라한 봉건 조선의 미천한 습속을 계몽·훈육하기 위한 증빙자료로 대거 동원했다. 이 두 가지 목표를 조선 여성의 섹슈얼리티 점유와 소비를 통해 표상한 것이 제국의 시선과 욕망에 의해 연출된 조선부인의 힘겨운 일상이었다.

과연 이곳의 조선부인은 제국주의 출신 남성의 시선과 욕망에 꿰뚫린 왜곡된 섹슈얼리티의 보유자이자 재현자로 세심하게 연출되고 있다. 조선부인은 깨끗하고 하얀 얼굴, 곱게 빗어 쪽진 머리, 때 묻지 않은 새하얀 치마저고리 차림으로 일관하고 있다. 집 안팎을 드나들며 가사에 시달리다 보면 옷매무새가 흐트러지고 흰옷 여기저기에 때가 묻기 마련이다. 이러한 상황이 일체 배제되고 있기 때문에 이곳 조선부인은 당대 하층 여성과 구별되는 일제 문화자본에 고용된 모델로 파악되곤 한다. 다시 말해 가사노동과 일상생활에서 조선 여성의 섹슈얼리티를 채집하기 위해 돈을 지불하고 사 온 불명의 기생이 조선부인의 실제 정체인 것이다. 이것은 그녀가 노동과 위생 담론에 나포된 엽서세트나 만화 속 조선부인들과 구분되는 어떤 선전과 그 효과의 대상이 되고 있음을 뜻한다. 식민지나 기개척 영토에 살던 개명 이전 여성들의 나신이나 일부 노출된 몸에 대한 촬영과 기록은 그녀들의 인종 탐구나 성별 정체성 탐구, 그와 연계된 민족지知의 탐색 및 식민지배 정책 수립 등을 위한 도구로 한정되지 않았다.

힘센 남성phallus으로 상징되는 제국주의-지배구조-문명인들 에게 조선부인의 벌거숭이 몸은 다음과 같은 욕망과 소비의 대상이자 수단이기도 했다. 첫째, 근대화로 사라지기 전의 봉건 조선을 포착하려는 식민주의적 욕망과 그 이국적 풍경을 개인적 기념품으로 소장하려는 여행자의 내면적 충동을 고루 충족시키는 낯설고도 신기한 육체였다.[55] 둘째, 식민지 타자

그림 24 부인의 아기 보기

그림 25 조선 여성의 방아 찧기

에 대한 멸시와 거부감, 곧 친숙함보다는 문화적 소외감을 강화하기 위한 남근주의적·가부장제적 억압과 배제의 장치였다.[56] 이렇게 볼 때 성적 충동을 자극하는 이국 여성의 '벌거벗은 몸'이나 제국 여성의 잘 가꿔진 몸매와 대비되는 식민지 여성의 '날 것' 그대로의 육체는 '탐탁한 것'과 '역겨운 것' 사이를 오가는 소외되고 대상화된 몸일 수밖에 없다. 그렇다면 조선 여성의 나신은 두 가지 가운데 무엇에 가깝게 응시되고 인식되었을까? 그것이 젖가슴까지든 음부까지든, 또 일하는 과정에서 노출되었든 아니면 촬영을 위해 벌거벗겨졌든, 식민지 조선 여성의 육체는 대체로 불결함과 혐오감을 주는 부정적 대상으로 대상화되었다는 느낌을 지울 수 없다.

예컨대 젖먹이 아이를 돌보거나 일하느라 노출된 조선 여성의 젖가슴은, 〈부인의 아기 보기〉(그림 24)나 〈조선 여성의 방아 찧기〉(그림 25)에 보이는 대로 상당히 노화된 모양새로, 또 제대로 씻지 않은 불결한 모습으로 제시되곤 한다. 물론 흰옷을 정갈하게 차려입고 일하는 조선 부인(그림 23)의 '벌거벗은 몸'은 이국인의 시선에 '탐탁한 것'('유혹하는 가슴')으로 비칠 여지가 적잖다. 그러나 상당한 미색까지 갖춘 그녀도 아이 돌보랴 일하랴 제 몸 돌볼 겨를 없는 '꺼림칙한 가슴'('역겨운 것')의 조선 부인들에게 가해지는 비위생적 이미지를 피할 길 없는 환경에 놓여 있기는 마찬가지이다. 그릇과 수저를 씻기도 할 것인 개수용 물동이에 요강을 씻고, 그 불결한 물동이와 똥오줌 누는 요강을 곁에 두고 식사하는 모습이 그것이다. '탐탁한 나부裸婦'에서 '역겨운 나부'로 역전되는 순간이 아닐 수 없다.

후자의 전면화는 식민주의적 · 인종주의적 나체의 서사와 표현이 서구와 일본 오리엔탈리즘의 주요 문법으로 작동하고 있었음을 여실히 증명한다. 아름답게 단장한 미모의 식민지 여성일지라도 결국은 미개하고 야만적인 본성을 쉽게 넘어서지 못한다는 차별과 배제의 논리가 '탐탁한 나부'와 '역겨운 나부'의 대조적 모습 속에서 꿈틀거리고 있기 때문이다.

이 지점에서 발생하는 힘센 제국주의의 역겨움과 혐오감은 조선 부인을 성적 욕망의 대상에서 미개한 영혼에 대한 조롱거리로 내몬다. 또한 타 문화와 구별되는 조선 문화의 체현자에서 교양과 덕목을 두루 갖춘 문명국 여성에는 결코 도달할 수 없는 몽매한 존재로 그 가치를 하락시킨다. 이와 같은 소외의 양상은 단순히 조선 여성의 몸에 배인 전근대적 후진성에 대한 멸시로 그치지 않고, 그녀들을 개전의 여지 없는 물질적 존재, 곧 인격 전체를 부정하는 근거로 작동하기에 이른다.

이처럼 조선부인의 벗은 몸은 무엇보다 가부장제적 성별 관계를 습관

화함과 동시에, 그게 관음증이든 실제적 교합이든 이국 여성의 성적 유용성을 더욱 끌어올리는 섹슈얼리티의 촉매제였다. 그러나 더욱 문제적인 것은 조선 여성의 노출된 몸이 제국주의 남성의 양가적 충동과 시선에 의해 어떤 균열과 분리를 면치 못했다는 사실이다. 가끔의 '탐탁한 나부'와 다수의 '역겨운 나부'로, 또는 '유혹하는 가슴'과 '꺼림칙한 가슴'으로 구별된 끝에 혐오감과 인격 부정의 사물화된 신체로 희롱되고 소외되는 비극적 상황[57]에 던져졌다는 사실이 그것이다. 물론 '탐탁한 것'과 '역겨운 것'의 정도와 비율이 바뀌었다고 해서 조선 여성의 나신이 선진 문명의 혜택을 듬뿍 받은 교양과 예의로 충만한 제국 여성의 그것으로 재평가되었을 리 없다. 또한 남성적 시선 가득한 '미추라는 낡은 관념'의 틀을 벗어나 '하나의 고유한 생명체'로 재탄생[58]했을 리도 없다.

한편 감춰져 마땅한 치부마저 노골적으로 드러낸 채 일제의 카메라 앞에 선, 아니 세워진 조선부인은 누구였을까. 여성에 대한 억압과 차별이 여전하던 구한말의 봉건제 문화와 습속을 고려한다면, 노출에 서슴없는 조선부인은 일제의 문화자본에 어찌저찌 고용된 하층계급의 여성일 가능성이 다분하다. 여기 예시하지 않았지만, 그녀는 어느 사진에서는 사진관의 벽면을 배경으로 장옷을 머리에 덮어쓴 채 단아한 포즈를 취하고 있는 음전한 조선부인으로 등장하기도 한다. 이처럼 그녀는 사진상으로 신분과 생활환경을 넘나드는 존재이기에, 격식과 예의를 중시하는 양반가나 부유한 여염집의 부인과 전혀 어울리지 않는다. 일정한 금품을 받고 현실에 부재한 양반가나 부유층의 노출한 부인을 마치 사실적 존재인 양 그럴듯하게 연기한 속물근성 다분한 기생으로 해석되는 결정적인 까닭이다. 게다가 《조선부인의 어느 하루 생활》의 〈오후 3시: 젖 먹일 즈음〉(그림 15)에서도 언급했지만, 이 당시 조선부인의 노출은 젖을 먹이거나 옷매무새를 가다듬을 틈도 없는 고되게 일하는 과정에서 발생한 우연한 모습에 불과한 것이었다.

이러한 복잡다단한 사실 때문에라도 근대 전환기 '조선부인'의 노출이 갖는 의미와 현실을 냉정하게 파악할 필요가 있다. 그랬을 때만이 반강제로 발가벗겨진 조선부인의 모습과 행태가 《조선부인의 어느 하루 생활》 속 현모양처 수준의 조선부인에게 왜 서글픈 전사前事/前史이자 끔찍한 악몽으로 떠오를 수밖에 없는가가 다소라도 해명될 수 있을 것이다.

과거든 현재든 회화는 단 한 점 원본으로 존재하기 때문에 어떠한 훼손을 겪지 않는 한 그것만의 고유한 아우라와 가치를 널리 인정받는다. 하지만 유일본은 그 성질상 개인적 소유는 물론이려니와 대중적 전시와 감상의 기회를 매우 제한받는 까닭에 특권적 소수의 전유물이자 사치품으로 고착될 가능성이 크다. 이에 비해 사진은 한 번의 촬영으로 무수한 복제품을 생산할 수 있다는 점에서 저가로의 생산과 소비, 대중적 전시와 향유의 자유를 별다른 제약 없이 누린다. 이와 더불어 사진은 잘 기획된 조작과 변형의 가능성으로 말미암아 정치, 문화, 예술, 스포츠 등 다방면에서 특정 지표나 이념에의 맹목적 질주와 찬동을 이끌어내는 선전선동의 장치로 언제 어디서든 징발될 가능성이 매우 크다는 특질 역시 지닌다.

이와 같은 사진술의 거침없는 진격은 근대 이후 서양 여성은 물론 동양 여성의 노출된 몸에 대한 잘 연출된 촬영과 채집, 상품으로의 전시와 판매에도 어김없이 관철되어간 수순이자 행로였다. 가령 근대문명의 일본을 열어젖힌 메이지 시대의 '에로물エロ物', 곧 포르노그래피의 일대 유행이 그렇다. 근현대 일본의 에로사를 기록하고 분석한 한 저서[59]는 그 유행을 두고 "150여 년 전에 전래된 사진기는 남성들의 억누를 길 없는 욕망을 렌즈에 담았으며, 여성들의 나체상에 시대를 각인하였다"라고 적었다. "에로 문화 대폭발"이라는 표제어답게 이 책에는 아마추어 여성의 나체, 여성들끼리의 동성애, 남녀의 성교와 변태적인 사드-마조히즘 행위를 세심하게 연출하여 촬영한 포르노그래피가 가득 담겨 있다.

만약 누군가 (반)나신의 조선부인 사진과 관련된 세목을 들어보라 하면, 메이지 시대 일본 주요 도시를 휩쓸었다고 전해지는 일본 여성의 '생활 누드' 촬영 붐에 우선 주목해야 한다. 그녀들을 촬영한 이들은 일본의 개항도시 요코하마에 사진관을 개업한 이탈리아 태생의 영국 사진작가 펠리스 비아토Felice Beato를 위시한 서양 남성들과 이들에게 사진술을 배운 일본 남성들이었다. 물론 '생활 누드'라 했지만, 실제의 촬영 대상은 조선의 기생과 마찬가지로 유흥주점과 음식점, 매매춘의 유곽에 종사하는 게이샤, 특히 창기들이 대부분이었다. 서구의 해외여행자에게 그녀들의 (반)나신은 아름다운 풍경 명소, 고색창연한 사찰과 신사, 오랜 풍속과 일상을 찍은 사진과 더불어 일본 제일의 토산품으로 간주되었다. 서양인들은 이것들을 모은 앨범을 통해 동양의 신비함, 이국적인 홍취, 동양문화의 상업적 가능성을 맛보았다. 그래서인지 여성 중심의 풍속 및 나체 사진은 외국인의 이국적 취향과 흥미에 영합하는 성질로 인해 그것 자체로의 인기도, 머나먼 고향의 지인들에 대한 선물로서의 가치도 다 같이 높았다.

이러한 상황을 감안하면, "에로 문화 대폭발"은 여성 하위주체의 섹슈얼리티에 대한 대량의 착취와 신속한 소비로 얼마든지 바꿔 읽을 수 있다. 여기서 진행되는 여성의 맹목적인 상품화와 감동 없는 전시물로의 분배는 여성의 소외와 불우를 더욱 밀어올리기 위한 폭력적 행보 그것일 수밖에 없었다. 그런데 불행하게도 타락과 왜곡 일로의 일본식 섹슈얼리티의 생산과 소비는 1910년 한일합방을 전후하여 조선 현실로 그대로 이식되었다. 단적인 예로 불결한 조선부인의 만화와 (반)나체 조선부인의 사진이 잘 편집되고 인쇄된 책갈피나 사진(엽서) 곳곳마다 실려 조선과 일본 전역으로 퍼져나간 아연실색할 상황을 떠올려 보라. 일본 여성의 '생활 누드'와 마찬가지로, 조선부인의 그것 역시 내외국 남성의 욕구를 격렬하게 자극하는 한편 외방인의 이국취미에 부합하는 섹슈얼리티의 생산과 소비 기지로 일거에 재편되었다는 말은 그래서 가능해진다.

이런 까닭으로 조선부인의 섹슈얼리티에 대한 식민주의적 재편과 지배의 본질은 다음과 같이 정리될 수 있겠다. 첫째, 제국과 여타 식민지 여성이 그러한 것처럼, 조선부인도 하녀에 방불한 고된 노동과 성적 유희, 그리고 성의 공급자로 그려짐에 따라 내외국 남성의 성적 환상과 행동에 일방적으로 종속되는 소외 현상을 벗어나지 못하게 된다.[60] 특히 섹슈얼리티의 매혹과 유혹은 잘 가꾼 신체의 소유자인 기생이 조선부인을 대체하는 방식으로 그려지곤 함으로써 일반 여성의 소외와 억압은 이중적인 하중 아래 놓이게 된다. 둘째, 제국-남성-지배 권력의 억압적 시선과 폭력적 태도는 특히 식민지 하위계급의 여성들을 힘센 저들과 이래저래 타자화된 자신의 감시와 처벌에 복종하는 종속적 주체로 길들여 나갈 수밖에 없다. 이때 생겨나는 조선부인의 침묵하는 얼굴과 내면, 매우 다소곳한 태도는 '모든 권력이 행사되는 장으로서의 신체'를 하릴없이 순치시키고 억압한 결과물이다.[61] 이 지점에야말로 조선부인의 편안한 휴식과 수면이 '끔찍한 악몽'이자 '내일 없는 흉몽'인 까닭이 존재한다.

제9장

기생의 미, 만들어진 슬픔과 웃음

— 사진엽서에 조각된 식민지 기생의 삶과 연기

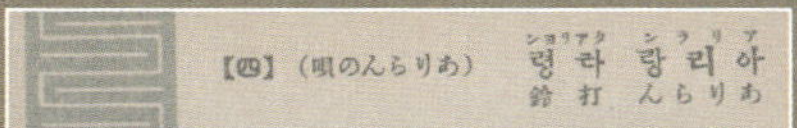

식민지 조선의 '기생'이 뜻하는 것

그 자신 기생(작부) 출신으로 뛰어난 노래 실력과 대중적 인기를 자랑했던 '신민요의 여왕' 이화자李花子가 부른 〈화류춘몽〉(1940)이라는 노래가 있다. 조명암 작사, 김해송 작곡의 이 통속가요는 유곽에 던져진 여성의 허망한 꿈이라는 제목 그대로 식민지 기생이 겪었던 애달픈 삶을 담고 있다. 거기 표현된 조선 기생의 원망 섞인 쓸쓸함과 외로움, 돌이킬 수 없는 한탄과 좌절의 면면을 짚어보면 이 노래에 울고 웃던 조선인들의 어떤 삶과 환경이 얼추 그려진다.

먼저 "꽃다운 이팔소년 울녀도 보앗스며 / 철없는 첫사랑에 울기도 햇드란다"라는 대목이다. "철없는 첫사랑"은 영혼과 신체 성숙기 에로스 감정의 자연스러운 흘러넘침으로 읽힌다. 나아가 서구와 일본에서 건너와 1920년대 초반부터 조선을 뜨겁게 물들인 '자유연애'의 욕망과 의지로도 해석된다. 하지만 기생의 '첫사랑'은 그녀들의 신분과 처지 때문에 가슴 뛰는 환상과 기대를 충족시키지 못하는 경우가 많았다. "조롱 속에 이 몸"(《장한長恨》 창간호, 1927)이란 말처럼, 세상의 호된 눈초리와 야멸찬 수군거림은 그녀들의 눈물과 한탄을 더해만 갔는데, 어째서 그랬을까.

"꽃다운 이팔소년"을 '울렸다'는 말은 그녀들의 고혹적인 미모와 성적 매력을 웅변하는 말로 들린다. 하지만 소년의 부모에게 그것은 "데일 어린 아해들의게 좃치 못한 인상을 주고 청년 자뎨를 유혹케 하여 사회의 풍기를 문란케 하는" 죄악의 조건에 지나지 않았다. 부모들은 "더럽게 몸을 팔고 음란한 노래를 부르며 오히려 붓그러움이 업시 시가디와 또는 보통 인가 근처에 섯기”[1]기를 마다않는 비인간적·비윤리적인 행위가 기생들의 사람 홀리는 못된 작태에서 비롯되었음을 믿어 의심치 않았다. 건전한 기풍과 청정한 생활을 중시하는 부모들의 입장에서 본다면, 미모와 성희만를 앞세우는 그녀들은 ‘악마’, ‘기생충’, ‘좀벌레’ 같이 추악하고 파괴적인 존재에 불과했다. 이런 부정적 상황 아래라면, 화류계 여성의 지고지순한 순정과 낭만적 사랑, 그리고 자유연애는 애초에 성립 불가능한 것이었다. 아무려나 “청춘이 바스라진 낙화 신세”(〈화류춘몽〉)의 그녀들에게 이상협의 통속적 가정소설인 《눈물》(1913)의 한 구절 “좋으면 평생의 행복이 되고 흉하면 생명까지 잃는, 불보다 뜨겁고 물보다 위태한 연애”는 결코 허락될 수 없는 ‘봄날의 꿈’이나 마찬가지였다.

그림 1 《장한》 창간호(아단문고)

사랑의 순정과 자유연애에서 밀려난 기생들의 정한은 결국 10여 년 뒤 죽음으로 사랑을 다짐하는 어떤 기생의 서글픈 ‘정사情死’를 불러들이기에 이른다. 평양 출신에 대정권번의 기생이던 강명화의 자살 사건이 그것으로, 이후 “강명화康明花의 애화哀話”로 불리게 된다. 그 죽음의 단초는 통속가요 〈강명화 절명곡〉에서 이렇게 노래되었다. “가정불화 사회책망 빗발치듯 / 내외협공 짓처드러 침식 업스니 / 박명인생 나의 일신 관계 업지만 / 우리 랑군 만리장정 그릇치겟네.” 이 노래대로라면 기생 강명화는 근대의 자유연애와 낭만적 사랑에서 거리가 멀다. 오히려 전근대적 가부장제의 필요와 요구에 복종하는 의기와 정절의 추종자, 곧 '열녀 이념'의 수호자에 가깝다.[2] 강명화의 사랑과 죽음은 이러한 한계를 어떻게 넘어서서 근대적 사랑의 열병인 충격적 '정사'의 표본으로 거듭났을까.

집안의 결혼 반대에 부딪힌 부잣집 애인 장병천의 앞날을 위해 스스로 목숨을 끊은 강명화를 두고 한 신문기사는 "꼿가튼 몸이 생명을 끈키까지에 그녀의 생활에는 엇더한 비밀이 잇섯던가"(《동아일보》 1923. 6. 16)라고 적었다. 기자의 감춰진 비밀에 대한 궁금증과 그것을 밝혀보겠다는 의지는 그녀의 불행한 죽음에 바치는 정중한 위로와 애도처럼 언뜻 느껴진다. 하지만 그의 관심은 천한 기생과 지체 높은 도령의 어긋난 사랑과 엇갈린 별리에만 초점을 맞춘 매우 통속적인 훔쳐보기식 호기심에 지나지 않았다.

그녀의 죽음은 21세기를 목전에 두고 "못 이룬 사랑을 정사로 이룬 한국의 '카투사' 강명화"(《조선일보》 1999. 11. 5)라는 심미적 별칭을 얻기에 이른다. 그러나 엄밀히 말해 이 별칭의 실질적 제공자는 강명화 자신보다는 다음의 두 존재들이었다.

하나는 그녀의 죽음 넉 달 뒤에 일어난 "부호의 독자 장병천의 자살"—"애인 강명화의 자살할 때와 가치 쥐 잡는 약을 먹고"—이었다(《동아일보》 1923. 10. 30). 비록 시차를 둔 자살이었지만, 그럼으로써 둘의 죽음은 누구도 갈라놓지 못할 영원한 사랑의 모본으로 떠올랐다. 게다가 춘향과 몽룡 모두 살아남은 《춘향전》과 달리 죽음을 통해 신분 초월의 사랑을 쟁취한 까닭에 신분제적 계급모순에 대한 개인적·사회적 저항의 의미도 자연스럽게 더해졌다.

다른 하나는 그녀를 "순결하고 헌신적인 사랑의 상징으로 부각"[3]하기 위해 극적인 포장을 마다하지 않았던 신문과 소설의 독자 획득과 이윤 추구를 위한 상업적 전략이었다. 《강명화 실기》(1924), 《강명화의 설움》

(1925) 등의 소설과 대중매체의 집중적 보도가 사회현실에 끼친 영향은 참으로 컸다. 연애의 실패나 버림받음에 따른 연인의 정사와 홀로 자살은 1920~1930년대 신문지면을 심심찮게 장식하곤 했다. 여러 신문을 들춰 보자니, "순사가 창기와 정사" "단발랑 강향란 음독자살" "재차 실연하고 음독한 유곽 창기" "공작 카페에서 음독한 기생" "시험에 낙제하고 청년이 창기와 정사" 등이 얼른 눈에 띈다.

제목에서 풍기는 분위기대로, 기생(창기)과 온갖 부류 남성의 정사는 대체로 부정적인 세평을 면치 못했다. 물론 '사랑의 영원성'이니 '개인의 선택'이니 하는 죽음에 대한 새로운 이해와 수용은 정사나 자살을 '성숙한 내면' 관련의 근대성 성취로 얼마간 인지케 한다. 하지만 현실에 대한 좌절이나 비윤리적 행위, 특히 범죄와 관련된 정사와 자살이 증가하면서 그 죽음들은 무가치한 유행병으로, 또 생명에 대한 외경의식 없는 섣부른 행위로 비판받게 된다.

그 결과 특히 두 목숨을 동시에 앗아가는 정사는 "생경하고 기괴한 일상의 장면"[4]으로 사회현실을 겉돌거나 얼마 뒤엔 아무도 기억하지 않는 허망한 죽음으로 사그라지기에 이른다. 이것은 "죽음과 각 개인의 전기적 상황 사이에 확립된 긴밀한 관련성"이 일거에 은폐, 소거되었음을 뜻한다. 이에 따라 그녀들 삶과 죽음에 아프게 새겨진 "극적인 요소와 감동의 몫"[5]은 그 흔적조차 남기지 못하고 허공 속으로 흩어지게 된다.

이에 비한다면 강명화의 자살, 아니 장병천과의 뒤늦은 정사는 서로에 대한 근본적 의존성과 윤리적 책임감을 확증하는 명예로운 죽음에 가까웠다. 여전히 근대적 현실을 압도하던 봉건적 제도와 감정의 층층시하라는 불확실한 삶을 넘어 두 연인은 "나의 운명이 당신의 운명과 근원적으로나 최종적으로나 분리될 수 없는 것"[6]이라는 통합적·연대적 삶으로 앞서 나아갔기 때문이다.

다음으로 "점잔은 사람한테 귀염도 바덧스며 / 나 절믄 사람한테 사랑도 했드란다"라는 대목이다. "점잔은 사람"은 누굴까. 이에 답하려면, 평양기생양성소 출신으로 대정권번에 들어 1910~1920년대 인기 절정을 달렸던 이난향李蘭香의 회고가 유익하다. 그녀에 따르면 "돈보다도 신문화에 매력을 느낀 기생과 유학생·언론인·문인"들과의 '로맨스'가 종종 일어났다.[7] 물론 그녀의 일터 '명월관'을 드나들던 일류문인 이광수, 최남선, 김억, 김동인, 김기진, 박종화, 변영로, 주요한 등이 당사자는 아니었다. 그녀가 결혼(1931)으로 기생 활동을 접은 뒤에야 식민지 문단의 문제적 작가로 떠올랐던 이상, 김유정, 백석이 그녀들의 낭랑한 노랫가락 말고도 그 매혹적인 영혼과 육체에 대해 뜨겁게 반응했던 주인공들이었다.

건축과 그림, 문학과 영화 등 전방위적 예술 활동에 다재다능했던 이상은 몸소 다방 '제비'를 운영하며 기생 금홍과의 연애에 한때의 시간과 열정을 탕진했다. 그러나 '탕진'이란 말은 어딘가 잘못되어 보인다. 금홍과의 연애를 다룬 소설 〈날개〉(1936)와 〈봉별기逢別記〉(1939)의 미학적·내면적 성취 때문에 그렇다. 이상은 경제와 성적 능력에서 숙맥인 젊은 남성과 둘 다에 능한 기생-매춘부를 주인공으로 내세웠다. 그러면서 둘의 다툼과 헤어짐을 유머러스하면서도 멜랑콜리적인 시선을 빌려 분열증적·병리적인 현상으로 재구성했다. 그럼으로써 이윤과 물질 우선의 도시문명에 지쳐 자아의 고유한 개성, 타자에 대한 연민, 공동체와의 연대의식을 모두 잃거나 빼앗긴 '벌레화 된 인간'들의 고독과 소외를 식민지 조선의 일상으로 예리하게 부조해냈다.

식민지 근대성 아래 '조선적인 것'의 현실과 운명을 유니크한 산문적 어법으로 노래했던 시인 백석은 기생 김영한과의 사랑을 통해 자아의 내면과 개성적 음률을 깊게 넓혀 갔다. 그녀가 당사자인지는 여러 논란이 있지만, 〈나와 나타샤와 흰 당나귀〉〈내가 이렇게 외면하고〉〈흰 바람벽이 있어〉 등에 등장하는 소박해서 매력적인 여성 인물들에서 김영한의 실루엣[8]을 지우기는 어려워 보인다.

그림 2 한곳에 모인 명창(《조선일보》 1926. 11. 10) 왼쪽 위 여성이 박녹주

이상이나 백석과 달리 김유정의 기생 사랑은 끝내 성립될 수 없었던 좌절과 실패의 애욕 그것이었다. 아직 등단 전의 문청文靑이었던 김유정의 구애 대상은 판소리 명창으로 명성을 높여가던 박녹주였다. 부잣집 도령에서 고학생으로 전락한 김유정의 이력은 아버지에 의해 기방에 팔려 웃음과 노래의 장소 이곳저곳을 아프게 전전했던 박녹주와의 비애와 얼마간 겹친다. 하지만 별다른 소통의 매개 없이 그녀를 향해 무작정 투척된 김유정의 혈서와 살해 협박의 편지는 오히려 연정 파탄의 칼날이 되어 그의 심장을 찔렀다.[9] 다행인 것은 박녹주에 대한 사랑의 실패가 등단 후 김유정의 소설 창작에 긴요한 자양분이 되었다는 사실이다. 특히 그는

폐병 사망 1년 전에 창작된 〈생의 반려〉(1936)와 〈두꺼비〉(1936)에서 기생 나명주와 옥화를 박녹주에 비김으로써 자신의 오랜 연정에 마침표를 찍었다. 그녀들에게 사랑의 밀어 대신 궤변 섞인 저주와 폭력에 가까운 분노를 퍼붓는 괴이한 방식으로 말이다. 이 때문에 두 소설은 질병에 시달리던 자신의 파국, 곧 자기 세계의 몰락과 존재의 폐허 의식을 괴팍하게 드러냈다는 평가로부터 자유롭지 못했다.

문인과 기생의 연애를 생각할 때 일제시대 유행했던 '문학기생'이라는 말은 각별한 두 가지 의미를 가진다. 그녀들 자신이 문학기생이었거나 작가들 영감의 원천으로 작동했다는 이중적 면모가 그것이다. 이 둘의 속성을 규정한다면, 문인이 그렇듯이 "말 안에서 살고, 움직이고, 자신의 존재를 갖는다"[10]는 것쯤 될 것이다. 기생들은 각종 가무와 기예는 물론 서화와 시가 짓기, 국어(일본어)와 조선어, 산술 등에 대한 교육을 마친 뒤에라야 객석에 나설 수 있었다. 다시 말해 "(기생) 학교를 졸업하고 예능을 갖춘 완성된 여자"로서 "행의작법도 단정"[11]해야 손님 응대가 가능했다. 하지만 여기에 더해 근대 예술에 목말라하며 자아의 감정과 내면의 표현에 열의를 다졌던 기생들은 국내외의 문제적 작품을 탐독하거나 직접 작품 창작에 나서는 '문학기생'이기를 마다하지 않았다. 김동환의 잡지 《삼천리》에 수필 투고를 제안받았던 백석의 연인 김영한과 톨스토이, 투르게네프, 이광수, 염상섭, 이기영, 김명순의 소설을 포함한 수십 편 이상의 국내외 문학서적을 독파했던 장연화張蓮花가 대표적인 경우이다. 그녀들의 마음속에 가정 형편만 좋았더라면 "녀류문사로서 시와 소설을 발표하게 되어 세상 사람의 칭찬과 귀염을 밧고 잇섯슬는지 모른다"[12]라는 안타까움과 자부심이 동시에 울울했던 것은 그런 의미에서 당연한 일이었다.

김유정의 경우 어린 시절 여읜 모성에 대한 결핍을 충족하기 위해 박녹주를 향한 극단적 연정에 빠져들었다는 분석도 있다. 그렇지만 대중을 울리고 웃기던 그녀의 판소리가, 또 거기 담긴 그녀의 애절한 인생의 표현이 없었다면 김유정의 연정은 애초에 촉발되지 않았을지도 모른다. 이상의 금홍은 '문학기생'과는 가장 거리가 멀었다. 하지만 그녀는 마치 보들레르의 실의와 좌절의 기원이 되었던 흑백 혼혈의 배우이자 매춘부였던 잔느 뒤발이 그랬듯이, 이상의 소외와 고독을 더욱 자극하는 정열의 육체와 끝없는 욕망으로 일관했다. 그럼으로써 이상 문학에 관한 한 문학예술인 고유의 '저주받은 의식'의 유쾌한 자극자이자 일상과 경제 활동의 유의미한 조력자로 떠올랐다. 그녀를 '숨겨진 작가'라는 또 다른 '문학기생'의 본분과 역할에 충실했던 팜 파탈Femme Fatale의 잠재적 예인으로 평가할 수 있는 핵심요인이다.

마지막으로 기생들의 안정감과 불안함에 직접 관련된 "빗나는 금강석을 탐네도 보앗스며 / 겁나는 세력 압헤 아양도 떨엇단다"라는 대목이다. "빗나는 금강석"은 일본의 신파소설 《곤지키야샤金色夜叉》(1898)를 번안한 조중환의 《장한몽》(1913) 속 여주인공 심순애와 관련될 것이다. 웬만한 교양과 능력을 갖춘 심순애가 부잣집 도령이자 일본 유학생인 김중배의 '금강석'에 하릴없이 무너진 것처럼, 기생들에게도 충분한 재물과 안정적 지위를 갖춘 재력가나 명사와의 결혼은 평생의 소원이었다.

이를테면 한성권번 소속으로 인기가 드높아, 조선 전역의 기생 605명의 사진과 프로필이 담긴 《조선미인보감朝鮮美人寶鑑》(1918)의 첫 자리를 차지했던 김춘외춘金春外春의 사정을 보라. 그녀는 20여 년의 기생 생활 중 몇 차례 반복된 연애와 이별의 쓰린 경험을 밝히며 "굶든지 먹든지 자기를 사랑하여 주는 남편을 만나서 남부럽지 않은 가정생활을 하는 것이 또다시 없는 소원"(《시대일보》 1926. 1. 7)임을 애절한 목소리로 고백했다.

물론 사치한 생활과 욕구 충족의 필요성 때문에 부호와의 결혼에 매달렸던 기생들이 없었던 것은 아니다. 하지만 그녀들의 결혼 욕구는 기생 은퇴 후의 안정적 생활 못지않게, 백석과 김영한의 연애에서 보듯이 "이성의 참된 의미의 사랑"[13]을 구하는 것일 경우도 적잖았다. 그러나 이

참된 사랑은 개인끼리의 신실한 애정과 아낌 이외에도 "우리도 사회 으로 평등 으로 살어보겟다는 (혁명적－인용자) 부르지즘!"[14]이 절실히 요청되는 감정과 행위였다. 그렇기에 "탐네도 보앗스며"라는 말의 어투에 보이듯이 여전히 봉건제와 가부장제 우위의 식민지 일상에서 기생의 안정적이며 행복한 결혼생활은 결코 쉬운 일이 아니었다.

"겁나는 세력 압헤 아양도 떨엇단다"라는 대목은 그런 점에서 더욱 문제적이다. "겁나는 세력"이 매국과 매판, 체제 협력의 친일행위를 통해 식민권력과 식민자본의 작은 곁가지라도 잡아챈 힘센 조선인 일부라면 오히려 괜찮다. '아양'에 기댄 '팔리는 웃음賣笑'이라도 자그마한 타협책이나 안전의 방책이 되었을지도 모르기 때문이다. 하지만 "겁나는 세력"이 기생들에 대한 생사여탈권을 제도적·법률적으로 보장받는 식민권력 자체라면 문제의 크기와 범주는 완전히 달라진다.

연전에 식민지 시대 기생의 슬픈 운명을 다룬 영화 《해어화》(2016)가 상영되었다. 아버지에게 팔려온 동기童妓 시절부터 도탑게 지내오던 같은 처지의 친구와 자의 반 타의 반 헤어질 수밖에 없게 된 어떤 기생의 내면과 행적을 뒤쫓는 게 서사의 핵심이다. 자신의 기량과 인기가 가장 출중하다고 여겼으나, 노래 하나로 대중의 인기와 숱한 재물, 그리고 자신이 연모하던 청년마저 독차지해버린 친구의 모습은 시샘과 부러움을 넘어 충격적이고 경악할 만한 것이었다. 결국 그녀는 친구에게 빼앗긴(그랬다고 생각한) 것을 모두 되찾기 위해 권력 상층부 식민경찰의 수장에게 벌거벗은 몸을 맡기기에 이른다.

표면적으로는 한 개인의 무절제한 욕망이 낳은 친밀한 관계의 분열과 파탄, 식민권력과의 결탁이 초래한 매국 행위, 곧 '민족의 죄인' 탄생기에 대한 비판적 성찰이 얼른 눈에 들어온다. 이 장면을 두고 "국제적인 지배와 피지배의 관계는, '지배자=남성' 대 '피지배자=여성'이라는 구도를 유지하면서 연애 관계의 비유로 가장 집약적인 표현을 얻는다"[15]라는 모순된 명제를 떠올려도 괜찮겠다.

과연 제국-남성과 식민지-여성의 비유적인 연애 관계는 근대적 기생제도 아래에서 어느 한순간도 평등하거나 자율적으로 작동하지 않았다. 식민지 시절 기생제도는 성립 당시부터 일제와 조선의 서열화와 차별화를 전제한 폭력적 규율과 명령의 집합체였다. 일제는 근대 기생제도의 근간이 된 1908년 창기 및 기생 단속령을 통해 기생의 역할과 책무를 일방적으로 획정했다. 이에 따라 국가의 명령과 통제 아래 수준 높은 기예와 관기官妓 직분의 섹슈얼리티 제공에 종사하던 기생들의 속성과 의무는 전혀 달라졌다. 그 변화의 핵심은 조선총독부가 관리, 통제하는 공창제의 틀 속에 갇혀 잠깐의 기예를 자랑하고 오랜 웃음과 몸을 파는 '창기', 곧 매춘부로 공식 등재되었다는 사실에 있다.[16] 이를 드러내는 결정적 규율이 관기 출신의 기생에게 실제 창기와 마찬가지로 '전염병독', 곧 성병 검사와 '건강증명', 곧 위생관리를 정기적으로 받도록 한 '기생 단속령'이었다.[17]

물론 전통의 기예 말고도 당시의 근대적 감각과 유행에 부응하는 신민요와 대중가요, 사진 모델과 영화배우로 영역을 넓혀 절정의 인기와 수입을 구가한 기생 출신의 연예인도 종종 탄생했다. 그러나 '아양을 떨었다'는 자괴감 섞인 표현에서 보듯이, 그녀들의 인기와 재물은 언제나 제국(또는 거기 결탁한 일부 조선인)의 식민주의적 문화자본이 수행한 일괄적 통제와 분배의 정책 아래 놓일 수밖에 없었던 제한적인 것이었다. 이러한 현상은 '대동아공영'을 모토로 내건 군국주의 총력전이 가시화되면서 한층 격화되었다. 1938년부터 본격화된 기생들의 '국민총력운동'에 대한 뜨거운(?) 참여는 대표적인 사례라 할 만하다. 조선총독부 기관지 《매일신보》를 중심으로 보도된 기생들의 여러 활동, 예컨대 일본군에 대한 위문대慰問袋 발송, 매월 1일 신사참배, 방첩 강연 참가와 방공전람회 참관, 향락 자숙을 위한 표준복 입기, 화대를 모아 전쟁 무기 헌납하기 등이 그런 것들이었다.

또한 일제는 총력전의 비상시국에서 기생의 의무와 역할을 강조하기 위해 시국 강연과 더불어 '종이광대'라는 연극을 보여주곤 했다.[18] 일본식 명칭은 '종이연극紙芝居(가미시바이)'으로, '화극畫劇'이라는 별칭에서 보듯이 광대가 특정한 그림을 보여주며 그 상황과 서사를 구연口演하던 이동 연극의 일종이었다. 당시 공연된 작품 〈황군의 활약〉과 〈애국반상회〉 등이 시사하듯이, 종이연극은 '총동원'의 전시체제에 요청되는 황국신민 의식과 멸사봉공의 태도를 선전·선동하기 위한 군국주의적인 계몽의 이벤트였다.[19]

그런데 문화적·언어적 맥락을 고려하면, '파시즘의 예술화'로 달려갔던 '종이광대'는 주체성 없이 힘센 자들의 손에 놀아나는 무기력한 대상이라는 뜻도 가진다. 문득 당대 기생들은 식민권력이 동원한 '종이광대'를 관람하며 힘센 그들의 무차별적 통제와 억압에 시달리던 자신들의 모습을 되돌아보는 기회를 가졌을까라는 질문이 떠오르는 이유이다. 식민화된 '종이광대'의 조작된 얼굴과 원래의 민낯을 동시에 엿보고자 한다면 그녀들을 담은 사진엽서가 한결 중요해진다. 왜냐하면 말과 시선의 힘을 가진 '종이광대'(일제)와 제 목소리와 표정을 억압당한 '종이광대'(조선)가 빛과 그림자로 함께 박혀 있는 매체가 기생 대상의 사진엽서이기 때문이다.

식민지 기생, 전통의 예인 또는 근대의 매소부

이광수의 장편소설 《무정》(1917)은 기생제도의 근대적 재편과 변화를 살펴볼 때도 주요한 참조 거리를 제공하는 기념비적 작품이다. 가령 개화파 관료 김장로 덕택에 기생 출신 소실에서 정부인이 된 선형의 모친, 월화를 필두로 한 실력과 미모 절정의 평양기생들, 반가의 따님에서 평양기생 계월향으로 살아가며 정혼자 이형식만을 그리워하는 영채 등의 삶은 그 자체로 흥미롭다. 셋 가운데 가장 문제적 인물은 양반의 고명딸에서 천한 기생으로, 다시 각성한 신여성(여학생)으로 드라마틱하게 변신해간 영채이다. 그녀는 양반가 교육과 기생됨의 훈련을 차례로 경험한 신분과 정서(욕망) 착종의 분열된 인물상에 해당된다. 그럼에도 영채는 인성과 윤리적 측면에서 한 치의 흐트러짐도 없었다. 양반가 후예로 어린 시절 맺어진 정혼자였던 형식에 대한 그리움과 자살로 생을 마감한 월화의 자상한 가르침 때문이었다. 둘은 상극의 신분이었지만 정조와 약속을 중히 여기며 '돈보다는 시'에 궁극적 가치를 두었다는 점에서 공통적이었다.

그러나 월향, 곧 영채의 정조는 식민권력과 가까운 교주 김현수와 배학감의 의도된 강간에 의해 산산이 찢겨진다. 반동의 사이비 교육자들이 영채에게서 본 것은 내면과 용모 단정한 요조숙녀가 아니라 육체적 탐닉의 섹슈얼리티로 충만한 매춘부였음이 확인되는 지점이다. 뒤이은 대동강에 몸 던진 영채의 죽음, 곧 자기파멸의 집행은 누군가의 충실한 애도와 기억의 대상이 되지 못한다. 오히려 형식에 의해 월향: 정절의 빼앗음,

영채: 정절의 지킴이라는 모순된 욕망의 대상으로 사물화된다. 하지만 영채의 죽음은 우연한 조력자의 손을 거쳐 일본 유학생인 신여성 병욱의 인도에 의해 명랑한 생명으로 거듭난다. 진정한 사랑에 대한 깨우침과 근대적 예술가로의 재탄생이 쥐어졌기 때문이다.

이때 당대의 식민지 현실과 관련하여 주의할 것이 하나 있다. 식민권력의 '창기 단속령'에 의해 지배, 통제되던 기생 사회에서 구식 예인 월향에서 신식 예술가 영채로의 재탄생이 결코 여의치 않았다는 사실 말이다. 전문 예인의 반열에 오른 기생일지라도 예술가연 할 수는 있어도, 제도가 부여한 '창기'의 상황, 곧 웃음과 기예를 파는 매소부 처지를 마음대로 벗어나기 어려웠다. 일방적 매춘의 덫에서 벗어나 적으나마 자신의 선택지를 거머쥘 수 있는 거의 유일한 길은 대중적 호소력과 인기를 드높여 누구도 넘볼 수 없는 '상품적 가치'를 획득하는 일이었다. 식민지 기생의 필요충분조건으로 뛰어난 기예 능력을 갖춤과 동시에 '사적이며 친밀한 성적 순간'[20]에 익숙한 '잘 훈련된 (연)예인'이 요구되었던 이유이다. 이 양가적 상황을 한 연구자는 "일제 공창 정책의 희생물과 근대 예인으로서의 기생의 입지"[21]로 규정했다.

이제 본래의 순서로 돌아와 식민지 기생의 저 복잡다단한 현실이 일제 사진엽서에서는 어떤 이미지와 문자를 얻고 있었는가를 짚어볼 차례이다. 낯선 곳에 대한 여행이든 아니면 학술적 탐구든 그곳들을 향한 방문자는 뜻밖의 '이국 정서'에 대한 기대감과 당혹감에 가장 먼저 휩싸이기 마련이다. 누군가의 말처럼 이국정서는 자국의 문화관을 기초로 구성된 타자의 문화에 대한 일종의 심성에 해당된다. 따라서 그것은 타자의 문화에 담긴 독자적 문화의 본래성보다는 여행자가 자국 문화와 대비하여 보고 느끼려는 어떤 이미지와 정서에 따라 극적으로 구성되고 편집된다.[22] 제국의 영토에 대한 내면적 심상지리의 확보를 우선시했던 일제 신민의 조선 여행은 다음과 같은 시선과 관점으로 식민지 이문화異文化에 대한 이국 정서

그림 3 무언가를 바라보며

그림 4 살살 바람이 불어

를 구성해 갔다. 경성과 평양의 기방 탐방이 서사의 핵심인 다카하마 교시高浜虚子의 장편소설 《조선》(1911)에 기록된 일 절 "한편으로 피정복자를 연민하면서도, 그 동시에 이 위대한 발전력의 국민을 탄미하는 마음"[23]이 그것이다.

> 1) 조선 여행에서 가장 인상에 남는 게 뭐냐고 묻는다면, 누구라도 기생이라고 답한다. 그럴 정도로, 그녀들의 매력은 대단하다.
>
> – 〈무언가를 바라보며〉
>
> 2) 청순한 얼굴. 건강한 육체. 그리고 동양적인 정숙함을 잃지 않는다. 기생이야말로 이상적인 여성미의 소유주이다.
>
> – 〈살살 바람이 불어〉

예시한 두 엽서의 세트 제목은 《추억의 조선 여행·기생의 얼굴面影》이다. 조선 여행을 추억하며 '기생'을 가장 먼저 떠올린다는 것은 무엇을 뜻할까. 그녀들이 이국의 섹슈얼한 타자만이 아니라 식민지 조선의 문화와 정서를 표상하는 제유적 존재임을 증빙하는 '상상적 재현'의 행위로 먼저 읽힌다. 이때 흥미로운 것은 두 사진엽서가 흔하디흔한 기생의 수동적 이미지, 이를테면 임에 대한 기다림이나 별리에 따른 가련하고 애처로운 모습을 꺼내들지 않았다는 사실이다. 능동적 이미지는 아닐지라도 "청순한 얼굴" "건강한 육체" "동양적 정숙"을 보유한 귀족적 이미지로 기생을 포장하고 있어 오히려 뜻밖이다. 사실대로 말해, 심미와 건강에 초점을 맞춘 기생의 포착과 제시는 비위생과 불건강의 존재로 재현되곤 했던 조선 '요보'들에 대한 부정적 이미지나 관행적 해석에 제동을 걸 수도 있다는 점에서 예외적 시선으로 읽히기도 한다.

그러나 기생의 명랑한 긍정성은 식민주의에 입각하여 만들어진 문화적 형상일 가능성이 크다. 롤랑 바르트에 따르면, 신화는 그것이 전달하는 메시지의 대상이 아니라 그 메시지를 생산, 전달하는 방식에 의해 최종적 의미가 규정된다. 제국의 이념과 권력을 구현하는 식민주의 사진엽서의 원리와 방법도 이 신화론의 지평을 크게 벗어나지 않는다. 두 사진엽서의 기생은 구체적 존재이지만, 동시에 이미지적(상상적)인 존재이다. 그러므로 권력의 시선을 바탕으로 그녀들의 도상을 관람하거나 소유하는 행위는 아름답게 재현된 겉모습을 넘어, 식민권력이 그 안에 감춰둔 의미나 분위기를 내면화한다는 것을 뜻한다.[24]

그렇다면 명랑하고 화려한 기생의 초상이 새로 구성하고 전달하는 메시지는 무엇일까. 그 밝은 분위기가 벌써 암시하는 대로 조선 기생은 "'성적인 기대', '싫증나지 않는 관능성', '질리지 않는 욕망'을 도발하는 장소"[25]라는 메시지일지도 모른다. 이 가정은 주어를 '식민지'로 바꿔도 그대로 상통한다는 점에서 단순히 여행의 문법과 기생 소유의 전략에 그치지 않는 식민지배와 통치의 최종심급에 해당한다.

'청순'과 '건강', '정숙'의 이상적 모습을 대표하는 기생 사진엽서를 찾아보려면 조선 고유의 전통과 정서, 아름다움에 주목한 편편이 적절할 듯싶다. '신조선'을 애경愛敬한다는 뜻에서 한편으로는 조선의 자연과 문화를 다른 한편으로는 일제 식민 통치의 탁월성을 동시에 관찰하고 기록했던 무라오 겐조師尾源藏는 당시 기생 문화의 불건전한 행태를 이렇게 기록했다. 경성과 평양의 기생들에게 〈춘앵전〉〈승무〉 같은 춤을 보고 〈태평가〉〈권주가〉 같은 노래를 듣고 싶었다. 그러나 그녀들이 당시 대유행하던 일본 신민요 〈야스기부시安來節〉, 〈오룟코부시鴨綠江節〉를 천박하게 부르는 모습을 보고 낙담했다.[26] 사정이 이러니, 옛 조선 최고 '기예'의 하나로 인정되는 〈춘앵전春鶯囀〉의 현장과 관람객 일본인의 반응을 함께 살펴보면 기대와 낙담의 실상이 더욱 분명해질 것이다.

1) 화려하고 아름다운 춤 옷을 입고서, 이제 막 춤을 추려 하면, 마구 두근거리는 마음이여!
그것이 마침 첫 춤을 추는 날이라 더욱 기쁘기도 하고 더욱 떨리기도 하네.
스스로 소리를 더욱 높이는 가슴의 두근거림, 그것은 약한 마음의 소유자, 아름다운 그녀야말로, 어쩔 수 없는 것이었다. 그럼에도, 무사히 춤을 다 춘 뒤의 자랑스러움은 다시없는 기쁨이다.

- 〈첫 춤 추는 날〉 (그림 5)

2) 새하얀 뺨
붉게 물들이며
기생은 노래하네
아리랑 노래
춤추는구나 하늘하늘

그림 5 첫 춤 추는 날(조선미인)

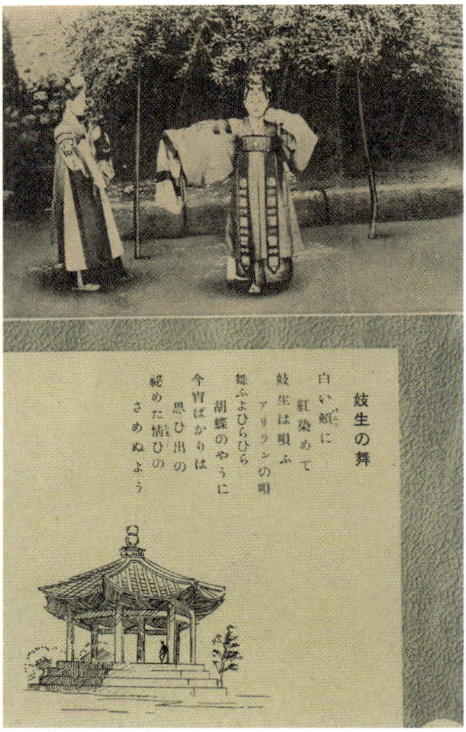

그림 6 기생의 춤(조선풍속)

나비처럼
오늘 밤만은
추억 속에
숨겨둔 마음이
식지 않도록

– 〈기생의 춤〉(그림 6)

〈춘앵전〉은 조선 순조 때 창작된 향악정재鄕樂呈才, 곧 궁중무의 하나이다. 화창한 봄날 아침 지저귀고 춤추는 꾀꼬리의 모습을 본 딴 여기女妓와 무동舞童의 춤이었다고 한다. 모후母后의 건강과 안녕을 기원하는 제왕

그림 7 시정 5년 기념 조선물산공진회

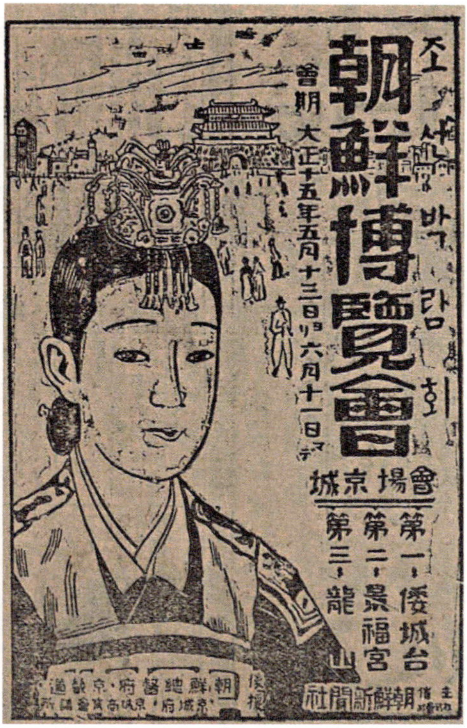

그림 8 조선박람회 《매일신보》 광고

효심의 춤이었지만, 점차 마치 봄날과 같은 태평성대 및 백성의 번창을 기원하는 뜻도 담게 된다. 가장 화려하고 아름답지만 가장 절제되고 정제된 춤사위라는 세평은 기생들의 고급스런 복색과 우아한 표정에서도 얼른 확인된다.

〈첫 춤 추는 날〉은, 제왕 앞은 아니지만, 자신을 성원해줄 귀한 손님 앞에서 〈춘앵전〉으로 데뷔하는 무기舞妓의 기쁨과 떨림, 자랑을 자연스럽게 표현했다. 〈기생의 춤〉은 궁중무 추는 기생의 마음을 관객(관찰자)으로 변신한 시적 화자의 목소리로 객관화시켜 노래했다. "추억 속에 숨겨둔 마음"에서 일본인 화자가 감응코자 했던 궁중무 대상의 낭만적 정서와 애처로운 분위기가 뚜렷하게 느껴진다.

그림 9 1929년 조선박람회 홍보엽서(대한민국역사박물관)

그러나 이런 방식의 감정의 낭만화 및 궁중무의 해석은 어쩌면 식민권력에 교묘히 기댄 정치적 행위였을지도 모른다. 이난향의 회고 〈명월관〉(《남기고 싶은 이야기들》)에 따르면, 효심의 드러냄과 국태민안의 기원이 담긴 궁중무는 식민권력에 의해 순종 앞에서의 공연조차 금지되었다. 그러나 일제는 강력한 억압의 상황 아래서도 제국의 지배체계 안으로 일본인과 조선인을 동시에 끌어들이기 위해 궁중무를 효율적인 유인 장치의 하나로 도구화했다. 이난향의 경력 "(조선물산-인용자)공진회 참가"(1915) 및 "오사카 물산장려회 참가"(1927)와, '시정 5년 기념 조선물산공진회'(1915) 포스터 및 사진엽서(그림 7), '조선박람회'(1926) 신문 광고(《매일신보》 1926. 5. 10)의 중앙에 화려하고 커다랗게 배치된 〈춘앵전〉 추는 기생의 이미지(그림 8)가 그것을 입증한다.

궁중무의 기생 모습이 일제의 식민지 근대화에 대한 성취와 자랑을 널리 알리기 위한 일회적 이미지이자 선전물이었음은 1929년 개최된 '조선박람회' 포스터와 홍보엽서(그림 9)에서 더욱 명확해진다. '조선물산공진회' 포스터와 엽서의 중간부에 후경 처리되어 있던 근대식 물산관이 여기서는 중앙부 중심과 그 둘레의 원형 란으로 전면화되고 있다. 전통의 농수산업을 근대의 공업과 광업, 상업과 금융업, 전신과 전기, 철도와 도로 관련 제도가 압도하는 형국이다. 이것은 기생의 궁중무가 완전히 사라지고 조선 권력의 상징이었던 경회루와 근정전이 관광의 명소로, 아니 정확히는 '조선박람회' 공간으로 겨우 지시되고 있는 사정과 상통한다.

물론 기생들이 '조선박람회'와 전혀 무관했던 것은 아니다. 조선권번 소속 기생들이 조선박람회장에 설비된 연예관에 출연, 검무, 승무, 무고 등을 공연했다. 그때 박람회 개최를 기념하는 '조선박람회기념무'를 함께 추었으며, 일제의 내부 식민지 류큐琉球의 것을 개량한 일본 악기 샤미센三味線에 맞춰 일본 노래도 가창했다. 어쩌면 그때 다음의 〈조선박람회가〉를 소리 높여 불렀을지도 모른다. "무궁화 향내 덥힌 우리 보배로 백화가 얽으러진 문화의 동산 대조선 박람회가 광명에 찻네" "조선은 삼천리 아름다운 땅 두만강 풀피리 남쪽에 처녀 황해와 동해가 번갈아 웃네". 이 결과 "우리의 문화는 나날이 크고 우리늬 살림을 빗나게"되는 것이다.

조선의 오늘을 찬양하고 빛나는 미래를 기원하는 목소리는 그러나 식민지 조선인이 아니라 '조선박람회 경성협찬회'를 필두로 한 일제 신민과 그 자본이었다. 그런 까닭에 기생이 퇴출되고 근대 물산관이 들어선 자리에는 식민지 조선의 개발에 대한 권리와 의무를 주장하는 식민권력의 들뜬 얼굴로 가득했다. 반대로 근정전, 경회루 권역에는 일제에 의해 신문명의 세계로 견인되고 근대식 일상생활에 접목되는 식민현상에 어떤 열등감과 수치심을 느끼는 조선인들이 침통한 얼굴로 주춤거리고 있었다.[27]

이처럼 기생의 최고급 기예 궁중무는 식민권력의 통제와 억압에 따라 그것 특유의 미학화 된 정치적 이념과 감각을 빼앗긴 채 대중 지향의 상업화된 유희로 변질되었다. 그러나 쇼와昭和 시대의 개막, 곧 군국주의의 급속한 강화에 따라 요리점 무대 수준의 공연으로, 마침내는 그것조차 거의 허용되지 않는 퇴출의 기로에 처해졌다. 이런 까닭에 일제 신민이 속절없이 빠져들었던 기생 주체의 전통 기예는 제국의 식민주의적 (무)의식에 의해 오염된 키치Kitsch화 된 상품으로, 또 일제의 선진 문명을 선전·찬양하는 프로파간다의 곡무曲舞로 강제 타락되어 갔다는 해석도 가능해진다.

한편 이국정서에 목마른 제국의 일본인과 궁중 문화에 대한 호기심에 들뜬 식민지 조선인에 대한 과시적 전시용 상품으로 전용되기에 이른 궁중무로 대표되는 전통 기예에 숨겨진 진정한 의미는 무엇일까. 재일학자 강상중의 말을 빌린다면, '남성'=식민자=제국에 의해 복속되고 재현되는 '여성'=피식민자=종속국[28]이라는 식민 관계의 확립일 것이다. 유교 이념에 바탕한 전통적 기생의 궁중무는 에로티시즘과 엑조티시즘이 막무가내로 결합된 상업용 댄스로 형질 전환되었다.[29] 그럼으로써 국태민안의 정치적 감각과 미적 세계에 관한 예술적 정서를 차단당한 채 성적 욕망의 도구이자 자극제로 거침없이 징발되었다. 기예와 섹슈얼리티의 기이한 결합, 그것의 전시와 판매에 대한 제도화는 청순, 건강, 정숙의 이상적 여성미로 욕망되던 기생 이미지를 되돌릴 수 없는 것으로 왜곡시켰다. 요컨대 기생은 제국의 팔루스에 의해 신체 안팎을 유린당한 채 그들의 폭력적 프로파간다와 변태적 유희에 힘없이 나포된 식민지 조선을 상징하는 재현물로 소환됨과 동시에 소외되었다.

기예의 자랑과 존중을 압도하는 기생의 성애화와 속류화 현상은 그러나 근대 천황제의 식민주의 정책과 이념에 들떴던 충량한 신민들이 조장한 결과이기도 했다. 예컨대 일본 여행객에게 널리 읽힌 《기생이야기妓生物語》의 저자 요시카와 헤이스이吉川萍水의 경우를 보라. 그는 색식色食, 곧 성욕과 식욕은 인간의 본성이라는 맹자의 주장을 인용하며 조선에서 그것을 대표하는 존재를 서둘러 찾았다. 조선의 기생집과 요리점으로 대표되는 유녀遊女들의 성적 풍습과 그 판매 행위는 그렇게 호명되었다. 술상 앞에 기생을 두고 양반 연하며 "사랑스러운 기생 한쪽 무릎을 세운 모습 / 부르는 노래는 아리랑 수심가 / 사랑의 경성 어슴푸레한 달빛"이라 노래 부르는 것으로 기생에 대한 평가와 의미화는 마감되었다.[30]

그때나 지금이나 〈아리랑〉과 〈수심가〉는 이상적 세계나 뜻깊은 인물·사건에 바쳐진 정악正樂과는 거리가 먼 노래로 평가된다. 비근한 세상사와 통속적 감정의 표출에 몰두하는 대표적 속요들이이기 때문이다. 그랬기에 무라오 겐조의 사례에서 보았듯이 전통의 정악을 고대하는 일본 관광객에게 종종의 멸시와 비난을 면치 못했다. 물론 제국 신민의 조선 속요에 대한 애호는 거기 담긴 민중적 정서의 활달함과 건강함보다는 연약한 조선 여성의 가련함과 애처로움, 또는 성희로 넘쳐나는 식민지 여성의 원시성과 육체성에 주목한 결과였다. 이곳에 보이는 일제의 조선 여성에 대한 타자화와 소외화의 문법은 그들의 식민권력이 조선에 진출하자마자 시도한 매우 편협한 인종주의적 책략의 일환이었다. 예컨대 기생을 다룬 《조선만화》의 몇몇 장면은 멸시받는 동시에 순종하는 신체로 식민지 조선을 변형시키기 위한 식민주의적 (무)의식이 예외 없이 작동 중임을 분명하게 보여준다.

〈단단히 좋소〉는 아예 〈갈보집〉으로 이름 붙인 만화와 함께 기생과 갈보로 대표되는 조선 창기를 비꼬고 조롱하는 작품이다. "단단히 좋소"는 "마늘 냄새, 간장 냄새, 거기다 뭐라 표현할 수 없는 조선 냄새 나는 여자"가 싼값으로 일본인의 소매를 끌어당길 때 쓰는 말이다. "선물로 빈대"를 받아온다는 언사와 마찬가지로 조선 매춘부의 추악한 신체와 비위생적인 생활환경을 동시에 저격하는 경멸과 비난의 표현인 것이다.[31]

〈하이칼라 기생〉은 〈기생의 춤〉과 더불어 '기생'을 표제로 내건 만화이다. 식민지 조선에서 진행된 근대적 기생의 탄생 과정을 요약적으로 제시하고 있어 주목된다. 하지만 만평의 핵심은 "삼천 년 동안 창기처럼 육성하여 한팔도韓八道의 교활 국민 중에서도 성적性的으로 기지가 넘치는

그림 10 단단히 좋소

그림 11 하이칼라 기생

제1등 기생"에 담겨 있다. "작년 박람회에 출연하고부터는 기생의 하이칼라 시늉이 급격히 진보하여 활달하기 그지없다"는 말처럼,[32] '제1등 기생'은 전시와 판매용 상품으로 기생집과 요리점, 그리고 유곽, 그것 안내의 책자와 팸플릿을 부유하는 '타락한 신체'로 떠도느라 바빴다. 이런 와중에서는 젊은 남녀 간의 애정사를 나타내는 남무男舞(남장한 기생의 춤)처럼 매우 음란하며 악감惡感을 불러일으키는 불건전한 춤만이 득세를 하게 된다는 것이 우스다 잔운의 평가였다. 이것은 조선 기생 또는 예인이 일본 게이샤에 비해 '무예무능'한 결정적인 조건에 해당된다.

하지만 웬걸 당시 식민지 조선에는 '식민자 사회의 주변부 여성'[33]으로 멸시받되 식민지 창기보다 그 지위와 경제적 능력에서 우월했던 제국의 유녀와 매춘부들도 다수 존재했다. 이 때문에 우스다 잔운의 조선 기생에 대한 저질적 평가와 의미화는 같은 직종에 종사하는 자기 동족을 향한 부메랑으로 되돌려졌다는 평가가 가능해진다. 이를테면 예시한 사진에서는 '잇또it', 곧 '환락'으로 울울한 식민도회 경성의 밤을 불태울 존재로 기생과 창기, 갈보, 은군자를 들고 있다. 하지만 제국의 인쇄매체는 그 이름들 앞에 '게이샤藝者'를 놓음으로써 "당신의 추파", 곧 매춘 행위의 주도자가 성적 문란함과 도덕적 타락에 깊게 물든 같은 핏줄의 화류계 여성이었음을 스스로 폭로했다.

그림 12 '잇또it'의 경성

인용문은 게이샤의 등신대 사진 옆에 붙은 요릿집 소개문이다. 그 공간의 주체는 제국과 식민지를 망라한 훼손되고 멸시된 여성-신체인 듯이 보인다. 하지만 이 부패한 공간의 진정한 주인은 타락한 욕망으로 들끓으며 '에로틱한 모험담'에 열광하는 제국과 식민지의 팔루스, 곧 '호모 비아토Homo Viator'[34]들이었다.

> 여행에 나서니 왠지 울적하고, 사람이 그리우며, 까닭 없이 객수에 빠져 술을 생각한다. 게다가 젊을수록 '잇또' 가득한 등불 아래를 사랑하기도 한다. 바람기라 말하지 마오. 저녁의 왁자지껄한 소리에 쓰디쓴 술

한 잔 마시고 싶을 때도 있겠지. 감미로운 술에 타오르는 생명을 시샘하려는, 당신의 추파, 내 목숨을 붙잡는다.[35]

식민권력에 힘입어 조선의 기생을 향한 색욕과 식욕으로 거칠 것 없던 제국의 신민에 맞서 조선 문인과 지식인은 어떻게 행동했을까. 편촉의 '기생도妓生道'를 강조했던 극작가 윤백남은 그녀들 특유의 '고전미'와 애국주의를 뜨겁게 호소했다.[36] 상고주의에 값하는 '기생 고유의 미'를 강조했던 이태준은 '조선 정조' 가득한 시조와 가사, 창곡 중심의 전통 기예, 더욱 깊이는 예술혼을 높이 샀다.[37]

물론 이에 반하는 더욱 노골적이며 적나라한 기생 비판이 없었던 것은 아니다. 식민지 현실에서의 민족문화 발굴과 실현에 집중했던 천도교계 잡지 《개벽》의 기자는 여러 예를 들어 기생계의 타락과 무기력에 엄중 항의했다. '매창불매음賣唱不賣淫'이라는 고상한 전통의 소멸, 비열한 수심가와 난봉가, 장고와 꽹과리에 능숙함, "〈압록강부시鴨綠江節〉〈이소부시磯節〉 등의 반벙어리 일본 노래"의 대유행이 힐난과 비판의 대상이었다. 회복, 보존할 만한 '조선적인 것'으로는 윤백남과 이태준이 말한 그것들을 고루 들었다.[38]

통속적이며 부도덕한 도쿄발 '잇또' 문화의 대유행을 "기생의 민중화"로 강력하게 비판했던 한청산은 '기생 철폐'의 필요성과 방법을 오목조목 제시했다. 그 가운데서도 기생제도의 부인, 완전한 여성해방과 남녀평등의 주창이 과격하고 인상적이다, 하지만 "교제와 교양과 취미"에 있어 기생을 너끈히 능가하는 "조선의 현모양처" 양성을 내세움으로써 식민지 현실과 동떨어진 낭만적·허상적 해결책의 제안에 머물렀다는 한계로부터 자유롭지 못했다.[39]

조선 지식인 상당수가 동의했을 법한 '기생의 민중화'에 대한 비판은 식민지 문화의 개선과 조선 정체성의 재확립을 위한 소중한 명제이자 담론이었다. 게다가 일제 신민들이 공유했을 '신내지'(조선) 생활과 여행의 즐거움에 내장된 퇴폐성과 폭력성을 유효적절하게 드러내는 기제이기도 했다. 하지만 그게 누구든 조선 남성도 기생의 실체와 이미지를 '말만 알아듣는 혀 잃은 꽃'으로 상상하거나 믿는 데에만 열심이었다. 제국과 식민지 남성의 의도 및 우연 반반의 공모와 결탁 관계가 성립하는 지점이다. 어쩌면 이 때문에 식민지 기생들은 양국의 폭력적인 팔루스들의 주관적 욕망과 유희적 필요에 따라 '성적인 접근이 언제라도 가능한 과잉으로 성애화된 존재'[40]로 더욱더 왜소해져 간 것인지도 모른다.

'기생'의 '아리랑', '정한'과 '명랑'의 사이

기생 관련 사진엽서에 가장 많이 인쇄된 조선민요는 단연 〈아리랑〉이다. 그 종류도 다양해서 임에 대한 기다림과 별리를 중심으로 노동의 힘겨움, 풍년에 대한 기대, 심지어 성적 유희나 그 은유까지 올라 있다. 사진엽서는 〈아리랑〉을 전달할 때 신문과 잡지, 라디오나 유성기보다 속도와 확장의 측면에서 훨씬 유리했다. 작고 가벼워 여행용 기념품이나 실용적인 우편엽서로의 쓸모와 가치가 높았기 때문이다. 더불어 〈아리랑〉 가사에 걸맞은 조선 여성, 특히 기생과 촌부의 다양한 면면과 생활을 사진과 그림으로 재현하거나 제시할 때도 무척 유용했다.

그러나 기생 관련 〈아리랑〉 엽서가 인쇄매체의 원리와 방법을 통해서만 생산, 소비되었다는 짐작이나 판단은 보류될 필요가 있다. 기생집과 요리점에서 노래된 〈아리랑〉이 먼저 있었을 것이다. 기생 출신의 가수가 그것을 공연 활동에서 노래하는 한편 유성기 음반에 담아 널리 유통시키는 순서가 뒤따랐을 것이다. 대중 지향의 유흥성과 상품성이 잘 결합된 〈아리랑〉의 출현과 확장이 엿보이는 현장이다. 이 음반 활동을 통해 기생과 대중은 식민지 현실에서 발생하는 복잡다단한 감정을 함께 느끼고 나누었을 것이다. 또 기생은 자기 이름 적힌 음반과 얼굴 담긴 사진엽서, 신문, 잡지를 통해 그간 경험치 못한 인기와 성공을 확인했을 것이다.

과연 1920~1930년대 조선 음반시장을 장악했던 콜롬비아, 오케이, 폴리돌, 빅타 등의 레코드사 출품작에는 유명한 기생이 부른 〈긴 아리랑〉,

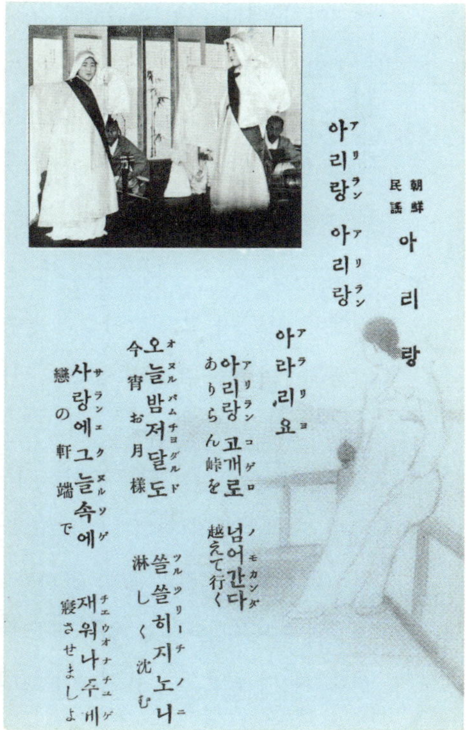

그림 13 아리랑타령(3)

그림 14 조선민요 아리랑

〈아리랑집의 만곡漫曲〉, 〈아리랑〉, 〈진도아리랑〉, 〈밀양아리랑〉 등이 빠지지 않았다.[41] 이러한 기생의 활동과 시청각매체의 상황을 잘 조합하자면, 인기 많은 기생의 구성진 〈아리랑〉을 유성기로 들으면서, 그녀와 가사가 함께 박힌 〈아리랑〉 사진(그림)엽서나 그녀의 얼굴 하나만을 담은 사진엽서를 즐겁게 감상하는 《태평천하》(채만식, 1937) 윤직원 영감의 별난 취미—정확히 말하면, 기생 춘심과 명창대회에 구경 가거나 값비싼 유성기로 판소리 듣기를 즐기는—도 그런대로 이해할 만한 것이 된다.

재조 일본인과 내지 여행객이 조선 요릿집에서 기생들이 부르는 〈아리랑〉과 〈수심가〉를 인상 깊게 들었다는 사실은 요시카와 헤이스이의 《기생이야기》에서 이미 확인했다. 예시한 사진엽서에 함께 적힌 조선어와 일본어 가사가 그들에게 서툰 대로의 〈아리랑〉 청취와 가창을 이끌었을 법하다. 먼 곳의 임을 그리는 고운 한복의 기생을 통해 (자유)연애의 낭만성("아리랑 고개는 / 열두 고개 님 가신 / 고개는 어느 고개", 그림 13)을, 정자(바탕 그림)에 혼자 오른 쓸쓸한 모습을 통해 홀로 생활의 고독감과 괴로움("오늘밤 저 달도 쓸쓸히 지노니 / 사랑에 그늘 속에 재워나 주게", 그림 14)을 대조적으로 느꼈을 것이다. 또 무섭고 우스꽝스런 장승의 모습을 통해 악귀를 쫓고 마을의 안녕을 기원하는 조선의 종교적 관습을, '승무'를 통해 현세의 고통을 씻고 법열에 이르고자 하는 식민지의 종교적 심성을 확인했을 것이다.

하지만 사진엽서에 등장하는 기생과 장승은 '주어진 사실'이면서도, 제국 일본이 식민지 조선에서 보고 느끼려 하는 '구성적 이미지'에 해당된다. 제국과 식민지의 권력 관계를 생각하면, 대상의 선택과 소개 방식, 그것의 이미지화와 (이중)언어화 모두가 식민주의적 시선과 태도에 입각한 선택적이며 억압적인 표현임이 드러난다. 그것의 마지막에 기생, 나아가 그것의 비유물인 조선을 보호해야 할 가족의 일원으로 귀속시키는 한편 우월한 지배자로서 일제의 위상과 가능성을 더욱 확실하게 각인시키겠다는 욕망과 권력이 놓여 있다.

그런데 1936년 종합잡지 《삼천리》에는 〈아리랑〉의 통속성과 현장 유통이 환기하는 피식민의 타자성을 감안하면 어딘가 괴이쩍은 기사 하나가 실린다. 〈엇더한 《레코-드》가 금지를 당하나〉가 그것이다.[42] 조선총독부 경무국 도서과에서 검열한 결과의 금지곡 88편을 기록한 〈★금지된 레코-드 일람표〉에 '콜롬비아'사의 〈아리랑〉, '시에론'사의 〈유행민요 아리랑〉, '빅타'사의 〈신민요 변조 아리랑〉이 실려 있어 의아하고도 충격적이다. 조선총독부는 1933년 5월 '축음기 레코드 취체규칙'을 제정, 선포하여 건전한 취미와 오락을 조장하는 한편 불온불량한 유성기 음반에 대한 합법적인 검열과 통제의 길을 제도화했다. 규칙의 핵심은 "축음기 레코드로 치안을 해치거나 풍속을 어지럽힐 우려가 있을" 경우 "제조, 판매, 수여 또는 연주를 제한 또는 금지할 수 있다"는 것이다.

뜻밖에도 〈아리랑〉에 적용된 발매와 유통, 가창 '금지'의 처분 이유는 이른바 '풍기괴란'이 아니라 '치안방해'였다. 조선총독부는 치안방해의 근거를 '계급투쟁'과 '민족의식' 선동, 내선융화의 저해 등에서 찾았다. 풍기괴란의 조건은 '외설스러운 정사情事에 대한 설교', '정욕 선동', '정교情交 묘사' 등에 두었다.[43] 사진엽서와 대중 대상의 〈아리랑〉이라면 '풍속괴란'에 걸렸을 법한데, 무슨 까닭으로 '치안방해'의 판정을 받았을까.

이유는 간단했는데, 나운규의 영화 〈아리랑〉(1926)에 울려 퍼지며 '민족의 소리'로 급부상한 〈아리랑〉을 채동원이 음반에 취입했기 때문이었다. 여기 실린 가사 "나를 버리고 가는 님은 / 십 리도 못 가서 발병 난다" "풍년이 와요 풍년이 와요 / 이 강산 삼천리 풍년이 와요" "청천 하늘에 별도 많고 / 우리네 살림살이 말도 많다"라는 구절은 기생 관련 〈아리랑〉 엽서에서도 빠짐없이 확인된다. 어디서나 불리는 평범한 가사 때문에 금지 처분이 내려졌을 같지 않은데 무슨 까닭이 있었던 것일까. 한 연구자에 따르면 채동원의 〈아리랑〉에 대한 '금지' 처분은 본 음반과 달리 마지막 절을 "싸우다 싸우다 아니 되면/이 세상에다 불을 지르자"로 실은 《정선 조선가요집 제1집》(조선가요연구회, 1931)과 밀접한 관련이 있는 것으로 보인다.[44] 실제로 이 가사는 사진엽서나 여행안내 책자, 당대 조선에서 불리던 〈아리랑〉부터 음란과 불온의 그것까지 수집해놓은 김지연의 《조선민요 아리랑ありらん》(1935)에서도 찾아지지 않는다.

일제는 최서해가 〈홍염〉(1931)에서 그랬던 바, 식민지 조선인의 방화와 살인, 약탈 등을 통한 근대 천황제에 대한 거부와 저항의 기미를 〈아리랑〉 영화와 주제곡에서 함께 느꼈는지도 모른다. 나운규는 영화 〈아리랑〉에 대해 '조선 정서'를 가득 담았으며 "민족성이라 할까 할 그 집단의 정신"에서 '의협'과 '용맹'과 '패기'를 느꼈다고 고백했다.[45] 이런 상황 때

그림 15 조선민요 아리랑

그림 16 아리랑정서(1)

문에라도 일제는 식민지 대중에게 전파될 법한 제국의 균열과 파괴라는 위험 사태를 예방하기 위해 유성기 음반 〈아리랑〉에까지 금지 처분을 내린 것으로 판단된다. 그렇지 않고서는 채동원의 〈아리랑〉(1930 발매)에 이어 음반 가사로는 문제 될 것 없는 김대근의 〈유행민요 아리랑〉(1932년 발매)과 이애리수의 〈신민요 변조 아리랑〉(1933년 발매)이 차례로 발매 중지된 이유가 손에 잡히지 않는다.

잡지 《삼천리》는 풍기괴란의 근거를 "그 문자로 나타난 바로는 아무렇치 안치마는 그 입으로 불이워져 나오는 매듸에는 넘우나 회고적이요, 애상적인 점이 잇다"[46]는 것으로 기록했다. 수십 종의 이본과 변이 가사가 공존하는 〈아리랑〉은 이 혐의에서 아주 자유로웠을까. 예시한 엽서(그림 15)의 기차역에서 이별하는 장면과 "기차는 써나고 쌍고동 치는대 / 정든 님 날 붓잡고 놀줄 모르네"라는 7·5조 가사는 '회고'와 '애상'의 혐의를 완전히 벗지는 못한다. 실제로 근대 전환기 탄생하여 식민지 시대 성장한 〈아리랑〉은 다음과 같은 부정적 평가에 끊임없이 시달렸다. 황현의 《매천야록梅泉野錄》에 적힌 망국 암시의 '신성新聲 염곡艷曲'이라는 비판부터 김재철의 "민중적 반감"과 "생동성"을 잃은 '절망'과 '한숨'의 노래, "유흥적이요 현실 방탕의 노래"[47]라는 비판까지 여기 해당된다.[48] 이 정도라면 〈아리랑〉에 대한 비판도 '기생의 민중화'라는 부정적 평가 및 기생 철폐 주장과 한 몸을 이루는 담론이 아닌가 싶다.

그렇다면 일제는 조선 지식인의 〈아리랑〉에 대한 부정적 평가와 비판에 어떻게 대응했을까. 방법은 두 가지였다. 하나는 한일 이중어나 번역을 통한 〈아리랑〉의 일본화였다. 예시한 일본어본 〈아리랑정서〉(그림 16) 후반부를 다시 한국어로 직역하면 "나를 버리고 가는 님은 / 1리도 가지 못하고 발을 다친다" 정도가 된다. 현재 한국과 세계에서 널리 불리는 〈아리랑〉 후반부를 일역한 텍스트임이 확인된다. 이 노래의 정한情恨, 곧 임에의 사랑을 역설화 한 저주와 그 안에 담긴 임의 안녕에 대한 애틋한 기원은 그러나 활짝 웃는 기생의 모습으로 인해 순식간에 증발한다. 여기에서 그녀의 명랑성과 화려함은 무엇을 뜻할까. 식민권력의 팔루스가 언제라도 즐기며 소비할 수 있는 '과잉으로 성애화된 대상'이라는 명제에 비춰보면 그 답이 얼추 드러난다. 식민지 기생과 요보의 비참한 생활과 운명을 은폐한 채 자신들이 탄생시킨 근대식 기생과 그것의 모체 조선의 섹슈얼리티를 욕망에 따라 창안하고 필요에 따라 소비하겠다는 의지의 표현이 그것이다.

실제로 일제의 지식인들은 〈아리랑〉을 '식민 통치'와 '민중 교화'를 위한 선전 및 계몽장치, 이를테면 "민중가로서 또는 노동가로서 장차 선전용 노래"로 활용할 것을 제안한 것으로 알려진다. 또한 일제 문화자본은 〈아리랑〉을 일본의 정서와 상상력에 부응하는 내용, 이를테면 연인들의 이별이나 향수, 세기말적인 우수 등을 담은 유행가로 번안, 재편하여 일본 내지에 대유행시켰다고 한다.[49] 이처럼 일본으로 박래한 순간 〈아리랑〉은 그 어떤 '조선적인 것'도, 그 어떤 민중과 역사의 현실도, 심지어 제 몸에 들러붙어 있던 그 부정적인 '기생의 민중화' 현상마저 박탈, 소거당했다. 그 결과 뜻 모를 외국어(일본어)에 가탁되어 퇴폐적 또는 낭만적 염정 가득한 통속적 유행가요로 더욱 변질되기에 이른다.

다른 하나는 한편으로는 현실 비판적이며 다른 한편으로는 음란·저속한 성희적 경향의 〈아리랑〉을 적절히 관리하며 방치하는 전략이다. 이곳 〈아리랑〉은 바로 펼쳐볼 수 있는 사진엽서나 여행안내 팸플릿에는 거의 실리지 않았다. 대신 긴 시간과 여유를 갖고 넘겨봐야 하는 두터운 서적과 잡지에 감추어 두듯이 실렸다. 이 은폐의 전략은 그러나 조선의 성적 풍속과 매매 현상에 대한 일제 팔루스의 호기심과 관음증을 더욱 자극하는 왜곡된 욕망과 이윤 획득의 유용한 도구로 작동했다.

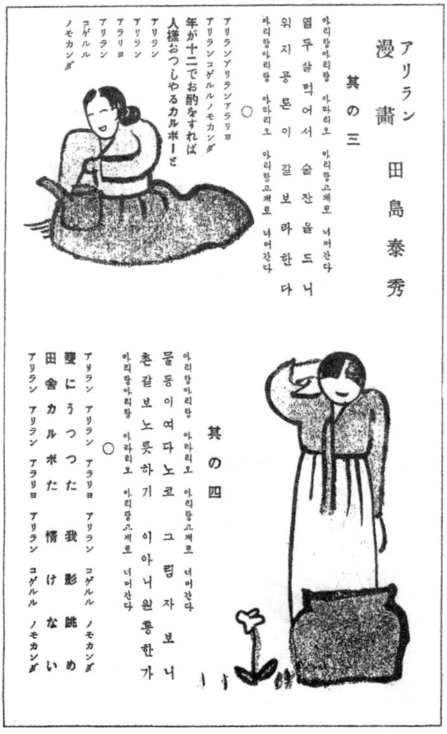

그림 17 아리랑(アリラン) 만화

일본인 발행의 잡지 《아리랑》에 실린 〈아리랑 만화〉(그림 17)가 대표적 사례였다.[50] 두 편의 〈아리랑〉에서 문제적인 구절은 조선어와 일본어 모두 크고 굵게 인쇄한 "열두 살 먹어서 술잔을 드니 / 위지공론이 갈보라 한다" "물동이 여다노코 그림자 보니 촌갈보 노릇하기 이 아니 원통한가"일 것이다. 겨우 12살 넘어 천한 매춘부로 팔린 여성 화자의 입장을 존중한다면, 저 가사는 조선 기생이나 갈보의 신세 한탄에 그치지 않는다. 과감히 해석한다면, 가족의 행운과 평안을 빌미로 어린 딸을 희생양으로 팔아넘긴 가부장과 그 상위체계인 망국의 조선, 국민주권을 행사 중인 천황의 나라 일제 모두에 대한 비판에 해당된다.

그러나 두 편의 〈아리랑〉을 잡지에 실은 자는, 이어지는 기사인 〈기생기담妓生奇談〉에서 기생 관련의 우스갯소리를 늘어놓았을 뿐만 아니라 1933년 《문교의 조선文教の朝鮮》에 〈아리랑고アリラン考〉를 발표한 다지마 오오히데田島太秀였다. 그는 조선총독부 학무국과 보통학교 훈도로 근무하며 《조선어독본》 편찬과 개정에 참여하는 등 조선 아동의 충량한 신민화에 적잖은 영향을 끼쳤다. 조선의 착한 서민 이야기를 모은 그의 저술 《온돌야화溫突夜話》(1923)[51]도 그때 충분히 활용되었다고 한다. 또한 1930년대 후반 들어 일제 군국주의의 선전선동대를 자임했던 '국민총력조선연맹'에도 깊이 관여했으며, 태평양전쟁 시에는 〈승리의 요결〉이라는 총력전 독려의 문장을 작성하기도 했다.

이러한 그의 이력에 비춘다면, '갈보' 운운의 〈아리랑〉 제시는 그것 자체의 탐구나 기록만을 목적하는 행위가 아니었다. 차라리 어린 매춘부의 섹슈얼리티와 그것을 소비 중인 조선의 퇴폐성을 공식화하고 재현하겠다는 잘 계산된 오리엔탈리즘의 전략에 가까웠다. 여기서 기생의 비극적인 현실에 대한 폭로와 전파를 통해 "종속적이고 열등하며 덜 발달된 사람들(과 민족들 – 인용자)을 다스려야 한다"[52]라는 식민권력의 '사명감'이 매우 폭력적이며 비윤리적일 수밖에 없는 이유가 드러난다. 이것은 '지배와 연관되는 지식', 곧 가부장제와 매춘제도의 야만성을 문명화된 시선으로 비판하는 겉모습과 달리, 이면에서는 조선과 일본의 유녀들에 대한 물리적·육체적 억압과 침탈의 제도화에 집중한 결과이기도 했다.

한 가지 덧붙일 사실은 기생과 갈보 중심의 '팔리는 신체' 현상이 이미지의 왜곡과 변형, 과장과 축소 등에서 보다 자유로운 만화만의 것이 아니었다는 점이다. 권위주의적인 관전官展 형식을 취함으로써 한국 근대미술의 전개에 큰 영향을 끼친 제도로 평가되는 조선미술전람회에서 일본 화가들은 원시적이며 야만적인 표상의 조선 향토색(지방색) 발견과 표현에 집중했다. "거친 흙을 바른 튼튼한 동굴 같은 작은 집"[53] 등이 작품의 주된 대상으로 떠오른 이유이다. 또한 사진엽서에서 그랬듯이, 움막 같은 초가집에 살며 노비의 운명으로 베를 짜고 절구질을 하며 다듬이질을 하는 조선 여성도 심미화, 아니 타자화의 짝패로 호출됐다. 벌써 짐작했겠지만, 가난한 촌부들과 구분되는 이국적 섹슈얼리티의 제공자들인 동기童妓, 기생, 갈보도 화폭의 대상에서 빠지지 않았다. 이를테면 일본인 화가 하야미 교슈速水御舟는 아예 《청구부인초青丘夫人抄》라는 제목 아래 동기, 갈보, 직녀, 다듬이질, 절구 찧기로 이어지는 조선 여성 연작물을 출품하기도 했다.[54]

일제와 그 신민은 식민지 조선을 향해 '신내지'와 '내선융화'라는 친밀성의 기호를 끊임없이 송출하며, 이것을 시와 미술과 노래의 형식으로 예술화하는 일에 적잖은 노력과 시간을 투자했다. 그러나 '청구부인' 연작에서 보듯이, 조선은 심미화로 가장된 식민지 타자이자 장소로서의 '명소attraction'라는 지위와 처지를 한시도 벗어나지 못했다. '명소'는 서양의 사전적 정의에 기댄다면 '사람들의 관심을 끄는 행사나 물건'이란 뜻을 가진다.[55] 그게 어디든 '명소'가 이국 취향이나 타인의 정서와 긴밀히 연관될 수밖에 없는 이유이다. 이런 차원에서 제국 신민의 관광과 예술의 욕구를 기쁘게 충족시키는 식민지 조선은, 호미 바바의 말처럼 '고향(가정)을 넘어선 낯선 세계'를 한 치도 벗어나서는 안 됐다. 제국 남성을 진정한 남성성의 위치에 두는 식민지배의 체제와 구조 아래서 노동과 성의 차별에 종속된 조선 여성이 밟아갈 비극적 행보는 명백했다. 일본 팔루스들의 욕망과 시선에 무력하게 응시되고 탈취되는 식민지인의 표상으로 점유되거나 소외되곤 했다는 사실이 그것이다.

한편 다지마田島가 제시한 〈아리랑〉은 김지연의 《조선민요 아리랑》에도 실려, "신갈보 호리기는 막 마쳤네" "시약시 갈보 다리고 열매 짜러갈게"와 같은 남성적 목소리의 〈아리랑〉과 기이하게 동거하고 있다. 물론 "이십 세기에 당당한 남자로 / 주사청루酒肆青樓에 종사를 하느냐"라는 남성의 비윤리적인 '매춘'을 비판하는 〈아리랑〉도 없지는 않았지만 그것은 몇 편에 지나지 않았다. 성적 욕망을 자극하고 해소시키는 상품화된 정욕의 신체로 취급되는 한 그녀들은 열등하고 종속적이며 여전히 미개한 '만지蠻地의 여성'을 벗어나기 힘들었다. 매춘 여성 자신과 그것의 야비한 소비자 남성 모두가 자신들의 입장에 따라 그녀들 섹슈얼리티를 무언가 '말썽부리는 것'이라는 양가적인 느낌의 구조 안에 가둬두게 되는 핵심요인인 셈이다.

비록 현장 탐방과 조사에 의한 기록물로서의 〈아리랑〉들이지만 상반되는 목소리들의 잡거는 다음과 같은 체제 협력의 욕망과 의지를 불러들인다는 점에서 문제적이었다. 〈비상시 아리랑〉의 일 절 "19의 35와 36년은 / 평화냐 그 반대냐 갈림길일세 / 세계에 빗춰라 태양 마음 / 평화의 기발을 휘날리자"[56]가 그것이다. "비상시"가 조선을, "태양 마음"이 일제 천황을 뜻한다면, "평화의 기발"은 당대에 주창된 호혜적인 내선일체와 황국신민화, 그리고 대동아공영권 건설을 뜻할 수 있다.

그렇지만 식민주의와 식민지라는 서열과 차별의 정치적·문화적 체계는 이 대목을 정반대의 맥락과 의미로 이끌어 간다. 에드워드 사이드의 말을 약간 변형한다면, 조선 요보들로 하여금 스스로를 일제의 율법에 적응시켜 거기에 예속되게 만드는, 다시 말해 천황의 존재를 필요로 하는 신민들로 재구성하게 하는 주체 상실과 해체의 길을 더욱 확장하는 결과와 효과가 그것이다. 이런 까닭에 인용한 사진엽서와 그림에 보이는 기생과 갈보의 '웃는 얼굴'에서 '하나의 희생물이거나 고도로 강요된 인물'의 예정된 '파멸'[57]이 아찔하게 은폐되어 있다는 웃음 삭제의 아이러니를 엿보게 된다.

기생의 연출된 삶과 보여지는 신체

1930년대 가까워질수록 기생 사진엽서에는 두 가지의 적잖은 변화가 생겨난다. 하나, 실물 피사체에 대한 정보가 은폐, 삭제된 '조선 풍속', '기생' 같은 단편적인 제목이 사라진다. 대신 기생의 잘 꾸민 신체와 이름만을 적거나 그녀들의 생활과 내면이 담긴 산문이나 시가를 기록한 엽서들이 점차 늘어난다. 둘, 표정 변화 없는 딱딱한 인상에서 벗어나 화려한 복색 차림으로 밝고 친근한 미소를 짓는 얼굴도 점차 늘어난다.[58] 웃음 짓는 얼굴은 친밀함이나 다정함을 환기한다는 장점이 있다. 이것이 기생의 표징이 되었을 때는 다음과 같은 효과를 낳는다. 세계, 곧 제국과 식민지의 남성을 향해 큰 목소리로 자기의 매력과 정열을 널리 알림과 동시에 대량 복제된 사진엽서의 주인공으로 우뚝 선 그녀 자신을 '특정한 장소로 미리 체험'[59]하게 하는 기회를 동시에 갖게 된다.

기생들에게 두 가지 변화는 어떤 이유에서 의미 깊었을까. 첫째, 대중을 향해 자신의 가치를 높여 재산을 모으고 안락한 생활을 즐기려는 욕망의 충족에 도움이 되었을 것이다. 과연 유명한 미모와 실력의 기생들은 대중가요와 영화배우 등의 스타로 떠올라 호화 방탕한 '신생활'을 영위하며 각종 신문과 잡지, 라디오에서 막강한 위세를 떨쳤다. 둘째, 결국 삶의 여유나 재물의 충분함과 연결된 것이지만, 자신만의 문화 향유와 소비를 충족하려는 욕망의 한 방편이었다. 궁핍한 생활 아래서는 제대로 경험 못 한 개성·취미·교양의 능동적 주체로 거듭남으로써 근대 특유의 자율

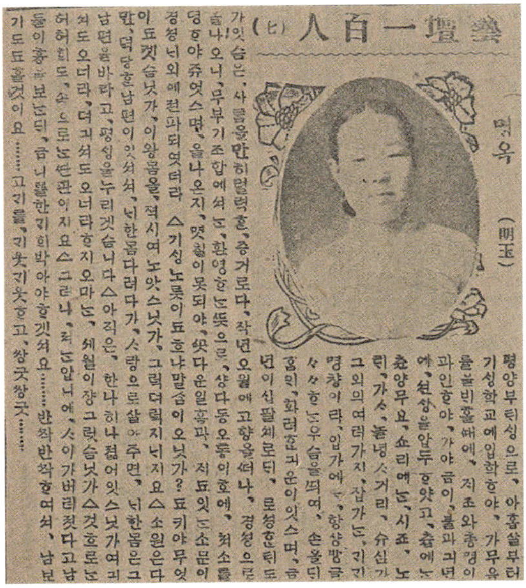

그림 18 예단일백인 – 명옥

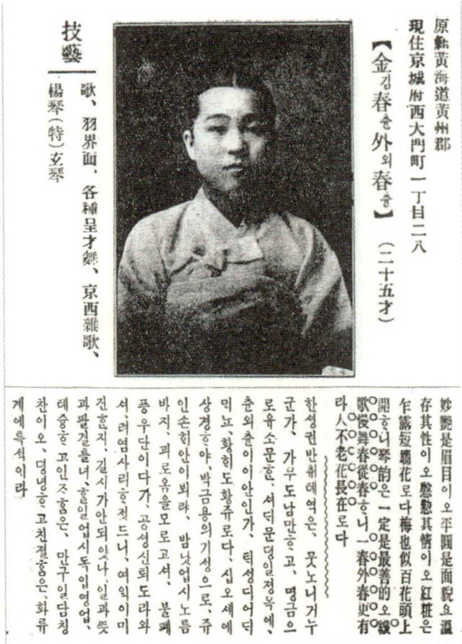

그림 19 조선미인보감 – 김춘외춘

성의 문법과 내면을 자기화하고자 했던 것이다. 그런 점에서 이 행위는 자신들에 대한 억압과 소외의 진짜 주체인 제국–남성–권력 중심의 시대 현실과 겪을 수밖에 없는 갈등과 불화를 넘어서기 위해 선택된 것으로 평가될 만도 하다.[60]

그러나 그것이 상품성이든 개성이든 전통시대와 구분되는 기생들의 '향기로운 신체화'[61]는 아무런 제약과 간섭 없는 자율성의 미학에 토대한 것만은 아니었다. 당시 '직업부인'이 되려는 여성들에게 "노동 이외에 에로 써비스"[62]라는 조건이 공공연히 요구되었다. 일반 여성의 취직이 그러할진대 제도에 '창기'로 분류된 기생들에게 '에로 써비스'란 선택사항 아닌 의무 조건이었다. 그런 의미에서 화려한 복색과 다양한 표정의 사진 촬영과 배포는 기생 개인의 선택일 수만은 없었다. 오히려 식민권력과 매춘업자가 공식적인 '섹슈얼리티 상거래 시스템'에 자신들 소유와 통제의 기생들을 단단하게 통합하는 한편 그녀들에 대한 새로운 면모와 지식을 적극 알림으로써 상업적 이윤을 극대화하려는 조치에 가까웠다.[63]

그렇다면 기생은 공적 성격의 허가된 인쇄매체를 통해 자신이 소개, 선전되는 기회를 언제 처음으로 가졌을까. 조선총독부 기관지 《매일신보》의 연속 시리즈물 〈예단일백인禮壇一百人〉(1914)과 '조선연구회'의 저술 《조선미인보감朝鮮美人寶鑑》(1918)이 그 주인공이었다. 이곳 소개문에는 해당 기생의 사진, 소속 권번, 출신 성분, 입적 동기, 미모의 특징, 장기인 기예, 미래의 결혼과 가정생활에 대한 소망 등이 담겼다. 이를 통해 기생들은 자신의 존재감과 상품적 가치를 널리 알려, 그 기예와 섹슈얼리티에 매혹된 내외국 남성들의 내방을 더할 수 있는 기회를 가졌던 것이다.

그러나 식민지-제국의 남성들 탄성과 여성들 탄식을 함께 불러왔을 기생 안내문은 객관적이고 공명한 기호였을까. 예시한 장면에서 대중의 호응도와 감각의 집중도가 제일 높은 기호는 단연 사진이다. 사진이나 기사문은 있는 그대로나 주어진 사실에 충실한 기호로 여겨지는 경향이 있으나, 결국은 대상들의 해석과 가치화로 수렴되는 형식들이다. 요컨대 사진가와 기자는 사진을 찍고 기사를 쓰는 행위 자체에 내재된 뭔가를 가르치려는 태도를 내려놓을 줄 모르는 일종의 공명과 정대를 가장한 포식자들이다. 수전 손택이 말한 것처럼, 이러한 사진과 기사의 성격이야말로 그것들이 대중 소비자에게 건네주는 '메시지'이자 문득 드러내는 '공격성'의 핵심이다.[64]

그렇다면 식민지 조선의 기생들의 변화된 면면들, 곧 명랑한 웃음과 다양한 표정의 전시와 표현이 암암리에 제안하게 되는 메시지와 공격성은 무엇일까. 기생이란 제국의 렌즈가 요구하는 표정과 포즈에 충실한 수동적 피사체라는 것, 이를 통해 여성적·피동적인 식민지 조선의 내적 본질과 외적 표상이 발견된다는 것이 첫 손에 꼽힌다. 그럼으로써 서구와 일제의 식민권력에 대해 '기생=여성=조선'이라는 오리엔탈리즘적인 이미지와 의미의 기호 연쇄를 제공하게 된다는 것, 이 과정에서 힘센 외부 팔루스의 성적 호기심과 취향, 이국적 감각과 정서를 한껏 자극하게 된다는 것이 궁극의 효과일 것이다.[65]

이제 살펴볼 사진엽서세트는 사진과 기사의 메시지와 공격성을 주도면밀하게 활용, 기생 제시의 목적과 효과를 최대로 끌어올린 사례에 속한다. "여들사람으기생"이라는 공통된 안내가 지시하듯이, 이것들은 대중에 대한 호소력과 상품화의 척도가 되는 다양한 표정과 태도, 거기서 발생하는 명랑과 슬픔, 불안과 공포의 섹슈얼리티를 인상적으로 포착, 노출하고 있다. 해당 엽서를 소개하자면, 사진에 '조선미인'이라는 패찰을 단 《기생팔태妓生八態》와 그녀들의 농염한 자태에 초점을 맞춘 《기생—염자팔태艶姿八態》[66]이다. 둘 다 총 8매 구성으로, 전자는 다이쇼사진공예소에서, 후자는 히노데상행에서 출품했다.

두 엽서를 잘 섞어 배치해보면 꼭 기생이 아니더라도 누구나 느낄 법한 삶의 희노애락이 퍼즐처럼 들어맞는다. 더군다나 이 감정들을 식민지 사계절의 특징과 변화에 조응시키고 있는 세심한 상상력과 감각도 엿보인다. 그래도 기생과 누군가의 사랑과 연정을 기술한 장면들이 가장 많다. 이런 사정을 감안하여, 그것들 몇 편에, 독특한 상상력과 서사가 인상적인 엽서들에 초점을 맞춘다.

1) 따스한 봄볕 비추니 공중으로 사뿐 떠오르는 미인의 발걸음…….
   그녀는 지금, 교외로 꽃을 찾아가고 있다. 들에는 싹트는 풀들로 푸르고, 물도 미지근하며, 화창한 봄바람은, 그녀의 헝클어진 머리를 나긋나긋 어루만진다.
   봄이여, 봄이여, 꽃은 흩어져 그녀의 새하얀 치마에.
   – 〈기생팔태: 산보〉

그림 20 산보

그림 21 수수께끼 미소

2) 그녀의, 다정한 눈동자로부터, 미소가 부서져,

그렇지만 나-야말로 가만히 그대 곁으로 향해 갑니다. 부드러운 여인의 마음이 파도치고 있답니다. 가느다란 가슴의 실이 팽팽해지고 있어요.

서쪽 창에서, 저녁 어둠이 조용히 내려오고, 마을 마을에 붉은 등이 흔들리기 시작하는 무렵이 되면, 그녀의 미소 아래로부터 알 수 없는 애수가 남몰래 번져오는 것입니다. 그러면 그녀는, 생각났다는 듯이, 펼친 책 위로 눈동자를 던집니다.

청춘입니다.…… 젊은 여인입니다.……

– 〈기생- 염자팔태: 수수께끼 미소〉

연정의 떨림과 사랑의 황홀에 빠진 기생들에게 투척되던 "에로·그로·넌센스"[67]라는 차별어는 잠깐 피하고 견디면 그만인 독설에 불과했다. 인용어는 '에로틱·그로테스크·넌센스'의 줄임말로 감각적 쾌락과 퇴폐에 심취해간 1930년대의 데카당스한 시대 분위기를 표시하는 말이었다. 이것은 군국주의화 되어 가는 시대 분위기에서 일탈한 취미와 예술에 흠뻑 젖어 있거나 동양을 식민화한 서구 문명에 지나치게 경도된 모던 보이와 모던 걸을 조롱, 비판할 때 꺼내들던 일종의 욕설에 가까웠다. 이런 상황에서 말 그대로 봄꽃같이 아름다운 "청춘"이고 "젊은 여인"인 그녀들의 환한 "수수께끼 미소"를 뭐라 하여 성원 받을 자는 아무도 없었다. 그러므로 그녀들의 사랑과 연정은 그것대로 존중하며, 저 연출된 얼굴과 복색, 둘레 환경과 장치, 또 그것에 붙여진 산문이 불러내고 퍼뜨리는 효과에 주목할 일이다.

말의 바른 의미에서, 자유연애와 행복한 가정생활을 꿈꾸었지만 기생들에게 그것은 언감생심의 사치이거나 이룰 수 없는 헛된 꿈에 가까웠다. 사진에 박힌 그녀들은 대체로 그 이름이 확인되는데, 그만큼 기생들 중에서는 전통과 근대의 기예로든 미모로든 유명했고 성공한 축이었다. 그러므로 이들이 엽서의 주인공이 되어 포즈의 재능을 발산하게 되었다는 사실은 의미심장하다. "자연발생적인 진짜 원본", 곧 자연인으로서의 그녀들보다 이미지와 문자로 새로 각색, 조율된 허구보다 더욱 실제적인 가상의 존재로 가치화된 그녀들의 탄생과 성장을 뜻하기 때문이다.[68]

인기의 자긍심과 자랑의 대중적 호응도는 대중들이 끼친 '에로·그로·넌센스'의 폭력적인 소외화와 타자화의 시선을 약화시키거나 그녀들 스스로의 신체적·정신적 쾌락의 증강에 조금이라도 도움이 되었을 법하다. 이를테면 "처음에는 노래 배우고 춤 배우기에 매도 맞고 욕도 어더먹엇스나" "지금에 와서는 노래 잘 부르고 춤 잘 추는 일류 명기로 그 일홈이 장안의 젊은 사나히들의 가슴속에 깁히깁히 백혀저 잇다"[69]는 한 잡지의 유명 기생 취재담을 보라. 잘 꾸며진 '에로'보다는 기생 본연의 완미한 기예로 인기와 명예를 높이려는 그녀들의 열정과 노력, 곧 '좋은 품행을 둘러싼 인정 투쟁'[70]에 대한 긍정과 존중이 뚜렷한 문장이다.

물론 이러한 평가는 힘센 남성의 시선을 벗어나지 못한 것이었다. 따라서 그녀들이 기대하는 에로티시즘에 무지하거나 그녀들을 성적 타자로만 대상화하는 제국-식민지 팔루스에 대한 비판에 둔감한 씁쓸한 찬사였다. 그래서 저 취재의 반대편에 서 있는 "예술가로서의 그 존재를 잊고 결사적 에로 서비스"[71]라는 조롱 섞인 비판은 더욱 문제적일 수밖에 없었다. 이 구절은 일제의 시각과 태도를 일정하게 대변하는 조선총독부 기관지 《매일신보》 기사에서 가져온 것이다. 이를 고려하면, '일류 명기'라는 호칭 속에는 부정적인 '에로·그로·넌센스'의 이미지와 되도록 무관한 청순가련하며 다정다감한 조선 기생에 대한 요구가 은연중 숨겨져 있을지도 모른다. 하지만 그럴수록 '에로'라는 말은 '예절의 법도'를 벗어난 퇴폐적이고 탐욕스러우며 무질서한 육체적 욕망과 성적 유희를 지시하는 범주로 미끄러질 수밖에 없었다. 이 지점에 그녀들이 자신의 밝은 미소가 연출된 것으로 오해받거나 비판될수록, 오히려 더욱 환한 웃음을 지으면서 고독한 존재감의 확보에 애써야 했던 까닭이 숨어 있을 것이다.

> 1) 괴로운 건, 어떤 것일까? 아아, 나만 알고 있는 건가-그래서 기쁘기도 하고 슬프기도 하고 정말 그래.
> 물기 촉촉한 눈길로, 하늘을 바라보며 혼자서 그녀는 말하는 것이다. 젖가슴 아래서는, 작은 심장이, 끊임없이 격렬하게 고동치고 있네요. 왜 자기 마음대로? 아름답게 숨겨진 것이, 소용돌이가 되어 감미로운 하트를 달려 돌고 있는 거군요-
> -〈기생- 염자팔태: 상념을 감추고〉

> 2) 주룩, 주룩, 주룩, 조선에서는 몹시 드문 가을 소나기가 지금 막

그림 22 상념을 감추고

그림 23 회상

조용히 지나갔다. 창밖에는 비에 젖은 노란 이파리가 엷은 가을볕을 받아서 가냘프게 빛나고 있다. 하늘에는 흰 구름이 몇 점이고 몇 점이고 비구름 뒤를 쫓아간다.
그런 창밖의 풍경에 눈길을 모으고 있는 그녀는, 언제나처럼 향리와, 부모와, 형제와, 친하게 지냈던 동무에 관한 일을 떠올리는 것이었다.
그리고 때때로 사랑하는 애인에 대한 일도…….
– 〈기생팔태: 회상〉

일제시대 사진엽서의 특성이라면, 점령기 초반 촬영된 사진들이 해방 전까지 거의 폐기됨 없이 계속 활용되었다는 사실이다. 그럼으로써 일제는 조선의 식민화와 문명화에 대한 당위성과 윤리성을 더욱 굳혀 갔다. 그 과정에서 조선인의 대상화와 타자화에 관련된 예술적 방법도 끊임없이 계발되고 고도화될 기회를 갖게 되었다. 예시한 두 기생도 이런 상황에 익숙한 모델들이었다. 사진엽서의 제목대로라면 그녀들은 지금 '상념'과 '회상'의 순간을 연기하고 있다. 하지만 누구나 느낄 법한 '상념'과 '회상'의 태도와는 어딘가 거리가 있어 보이기에 흥미롭다. 이것은 두 정념이 기생들 자체보다는 사진엽서의 배경인 기차와 기선, 비 내린 강물, 그리고 그녀들을 대상화한 화자와 관찰자의 진술에 의해 그 의미와 분위기를 훨씬 명료해진다는 것을 뜻한다.

그런데 왜 일제 문화자본은 기생을 누구나 사랑할 법한 첫사랑에 빠진 동기童妓의 이미지로, 또 오히려 향토를 떠나 돈벌이에 뛰어듦으로써 부모에서 애인까지를 모두 지키는 잃어진 누이로 재현한 것일까. 오히려 이국 생활 중의 향수를 달래고 친밀한 존재들에 관한 그리움을 누이기 위해서는 고국과 향토에 관련된 무엇을 '조선적인 것'과 접속시키는 편이 더욱 효과적이었을 것이다. 이에 대한 답변으로는 무라오 겐조의 《신조선풍토기》를 대상으로 행해진 미국 학자 미리엄 실버그의 견해가 상당한 설득력을 가진다. 그에 따르면 무라오류의 일본 작가들은 동양의 다른 나라 조선과, 일제에 합병된 조선 사이의 모순을 극복하기 위해 다음과 같은 전략을 취했다. 조선 여학생의 아름다움, 조선 여성의 몸짓, 조선 기생의 우아한 솜씨 등을 어딘가 평범하거나 부족한 같은 부류의 일본 여성에 비교, 대조했다. 그럼으로써 조선여성 필두의 조선 민족을 일본 민족과 분리하여 규정하는 한편 서구문화에 급속도로 물든 일본 여성의 모던한 풍속을 반박했다.[72]

이 전략은 언뜻 일본 여성을 낮추고 조선 여성을 높이는 제국과 식민지 전도의 윤리적 사유와 행동처럼 느껴진다. 하지만 이 행위는 제국과 식민지 여성의 역전이나 객관화와는 크게 상관되지 않는다. 오히려 그녀들에 대한 동시적 왜곡과 변형이라는 점에서 남성과 권력 동시에 자행하는 이중적 약탈과 폭력 행위에 가깝다. 이는 일본 남성과는 반대 입장을 취하는 한청산의 〈기생철폐론〉(《동광》 1931년 12월호)을 참조할 때 더욱 분명한 사실로 드러난다.

그는 식민권력에 의해 제도화된 기생의 "드러내면서도 합법적인 섹슈얼리티"[73]가 식민사회 곳곳을 점거하는 행태를 두고 '기생의 민중화'라 불렀다. 그러면서 기생 철폐의 까닭을 첫째, 노예매매제의 유물, 둘째, 가정의 파괴자, 셋째, 국민 원력의 소모자에서 찾았다. 이 문제를 해결하기 위해 한청산은 기생제도의 법률적 부인, 기생 보이콧 운동, 동부인同夫人 연회 및 남녀 교제의 장려 등을 제안했다. 이 방안들은 식민권력이 주관하던 기생제도에 대한 본격적인 해부와 비판도 없이 그나마 제안할 수 있었던 상당히 낭만적인 대안에 가까웠다. 그렇지만 기생을 능가하는 조선의 현모양처가 되는 법, 곧 '가정부인'에서 '사회부인'의 타이프로 변화하는 방법은 공소하기 짝이 없었다. 가정에 '섹스 어필'을 주고, 가정을 '오락화', '음악화', '사교화'해야 한다는 주장이 그렇고, 그 모든 책임은 "특히 부인에게 있다"라는 허무맹랑한 책임회피의 선언이 그렇다. '현모양처'의 이념을 강제하면서 서구의 '스위트 홈'을 가장한 가정 해방의 주장은 당시 '직업부인'이 겪었던 곤란한 상황에 방불한 것이었다.

예컨대 소설가 채만식은 문단 동료 최정희와 함께 나눈 대담 〈직업부인 문제 특집〉(《신여성》 1933년 4월호)에서 당시 직장생활에 나섰던 조선 여성의 불우한 처지를 "노동 이외에 에로 써비스를 조건으로 부칩니다"라는 사용자의 권력을 조소하는 방식으로 폭로, 비판했다. 이를 참조하면 기생의 노동과 '에로 써비스', 부인의 가정생활과 '섹스 어필'은 이름만 달랐지 그 형식과 내용은 전혀 동일한 것이 된다. 부정의 '기생'과 긍정의 '가정부인'은 지금의 현실과는 반대로 한쪽은 성적 매력을 삭제(철폐)하는 방식으로, 다른 한쪽은 성적 매력을 고조시키는 방식으로 자신의 신분과 계급을 다시 증명하는 또 다른 모순에 던져진 셈이다.

그래서 전통 한옥에 쓰러질 듯이 기대선 채 "끝이 없는 공포. 칠흑처럼 도무지 정체를 알 수 없는 공포"(〈기생팔태: 공포〉, 그림 24)로 떨고 있는 기생의 모습은 더욱 측은하고 처연하게 느껴진다. 그녀의 영혼과 신체를 휘감은 떨림과 두려움이 '섹스어필'과 '오락' 담당자로 새로이 호출된 조선부인의 그것일 가능성이 농후하기 때문이다. 기생 철폐를 주장한 자, 무력했을 법한 식민지 남성이었지만 "크나큰 놀람(힘 – 인용자) 앞에 두려워하는 참새처럼 무기력한 그녀"들을 손안에 쥐고 '에로·그로·넌센스'의 언변으로 힐난하고 위협하기는 제국의 힘센 남성과 마찬가지였던 셈이다.

그림 24 공포

> 조용히 안쪽 문을 열고 처음으로 얼굴을 내미는 그녀.
> 아아, 무어란 말인가 그토록 인상적인 용모로 나타나다니? 그리고 그녀는 그녀 특유의 교태를 부리면서, 진기한 음악 소리에 맞춰 노래했다. 그렇지만 그런 연후에 당신은 그녀에 대해 더욱 잘 알게 될 것이다. 그렇게 되면, 당신의 잊을 수 없는 것, 하나로 그녀가 자리 잡게 되는 건 아닐까요.
>
> – 〈기생팔태: 자리에 모시다〉

요시카와 헤이스이는 "하물며 기생에게 진실이 없을 리 없다"는 말로 거짓 사랑으로 돈의 노예이기를 자청하는 조선 기생에게는 '진실한 사랑'이 있을 수 없다, 따라서 "연애는 절대 금물이다"[74]라는 세간의 금칙禁飭을 부인했다. 〈자리에 모시다〉는 특별한 용모와 교태로 표상되는 기생과의 얼떨떨했던 첫 만남이 "당신의 잊을 수 없는 것"이 되는 과정, 즉 친숙한 단골을 넘어 친밀한 연애로 발전하는 서사를 품고 있다.

그 첫걸음은 일본 내지의 "기생! 그것은 분명히 조선 명물로서 백미적인 존재이다"라는 신비화된 풍문에서 시작된다. 이 단계는 그녀들의 실제 생활 현실과 삶의 이면을 사실의 기율로 짚어보기 전에 자신들의 여성 취향과 이국정서를 공공연히 앞세워 식민지 기생의 품성과 용모를 이상화한 결과의 소산이다. 이를 통해 기생은 단순히 유희의 대상이 아니라 자신들의 어떤 문제나 딜레마를 잠시라도 피할 수 있는 유쾌한 도피처로 인기리에 떠올랐다.

그림 25 자리에 모시다

물론 기생들이 언제나 매혹적인 기예와 섹슈얼리티의 '인간적 명소'가 되기 위해서는, 그럼으로써 일본 남성, 아니 근대 천황제의 잊을 수 없는 '조선적인 것'이 되기 위해서는 "복장은 비록 전통의 오래된 옷일망정 그녀들의 심장은 신시대의 피스톤과 함께 약동하는" 자세와 능력을 갖추고 있어야만 했다. 이러한 제국의 시선과 태도는 그들에게 식민지 기생은 동등한 인간존재로서 연애의 대상이 아니라 그들에게 복종되는 '시혜적 침해'의 대상이었음을 잘 보여준다. 요컨대 조선의 기생은 식민지 일반이 그런 것처럼 제국주의에 대해 "주인과 노예의 관계를 유지할 수 있는 '환상'과 '욕망'이 뒤섞인 곳"[75]에서 열등한 모습으로 존재해야만 일제 신민들의 곁자리에라도 참석할 수 있는 피동적 존재에 지나지 않았다.

이와 관련하여, 내선內鮮의 연애나 결혼이 동화와 배제의 양가적 논리에 의해 성립되었거나 파행되었다는 사실이 중요한 관심의 대상으로 떠오른다. 하나의 예로 가지야마 도시유키梶山季之의 소설 《이조잔영李朝殘影》(1963)의 핵심 서사가 주목된다. 식민지 시대 일본 남성과 조선 기생의 호감 섞인 만남과 돌연한 파경을 다루었기 때문이다. 이 소설은 일제가 패전 뒤 20여 년이 지나 출간되었다는 약점을 가진다. 그럼에도 일본 예술가들이 특히 열광했던 식민지 조선의 '사라져가는 비애의 미'라는 관념이 조선 기생의 명예와 자긍심을 결정적으로 훼손시키는 식민주의적 (무)의식으로 변질된 까닭을 설득력 있게 그려내었다. 한 일본학자의 말처럼, 주인공이 느꼈던 '비애의 미'는 조선의 아름다움이나 인간미 자체에서 발원한 것이 아니었다. 그것은 오히려 "'식민지화' 된, '망국'에 대한 우수어린 눈으로 본 조선을 전제로"하여 잘 기획되고 구성된 상상적 관념일 따름이었다.[76] 요컨대 제국의 우월함과 식민지의 열등함이 정교하게 모자이크된 관념이 내선內鮮의 동화에 대한 주장을 양자 배제의 논리로 뒤바꾼 조선 관련의 '비애의 미'였던 것이다.

그런데 소설 속 '비애의 미'에 의지한 제국 일본인과 식민지 조선인의 결혼이나 파탄은 잘 짜인 허구적 풍경이 결코 아니었다. 일제는 내선 결혼 및 그 해소 조건으로 두 가지 원리를 동시에 구사한 것으로 알려진다. 하나가 인종은 불가변적인 신체적 차이라는 것, 다른 하나는 민족은 정신, 문화, 계층과 같은 가변적인 차이라는 것 말이다. 일제는 조선인이 자발적으로 일본인화·문명인화 될 때 열등한 '요보'들의 내면을 짓눌렀던 두 차이를 모두 극복하고 우등한 황국신민으로 거듭날 수 있다고 계몽하는 동시에 선전했다. 하지만 당대 현실에서 공공연히 유통되던 '이등신민'이라는 차별 또는 자조의 말은 오히려 제국 일본과 식민지 조선의 정신적·문화적·계층적 차이가 이별과 이혼의 근거로 작동했음을 엿보게 한다.

실제로 한때 장려되던 조선인과 일본인의 통혼 정책은, '오족협화'의 기치를 내걸었던 만주국에서 그랬듯이, "일본인 내부에 이질적인 존재를 수용하는 것"[77]을 거부하는 방향으로 점차 폐쇄되어 갔다. 일제가 우려한 존재의 이질성은 두 가지 정도로 정리된다. 하나가 양 민족의 혼혈아가 겪게 될 일본인만의 순혈성 훼손이라면, 다른 하나는 그에 따른 일본인의 자질로서 중시된 국민의식이 박약해질 위험성이었다.[78] 순정한 '일본적인 것'의 훼손을 염려하고 그것의 완미한 보존을 기대하는 마음은 다음과 같은 이유 때문에 매우 권위적이며 폭력적인 지배의식을 벗어나지 못했다.

일제는 천황제 권위의 순수하고도 기원적인 정체성을 안전하게 확보하기 위해 식민지 조선을 차별화하고 배제하는 지배의 과정을 전략적으로 채택했다는 점이 그것이다. 식민지의 차별화와 거부의 전략은 '내선일체'의 일환으로 조선인과 일본인의 결혼을 권장했으나, 결국은 조선의 요보들은 '열등하며 오염된 피'의 소유자이다, 그러므로 우월한 일본인은 그 '더러운 피'와 통합될 수 없다, 라는 식민주의적 동화론 내부에서 꿈틀거리는 배제의 논리로 나타났다. 이와 같은 신분, 혈통, 계급, 문화의 인종주의적 차별화는, 동족 간이든 이족 간이든, 일본 내지에서든 조선과 만주에서든, 그곳들의 매춘부를 포함한 유녀, 곧 기생, 게이샤, 창기, 카페 여급, 댄스 걸 등이 관련될 때 가장 격심한 것이 되었다. 이 때문에라도 "크나큰 놀람" 앞에서 겨우 "《이, 에, 이, 에 (아니, 아니-인용자)…….》"(〈기생팔태: 공포〉)라고 흐느끼는 처참한 비명을 그 현장의 몫이라고 주장하여 그릇될 것 없을 듯하다.

기생, 내선융화로의 동원과 배제

일제 사진엽서의 기생에 대한 응시와 포착을 관통하는 원리 하나를 꼽아 보라면, 정형화된 관점과 천편일률적 해석이 제일 앞에 놓일 것이다. 자신의 이름이 박힌 개별적 사진이나 책자가 사회 전역을 나돌았을지라도, 그녀들 하나하나는 기생 집단의 속성과 이미지를 대표하는 표본으로 인지되고 호명되었다. 집단의 전형성이 개인의 개별성을 압도하는 형국인 셈이다. 이 장면은 그러나 본명 대신 기명妓名으로 자신을 과시하고 손님을 불러 모으는 그녀들의 존재 방식과 상통한다. 식민권력도 기생들의 개성을 돋우는 대신 고정된 면면을 부풀리는 길을 택했다. 그녀들에 대한 관리와 동원, 억압과 통제의 작업에서 효율성이 훨씬 높았기 때문이다. 이와 관련하여 하나의 사실을 확인해 둔다. 일제의 기생에 대한 관점이 '정형'과 '편견'을 통해 중개되는 한 그녀들의 이미지는 타자화의 수준에 멈추지 않는다. 그것을 넘어 일제의 내·외부를 표상하는 '자아의 전도물'로 은연중 기능하게 된다.[79]

식민지 기생의 면면이 제국의 내면을 슬며시 드러내는 주체의 전도물로 작동하는 엽서세트로는 총 8매로 구성된 《기생정서妓生情緒》(히노데상행)가 주목된다. 이 엽서는 조선 전통의 자연과 건축 공간에 자리한 간소한 한복 차림의 기생이 주인공이다. 흐릿한 음영의 신구 건축물은 엽서 전반의 맥락과 의미의 형성에 중요한 역할을 담당한다. 그렇지만 여기서는 자세히 살펴봐야 그 실체가 파악되는 배경 정도로 제시되고 있다. 기생의

그림 26 《기생정서》– 사랑의 눈물

그림 27 《기생정서》– 청초함

인상과 몸짓이 선명한 까닭 때문인지 함께 적힌 산문은 기생의 내면과 외면 표현에 초점을 맞추고 있다. "당신을 기다리는 몸의, 애달픔", 생명력 넘치는 자연 사물에 비견되는 '발랄함'과 '신선함', '청초함'과 '요염함', "생생한 어린 잎처럼 늙는다는 것을 모르는 여신과 같은 그녀", "꽃에 깃든 이슬처럼 감돌고 있"는 "일말의 애수", "청춘의 신비한 움직임" 등은 기생 집단에 공통된 이미지와 속성으로 유명하다.[80]

1) 긴 검은 머리 헝클어졌다 풀렸다, 당신을 기다리는 몸의, 애달픔이여. 그녀의 초승달 같은 눈썹이, 조금 흐려졌다, 또, 다시 평정함으로

돌아옵니다.

사랑은 피와 같은 것, 눈물과 같은 것, 어여쁜 기생에게도, 이런 고통이 있었습니다.

-〈기생정서-사랑의 눈물〉

2) 새잎과 같은, 발랄함- 사과와 같은, 신성함- 흰 백합과 같은, 청초함- 붉은 장미와 같은, 요염함-

나는 지금 여자의 모든 것을, 이 기생에게 받아와, 새하얀 비단에 한 판 한 판씩 물들이고 있다.

-〈기생정서-청초함〉

온갖 미사여구로 장식된 기생의 모습은 일본 여행객들이 식민지 조선에서 느낀 익숙한 듯하면서 낯선 '친밀한 이국 정서'에서 환기된 것일 가능성이 크다. 이를테면 일본 여행객은 조선의 전통 건축과 고미술품, 이끼 낀 유적 등에서 그들 "선조들의 예술품과 매우 흡사한 것을 발견"하며 기뻐했다. 동시에 그것들이 "일본에 전해진 것과 전혀 다른 조선의 독특한 스타일"[81]을 가지고 있다는 사실에서 깊은 인상을 받았다. 이것은 전근대-조선-기생과 근대-일본-게이샤를 대비시켜, 옛날 기생 옷-기생다운 머리 모양, 하이칼라 화장의 기생—일본 가네보풍 머리 모양, 기생—청순함과 인간적인 교양, 게이샤-지나칠 정도의 요염함과 뛰어난 예능인 등과 같은 대립의 구도를 이끌어내는 태도[82]와 매우 닮았다.

그렇지만 "독특한 스타일"은 개성적이거나 독창적인 것의 발견에서 추출되고 입체화된 것으로 보기 어렵다. 오히려 '독특한'이란 수식어에는 '조선'을 한편으로는 '조용한 아침의 나라'로, 다른 한편으로는 '은둔의 나라'로 바라봤던 서구 오리엔탈리즘의 양가적 시선이 배어 있다. 기생은 아침처럼 밝게 빛나는 듯하지만 칠흑 같은 어둠에 휩싸인 미몽의 땅에 속박된 존재이다. 섹슈얼리티의 그녀들이 때로는 퇴락한 식민지의 전통

그림 28 《기생정서》 – 전통의 미

그림 29 《기생정서》 – 생명의 샘

과 풍습에 대한 상징물로, 때로는 폐허에 갇힌 심미적 대상으로 비유되고 호명되는 까닭이 여기서 생겨난다.

물론 일제 신민들은 잘 가꿔진 '조선의 미니어처'로 통용되던 기생들의 이중적인 면면에서 '이국 취향'을 즐겁게 충족했으며, 일본의 그것과 구분되는 조선의 향토색을 새로이 발견했다.[83] 이 현상은 친밀성(동화)보다는 거리화(배제)에 의해 초래된 결과로 보인다. 어떤 일본 지식인은 조선의 새로움을 논하면서 조선의 옷에 대한 양면적 태도와 소감을 밝혔다. 일본에서 마주친 조선의 옷에서는 '지저분한 느낌'이 들었던 반면 기생이 입은 그것에서는 '청결한 느낌'이 들었다는 대립적 반응이 그것이다.[84]

식민본국 일본의 수준 높은 도회에서 약자이자 소수자로 살아가는 '조선의 옷'은 스스로를 차별의 유곡으로 몰아가는 '더러운 것'일 수밖에 없다. 동일화된 집단에 의한 차이화 된 개인의 가치하락이 벌어지는 현장이다. 이에 반해 고된 노동으로 더럽혀진 '조선의 옷'이 대다수인 식민의 땅에서 손님 접대용으로 새하얀 '조선의 옷'은 더욱 깨끗하고 향긋한 느낌을 준다. 시각과 후각의 미세한 움직임, 또 근거리에서의 접촉이 질병과 위생의 병리학을 기이한 방식으로 작동시키는 현장인 셈이다. 요컨대 일제의 일등 신민은 제국과 식민의 땅 모두에서 조선인을 자신들과 대립시킴으로써 제국은 위생과 청결의 편에, 식민지는 그들과의 관계에 따라 부분적 청결과 전체적 불결로 고착시켰던 것이다. 이 과정을 경유하면서, 제국과 식민지에 고유한 문화와 생활의 차이는 신분과 권력, 부유와 가난, 문명과 몽매 등을 대립적으로 구조화하는 식민주의적 차별화와 소외화의 온상으로 돌변하게 된다.

만약 생명력이 넘치고 아름다운 자연 사물에 비유된 모습에 주목한다면 기생의 이미지는 새겨두어 좋을 만큼 긍정적이다. 하지만 강함, 현재, 실재, 이성에 대비되는 연약함, 과거, 꿈, 신비함의 소유자인 기생의 이면에는 문명개화와 동떨어진 식민지 여성의 열등성과 무지함이 울울하게 박혀 있다. 이 때문에 그들이 비유한 결과와 효과로서 기생의 "독특한 스타일"은 확장의 가능성보다는 협소화의 위험성으로 길을 내게 된다. 제국 남성의 조선 기생에 대한 평균적인 앎과 후퇴 없는 성적 욕구의 분출은 그녀들을 독립된 주체가 아니라 그들에게 예속된 기생寄生적 존재로 주변화하게 마련이다. 식민권력의 일제 남성들을 고유한 개성이 삭제된 기생 집단과 그것의 확장체로서 식민지 조선의 균질화 및 평면화에 가장 기여한 부정적인 공로자로 거론하는 까닭이 여기 있다.

그러나 한 가지 사실을 유의하자면, 예시한 엽서세트의 핵심은 그녀들의 내·외면에 대한 지극히 아름다운 비유적 반영이 아니다. 오히려 그것들을 재현하는 과정에서 고백되는 일제에 충량한 신민들의 희망이다. 이것은 청순가련한 식민지 기생을 심미화함으로써 그녀들을 '일본적인 것' 내부로 수렴하겠다는 욕구와 깊이 관련된다.

1) 그리운, 전통의 미- 풍요로운, 지방적 정서- 아름다운, 인정- 기생은, 조선이 낳은 수려한 문화이다. 조선에서 기생을 없앤다면, 그것은, 정말로 쓸쓸한 일이 될 것이다.

– 〈기생정서 – 전통의 미〉

2) 동양적인 고요함이 차분하게 그녀를 가라앉혀, 흘러넘칠 듯한 인정미를 가득 채우는 그 요염한 자태. 젊은, 기생의, 하나하나마다, 지금도, 여인의 생명이, 맥박 친다.
 그 누구도, 퍼낼 수 없는, 생명의, 샘이다!

– 〈기생정서 – 생명의 샘〉

일본인의 '기생 예찬' 가운데서도 거의 최상의 구절로 채워진 사진엽서들이다. "전통의 미"에서 "생명의, 샘"까지 이국적인 화려함과 다시없을 풍요로움으로 빛나는 기생의 모습은 누구나 꿈꿀 법한 유토피아적 이미지에 가깝다. 어떤 면에서는 기생의 세계를 즐거운 유희와 소비의 대상을 훨씬 뛰어넘는 조화롭고 아름다운 공동체로 동경하고 있다는 착각마저 불러일으킨다.

그러나 기생과 일본인의 연애, 내선의 통혼에 은폐된 동화와 배제의 모순율은 지나친 기생 예찬에 대해 어떤 의구심을 품게 한다. 기생과 일제의 권력관계상, 최상급의 기생 예찬은 그들의 취향과 바람에 적합한 기생을 호출하기 위한 미학적·상업적 장치라는 인상을 준다. 다시 말해 그것은 그녀들에 대한 구매력의 형성에 필요한 '상업주의적 훈육'과 '소비주의적 욕망'을 창출하기 위해 고안된 허구적 '관능미'[85]의 기호일지도 모른다. 게다가 비유에 의존된 이미지는 신뢰할 만한 사료(자료)가 아닐 수 있다. 오히려 그 대상에 포함된 결함이나 균열을 메꾸기 위한 "상을 찌그러뜨리는 거울"[86]로 동원될 것일 수도 있다. 이 말을 신뢰할 수 있다면, 기생 예찬 뒤에 은폐된 또 다른 면면, 특히 부정적인 기생의 모습이 역사 현실에 즉해 지목되어야 한다.

《기생이야기》의 요시카와 헤이스이에 따르면 1920~1930년대 일본과 조선의 유흥문화는 거의 함께 움직였다. 일례로 도쿄와 경성에서는 서양에서 박래한 카페와 댄스홀에서조차 창기들 것이던 '유곽 서비스' '화류계 정서'를 강조하며 '신시대의 '꽃''을 길러내느라 바빴다. 이에 따라 슬픈 여운의 〈아리랑〉을 노래하던 조선 기생은 일본 신민요 〈압록강절〉과 〈안래절安來節〉 등을 잘 부를 수 능력이 중요해졌다. 반대로 일본에서는 조선 〈아리랑〉을 비련의 유행가로 번안한 통속가요 한 곡 정도는 노래할 수 있는 게이샤나 그 출신의 대중가수가 인기를 높여갔다. 요시카와는 이 현상을 당시의 시대상에 맞추어 "기차가 달리고 자동차가 나는 내선상화內鮮相和의 시대가 움직인다"라고 조롱하듯이 못마땅해 했다.[87]

그는 《기생이야기》 본문을 누군가가 엿, 고려자기, 호랑이사냥, 온돌, 기생, 금강산, 대동강 등의 '조선 명물'에 대한 노래를 흥얼거리며 경성 골목을 지나가는 장면으로 시작했다.[88] 사진엽서나 여행책자 어디서건 금강산, 대동강(평양), 온돌은 기생과 깊이 연관되어 등장하는 경우가 많다. 앞의 두 곳은 그녀들을 대동하는 조선 제일의 관광 명소였으며, 온돌은 기생이 겨울철에 요리점이나 유곽에서 일할 때 없어서는 안 될 필수적인 난방 장치였다. 이런 까닭에 그것들은 조선 여행에서 경험한 낯선 쾌미와 강렬한 인상을 기억하고 자랑할 때 빠져서는 안 될 품목으로 회자되곤 했다.

그러나 당시 일본의 여행산업을 돌아보면, 예의 '조선 명물'은 재조 일본인의 양면적 심리상태, 곧 일본 본토에 대한 동경의 매개체이자 또 거기서 독립하려는 자존심의 표현물임이 거의 분명해진다. 일제는 1920~1930년대 향토의 자연미와 일본 여성의 아름다움을 결합하는 방식으로 일본 열도를 '새로운 땅'으로 발견함과 동시에 그 가치를 매우 높였다. 그럼으로써 충량한 신민의 애국심을 다지는 여행의 대중화를 실현하고자 했다. 동시에 '일본적인 것'을 대표하는 후지산과 홋카이도 등을 관광자원의 보고로 널리 알리고자 했다. 이 때문에 '일본의 자연미'와 거기에 결속된 '여성미'는 서구의 오리엔탈리즘이 강요했던 원시성과 야만성을 뒤집어 그들의 문화정치학적 의도와 전략에 맞게끔 새로이 구성된 것으로 평가된다. '일본적인 것'의 신성함과 대중성을 동시에 획득하는 과제가 가장 중요해진 것도 이와 관련된다. 일제는 여행산업의 근대식 재편을 통해 지배계급과 일반대중의 구별 없이 일본인이라면 그 누구라도 천황의 안녕과 제국의 번영을 기원하는 유일무이한 '충량한 신민'의 공동체로 거듭나고자 했던 것이다.

이상의 까닭으로, 일제 신민이 자연에 비유한 조선 기생의 절대적 아름다움에는 두 가지 의미가 들어서게 된다. 하나는 일본의 자연미와 여성미를 조선의 그것들에 대한 이상적 모델로 세우겠다는 의지이다. 여기서 '신내지'로 지방화되어 있는 조선의 기생과 자연을 광활한 제국의 '새로운 땅'에 편입시키겠다는 식민화의 욕망이 찾아진다. 다른 하나는 조선과 일본의 유흥문화 타락에 대한 경계 및 새로운 차원의 대중문화 건설에 대한 의욕이다. 1930년대 후반이 되면 조선에서도 '내선일체'와 '대동아공영'의 기치를 내건 군국주의적 총력전이 본격화된다. 가장 추악한 대상으로 지탄받던 화류계 여성의 심미화, 이를 통한 그녀들의 자긍심 회복과 미래에 대한 기대감의 상승은 제국이 의도하는 부정적인 풍속의 교정과 새로운 변화에 적잖은 역할을 맡게 된다. 이때 발생하는 가장 큰 효과는 천황과 국가를 향한 멸사봉공의 애국심이 한층 고조된다는 것이다. 이 순간 게이샤나 기생들은 자의든 타의든 '군국의 어머니' 대열에 즉각 편제되어 '전선'을 보위하는 '총후'의 여성 병사로 거듭나게 된다.

그림 29 명랑하게

그림 30 아리랑타령(4)

사진엽서와 여행안내 팸플릿에 박힌 기생과 게이샤의 '내선융화'의 현장으로 가기 전에 외국산 악기를 뜯는 기생의 모습을 잠시 살펴보기로 한다. 라디오방송과 대중공연의 활성화, 유성기 음반과 유성영화의 유행과 소비, 그리고 신문과 잡지에 빈번한 외국문화의 소개 등과 같은 문화지형도의 성립은 기생의 업무와 취미에도 많은 변화를 가져왔다. 이를테면 기생이 샤미센, 기타, 만돌린을 즐겨 뜯거나, 권번이나 라디오에서 익힌 일본 노래를 손님 접대용이나 취미 활동으로 부르는 것은 일상에서 드물지 않은 장면이 되었다. 이 현상에 대한 실질적 물증 가운데 하나가 예시한 사진엽서들이다.

〈아리랑타령〉(그림 30)의 후반부 가사는 "청천하날에 별도 만고 이네가슴에 수심도 만타"이다. 임에 대한 그리움과 걱정을 필두로 하루하루의 고된 노동과 궁핍한 생활에 대한 쓰라린 걱정이 인상적인 노래이다. 적잖이 우울한 분위기와 노래 속 화자의 아픈 심정은 화려한 복색에 고혹적인 표정으로 기타 치며 노래하는 기생과는, 아니 평범한 조선 여성이라 해도 썩 어울리지는 않는다. 〈아리랑〉 가사는 가사 대로 놓아두고, 마음 가는 대로 자신의 취향에 맞춰 근대식 취미를 즐기는 식민지 여성을 묘사하는 데 초점을 맞춘 총천연색 화보인 셈이다. 그렇다고 그림엽서 〈아리랑타령〉이 자율적 취미의 주체로서 기생의 낭만적 아우라를 표출하기 위한 배려와 응원의 텍스트인 것은 아니다. 오히려 식민권력의 일부로서 일제 문화자본의 조선민요 〈아리랑〉에 대한 응시와 재현의 관점, 유희와 소비의 태도를 전달하겠다는 의도를 갖춘 암묵적인 식민화의 텍스트에 해당될 듯하다.

그렇다면 만돌린을 켜며 노래하는 기생을 전시 중인 텍스트 〈명랑하게〉(그림 31)의 성격은 어떨까.

> 《사랑은 아름다운 들녘의 꽃이여……》 피암메타가 노래했던 그 열렬한 연모의 정은 그녀의 연주로 미묘한 멜로디에 부글부글 끓어올라 힘차게 솟아오르는 것이었다. 참으로, 여름밤 등, 그녀의 그 곡조에, 또 노래 부르는 것을 듣는다면, 어찌 그렇게 심장이 뛰는 것인지,
> ─ 그렇지만, 쾌활하구나. 그대여, 저 맑은 하늘처럼.
>
> - 〈기생팔태: 명랑하게〉

1920~1930년대 라디오방송과 유성기 음반의 생산과 소비가 활성화됨에 따라 음악의 현장에는 여러 변화가 생겨났다. 전통음악과 서양음악의 결합에 의한 새로운 장르가 탄생한다든지, "일흠이 높은 명기名妓이면

서 레코-드 가수로서의 인기를 차지"하게 되는 선우일선, 왕수복, 김복희, 최창선, 김은옥 등의 '기생 가수'가 탄생했다든지 하는 사례들이 여기 해당된다.[89]

당시 현장의 분위기는 사진엽서 〈명랑하게〉의 만돌린 켜는 기생과, 유럽의 대중가요를 일본어로 번안한 〈사랑은 아름다운 들녘의 꽃이여〉에 역력하다. 이 노래는 지금도 어렵잖게 청취할 수 있는데, 이탈리아 보카치오의 소설 《피암메타》(1343~1344)에서 가사의 힌트를 얻었다. 소설의 주인공 피암메타는 깊이 사랑하는 남자에게 배신당한 뒤 자살까지 시도하는 비극적 인물이다. 노래에 따른다면, 조선의 기생은 현악기를 튕기면서 피암메타의 열정적 사랑과 그 실패의 쓰디쓴 비극을 소학교나 권번에서 학습한 '국어(일본어)'로 표기된 번안 가요에서 추체험 중이다. 관찰자는 기생의 사진에 '명랑하게'라는 제목을 붙여둠으로써 사랑과 슬픔의 격정이 교차하는 그녀의 내면을 더욱 생생하게 점묘하는 데 성공한다.

그렇지만 당대의 조선 지식인은 일본어로 서양의 번안 가요를 노래하는 기생에 대해 긍정적 시선만을 보내지는 않았던 듯하다. 이를테면 영화인 이서구는 그런 경향에 대해 "병적 향락생활"로서의 "짜쓰jazz 취미"라고 강도 높게 비판했다. 비판의 까닭은 두 가지였다. 하나는 서구와 일제의 물질문명에 오염된 '모던 걸' 못지않게 타락한 "짜쓰 기생"의 출현이다. 다른 하나는 "홍등녹주紅燈綠酒의 향기 높흔 화류계"에서 인기 높은 "짜쓰 기분을 고취하는 유행창가"에 푹 빠진 조선 남성의 향락적인 행보이다.[90] 이서구는 기생의 전통 기예에 대한 존중이나 기대의 말을 전혀 표하지 않았다. 이로 보아 조선의 기생 관련 문화나 제도에 대해 부정적인 태도를 취했던 듯하다. 하지만 식민화 이후의 조선을 "윤락과 치욕의 역사"로 비판하는 태도로 보면 이런 평가도 가능해질 듯하다. "짜쓰"의 대유행에 의한 기생의 훼손과 변질을 더욱 큰 범주의 사건, 곧 제국에 의한 '조선적인 것'의 균열과 파괴의 관점으로 바라봤을지도 모른다는 판단이 그것이다.

한편 '짜쓰 기생'의 어투나 분위기를 닮은 '샤미센 기생'이라는 신조어는 어디에도 보이지 않는다. 이 때문에 〈조선정시-샤미센 타기〉의 기생은 어떤 의도 아래 '잘 만들어진' 구성물, 곧 연출된 이미지로 오인될 수 있다. 그러나 기생이 동석한 술자리에서, 또 유성기 음반으로 일본 신민요 〈압록강절〉, 〈안래절〉, 〈백두산절〉 등이 널리 불렸다는 사실은 일본인과 조선인에 의해 다 같이 확인된다. 이에 대한 일본 쪽 비판은 지나온 과정에서 살폈으므로, 조선 지식인의 〈압록강절〉에 대한 생각을 중심으로 엽서 속 와카와 '샤미센 기생'의 의미를 짚어본다.

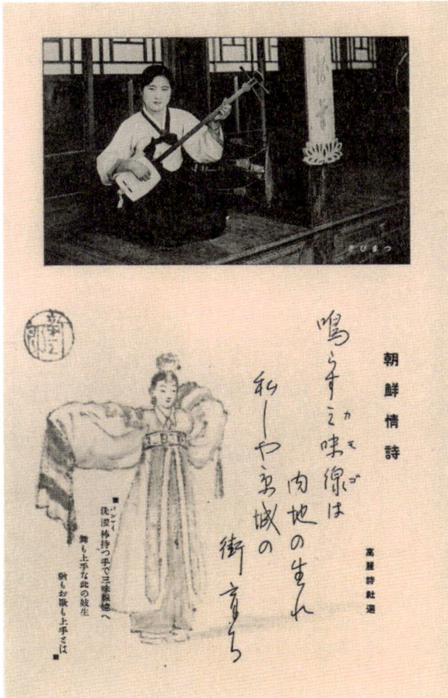

그림 32 조선정시 – 샤미센 타기

1920~1930년대 "류행되는 〈특〉"[91]이라는 신문기사에 기댄다면, 조선 기생은 지금 샤미센을 타며 〈압록강절〉, 아니 〈오롯코부시〉를 구성지게 노래하고 있다. 그 장면을 지켜보는 조선 지식인 '망중한인'은 왠지 착잡한 기분을 떨쳐내기 어렵다. "〈카고노도리籠の鳥〉", "〈나니와부시浪花節〉" 같은 온전한 일본 노래는 그렇다 쳐도, 유일하게 조선어로 호명하며 한자 제목까지 함께 붙인 〈압록강절〉은 어딘가 문제적이라고 느꼈기 때문이다. 이유는 두 가지이다. 하나는 "조선과 만주에 큰 포부를 가진 일본사람의 마음을 그린 노래"가 본질인 〈압록강절〉을 '조선 기생'이 부르고 '조선 손님'이 듣는 기이한 현상이다. 다른 하나는 "아직 생기지는 안엇지만은 가야금과 삼미선三味線으로 된 특은 무슨 특이라고 할고?"라는 말에 보이

는 조선 문화의 변질과 훼손에 대한 우려이다.

○ 뜯는 샤미센은 내지(일본) 태생
나는 경성 거리에서 자랐네

● 방망이 쥐던 손에서 샤미센 생각으로
춤도 빼어난 이 기생
게다가 노래도 잘 부른다니

–〈조선정시 – 샤미센 타기〉

두 편의 와카에 표상된 조선과 일본의 통합은 '망중한인'이 우려하던 "특은 무슨 특"의 형식과 내용 자체라 할 만한 것이다. 사람과 거리, 악기와 노래, 심지어 빨랫방망이도 포함된 '조선적인 것'은 샤미센과 일본 노래로 대표되는 일본 정신과 문화 내부로 흡수, 통합되었다. 이 때문에 '샤미센 기생'의 이미지는 그것에 흥미를 느끼고 호기심을 갖는 대중을 유인할 때 효과적인 어떤 일화들을 갖춘 에피소드의 매개물 정도로 떠돌거나 소진되지 않는다. 오히려 렌즈 뒤에 서 있는 권력적 시선, 즉 남성=지배자가 욕망하는 민족적·국민적 동일성, 그러니까 동조동근론으로 신비화된, 따라서 허구성을 면치 못하는 혈통적 동일성을 승인하고 받쳐주는 식민화된 팔루스로 전면화 된다.[92]

가령 '샤미센 기생'에 담긴 식민지 조선과 제국 일본의 통합적 이미지, 또는 식민화된 팔루스 역할은 조선박람회(1929)의 홍보엽서에 이미 뚜렷하다. 물론 조선박람회에 대한 선전이라는 점에서 유흥과 오락의 '샤미센 기생'과는 그 목적과 분위기가 상당히 다르다. 그러나 춘앵무 차림의 조선 기생과 기모노 복색의 일본 게이샤가 경복궁 근정전을 배경으로 활짝 웃으면서 '記念'이라고 적힌 부채를 함께 들고 있는 모습[93]은 그것을 도안하고 입체화한 제국의 시선과 태도를 시의적절하게 환기시킨다. 주최자로서 조선총독부가 또렷이 명기된 이상, 조선박람회의 근본 목적은 제국의 식민지에 대한 문명화의 사명과 식민화의 이념을 선전·선동하는 것에 있다. 그러므로 기생과 게이샤 미소 및 '기념'의 부채는 세계 식민주의 공통의 사명, 곧 식민지에서 경험하지 못한 더욱 많은 삶과 부유한 번영, 도덕적 평화를 실현하겠다는 욕망[94]을 일제의 방식으로 식민지 조선에 수용하고 번안한 이미지임이 분명해진다.

일제의 조선 관련 사진엽서가 그들의 패망 전까지 꾸준히 생산, 소비됐음을 떠올리면, 사진엽서 〈조선정시-샤미센 타기〉(그림 32)가 수행하며 걸어간 길은 비교적 뚜렷해진다. 거의 예외 없이 내선일체와 황국신민화, 창씨개명과 총력전 등 대중의 동원과 이념의 주입을 필요로 하는 각종의 군국주의적 파시즘 정책을 널리 알리고 강제하는 시각적·청각적 프로파간다의 집행도구가 되었을 것이다. 이 불행한 예감이 한 치의 어긋남 없는 실제 현실이 되었음은 기생과 샤미센의 하나 됨을 대체한 이미지라 할 만한 기생과 게이샤의 돈독한 어우러짐에서 분명하게 확인된다.

예시한 엽서의 주인공들은 조선 기생 최옥희와 일본 게이샤 이마웅으로 알려진다. 하지만 두 여성의 핏줄에 대한 탐문과 이름의 확인은 큰 의미가 없다. 그녀들은 조선과 일본의 갑남을녀가 되어 내선일체의 계몽과 실천을 호소하는 것만으로 그 역할과 임무를 충분히 감당했다. 그래서 엽서에 기록된 문장에는 구체적인 성명과 장소, 건물 하나 없이, 그렇기에 일제 영토 내의 모든 인물과 장소가 주인공이 될 수 있는 낭만적 분위기로 가득한 것이다.

> 화려한 옛 사찰 앞에, 푸른 싹이 트는 꽃밭에, 그리고 조용한 조선의 거리거리에 보이는 그들 기생의 자태는, 하나하나씩의 풍경과, 잘 조화된 자연의 아름다움을 갖고 있다.
>
> –〈조선의 기생: 미소 짓는 꽃〉

매우 아름답고 누구나 바랄 만한 조선의 이상적인 풍경이다. 하지만 1930년대 중반에 이르면 식민지 조선은 '대동아 공영'을 앞세운 일제 군국주의의 중국 대륙 및 아시아 남양 지역에 대한 침략과 정벌의 소용돌이에 휘말린다. 그 결과 조선인 대상의 전쟁 시국에 대한 협력의 요청과 전반적 일상생활에 대한 강력한 통제가 현실화 된다. 이때 제시된 정책들이 조선인의 황국신민화, 천황에 바쳐지는 국가신도의 실천과 직역봉공의 강화, 각종 산업에 대한 진흥 운동의 전개 등이다.

그림 33 미소 짓는 꽃

'총력전으로!'라는 현실을 감안하면, 소책자 형식의 여행안내서 《경성정서》(경성관광협회, 1936. 9)에 실린 동일한 인물과 형식의 흑백사진이 더욱 솔직하며 차라리 현실에 부합할지도 모른다. 사진 밑에는 '내선융화內鮮融和'라는 선전의 문구와 '(덕수궁 안에서)'라는 정확한 장소의 알림이 인쇄되어 있다. 덕수궁은 일제의 조선 식민화 과정에서 가장 중요했던 두 사건 을사보호조약(1905)과 일한병합조약(1910)이 체결된 치욕(대한제국)과 환희(일제)의 양가적 공간이었다. 그때로부터 약 30여 년이 흐른 뒤 그 기예와 섹슈얼리티의 실행에서조차 그 가격과 가치가 달랐던, 제국과 식민지 표상의 '살아 있는 미니어처'들이 두 손을 다정하게 마주 잡고 제국의 렌즈 앞에 섰다. 이 장면은 무엇을 나타내는 미학적·상징적 장면이자 기호일까.

덕수궁의 공간적 가치와 의미를 떠올린다면 대답은 이 범주를 거의 벗어나지 않을 것이다. 약간의 과장이 허락된다면, 조선 기생이 일제라는 "근대 민족국가로의 궁극적 귀속"을 위해 "'나라를 위해서 봉공'하고, 목숨을 바쳐도 좋다는 자기 죽음에 대한 선구적 각오"[95]를 일본 게이샤 앞에서 다짐하고 있다 정도가 될 것이다. 짐작대로 조선 기생들은 1937년 결성된 '국민총력운동'-1940년 '국민총력조선연맹'으로 확대 개편-의 지도 아래 '애국열'을 자의 반 타의 반 고조시켜 나갔다. 그것의 구체적 실행이 앞서 말한 신사참배운동과 방공방첩운동, 위문대 제작 및 전쟁 무기 헌납, 심지어 기생 창씨개명의 한 분자로 동원되거나 적극 참여하는 것이었다.

물론 신체의 공여 없이 생활자금을 아끼거나 집단운동을 통해 군사용품을 모아 '전선'에 보내는 정도로 기생들의 '총후'는 그치지 않았다. 이보다 훨씬 강화된 정책, 곧 "군대 생활의 인식은 총후부인의 임무"(《매일신보》 1939. 2. 27)에 관련된 '붉은 정성赤誠'에 대한 참여와 실천을 요구받았다. '총후'의 열의를 반영하여 매일 궁성요배를 올리고 장병의 무운장구를 비는 묵도를 갖는 것은 '기생 애국반'(《매일신보》 1939. 10. 10)의 기본적인 의무였다.

결국 "권번, 카페-, 빠-조합, 유곽 등"에 소속된 "1,300명의 기생, 1,600명의 여급, 1,800명의 창기들"은 "새로운 《국민조직》의 한 분자로서 참가하여 국방국가 체제 확립에 힘찬 출발을 짓도록" '특설청년대'(《매일신보》 1941. 6. 18)에 의무적으로 가입되었다. 이난향의 회고에 따르면, 마침내는 "전선에서 군인들에게 몸을 바치는 일", 곧 정신대(위안부)로 강제 징발된 가장 비극적인 삶의 기생들도 있었다.[96] 하지만 기생 집단에게 그 대가로 주어진 것은 적절한 보상은커녕 참혹한 수준의 궁핍함과 불투명한 미래로의 던져짐이었다. 전쟁의 확대와 일상생활의 궁핍화, 총력전의 생산 활동에 반하는 유흥업계의 억압은 그녀들이 일하던 요리점, 기생집,

유곽의 몰락을 가져왔다. 식민경찰은 기생들의 생계를 위협하는 불안한 상황에 맞서 기생과 업소의 영업권 인정과 박탈을 무기로 사건 당사자의 불만을 다독이거나 억압하는 것으로 대응했다.[97]

일제 말기의 기생 모습을 담은 사진엽서는 좀처럼 찾아지지도, 발견되지도 않는다. 식민지 초기~1920년대 촬영된 사진들을 반복적으로 복제하거나 재활용했다는 것, 총력전의 전면화에 따른 사회의 병영화가 유흥업(자)에 대한 제도적 억압과 국민적 반감을 크게 불러왔다는 것 등이 주요한 원인일 듯하다. 그럼에도 조선총독부 기관지 《매일신보》에는 기생들의 '애국열'과 '체제 협력'에 관련된 행사를 찍은 사진이 종종 실렸다. 어느 장면이든 그녀들은 누가 보더라도 기생임을 알 수 있는 치마저고리를 갖추고 '애국적성愛國赤誠'의 표현과 주장에 집중하고 있다. 사진 없이 기사만 실릴 때는 '애국 기생' '군국형 기생' '홍군당紅裙黨' 같은 가치화된 별칭으로 그녀들의 행동이 칭송되었다. 이 호칭은 1920~1930년대 독립운동에 나섰던 '혈맹의 기생'이나 붉은 사상의 길을 걸어간 '사상 기생'[98]과 정 반대편에 놓여 있다. 일제 지향의 앞선 호명들은 오로지 조선을 바라본 뒤의 호칭들과 정확히 반대되므로 다음의 두 가지 뜻을 벗어나기 어렵다. 하나는 조선 기생들의 애국열 고조와 총력전 참여에 대한 또 한번의 강조와 관련된다. 다른 하나는 황국신민에 새로 편입된 식민지 조선인에게 전달하고픈 메시지와 관련된다. 두 항목은 사카이 나오키가 정확하게 지적했듯이, "'우리' 나라를 위한 희생에 지원한 애국자"[99]로 두려워 말고 생활해달라는 '멸사봉공'의 태도에 대한 집요한 요청, 아니 강제의 다른 기호였다.

그러나 잊지 말아야 할 사실이 하나 있다. 일제가 강조했던 '우리'라는 이념과 담론의 양면성 문제이다. 기생들을 향한 '애국'(동화)의 욕망 뒤에는 성과 생활의 부도덕함에 관한 배제의 논리가 항상 도사렸다. 예컨대 일제 말기의 유일한 조선어 신문 《매일신보》는 기생들의 무허가 영업,

도박, 화대, 자살 등 부정적인 행위에 더 많은 지면을 잊지 않고 할애했다. 이것이 문제 되는 까닭은 기생들이 상반된 이미지의 노출과 예시를 거치면서 일반 대중과는 이질적인 별난 존재로, 그에 따라 날이 갈수록 부정성에 더더욱 포박되는 이미지로 고착되었다는 사실 때문이다. 이 자리에서 '애국적성'의 존재로 호명되었지만, 그녀들은 아직도 일상현실 아래 은폐되어야 할 사회악이라는 그릇된 편견과 폄훼 시선에서 끝내 자유롭지 못했음이 다시 확인된다.

제 10 장

조선남성의 일상과 노동, 그리고 유희

— 사진엽서 '조선남성'과 벌거벗은 '요보'들

조선남성이라는 벌거벗은 신체와 기호

한·중·일 세 나라 옷을 되는 대로 걸친 어떤 청년이 옆자리에 앉게 되면 재미난 호기심이 먼저 떠오를까 아니면 괴이쩍음에 놀란 불안감이 먼저 다가들까. 예컨대 "두루마기 격으로 기모노를 둘렀고, 그 안에선 옥양목 저고리가 내어 보이며, 아랫도리엔 중국식 바지를 입은" 모습의 낯선 사내와 마주하게 된다면? 게다가 짐짓 외면하는 동승자들의 시선을 끌겠다는 투로 중국어와 일본어까지 시끄럽게 지껄여댄다면? 적잖이 당황스러울 것이다.

하지만 현진건의 단편소설 〈고향〉(1926)의 일 절이므로 크게 놀랄 것은 없다. 현진건은 이 소설을 처음 발표할 때 〈그의 얼굴〉이라는 제목을 붙였으나 이후 〈고향〉으로 고친 다음 단편집 《조선의 얼굴》에 실었다. 제목들을 보면 작품의 연원과 개제, 단편집 수록의 까닭이 얼추 짐작되는 바 있다. 하나는 고향을 빼앗긴 청년의 "그 눈물 가운데"로 "음산하고 비참한 조선의 얼굴"을 비춰냄으로써 오히려 현재의 "참혹한 사람살이"를 견뎌내겠다는 민족적·존재적 욕망이다. 다른 하나는 그럼으로써 한 치도 보이지 않는 조선과 개인의 미래를 위해 "자기 생활의 의미의 중심이 될 수 있는 본원적인 '고향 세계home world'"[1]를 상상의 공동체로 밀어 올리겠다는 뜨거운 다짐이다. 어쩌면 이런 요소들 때문에 제목들의 이면에 작가의 주체성 확장뿐만 아니라 폭력적이며 억압적인 식민권력에 대한 냉정한 비판과 저항의 분위기가 배어나오는 것인지도 모른다.

그랬을지라도 인지상정을 먼저 말한다면, 작가도 한·중·일 복색을 제멋대로 걸친 조선 청년에게 불쾌함 못지않게 수치심을 먼저 느꼈을 것이다. 왜냐하면 교양과 지식을 넉넉히 갖췄음에도 작가 자신도 식민지의 요보로 손가락질 당하기는 마찬가지라는 점에서 하층의 품팔이 청년의 우스꽝스러운 모습을 공유하고 있기 때문이다. 작가나 품팔이 청년이나 일제의 식민주의 아래서는 거듭된 좌절의 삶을 피하기 어렵다. 그 결과 특히 깨인 지식인인 작가는 '실존적 수치'에 훨씬 폭넓고 강렬하게 노출될 수밖에 없다.[2] 〈고향〉의 제목이 "그의 얼굴"에서 "고향"을 거쳐 "조선의 얼굴"로 수렴되고 동일화되는 까닭을 주체성의 확장 욕망뿐만 아니라 수치심의 자각 및 극복의 열망에서 찾는 이유가 여기 있다.

그림 1 어린 아이의 짐(부산박물관)

〈어린 아이의 짐〉(그림 1)은 여러모로 문제적인 사진엽서이다. 어린아이의 노동과 발가벗은 몸은 그의 가정을 넘어 식민지 조선의 가난한 현실과 타자에 대한 배려 없는 부도덕성을 현재의 관점에서도 부끄럽게 또 수치스럽게 환기한다. 그러나 이 사진은 하나의 '사실'이기도 하지만 매우 의도적인 공격의 시선이 잘 만들어낸 '허구'이기도 했다. 왜냐하면 일제 식민권력은 어린 요보의 벌거벗은 몸과 고된 노동을 통해 조선과 같은 야만적이며 후진적인 사회는 지배되고 개척되어 마땅하다는 침략과 정벌의

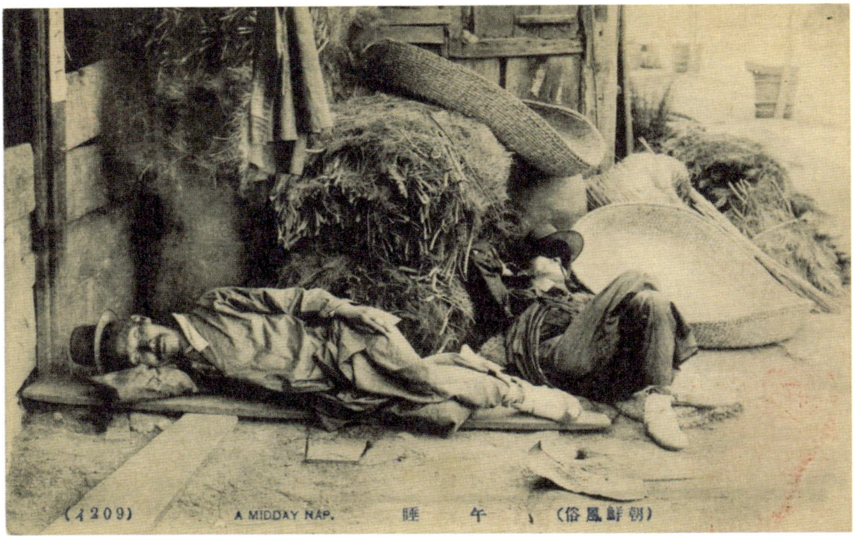

그림 2 조선풍속 낮잠(부산박물관)

이데올로기를 정당화했기 때문이다.

소년의 벌거벗음과 갓 쓴 남성의 낮잠 가운데서 어느 쪽의 부끄러움과 수치심이 크게 느껴질까. 대개의 사람은 꼭 문명인 운운하지 않더라도 휴식을 빙자한, 또는 술에 취한 채의 낮잠이라고 답할 듯하다. 최남선과 이광수는 거짓말 잘하는 것과 게으른 것을 조선인이 가장 먼저 고쳐야 할 것으로 지목했다. 나아가 '지선至善의 노력자'가 되어 '심리적 노인'의 상태를 극복할 때야 문명개화가 비로소 가능해진다는 호소를 잊지 않았다. 이들의 민족개조론은, 육당 주관의 잡지 《소년》(1908~19010)에서 확인되듯이, 서양과 일본에서 선풍을 일으킨 벤자민 프랭클린의 13가지 덕목(좌우명)에서 결정적인 영향을 받았다. 그런 까닭에 조선의 약점과 열등감에 따른 수치심이 강화될수록 서구와 일제의 '외적 강제'를 빌어 그것으로부터 더욱 변형된 내적인 '자기 강제'를 더욱 강력하게 요구할 수밖에 없었다. 이 지점, "참혹한 사람살이"로 언제고 던져질 조선 소년의 비극적 숙명에는 애써 눈 감은 채 드넓은 '바다'를 본받고 그것의 거침없는 함성을 이념화하라는 팽창주의적 소명과 실천을 유난히 강조했던 최남선과 이광수의 한계가 빚어지기 시작한 곳에 해당된다.

비숍 여사가 바라본 《한국과 그 이웃 나라들》의 약점도 여기서 예외는 아니었다. 그녀는 고단한 가사·생업 노동에 던져진 예속적 삶의 최하층 조선 여성을 '가정의 노예'로 불렀다. 그러면서 그 고통스런 삶이 무소불위의 가부장제 권력을 휘둘러대거나 궁핍과 간난의 원천인 나태함과 노예근성, 교활함과 진실성 없음 등의 '동양적 악덕'에 빠져 있는 조선남성에 의해 더욱 강화되고 있음을 날카롭게 지적했다. 이와 관련된 비근한 사례가 사진엽서 〈조선풍속 낮잠午睡〉의 남성일 것이다. 그렇지만 여기서도 유의할 지점이 하나 있다. 조선남성 전반이 '동양적 악덕'의 행사자로 지목되지는 않았다는 사실이 그것이다. 비숍 여사를 비롯한 서양인의 조선남성에 대한 비판은 "모든 인생을 근면과 생업으로부터 파산시키고 강탈해가면서 바닥도 끝도 보이지 않는 몰락과 부패, 타락으로 출렁거리는 거대한 바다"에 비유된, 조선 황족을 필두로 한 봉건관료 및 양반가, 거기 빌붙어 기생하는 중인계층들에 집중되었다.

한일 강제병합을 전후한 시기 이들은 조선 상류층의 인종적·신체적 특성, 조선의 고급한 풍속문화와 생활양식, 잘 구비된 주거와 교통 환경, 예의 바른 경조사 의례 등을 세밀하게 관찰하고 기록하려는 서양과 일본 카메라 앞에 우뚝 세워지곤 했다.[3] 그렇지만 식민권력의 진정한 관심은 500년 왕조의 찬란한 위엄과 탁월한 업적의 수집과 보고에 있지 않았다. 오히려 반대로 몰락한 망국의 잔해와 흔적을 증빙하는 소외와 패배의 표상체로 '조선적인 것'을 소환하고 전시하는 것에 목표를 두었다. 앞에 예시한 어린 소년과 늙은 남성은 그렇게 선택된 대표적인 '붉은 땅'의 '토인'들이었다.

그런 뜻에서 일제가 어떤 방법으로 식민지 조선남성의 미개성과 야만

그림 3 황소 아래서의 낮잠

그림 4 요보의 주머니

성을 수집하고 기록했는가를 《조선만화》 두 편을 통해 살펴본다. 피사체는 무거운 짐을 나르는 황소 아래서 낮잠을 자거나(그림 3) 주머니에 돈, 담배, 거울, 열쇠, 화투패, 성냥갑, 여인의 사진 등을 담아 넣고 거드름피우는 조선남성(그림 4)이다. 작가인 우스다 잔운은 소 밑에서 낮잠 자는 행동은 조선의 요보이기에 비로소 가능한 기예라고 비꼰다. 심지어 그 미련한 행동에 깃든 저능, 무사태평, 부주의는 문명의 이기를 운용할만한 뇌력腦力이 미발달한 탓이라는 인종주의적 멸시와 조롱마저 퍼붓는다.[4] 〈요보의 주머니〉에서도 사정은 다르지 않다. 일본 작가가 특히 문제 삼은 것은 두서없이 집어넣은 내용물이 아니라, "늙어가는 마누라를 도둑맞아도 아깝지는 않으나 매일 한 푼 두 푼 세며 돈을 모아두는 주머니만은 생명보다도 아깝게"[5] 여기는 작태이다. 이런 행위는, 〈돈 계산〉에서도 비꼬았듯이, 근대적 은행업에 대한 무지와 이윤 추구에 관련된 경제 관념의 부재를 더욱 악화시키는 미련함일 따름이다. 작가에 의하면 '돈 계산'이 더러운 것은 땅 위에 동전을 펼쳐놓고 동전을 세기 때문이 아니라 "(푼)돈 세는 일을 유일한 낙으로 삼는 천박한 인간"에 지나지 않기 때문이다.[6]

문제는 불결과 무능으로 낙인찍힌 몸의 재연과 전시가 '뇌력' 미욱한 몇몇 '요보'에 그치지 않고 하루 종일 비지땀 흘리는 근면한 농부와 노동자를 향해서도 무작정, 아니 빈틈없이 퍼부어졌다는 사실이다. 근면·성실한 이들은 쉴 틈 없는 노동만으로도 '동양의 악덕'과 거리가 먼, 비숍 여사의 말을 빌린다면, '훌륭한 행실'과 '우수한 성품'을 가진 '터프한 남자'로 칭송될 만한 데도 말이다. 일제는 이들을 포함한 조선남성 대부분을 '긴 담뱃대'와 '흰옷'에서 특화시킨 부정적 이미지로 재현했다. 이를테면 보기만 해도 추운 "망국의 망령", 쇠약한 기운 가득한 "상중喪中에 있는 농민" 따위로 서슴없이 폄훼하는 태도가 그러했다. 결국 일제는 '벌레' '짐승' '땅을 기어 다니는 파충류' 따위의 비속어를 조선 하층민에게 각인함으로써 일본의 우승과 조선의 열패라는 인종주의적 편견과 국수주의적 독단을 잊지 않았다.[7]

흥미로운 사실은 저 참혹한 '비인간'의 호칭이 서양문명의 탈을 깊이 눌러쓴 일본 지식인들이 자국의 빈농들을 향해 계획적으로 던진 말의 하나였다는 점이다. 그렇다면 일제는 왜 자국 내에서 자행된 '우승열패'의 인간적 차별을 그대로 놓아둔 채 조선을 그들보다 더욱 낮은 하등 동물로 서둘러 규정하고 호명했을까. 답은 어렵지 않은데, "농민이라는 타자가 풍경으로 그려지는 것, 이것은 '문명 / 자연'이라는 구도가 담겨 있다는 것을 의미한다"라는 말에 그 실마리가 숨어 있다. 이 말에 따른다면, 일본 전체는 문명-서양의 낙토로 밀어 올리는 반면 조선 전체는 야만-적토(붉은 땅)의 만지蠻地로 끌어내리는 작업이 무엇보다 중요했다. 그럼으로써 일본 내지의 중심화 및 조선의 지방화라는 전도된 오리엔탈리즘을 역사의 흐름이자 시대의 문법으로 고착시키고자 했다.

이제부터 우리는 한편으로는 게으르고 불결한, 다른 한편으로는 바지런하고 순박한 조선남성, 그중에서도 농민, 장사치, 막일꾼 등의 하층 남성들을 함께 만나보게 될 것이다. 이때 우리는 드물고 드문 그들의 명랑한 웃음보다는 현진건이 그랬듯이 "참혹한 사람살이"로 "음산하고 비참한 조선의 얼굴"을 먼저 만나게 될지도 모른다. 하지만 일제의 카메라 렌즈에 비친 '조선의 얼굴'은 지배와 피지배의 비대칭적 관계와 식민권력의 절대성을 입증하고 시위하기 위해 취사선택 된 '낙인찍힌 몸'[8]의 일환임을 각별히 기억해 둘 필요가 있다. 이 말은 버려진 그들의 신체에 깊이 새겨진 좌절과 공포, 혐오와 부정이라는 퇴행적 정서가 어디서 비롯되었고 어떻게 구조화되었는가를 더욱 유의하여 살펴보자는 뜻이기도 하다.

식민지의 노동,
'도야지'라는 낙인

흰옷을 입고 1년에 220여 일,[9] 겨울과 초봄의 넉 달을 뺀다면 1년 내내 고된 노동에 시달려야 하는 조선 농민을 보고 1910년대 중반 일본인들은 무엇을 제일 먼저 떠올렸을까. 일상의 흰옷에서 죽음의 상복을, 거기서 망국의 망령을 떠올렸듯이, 그들의 가련한 신체에서 "죽음의 나라, 장례식의 나라, 지나간 옛 나라"를 환기해보는 것이었다. 그들은 그러면서 조선의 부활이 가능하려면 흰옷 입기를 금지하고 노동과 위생에 유익한 색깔옷 입기를 일상화해야 한다고 주장했다.[10] 실제로 이 말을 압축한 '백의퇴산白衣退散' '색복장려色服奬勵'라는 구호는 일제가 식민 통치 기간 내내 우선권을 두었던 노동과 생활의 시책 가운데 하나였다.

이를테면 대동아공영의 총력전 구호로 시끄럽던 1940년 7월 일본에서 발표된 김사량의 〈풀숲 깊숙이草深し〉(《文藝(朝鮮特輯號)》)를 보라. 이 소설의 핵심 장면이라면 관찰자 '나(박인식)'가 강원도 화전민 마을에 갔다가 고보高普 시절의 교장 '코풀이 선생'이 일제의 '색의장려운동'에 동원되어 그것 관련 시책과 목표를 조선어로 충실하게 번역, 전달하는 모습에 충격받는 모습을 꼽아야 할 것이다. '나'의 충격은 내면의 분열과 집단 선택의 혼란에 따른 센티멘탈리즘으로 표출되기에 이른다.[11] 이 우울하고 고통스런 정서가 색의: 근대-일제-지식의 계몽 담론과 흰옷: 전통-민족-생활의 민족 담론 사이에 낀 '식민지 조선(흰옷)의 근대적 지식인(색의)'이라는 양가적 위치에서 발생, 심화된 것임을 눈치채기란 그리 어렵지 않다.

그림 5 농부의 식사·평양 모란대

봉건 조선의 흰옷을 벗기고 근대 제국의 색깔 옷을 입히는 시책은 크게 두 방향에서 진행되었다. 하나는 흰옷에 검은 먹물을 뿌려대며 근로 및 생활의 불편함과 신체의 불결함을 널리 알리는 물리적·제도적·이념적 지배와 통제였다. 다른 하나는 나쓰메 소세키夏目漱石가 "흙과 함께 나고 자란 구더기처럼 가련한 농민의 생활"[12]로 묘사했던 일본 빈농의 현실을 식민지 조선의 그것으로 고스란히 되돌리는 식민주의적 (무)의식의 배포와 확산이었다. 벌레와 질병의 비유는 조선인의 흰옷과 그 차림새가 미개하고 세련미도 부족하며, 축생에 가깝고 예의범절도 모르는 무지와 악덕의 소산임을 널리 알리고 비판하는 식민주의적 계몽 담론에 매우 유효한 수사학적 장치였다. 이에 대한 예로써 사진엽서 〈농부의 식사·평양 모란대〉(그림 5)와 〈아리랑타령 (6)〉(그림 6)을 함께 읽어보면 어떨까.

바쁜 농사일 와중에 들판에서 점심을 먹는 농부나 산 위에서 붉은 소나무를 베어 넘기는 벌목꾼이나 흰옷 차림이다. 게다가 먹고 마시는 식기도 거친 질그릇에 바가지이며 나무 베는 도구도 톱 없는 도끼뿐이다. 봉건적 습속과 생활양식이 압도적이던 식민지 근대화 이전의 조선의 후진성과 정체성을 증거하기에 모자람 없는 장면이다. 그럼에도 유의할 점이 있다면 1920~1930년대 식민지 조선은 1차산업의 비중이 60~70퍼센트 이상을 차지할 정도로 여전히 저발전의 단계에 머물러 있었다는 사실이다. 여기서 엽서 2매가 식민화 이전 조선의 가난한 촌락과 백성을 일부러 피사체로 골라 세웠다는 틀에 박힌 비판을 다시 살펴볼 여지가 생겨난다.

실제로 당시의 식민권력의 업무는 일반 행정을 넘어 위생 사무, 단발, 색의 착용, 관혼상제비 절약 등의 풍속과 생활까지도 포괄했다.[13] 이를 감안하면 빈농과 벌목꾼에 대한 사진은 오로지 벌레와 구더기 같은 인간 이하의 조선인상을 구축하고 선전하기 위해 잘 골라져 촬영된 식민주의적 미장센만은 아님이 분명해진다. 그렇기는커녕 해당 사진들은 조선-'망국의 망령' 너머로 일제-'개척의 망령'을 전면화하기 위한 양가적 계몽의 전략이 수행되는 공간이었다. 다시 말해 '드러난 야만'을 노골적으로 재현함으로써 '감춰진 문명'을 더욱 실체화하려는 식민 통치와 개척의 전형적인 문법이 펼쳐지는 이미지와 기호의 장이었다.

그림 6 아리랑타령(6)

예컨대 조선총독부가 식민 통치의 성공적 실현을 널리 알리고 그 확장을 도모하기 위해 매년 발행한 시정施政 기념엽서에는 인삼 재배, 면화 생산, 목양과 양잠 산업, 연초(담배) 재배와 가공, 농수산 생산물 증산 등을 담은 사진이 상당수 실린다. 이와 관련된 엽서들은 전근대적 농어업과 임업, 봉건적 전통문화를 대표하는 각종 궁궐과 사찰, 또 경주와 금강산 등의 관광지를 담은 시정 엽서를 7대 3의 비율로 압도한다. 이러한 상황은 조선의 전통과 풍속을 담은 사진엽서들이 '잔여적인 것'투성이의 조선 현실을 보고하거나 비하하기 위해 생산, 유통된 것이 아니라는 사실을 잘 보여준다. 그것 못지않게 식민지 근대화의 현황을 잘 골라 담은 시정엽서의 궁극적 목표, 곧 조선에 대한 식민 통치의 정당성과 합리성을 후원하고 보조하는 프로파간다의 장치로 기획된 도구적 물품임을 짐작케 한다.[14] 그런데 아직까지 두 사진엽서에 적힌 〈아리랑 타령〉과 〈조선 풍속시〉의 의미를 얘기하지 않았다. 먼저 〈아리랑 타령〉(그림 6)은 '아리랑' 가락을 토대로 높은 삼림지대 문경새재의 생활적 특색을 벌목-'다다미(다듬이-인용자) 방망이'로 압축하고 있다. 이 방망이는 단지 조선 여성을 고통에 빠트리는 가사 도구에 그치지 않을 성싶다. 그림 속의 부정한 세속, 곧 젊은 처녀를 지분대는 신분과 재력 높을 남성을 비판하고 단죄하는 약자의 정의감과 윤리성으로도 읽힌다. 이에 비한다면, 〈조선 풍속시〉는 어딘가 양가적인 성격과 의미를 갖는 듯하다.

들판은
젖 내음이다.
땅과 태양은
우리들의 것이다
여기서 점심밥.

하늘과 풀이
낮잠을 부르는구나.
- 〈조선 풍속시〉 (농부의 식사)

들판(땅)과 태양과 농민의 등치, 이것들 모두가 함께 나누는 '젖 내음'과 '점심밥'은 남녀의 생산적 에로스가 뿜어내는 건강한 생명력과 풍요로운 다산성을 충실히 암시한다. 하늘과 풀이 부르는 낮잠도 잠깐의 편안한 휴식과 더불어 심지어는 야생의 풀빛 무성한 대지가 흔히 상징하는 뜨거운 성애의 충동을 떠올리게 한다.

그러나 정녕 주의할 대목이 있으니, 농부의 낮잠이 당시 발행된 사진과 엽서에서 표상하는 진정한 의미가 무엇인가 하는 점이다. 일제의 카메라는 한편으로는 술과 점심을 먹은 후 잠깐 쉬는, 다른 한편으로는 마냥 게으르고 더러운 조선남성을 동시에 보여주기 위해 다음의 피사체를 놓치지 않았다. 아무런 부끄럼도, 예의범절도 없이 들판과 길거리에 함부로 가로 눕거나 지게에 제멋대로 기댄 채 낮잠에 빠진 젊거나 늙은 사내들(그림 2) 말이다. 어디 그뿐인가. 이들이 병균을 옮기고 두려움을 주는 벌레와 파충류, 곧 저열한 문화적 타자이자 먼저 배제될 이등 국민임을 나타내기 위한 잘 만들어진 시각화의 전략을 적극적으로 구사했다. 가장 흔한 사례로 조선남성의 게으름과 안일함을 입체화하기 위해 이것저것 조작한 사진 스튜디오를 적극 활용한 것을 들 수 있다. 예컨대 불결한 길거리나 흙투성이 들판을 스튜디오 내부에 그려 넣거나 관련 물품을 여기저기 늘어놓은 뒤 식민지 남성을 모델로 세움으로써 자신들이 원하는 식민지의 열등한 모습을 일거에 획득했다.

일제의 식민지 조선에 대한 낙인 찍기는 강력한 시선의 권력과 문화적 우수성을 앞세운 차별화 전략에 의해 추구되었다. 이것이 발전된 외부로부터 전수된 이식의 욕망과 깊이 연관된다는 사실은 서구 열강에 의해 강제된 개항 당시 일본의 타자화·주변화 경험에서 쉽게 확인된다. 예컨대 서구 열강은 자신들의 생활과 문화에 부재한 사무라이, 이발사, 가마꾼, 노점상, 게다 장인 등에서 일본의 인종적 특질과 문화적 성향을 간파했다. 그럼으로써 일본 문화와 풍속을 자신들이 발명한 오리엔탈리즘이라는 정형화된 틀에 집어 넣어 간혹의 신비함과 대대의 부정적 이미지를 대량으로 생산하고 소비했다.

이제 살펴볼 사진엽서 〈톱질하기〉 〈채빙採氷〉 〈나룻배〉 등은 서구에 의해 수행된 일본의 지방화·차별화 경험을 식민지 조선에 그대로 전이시킨 사례에 속한다. 그런 의미에서 이 엽서들은 조선을 일제의 욕망대로 바라보고 점유하려다는 시선의 권력과 지식의 배치가 두드러지는 식민주의적 문화투쟁의 장이다. 이와 관련하여 미리 알려둘 게 있다면, 세 엽서의 조선남성들은 결코 고유한 개성을 보장받는 개별적 존재로 세워지지도, 그려지지도 않았다는 사실이다. 그렇기는커녕 일제의 독단적 시선에 개별적 이미지를 빼앗긴 채 그들이 상상하는 조선인의 모습으로 다시 발견되고 재현된 허구적인 존재로 제시되었다.

그림 7 톱질하기

> 조선에서는 한 자루의 톱을 두 사람이 사용한다. 목재를 가운데에 두고 두 남자가 서로 마주 보고 톱을 밀거니 당기거니 톱질하는 것이다. 긴 봄날, 느긋하게 짝을 이룬 두 남자가 정말 뛰어난 솜씨로 톱질하는 장면을 조선에서 못 마주칠 리 없을 것이다.
>
> –〈톱질하기〉

가장 먼저 〈톱질하기〉를 살펴보자. 두 명의 노동자가 커다란 톱을 들고 깊은 산에서 벌목한 목재를 켜는 모습을 설명한 산문이다. 일본 도구와의 비교나 험한 노동에 대한 비꼼 없이 "두 남자의 정말 뛰어난 솜씨"를 칭찬하고 있어 흥미롭다. 여기 제시된 '톱질하기'는 조선인 풍자와 조롱에 바쳐진 《조선만화》의 한 항목인 〈요보의 톱질〉[15]의 모본일 가능성이 크다. 이 만문漫文은 두 남성의 톱질을 "무미건조한 톱질도 긴 담뱃대 문 조선인처럼 두 사람이 천문지리를 생각하면서 하고 있다고 생각하면 풍류적이다"라는 말로 상찬하고 있어 인상적이다. 상부의 남성은 하늘을 바라보며 천문을 생각하고 하부의 남성은 톱밥을 뒤집어쓰며 천년의 나이테를 세는 행위로 가치화되는 조선 톱질에 대한 심미화는 고통스런 노동의 일과를 상쇄하기에 충분한 긍정적 언술로 보인다.

하지만 자국의 엉거주춤한 모양새의 톱질을 아쉬워하며 조선의 톱질을 풍류에 가깝다고 추켜세우는 태도는 허구성 짙은 '인도적인 식민주의'를 크게 벗어나지 못한다. 가령 문명화 이전의 식민지인을 야만인으로 천시하는 한편 제국인의 구경거리로 남겨두기 위해 조선인을 이른바 '학술 인류관'으로 명명된 '인종 박물관'의 전시품으로 내걸었던 일제의 반인륜적 악행[16]을 떠올려보라. 조선인 전시의 경악할 만한 폭력성은 "우리나라 사람을 우롱하는 것으로, 꿈틀거리는 동물처럼 박람회에 출품한 것이다"라고 강력하게 비판했던 《매천야록》의 선비 황현의 분노에서 고스란히 엿보인다.

주변 후진국에 대해 벌였던 일제의 '토인' 전시는 1903년 오사카 '내국권업박람회'로부터 본격화되기 시작했다. 스스로를 소중화인으로 자처하던 조선인도 전시 품목에서 예외가 아니었다. 구체적인 예를 들자면, 4년 뒤 개최된 도쿄권업박람회(1907)에서는 조선 전통의 사농공상인 사진, 일상생활에 필요한 의식주 관련 물품, 농어업 생산물뿐만 아니라 탕건에 갓을 쓴 조선남성 및 녹색 상의에 흰 치마를 입고 슬픈 노래를 부르는 조선 여성도 함께 전시되었다. 소설 속에서 벌레와 파충류로 비유되는 신체와 영혼의 소외를 넘어 실물의 조선인 자체가 영혼 없이 사물화된 전시품으로 인지되고 표상되는 충격적 장면이 아닐 수 없다.

이렇듯이 비인간적이며 폭압적인 식민권력 아래라면 조선남성의 아름다운 톱질은 조만간 잊히거나 은폐되어야 할 잠깐의 신기神技에 불과한 것이어야 했다. 이를 입증하는 장면, 곧 일제의 (우월한) 근대문명이 식민지 조선의 (열등한) 전통문화를 대체하는 상징적 사건이 있다면 무엇을 들어야 할까. 심미적인 톱질로 건축된 제왕의 공간인 경복궁의 건축물을 적잖이 들어낸 자리에 대리석과 시멘트와 유리를 정교하게 결합하여 들어앉힌 조선총독부 청사(1926)가 제일 먼저 떠오른다. 이 장면은 승리한 천황체제를 대리하는 조선총독부 청사의 전경화 대 패망한 조선 왕조의 정치적·이념적 권력 공간인 경복궁의 후경화 정도로 정리될 수 있다. 두 공간의 대조적 배치는, 앞서 일본 신민요 〈경성소패〉에서 확인했듯이, 식민 수부 경성의 휘황한 근대성('조선신궁' '베이비골프' '훈련원')과 구슬픈 전통성('기생' '아리랑' '온돌')을 결코 움직이거나 변화시킬 수 없는 식민 대 피식민의 구도로 유감없이 획정하는 매우 폭력적인 식민주의적 건축 행위였다.

다음으로 〈채빙〉 장면이 담긴 사진엽서다. 식민지 시대 일본인들은 조선 생활이나 여행에서 가장 끔찍했던 경험으로 깊은 산간이나 홋카이도에서도 겪을까 말까 한 한겨울 강추위를 꼽곤 했다. 조선의 겨울 풍경을 포착한 사진에서 한강과 대동강 등지에서 벌어지는 얼음 채집과 얼음낚시가 단골 소재로 등장하는 이유다. 두 행위의 성격을 일별하자면, 전자는 삶의 맹추위와 맞서 싸우는 절박한 생존 활동이었다. 이에 반해 후자는 동장군을 벗 삼아 도락을 즐기는 취미생활 정도로 여겨질 만한 것이었다. 여기서는 일제가 자신들의 근대적 정체성을 형성, 확립하기 위해 식민지 조선의 특이성을 어떻게 타자화했는가를 확인하자는 뜻에서 생명 충동 강렬한 〈채빙〉을 먼저 읽어보기로 한다.

> 조선의 기후는 대체적으로 한겨울의 추위가 매우 혹심해서 천이라는 천은 완전히 얼어버린다. 그 두께가 50~60cm 정도까지 얼면 얼음을

그림 8 채빙採氷

잘라 모아서 저장한다. 여름철이 되면 그것을 어류 등의 냉장용으로 사용한다. 내지(일본)에서는 매우 보기 드문 광경이다.

– 〈채빙〉

일본에서 얼음 채집이 드문 까닭은 한반도에 비해 훨씬 따스한 기온 탓일 것이다. 이 때문에 도쿄나 오사카 등의 거대한 문명도시에서 벌어지는 얼음 사용의 방법과 패턴도 조선의 그것과 적잖이 달랐다. 서구의 의식주나 생활양식을 일찌감치 받아들인 일본이고 보면, 1913년 처음 출현하여 1926년 대량 생산에 돌입한 미국식 가정용 냉장고의 첨단적 흐름에 둔감했을 리 없다. 이 사실은 멀리 갈 것도 없이 일본 본토 아닌 식민지 조선의 사례를 엿보는 것으로도 충분히 확인된다. 예컨대 냉장고를 사는 조선 가정이 점차 늘고 있음을 알리면서 신용 있는 회사 제품을 구입하라고 당부하는 〈랭장고 이야기—그 장치와 사용법〉이나 냉장고를 맹신하지 말고 식중독 발생에 주의하라고 권고하는 〈냉장고를 자랑삼지 말고 용법을 배웁시다〉"[17]와 같은 기사가 차례로 등장하는 장면을 떠올려 보라. 냉장고라는 문명의 이기가 겨울철 얼음이라는 자연법칙을 거스르는, 아니 이겨나가는 장면이 저발전과 후진의 조선 땅에서도 본격화되기 시작하는 대목으로 손색없는 장면이었다.

그렇지만 사실을 말하면 조선에서는 1940년경까지도 냉동실을 함께 갖춘 냉장고가 상당히 드물었던 듯하다. 왜냐하면 뒤의 기사에 냉장고 온도를 10도 이하로 유지하기 위해 "가까히 이웃에 잇는 어름장사와 예약하야" 얼음을 넣어두도록 조언하는 내용이 실려 있기 때문이다. 또한 조선 특산물로 이름 높던 '천연빙', 곧 겨울철의 한강 얼음을 채취하여 저장, 판매하는 회사가 1921년 처음 설립되었다는 것, 1936년 몇몇 회사가 서로 통합하여 '조선제빙주식회사'를 새롭게 출발시켰다는 것을 알리는 기사[18]도 보인다.

얼음을 구입하여 냉장고를 차갑게 유지한다는 것은 상당한 재력이나 수입을 갖춘 중산층 정도는 되어야 가능했던 생활양식이었다. 전통 복색의 얼음 채집꾼이 주된 소비자일 리도 없고, 그들의 거처가 냉장고를 갖춘 부유한 저택이거나 근대식 문화주택일 리도 만무했기 때문이다. 더군다나 대도회 경성과 부산 등은 식민통치 기간 내내 조선 자체의 공업화와 상업화에 초점을 맞춰 개발된 적이 거의 없다. 그보다는 일제가 목표했던 한만의 개척에 기여하는 식민도시로, 특히 1930년대부터는 '대동아공영'을 내세운 천황 군국주의의 팽창, 곧 중국 대륙과 태평양 일대로의 침략전쟁을 수행하기 위한 병참기지로 다시 설계되고 구축되었을 따름이다.

이렇듯 "공장 속에선 무작정하고 연기를 품고 무작정하고 생산을" 하는 "거대한 위장"을 가진 일제의 살찐 몸집 앞에서라면 빈곤한 조선의 채빙꾼은 어떤 형상을 입고 또 어떤 조롱에 시달릴 법했을까. 짐작컨대

그림 9 나룻배

벌레와 파충류를 넘어 일제가 야심차게 건설한 "비만한 상가, 비만한 건물, 휘황한 등불" 아래서 깨끗이 지워져야할 "한낱 화농된 오점"(오장환, 〈수부〉)이라는 멸시와 비난에서 자유롭지 못했을 듯하다.

이를 감안하면, 사진엽서 〈나룻배〉는 조선의 식민지 근대화에 몰두하던 일제 당국의 두 가지 목표, 즉 저발전의 수치를 덜고 고도의 문명화를 자랑할 계몽과 개척의 대상으로 응시되었을 가능성이 크다. 기차가 터널을 뚫고 바람처럼 내달리고, 기선이 거센 파도를 헤치며 숱한 여행객과 물품을 안전하게 실어 나르는 문명의 장관을 떠올리면, 작은 나룻배와 거기 올라탄 조선인, 함께 실린 우마와 물품은 보잘것 없고 초라한 전근대적 습속이나 봉건시대의 유물로 인지되었을 가능성이 다분하다.

> 조선에는 아직도 다리가 많지 않다. 상당한 도로에서 나룻배 편을 이용하지 않을 수 없는 형편이다. 게다가 조선 나루터의 정경처럼 홍미

깊은 것은 없다. 사람도 자동차도 때로는 소와 말도 사이좋게 자그마한 판자板子 배에 자신들의 모든 운명을 걸고 강 저쪽으로 건너 간다.
- 〈나룻배〉

자동차 출퇴근과 여행을 즐기는 일제와 조선의 권력자나 재력가에게 수레 매단 우마를 나룻배에 태워 너른 강을 건너는 농부와 뱃사공 따위란 "사처四處에서 운집하는 화물들"이거나 "수레 안에는 꿀꿀거리는 도야지 도야지"(오장환, 〈수부〉)에 지나지 않았다. 물론 산문의 결미에 보이듯이, 일본인 화자는 작은 배에 모든 운명을 건 전근대적 풍모의 조선인에 대해 얼마간의 연민을 표하고 있다. 하지만 그 심리적 기저에 당시 세계 최고의 기술을 자랑하던 자국의 철도와 도로 관련 인프라에 대한 강력한 자신감과 자부심이 함께 깔려 있음을 알아채기란 그리 어렵지 않다.

일찍이 최남선은 장편 창가 《경부텰도노래》(1908)에서 '로량딘(노량진-인용자) 쇠다리', 곧 한강철교를 문명세계로 달려가는 대한제국의 큰 자산으로 자랑해 마지않았다. 하지만 다리 건설에 필요한 땅과 1차 재료, 노동력 등만 대한제국의 것이었지, 그것의 설계 및 건설 기술, 그리고 운영체계와 시설 관리 등은 모두 일제의 차지였다. 이런 연유로 일제는 각종 사진엽서에서 한강의 철교와 인도교를 필두로 평양의 대동강 철교와 인도교, 신의주와 만주 안동(현 단둥)을 잇는 압록강 철교 등을 식민통치가 거둔 조선 근대화의 상징적 품목으로 밀어올리곤 했다. 잠시 뒤 우리는 거기 각인된 제국 대 식민지 사이의 우승열패 및 문명인 대 미개인이라는 식민주의적 (무)의식이 사진엽서 〈노점의 잡화상·압록강 철교〉(그림 10)에 선명하게 투영되어 있음을 새삼 확인하게 될 것이다.

'장사꾼' 이야기, 조선남성의 비극적 숙명

시인 정지용은 '고마도리' 양복점의 풍경을 논하며 "어린이나 여자의 알맹이가 아즉 드리운이기 전의 다만 옷감에서 오는 냄새란 실상 우수끼(우스운-인용자) 것이 아닌가"라고 힐난했다. 고귀한 여자와 순수한 아이들이 드나드는 가게이므로 그들의 우아한 향취가 넘쳐날 것이라는 점, 불건강하고 불결한 사람들이 오가며 풍기는 온갖 불쾌한 악취에 시달릴 필요가 없다는 사실에 만족감을 표하는 말처럼 들린다. 하지만 시인은 양복점 내의 다방에서 일하는 카페 여급, 곧 "나븨처럼 밧브기만하는 볼에 연지 찍은 어린 색시"[19]들로부터는 상류층 귀부인의 우아한 향취가 풍겨날 수 없을 것임을 산문 말미에 넌지시 못 박아 두었다. 그럼으로써 근대 도시의 악취와 향기는 개인적 호오를 넘어서는 문제라는 것, 서로 대립하는 계급이나 집단 사이의 상호 반감과 혐오감, 공감과 유혹 같은 복잡다단한 정서와 밀접히 연관되는 현상임을 날카롭게 짚어냈다.

정지용의 예리한 감각에 기댄다면, 자질구레한 전근대적 물품을 판매하는 조선인 잡화상은 새로운 멋과 향취로 치장한 고귀한 부인에게는 반감과 혐오감의 대상이었을 것이다. 반면에 그럴 기회조차 없었던 카페 여급에게는 공감과 연민의 대상이었을 듯하다. 그렇다면 고귀한 부인과 아이들 대 노점상과 카페 여급이라는 계급적으로 상반된 짝패의 대결, 아니 지시와 복종의 서열 관계가 치사하게 드러나는 대표적 공간은 어디였을까. 하나만 꼽아보라면, 의류점과 끽다점, 화려한 샹들리에와 옥상정

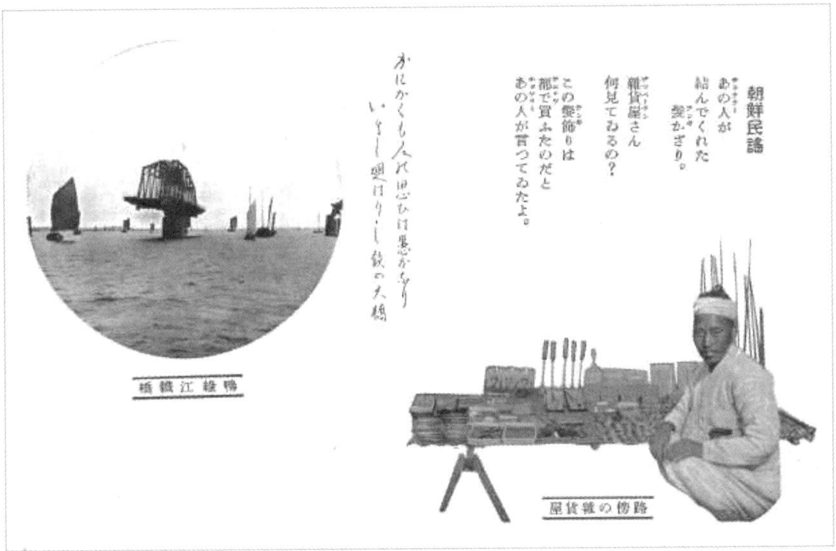

그림 10 노상의 잡화상·압록강 철교

원 등 상품과 교류의 공간이 함께 군집해 있으되, 자본의 손님과 임노동의 점원에 대한 구분과 차별이 매우 엄격했던 백화점을 들어야 할 것이다. 식민지 조선의 백화점은 "소비 대자본에 의해 연출된 제국 스펙터클"을 휘황하게 연출하는 환영幻影의 공간이었다. 동시에 "민족적·공간적 경계를 약화시키는 한편 피식민 대중 내부에 빈부와 취향에 따른 새로운 경계를 만들"어내는[20] 민족적·계급적·문화적 상징 투쟁의 장이었다.

사진엽서를 제국의 식민주의적 지배와 통치를 실현하는 이미지와 문자의 스펙터클 가운데 하나로 바라본다면 어떨까. 그럴 경우, 〈노상의 잡화상·압록강 철교〉의 기표와 기의도 백화점의 그것처럼 대조적이면서 통합적인 텍스트인 것처럼 느껴진다. 우선 1911년 11월 개통된 압록강 철교는 러일전쟁을 전후하여 공식화된 일제의 한만 개척을 현실화하는 군사용·산업용 교량으로 단숨에 떠올랐다. 게다가 철교 중간을 십자로 회전시키는 첨단의 신기술을 적용함으로써 군사적 속도감 및 관광·산업의 편리성을 동시에 성취한 동양 제일의 철교로 이름을 알리기에 이른다. 이 지점에 한국과 중국(만주), 그리고 일제의 '민족적·공간적 경계'를 약화시키는 식민주의적 통합의 상상력과 그것의 부분적 실현이 자리한다.

여기 보이는 잠재성과 합리성을 압록강 철교 옆의 일본 와카는 "여러모로 사람들 생각은 어리석어 / 바야흐로 돌아가는 철의 대교"라는 식으로 노래했다. 쉽게 감정에 휩싸이는 인간의 단점과 어떤 흐트러짐도 없이 다리만을 회전시키는 기계의 장점을 대비시켰던 것이다. 기계의 합리성을 취한 나라가 문명의 제국으로 올라서고, 사람들의 질척한 감정에 좌우되는 나라가 미개한 식민지로 밀려났음을 암시하는 듯한 가사다. 이를 감안하면, 추레한 잡화상도 나지막이 흥얼거렸을 〈조선민요〉는 같은 조선 땅일지라도 외래자 일제와 내부인 조선인 사이에 조성된 빈부와 취향의 격차를 더욱 벌리는 '구별 짓기'의 노래로 들려올 수밖에 없다.

저 사람이
묶고 있는
어여쁜 댕기.

잡화상은
무엇을 보고 있을까?

이 어여쁜 댕기는
대처都에서 산 거라고
저 사람이 말하고 있네.

– 〈조선민요〉 (노상의 잡화상)

귀부인과 유한마담, 모던 걸과 모던 보이, 룸펜과 한량 가릴 것 없이 군중들이 물밀듯이 모여들어 상품 구입과 여가 향유, 취미 활동을 고루 즐기는 경성과 평양 등지의 백화점은 '식민지 근대 도시문화의 종합전시장'[21]에 가까웠다. 이러한 소비문화의 불야성 속에서, 또 단발머리와 일본식 히사시가미, 서양식 퍼머넌트가 때로는 차례대로 때로는 서로 뒤섞여 유행하던 패션의 시대에 조선 여성이 길게 늘어뜨린 '어여쁜 댕기'는 어떤 의미를 가질까. '대처'라고 했지만 그곳은 봉건시대 이래 소규모 상점이 올망졸망 모인 저생산의 공간에 지나지 않는다. 5일 장에 손님이 제아무리 인산인해를 이루더라도 상당량의 자본 축적에 요구되는 규모의 경제가 실현되기 어려운 구조이다.

이 때문에라도 조선의 '붉은 댕기'는 근대문물의 황홀함과 즐거움을 백화점에서 온몸으로 체득한 외래자들에게 이국 취향의 대상일 수는 있어도 조선의 전통미를 지키는 결정적인 심미적 품목으로 수용되기 어려워진다. 게다가 백화점의 성황과 퍼머넌트 머리의 대유행은 노상의 잡화상과 붉은 댕기를 돈냥이라도 쌓아가는 호재보다는 궁핍한 삶을 가속화시키는 악재로 작용할 수밖에 없었다. 노상 잡화상의 옛적 삶의 경험과 소외의 편린을 엿 파는 소년과 무 파는 청년에게서 찾아보려는 까닭도 이와 깊이 연관된다.

> 경주 (포석정) : 신라 천년의 사직을 기울게 한 유적은 작지만 곧잘 그 천년의 비극을 떠올리게 한다. 그 옛날 신라 제55대 경애왕이 살해된 곳이다.
>
> – 〈엿 팔기〉 (조선 명소 경주 안내)

인용문의 제목은 '조선 명소 경주 안내'이다. 조선 최고의 관광지 경주를 소개할 요량이라면, 신라 관련 문화재나 전통유산을 피사체로 선택하는 편이 훨씬 타당했을 법하다. 더군다나 포석정의 비극적 서사를 제시했으므로 그곳의 사진을 제시하는 편이 더욱 효과적이었을 것이다. 그런데 왜 하필 다른 엽서에서 부모를 잃고 엿을 팔아 연명하는 불쌍한 고아로 등장하는 어린 소년을 사진에 담았을까.

짚이는 바가 아주 없지는 않다. 경애왕은 포석정에서 음주가무를 즐기다가 후백제 견훤의 침략을 받은 끝에 자결로 삶을 마친 신라 망국의 원흉과도 같은 인물이다. 일제 지식인과 예술가들은 신라 왕도 경주의 불행한 현재를 종종 '폐허의 미학'으로 일렀다. 천 년의 영화가 스러진 이래 여기저기로 버려지고 이곳저곳 깨어진 유산과 유물에 초점을 맞춘 평가

그림 11 엿 팔기

일 것이다. 이렇듯 적요하고 황량한 폐허는 향락에 물든 무능한 왕권과 권력 독점에 눈먼 지배층의 상시적 다툼, 그에 따른 국운의 혼란과 쇠퇴, 이를 틈 탄 강력한 외부자의 침략으로 인해 일거에 파멸된 찬란한 왕도와 충용한 백성의 구슬픈 운명마저 떠올리게 한다.

이 부근에서 엿 파는 소년을 고려의 포로로 전락한 신라 백성의 불우한 후예로, 또 오랜 신라 정벌의 '정한론'에 끝내 피격당해 패망한 조선 요보의 버려진 아들로 겹쳐 읽을 여지가 생겨난다. 이런 의미에서 망국은 힘없는 백성의 곯는 배를 더욱 내리누르고 선량한 영혼의 고갈을 훨씬 앞당기는 최종심급의 가난이 아닐 수 없다. 그 와중에 함부로 휩쓸린 어린 소년은 엿 한 조각씩 팔면서 희망 부재의 나라와 삶을 간신히 통과 중인 셈이다.

그림 12 무 팔기

한편 《조선만화》[22]에도 '엿장수'가 보인다. 이 만화에는 커다란 삿갓을 덮어쓰고 큼지막한 엿가위를 들고 있는 늙은 남성과 엿판 주변에 파리가 "붕붕거리며 모여들고" 있는 모습이 과장되게 그려져 있다. "일본에서도 옛날엔 음식물 상자에 뚜껑 덮는 등의 문명적인 생각은 없었고 흑사탕을 가장 단 것으로 여겼다"라는 지적에서 엿판의 불결함과 엿의 후진성을 깔보는 시선을 탐지할 수 있다. 더욱 결정적인 말은 "엿장수가 신축 온돌을 지었다는 이야기는 듣지 못했다"인데, 가난을 면치 못할 엿 팔기의 비경제성에 대한 조롱이 완연하다. 더욱 열심히 일하거나 공부하여 엿 장사를 벗어나지 않는 한 소년에게 밀어닥칠 노년의 고된 삶이 엿장수의 초상에 담겨 있는 셈이라는 해석은 그래서 가능해진다.

> 압록강은 흐르고 흘러 2백여 리. 목재와 그 밖의 물자 모두는 수운에 의존하여 수송되고 있다. 그 가운데 뗏목이 가장 많으며 영림서와 크고 작은 10여 곳의 목재 공장에서 만들어진 제재들은 매년 각지로 반출되는 것만으로도 무려 삼백 수십만 엔에 달한다.
>
> – 〈무 팔기〉 (조선 명소 압록강 안내)

'무 파는 청년'과 압록강 일대 벌목 및 제재 산업 역시 별다른 연관성이 없다. 서로 무연한 대상을 위아래로 엇갈려 배치한 까닭은 무엇일까. 이런저런 기록에 따르면, 일제는 1943년 압록강의 수풍댐이 완성되기까지 백두산 삼림의 벌목과 제재산업의 활성화를 통해 군사적·경제적 이점과 소득을 충분히 거뒀다 한다. 그렇지만 이것들 관련 최하층 노동자는 쓰라린 짐작대로 조선인이었다. 이들과 동류인 채소 파는 청년의 가난과 고통은 일제의 경제적 번영과 대비될수록 더욱 가중되고 비참해질 수밖에 없다.

이들 노동자와 장사치의 심각한 궁핍화를 당대 조선 농민의 그것으로 치환한다면 어떤 그림이 그려질까. 추측컨대 현진건의 〈고향〉에서 목도한 토지가 없거나 빼앗긴 '파탄 농민의 집적화'와 그 비극적 결과로서 고향을 등진 '유출 농민의 집적화'로 현상될 것이다.[23] 이에 따른 필연적 결과가 1920~1930년대 조선인 사이에서 어쩔 수 없이 성행했던 일본과 만주로의 대량 이주였다. 하지만 그들은 일본인에게는 이등 국민으로, 만주인·중국인에게는 일제의 하수인으로 취급받기 일쑤였던 '고향 잃은 사람들'에 지나지 않았다. 그런 만큼 두 나라에서 가난과 멸시는 나날이 증폭되었을망정, 그곳들 어디서도 '복지만리'의 다행과 풍요는 거의 주어지지도 않았고 또 획득될 수도 없었다.

그러나 이를 근거로 일제가 조선(인)의 가난과 무지를 무작정 조장하거나 방치했다고 단정 지을 필요는 없다. 일제는 교육적·제도적 식민 정책을 꾸준히 개발하고 시행하여 조선의 발전과 재부를 더욱 확충하고자 했다. 농촌의 경우를 예시한다면, 산미 증산계획의 지속적인 수립과 이를 수행할 모범 부락의 조성, 미래의 황국농민으로 자라나야 할 소학생 대상의 모범 농민상 발굴과 제시 등이 눈에 띈다.

일제가 조선 소학생의 계몽과 훈육에 사용했던 바람직한 농민상은 어떤 모습이었을까. 일제는 일본어문학 교과서 《국어독본》에서 '식민지 경제형 인간 육성'으로 요약되는 '일 잘하는 사람'의 모습을 초지일관 제시했다. 휴일에도 소 먹일 꼴을 베어 지게에 지고 소를 몰고 가는 어린 복동이, 굵고 탄탄한 근육을 자랑하며 뜨거운 햇볕 아래서 땀 흘리며 일하는 조선 농부 등이 대표적 형상들이다.[24] 그러나 가난하지만 배움에 목마른 조선 아동의 처지를 생각하면, 주경야독하며 성공을 다짐하는 사람이 가장 매력적인 본보기일 수밖에 없었다. 실제로 조선총독부는 《수신서》 등에서 에도시대 말기의 사상가이자 농촌 개혁가였던 니노미야 긴지로二宮金次郎를 이상적 모델로 제시했다. 그의 근검, 절약, 근면, 역행, 효성, 학습열 등을 본받아 마땅한 성품과 태도로 여겼기 때문이다. 그의 근면과 성실, 근검과 절약은 게으르고 불결하며 노름 좋아하는 '벌레'이자 '파충류'인 조선인이 새로운 삶을 영위하고 성공의 길로 나아가기 위해서는 반드시 본받고 끊임없이 내면화해야 할 이상적 형상이었다.

실제로 일제는 조선 농민의 계몽과 훈육을 위해 '황국농민'에 준하는 조선 농부의 발굴에 발 벗고 나섰다. 일제가 당대 식민지 조선의 새 농민상으로 가려 뽑았던 이는 '정민혁鄭民赫'이었다. 그는 부모 대다수가 농민이었으며, 그래서 미래의 '황국농민'으로 더욱 기대되었던 조선아동용 교과서 《보통학교 수신서》와 《보통학교 창가서》에 대대적으로 소개되었다. 정민혁은 전북 만경 사람으로, 몹시 가난했지만 어려서부터 부모님 효도하면서 쉼 없이 일하고, 또 근검절약을 생활화하여 마침내 부유한 신분으로 거듭난다. 하지만 궁핍한 어린 시절을 잊지 않고 검소하게 지내는 한편 가난한 자와 병든 자를 도와줌으로써 마을에서 칭송이 자자하게 된다.[25] '효행' '근검' '절약' '부유', 이것을 통괄하는 '성공'은 일본인 니노미야의 그것을 축약해 놓은 것이나 마찬가지였다.

실제로 4학년용 《수신서》에 실린 정민혁의 모델임을 분명히 지시하기 위함인지, 3학년용 《수신서》에서 니노미야 긴지로의 삶은 '니노미야 다카노리二宮尊德'라는 본명 아래 '효행' '근로' '수학' '저축' '공익' 다섯 가지 항목으로 기술되었다. 삶의 선후로 치면 그만이지만, 그러나 이상적 가치와 학문의 성취 정도에서도 제국인 니노미야를 앞세우고 식민지인 정민혁을 뒤에 놓는 태도는 매우 의도적이라는 인상을 준다. 모범적 농민상의 창출에 새겨진 '차별화된 동일성' 확보라는 제국과 식민지의 서열 체계를 확실히 지시하기 위한 장치로 보이기 때문이다.[26] 문자로 기록된 《수신서》의 이 장면은 조선의 보통학교 생도 모두가 명랑한 목소리로 '집단 가창'하는 《보통학교 창가서》에서도 동일한 형상과 내용을 이루고 있다.[27]

> 가업을 중히 하고 낭비를 줄여
> 사소한 것이라도 소중히 여겨
> 마침내 출세하여 백성까지 구제하는
> 모범은 니노미야 긴지로
>
> -〈4. 니노미야 긴지로〉 3절

> 가난한 자나 병든 자를
> 위로하고 도와주려고 물품을 건네니
> 타의 모범으로 지금도 여전히
> 존경받고 있는 고귀함이여
>
> -〈10. 정민혁〉 3절

니노미야와 정민혁의 차별적 동일화를 통한 새로운 조선 농민상의 창출은 어느 곳에 마지막 과녁을 설정했을까. 식민지 조선에 대한 천황의 은공을 사진과 시와 산문에 담아낸 사진첩 《은뢰》 속의 니노미야 동상 옆에는 메이지 왕의 《교육칙어》(1890) 일 절이 놓여 있다. 그 핵심은 "인심의 귀추를 바르게 하고 크게 학예를 진작함으로써 국운의 바탕이 될 수 있기를 바란다"이다. 니노미야의 주경야독의 생활과 썩 어울리는 가르침의 말이다. 조선의 모범 부락 확장과 모범 농민의 양성도 그 방법을

그림 13 지게 운반의 한 모습

그림 14 항아리를 나르는 노인

여기서 배워야 했다. 신민된 자의 모든 성공과 재화 축적은 천황의 가르침 덕분이라는 것, 따라서 개인들이 이룩한 모든 성취는 천황의 공덕을 기리고 보은하는 일에 바쳐지고 쓰여야 한다는 것이 그것이다.

이 때문인지 지게에 장작을 지고 항아리를 얹은 조선 노인의 모습이 어딘가 아이러니하다. 노인, 지게, 장작, 항아리들은 조선의 후진성과 정체성을 확인하고 알리는 데 효율적인 전근대적 물상을 대표한다. 물론 제국의 권력은 군인과 병기, 감시와 처벌 같은 억압적·폭력적 제도에 의해 그 유효성이 더욱 커질 것이다. 하지만 이것 못지않게 식민지인의 결여와 무지를 스스로 깨닫게 하는 심리적 각성과 유인의 정책도 중요하다.

왜냐하면 식민지인의 깨달음은 민족적·저항적 투쟁의 염이 아닌 한 모든 것을 개인의 책임으로 귀속시키는 자성론과 수양론으로, 아니면 제국의 지배를 자기발전의 조건과 계기로 삼아야 한다는 이식과 협력의 발전론으로 흘러들 가능성이 농후하기 때문이다.

> 이것은 땔나무 운반의 한 풍경. 깊은 산에서 벌채된 많은 땔나무를 먼저 강가로 운반한다. 그런 뒤 운하를 통해 배(뗏목)에 실어 도시로 보낸다. 마지막으로 땔나무 시장에 팔러 내보낸다.
>
> -〈지게 운반의 한 모습〉

> 바야흐로 김장 준비를 하는 계절이다. 그래서 노인이 김장독을 하나 사서 온다. 나이는 잔뜩 먹었어도 젊은이에게 지지 않는다. 보는 바대로 매우 정정한 노인이다.
>
> -〈항아리를 나르는 노인〉

두 노인의 일하는 모습을 객관적으로 서술한 산문이다. 크게 분석할 사항이 없으므로, 이들의 고된 삶을 접하고 조선 지식인들이 취했을 법한 태도와 결과를 살펴보기로 한다. 조선 지식인이 그들의 오랜 삶의 터전 조선 농촌에서 추구했던 가치는 크게 보아 두 가지 정도로 나뉜다. 하나는 이광수 장편소설 《흙》(1933)의 '허숭'처럼 농촌계몽의 '브나로드운동'을 통해 조선 혼을 발견하고 민족정신을 고취하는 자기계발과 민족개조에 앞장서는 것이었다. 다른 하나는 이기영 장편소설 《고향》(1936)의 '김희준'처럼 노농연대를 통해 사회주의 혁명과 조선의 해방을 동시에 추구하는 것이었다.

하지만 잘 알려진 대로 두 방법 어떤 것도 조선 농촌과 농민의 나아갈 길로 성취되지 못했다. 협력의 문학으로 나아간 춘원의 조선의 '붉은 땅' 개척은 내선일체와 대동아공영의 기치를 높이 든 '국민총력부락연맹'에 의해 재차 식민화되었다. 이기영의 페르소나 김희준은 군국주의 강화와 사회주의 탄압에 시달리다 만주의 개척과 생산의 증진으로 방향을 틀었다. 하지만 이 길은 '전시체제하의 강력한 통제와 전쟁 동원의 국책'[28]에 부응하는 성격이 짙다는 점에서 체제협력의 혐의를 피할 수 없었다. 결국 근대천황체제 아래의 '황국농민'의 길과 그것을 '왕도낙토'로 여기며 사는 '대동아공영'에 대한 복무만 남겨진 셈이다.

이런 상황에서라면, 식민지 조선의 더욱 깊어질 가난과 피할 수 없을 과로를 나태와 불결과 무지의 요보로 비난받으면서도 굵은 땀 흘리기를 마다않던 두 노인 같은 이들의 책임으로 돌리기 어렵다. 진정한 책임 소재를 묻기 위해 일제의 국책에 대한 복무와 헌신을 강조했던 비평가 최재서의 말을 빌려본다. 국책이란 "국가가 국민생활을 보호하여 가면서 국가 자체의 이상을 실현시키는 데 지도 정신이 될 대책"이다. 그것은 "국가에 있어서 전체적인 원리"에 해당되는 바, 국가의 대이상인 국방에 관련된 것이 핵심적 지위를 차지한다.[29] 따라서 국책에 부응하라는 말은 천황제 군국주의의 명령, 곧 내선일체와 대동아공영의 길에 '조선적인 것' 모두를 바치고 희생하라는 것을 뜻하게 된다.

이로써 작은 결론 하나가 가능해졌다. 그동안 살펴온 조선남성들의 가난과 소외는 '망국의 망령' 조선 왕조와 '개척의 망령' 일제 천황체제의 기이한 협력, 곧 이중적 억압과 배제에 의해 더욱 가중된 것이라는 사실이 더욱 분명해진 셈이다.

조선남성의 취미,
삶의 흥취와 인격 발현의 사이

아직은 잔여적인 봉건 문화의 영향력이 상당하던 1920년을 전후한 시절, 조선의 농어촌 사회나 후미진 작은 도회에서 나이 지긋한 남성들이 즐기던 오락거리는 무엇이었을까. 사진엽서에는 활쏘기, 바둑과 장기 두기, 빙상낚시 등이 천편일률의 항목으로 올라 있다. 대체로 역동적인 움직임도, 특정한 목표도 없이 가만히 앉아 즐기는 소일거리라는 인상이 짙은 놀이들이다.

이것은 개인의 관심과 흥미, 권력과 문화 자본의 제도적 정책 등에 따라 박래한 여러 시청각 구경거리와 놀이기구, 스포츠로 대변되는 신체의 활동이 열띤 호응과 참여 아래 '취미화'되어 가던 식민 도회 경성의 풍경과 얼마나 다른 것인가. 그 차이는 여유로운 경성 부민들이 때로는 유유자적하며 때로는 열띤 흥분으로 드나들던 극장과 공원, 박물관과 박람회, 운동장과 도서관, 유락장, 유성기 가게와 댄스홀 등의 풍경에 견주어 볼 때 명백해진다.[30] 요컨대 같은 조선 땅이지만 근대화 물결에 올라탄 경성은 명랑한 취미와 유흥의 공간으로 줄달음치는 반면 봉건 문화가 우세한 전근대적 향토 곳곳은 새로울 것 없는 옛적 놀이 지대로 머물고 있음이 새삼 확인된다.

소일거리나 오락을 뛰어넘는 근대의 취미 활동은, 그것 관련 공간과 행위가 암시하듯이, 근대적 개인으로서의 존재감과 정체성을 구축하는 데 없어서는 안 될 핵심요소였다. 취미의 개인은 다양한 문화체험을 통

그림 15 장기

그림 16 바둑

해 하나의 자아를 넘어 세계의 문명인, 한 나라의 국민, 눈썰미 좋은 소비자로 스스로의 위상과 가치를 높여 갔다. 하지만 조선인은 식민화된 '요보', 곧 이등 신민이라는 열등한 신분 때문에 일제가 조성한 근대적이며 공공적인 '취미오락기관'의 제도적 지시와 통제에서 그렇게 자유롭지 못했다.

예를 하나 들자면, 최남선은 '고급 취미'와 '저급 취미'를 엄격하게 구분했다. 그러면서 '대조선'의 문화인이라면 미의 정수를 향유할 수 있는 자연, 미술품, 서적, 음악 등의 고상한 쾌락을 가까이 할 것이지, 술과 계집, 노름과 장기 등의 저급한 욕구에 함부로 빠져들지 말 것을 힘써 강조했다.[31] 일제의 강제적 계몽과 개선 대상, 곧 '공공적 취미오락기관'의 집중적 포획 대상이 된 것은 당연히도 조선인의 '저급 취미'였다. 취미와 오락의 장이 개인의 정서적 안정과 즐거움을 넘어 민족적·집단적·계급적 문화투쟁이 쉴 새 없이 벌어지는 상징적 장소였음이 이로써 더욱 분명해졌다.

방금 전의 구별 짓기, 곧 취미를 둘러싼 일제와 식민지 조선의 엇갈린 활동과 의미 부여의 차이를 잘 기억해둘 일이다. 이를 토대로 앞서 거론한 장기와 바둑 두기, 활쏘기, 빙상낚시가 일제의 렌즈에는 어떻게 포착, 해석되고 있는가를 함께 읽어본다.

> 조선인은 장기 두기를 매우 좋아한다. 조선의 장기는 내지의 그것에 비할 때 말駒의 숫자도 적고 각 말의 길도 다르다. 또 붙잡힌 말은 다시 사용되지 않는다. 장기판은 가로 9줄, 세로 10줄로 그 선 위로 나아간다. 중국의 장기와 거의 동일하며, 호각세를 이루는 자들 사이에서는 종종 승부를 내지 못 하는 경우도 있다고 한다.
>
> – 〈장기〉

조선의 장기를 일본과 중국의 그것에 간단히 비겨 설명하는 산문이다. 장기가 동양 3국의 공통 놀이였음을 밝힘으로써 근린의 풍속에 대한 친근함을 표현하는 대목으로 언뜻 읽힌다. 하지만 조선과 중국의 장기는 비슷하나 일본 장기는 다르다는 설명은 장기와 같은 하찮은 놀이에서조차 조선이 중국의 압도적 영향 아래 놓여 있었음을 강조하려는 멸시와 차별의 화법으로 느껴진다. 아니나 다를까 《조선만화》 속 〈조선 장기〉에서는 적에게 죽은 말은 다시 사용하지 않는다는 규칙을 '이치에 맞지 않는 셈법'으로, 또 조잡하게 세공된 장기판과 장기알을 들어 조선 장기는 전혀 알 수 없는 놀이라고 꼬투리를 잡고 있다.[32]

일본 근대 사전 《겐쿤言訓》(1921)에서 '취미'는 "① 인간의 감흥을 이야기할 수 있는 것, 흥미 ② 영어 taste, 미를 감상하는 능력 ③ 어떤 물건에 대해 흥미를 느끼는 것"으로 풀이된다. 이 설명에는 첫째, 심미적·정신적 취미 능력taste, 곧 "고상한 예술에 대한 감각, 도덕적이라고 해도 좋을 만한 가치관에 기반한 인간의 미적 감각", 둘째, 즐거움과 기쁨을 얻기 위한 비전문적 활동hobby, 곧 "일상생활에서 세분화된 기호·유행 등의 사회적 현상과 깊이 결부된 활동"[33] 모두가 포괄된다. 다시 정리하자면 첫째 항목은 미적 능력의 수양과 인격의 발현에, 둘째 항목은 잠시 생활의 고통을 피하면서 집단적 대화와 소통 속에서 정서의 즐거움을 구하는 삶의 흥취에 더욱 긴밀하게 연결될 것이다.

이상의 근대적인 취미 개념을 감안하면, 장기는 기껏 서로의 '승패'나 겨루는 '싸움의 유희'에 지나지 않는다. 게다가 그것을 즐기는 주된 계층으로 빈곤한 노인들만 줄곧 제시된다는 것도 문제적이다. 미래가 닫힌 그들을 통해 장기란 미적 쾌감을 통한 정신적 향유를 넓혀 가거나 바쁘고 지루한 일상생활에 생기를 불어넣는 건전한 풍기風氣의 향상에 크게 도움 되지 않는 비생산적인 소일거리임을 은연중 비판한다는 느낌 때문이다. 장기 두는 노인이 후진과 저발전에 허덕이는 식민지 조선의 낮은 지위와 정체된 현재를 표상한다는 해석은 그래서 그 타당성을 한결 더하게 된다.

처마 끝에, 비추는 것은
해님의, 빛이다
한들한들, 피어오르는 것은
담배의, 연기다
허리 숙인, 할아버지의
바둑돌 잡은, 손이 운다

잊어버리자, 근심 걱정일랑
딱! 하고, 바둑돌 놓는다
튕겨버리자, 울화통의 씨앗일랑
딱! 하고, 바둑돌 놓는다

- 〈바둑〉

근대 초기 취미의 개념이 문명화를 위한 계몽 담론, 이를테면 '문명을 담지하고 있는 자질' '근대적 삶에 대한 흥미' 등을 의미했다는 문경연의 설명은 〈바둑〉을 염두에 둘 때 매우 의미심장하다. 바둑 용어는 단지 놀이 방법만을 알려주는 도구의 언어가 아니다. 오히려 세계의 비밀을 펼쳐내고 삶의 진리를 헤아리는 일을 상징하거나 일러주는 삶과 생활의 교육적 담론에 가깝다. 가령 착수着手, 대마, 미생, 단수, 수읽기, 덤, 패싸움, 사석, 복기, 자충수 같은 용어는 복잡다단한 삶과 세계를 상상하고 이해하며, 곤란한 상황이나 어려운 문제를 대처하고 극복하는 방법으로 곧잘 활용된다.

짧은 노래 안에 삶을 향한 대단한 묘수를 담아야 한다는 주장은 어불성설임에 분명하다. 하지만 노동과 생산의 시간을 온통 담배 연기로 태워버리면서 오로지 근심과 걱정을 덜고 울화통을 넘겨버리기 위해 바둑을 둔다는 품평은 상당히 폭력적이며 퇴폐적인 발화에 해당한다. 왜냐하면 각종 '취미' 연구물에 적시된 인격의 고양과 발현, 지와 덕의 양성, 직업인의 노동 활동 보완, 일상적 삶의 미적인 조직과 활용 같은 긍정적 요소를 조선의 전통 놀이와 오락에서 아예 무시하거나 깊숙이 은폐하는 식민주의적 발상이자 실천일 수 있기 때문이다.

푸른 새싹이 돋아날 무렵이 되면, 봄날의 들판에서는 활쏘기 대회가 벌어진다. 많은 농민들 사이에서 행해지는 것을 보건대, 인민을 병사

그림 17 옛적부터의 무예

로 징집했던 지난날의 흔적이 남아 있는 것으로 생각된다.

– 〈옛적부터의 무예〉

조선 전통의 '활쏘기'에서도 비생산적인 삶의 흥취만 포착될 뿐 존재의 깊이와 세계의 확장을 도모하는 인격 도야와 발현의 기미는 전혀 읽히지 않는다. 되레 "인민을 병사로 징집했던 지난날의 흔적"이라고 지적함으로써 일개 오락 활동을 호전과 폭력의 국왕이 지배하던 전제적 병영국가의 잔여물로 낙인찍고 있다. 하지만 활쏘기 사진이 찍히는 순간, 아니 그 이후의 오랜 시간에도 호전과 폭력의 '총력전'이 천황제 군국주의의 끔찍한 악덕이자 죽임의 군무였음을 우리는 모르지 않는다.

일제는 칼 찬 훈도와 집총한 일본군을 미개한 조선(인)을 교화하는 무단통치 기구로 내세우기를 마다하지 않았다. 마침내는 그런 감시와 처벌 아래서 성장한 '소국민'(소학생)과 그들의 누이를 '대동아 결전'의 소모품으로 내몲으로써 '조선의 병참기지화'라는 식민지 병영제도를 한 치의 빈틈도 없이 완성했다. 이러한 총력전의 문법에 우편매체도 한몫했음은 ① 일장기와 오색기(만주국)를 필두로 일제와 식민국가 상징의 여러 꽃을 나눠 들고 행진하는 꼬마 병정들, ② 남편 출정의 전장을 떠올리며 아이에게 젖먹이는 아내('군국의 어머니'), ③ 출전의 칼을 챙기는 남편 옆에 다소곳이 꿇어앉아 승전 기원과 후방 원조 다짐의 혈서를 쓰는 총후부인 등이 등장하는 그림엽서세트 《백두산절》 곳곳에서 확인된다.

우편엽서의 군사적 전용이 목표한 천황제 군국주의의 승전에 바쳐진 프로파간다는, 특히 일제 말 강제(?) 유행된 '소국민'의 병정놀이, 애기엄마의 위문편지 쓰기, 초중등학교에서의 전쟁 관련 음악, 미술, 체육 교육의 강화에서 보듯이, 취미의 '병영화' 혹은 '군사적 패션화'를 일상의 풍경으로 끌어들였다. 물론 이와 같은 취미의 집단화와 체제화는 1920~1930년대 식민통치의 편의성 제고 및 식민정책에 적극 동조·동참하는 조선인의 확장을 위해 실행된 각종 정책과 사업의 결과물이기도 하다.

예컨대 일제는 식민지 조선의 야만적인 취미 문화를 개조하고 거기 들러붙은 '살풍경'과 '무활력'을 넘어서기 위해 공공적 취미오락기관의 설비 확장에 상당한 노력을 기울였다. 대표적인 사례로 "위안을 주고, 의기를 양양하고, 취미를 높이고, 풍속을 선하게 하는 효과"를 발휘하는 대중용 영화관, 연극장, 영화관, 박물관, 박람회장의 설치와 운영이 손꼽힌다.[34]

> 혹한 영하 30도! 이곳은 추운 바람이 살갗을 찢는 얼음 언 강 위이다. 몇 척이나 되는 두꺼운 얼음판에 구멍을 뚫고, 하루 종일 그 위에 앉은 채로 묵묵히 잉어 낚시에 전념한다. 팔려는 것인가! 즐기려는 것인가!

팔려고 한다면 고통스러운 일일 것이다. 만약 취미라면 매우 유별난 것이다. 미친 짓(놈)이다.

– 〈빙상낚시〉

예시한 근대적인 취미 활동에 비춰본다면, 혹한의 영하 30도를 무릅쓰고 얼음구멍에 견지낚시를 드리운 조선 노인의 행태는 판매든 소일거리든 그 무엇을 목적하든 간에 '미친 짓'일 따름이다. 이때의 '미친 짓'이란 말은 단순히 개인적 심리와 행동의 비정상성을 지시하는 데 그치지 않는다. 달리 보면, 근대적 오락과 유흥을 함께 즐길 줄 아는 대중들의 집단적 감흥과 감각적 열정에 미달한 상태나 그것이 아예 부재한 현실을 비판하는 언술이기도 하다.

이러한 상황은 조선남성의 '빙상낚시'에 던져진 일제의 이중 그물을 자연스럽게 떠올리게 한다. 하나는 다시 강조하건대 조선에서 행해지는

그림 18 빙상낚시

전통적 취미의 야만성과 비생산성에 대한 비난 또는 조롱이다. 다른 하나는 식민지 조선의 '몰취미'한 후진성을 일제 소유의 공공적 오락과 유흥 공간의 내부로 편입시켜 개선하겠다는 식민주의적 개조와 재편의 욕망이다. 그렇지만 조선 고유의 겨울철 놀이로서 빙상낚시의 수칙과 행보는 결코 간단치도 미개하지도 않았던 것으로 알려진다. 서로의 편의와 즐거움을 보장하기 위한 각종 규율과 장치가 여럿 마련되어 있었다. 대표적인 사례로 추수가 끝난 늦가을부터 얼음낚시터를 준비한다는 것, 낚시의 흥취를 충분히 즐길 수 있도록 낚시터 입장료와 사용료를 지불했다는 것, 맹추위를 견디기 위한 거적과 방석, 화덕과 간식 등의 준비도 철저히 했다는 것 등을 들 수 있다.[35] 그런 점에서 만약 일제가 설비한 대중적 오락의 장에 어떤 자발적 규칙이나 질서 존중의 장치가 충분치 않았다면 조선의 빙상낚시를 '미친 짓'으로 조롱하거나 비난한다는 것은 어불성설의 폭력 행위일 수밖에 없다.

타인의 삶을 비추는 점쟁이의 숙명, 예능인의 비애

신의 주술이 더이상 불가능해진 탈마법화의 시대에 조선의 점쟁이는 이성과 문명을 앞세운 일제 신민에게 어떻게 비쳤을까. 사실을 말하자면, 내게는 조선 점쟁이에 대한 일본 화자의 비판이 매우 거친 탓에 일본에는 점쟁이가 없었는가라는 의문이 가장 먼저 들었다. 하지만 점쟁이로 떠돌다가 대학에서 불교학을 강의할 때 서양과학에 맞서 불교를 과학적 방법으로 설명하기 위해 노력했다는 승려 하라 탄잔原坦山의 사례를 알게 되면

그림 19 점쟁이(사주 치는 이)

서 점쟁이 부재의 의문은 자연스레 해소되었다. 단 승려 하라의 삶과 학문을 통해 보건대, 근대적 이성의 수입과 내면화에 발 빨랐던 일제 당국과 지식계 전반에 의한 점술과 점쟁이에 대한 억압 및 배제가 상당했을 것이라는 심증은 더욱 굳어졌다. 그 부정의 일단이 조선 점쟁이 비판에서는 이렇게 드러난다.

> 조선종이에 무어라고 적혀 있는 것을 길거리에 펼쳐놓고 오가는 사람들의 운세 따위를 점치는 점쟁이를 도처에서 보게 된다. 점쟁이 앞에 꼼짝없이 웅크리고 앉아 있는 남자의 표정도 물론이려니와 점쟁이 선생 그 자도 틀림없는 운명의 총아인 듯이 보이지 않는가.
>
> -〈점쟁이〉

산문의 핵심은 손님은 물론이고 점쟁이 자신도 함부로 훔쳐본 불길한 운명('운명의 총아')에 빠져들 것이라는 신랄한 조소와 저주에 있다. 이를 특정한 이미지로 재현한 매체가 있으니, 《조선만화》의 〈매복賣卜 선생〉[36]이 그것이다. 이 만문에는 "'장님'이라 불리는 맹인"이 부채를 들고 지팡이에 의지해 걷는 모습이 묘사되어 있다. 더불어 크고 작은 문제 가릴 없이 모든 사태를 점술에 기대어 해결하려는 우유부단하고 비이성적인 조선인들의 행태 다수가 제시되고 있다.

땀 흘리는 노동이 불가능했던 장님의 밥벌이가 점술인 경우가 많았음은 한민족의 전통적인 생활풍속사 관련 기록에서 다수 확인된다. '장님 점쟁이'라는 캐릭터는 현실에서는 보이지 않지만 오히려 그래서 미래를 더 잘 꿰뚫어 볼 수 있다는 역설적 통찰과 예지의 능력을 부여받은 결과 출현한 것일 터이다. 하지만 현실에서 장님은 "장님 문고리 바로 잡았다" "장님 등불 쳐다보듯" "장님이 외나무다리 건너듯" 같은 속담에서 보듯이 눈먼 모습 그대로 맹목과 불찰의 모습으로 조롱당하는 경우가 적잖았다.

산문의 '운명의 총아'라는 호명은 이런 부정적 형상에 더해 점술이라는 미신적 행위의 비합리성까지를 함께 비판하기 위한 언술임이 확실해지는 지점이다.

실제로 일제는 시기별로 약간의 차이는 있지만, 점술과 무속 등을 백해무익한 미신이나 유사종교로 낙인찍으며 그 통제와 억압을 한시도 멈추지 않았다. 몇 가지 예를 들어본다면, 1912년 제정된 '경찰범처벌규칙'이 첫 손에 꼽힌다. 일제는 무녀와 맹인 등 문복가問卜家, 곧 점쟁이의 행위를 통제하기 위해 길흉 관련 구복 기도를 하거나 부적 등을 주어 사람을 현혹하는 일을 단속했다. 정해진 법을 어길 시 구류나 벌금을 부과하는 징벌 장치 역시 정교하게 마련되었다. 이에 따른 금전적 손해는 점술과 무속 규제가 초래한 심리적 안전망의 제거와 더불어 조선인의 불안감과 좌절감의 가중에 상당한 영향을 끼쳤다.

1920년대 중반 이후 일제는 점술이나 무속을 완전히 금지하는 대신 규제와 통합의 상반된 정책을 동시에 펼친 것으로 알려진다. 그럼으로써 미신에 빠진 조선인의 계몽과 교화를 동시에 달성코자 했다. 먼저 규제의 측면이다. '미신superstition' 곧 '과학적 관점에서 헛된 것으로 여겨지는 믿음이나 신앙'이라는 부정적 규정이 환기하듯이, 일제는 점술과 무속의 비합리성과 비과학성을 끊임없이 비판하고 강조했다. 그러면서 근대문명에 현격히 미달하는 야만적 행위가 야기하는 풍속의 교란과 비위생 문제의 발생 따위를 금전적·신체적 처벌의 근거로 삼았다. 다음으로 통합의 측면이다. 일제는 무녀와 맹인(점쟁이) 들을 하나의 조직으로 규합하여 계몽 선도와 악폐 교정, 구휼자선사업에 동참하도록 유도했다. 종교의 긍정적 활동상을 무언가 뒤처진 '미신' 행위에 도입함으로써 일제 종교정책의 목표, 곧 식민체제에 대한 순응과 부응을 이끌려는 의도와 목적이 뚜렷이 드러나는 지점이다. 하지만 이러한 통합 정책은 근대 천황제 아래의 '국가신도'로의 융합 또는 그것의 교리에 따른 지도를 원칙으로 했다는 점에서

그림 20 가면극(탈)

국가권력을 등에 업은 '종교의 식민화'로 규정할 여지가 다분했다.

그러나 미신 관리와 통제의 억압성과 폭력성 문제는 조선의 청년과 지식인, 언론에 의해 적극 수행된 '미신 타파운동'이 활활 타오르면서 조용히 수그러들었다. 왜냐하면 '미신 타파'를 앞세웠지만, 이 운동의 또 다른 핵심은 신교육 보급, 풍속 개량, 농촌 개량 등의 생활과 풍속의 문명적 개조에 있었기 때문이다.[37] 근대화에 의한 재부의 축적과 생활의 개선은 점술의 길흉 통보에 누구보다 예민한 하층계급의 심리적 안정에 크게 기여할 것이었다. 그렇게만 된다면 '조선의 취미화', 곧 대중들의 공공적 오락과 유흥 공간으로의 집단적 유입은 일제 문화권력만의 희원으로 그치지 않을 것이었다. 천황제 군국주의에 의해 강제된 '취미의 병영화 시대'에 이성적 경험과 과학적 지식의 축적 및 확장 문제가 식민지 조선에서 더욱 긴요해진 까닭이 여기서 찾아진다.

조선에서는 옛날부터 가면을 쓰고 대사를 읊고 악곡에 맞춰 노래를 부르며 사실적인 동작과 춤 따위를 번갈아 연출하는 탈춤놀이가 각지에서 행해져 왔다. 이것도 근래 들어 점점 사라져가는 추세이나 '봉산 탈춤' 등은 너무나 유명해서 정말로 흥미 깊은 유희가 아닐 수 없다.

– 〈가면극(탈)〉

점술이 타인의 삶을 미리 훔쳐봄으로써 희망과 위로의 내일을 선물하는 풍속의 일환이었다면, 가면극, 곧 탈춤은 남의 삶을 대신 연기함으로써 웃음과 눈물을 함께 자극하는 연행예술의 하나였다. 탈춤은 날카로운 풍자와 넉넉한 해학을 풍요롭게 펼침으로써 지배계급에 대한 비판과 저항의 칼날을 더욱 벼리는 한편 피지배계급의 시름과 걱정을 잠시라도 누이는 데 혁혁한 공헌을 세운 것으로 평가된다. 게다가 연행의 핍진한 현장성과 놀이 방식의 유연성은 시대와 공간을 초월하여 당대 현실을 성찰하고 폭로하는 비판적 미학의 가능성마저 활짝 열어두었다. 머지않은 시절의 사례로는 1970~1980년대 군사독재정권에 맞서 대학 및 진보문화의 공연장, 노동현장과 시위현장 등에서 연행된 탈춤, 마당극, 판소리, 사물놀이 등이 손꼽힌다.

이 점, 일제 치하에서도 행동의 예술 탈춤이 소리의 미학 판소리나 (신)민요 등에 비해 고도의 관리와 통제 대상이었을 것임을 능히 짐작케 한다. 과연 말깨나 잘하는 자는 감옥소 가고 얼굴 예쁜 가난한 여성은 유곽에 팔려가는 울분과 치욕의 식민현실에서 탈춤은 식민통치의 문제점과 한계를 가장 조선적인 방식으로 집어내고 폭로할 수 있는 예술적 기제였다.

조선의 탈춤에 대한 기대에 반하는 일제의 우려는 그렇다면 어디서 찾아질 수 있을까. 엽서 산문에서 일본 화자는 탈춤이 "근래 들어 점점 사라져가는 추세"라고 말하며 상당히 안타까워한다. 물론 연극장과 영화관, 택화점과 박람회 등 새롭고도 희한한 볼거리가 만화경처럼 펼쳐지는

그림 21 아악

근대성의 현장에서 봉건시대의 레퍼토리와 놀이방식을 대체로 유지했던 탈춤은 비인기와 퇴조의 신세를 좀처럼 피하기 어려웠을 것이다.

그렇지만 '아악'의 쇠퇴 풍조를 걱정하며 일제가 조직한 이왕직李王職에서 보존책을 강구 중이라는 언급이 담긴 사진엽서 〈아악〉의 존재는 탈춤 쇠퇴의 또 다른 까닭을 찾아보게 한다. '아악'에 대한 해설을 살펴보는 것으로 그 과제를 시작해보자.

> 조선에서는 3천 년 전 옛날부터 발달한 고원高遠한 아악이 있다. 악기는 관管, 현絃, 금석金石 등으로 구성되는데 내지에서는 볼 수 없는 진기한 것들이 많다. 최근 일반 사회에서는 점차 잊혀 가고 있기 때문에 이왕직李王職에서는 이를 매우 애석하게 여겨 목하 그 보존책을 강구하고 있는 중이라고 한다.
>
> – 〈아악〉

아악의 대표적인 보존책은 무엇이었을까. 조선은 벌써 망국의 상황이므로 아악의 궁중음악 역할도 그 시효를 다한 것이나 마찬가지였다. 그러니 아악의 효능성은 단 하나, 원래 쓰임 중의 하나인 공자를 기리는 문묘 석전제에서 연주되는 것이었다. 일제는 석전제가 열리는 조선의 성균관을 개편한 경학원經學院의 주요 임무를 천황의 "(교육)칙어의 취지를 실행하는 것으로 황은의 우아함을 건설하고 시정의 취지를 주지시키는 것"[38]에 두었다. 이를 감안하면, 경학원에서 연주되는 '아악'은 천황을 향한 충군애국의 정신과 멸사봉공의 태도를 더욱 함양하고 조선인을 일제의 신민으로 융화시키기 위한 체제 협력의 소리로 도구화되는 수순을 밟았음이 새삼 확인된다.

보존책 뒤에 숨겨진 조선의 궁중음악인 아악의 식민화, 곧 천황제 봉공의 지방문화로의 편제와 격하는 탈춤의 운명을 침통히 예감케 한다. 탈춤 특유의 비판성과 저항성이 순화되고, 대중과의 소통 및 화합을 가로막는 '전시된 놀이'로 통제, 변형되는 절름발이 신세로의 전락이 그것이다. 탈춤을 숱한 민중 앞에서 연행되는 현장-놀이 대신 사방이 폐쇄된 자본 투입의 공연장 속 구경거리가 되는 박제-오락을 내세우는 방식으로의 변화가 제일 먼저 떠올랐던 이유이다.

조사한 자료에 따르면, 가장 대표적인 통제와 박제화의 대상도 우연찮게 사진엽서에 언급된 황해도산 '봉산탈춤'이었다. 대중의 공공적 취미와 오락의 현장이 신문과 잡지의 면면을 장식하던 1930년대에도 봉산탈춤은 특히 농촌에서 성행을 그칠 줄 몰랐다. 탈춤의 특장인 강력한 현장성과 지배계층에 대한 맵짠 풍자, 그 현장성과 비판적 웃음의 현재화 가능성, 놀이꾼과 관객의 감정적·신체적 통합의 요소들이 울분에 찬 식민지 하층계급의 호응과 참여를 북돋는 데 매우 적합했기 때문이다. 농민들 스스로를 넘어 하나의 놀이 제도로 성립하는 모양새가 다분한 다음의 행사들은 당대 봉산탈춤의 인기를 대변하는 바가 있다. 일제 주도로 〈조선의 풍년

춤(朝鮮の豊年踊)〉을 소개한 '제8회 향토무용과 민요'(1934), 식민지 조선 학자 중심의 조선민속학회(1932년 4월 창립)에서 개최한 제1회 조선향토무용민요대회(1937년 5월)가 그것이다.[39]

일제는 그러나 자칫 봉산탈춤에 의해 자극될 수 있는 식민지인의 집단적 저항과 불순한 소요 행위를 봉쇄하고 그것을 농한기의 유순한 놀이로 유도하기 위해 그 대응책을 집요하게 펼쳤다. 하나가 봉산탈춤을 현재와 무관한 전통 놀이로 박제화하는 방법이었다. 일제는 관변학자들을 동원하여 각종 전설과 속담, 민요와 세시풍속에 대해 그랬듯이 봉산탈춤도 봉건제 유산에 얽매인 전근대적 문화로 확증하는 식민주의적 학문의 대상으로 삼았다.

물론 이에 대한 조선 학자들의 반응과 조치가 없었을 리 없다. 일본 유학이나 경성제대에서 민속학을 공부한 손석하, 손진태, 정인섭 등은 조선민속학회를 결성, 일본 본토의 '향토무용과 민요회'를 모델 삼아 봉산탈춤 연구와 그것의 현장 연행에 앞장섰다. "한 민족의 심금이 가장 절실하게 요구하는 구체적 결실이 향토예술"[40]이라는 전제 아래 '향토예술의 무대화'로 시도된 것이 조선향토무용민요대회였다.[41] 당초 심야에 1회 공연 예정이었지만 다음 날 낮과 밤에도 재차 공연할 만큼 조선 민중에 대한 호응과 인기가 높았다 한다. 민속공연 관련 제국에 대한 '모방'—조선향토무용민요대회의 근본적인 한계이기도 했던—이 단순히 유희의 활성화에 그치지 않고 '조선적인 것'에 대한 새로운 관심을 불러일으키는 저항의 수행으로 전유되는 모습이 확인되는 지점이다.

다른 하나는 이와 반대로 탈춤 특유의 장르 확장 및 변형 가능성을 적극 활용하여 체제에 우호적인 놀이로 탈바꿈시키는 전략이었다. 일제는 조선 농민의 계몽과 동원을 통해 산미 증산과 모범 부락 조성 등의 식민지 농촌진흥운동을 효과적으로 진행하고자 했다. 이에 필요한 조선 농민의 계몽과 동원에 매우 유효했던 것이 봉산탈춤의 확장과 현대화 정책이었다. 요컨대 봉산탈춤을 적절히 활용하여 농촌의 안정과 생산성 향상을 이끌어냄으로써 농촌 개선의 동력을 더욱 강화하고자 했던 것이다. 이 부근에서 봉산탈춤은 일제 식민정책에 대한 '계몽의 놀이'-'놀이의 계몽'으로 동원됨으로써 식민 당국의 시책과 목표를 '조선적인 것'과 큰 갈등 없이 전달할 수 있는 물적 토대로 작동했다는 해석의 설득력이 생겨난다.

그러나 일제에게는 탈춤 순화 전략으로도 해결하지 못한 중요한 문제가 하나 있었다. 봉산탈춤에 내재된 지배계급에 대한 비판 및 그것과 연관된 피지배계급의 저항 가능성을 어떻게 통제하고 조절할 것인가라는 골치 아픈 과제가 그것이었다. 그런데 해결책은 의외로 간단해서 일제는 농촌공동체의 복원과 현실화[42] 문제를 주요 과제로 내세웠다. 이를 위해 일제는 조선 농촌의 전통적인 자치 기능을 배제하면서도, 향촌 자치의 핵심 기구였던 계와 향약을 적절히 이용하여 식민 정책에 부합하는 촌락사회와 농민을 조직화하는 전략을 치밀하게 구사했다. 이 과제의 완수를 통해 농촌진흥정책의 강제 실행에 따른 갈등과 대립을 미연에 방지하는 한편 사업의 결과물이 조선인에게도 적절히 분배될 것임을 힘써 피력했던 것이다. 여기에 필요한 정책의 효율적 집행과 순조로운 목적의 달성을 위해 일제는 두 가지 방법을 기민하게 활용했다.

첫째, 일제 당국은 박람회나 요리점 등에서 열린 기생의 각종 춤과 놀이 공연에 적용된 이른바 '무대화된 민속'의 내용과 형식을 봉산탈춤에도 도입했다. 오늘날에도 사물놀이와 농악놀이, 각종 민속놀이는 생활현장보다는 공연과 경연의 형식을 취하곤 한다. 이는 관중의 소극적 관람 행위만으로도 인기를 끌 수 있다는 전통의 가치와 힘에 대한 믿음이 전제된 행위이다. 하지만 구체적 생활과 삶의 맥락을 떠나거나 '지금 여기'에 대한 문제의식이 제거된 채 무대에 올려진 관람용 전통 유희와 오락은 그것 특유의 현장성과 비판성을 봉쇄당할 수밖에 없다는 점에서 문제적이다.

물론 너른 마당과 활달한 움직임을 필요로 하는 봉산탈춤 자체가 소규모 무대에서 직접 연행되지는 않았을 것이다. 그렇지만 조선총독부의 농촌 활성화정책과 함께 딸린 각종 시책을 선전하기 위한 프로파간다로 동원되었다는 사실이 중요하다. 여기서 봉산탈춤은 애초의 민중적 활력과 건강성을 거세당한 채 일제의 식민정책에 순응하거나 그것을 선전하는 대중 관람용의 '무대화된 민속'[43]으로 속절없이 식민화되었음이 확인된다.

둘째, 일제는 자국의 민속·민요 경연대회를 따로 개최하는 한편 조선의 고유의 춤과 노래도 일본으로 불러 공연시키는 정책을 적극 추진했다. 제국과 식민지 소재 민속예술의 공동 공연 및 관람은 두 집단의 동등성을 확인하고 유대감을 강화하는 긍정적 효과를 발생시킬 듯하다. 그렇지만 그럴듯한 통합과 친밀의 서사는 일제가 치밀하게 기획한 두 가지 목표를 결코 넘어서지 못한다.

하나는 제국이며 식민지 가릴 것 없이 모든 민속예술을 한 자리에 불러 모음으로써 일제의 통치 권역에 속한 모든 '국민의 소리'와 '국민의 (춤추는) 신체'[44]를 총람시키겠다는 민속예술에 대한 전체주의적인 지배와 통제 욕망이다. 다른 하나는 일제하 모든 '국민의 소리'를 대비·대조시킴으로써 일본 문화의 세련미와 현대성 대 식민지 문화의 소박미와 후진성을 더욱 입체화하겠다는 식민주의적 문화전략이다. 이 전략을 일제와 식민지 조선의 관계로 정리한다면 어떤 모양새가 될까. ① 진정한 신민=문명인에게 일제 권력의 민속예술 전체를 알리는 동시에 교육한다. ② 식민지 조선에는 그들이 즐기는 민속예술의 약점과 한계를 최대한 드러냄으로써 요보=야만인을 개명시키는 지표로 활용한다 정도가 될 것이다.

식민 정책 위반을 빌미로 벌금을 물리고 구류를 살리든, 그것에 순응된 가면 놀이의 연행자로 세워지든, 점쟁이와 놀이꾼의 운명을 피할 수 없던 조선남성들은 '잔여적 문화'의 그늘을 잠시도 벗어나지 못했다. 결국

이들도 조선 부인들이 그랬듯이, 제국의 (이등)신민으로 호명되되 중앙과 멀리 떨어진 변두리 문화 속에 속절없이 던져졌다. 그럼으로써 이른바 '하류 인생'의 고된 시간을 잠시도 피하기 어려웠다. '운명의 총아'라는 호칭의 진정한 의미가 여기 담겨 있었다는 것, 그래서 식민지 조선 하층 남성의 삶 또한 더욱 불우할 수밖에 없었던 것이다.

제
11
장

팔굉일우·총력전·군국예술로의 길

— 싸우는 사진엽서, '옥쇄'의 예술화

12살 조선 소년이 군가 〈전우〉를 노래한 까닭

식민지 조선의 아동들은 태평양전쟁 당시 국민학교에서 어떤 노래들을 주로 불렀을까. 아무리 전쟁기라 해도 순진무구한 "미감을 길러 심정을 고양하고 겸하여 덕성 함양에 도움 되는"[1] 심미적인 자연과 친밀한 동무 관련 노래를 힘써 가창했을 법하다. 이를테면 "작은 새가 꿈을 꿀 때면 / 하늘에는 반짝반짝 금별"로 마무리되는 〈유우야케 고야케〉(I : 115)[2], 우리말로 '황혼녘 저녁노을'과 같은 아름다운 동요 말이다. 그러나 1932년생으로 당시 10살을 갓 넘긴 소년이었던 소설가 최일남의 회고[3]에 따르면, 그가 즐겨 부르던 저 동요는 잠시의 애창곡으로 그칠 수밖에 없었다.

왜냐하면 대동아공영의 총력전 분위기가 들끓어 오르며 초·중등학교의 교육 목표가 '황국신민다운 심정의 함양'을 목표하는 '국체명징', '내선일체', '인고단련'에서 세 이념을 포함한 '충량한 황국신민의 연성'으로, 마침내는 결전 교육 및 학생 동원의 체제화로 급속히 병영화되어 갔기 때문이다. 이에 발맞춰 조선 아동들, 곧 식민지 '소국민'들은 '국민적 정조의 순화'(?)를 위해 청년 병정들이 노래하던 "잡초 무성한 시체 천황의 / 방패로 출정하여서 / 거세게 빗발치는 총탄 / 뚫고 나아가는 너와 나" "천황의 위광 두루 미치는 대동아 / 일장기 깃발"(〈전우〉, Ⅱ: 325)을 소리 높여 합창함으로써 "이까짓 적진 단숨에 물리치는"(〈소년 전차병〉, Ⅱ: 277) '꼬마 병정'으로 예외 없이 편제되었다.

세 장의 그림엽서를 통해 '소국민'에서 '꼬마병정'으로 재차 식민화되는 조선 아동의 슬픈 운명을 서사화해보면 어떨까. 미리 말해둔다면, 그 과정은 '가정의 병영화'를 동반하는 황국신민의 길로 개진改進, 아니 폐색되어 있었다. 심층의 죽음의 무곡舞曲이 표면의 명랑한 동요를 우울하게 휩싸고 흐르던 전시적 상황이 눈앞의 현실이었던 것이다. 함께 살펴볼 그림엽서 《백두산절》은 한만 국경 사계절의 아름다움과 일본에 대한 향수를 담은 노래 네 편에, 제국의 수호와 승전의 의지를 고양하는 노래 네 편을 더한 군가 엽서 세트이다. 이러한 연유로 군국의 결전 생활이 하루 일과로 고착되어 가던 1930년대 중후반 일본 전역에서 군인과 대중 모두에게 공전의 히트를 기록했다. 일제의 아시아·태평양전쟁(1931~1945)이 천황의 통치이념인 '팔굉일우'의 실현과 '대동아공영' 달성에 그 목표를 설정했음을 떠올리면 하등 이상할 것 없는 감정의 반응이자 발현이었던 셈이다.

그림 1 〈백두산절〉

그 가운데 한 편인 〈백두산절〉(그림 1)은 조선의 백두산을 무색케 하는 그림과 노래로 채워져 있다. 일본의 미와 번영을 상징하는 붉은 벚꽃, 그것을 지키는 일본 정신-신궁(천황)·신사(황군)와 군사력-비행기, 젖먹이 아기에게 장난감 탱크를 놀리는 젊은 어미. 이 순간 백두산은 '조선적인 것'으로서의 기원성과 진정성을 훼손당하고 상실한 '무장소'로 전락한다. 하지만 식민지 백두산의 경영과 제패에 골몰하던 일제 군국주의에게 '하쿠토산白頭山'은 천황에의 충군 애국을 다짐하는 '전투 공간'으로 재의미화된다. 그 전투의 장을 의미화·가치화하는 목소리가 여성이라는 사실에 〈백두산절〉에 담긴 옥쇄 충동의 끔찍하고 잔인한 폭력성과 허구성이 존재한다.

> 나라님君 위해 피어난 꽃이여
> 나라에 폭풍우가 몰아치는 가을에는
> 아- 산화하시라 그대여 용감하게
>
> -〈백두산절〉(그림 1)

부인의 남편은 태평양 상공에서 적함을 향해 돌진하는 가미카제 특공대 정도로 해두자. 이러한 상황이라면, 모든 자연의 비유는 충량한 신민의 천황에 대한 몸 바침, 다시 말해 멸사봉공과 산화(=옥쇄)를 거침없이 지시하는 죽음의 기호일 수밖에 없다. 그렇다면 부인의 죽음 충동은 어디서 기원했고 어떻게 내면화될 것일까. 두 가지 이념 체계가 작동한 것인데, 하나가 '양처현모론'이라면 다른 하나는 '군국의 어머니론'이다. 전자는 남편의 성공과 집안의 평화를 위해 헌신하는 부인의 내조와 자녀를 자애롭고 현명하게 양육하는 어머니의 지혜를 골간으로 한다. 후자는 천황제 국가의 전투원을 낳고 기르는 동시에 자녀를 기꺼이 죽음의 전장에 바치는 전투적 모성을 본질로 한다. '양처현모'와 '군국의 모성'을 하나의 이미지로 명제화 한다면, 후방의 용맹스런 사령관으로서 씩씩함과 강인함을 동시에 갖춘 여성상 정도가 될 것이다.

이를 통해 획득되는 전쟁 수행자로서 부인-모성의 효과는, 첫째, 어머니의 피로 결합된 한 가족이라는 국민통합의 상징, 둘째, 전쟁에 수반되는 대량의 죽음에 대한 심리적 보완물로 기능한다는 점에 있다.[4] 이를 상징적으로 재현한 그림이 한 점 있으니, 야스쿠니신사에 안치된 전몰자를 추모하는 '성모자상聖母子像'이 그것이다. 사내 아기를 안고 어린 딸을 대동한 젊은 부인은 미망인일 수도 있고, 아니면 출정한 남편의 무사 귀환을 비는 애국의 양처일 수도 있다.

그러나 더욱 중요한 사실은 '성모자상'에 방불한 조선부인을 묘사한 그림, 곧 "치마저고리 차림으로 야스쿠니신사(에 안치된 조선인 남편-인용자)를 참배"하는 '반도부인'의 모습이 식민지 조선을 포함한 일제 영토 전역에 배포되었다는 것이다.[5] 이 그림은 태평양전쟁이 한창이던 1943년 중반 《부인구락부》(7월 호)에 실렸다. 흰 소복 차림의 조선부인, 그녀의 등에 업힌 갓난아기(유복자일 듯), 검은 교복의 소년(아들)이 야스쿠니신사 참배의 주인공이다. 제국, 곧 천황의 너른 배려를 통해 전몰영령들이 잠든 국립묘지 야스쿠니신사를 참배한다는 것은 무엇을 뜻하는가. 그곳에 안치된 전몰영령 남편에 대한 엄숙한 애도와 절절한 그리움, 충군 애국에 바쳐진 아버지의 죽음을 다시 잇겠다는 '꼬마 병정'의 다짐이 참배의 핵심일 것이다.

그곳은 그러나 충량한 병정들이 죽음으로 지켰고 지켜나갈 "신의 나라, 천황의 나라, 부유한 나라, 아름다움과 사랑의 나라"(이광수, 〈전망〉, 1943)가 펼쳐지는 절대적 성현聖顯의 공간이었다. 그러므로 세속의 한계를 사는 조선인 모자의 참배는 결국 그 성역에 바쳐지는 것일 수밖에 없었다. 또 그래야만 전사한 가부장의 영령이 평안한 영면에 들 수 있으며 자신들의 행복과 평화도 가능할 것으로 믿어졌다. 모든 것을 일제의 신과 천황에 바치는 이 황국신민화의 길이야말로 내선일체의 가장 바람직한 모델이자 가장 올바른 실천으로 수긍되었던 것이다. 이러한 방식의 '애국의 기법'이 2종류 총 16매의 그림엽서세트 《백두산절》 곳곳에서 쉽게 찾아지는 주제였음은 아래의 가사에서 어렵잖게 확인된다.

그림 2 〈백두산절〉

그림 3 〈백두산절〉

들판의 어린 풀을 뽑으면서도
땅에 추억의 뿌리를 남긴다
아– 잊을 수 없구나 국경이여

– 〈백두산절〉 (그림 2)

세계에 나라 있어 아시아에 일본
찬란한 빛은 동쪽으로부터
아– 전진하세 동포여 용맹스럽게

– 〈백두산절〉 (그림 3)

두 노래는 조선과 만주의 국경을 지키는 병정과 여성의 전투적 생활상으로 훨씬 어울린다. 물론 욱일旭日의 기세와 영광을 염원하는 애국심 토로에 대해 아이와 어른의 목소리를 따로 가릴 필요는 없다. 하지만 《초등창가》와 《초등음악》에 실린 군가풍 동요를 읽어보면, 엽서 그림의 주인공이 어른 이전에 아이들의 몫이었음이, 아니 그러하도록 학습되었음이 분명하게 드러난다.

> 아침에 비쳐오는 새벽녘 별빛
> 저녁에 밟고 오는 들길의 달빛
> 생산 증산 우리들의 소임으로
> 괭이 들고 낫을 가는 소년전사
> –〈소년산업전사〉 1절(Ⅱ: 421)

> 용사들의 뒤를 이을 우리들이라네
> 용사들의 숭고한 공로를 기리며
> 분기하여 전투에 임하리라
> 지금 맹세하노라 충령탑 앞에서
> –〈충령탑〉 2절(Ⅱ: 317)

〈백두산절〉 두 편에서 아버지는 '근로보국'의 징용대로, 형은 아시아를 손아귀에 넣으려는 '귀축영미'와 맞서 싸우는 용맹한 황군으로 설정해보면 어떨까. 이럴 경우 어머니를 도와 약초를 캐고 땔감을 준비하며, 친구들을 승전의 마당으로 이끄는 '꼬마 병정' 놀이에 재미 붙인 조선의 아동들은 '어린이 애국반'(Ⅱ: 171)으로 불러 무방할 것이다. 총력전 시대 '어린이 애국반'의 임무와 활동은 궁성 요배, 신사참배, 교육칙어 봉독, 고철 모으기, 결전 교육들을 망라했다. 가령 일본 본토에서 강제된 '애국의 기법'에서 아동과 학생들은 예의 그림엽서와 동요 속의 애국 활동 이외에도 일장기 걸기, 남녀 학생 불문하고 웃통 벗은 나신裸身 상태로 수업하며 건전한 신체 단련하기, 폭탄용 저금상자로 나라에 봉공하기, 위문편지 쓰기, 위문대와 천인침千人針 제작, 근로 노동 참여, 군사교련 이수, 일본도日本刀 예찬 따위에 조직적·체계적으로 동원되었다.[6]

일본 아동과 청소년 대상의 전시 교육과 결전 생활을 세세히 언급한 까닭은 자발적 참여를 가장한 총후 생도의 연성이 식민지 조선 학생들의 의무이자 윤리이기도 했다는 사실 때문이다. 이 총력전의 문법은 공적인 수업의 학교 제도를 넘어 개인의 일상까지 군사화하려던 '국민정신총동원연맹'(이후 '국민총력연맹'으로 개칭)의 실천적 규범이기도 했다. 일제의 사상적·이념적 하부구조로서의 본 연맹은 '사상의 통일', '국민 총훈련', '생산력 확충'을 실천 지표로 내세워 '고도의 국방국가체제'의 건설과 유지, 그를 통한 천황제 병영사회의 전면화를 목적했던 것이다.[7]

이 당시 조선과 일본에서 공식 국가인 〈기미가요〉(I : 43)를 대체할 만큼 〈바다에 가면海行かば〉(I : 61)이 널리 불린 까닭이 비로소 이해된다. 이 군가는 전통가집 《만요슈》에 실린 와카를 현대의 전장으로 불러내어 천황에의 멸사봉공을 맹세케 하던 '창조(날조)된 고전'의 하나였다. 가사는 "바다에 가면 물에 잠긴 시체 / 산에 가면 잡초 우거진 시체 / 천황 곁에서 죽을 수만 있다면 / 후회하지 않으리"로 매우 짧다. 앞서 읽은 〈전우〉와 노래의 첫 부분이 같은데, 따라서 이 노래가 목적하는 바는 지나치게 분명하다. '충군 애국'의 최상은 승전의 쟁취나 패전의 모면이 아니라 '전선'과 '총후' 어느 곳을 막론한 '죽음'에의 투기投棄라는 것 말이다. 12살 조선 학생은 이 의식가요와 더불어 〈전우〉를 목청껏 노래함으로써 스스로를 '성전'에 순직하는 천황의 병사로 호명함과 동시에 내면화할 수 있었다.

하지만 미래의 소설가 최일남은 군가투성이 《초등음악》의 노랫말을 "입학한 첫해만 《조선어독본》을 배운 일본어 학습 6년의 실력으로는 여간 버거웠던" 것으로 회고했다. 단지 어려운 한자어 때문에, 정확한 발음과 해석의 어려움 때문에 12살 소년은 음악 시간을 전전긍긍했을까. 그런 까닭만은 아니었을 것이다. 그것은 어쩌면 성전의 축하와 출정 장병의 환송 뒤에 반드시 뒤따랐던 바닷물과 풀숲에 함부로 버려진 시체, 그 대가로 주어지는 전사자 숭배라는 '무언의 개선' 행렬과 울음 빼앗긴 추도 행렬의 충격적인 경험에서 발생한 정신적 외상의 결과였을지도 모른다. 이 죽음의 장면들은 그러나 더욱 자라나 천황의 병정으로 징집되는 순간 소년의 불우한 운명으로 닥쳐올 바로 그것이었다. 12살 소년 최일남의 기호 체계 이해와 해석의 어려움이 내면에 겹겹이 쌓인 심리적 불안과 정신적 피로의 다른 표현으로 이해되는 까닭이다.

국경수비: 표면의 수비와 보호, 이면의 감시와 처벌

백두산을 "이는 구원久遠 조선 그것이다"라고 감격에 겨워 숭고화한 선각자는 육당 최남선이었다. 그는 백두산을 '천天의 별궁'과 '신의 보좌'로 신성화하는 한편 '개천의 은주恩主'이자 '호국의 대선大仙'으로도 인간화했다.[8] 그 신적·인간적 면모를 한 행으로 압축한 글귀가 "조선의 편에서는 국토의 대근大根이오 인문의 발원發源이오 종교의 대상이매……"일 것이다. 일제가 최남선류의 백두산 신성화에 노골적인 반감 비슷한 태도였음은 소학생 대상의 《조선어독본》과 《초등지리》들에서 일체의 신화적 언술이나 가치평가를 배제한 채 한만 국경지대로만 취급하는 모습에서 얼추 짐작된다.

그러나 일제는 조선의 휘황한 국수國粹를 상징하는 백두산에 대해 마냥 무관심하거나 배척하는 태도만을 취하지는 않았다. 오히려 군사적·경제적 측면에서 압록강-백두산-두만강 라인의 방어와 개척에 온갖 정책과 자본과 기술을 쏟아부었다. 백두산은 동양 최대의 삼림을 형성했으며, 그것을 벌목하여 만든 뗏목은 서로는 압록강을 타고 조선 신의주와 만주 안동(현 단둥)으로, 동으로는 두만강을 타고 회령 일대로 흘러들었다. 이에 따른 각종 목재 산업의 홍성, 뗏목 및 제재소 노동자의 밀집, 이들을 상대하는 일본 게이샤와 조선 기생의 삶 등은 일본, 조선, 만주 모두에 백두산, 압록강, 두만강 관련 유행가가 단숨에, 또 오랫동안 흘러넘치도록 만들었다. 그 성황이 얼마나 대단했으면 국경 생활과 일본 신민요 〈백두산절〉과

〈압록강절〉의 기원, 전파, 유행 과정을 기록한《국경이백리》,《소패만고小唄漫考》같은 서적이 발간되어 조선 경성을 넘어 일본 도쿄에서도 널리 읽혔을까.

'동양 제일의 대삼림'이라는 백두산의 경제적 가치는 그것을 둘러싼 군사적 긴장과 충돌을 불러일으켰다. 일제가 동양의 맹주로 올라서는 계기를 마련했던 러일전쟁 당시 일본과 러시아는 철도와 교량 건설, 병영과 진지 구축 등에 필요한 군용 목재산업의 장악 여부에 전쟁의 명운을 걸다시피 했다. 일제의 승리로 전쟁은 끝났으나, 곳곳에 세워진 목재 공장과 새로 건설된 한만 국경지대 신도시들은 일제에 저항하고 투쟁하는 식민지 조선과 중국 무장단체의 공격 대상으로 단번에 떠올랐다.

가령 1920~30년대 신문을 펼쳐보면, "노중露中국경에 비적", "육백 명의 비적 우장성牛莊城 점령", "비적 토벌 통고", "평북 원창 대안에 비적 20여 명 내습", "비적 4백도 귀순" 따위의 기사들이 심심찮게 보인다. 이들 비적의 성격과 종류는 크게 두 가지로 구분된다. 한 부류는 주린 배를 움켜쥐고 일제 자본의 식량과 화폐, 무기류를 총칼 들고 절취했던 날강도, 곧 떼도둑들이다. 다른 한 부류는 조선과 중국의 독립과 해방을 목표하는 민족주의 및 사회주의 무장단체들이었다. 중국의 경우는 만주족과 일제 모두의 타도를 목표한 반만항일군과 사회주의 혁명을 노렸던 동북항일연군이, 조선의 경우에는 김좌진, 이청천 등이 이끈 민족주의 지향의 항일독립군과 사회주의 이념을 앞세워 "장백 밀림을 근거로 국경선에 출몰"했던 '보천보 공비단' 김일성 부대[9] 등이 일제 관동군 국경수비대의 토벌 표적이 된 대표적인 비적들이었다.

타국의 중화주의자, 민족주의자, 사회주의자를 한데 싸잡아서 '비적', '마적', '공비' 따위로 서슴없이 격하하는 모습에서 보듯이, 일제에게 이들은 한만 국경과 만주국 일대에서 "인심의 안정, 치안의 회복, 공산·항일 사상의 일소"[10]를 달성하기 위해 반드시 소탕해야 할 위험분자들이었다.

그림 4 조선만몽 국경수비가

그림 5 조선만몽 국경수비가

관동군 수비대는 대책의 하나로 그들 통치의 땅은 생활 물량이 풍족하고 안전이 보장된 '천국'으로, 비적 횡행의 땅은 살육과 혼란투성이의 지옥으로 지시하는 포스터 〈천국과 지옥〉을 대량으로 제작하여 만주국 전역에 배포했다. 경고와 회유의 뜻을 동시에 담은 선무 공작의 포스터인 바, 일제가 조선과 중국의 이념적 비적의 감시와 처벌에 얼마나 신경을 곤두세웠는가를 새삼 환기하는 그림과 문자가 아닐 수 없다.

만주국 주민과 비적 대비용 프로파간다가 포스터 〈천국과 지옥〉이었다면, 군가 〈조선만몽 국경수비가〉(이하 〈국경수비가〉)는 비적 토벌을 위한 사기 진작과 단결력 응집의 프로파간다였다. 우리는 평양의 국경수비대를 선전하는 《평양오십경》에서 이미 〈국경수비가〉를 마주했더랬다. 여기서 만주가 아닌 한반도를 사수하는 국경수비대를 그림엽서의 핵심에 배치한 까닭이 자연스럽게 소명된다.

지금부터 함께 읽어볼 〈국경수비가〉 2편은 악보 포함 총 8매로 구성된 같은 이름의 그림엽서세트의 부속물들이다. 다이쇼사진공예소 제작품으로, 특이하게도 엽서 뒷면의 모든 문자를 영어로 인쇄했다. 전쟁기인지라 대동아공영의 방해꾼 '귀축영미'에 대한 증오가 자심했음에도, 그래서 "로마자와 영문자를 추방하자"[11]라는 언어적 쇼비니즘이 횡행했음에도 군사우편에 가까운 엽서에 적군의 문자를 새겨 넣다니 꽤나 흥미로운 현상임에 틀림없다. 엽서세트에는 한겨울 보초병, 달밤의 행군, 전투 장면, 탱크와 더불은 돌격 장면, 야간 혹한 상황의 모닥불 곁 휴식 장면 등이 담겨 있다. 고통을 무릅쓰고 국경 수비와 비적 토벌에 전념하는 일본군의 사기를 드높이는 한편 그들의 노고를 치하하고 승전을 염원하는 작업에 초점을 맞췄음이 드러나는 대목이다. 과연 가사에는 '국경 수비의 명예'를 필두로 '동포를 보호하는 피', '가정을 지키고 처자를 보호하는 일본혼', '보국의 사기', '생사고락의 맹세' 같은 일제의 천황제 군국주의 용어가 울울하게 박혀 있다.

> 천년의 요새 백두의
> 동쪽으로 흐르는 두만강
> 서쪽으로 굽이치는 압록강
> 구불구불한 삼백리
> 국경수비의 명예를 걸머진
> 무사 이곳에 수천 명
>
> – 〈조선만몽 국경수비가〉 (그림 4)

평안도 풀 푸르른 봄
함경도의 달 차가운 가을
씩씩한 어제 오늘의 용사가
맺은 꿈의 흔적 찾아가면
모습도 변함없는 산하가
우리를 가르치는 소리 들려온다

- 〈조선만몽 국경수비가〉(그림 5)

한반도와 조선 관련 용어가 담겨 있는 〈국경수비가〉를 따로 골라본 것이다. 일제에게 압록강-백두산-두만강 연선의 국경 일대는 총칼 든 비적에 대한 방어와 공격에 없어서는 전략적 요충지였다. 금강산이 절묘한 자연미로 제국 관광객의 눈을 즐겁게 하고 심신을 달래주었다면, 백두산은 팔굉일우 실현과 왕도낙토 건설의 거점이 되는 전략적 요충지로 낙점됨으로써 반드시 지켜야 할 천황의 영토로 거듭난 것이다. 그랬기에 조선 아동들은 "뻗어가는 일본의 빛나는 앞길"을 염원하면서 "여름에는 초목도 거친 들판에서 / 겨울에는 눈보라 치는 들판 끝 / 저 멀리 추호도 흔들리지 않는 북쪽 방비"에 감사하는 군가풍 동요 〈북방 수비〉(Ⅱ: 285)를 주먹 쥐고 팔 휘두르며 힘차게 노래 불러야 했다.

하지만 〈국경수비가〉의 보국, 생사고락 같은 전쟁 용어에는 승전의식의 고양 못지않게 '전쟁 경험의 신화화'와 관련된 타나토스 충동, 곧 '전사자 숭배'라는 괴이한 의식이 착종되어 있다. 동포와 가정을 지키는 가장 비극적이지만 가장 숭고한 행위는 싸우다 죽음으로써 천황제 군국주의에 복무하는 일이라는 명제가 그것이다. 주검 대신 혼백이 안치되는 야스쿠니신사의 존재는 저 명제에 걸맞게 '국가라는 종교'에 '순교자'를 제공하는 한편 죽은 병사의 마지막 안식처는 국가적 경배의 신전이 된다는 '전사자 숭배'의 원리와 문법을 간명하게 설명해 준다.[12]

자신들이 소리 높여 노래한 〈북방 수비〉 깊은 곳에 숨겨진 일제 군국주의의 '전사자 숭배'를 어떻게 내면화하느냐에 따라 조선 학생들이 밟아간 길은 서로 달랐다. 한만 국경과 만주 일대로 제한한다면, 만주국군 소속의 간도특설대가 되어 항일독립군과 동북항일연군 등에 소속된 조선의 게릴라 병정을 토벌하는 행로를 밟은 것이 가장 부정적인 진출 가운데 하나였다.

그림 6 군가 토비행

12. 마적 모두 쓰러져 엎어지고
불길이 치솟는 산가山家
비쳐드는 햇빛의 화창함

13. 우러르는 존엄한 위력의 깃발 아래
몇 개의 산을 넘어 오늘의 해와
만나는 기쁨의 이야깃거리
– 〈군가 토비행〉 12절, 13절

〈국경수비가〉에서 보았듯이, 조선 관련 수비대의 노래는 천황과 조선을 지킬 수만 있다는 기꺼이 목숨을 바쳐 충성을 다하겠노라는 멸사봉공의 다짐으로 일관하는 경우가 많았다. 이에 반해 일제 육·해군 예식가로 불렸던 〈군가 토비행討匪行〉(총 15절)은 비적 토벌에 나선 전투현장을 직접 묘사하거나 서술하는 방법을 취했다. 가령 예시한 엽서에는 비적 토벌의 전투 장면이 사실성 중시의 사진으로 올라 있다. 또 가사에는 비적을 토벌하고 그들의 은폐된 집결지를 불태우는 병정들의 용맹한 행동과 승전의 식이 빼곡히 담겨 있다. 천황 주재의 왕도낙토를 수호하겠다는 일제 군국주의의 군사엽서에 값하는 장면과 의식인 것이다.

그러나 더욱 가공할 만한 비적 토벌의 최후의 행각이 아직 남아 있다. 대개의 비적은 체포되는 즉시 많은 사람이 지켜보는 자리에서 목이 베어져 동네 어귀 등 사람들 눈에 잘 띄는 장소에 잘린 머리가 내걸리는 효수의 형벌을 면치 못했다. 이 잔혹한 행위가 노린 효과는 분명했다. 표면상으로는 복지만리의 세상으로 거듭나는 한만 국경지대와 만주국을 공격하여 혼란에 빠뜨리는 적병에 대한 매서운 처벌과 경고의 신호였다. 그 이면에는 비적의 죽임보다 더욱 중요한 까닭이 숨어 있다. 일제나 만주국에 대한 체제 협력자를 제외한 잠재적 저항자나 배반자들, 곧 조선인과 만주인, 중국 한족과 몽골인들의 계획된 일탈과 저항의 예봉을 미리 꺾는 한편 그들의 불령한 정신과 행위를 철저히 감시하기 위한 죽임의 전시행위로 수행되었다는 사실 말이다.

만주 관련 사진이나 사진첩을 조심스레 들춰보면 알겠지만, 이 끔찍한 장면들은 그곳 주민이라면 종종 마주치던 충격적인 죽음의 형식이었다. 재만 조선인 사회도 비적 처형의 장면에 드물지 않게 노출되었다는 사실은 시인 유치환의 〈수首〉(《국민문학》 1942년 3월호)에 뚜렷하다. 예컨대 "흑룡강 말라빠진 바람에 헐벗은 / 이 적은 가성街城 네거리에 / 비적의 머리 두 개 높이 내걸려 있나니"라는 구절을 보라. 일제 군국주의의 충량한 병정 간도특설대가 끔찍한 참수의 집행자였는지는 분명하게 확인되지는 않는다. 하지만 독립과 해방 운동에 참여한 같은 민족의 저항자들을 무지막지하게 공격하고 처벌했던 일제의 폭력적 작태에 대한 암묵적 동조자였다는 것만큼은 부인하기 어렵다는 게 작금의 통설이다.

〈북방 수비〉의 허구성과 부질없음을 깨닫고 "다른 어느 나라의 학도보다 그 용맹심에 잇서서 그 절대한 순국의 정신에 잇서서 조금도 손색이 없을 것"[13]이라는 '전사자 숭배'의 담론을 뒤로했던 조선 청년들의 존재는 그러므로 더욱 빛날 수밖에 없다. 장준하, 김준엽, 선우휘 등으로 대표되는 학병 탈출 그룹이 그들이다. 이들은 누군가의 말처럼 "아직은 열등한 이종족이며 비국민인 젊은 부족"[14]에 지나지 않았다. 하지만 일제는, 아니 이광수와 최남선으로 대표되는 이른바 조선의 선각자들은,《전사자 숭배》의 저자 조지 모스의 말처럼, 청년 학도를 대동아공영이라는 "전쟁의 목적에 대한 믿음"을 내선일체의 새로운 "조국을 위한 죽음"으로 정당화하는 사지로 서슴없이 내몰았다. 하지만 전사자 숭배의 대상이 되기를 거부한 조선 학병들은 그들이 묻힐 예정의 "야스쿠니(신사의-인용자) 정신", 곧 "나라를 다스리고 나라를 화평케 하며 나라를 안전하게 한다"[15]는 허황된 국가주의 충동을 '조선인인 자'의 정체성 탐구와 회복의 길로 반전시킴으로써 생명과 명예를 다 함께 지킬 수 있었다.

일상으로서의 프로파간다·전선총후·군국예술

'싸우는 미술'. 이 명제처럼 전쟁 수행을 위한 승전의식 고취 및 전투 장면의 기록과 선전, 후방 모든 국민의 병사화 및 총력전에의 동원 등을 하나로 묶을 수 있는 말은 따로 존재하지 않을 법하다. 이들 전쟁 그림에서 '전선'을 대표하는 것은 "총검을 들고 사지(적진-인용자)로 돌진하는 장렬한 장면"의 묘사, 곧 전사자 숭배로 귀결되는 전장의 로맨티시즘을 표현한 그림들이었다.[16] 한편 '총후'를 대표하는 것은 군국 "'진홍의 불꽃'과 '불옆에서 느끼는 공기의 움직임'"[17]을 후방의 궁벽진 어느 곳에서라도 찾아내어 재현한 화폭들이었다.

그렇다면 식민지 조선의 화단은 일제의 전쟁화로부터 자유롭거나 아니면 그들의 주장을 침묵으로 거부했을까. 이 질문에 대한 답변은 대체로 회의적일 수밖에 없다. 1940~1945년, 곧 '총동원체제기 친일 미술 활동 연표'가 그것을 입증하는 작품들과 더불어 일목요연하게 정리되어 있기 때문이다. 이를 구호화한 대표적 장면이 조선 청년의 징병제 실시를 기념하여 개최했던 '반도총후미술전'의 선전문에 들어 있다. "반도 화단 전체와 미술단체를 총동원시켜 징병 실시의 광영을 총후 생활의 구석구석 발휘시키고 있는 씩씩한 자태를 화폭에 여실히 나타낸다"는 주장이 그것이다.[18]

어쩌면 이런 분위기가 조성되어 있었기 때문에 각종 총후 전선의 장면으로 가득한 군사우편엽서가 식민지 조선과 일본 본토 곳곳을 넘나드는 군국예술로의 횡행이 가능했는지도 모른다. 미리 말해둘 사실은, 이제부터 다룰 《조선군 출동장사 위문 봉함엽서 및 그림엽서》(이하 《조선군 위문엽서》) 2종에 그림을 남긴 화가가 조선인인지 일본인인지 정확하게 판별하기 곤란하다는 점이다. 화가의 붉은 낙관은 보이나 '극克'[19]이나 '탄坦'과 같은 글씨 한 자로는 그 이름 전체를 추정하기 어렵다. 다만 사진엽서 발행처가 조선군사령부 애국부이며, 인쇄처가 조선총독부 편찬의 각종 국정교과서를 찍어내던 조선인쇄주식회사라는 것, 결정적으로 산문과 함께 실린 일본 와카의 작자가 일본인인 것으로 보아 유화('克')와 수묵화('坦')의 화가도 일본인일 가능성이 크다. 실제로 낙관 '坦'의 사용자는 재조 일본 화가 가타야마 탄堅山坦으로 추정된다. 그는 조선 관광엽서에 천연색 수묵화를 적잖이 그려 올린 인물로 조·일 화가가 함께 결성한 경성미술가협회의 맹원이기도 했다.

이상의 사실을 미리 말해두는 까닭은 조선 화가들의 체제 협력 혐의를 가볍게 하기 위함이 아니다. 오히려 조선 화가의 전쟁미술은 국민총력조선연맹 산하 경성미술가협회(이후 조선미술가협회로 확장) 결성식 선언문에 보이는 다짐, 곧 "국가의 비상시국에 직면하야 신체제 아래에서 일억일심으로 직역봉공을 다하자"[20]는 '화필보국畫筆報國'[21]의 실천에 충실했다. 이 점, 그림의 주제나 형식에서 '조선적인 화풍'을 제아무리 강조해도, 그것들이 일제 총력전의 정신을 번역한 것[22]으로 머물 수밖에 없었던 근본 요인일 것이다.

《조선군 위문엽서》를 읽기 전에 경성부 발행의 《축 출정》 엽서 한 장을 먼저 살펴본다. 봉함엽서와 그림엽서 각 5매의 구성 방식, 빨래터, 장독대, 기생, 경회루, 온돌방 정경, 한강철교 옆 휴식, 조선총독부, 경성시가, 조선신궁, 창경원 밤벚꽃놀이 사진 등은 《조선군 위문엽서》와 크게 다를 바 없다. 전통의 '조선적인 것'과 일제의 자본과 기술에 의한 식민지 근대화의 품목들을 동시에 전시하는 모양새이기 때문이다. 다만 총천연색의 수묵화와 유화를 취한 《조선군 위문엽서》와 달리 《축 출정》 엽서는

그림 7 김치의 매력

그 바탕에 흐릿한 음영의 비행기와 장사포(그림엽서), 육해공군의 활약상(봉함엽서)을 그려 넣는 비교적 단순한 구도를 취하고 있다.

큰 매력 없는 《축 출정》에도 시선을 돌리는 까닭은 하나, 이후에도 한국 사회의 질서와 체계를 장악하게 되는 이른바 '군·관·민' 순서의 집체적 협조체제가 또렷이 확인되기 때문이다. 둘, 그것과 대비되는 《조선군 위문엽서》가 병사와 신민에게 호소력을 발휘하기 위해 전쟁의 심미화에 얼마나 힘을 기울였는가를 새삼 엿볼 수 있기 때문이다. 이를 기억하며 〈김치의 매력〉을 읽어본다.

아이가 장독대로 심부름 간 모습을 담고 있는 사진 아래의 산문에는 '김치의 매력'이 적혀 있다. 앞쪽에는 조선과 일본 요리 모두 서구화되어 가는 형편임을 지적한 뒤, 하지만 김치는 언제 어디서고 생각나는 "조선 요리의 왕좌로서 조선에의 매력"을 더한다는 높은 평가를 담았다. 뒤쪽에는 김장 시기, 재료, 담그는 법, 김장독에 대한 설명을 배치했다. 산문

말미의 와카는 그 매력을 "김칫독 잔뜩 늘어선 달빛 아래 울음 우는 풀벌레 소리 사무치네"라는 깊은 밤 장독대 풍경에 기대어 노래했다. 얼핏 보자면, 서구의 음식문화 범람에 아랑곳 않고 조선의 전통적 음식문화를 수호 중인 김치를 예찬하는 노래처럼 들려온다. 그러나 사진엽서에 곧잘 오르던 낯선 조선민요가 그랬듯이, 이국적인 조선 음식에 대한 애호도 일제 식민통치의 우월성을 확인하는 한편 그것들을 제국의 지역문화로 다시 구획하는 식민주의적 기율과 문법의 일종이었다.

이를 감안하면, 엽서 바탕의 대포와 전투기가 상징하는 바는 그리 간단치 않다. 이것들은 무엇보다 승전의 보장물, 곧 새벽하늘을 울리며 작렬하는 고사포탄이자 하늘을 제압하며 돌진하는 용맹한 전투기(〈하늘의 용사〉, Ⅱ: 341)로 기능한다. 다음으로 육중한 직선의 포신과 날카로운 총검, 속도 최고의 전투기는 그 공격성과 파괴성 때문에 제국-남성-권력의 발기한 팔루스로 곧잘 유비된다. 엽서 전면에 부감된 대포와 비행기가 강인한 남성성과 권력성을 시위하는 일제의 이상적인 정체성 관련의 퍼포먼스로 해석될 수 있는 이유겠다. 이 자기 확인을 통해 일제는 식민지 조선인에게 우승의 권력을 과시하는 한편 자신들을 우월한 지배자로 강력하게 훈육하고 내면화하는 성과를 거두었던 것이다.

예의 그림엽서에 담긴 이념형은 《조선군 위문엽서》 세트 2종의 그것이기도 하다. 이것들은 봉투에 명시된 대로 14×9센티미터(9×14센티미터) 크기의 그림엽서(5매) 및 그림 펼친 크기 19×15센티미터의 봉함엽서(5매)로 구성된다. 전선과 총후의 전쟁화는 가타야마 탄의 총천연색 수묵화 및 작가 표시로 '克'을 취한 일본 서양화가의 유화로 채워졌다. '조선적인 것을' 촬영한 사진은 엽서 크기 6분의 1 정도로 작게 올렸으며, 총력전의 주의 주장을 담은 그림들을 전면화함으로써 '성전봉공'의 프로파간다를 확실히 했다. 이를 확인한다는 뜻으로 그림엽서와 봉함엽서 총합 20장에 기록된 사진과 그림의 내용 및 구성물을 간단한 표로 정리해둔다.

[표 1] 조선군 출동장사 위문 봉함엽서 및 그림엽서 2종의 내용

	그림-사진 인물·소재	사진	그림-사진 인물·소재	사진
1	만리장성 보초병, 일장기	세탁 (빨래)	대일본국방부인회 맹원, 간호병	통군정
2	총 멘 기마병	불국사	나무 보초대 구축, 일본군	기 생
3	전투 장면 군사엽서 읽는 여학생	을밀대	일본군, 군견	남대문
4	천인침, 조선·일본 부인, 여학생, 조선 아동	창경원 꽃놀이	출정 장병, 조선·일본 부 인, 조선 소년(일장기)	온돌방 기생
5	제로센 전투기 편지 쓰는 일본 부인	남한산 수어장대	제로센 전투기	널뛰기
6	보초병, 전투기, 일본·조선 처녀(일장기)	부여	탱크 공격	향원정 기생
7	벼 베는 일본 여학생 일본(조선) 촌락, 일장기	조선신궁	신사참배, 조선 부녀, 일본 부인	총독부
8	위문대, 일본 부인과 직장 여성, 아동(일장기)	압록강 뗏목	부채 든 조선 부인(기생)	경성 시가
9	중국 도시 점령, 행군하는 일본군	금강산	고지 점령, 일본군	덕수궁 기생
10	중국 도성 함락, 일본군	모란대 공원	전폭기, 도시 폭격	경회루 기생

표를 일별해보면, 시간은 사계절을 넘나들며, 공간은 중국대륙과 조선을 가로지르고 있다. 조선군사령부답게 전쟁의 시공간을 바다 중심의 태평양전쟁이 아니라 한반도-만주-중국 라인의 대륙 점령에 두고 있다. 한데 조선 관련 사진은 거의 새로울 것 없는 재탕의 이미지들이다. 식민지 초기부터 일제가 촬영, 전시해온 조선의 관광 명소와 생활풍속, 조선 통치기구와 식민 도회의 근대화 장면을 클리셰풍으로 돌려쓰고 있기 때문

이다. 이후 엽서 몇 점을 골라 식민지 조선인에게 폭력적으로 부과되고 강요된 전선총후와 총력전의 실상을 차분히 그리고 차갑게 응시하여 괜찮은 이유가 여기 있다.

전선과 군국예술의 일상화: 황군의 윤리

일제나 식민지 조선이나 이야깃거리 풍부한 전투기 엽서(그림 8)를 황군의 윤리와 관련시켜 먼저 읽어본다. 우편 산문에는 널뛰기가 새해 정월에 행해지는 부녀자의 놀이로, 도시와 시골, 신분의 귀천을 가리지 않고 즐기는 시소 타기 비슷한 것으로 소개되고 있다. 널을 딛는 소리가 악귀를 내쫓는 역할을 한다는 설명도 더했다. 그 옆의 와카는 "숨어 있던 분홍빛 의상 반짝이며 / 높이 나는 아가씨들 바라보니 서글프네"라는 내용이다.

그림 8 널뛰기

일제 첨단의 제로센 전투기와 조선 전통 놀이 널뛰기는 그 성능과 가치의 비교가 거의 불가능한 사물들이다. 태평양전쟁은 일제 폭격기가 미국 하와이의 진주만을 공습함으로써 시작되었다. 돌발적 습격의 비밀병기 제로센은 거대한 함대와 더불어 태평양-남양 일대를 지배하는 기초적인 힘이 되었다. 그 엄청난 전투력의 첨단 기계가 일상을 잠깐 벗어나는 소소한 놀이 도구이자 귀신 쫓는 전근대적인 주술 기구인 나뭇조각의 널뛰기와 어떻게 비교될 수 있다는 말인가.

하지만 비행기와 널뛰기는 하늘로 날아오르고 솟구쳐서 적을 공격한다든지 담장 밖 세상을 엿본다든지 하는 비약과 팽창의 공기적 상상력을 공유한다. 지나친 억측일지도 모르지만, 그것들에 의지한 창공에의 꿈이 조선과 일본의 황국신민이 공히 소망하는 "떼 지어오는 몰려오는 적기 쫓아버리고 돌진하는 용사"(〈하늘의 용사〉, Ⅱ: 341)의 모습으로 현현하기를 바라마지 않았다는 것, 여기에 비행기와 널뛰기를 같이 배치한 연유가 숨어 있을 듯하다. 그 장면과 소망을 함께 담은 것이 〈백두산절〉(그림 9)에 재현된 진주만 폭격의 이미지이며, 또 가미카제의 용맹과 희생을 예찬한 가사(〈대해전 대첩 기념 노래〉)라 하겠다.

> 바다의 병사들 목숨을 걸어
> 12월 8일 새벽에 부는 것은
> 존엄한 위력의 가미카제神風인가
>
> -〈백두산절〉

1942년 12월 8일, 일제의 진주만 공습으로 태평양전쟁이 본격적으로 개전된 시점이다. 가미카제 특공대가 목숨을 걸었다는 말은 승전 욕구에 불타오르고 있다는 비유의 수사법이 아니다. 그들은 극한의 전사자 숭배를 뜻하는 '신의 바람'으로 추앙받으며 미국의 진주만을 향해, 함포 사격 빗발치는 함대를 향해 비행기와 더불어 구슬 깨어지듯이(玉碎) 산산이 부서졌다. 그들 대부분이 “천황 만세”를 외치며 두려움 없이 산화했다고 선전된다. 그러나 실제로는 “지금은 새벽이다. 밤 3시다. 오전 3시다. 아아! 죽고 싶지 않다. 외롭다. 왜 이리 외로운 걸까”라고 고통스럽게 전전반측하며 그칠 줄 모르는 속울음을 처절하게 삼켰다는 기록과 증언 역시 상당한 것으로 알려진다.[23] 일제는 이러한 본능적인 죽음에의 공포와 삶의 욕구를 귀물鬼物이며 축생인 영국과 미국은 “반쯤 죽여 놓아서는 안 된다. 철저히 부숴야 한다.……수백만의 황군을 보내서라도 정벌해야 한다”라는 ‘국민의 의기’를 자극하는 말로 극복케 했다. 그러면서 그 의기를 다지기 위해 미국 본토 공습 비행기 헌납 자금 모금운동을 지속적으로 벌였다.[24]

그림 9 백두산절

남의 일과 기록을 전달하는 투로 얘기했지만, 이른바 ‘애국기愛國機’ 헌납 운동과 ‘신의 바람神風’으로 제 몸 떨구는 일은 식민지 조선(인)의 책무이자 윤리이기도 했다. 먼저 애국기 헌납 운동의 사례다. 1937년 신문을 펼쳐보면, 대동호, 철도국호, 경기도호, 경북호, 간도호 등으로 명명된 애국기 헌납의 사례가 속출한다. 한반도 전역과 심지어 만주의 간도에서까지 조선인들은, 가장 위로는 기업체 사장에서 가장 아래로는 기생 권번에 이르기까지, (반)강제적으로 "헌납 경쟁 같은 관을 정하야 이미 헌납수속을 마치는" '국방열'로 달아올랐던 것이다.[25]

한 연구에 따르면, 이등 국민 조선인에 대한 차별에서 벗어나 진정한 황국신민으로서의 사회적 역할을 다하겠다는 자발적 의욕에서 애국기 헌납의 '국방열'이 비롯된 사례도 몇몇 있었던 듯하다. 그러나 대개는 조선 통치와 감시의 경찰서, 읍면 사무소 같은 공공 기관의 주도나, 집단적 공출에 용이했던 학교 아동이나 지역 부인회 등에 대한 강제적인 헌납 요구를 통해 애국기가 마련되기 일쑤였다.[26] 적어도 대다수의 식민지 조선인에게 그 '국민의 의기'는 자발성으로 위장된 타율적인 애국심에 지나지 않았던 것임이 이로써 분명해진다.

조선인 가미카제하면 오키나와 해상에서 옥쇄하여 야스쿠니신사에 안치되었으며, 10여 년 전 위령비 건립 문제로 논란을 야기했던 탁경현이 먼저 떠오를지도 모르겠다. 그러나 문학자들에게는 이광수, 서정주, 노천명의 애도와 추모를 한 몸에 받았던 "조선 경기도 개성 사람 / 인씨印氏의 둘째 아들 스물한 살 먹은 사내"[27] '인재웅印在雄', 곧 창씨명 마쓰이 히데오松井秀男 오장이 관심의 선편을 쥔다. 식민지 조선의 시인들이 부여한 전사자 숭배의 극존칭 '신익神翼'과 '신병神兵'은, 노천명의 시를 빌리건대 일개 조선 병정의 죽음을 "일찌기 어느 나라 민족이 / 죽음을 이처럼 용감하게 태연하게 / 바든 일이 잇섯더냐"라는 것으로 가치화한 결과물이다. 그럼으로써 실제로는 '가미카제'에 무자비하게 폭격당한 조선 청년 인재웅은, 아니 마쓰이 오장은, 조지 모스의 말처럼 "전쟁의 공포가 아니라 영광"이 되었고 또 "비극이 아닌 의의"로 영원히 살아남았다.

하지만 이 극찬의 시어들이 얼마나 허구적이며 폭력적인 것인지를 세문인이 조선문인보국회 활동을 통해 맹신했던 일제 후계자들의 오도된 행동을 통해 거의 매일 절감한다. 우리의 부정적 정서는 간혹 일제에 대한 증오와 복수의 비이성적 감정에서 발원하는 것으로 오해된다. 그러나

그림 10 전장의 군견 · 남대문

현재도 지속 중인 일본의 식민지 지배에 대한 공공연한 책임 회피나 잘 계산된 혐한 감정의 의도적인 표출 따위가 우리 삶과 감정의 앞면에 놓여 있음을 놓쳐서는 안 된다. 이런 부정적 상황 때문이라도, 어쩌면 '신병'이 된 식민지 전사자들은 조선어로 쓰인 시가 됨으로써 오히려 조선인으로 귀환할 마지막 기회를 봉쇄당한 것인지도 모른다는 회한과 아쉬움이 더욱 크게 다가온다.

그렇다면 천황의 제국을 위해 '싸우는 병사'는 그림엽서에 오른 청년 병정들만 해당되었을까. 당연히 그렇지 않은데, 일제는 러일전쟁부터 중일전쟁에 이르기까지 전우를 위해, 또 적진 돌격의 과정에서 전사한 장교와 병사를 조선총독부 발행의 교과서 《수신서》와 《초등음악》에 실어 한껏 애도하고 숭배했다. 아마도 식민 복속 기간이 더욱 길어졌더라면, 노천명 시인의 말을 다시 빌리자면, "그 용감한 영전에 조선의 청소년들이 뒤를 잇게" 하기 위해 각종 교과서에도 조선 전사자들의 사진과 행적이 틀림없이 실렸을 것이다. 다행히 '도둑처럼' 찾아든 을미년 해방으로 그들이 야스쿠니신사의 사령死靈이 되어 조선 청년과 학생들을 전쟁터로 밀어 가는 끔찍한 비극은 피할 수 있었던 것이 우리 역사의 행운이었다.

〈전장의 군견·남대문〉(그림 10)을 올려둔 까닭은 식민지의 병정 말고도 천황을 위해 목숨 바쳐 '싸우는 병사'가 또 따로 존재했음을 밝히기 위해서다. 순서대로 사진의 남대문에 대한 소개와 설명을 잠시 정리해본다. "굉장 기교의 정치 귀중한 고대 건축물로 동양예술의 향기"가 드높은 530여 년 역사를 자랑하는 "경성의 심볼"로 안내하고 있다. 하지만 와카는 "담쟁이덩굴 아래로 타고 내려 자란 남대문 / 커다란 양쪽 문의 철은 녹슬었네"[28]라고 노래함으로써 멸망한 조선 왕조의 무력함과 덧없음을 야멸차게 비웃는 듯한 인상을 준다.

그런데 하필 남대문 옆에 총검 든 일군과 군견이라니, 그 배치와 대조의 심리적 의도가 꽤나 궁금해진다. '싸우는 병사'로서 위대한 군견의 행동을 묘사한 까닭은 웬만한 병사보다 용감하게 "탕 탕 탕 빗발치는 적의 탄환"(〈군견 도네〉, Ⅱ; 175)을 뚫고 전진하는 '신견神犬'의 전투성과 충직함을 본받자는 것이다. 이것이 가닿을 자리는 천황에 대한 영원한 보위 및 일제의 무궁한 홍성일 터이다. 따라서 충량한 '군견'의 돌진 모습은 황국신민의 결전 생활에 대한 결정적 지침의 하달일 수밖에 없다. 그 핵심에 '전선'은 "포탄을 안고 적진을 향해 돌격하라"는 것과 그럴 때만이 "총후는 철벽"[29]일 수 있다는 공격과 방어의 원리에 대한 계몽과 각인이 자리한다.

‘총후 여성’의 윤리: 후방의 전장화, 내선일체의 군국예술

《조선군 위문엽서》 속 ‘총후 부인’의 면면은 무엇보다 내선일체의 실현에 충실한 모습으로 그려진다. 이를 토대로 병영화된 가부장제 사회 및 전체주의적 국가 구조를 하부 / 내부에서 지탱함과 동시에 가정과 사회를 결코 빼앗겨서는 안 될 마지막 전선으로 보위하는 ‘총후보국’의 실천에 온힘을 쏟아붓는다. 하지만 그녀들의 형상은 전선의 남성들을 지원하고 격려하는 정도를 벗어나지 못한다. ‘총후 부인’과 ‘군국의 어머니’라는 호칭에 무색하게 기존의 수동적인 성 역할 및 직분의 윤리에 멈춰서 있다는 인상을 받게 하는 핵심 요인이다.

하지만 일제는 지원병 출정 격려와 위문편지 쓰기 한편에 농토에서 벼를 베고 공장에서 해머를 내려치는 ‘승리의 특공 생활’[30]을 위치시켰다. 그럼으로써 그녀들을 개인적 이해와 욕망을 완전히 떨쳐버린 ‘싸우는 여성’으로 일거에 끌어올렸다. 이것은 일본만의 현상일 듯싶지만, 조선 여성도 ‘결전복장’으로 인기 높던 몸뻬 차림으로 곡괭이질, 거리청소, 밭 갈기 등의 고된 노동에 여념 없었다.[31] 조선총독부 기관지 《매일신보》는 이 열정을 가미카제 특공대 조선 병정 최초의 전사자 인재웅에 결속시켜 “승리의 길”을 적극적으로 선전·선동했다. 일장기 머리띠를 질끈 두르고 씩씩하게 선반을 돌리는 조선 여성의 사진에 “마쓰이 오장 정신을 보급에, 반도 처녀 열한熱汗”이란 구호를 붙인 기사가 그것이다. ‘뜨거운 땀’의 진정한 가치는 짐작대로 “군국반도의 총력은 연약한 소녀의 힘까지 한데

그림 11 장병 출정 환송·온돌 정서

엉키어 우렁찬 승리의 날을 재촉"하는 것에 주어졌다.[32] 그러므로 같은 지면에 적힌 "반도 군신"인 "불멸, 마쓰이 오장의 충혼"을 일상화하자는 주장은 전사자가 지켜낸 후방의 모든 생활은 '죽음의 정신'으로 임해야 한다는 결전 생활의 강제집행을 의미하는 것으로 해석될 수밖에 없다.

이를 기억하며 총후 여성의 일상 몇 가지를 함께 읽어보자. 먼저 〈장병 출정 환송·온돌 정서〉(그림 11)이다. 사진의 온돌방 풍경은 기생 둘이 추운 겨울밤에 따스하게 덥힌 온돌방 보료 위에 앉아 《춘향전》이니 《심청전》이니를 읽는 모습으로 설명된다. 긴 담뱃대가 그녀들 옆에 놓여 있음도 잊지 않고 지적해 두었다. 아래의 와카는 "온돌은 좁지만서도 훌륭하여 편안하게 책을 보거나 꿈과 하나 될 수 있는 곳"이란 내용으로, 일본 가옥에 부재한 온돌의 장점을 재치 있게 잡아냈다는 느낌이다. 이 사진은 그러나 출정 병사의 무운장구를 비는 비감한 환송 장면과는 매우 이질적인 것처럼 느껴진다. 굳이 연결 짓자면 승전 후 귀환하여 마음 놓고 충분한 휴식을 취하라는 의미 정도가 되겠다. 그렇지만 온돌방은 하필 식민지 섹슈얼리티를 사고파는 세속화의 공간, 즉 유곽이었는지라 그 휴식의 진정성이 의심스러워질 수밖에 없다.

한편 조선의 꼬마 병정들이 '장난감 전차' 놀이를 그치고 "천황이 계시는 나라"(〈입영〉, Ⅱ: 263)에 몸 바치는 대장부로 출정할 수 있게 된 것은 1938년의 지원병제와 1944년의 징병제가 실시된 이후였다. 여기서는 식민지 조선에 가해진 대다수의 갑작스런 충격과 소수의 감흥을 고려하여 지원병제에 초점을 맞춘다. 조선 청년과 학생의 출정을 열어젖힌 지원병제는 일제의 애초 의도만큼 열렬한 호응을 얻지 못했던 듯하다. 가령 일본군 참모의 조언을 빙자한 명령의 말투 "아들에 대하야 어머니로서 적극적으로 환영치 못하는 경향이 아즉 불무한 것 같은 바 어머니는 이 점을 충분히 자각해야겟다"를 보라.[33] 이 때문에 조선총독부는 조선의 저명인사와 선각자를 동원하여 지원병제가 "일반 국민정신의 앙양과 국가 총력의 발휘"[34]에 큰 도움이 된다는 사실을 강조해 마지않았다. 또한 육군지원병 청년훈련소 생도들의 보무당당한 행군이나 "남아답게 장렬한 분열식"을 "참관 부민들의 성벽을 이룬 광화문 네거리"[35]일대에서 행하는 군사 퍼포먼스에 열을 올렸다.

이러한 국가 총력의 발휘 및 국민정신 앙양의 또 다른 현장이 출정열차에 오르는 조선 지원병을 위해 조선과 일본 부인이 함께 모여 물 한 모금을 정성스레 건네는 모습이다. 그들을 낳고 키워낸 현명한 어머니이자 기꺼이 나라에 바치는 군국의 어머니로서의 이상적 자세를 암시하는 장면이 일장기 흔드는 어린 소년일 것이다. 소년은 출정 병정을 영웅으로 찬미하고 자신의 미래로 상상함으로써 "오늘부터는 / 뒤돌아보지 않고 / 천황폐하의 / 방패가 되어 출정하는 우리"(〈오늘부터는〉, Ⅱ: 419)의 주체로 거듭나게 될 것이었다.

하지만 방패의 깨어짐은 전장에서 피할 수 없는 비극이다. 1939년 "지나支那 출정에서 명예의 전사를 하야 호국의 영령으로 화한 조선지원자 훈련소 출신 이인석李仁錫"[36]이 그 불행의 첫 희생자였음은 잘 알려진 사실이다. 유족과 천여 명의 관민 대표가 함께 모여 그를 천황과 가족을 위해 "자신을 희생하는 남자다운 청년"으로 추념하고 가치화한 것으로 알려진다. 그럼으로써 생명을 앗긴 조선의 청년은 황국신민의 참된 대표로 찬양되며, 조지 모스의 예리한 지적처럼 "신체적, 도덕적 강인함과 분별력, 흔들리지 않은 용기"를 발휘한 보국의 전사로 표본화되기에 이른다.

그러나 장중하게 행해진 전몰자 고별식은 평상시의 관점으로 본다면 참혹한 패전과 무모한 인명 손실을 감추기 위한 식민권력의 잘 계산된 장례 퍼포먼스에 지나지 않는다. 일제는 조선의 전사자를 내지의 병정들만의 특권적 칭호였던 군신, 신병으로 추앙하고, 상이군인들에 대한 정성들인 처치와 보호에 힘쓰며, '영예의 집'이라는 칭호 부여를 필두로 한 유가족의 원호 및 지원에 집중하는 이른바 '결전 군인 원호사업'을 대대적으로 집행했다.[37] 이런 방식의 군인 원호사업은 전염병처럼 만연하게 될지도 모른 패전의식과 상실감을 감추는 한편 조선 청년들을 전선의 총칼 앞으로 변함없이 이끌어 가기 위한 총후의 또 다른 전투였다.

이 사실은 〈결전 군인 원호의 격문〉에 담긴 행동 강령과 그 목표에서 뚜렷하게 확인된다. 가령 국민총력조선연맹에서 내건 "진심을 담아서……병정의 가족을 지키자", "향토의 소식을……위문대를 척척 보내자", "맹세코 총후도……승자인 영령의 원수를 토벌하자", "감사의 마음을……증산과 저축에 가득 채우자"라는 구호를 보라.[38] 이 주제들은 예시한 '[표 1]'에서나 이제 살펴볼 엽서들에서 확인되듯이 《조선군 위문엽서》에도 거의 빠짐없이 올라 있다.

그 예로써 〈위문편지 쓰기·남한산 수어장대〉부터 함께 읽어본다. 산문에는 신라 시대의 '주장성晝長城'을 개축한 것이 남한산성이며, 그 이름은 지대가 높아 해돋이는 빠르고 해넘이는 늦어서 붙여졌다는 설명과,

그림 12 위문편지 쓰기 · 남한산 수어장대

조망이 매우 좋아 경성 남산과 총독부까지 보인다는 감탄 들이 함께 적혀 있다. 와카는 "열린 채로 오래된 낡은 성문에 / 차가운 바람이 불며 지나가네"라며 인적 끊긴 수어장대 일대의 적막한 풍경과 쓸쓸한 분위기를 톺아내었다. 남한산성의 선택은 이중적인 의도를 지녔을 가능성이 크다. 하나가 병자·정묘호란의 패전으로 청의 속국으로 떨어진 조선의 비운, 다른 말로 망국의 망령을 환기하려는 뜻이라면, 다른 하나는 식민지 조선, 곧 '신내지'를 방어하는 군국 일제를 자랑하려는 욕망이다.

전선에의 의무를 다하기 위해 출정한 병정들에 대한 위문편지 쓰기는 일본과 조선 총후 부인의 중요한 과제 가운데 하나였다. 소학교용 《조선어독본》에는 대인 관계, 계절, 인사, 업무 등의 격식과 필요성에 적합한 편지 양식과 내용이 학년을 달리하여 소개되고 있다. 전시체제에서의 편지쓰기도 교과서 교육에 기초한바 큰 것임이 드러나는 지점이다. 게다가 일본에서는 에도시대부터 서민 대상의 읽기와 쓰기 교육이 널리 시행되었다. 그런 상황에서 메이지유신 이후 근대교육이 빠른 속도로 안착되었기에, 엽서에 재현된 일본 여성이 편지 쓰는 모습이 예외적지만은 않았을 것이다.

그런데 흥미롭게도 일본의 어떤 출판사들은, 아마도 당국의 요청을 수렴한 결과일 텐데, 어머니, 누이, 젊은 아내, 연인, 학생, 소녀 등의 신분에 따라 위문편지의 내용을 달리하는 사회적·성적 역할의 완고한 구분에 앞장섰다 한다. 죽음이 횡행하는 전장으로 징집된 남성들의 불안감과 긴장감을 약화시킬 수 있는 시의적절한 여성상을 연기하게 함으로써 승전의식을 다지는 위문편지의 공적인 매뉴얼이 널리 애용되었음[39]이 여기서 확인된다.

이러한 방식의 위문편지 쓰기는 지원병이 출정하기 시작한 조선에서도 유행했을 법하다. 과연 당시 신문에는 어느 소학교 학생들이 "제일선 장병을 조금이라도 위로하고자 위문문 413통을 기증"[40]했다는 기사가 실렸다. 아동과 학생 대상의 전시 교육이라는 측면에서라도 능숙한 달필로 편지 쓰는 모성 / 여성의 이미지는 절박하게 요구되었을 것이다. 교육수준이 낮았던 조선 여성, 특히 아들과 동생을 전장에 보낸 어머니와 누이라면, 상대적으로 교육수준이 높았던 일본 여성의 위문편지 쓰는 모습이 호기심을 넘은 부러움과 질시로 다가왔을 터이다.

실제로 아마 이것도 근대교육에 대한 식민주의적 (무)의식의 반영일 텐데, 《조선군 위문엽서》에서 글을 쓰고 읽는 '리터러시literacy'의 주체는 거의 일본 여성에게 할당되고 있다. 〈위문편지 쓰기·남한산 수어장대〉 엽서 이외에도 전선에서 날아든 답장을 펼쳐 들고 치열한 전쟁 장면을 떠올리는 주인공도 세일러복에 양 갈래 머리를 한 일본 여학생의 몫으로 주어지고 있다. 이것은 화가가 단순히 일본인이기 때문에 벌어진 사태에 불과한 것인가. 아닐 것이다. 내선일체와 황국신민화에 대한 호소가 내지-일본과 신내지-조선 전역을 울려도, 일본인 전반은 문명과 인종적 우월

그림 13 신문 읽는 조·일 여성·부여

성을 내세우며 조선에 대한 지배와 착취를 정당한 권리로 내면화하는 식민주의적 상상력을 더욱 다져나간 것으로 알려진다.

이 때문에라도 부여 사진과 신문을 펼쳐든 일본 여성 및 일장기 든 조선 여성을 함께 담은 그림엽서 〈신문 읽는 조·일 여성·부여〉(그림 13)는 이래저래 의미심장하다. 전시체제에서 라디오 청취와 신문 탐독은 전시상황과 정부시책 파악, '총후 국민'으로서의 병참 제공, 신체 보호의 방공-대피 훈련 등에 대한 정보를 얻기 위해서라면 하루라도 거를 수 없는 긴요하고 다급한 일과의 하나였다. 만약 젊은 조·일 여성들이 연인과 오빠, 동생을 병정과 간호부, 근로보국대나 위안부로 출정시킨 상황이라면, 신문과 방송 없는 나날은 지옥도의 삶 그것일 수밖에 없다.

하지만 전시체제에서도 신문과 잡지, 방송은 빠짐없이 진행되었다는 사실 자체를 부인할 필요는 없다. 문제는 모든 전시상황과 정보가 일제 식민권력의 수중에서 철저히 장악·통제되는 상황이었다는 사실이다. 이러한 정황은, 객관성을 가장한 채 식민권력의 의도와 지향에 맞는 소식만이 선별되어 제공되었을 뿐만 아니라, 주체적 언론권을 박탈당했던 조선인의 정보 식민화와 소외화도 매우 심각했음을 의미한다. 가장 친밀한 존재에 대한 사랑의 감정과 기다림의 고통조차도 일제 식민권력의 통제 아래 던져졌음을 반증하는 비극적 상황으로 읽혀 무방한 이유이다.

지금까지 보아온 정보의 식민화와 조선의 소도시 부여는 어떻게 연관될까. 전반부는 부여가 백제의 마지막 수도라는 것, 부여 함락 당시 낙화암에서 몸 던진 삼천 궁녀 이야기, 그녀들이 빠져 죽은 백마강은 당나라 소정방이 백마를 미끼로 용을 낚은 데서 그 이름이 유래했다는 이야기를 적었다. 이것은 대다수의 한국인도 알고 있는 부여 관련 정보들이므로 크게 문제 될 것 없다. 하지만 후반부에 적힌 역사적 정황들에 대한 설명과 고지는 그 성격이 다르다. 산문 집필자는 먼저 백제가 그들의 훌륭한 문학, 미술, 종교, 공예 등 수다한 문화를 일본에 전달('수입')했다는 사실을 올바르게 적었다. 그러면서 백제와 일본의 밀접한 교류는 고구려와 신라에 대한 조공과는 그 종류를 달리하는 것으로, 일본은 이 문제를 해결하기 위해 신라 정벌에 필요한 군대를 수차례 파병했었다고 주장한다.

진구황후의 신라를 위시한 삼한 정벌 및 그 후속으로서 임진왜란, 한일합방의 '정한론'에 얽힌 폭력성과 허구성은 신라의 고도로서 폐허화된 경주의 식민화 과정을 논할 때 벌써 지적했다. 그래서 본 엽서에 집중하자면, 일제는 신라나 가야에 대한 입장과 달리 백제에 대해서는 오랜 교류와 친선, 군사동맹의 관계를 더욱 부각시켰다. 이를 토대로 백제-왜의 동맹에 대한 현재화, 곧 두 나라가 신라-당의 동맹에 맞섰듯이, 지금은 조선과 일본이 하나 되어 중국-서양이라는 악랄한 외세를 물리쳐야 한다는 기이한 대동아공영과 내선일체의 실천을 내세웠다.

그 문화적 형태가 외세의 '병마에 짓밟힌 백제의 문화'를 새로이 발굴

그림 14 위문대 만드는 여성들 · 압록강 뗏목

하고 가치화하는 것이었다. 그 종교적 형태가 '부여신궁'을 건설하여 유서 깊은 '일본 정신'이 흐르는 '창조된 신도神都'로 갱신하는 것이었다.[41] 이러한 백제와 부여의 역사적·공간적·종교적 위상이야말로 《조선군 위문엽서》상의, 아니 식민시대 내내 조선 여성이 일본 여성의 보조적 위치나 부수적 행위자로 주변화될 수밖에 없었던 까닭을 명쾌하게 밝혀주는 값진 의미소라 하겠다.

위문편지 쓰기를 마친 총후 부인이라면, 경제적 어려움을 무릅쓰고라도 위문대慰問袋에 얼마나 값어치 있고 쓸모 있는 물품을 담아 전선에 보낼 것인지를 수시로 고민해야 했다. 사진으로 제시된 압록강 뗏목 장면(그림14)이 위문대 제작 및 발송과 어떻게 연관될까라는 의문이 든다면, 조선과 만주 여성이 함께 뗏목에 올라 밥을 짓는 내조의 장면이 〈백두산절〉의 하나로 생산, 유통되었다는 사실을 떠올려봄 직하다. 이를 전제로 여기서는 와카의 "강안에 잔뜩 만들어져 놓여 있는 큰 뗏목 / 움직임도 없이 저녁노을 속에"라는 어딘가 고요하고 쓸쓸한 정경만을 기록해둔다.

위문대는 전선의 병사들에게 감사와 위로의 마음을 담아 보내는 총후의 정성이자 선물이었다. 그런 만큼 보낼 것과 보내지 말 것이 확실하게 구분되었으며, 신문과 잡지에 위문대를 만드는 매뉴얼이 수시로 게재되었다. 대표적인 위문품으로는 과자, 건어물, 통조림 같은 일용품, 만담과 유머가 실린 위문첩慰問帖, 군 당국이 강력히 요청한 소년 소녀들의 수예품과 작문, 심지어 젊은 병정의 욕정 해소에 소용되었을 젊은 미녀 사진 등이 눈에 띈다.[42] 물론 조선의 아동들도 위문대 만들기에 예외 없이 동원되었다. 이들이 마련한 물품은 일본 《초등음악》을 그대로 옮긴 까닭도 있겠지만, '조선적인 것' 하나 없는 '일본적인 것', 곧 "황국의 흙냄새", "버드나무파이프 종이풍선 제비꽃", "모두 함께 쓴 '대아세아 비행기판 주사위", "위문편지 그림연극 그림책"(〈위문대〉, Ⅱ: 199)들이었다.

위문대 제작은 뜨거운 애국심의 발현이자 전선의 병정들에 대한 감사의 표시라는 점에서, 또 조선 지원병도 출정에 올랐던 차여서 자발적인 '총후 보급' 운동이었을 법하다. 하지만 실상은 그렇지 않았다. 조선총독부의 지침 아래 각종 신문과 잡지가 주도한 관제 헌납운동에 가까웠다. 이를테면 조선총독부 기관지 《매일신보》가 펼친 1920년의 '국경 벽원지僻遠地 수비병 헌병 경찰관 위문대 모집' 광고를 보라. 위문대 모집 장소는 한반도 전역을 망라하고 있으며, 모집은 《매일신보》와 《경성일보》가 담당했다. 현금과 물품을 다 받되, 현금 기증분은 신문사가 물품을 구입하여 대신 처리했다. 파손되기 쉬운 것, 유물濡物과 즙물汁物 따위를 제외하고는, 서적과 잡지, 일기 및 잡기장, 각종 종이류, 연필, 복장, 사진첩, 그림엽서, 우표, 게다, 구두, 양말, 손수건, 비누, 치약, 방한용품, 건어류, 과자류, 우유, 분말 우유, 차, 사탕, 된장, 약품, 인삼 엑기스, 가제, 탈지면

등 일상현실에서 소용되는 물품 거의 전부를 모집했다.[43]

1920년이라면 제국 전체가 총력전을 요구받던 아시아·태평양전쟁이 시작되기 이전이다. 그런 고로 1930년 후반에 이르면, 위문대 기증과 제작에 참여하는 방식과 주체가 더욱 다양해지며, 모집과 제작의 강도도 훨씬 강화될 수밖에 없었다. 예컨대 1944년의 "전선에 위문대를 보내자"라는 기사를 보면, "적당한 위문품의 알선"을 하지 말고 "위문주머니는 어데까지 가정과 지방의 풍취를 살려서 지방의 특산품이나 수예품을 보내도록 요망"하고 있다.[44] 게다가 대상도 '전선 장병'에 더해 '산업전사'로까지 확대되고 있으며, 만주국의 조선인도 위문대 갹출의 대상자로 이미 징발되기 시작했다. 위문대의 총력전을 '조선군 애국부'의 선전·선동을 빌려 표현한다면, "총후단심銃後丹心을 위문대에. 휼병恤兵의 금품 보내자. 전선 장병 분투의 힘이 된다"[45] 정도가 될 것이다.

한 가지 조심스런 의견을 개진한다면, 위문대의 인간적 형식이 조선과 일본, 한만 국경 각지로 보내진 '기생연예위문대慰問隊'가 아닐까 한다. 그녀들은 일본에 탄광부나 직공으로 징집된 조선인 근로보국대를 위로하기 위해 보내진 식민지 가무의 애처로운 군상들이었다. 이를 감안하면, 이른바 대동아전쟁에 출정한 "충용한 장병들에 감사 총후의 원호를 강화"하기 위해 강제 송출된 가장 불우한 인간 위문대慰問隊가 누구였는가가 분명하게 드러난다. 어떤 의사 결정권도, 또 성적 결정권도 모두 박탈당한 채 폭력적·비인간적인 전쟁기계 팔루스의 욕정 해소물로 던져진 일본군 위안부 피해자들 말이다.

자료 과정에서 우연히 마주친 다음 사건이 그나마 뜻깊은 것도 그녀들 관련 가장 뼈아픈 식민지 트라우마가 아직도 상존하고 있기 때문이다. 함께 살펴볼 사건은 이러했다. 천황 군국주의가 한층 맹위를 떨치기 시작한 1933년 신춘에 일본 교토에서 최하층의 간판 직공이 위문대 속에 '반전 격문'을 넣어서 관공서로 보낸 뜻밖의 사건이 발생했다. 조사 결과,

청년의 행위는 "군대 적화 계획" 아래 시도된 사회주의 지향의 반체제 운동의 일종이었음이 밝혀졌다.[46] 천황의 팔굉일우만이 최상의 윤리이자 최후의 이상으로 계몽, 선전되던 일본 사회에서 청년의 행위는 일제의 본체인 전제적이며 폭력적인 천황 통치를 해체, 혁파하겠다는 극한의 불순한 행위였기 때문에 그 충격과 파문이 상당했다고 한다. 이러한 사실은 반일 성향의 여운형이 주재하던 《조선중앙일보》가 일본 본토의 '반전 격문' 사건을 조선사회에 재빨리 소개한 까닭을 여러모로 짐작케 한다. 어쩌면 그것은 일개 간판공의 '반전 선언'을 무모한 반발로 지나치지 말고, 군국주의 파시즘과 대결하는 조선인의 모습으로 받아들이자는 저항과 투쟁의 암구호였는지도 모른다.

한편 조선의 총후 여성들은 집안과 교실에서 위문대 모집과 제작에 바빴음에도, 마을과 거리로 또 나아가 출정한 장병의 목숨을 지키고 구해준다는 '천인침' 뜨기에 골몰해야만 했다. 예시한 그림엽서 속 창경원 밤 벚꽃놀이는 누구나 그렇게 느끼겠지만 천인침 뜨기와 전혀 어울리지도 않으며 또 이렇다 할 연관성도 찾아내기 어렵다. 게다가 창경원 해설 말미에 적힌 "묵직하게도 겹겹 무성히 자란 나무 색깔에 / 초록에 굶주렸던 눈이야말로 빛나네"라는 와카의 풍취는 총력전의 구호만이 난무하는 전시 체제에 더욱 반한다. 창경원에서의 낭만적인 꽃놀이 옆에 천인침을 뜨는 화려한 복색의 조선과 일본 부인, 여학생의 모습은 그러니 이렇게 비틀려 읽힐 수밖에 없다. 지위고하와 연령을 망라한 총후 여성들은 생산성 없이 소모적인 유흥이나 오락에 더이상 눈길을 빼앗기지 말고 〈천인침〉의 노래를 부르며 출정 장병의 승전과 무운장구를 정성껏 기원하라는 전언으로 말이다.

1. 다리 옆에서 마을 모퉁이에서
   가로수 길에서 정거장에서

천인침 뜨는 많은 사람들
마음을 담아 움직이는 바늘

2. 뿌려지는 호외 알림 소리에
가슴은 들끓어 짜릿해지네
자 한 땀이라도 형제를 위해
연인을 위해 숙부를 위해

– 〈천인침〉

일본인이 지은 노래 속의 천인침 제작 장면은 조선의 기록물에서도 고스란히 찾아진다. 노소 불문의 여성들이 함께 모여 "마음을 담아" 출정 장병과 산업 징용자의 무운장구를 비는 바느질을 한 땀 한 땀 해야 한다는 것, 여기에 천인침을 제작하는 직분의 윤리가 존재했다. 물론 '대화혼大和魂', 곧 '일본 정신'을 뜻하는 세 글자를 함께 수놓음으로써[47] 조·일 총후 여성들의 차별 없는 황국신민화가 더욱 빨라질 것으로 기대되었다. 마찬가지로 일장기 든 조선 아이('소국민')도 '꼬마 병정'을 거쳐 늠름한 황군으로 성장, 저 내선일체의 천인침을 두르고 전장에 나가 승리의 화신으로 거듭나기를 엄마와 누이에게 격려 받았을 것이다.

천인침 관련 두 가지 모습을 적어둠으로써 그것이 끼친 부정적 영향을 다시 한번 환기해 둔다. 첫째, 위문대에 미인 사진이 담겼듯이, 남성 중심적인 섹슈얼리티의 전시와 소비는 천인침 사진이나 그림에서도 그대로 반복되었다. 예의 〈천인침〉 노래가 담긴 일본제 그림엽서에는 화려한 기모노 차림의 단발머리 일본 여성이 그려져 있다. 〈천인침 뜨는 조·일 여성들·창경원 벚꽃놀이〉(그림 15)에서 그녀의 대체재를 지목하라면 세일러 교복을 입은 여학생이 될 것이다. 일본 연구자의 예리한 비판처럼, 젊은 여성이 전장에 나가는 위문품 이미지 따위로 제멋대로 징발, 소비된다는 것은 매우 퇴폐적이며 속악한 현상이다. 여성의 존엄성 훼손은 물론

그림 15 천인침 뜨는 조·일 여성들·창경원 벚꽃놀이

이려니와 병사들의 왜곡된 성적 상상력, 곧 망상까지 자극하는 탓에 올바른 성의 윤리와 그 객관적 이해에 악영향을 미치기 때문이다.[48]

둘째, 한국 병사의 베트남전 출정과 관련되는 이야기이다. 2018년 모 방송국 프로그램에서 어느 여배우는 가족들에게 물려줄 유산으로 승리와 무운장구를 비는 글자 가득한 태극기와 함께, 포효하는 맹호 좌우에 필必과 승勝을 새긴 천인침을 내놓았다. "살아오기를 바라는 '염원의 문구'"(태극기), "어머니가 발로 뛰며 채워나간 또 하나의 정성" "무사 귀환을 바라며 수놓은 자수"(천인침)이라는 글자가 화면을 차례로 지나갔다.[49]

그런데 아이러니하게도 전선에 들고 나가는, 만인의 정성과 노고와 기원이 담긴 '국기'와 '복대'의 기원은 단 한 마디도 발설되지 않았다. 이 의도된 침묵은 어찌해서 문제적인가. 다른 무엇보다도 월남 참전과 승공 투쟁만이 강조되고 부각되었을 뿐, 미국발 대리전쟁에서 낯 모르는 이민

족과 타자들이 마구잡이로 벌인 죽임의 폭력과 죽음의 피해가 자의 반 타의 반 은폐되었기 때문이다. 이럴 경우 전쟁의 처참함과 거기서 간신히 건져낸 자민족(국가) 우월주의만이 대중의 눈을 장악하게 된다. 그 결과 대중의 오락 프로그램이라는 미명 아래 월남전의 진정한 까닭과 의미, 미군(동맹군)의 일부로서 한국 병사 참전의 허구성과 피식민성은 전혀 반성되거나 성찰되지 못한 채 은폐되고야 만다.

이 의견에 대해 누군가는 이렇게 반박할지도 모른다. "사지에서의 생환을 염원하는 간절한 모정과 이웃의 따스한 소망을 국기와 천인침의 물신화된 기원을 근거로 하여 어찌 감히 비판하거나 가벼이 볼 수 있을까. 더군다나 애국이란 이름으로 목숨을 내걸었던 '대한의 용사'들은 체제 경쟁의 승리와 산업 부국을 열망하던 5·16 군사정권의 독단적 권력 집행의 또 다른 피해자가 아니었던가"라고 말이다.

그럴지라도 월남전 태극기와 천인침에 대한 다음의 성찰은 상당히 긴요한 것으로 생각된다. 제국주의에서 기원한, 식민지 경험 국가의 또는 저발전된 약소국의 '만들어진 전통'은 한편으로는 "공동체들의 사회 통합이나 소속감을 구축하거나 상징화"할 때 유용하다. 그러나 다른 한편으로는 비록 그것이 잘못되었거나 오염된 것일지라도, 해당 "제도, 지위, 권위 관계를 구축하거나 정당화"[50]하는 위험을 초래할 수 있다. 이 양면성은 일제 말 전선총후의 장에서 그랬듯이 베트남전에서도 '노예-식민지-국민의 개인적 사랑과 관심' 대 '주인-제국주의-권력의 집체적 애국주의와 충성심'으로 다시 재현되었다. 이렇게 되살아난 '만들어진 전통', 아니 '날조된 인습'은 한국현대사를 "민족중흥의 역사적 사명"(〈국민교육헌장〉)을 실현하는 '기적의 땅'으로 호명코자 했다. 하지만 그럴수록 한국의 어머니와 청년의 몸이 '동원된 신체'와 '강제된 희생'의 수렁으로 더욱 깊숙이 빠져들었다는 사실을 현대의 민중 현실은 또렷하게 보여준다.

고대 영웅의 창안 또는 만들어진 우국 정신

일제 군국주의 문예정책 가운데 특기할 만한 사항은 과거의 가집歌集을 현대화함으로써 충량한 신민의 육성에 힘을 기울였다는 사실이다. 이때의 현대화란 해당 가집을 단순히 언어 개량 정도가 아니라 황국신민이라면 반드시 읽어야 할 새로운 정전正典(canon)으로 가치화·이념화하는 작업을 의미했다. 이 때문에 일제 군국주의에 열렬히 호응했던 국학자들은 천황가의 영원성과 일본 정신의 팽창 및 심화를 가집 현대화의 최대 과제로 삼았다. 국가 내셔널리즘의 안정적 구조화를 통해 "광범위한 문화적 동질성 의식, 즉 서로 다른 개인이나 집단을 통합하는 권위 혹은 표준의 중심을 만들어내는"[51] 작업이 무엇보다 중요했던 까닭이다.

일제는 아시아·태평양전쟁기 서구의 문화적 지배, 예컨대 동양 왜곡과 오해의 오리엔탈리즘에 맞서는 한편 민족적·군사적 동일성을 더욱 강화하기 위해 특히 《만요슈》와 《애국백인일수愛國百人一首》의 정전화 및 대중화에 더욱 집중했다. 전자는 널리 알려진 대로 천황과 하층 서민의 노래가 4,500여 편가량 고루 담긴 고대 일본 최대의 가집이다. 이 희유한 편집 체제야말로 "천황도 서민도 같은 통합체에 속한다는 근대 천황제를 반영·보완"[52]할 수 있는 유력한 쇼비니즘적 기호체계로 작동하는 토대가 되었다. 후자는 그 모본인 《백인일수》를 바탕으로 천황체제 수호와 무사도 발휘에 헌신했던 애국자 100인의 공적을 노래한 가집이다. 1930년대 후반 일본과 조선의 일상을 장악하고 지배했던 국민총동원체제의 핵심

그림 16 애국백인일수그림엽서

모토 가운데 하나가 '국체명징'이었다. 두 가집은 '국체명징'의 각성과 확산을 통해 일본인의 민족성, 도덕과 윤리, 국민 생활, 민족문화 모두가 '국체'에 수렴된다는 것, 바꿔 말해 천황의 절대화와 영원화에 귀속된다는 일본 정신을 함양하는 종교적·교육적·문화적·군사적 정전으로 더할 나위 없이 적합했던 것이다.

이를테면 일본에서 발매되어 제국의 영토 곳곳에서 그 인기가 상당했던 《애국백인일수그림엽서》 소재의 (군사)우편엽서 두 편을 보라. '천황 만세'와 '대동아공영'의 사진과 그림은 흔하디흔한 이미지의 일종이다. 하지만 오히려 지나치게 대중적이어서 일제의 이념적 정체성과 천황제 중심의 국민의식, 식민주의적 세계의식을 표상하는 데 더욱 효과적이다. 함께 읽어볼 시가만으로는 그 효과가 좀처럼 미미했겠지만 행동과 실천을 지시하는 그림을 더함으로써 일제 군국주의의 성전을 향한 '만들어진 전통'은 더욱 보편화될 수 있었던 것이다.

그림 17 애국백인일수그림엽서

안정安靖을 비옵노라 발거름 잦으올저
어느덧 신사 경내에선 새벽닭이 울더라.

– 〈애국백인일수〉 (그림 16)

당나라 사람들도 흠모해 오는고야
우리 님 크오신 덕을 이제 안가 하노라.[53]

– 〈애국백인일수〉 (그림 17)

예시한 그림엽서 두 편[54]은 일본 본토에서 생산된 여러 종류 가운데 하나다. 그림을 보면 비교적 와카의 원문과 상황에 충실을 기하면서도 그것을 현대의 정황에 맞게끔 고쳐 그렸음을 알 수 있다. 와카마다의 주제를 고려하되 그 한 편마다 머리 모양과 옷차림새, 행동이 다른 전통적이거나 화양절충和洋折衷적인 여성들을 그려 넣음으로써 그녀들을 섹슈얼리티 자극의 군사적 패션화로 안내하는 또 다른 《애국백인일수》 엽서세트[55]와 구분되는 특징이다. 한편 예시한 두 그림엽서에서 전자는 한일병합 당시 일본 군중들의 만세 행렬에, 후자는 일본 소년을 앞세운 '오족협화'의 꼬마들이 병정놀이에 신난 장면에 맞닿아 있다. 시가는 우국충정에 뜬눈으로 밤을 지새우는 충신과 선정의 통치 능력으로 외국에까지 이름을 널리 알린 천황의 위세를 짚은 내용들이다. 이런 까닭에 두 그림엽서는 대동아공영과 팔굉일우가 실현된 시대에는 더욱 그러하리라는 계몽의 성취와 명예의 헌사로 읽힌다.

조선 민족아民族我의 상무 정신을 죽이는 대신 일본 우국 정신의 주입에 골몰했던 일제는 《애국백인일수》를 조선에 어떤 방식으로 강제하고 대중화했을까. 당시의 신문지면을 검토해 보면, 《애국백인일수》는 "황국문학의 정수로서 31자에 애국의 지성을 담은" 와카로, "결전하 애국의 열의에 불타는 총후 국민에게 애송"을 권장하기 위해 여러 형식과 방식으로 선전되었음이 드러난다.

첫째, 학교나 체신회관 등에서 《애국백인일수》의 역사의 현재, 그 가치와 의의를 전달하는 강연회와 시가 낭영회朗詠會를 수차례 개최했다. 한편 시가가 적힌 카드를 늘어놓고 시가의 첫 구절을 읽으면 다음 구절을 찾아 없애는 일본 전통의 가루다 놀이를 《애국백인일수》 관련 모임 곳곳에서 진행하기도 했다.

둘째, 조선문인협회, 국민시가연맹, 조선미술가협회 공동주최로 경성 시내 백화점 등에서 '애국백인일수'를 화폭에 담은 미술전람회(1943. 1. 9~13)를 열기도 했다.[56] 이 전람회에는 탁월한 한국화의 생산자였음에도 이후 친일 미술 제작 혐의로 곤욕을 치르게 되는 김은호와 김기창의 '애국백인일수' 관련 작품이 '화필보국'과 '예술봉공'이라는 명분 아래 전시되었다.[57]

셋째, 당시 조선어·일본어 병용의 조선총독부 기관지 《매일신보》에는 순 일본어의 〈애국백인일수〉와 조선어 번역의 〈선역鮮譯 애국백인일수〉가 날짜를 달리하여 실렸다. 특히 조선어 연재본은 〈우국유주백수憂國遺珠

百首〉를 더하여 꼭 해방 1년 전에 《선역 애국백인일수》로 출간되었는데, 그 번역자가 안서 김억이었다.[58] 또한 도쿄제대 출신의 일문학자 함병업도 《애국백인일수 상해詳解》(박문서관, 1944)를 출간했다.

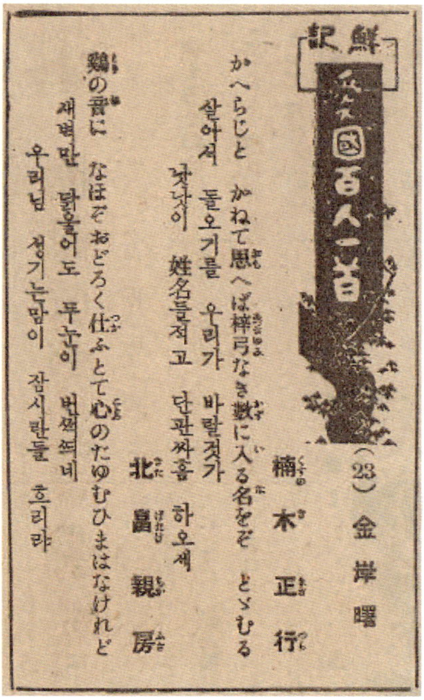
鮮訳 愛國百人一首 (23) 金岸曙

楠木正行

かへらじと かねて思へば 梓弓 なき数に入る 名をぞとゞむる

살아서 돌오기를 우리가 바랄것가 낫낫이 姓名들적고 단판싸홈 하오세

北畠親房

鷄の音に なほぞおどろく 仕ふとて 心のたゆむ ひまはなけれど

새벽만 닭울어도 두눈이 번쩍뜨네 우리님 셤기는맘이 잠시란들 흐리랴

그림 18 《선역 애국백인일수》(김억)

《애국백인일수》를 둘러싼 각종 사업에 대한 식민지 지식인들의 참여와 예술가들의 실천은 자의였는지 타의였는지 아직도 정확히 분별되지 않는 형편이다. 다만 분명한 것은, 김억 번역본의 〈서序〉를 쓴 조선문인보국회(1943년 4월 결성) 회장 야나베 에자부로矢鍋永三郎의 말을 빌린다면, "급속히 황국화하고 있는 조선의 현장에서는 일본 정신의 보급과 그 철저함이 무엇보다도 시급히 요망"되었기 때문에 대중 접촉도 높은 다양한 방법과 장르가 고안되고 실천되었다는 사실이다.

벌써 알아차렸겠지만 인용된 〈애국백인일수〉 두 편은, 1920년대에는 근대 시 창작과 번역자로, 1930년대에는 대중가요 작사자로, 일제 말기에는 중문학과 일문학 번역자로 왕성히 활동했던 김억의 번역물이다. 이것들은 《매일신보》 연재본 〈선역 애국백인일수〉를 다시 정리하여 출판한 같은 이름의 단행본 수록물이다. 단행본도 신문 원본(그림 18)처럼 일본어 〈애국백인일수〉를 오른쪽에, 조선어 번역본을 왼쪽에 배치했다. 100편의 텍스트는 1943년 7월 2일부터 번역, 연재되기 시작한 것으로 알려지나, 마지막 번역본이 실린 날짜는 정확히 파악되지 않는다. 그 까닭이 없지 않은데, 김억의 번역본은 《매일신보》 본판이 아니라 타블로이드판 크기의 부록 지면 소재 〈국어교실〉(일본어교실-인용자)란에 실렸다. 이에 반해 김억이 《매일신보》에 연속하여 번역했던 〈만엽집초역万葉集鈔譯〉(1943. 7. 28~8. 31)은 모두 확인된다. 시가의 번역문이 따로 끼워지는 부록이 아니라 본판 2면에 실렸기 때문에 지금까지 전해 내려온 것이다.

이를 토대로 김억이 밝힌 번역서 《선역 애국백인일수》의 특징 두어 가지를 살펴보기로 한다. 첫째, 안서는 일본어로 임금에 해당하는 여러 말을 "그대로 직역하지 아니하고 '높으신 님', '높은 님', '우리 님' 또는 '님'으로 고친 것에는 이미 와카를 양장시조兩章時調에다(초장 3 · 4 · 3 · 4 종장 3 · 5 · 4 · 3) 담아놓은 이상 역시 시조향時調響으로 용어를 사용치 않을 수가 없다는 견지"에서 그랬음을 밝혀 두었다. 둘째, 와카 "원문에는 웃구句와 아랫 구가 분명히 나누어지지 아니한 것이라도 역譯에는 될 수 있는 대로 우아래 구로" 나누었다는 형식 변화의 까닭도 덧붙였다.

일본어 자체보다는 토속어에 기반한 조선어 번역을 중시한 점, 당시 고전 시조의 새로운 활로로 개척되어 유행하던 양장시조 형식을 빌린 점, 시가의 율격이 분명히 드러나도록 '구'를 분리, 배치한 점 등은 '가시적인 정형성'과 '제한 있는 격조시형格調詩形'에 바탕을 둔 민요시의 창작과 수용을 주창했던 김억의 시인됨과 그 경력이 반영된 사례로 모자람 없다. 긍정적으로 본다면, 김억의 형식 의지는 '와카의 조선화'를 통해 일본의 사상과 이념, 예술과 문화, 생활과 풍속을 조선 독자의 취향과 홍미에 맞게끔 전달하겠다는 미학적 욕망으로 해석될 수 있다.

하지만 '친밀한 적'이라는 모순된 용어처럼, '와카의 조선화'는 오히려 식빈지 조선의 독자들에게 "그들의 나라와 인종이 떠맡은 신성한 사명에 대한 신념을 불어넣는"[59] 역할로 밀어 넣을 위험성이 다분한 문화정치학적·반미학적인 행위일 수도 있다. 이 표현은 식민 상황의 조선인들에게 그들이 취할 문화적 우선순위와 지배적 자아를 지시함으로써 의사-식민주의적 (무)의식에 빠져든 식민지적 (무)의식을 한층 강화하는 심리적 오류와 내면적 왜곡을 불러들일 수도 있다는 말과 다른 것이 아니다.

그 신성한 사명의 핵심은 천황의 뛰어난 지도 아래 "동서 역사 어디서도 찾아볼 수 없는 교육적, 정신적, 도의적인 전쟁"[60]을 목숨을 걸고 수행한다는 것이었다. 이 전쟁을 새로운 유토피아의 개척으로 알고 조선의 누군가들은 지식과 예술의 총칼을 들고 전장의 유곡幽谷을 눈 가리고 쉼 없이 질주했다. 하지만 그 결과 들이닥친 최후의 사태는 자발적인 죽음과 희생의 만개로 선전되었으나 실제로는 혀 잘린 채 "죽으라면 죽으리다"라는 허구적인 옥쇄의 상황으로 허망하게 던져지는 일이었다.

'국민정신총동원': 일상의 전장화, 전투의 일상화

진정한 내선일체를 위한 '인고단련', 참된 황민의 도를 따르기 위한 '국민연성'. 이 과업을 가장 실질적으로, 또 권력적으로 추진한 단체를 들라면, 1938년 결성된 국민정신총동원조선연맹과 1940년 결성된 그 후신 국민총력조선연맹을 지나칠 수 없다. 두 단체는 천황의 성전인 대동아전쟁의 승리로 팔굉일우의 정신을 세계에 앙양하기 위해 ① 황국정신 현양 ② 내선 일체 완성 ③ 비상시 국민 생활 혁신 ④ 전시 경제정책 협력 ⑤ 근로보국 ⑥ 생업보국 ⑦ 총후 후원(군인원호) ⑧ 방공·방첩 등을 총후의 과업으로 설정했다.

이와 관련된 모든 사업이 전선의 싸움이기도 했음은 전시체제 아래에서의 진정한 태도 "출정 장병의 노고를 가슴에 품고 긴장된 총후의 생활을 현현시켜야 한다"[61]는 주장에서 잘 드러난다. 이것이 '신내지' 조선의 과업이기도 했음은 "국민정신총동원주간" 아래 "일장기" 문양을, 그 아래 4가지 실천 대강 "견인지구堅引持久, 협심육력協心戮力, 시간극복時艱克服, 황도선양皇道宣揚"을 식자한 《매일신보》(1937. 10. 15) 지면에서 여지없이 확인된다. 이들 구호에 대한 성스러운 믿음을 창출하고 그럼으로써 천황체제를 영원화하겠다는 예술적 실천, 곧 '일상의 전장화, 전투의 일상화'에 대한 대표적인 프로파간다 가운데 하나가 예시하는 그림엽서들이다.

그림엽서 〈국민정신총동원〉 ①과 ②에 적힌 전시체제 아래의 생활원칙(〈황국신민의 서사〉는 제외)을 8개 모두 소개해보면 다음과 같다. ① "관

그림 19 국민정신총동원 ①

그림 20 국민정신총동원 ② (부산박물관)

혼상제와 그 외의 가정행사는 질박하고 엄숙하게 거행한다", "목면물木綿物·종이·연료 등을 절약하며, 폐물과 사장품의 이용을 도모하자", "항상 이웃과 서로 친숙하게 서로 도우며 지내자", "화재나 재해 방지에 노력하며 또 국민 방공의 대비를 굳건히 하자", ② "음식물은 영양을 본위로 하고 복장은 소박함을 그 맛으로 하자", "아동의 훈련과 영양에 주의하고 마음도 몸도 튼튼하게 기르자", "도보로 힘써 이동하고 매일 라디오 체육을 하여 심신의 단련에 힘쓰자", "아침에 자고 저녁에 깨어 있는 악습을 고치고 시간의 활용에 노력하자".

제정 후 수십 년이 지난 현재까지도 우리 삶과 마음을 속속들이 간섭하고 규제하는 〈국민교육헌장〉(1968)과 〈가정의례준칙〉(1973)의 각종 세목과 크게 차이나지 않는 내용들이다. 또 그보다 거의 반세기 전에 무지몽매한 식민지 '요보'들을 향해 설파된 춘원 이광수의 〈민족개조론〉과도 상당히 흡사하다. 문명개화의 우월성과 보편성에서 크게 영향받은 그 개조론은 그러나 '황민의 도'를 좇기 위한 '국민 연성'의 세목들을 자기화·내면화하면서 죽음과 희생에의 윤리관으로 악변惡變되었다. 일제는 성전이라 이르며 조선의 이등 신민들에게 계몽과 개척의 은뢰를 시혜했다고 널리 자랑했다. 하지만 천황의 벼락은 일제가 끊임없이 비판했던 조선의 타율성을 극복하는 주체성의 기제나 방법으로 번쩍이지 않았다. '일억일심一億一心'의 미명하에 수행되는 '조선 민족아'의 포기와 해체, 곧 '천황의 일본'이라는 '국체 본위'로의 투항이라는 최종심급의 타율성으로 조선의 신체와 영혼을 화상 입혔을 따름이다. 1920년대 〈민족개조론〉의 이광수가 '가야마 미쓰오香山光郞'라는 창씨명으로 권유, 아니 강제했던 "매조황거요배每朝皇居遙拜"의 생활화 시편은 재차 식민화·자연화된 조선의 타율성을 되비치는 깨어진 거울이자 분열된 기호체계 자체이다.

자 아침의 기도

늙은 아비와 어린아이
나란히 선다 메사大麻 앞
두 번의 절 두 번의 손뼉
작은 손은 울리누나

해 떠오르는 곳은
천황이 계신 황궁
허리 숙여
아비와 자식들 배례하네
《천황폐하 만세》라고

이 땅은 고려
신라 백제의 후예
아침마다 이러했으매 지금은

- 이광수, 〈조朝〉(《국민시가》 1941년 9월호)

자기 파괴와 해체, '천황 통치'로의 타율성 욕구의 끝 간 데는 이토록 처참하다. 벌써 고조선을 삭제한 뒤의 삼국의 식민화와 그들 백성의 황민화에 대한 상상과 전유가 총력전 체제의 '이미 그러한' 현실로 귀환 또는 도래 중이다. "고려 신라 백제의 후예"들의 '궁성요배'는 따라서 이렇게 의미화될 수 있다. 하나, 매일 마주치는 자연과 역사 속 성현聖顯의 이미지로 천황-현인신이 떠오른다는 것, 둘, 그럼으로써 '조선적인 것' 전체를 쇠우리에 가두는 예외적 권력이 천황에게 부여된다는 것 말이다. 이것은 외부 도래의 '황민의 도'가 내부자 조선인의 삶의 윤리와 존재의 방식을 제멋대로 지시하고 구획하는 기이한 타율성의 구조와 체계가 완성되었음을 뜻한다.

요컨대 이광수는, 아감벤의 말을 빌린다면, "나, 주권자(천황-인용자)는 법의 외부에 위치"하지만 새로이 황국신민 된 너희들, 곧 식민지 '요보'에게 "법의 외부란 없다"라는 타율성의 지배원리를 조선인의 이름으로 천황에게 바친 것이다. 이 '민족아' 포기와 해체, 배제와 추방의 가장 대중적인 형식이, 또 그래서 가장 폭력적인 방식이 국민정신총동원의 각종 준칙과 계고가 담긴 그림엽서의 치밀한 흩뿌림이었던 것이다. 과연 조선인은 일제의 사진(그림)엽서에 높이 그리고 많이 오를수록 오히려 그들 존재와 삶이 더욱 희미해지고 가벼워지는 형벌의 운명을 피치 못했다. 이 비극적 사태야말로 "늙은 아비와 어린아이"의 '궁성 요배', 곧 자발성으로 위장되고 선전된, 강요된 식민화와 타율화가 가져온 가장 우스꽝스러운 역사의 소극이자 황망한 아이러니 가운데 하나였다.

에필로그

'일본적인 것'에 투사된 '조선적인 것'의 명암

시선의 권력, 의미와 이미지의 식민화

시대와 공간을 막론하고 권력의 지배 장치는 자신의 사실과 욕망에 대해서는 매우 민감하다. 그러나 피지배 대상의 진실과 희망에는 여봐란듯이 더욱 둔감하거나 무관심하다. 가령 권력자에게 렌즈와 문자 앞에 세워진 타자들은 자신의 권위와 지시를 얌전히 따라야 할 무지몽매한 피사체로 그친다. 이에 따라 권력의 시선과 기호에 포획된 피사체들은 처음부터 외면과 은폐의 대상으로 낙인찍힌 변두리 사물로 소외되어 존재할 수밖에 없다. 비록 특정한 이미지로 전시되는 타자들일지라도 자신만의 고유한 표정을 어딘가에 새겨두거나 감추고 있다. 권력자는 그러나 잘 짜인 의도와 기획 아래 피사체를 렌즈의 감옥에 가둠으로써 처음부터 그랬던 '일그러진 표정'의 소유자로 못박는다. 그럼으로써 무소불위의 권력의지를 더욱 다지는 한편 소외된 타자들의 불만과 저항을 가차 없이 꺾어 버린다.

물론 권력 집단의 취향과 취미를 자극하는 긍정적인 성격의 사물화도 종종 보인다. 예컨대 하위집단의 어떤 인물이나 자연, 문화나 정신에 '숭배적 가치'를 부여하여 신성한 대상으로 끌어올리는 작업이 그런 경우에 해당된다. 그렇지만 특히 열등한 대상으로 간주되는 식민지의 사물과 문화에 부과된 '숭배적 가치'는 그 자체의 본성이나 실질적 존재감에서 발현된 것으로 보기 어렵다. 왜냐하면 하위적이며 열등한 것에 대한 의식적 숭배는 식민권력이 자신의 권위나 경제적 이익을 유지하거나 확장하기 위해 종교적 형식을 빌려온 허구적 행위이기 때문이다.

그러나 변방의 식민지 물상에 대해 숭배적 가치를 부여하는 작업이 식민권력의 유지와 경제적·문화적 이권의 확보만을 노린 근시안적 조치일 리 없었다. 제국의 팽창이 가져올 여러 과제, 이를테면 본토와 식민지의 통합, 서로 다른 민족과 국민의 결속, 새로운 문화와 생활의 창조를 완수하기 위해서는 바람직한 '국민의 얼굴'을 발명하는 작업[1]이 필수적이었다. 물론 새로운 '국민의 얼굴'은 제국과 식민지의 평균적 합의에 따라 제안되거나 조형될 성질의 것이 아니었다. 그보다는 조선의 식민경험이 보여주듯이, 일제가 추구하는 사회적·문화적 이상형이나 '일본 정신'의 수호자로서 새로운 '국민의 얼굴'이 절대적으로 요청되었다. 한일합방과 동시에 제국의 영토로 거듭난 '신내지'의 국민들, 곧 식민지 조선인도 이 기준 아래 인종품평과 민족개조의 대상으로 타자화 되었다.

가령 일제는 전근대적 조선의 생활 현실에서는 원시성과 건강성을, 기생제도에서는 뛰어난 기예와 인간미를 발견하여 그 모습의 촬영과 기록에 힘썼다. 이것은 그러나 문명화에 진입한 근대일본의 현실에서 급속히 사라져가던 전통의 '일본적인 것'에 대한 추억과 현대화 욕망이 반영된 결과물이다. 이 사실은 긍정적 시선의 반대편에 조선인의 부정성, 이를테면 인종과 생활환경에 걸친 야만성과 미개함, 조선 기생의 매춘부적 성격과 탐욕적 물욕 등에 대한 끊임없는 비판과 조롱에서 예외 없이 확인된다.

식민지 조선의 부정성에 더욱 주목했던 일제의 식민지배 전략은 내선융화의 허구성을 노출하는 자충수로 간간히 작동했다. 그것은 제국의 우월성을 전제한, 따라서 조선의 '진정한 얼굴'에 대한 존중과 이해가 거의 사상된 독단적 식민화론에 가까웠다. 물론 식민통치에 대한 전적인 권한이 없었다면, 제국의 '이상적인 표정'을 정당화하는 효율적 도구였던 조선의 '붉은 땅'과 '요보'라 불리던 '토인'들을 계몽과 개조의 대상으로 동원하기 어려웠을 것이다. 이 때문에라도 조선인들을 제국의 광장으로 불러낼 수 있는 정치적·이념적 아이콘이 절실히 요청되었다. 당시 우승의 일제와 열패의 조선이 서로 아끼는 한 가족이 되었다는 통합론과 그 심상을 넘어설 만한 여타의 관념과 제도는 거의 부재했다. 그 통합론의 이상적 형식과 내용이 '내선융화'론이었으며, 그런 만큼 그것은 조선과 일본, 세계를 향해 아름답고 바람직한 '국민의 얼굴'로 널리 선전되었다.

이상의 논의와 관련된 질문이다. 만약 근대천황제가 도식화한 식민지 조선의 '일그러진 표정'과 제국주의 일본의 '국민의 얼굴'을 한 지면에서 엿보고자 한다면 어떤 이미지가 필요하거나 적절할까. 누구나 접근하기 용이한 자료라면, 생활필수품이되 비쌀 것 없는 박래품이었던 '성냥' 홍보물이 제격일 듯하다. 예시한 이미지는 '조선박람회'를 널리 선전하기 위해 조선신문사에서 수입, 배포한 '성냥 포갑지'이다. 상부에 다이쇼 15년, 곧 1926년 5월 13일~6월 11일이라는 개최 기간과 '총독부 구청사', '경성 경복궁 내', '용산역전'이라는 세 곳의 개최장소가 인쇄되어 있다. 맨 아래쪽에 성냥과 포갑지가 일본 코베에서 생산, 반입된 것임을 알려주는 제조업체가 표시되어 있다.

그러면 조선박람회 주최자(참여자라 해야 옳을)로 표시된 《조선신문》은 어떤 매체였을까. 일본의 조선 지배와 대륙 진출의 야망을 뜻하는 것일 붉은 색깔의 한반도와 삼면의 바다 위에 새겨진 굵직한 신문사 제호가 무엇보다 인상적이다. 《조선신문》은 1908년 인천에서 창간되어 1919년 경성으로 본사를 옮긴 뒤 1942년까지 발행된 일본인 운영의 일간신문이었다. 조선총독부의 《경성일보》, 지방 유력지 《부산일보》와 함께 조선에서 발행된 일본어 3대 신문의 하나로 적잖은 위세를 떨쳤다.

그러니 성냥 포갑지 중앙에 그려진 도안의 감추어진 속뜻과 지향점은 어렵잖게 짐작된다. 근대 신사복의 일본 남성과 전통 복색의 조선 부인,

더욱 구체화한다면 기생의 손잡음은 연애 관계로 포장된 조선과 일본의 친밀한 융화를 뜻할 것이다. 그러나 이 해석은 두 가지 전제조건이 빠져 있어 제한적이다. 하나는 제국주의 일본과 식민지 조선이라는 상하의 차별적 관계이다. 다른 하나는 '국민의 운명'은 다른 민족, 국민, 인종과의 관련 속에서 말해진다는 사실에 대한 통찰이다. 세계 경합의 장에서 국민의 운명은 그 나라의 국민과 민족, 인종과 풍습을 대표하는 등장인물에 의해, 또는 그들이 소속된 각국 국민의 대립적 관계에 의해 대체로 드러나고 재현된다.[2] 이 논리에 따른다면, 성냥 포갑지에 표상된 제국 일본과 식민지 조선의 친밀성은 서로에 의해 몰래 은폐된 사실에 직면할 경우 뜻밖의 장면을 노출할 가능성이 매우 크다.

그림 1 조선박람회 홍보용 성냥 포갑지 (대한민국역사박물관)

먼저 근대 천황제 아래의 일본 신민, 바꿔 말해 '국민의 얼굴'은 연미복 입은 신사로 대표되고 있다. 전통의 일본 복색 대신 서구 신사복을 착용한 남성을 '국민의 얼굴'로 골랐다는 사실은 무엇을 뜻할까. 먼저 분명히 해둘 사실이 있다. 연미복 차림의 신사는 자국과 세계만방에 근대 천황제에 대한 긍정적 인상과 호감을 불러일으키기 위해 의도적으로 선택된 기호물이다. 물론 전통의 '일본적인 것'을 떠올린다면, 서구의 문물을 휘감은 일본 남성은 어딘가 어색하고 낯설다. 그러나 세계의 지배자들이 그러했듯이, 일제 문화 권력도 정치적 프로파간다의 탄생 지점이자 역사 자체였던 다음 방법을 힘껏 활용했다. 훌륭한 '대중적 이미지'를 선점함으로써[3] 권력의 위상을 더욱 높이고 굳게 다지겠다는 전략이 그것이었다.

당시 선진 문명의 대표자는 얼마 지나지 않아 '귀축'으로 돌변, 일제와 대동아전쟁을 벌이게 될 영국과 미국이었다. 이런 상황이라면 그들을 모방하며 뒤쫓는 일제에게 주어질 선택지는 단순명료했다. 일제는 세계 일등 시민을 자처하는 영미 부르주아 남성을 따라잡고 넘어설 영향과 추월의 대상으로 상정하는 것을 그 방법으로 취했다. 그래야만 서구의 연미복은 단순히 수입품이 아니라 새로운 '일본적인 것'과 동아의 '권력 지도'를 구상하고 실현하는, 그들 몸에 꼭 맞는 맞춤복이 될 수 있었다.

하지만 그것들이 일제의 문화지형에 출현한 신사복 남성이 가진 의미와 가치를 온전히 해명해 줬다고 말하기는 어렵다. 그는 봉건제 일본에 흑선을 타고 들어와 문명개화를 강제했던 서구열강에 동등할 정도로, 또는 그것을 넘어섰다고 자신할 만큼 근대적 변신에 성공한 일제를 상징하는 인물이다. 그의 연미복에는 식민화의 위험을 넘어 '탈아입구'의 제국주의로, 마침내는 아시아의 해방과 공영을 앞장서 외치는 동양의 맹주로 올라선 변신의 서사가 빼곡히 바느질되어 있다. 이런 뜻에서 일본의 연미복 신사는 서양에 대한 패배와 모방의 현실을 일본의 명예와 자긍으로 역전시킨 탈서구화의 매력적인 표본이다. 나아가 동양을 다시 우위에 올린 일본식 옥시덴탈리즘의 표상물이기도 하다.

이런 형편이라면, 일본 신사의 손을 잡고 활짝 웃고 있는 조선 여인의 의미도 어렵잖게 짐작된다. 만약 기생 이미지가 떠오른다면, 권력자의 지도와 보호가 필요한 청순가련한 약자, 곧 식민지 조선에 대한 비유 정도로 읽으면 된다. 요컨대 전통의 '일본적인 것'에 복속된 '조선적인 것'을 알리는 매개체인 것이다. 하지만 이 독법은 문명개화 이전 조선의 과거는 드러낼 수 있어도 일제의 식민지 근대화가 가져올 미래의 변화까지는 알려주지 못한다.

그러므로 만약 식민지 국민에 부과될 미래의 운명을 전망해보려면, 한반도 재현의 치마폭에 그려진 조선철도에 주목해야 한다. 이곳의 철도노선에서는 조선박람회 개최지인 경성을 강조한다는 뜻에서인지 북선北鮮에 깔린 경의선과 경원선이 생략되어 있다. 신사복을 입고 기차를 운전하는 일제의 입장에서 본다면, 조선철도는 발전된 문명과 물질적 재부, 새로운 문화를 실어 나르는 편의적 도구만은 아니었다. 쾌속의 기차는 여타의 제국주의와 공유했던 식민주의적 선善의 결정체로 간주되었을지도 모른다. 왜냐하면 기적을 울리며 조선 전역을 "문명화된 민족의 도래를 보게 될 현재"로, 또 "새로운 계몽주의의 상징인 미래"[4]로 물들이겠다는 사명감으로 달리고 있었기 때문이다.

그러므로 일본에서 건너온 성냥과 조선철도(노선)가 포갑지의 내용물로 함께 결합된 것은 단순한 우연일 수 없다. 서구 문명을 일찌감치 따라잡은 일제는 일상생활에 여러모로 편리한 작은 성냥개비 하나로 조선 기차의 증기엔진에 불을 확 댕겼다. 또한 '히카리'(빛), '노조미'(희망), '아카스키'(새벽)로 명명된 특급열차들은 빠른 속도로 정확한 시간에 맞춰 달리며 아직은 어슴푸레한 조선의 문명 현실에 자신의 밝은 불빛을 멀리 비추었다. 그럼으로써 '신내지'의 푸른 영토에 "비약의 힘 끓어 넘치는"(〈조선철도 창가〉)[5] 신시대의 '일본적인 것'을 널리 펼치고자 했다.

그렇다면 어두운 순간을 환히 밝히던 일본산 성냥불과 제국의 렌즈 앞에 반짝 터지던 카메라 라이트는 식민지 조선을 어떻게 비추었을까. 미리 밝혀두자면, 일제 선진 문명에 대한 거대한 선전무대였던 조선박람회의 휘황한 풍경을 본딴 '식민지 신화'의 증빙물은 관심의 대상이 아니다. 사진엽서세트 《경성백경》 《평양오십경》에 보이는 근대적 건축물, 철도와 전차, 각종 공원과 운동장 등은 "호기심으로의 초대, 감각의 자극, 상상력으로의 입문"[6]이라는 식민지 박람회의 구호에 가장 가까운 대상들이었다. 따라서 그것들은 가난한 조선인들이 잠시 구경하거나 즐길 수는 있어도 일상의 제 것으로 삼기에는 지나치게 비싸거나 먼 곳에 존재하던 '일본적인 것'이나 마찬가지였다.

조선 아동의 눈빛 읽기, 집단 속의 타자 만나기

일본적인 것의 조선적인 것에 대한 점유와 거리화를 염두에 둘 때 조선 아동의 가난한 현실과 관련된 사진엽서 〈꽃 팔기〉가 여러모로 시선을 끈다. 그 가운데서도 '꽃 파는 일'의 사실성 여부와 세 소년에 대한 지나친 연출이 특히 주목된다. 먼저 사진엽서의 제목인 '화매花賣'는 일상어였을까. 기대와 달리 한국어 사전이나 중국어 사전 어디에서도 '화매'나 '꽃 팔기'를 찾아볼 수 없다. 비슷한 말이라면 '화채花債' 정도일 텐데, 이것은 '해어화'와 마찬가지로 화류계에서 통용되던 말이었다. 이와 달리 일본 대중가요에서는, 북한의 혁명가극 〈꽃 파는 처녀〉와 상반되는 의미의 그것이 쉽게 찾아진다. 낭만적 정서가 지나쳐 보이지만 생활을 위해 정말로 꽃을 파는 '하나우리무스메花賣娘'가 노래의 주인공으로 등장하고 있기 때문이다. 그러나 일본에서도 유곽 문화에 깊이 관련된 매춘의 비유어로 활발히 통용되고 있는 현실인지라, 그 주된 용례는 조선과 중국에 다를 바 없었다.

〈꽃 팔기〉는 피사체가 소년이므로 여성의 섹슈얼리티에 대한 비유와는 거의 무관하다. 물론 일본식 근대주택이 배경인 것으로 보아 어쩌면 진짜 꽃 파는 소년들일 수도 있겠다. 하지만 상품적 가치가 높은 귀한 꽃들을 소꼴이나 땔감을 나르는 지게 위에 얹어둔 모습은 어딘가 허점투

그림 2 꽃 팔기

성이로 비친다. 따라서 꽃 짐 진 소년들의 모습은 그들 본래의 건강함과 아름다움보다는 이방인의 호기심과 이국 정서를 자극하기 위해 연출된 이미지일 가능성이 크다. 그런 점에서 세 소년은 자신도 모르는 사이 일제 여행객의 객수를 덜어주는 한편 나중에는 여행선물로 팔릴 '조선인 풍속인형'7이 되어 렌즈의 원형 감옥에 박제될 허상의 존재랄 수밖에 없다.

권력의 렌즈가 암시하듯이, 소년들의 활짝 웃는 모습은 오리엔탈리즘의 관점에서 명명된 '착한 미개인'이라는 이미지와 밀접하게 연관될 법하다. 이 명칭은 타자를 억압하지 않는 전근대적 인물과 생활풍습에 대한 호의적인 시선을 환기시킨다. 하지만 그것은 외부의 힘, 곧 식민권력에 순응하여 지배자들이 그려가는 삶을 기계적으로 따라가는 무지렁이 인생을 지시하기도 한다. 지배자의 입장에서 보자면, 자신들의 의도에 맞추어 억압과 통제를 가하고 개조와 변화를 이끌어낼 수 있는 '착한 미개인'이 더욱 중요하다.

어쩌면 '꽃 팔기'나 '꽃 파는 아이'는 순응과 복종의 입장에 서 있는

'착한 미개인'이었을지도 모른다. 조선 아동, 특히 소년은 일제가 설정한 식민지 교육의 핵심 타깃 가운데 하나였다. 그들은 식민통치의 효율성과 경제적 이윤을 확보하는 데 앞장서는 엘리트보다 주어진 명령과 과제를 착실히 수행하는 기능인으로 주로 훈육되고 양성되었다. 이에 맞선 조직 활동 가운데 하나가 3·1만세운동이 좌절된 뒤 불타오른 조선 민립대학 설립운동이었다. 민족독립과 실력배양에 필요한 전문지식과 실천력을 겸비한 인재가 절실히 요청된 결과로 이 운동이 벌어졌음은 잘 알려진 사실이다.

이러한 계몽과 실력 운동에 힘입어 조선 아동 일부는 저항의 칼날과 해방의 운동으로 미래의 진로를 열어 갔다. 하지만 조선의 생활 현실에 긴박된 식민지 아동들, 특히 소년들 대부분은 근대 천황제에 멸사봉공하는 '소국민'과 '소년병'으로 육성되어 가는 쓰라린 운명을 면치 못했다. 그 모습은 "왔노라, 소년 전차병, 이까짓 적진 단숨에 물리친다"[8]는 전의를 불태우며, "전사를 마다하지 않는 장부의 충의심을 계속 받들며 감사한 마음으로 진군하겠다"[9]는 승전과 옥쇄의 병사상에 잘 조각되어 있다. 미래의 형국이 이렇다면, 일제 식민권력이 포착한 조선 아동의 미소는 조선-가족에 바쳐진 친밀성과 희생의 미소를 오래 전에 넘어선 것이다. 이런 까닭에 세 소년의 드러나거나 감춰진 미소는 식민권력이 '신내지' 소국민의 충군 애국정신을 미리 읽어내려다 문득 조우한 어떤 기대치의 산물이라는 추측도 가능해진다. 이 순간 가족을 위한 '화매(꽃 팔기)'는 제국의 앞날에 꽃잎 / 불꽃을 휘날리는 '화동花童'으로 그 의미와 가치를 바꿔 입게 된다.

그렇지만 그 의미의 변화와 전이가 가져온 결과는 매우 끔찍한 것이었다. 세 소년은 일제를 위해 꽃을 팔거나 그 앞길에 꽃을 던질수록, 비유컨대 서양과 일본 박람회장에 빠짐없이 설치됐던 '인간 동물원'이나 '인종 전시장'의 구경거리로 박제되어갈 수밖에 없었다. 그럴수록 세 소년을 포함한 많은 조선인은 식민권력의 욕망을 만족시키는 일회적 소모품으로 파편화되어 갔다. 그만큼 조선의 '요보'들이 제국의 기대와 욕망에 부합하는 타자의 모습을 상상하고 전시하며, 재단하고 보여주는 작업에 적합했기 때문이다.

이제 세 소년을 오빠나 동생으로 둔 누이들을 만나볼 순서가 되었다. 그녀들의 모습이 중요한 까닭은 이광수 작 《무정》(1917)의 박영채에서 김남천 작 《사랑의 수족관》(1940)의 강현순에 이르기까지 남성의 선택과 운명에 따라 여성의 성공과 실패도 에누리 없이 갈라졌다는 사실 때문이다. 사실 우리는 어린 동생들, 특히 사내아이를 돌보는 누이의 모습을 이미 두 차례나 보았다. 하나는 창경원 벚꽃놀이 사진 아래 덩그러니 놓였던 남동생 업은 어린 누나였다. 긴 댕기머리를 하고 손에는 꽃송이를 들고 있어 애 보개의 힘겨움이 많이는 느껴지지 않는 모습이었다. 다른 하나는 아버지를 기다리는 삼 남매의 모습을 담은 〈조선정시〉에서였다. 카메라를 응시하는 어린 소녀들의 눈빛이 어딘가 모르게 불안과 공포에 휩싸여 있다는 느낌을 준다. 등에 업힌 사내아이도 누이의 몸을 타고내리는 떨림과 가슴 뜀을 고스란히 느끼고 있는 듯하다. 갑자기 들이닥쳐 자신들이 원하는 포즈를 서슴없이 요구하는 제국-남성-기계의 권력이 불러온 두려움 탓일 것이다. 이에 반해 〈소녀들의 널뛰기〉(그림 3)에 보이는 누이들은 즐겁고 명랑하다. 널뛰기에 신난 어린 동생들의 웃음

그림 3 소녀들의 널뛰기(부산박물관)

이 아기 업은 누이의 어깨를 가볍게, 또 들썩이게 하고 있어 인상적이다. 가벼운 미소와 불안한 눈빛, 활짝 핀 웃음은 식민권력의 시선에 대응하는 조선 누이들의 대표적인 모습들이라 할 만하다. 아마도 생활환경이 넉넉지 않던 당시라도 조선인, 심지어 일본인조차도 활짝 핀 웃음을 그녀들의 미래로 기원했을 것이다.

그러나 가난한 식민지 소녀들이 이후 걷게 될 행로는 너무 뚜렷해서 더욱 잔인한 것이었다. 그녀들은 견딜 수 없는 하대와 모욕감이 영혼과 육체를 함부로 짓누르는 부잣집 하녀나 애 보개로, 또 궁핍한 가족의 목숨을 벌기 위한 타락한 섹슈얼리티의 판매자로 자주 버려졌다. 이 사태는 권력의 중심에서 배제되고 억압되어 어떤 말도, 표정도 드러내지 못하는 하위 주체subaltern의 위기와 매우 상통한다. 완전한 재현도, 만족할 만한 대변자도 얻지 못하는 불우한 상황이 지속되는 한, 그녀들의 영혼과 신체는 말 그대로 '노예 기억의 장소'로 변질될 수밖에 없다.[10] 이런 부정적 현상은 훼손된 몸일지라도 식민권력과 가부장제에 맞서겠다는 저항의식 대신, 죽음을 비극적 운명의 도피처로 삼고야 말겠다는 패배의식을 부풀리는 허무주의의 심연으로 그녀들을 이끌어갈 것이었다.

이 죽음과 패배의 현장은 식민권력과 가부장제의 잔인한 폭력을 증거하는 비극의 공간으로 기억되어 마땅하다. 하지만 그런 연대의식만으로 식민지 소녀와 그 성장체인 조선 여성의 훼손된 삶과 비틀린 몸이 온전한 형태로 재현되거나 복원되지는 않는다. 그러므로 그녀들의 훼손과 죽음을 아파하는 제의적 문장과 음률을 앞세우는 작업이 남겨진 과제일 수는 없다. 오히려 파편화된 몸과 운명에 갇혀 미처 토해내지 못한 그녀들의 빼앗긴 언어와 잃어버린 감각을 단 한 점이라도 조심스럽게 긁어모으는 작업이 더욱 필요하다.

이런 까닭에 식민권력의 렌즈에 포착은 되었으나, 등 돌린 상태인지라 자신의 얼굴과 표정, 호흡과 언어를 미처 발각당하지 않은 조선 아동이 담긴 사진엽서가 한결 소중해진다. 예시한 〈아기 보기와 어린아이〉가 그런 종류의 텍스트이다. 사진 아래 붙인 산문은 조선의 아이 업는 방법과 아동들의 놀이를 설명하고 있을 뿐이다. 이 때문에 산문은 피사체로 세워진 아이들에 대해서 의미 있는 정보나 힌트를 거의 제공하지 못하는 죽은 설명으로 나돌게 된다.

그림 4 아기 보기와 어린 아이

> 조선에서는 어린 아기를 업을 때 짊어지는 끈을 어깨에 걸지 않는다. 아이의 엉덩이를 바치는 포대기를 자신의 아랫배에 두른 뒤 그것을 앞쪽으로 돌려 당겨서 묶는다. 아이들은 집안에서 놀만한 장소가 없는 것이 보통이므로 좁아터진 골목에서 비석치기나 술래잡기를 하면서 논다.
>
> – 〈조선풍속: 아기보기와 어린 아이〉

당연한 말이지만, 일본의 아기 보기와 놀이가 조선의 그것을 설명하고 평가하는 기준이 되고 있다. 이는 아이를 업는 방법의 차이, 조선과 뚜렷이 구분되는 놀이 명칭에서 자연스럽게 확인된다. 조선의 포대기와 술래잡기에 대비되는 일본의 어깨끈과 귀신놀이(오니곡코)가 그 사례들이다. 이러한 비교와 대조에는 점차 사라져가는 일본 풍속의 중요성에 대한 인식, 일본 문화의 식민지에 대한 전파, 그것들을 보존하고 유지하기 위한 현대화 방식에 대한 고민 등이 녹아 있는 것으로 보인다. 가령 문명화의 쾌속

열차에 올라탄 제국의 아이들이 집안에 놀 만한 장소가 없어 "좁아터진 골목"에서 아웅다웅해야겠느냐는 비판적 말투에는 조선의 멸시와 자국의 자랑이라는 선명한 대조가 암암리에 흐르고 있다.

그런 의미에서 어쩌면 이곳이 유일하게 조선 아이들에 대한 정보, 아니 그 기대치를 말해주는 지점일지도 모른다. 일제는 조선 아동이 '일본정신'은 몹시 드높이고 '조선혼'은 기꺼이 잃어버리는 내선일체의 원동력이 되기를 희망했다. 하지만 그러면서도 조선 아동들이 자신들과는 모든 면에서 차별화되는 혐오와 배제, 좌절과 공포의 대상으로 계속 미끄러지기를 바랐다. 그래야만 식민권력이 원하는 바의 황국신민화가 가능했기 때문이다. "내지인의 민족적·문화적 순수성을 해치지 않으면서" 조선인을 재량껏 "동화하여 충량한 일본 민족이게"[11] 하는 이등 신민의 육성이 그것이었다.

식민권력은 어쩌면 얼굴과 표정을 감춘 조선 아동의 뒷모습에서 저 바람이 '희망 사항'에 그칠 것임을 미리 알아챘는지도 모른다. 서로의 얼굴과 눈빛을 교환하는 대화법은, 제국과 식민지처럼 상하, 차별의 관계가 분명히 존재할지라도, 서로의 내면과 언어에 얼마간 개방적일 수밖에 없다. 등 돌린 아이는 자신의 얼굴을 바라보며 무언가를 읽어내려는 카메라 눈, 곧 권력자의 시선에 대해 많은 것을 감추거나 가로막을 수 있다. 사진엽서 〈아기 보기와 어린 아이〉에 두드러진 아이들 사진과 산문의 격차도 세 아이의 표정과 감정을 제대로 파악할 수 없었기 때문에 생겨난 것일 수 있다. 아이들 입장에서 말한다면, 그들은 카메라의 시선을 회피함으로써 촬영자 마음대로 자신들을 편집, 구성, 변형, 전시하는 식민화의 위험에서 간신히 벗어나고 있다.

일제 사진엽서는 감춤과 드러냄의 상반된 전략을 적절히 구사함으로써 일본과 조선 사이의 우승열패를 더욱 견고히 했다. 식민권력은 이를 위해 소통 없는 시선으로 식민지인의 모든 것을 왜곡하거나 극히 작은 요소조차 '민족적인 것' 전체로 부풀리는 편견과 정형의 사유와 상상력을 적극 활용했다. 이 원칙은 〈아기 보기와 어린 아이〉에서도 어김없이 확인된다. 부모의 보살핌도 없이, 또 또래 동무들도 없이 어린 동생을 달래느라 지친 남매의 모습은 근대적 문명과 세련된 문화에 이르지 못한 조선의 미개한 현실을 충분히 환기한다. 식민지 조선을 모국으로 둔 까닭에 출생하는 순간 야만과 미개의 자식으로 등기된 세 아이에게 주어질 제국의 시혜는 지나치게 분명한 것이었다. 무언가를 개발하고, 획득하고, 소비할 수 있는 능력을 가르치되, 그것의 마지막 도착지를 일제의 번영과 천황의 안녕으로 설정하도록 훈육하는 일이 그것이었다.

하지만 예상치 못한 문제도 종종 발생했다. 세 남매를 점유하고 거리화 하려다는 식민권력의 렌즈가 그들의 얼굴도, 표정도, 말소리도 놓친 것이 그런 경우이다. 권력의 시선과 언어로 파악되지 않는 조선 아동은 그들을 '일본적인 것'에 반하는 '집단 안의 타자'로 이끌어갈 위험성이 다분한 존재들이었다. 이런 까닭에 일제는 비껴선 조선 아동들에게 감시와 처벌의 정책(배제) 못지않게 친화와 수용의 전략(동화)을 능숙하게 구사했다. 일제의 카메라가 포착한 조선 아동의 불안한 눈빛과 등 돌린 모습은 위험한 '조선의 얼굴' 가운데 하나였을 것이다. 그러나 식민권력은 '조선적인 것'을 낭만화하거나 '신내지'의 습속으로 역사화하는 문자를 덧붙이는 방식으로 미심쩍은 조선 아동을 일왕의 신민으로 순화시켜 나갔다. 이 동일화의 문법은 조선 아동 속의 '의미 있는 부재'를 파악하기보다 그것을 감추고 지우는 작업에 가까웠다는 점에서 더욱 치밀해진 배제의 정책이었다.

그렇지만 더욱 문제적인 장면이 그때와 지금의 조선-한국 지식인(연구자)의 몫으로 남아 있다. 권력의 렌즈에 질린 식민지 아동들의 불안과 공포, 그 안에 몰래 놓인 적의와 배척의 심정에 대해 적절한 읽기와 해석을 수행하지 못했다는 사실이 그것이다. 우리 지식인에게 훨씬 익숙했던 것은 조선 아동의 불우한 겉모습을 나라를 잃은 자들의 부정적인 형상, 바꿔 말해 좌절과 패배의 상징으로 바라보는 작업이었다. 그런 점에서 조선-한국의 지식인은 소외된 조선 아동의 눈빛과 언어를 의도치 않은 실수로 놓친 존재들이 아니다. 이들은 오히려 일제 치하에서 가장 취약했던 조선 아동을 궁핍하거나 약탈된 신체로 규정하는 일에 많은 관심을 기울였다. 그럴수록 등을 돌린 조선 아동의 내면, 정서, 정체성은 의도적 외면의 대상으로 밀려날 수밖에 없었다. 여기에 예시한 사진엽서의 아동들에 관한 한 조선-한국의 지식인들을 또 다른 배제의 시선과 감각을 소유한 힘센 권력자로 비판할 수 있는 핵심적 요소가 숨어 있다.

소외된 '조선적인 것'의 환대와 새로운 누빔점 찾기

지금까지 탐문해온 사진엽서의 '조선적인 것'에 대한 진정한 성찰과 성숙한 이해를 도모하기 위해 필요한 조건과 항목이 있다면 무엇일까. 사진엽서 연구의 현재적 성과와 한계, 앞으로의 연구 과제를 제시하는 방법으로 답변을 대신하고자 한다.

일제가 식민지 조선의 각종 인물과 자연, 풍속과 문화를 담아낸 대량의 사진과 그림 이미지는 주어진 사실과 정보를 채집, 기록, 보고하기 위한 객관적 텍스트의 일종이다. 그렇지만 정확한 사실의 재현과 객관적 정보의 제시 매체로 강조되던 이 기록물들은 권력적 시선의 문화정치학적 산물이기도 했다. 선진 제국의 계몽과 협력의 기호라는 미명 아래 식민지 조선을 지배하고 통제하기 위한 권력의 기술이 그 내부에 담겨 있기 때문이다. 식민권력의 필요에 따라 새롭게 발명한 조선의 이미지, 또 그것들에 부가된 우월한 문명관과 이국 취향을 담은 시가와 산문은 일제-지배, 조선-식민화라는 관념과 형식을 상상하고 실현하는 힘센 미학적 기호로 작동했다.

그런 점에서 '조선적인 것'을 권력의 시선과 언어로 포착한 일제 사진엽서는 사실과 기록을 중시하는 문화적 유물일 수만 없었다. 그보다는 식민주의적 기억과 재현의 문화정치학을 시현하는 효율적 통로에 가까웠다. 일제 사진엽서의 문화제국주의적 입장과 태도는 '조선적인 것'을 계몽과 열패의 관점으로 점유하고 거리화 하는 원동력이 되었다. 그럴수록 '조선적인 것'은 일제의 '타 문화에 대한 시선의 욕망을 채워주는 상품'[12]으로 전락해 갔다. 또한 새로운 문명국에 진입하기 위해서는 일제의 지배를 '받아야만 한다'는 식민지적 (무)의식을 내면화하는 오리엔탈리즘의 기제로 고착되어 갔다.

일제 사진엽서에 대한 현재적 연구의 성과와 한계는 비교적 분명하다. 두 면모는 일제의 식민주의를 각인하는 식민통치의 도구이자 그들의 이국취향을 충족하는 문화상품이라는 해석과 평가에 함께 담겨 있다. 그러나 아직 말해지지 않은 사진엽서 속 '조선적인 것'의 진솔한 내면과 진정한 의미를 새롭게 밝히기 위해서는 소외된 것의 귀환과 환대라는 탈식민의 누빔점이 절실히 요청된다.

이를 충족하기 위해서는 첫째, 여러 박물관과 대학 제도에서 수행 중인 사진엽서 아카이브의 상호 접속과 개방이 더욱 확대되고 정교해져야 한다. 이를 통해 사진엽서에 관련된 '권력의 지도'와 '조선적인 것'의 식민화 또는 일본화 과정이 보다 객관적으로 조명될 수 있을 것이다. 둘째, 사진엽서에 소용된 여러 장르와 주제, 곧 사진과 그림, 시와 노래와 산문, 자연과 문화 유적, 전통적 풍습과 일상생활, 조선 남녀 및 아동의 신분과 직업 등을 특화하여 그들의 기억과 재현에 대한 문화정치학을 새롭게 구성하고 의미화하는 작업도 빼놓을 수 없다. 이것은 일제의 식민주의와 권력의 시선에 담긴 폭력성과 오류를 비판적으로 점검한다는 효과를 넘어선다. 다양한 시선과 의미화의 기호들은 말할 수 있는 언어와 능력을 빼앗겼던 '조선적인 것'의 감춰진 진실과 정체성을 복원하고 거기에 새로운 생명력을 부여하는 반전의 상상력과 지혜를 제공할 것이다. 셋째, 사진엽서 창안과 유행의 시발점이 된 서구와 일본의 자기 나라와 식민지에 대한 사진엽서를 참조하고 횡단하는 작업도 요구된다. 일제의 사진엽서만 하더라도, 일본 본토에 대한 관심과 재현을 토대로 조선과 중국, 만주와 대만, 동남아와 남양 열도에 대한 이미지와 문자를 달리 적용했다. 각양각색의 식민지에 대한 '구별 짓기'의 동일성과 차이점을 잘 이해하게 되면, 일제의 '조선적인 것'에 대한 식민주의 및 재현의 문화정치학에 담긴 보편성과 특수성을 훨씬 풍부하게 드러낼 수 있을 것이다.

이 책은 사진엽서 자체보다 그 안에 놓인 이미지와 시가, 산문을 바탕으로 일제가 자기 집단 안의 타자로 끊임없이 배제하는 동시에 하위주체로 동화하려는 일그러진 식민주의적 (무)의식과 욕망을 짚어보기 위해 작성되었다. 이를 통해 소수의 체제 협력자들을 제외하고는 소외와 타자의 변두리 인생으로 명멸해간 식민지 조선(인)의 감춰진 얼굴을 엿보고 들릴까 말까한 목소리를 엿듣고자 했다. 하지만 데리다가 날카롭게 지적했듯이, 그들의 말할 수 없으며, 말했더라도 정확히 들려오지 않는 목소리를 주인의 입장에서 자신의 언어로 번역하여 하나의 모범적인 언술로 단성화하는 태도는 진정한 환대와 거리가 멀다.[13] 그러므로 이후의 사진엽서 연구는 이러한 한계를 넘어 식민권력에 의해 소외된 '조선적인 것'들에게 다음과 같은 환대를 제공해야 한다. 그들이 원래의 말과 얼굴을 되찾을 수 있도록 그들의 소외된 영혼과 삶을 나의 것으로 받아들임과 동시에, 그 제약된 삶 속에서나마 누구도 빼앗을 수 없는 역동적 생명력을 발견하는 작업이 그것이다.

주 / 참고문헌 / 찾아보기

주

프롤로그

1 柏木博, 《肖像のなかの權力》, 平凡社, 1987, 10~13頁.

2 김백영, 《지배와 공간—식민지 도시 경성과 제국 일본》, 문학과지성사, 2009, 480~485쪽.

3 권혁희, 《조선에서 온 사진엽서》, 민음사, 2005, 41쪽.

4 田中里實, 《レンズが撮らえた F. ベアトの幕末》, 山川出版社, 2012. 비아토는 신미양요 당시 종군 사진사로 참전하여 당시의 전투 상황과 전멸한 조선군의 모습을 촬영, 《하퍼스 위클리Harpers Weekly》지에 타전하기도 했다.

5 제국주의의 '인간 동물원' 설치와 '야만의 전시' 행위에 대해서는 이재원, 《제국의 시선, 문화의 기억》, 서강대출판부, 2017, 126~144쪽.

6 제임스 R. 라이언, 이광수 역, 《제국을 사진 찍다—대영제국의 사진과 시각화》, 그린비, 2015, 293·286쪽.

7 시미즈 이사오淸水勳, 김희정·윤소영 역, 《메이지 일본의 알몸을 훔쳐보다》 2, 어문학사, 2008, 34~35쪽.

8 薄田斬雲, 鳥越靜岐, 《朝鮮漫畫》, 日韓書房, 1909, 120~122頁, 123~125頁. 한일비교문화세미나 편역, 《조선만화—100년 전 조선, 만화가 되다》, 어문학사, 2012, 139~140, 141~143쪽. 이후 번역

본을 인용함.

9 권혁희, 앞의 책, 20~21쪽.

10 직접 인용은 에드워드 사이드, 김성곤 · 정정호 역, 《문화와 제국주의》, 도서출판 창, 1995, 56 · 301쪽.

11 대한제국과 일제 황실의 공동사진이 갖는 정치 · 외교 · 문화 · 군사적 의미에 대해서는 권행가, 《이지미와 권력－고종의 초상과 이미지의 정치학》, 돌베개, 2015, 262~273쪽 참조.

12 우라카와 가즈야浦川和也, 박호원 외 역, 〈'일본 그림엽서'의 사료적 특성과 가치〉, 《그림엽서로 보는 근대조선》 1, 민속원, 2017, 79~83 · 117~121쪽.

13 부산박물관 편, 《사진엽서로 보는 근대 풍경》 1~8, 민속원, 2009. 이 자료를 대상으로 부산근대역사관, 《사진엽서로 떠나는 근대 기행》, 민속원, 2009와 부산근대역사관, 《근대, 관광을 시작하다》, 민속원, 2010이 발행되었다.

14 우라카와 가즈야, 《그림엽서로 보는 근대 조선》 1~7, 민속원, 2017.

15 서울시립대박물관, 《엽서로 보는 근대 이야기》, 예맥, 2003과 국립민속박물관, 《엽서 속의 기생 읽기》, 민속원, 2009도 특별전시를 거쳐 제공됨으로써 대중의 사진엽서에 대한 관심을 자극하는 데 큰 힘이 되었다.

16 이 자료에 대한 첫 성과물이 동아대학교 역사인문이미지연구소 편, 《일제침략기 사진그림엽서繪葉書로 본 제국주의의 프로파간다와 식민지 표상》, 민속원, 2019이다.

17 '누설의 미디어'로서 사진엽서의 성격에 대해서는 우라카와 가즈야, 앞의 책, 99쪽.

18 이상의 엽서 형식과 구성에 관련된 사료학적 고찰은 일본과 조선 관련 엽서를 대상으로 수행된 우라카와 가즈야, 앞의 책, 127~153쪽이 자세하다.

19 우라카와 가즈야, 〈그림엽서로 보는 근대 일본인의 동아시아 · 남양제도에 대한 '시선'〉, 《그림엽서로 보는 근대조선》 7, 민속원, 2017, 339 · 343쪽.

20 구체적인 상점 명은 유승훈, 〈부산박물관 소장 사진엽서의 현황과 특징〉, 부산박물관 편, 《사진엽서로 보는 근대풍경》 1, 민속원, 2009, 21~23쪽 참조.

21 《朝鮮銀行會社要錄》(東亞經濟時報社, 1923)에 따르면 그는 "연예장을 건설하여 이를 임대하고 또는 연예 기타의 흥행을 위하여 경영하는 것"을 목적으로 설립된 '경성극장'의 이사로도 활동했다.

22 앞의 〈경성시민명감〉에는 1904년 도한渡韓한 것으로 기록되어 있다. 조선의 식민화가 본격화되는 을사보호조약 체결(1905)과 조선통감부 설치(1906) 시기를 감안하면 《경성시민연감》의 기록이 타당해 보인다.

23 안내문 중앙에 대성황 중인 히노데상행 사진이 배치되어 있다.

24 권혁희, 앞의 책, 171쪽.

25 太田宏一, 〈〈大正寫眞工芸所〉について〉, 和歌山市立博物館, 《研究紀要》 24號, 2010, 13~27頁.

제1장 천황 숭배·충량한 신민·내선일체

1 朝鮮神宮奉讚會 編, 《恩賴: 朝鮮神宮御鎭座十周年記念》, 1937. 여기서는 한국전통문화대학교 전통문화연구소 편, 《은뢰-조선신궁에서 바라본 식민지 조선의 풍경》, 소명출판, 2015, 6쪽. 이 책에서 취한 사진과 시문을 인용할 때는 본문에 해당 쪽수를 직접 병기한다.

2 김수진, 〈식민 권력의 자기 기념과 시각적 선전-조선신궁 기념사진집 《은뢰恩賴》를 중심으로〉, 《사회와 역사》 89집, 한국사회사학회, 2011, 123쪽.

3 김대호, 〈뒤엉킨 《은뢰》의 실타래를 푸는 실마리 찾기〉, 한국전통문화대학교 전통문화연구소 편, 앞의 책, 13쪽.

4 정선태, 〈사진과 시가의 만남 또는 《은뢰》의 수사학〉, 한국전통문화대학교 전통문화연구소 편, 앞의 책, 6쪽.

5 사진엽서의 조선신궁에 대한 연구로는 한현석, 〈사진그림엽서로 본 국가신도國家神道의 선전과 실상-조선신궁의 사례를 중심으로〉, 동아대학교 역사인문이미지연구소 편, 앞의 책, 77~98쪽 참조.

6 김계원, 〈파노라마와 제국: 근대 일본의 국가 표상과 파노라마의 시각성〉, 《한국현대미술사학》 19집, 한국근현대미술사학회, 2008, 38쪽.

7 조르조 아감벤, 박진우 역, 《호모 사케르-주권 권력과 벌거벗은 생명》, 새물결, 2008, 56쪽.

8 김대호, 〈1910~20년대 조선총독부의 조선신궁 건립과 운영〉, 《한국사론》 50권, 서울대 국사학과, 2004, 291~293쪽.

9 青野正明, 《帝國神道の形性-植民地朝鮮と國家神道の論理》, 岩波書店, 2015, 150頁.

10 이상의 인용과 설명은 김계원, 앞의 글, 29~33쪽 참조.

11 히우라 사토코樋浦鄕子, 이언숙 역, 《신사 · 학교 · 식민지-지배를 위한 종교-교육》, 고려대출판부, 2016, 318~320쪽.

12 다케우치 요시미竹內好, 서광덕 · 백지운 역, 《일본과 아시아》, 소명출판, 2004,

133쪽.

13 김대호, 앞의 논문 318~320쪽.

14 조선신궁의 입지 조건 분석과 조선신궁 사진의 성격에 대해서는 青井哲人, 《植民地神社と帝國日本》, 吉川弘文館, 2005, 42~46頁 및 김해경, 〈《은뢰》의 이미지를 통해 본 식민 권력이 의도한 경관 해석〉, 한국전통문화대학교 전통문화연구소 편, 앞의 책, 20~21쪽 참조.

15 김백영, 〈조선신궁과 식민지 동화주의의 공간 정치〉, 박진한 외, 《제국 일본과 식민지 조선의 근대도시 형성》, 심산, 2013, 199쪽.

16 李誠子, 《朝鮮神宮獻詠歌集》, 朝鮮神宮事務所, 1940, 4頁.

17 엄인경·김보현 편역, 《단카短歌로 보는 경성 풍경》, 역락, 2016, 20쪽.

18 난바 센타로難波專太郎, 〈조선 민요의 특질〉, 이치야마 모리오市山盛雄 편, 엄인경·이윤지 역, 《조선 민요의 연구》, 역락, 2016, 141~149쪽.

19 다카하시 토오루高橋亨, 구인모 역, 《식민지 조선인을 논하다》, 동국대출판부, 2010, 25~74쪽.

20 이상의 '심전개발' 운동에 대해서는 김대호, 〈뒤엉킨 《은뢰》의 실타래를 푸는 실마리 찾기〉, 15쪽.

21 히우라 사토코, 앞의 책, 221~222쪽.

22 천황 어진에 대한 이상의 설명은 타키 코지多木浩二, 박삼헌 역, 《천황의 초상》, 소명출판, 2007, 151~204쪽. 더불어 권행가, 앞의 책, 20~21·278~279쪽도 참조.

23 이경민, 《제국의 렌즈》, 산책자, 2010, 45쪽.

24 부산박물관, 《사진엽서로 보는 근대풍경》 8, 민속원, 2009, 286~287쪽 및 권행가, 앞의 책, 266~267쪽 참조.

25 다카시 후지타니, 한석정 역, 《화려한 군주-근대 일본의 권력과 국가의례》, 이산, 2003, 225쪽.

26 히우라 사토코, 앞의 책, 263~273쪽.

27 마루야마 마사오丸山眞男, 김석근 역, 《일본의 사상》, 한길사, 1998, 114쪽.

28 조선신궁 사무소와 관련 단체는 《朝鮮神宮獻詠歌集》와 더불어 《(昭和四年の)朝鮮神宮》 《昭和七年朝鮮神宮年報》 등의 연보, 《朝鮮神宮紀》 《朝鮮神宮造營誌》 등의 해설서, 《朝鮮神宮寫眞圖集》 《(朝鮮神宮御鎭座祭)紀念寫眞帖》 《朝鮮神宮寫眞帖》 등의 사진첩, 조선신궁을 담은 사진엽서 등을 지속적으로 발행함으로써 그 권위와 가치를 널리 알려갔다.

29 조선신궁 진좌제의 실상과 의미에 대한 인용과 설명은 김대호, 〈20세기 남산

회현 자락의 변형, 시각적 지배와 기억의 전쟁—공원, 신사, 동상의 건립을 중심으로〉, 《도시연구—역사 · 사회 · 문화》 13호, 도시사학회, 2015, 30~33쪽.

30 더욱 자세한 내용은 김수진, 앞의 글, 136~137쪽 참조. 한편 포토몽타주photomontage는 미술의 콜라주 기법처럼 서로 다른 사진들을 자르고 이어 붙여 특정한 의미와 맥락을 갖춘 합성사진을 만드는 과정과 그 결과물을 말한다.

31 사와이 리에澤井理惠, 김행원 역, 《엄마의 게이죠京城, 나의 서울》, 신서원, 2000, 112쪽.

32 김수진, 앞의 글, 155쪽.

33 권혁희, 앞의 책, 109쪽.

34 서기재, 〈새로운 일본을 바라보는 필터로서의 식민지〉, 《조선 여행에 떠도는 제국》, 소명출판, 2011, 170쪽.

35 여기서 논한 식민지 관광 효과에 대해서는 서기재, 〈일본 근대의 '외지' 여행안내서〉, 앞의 책, 119쪽 참조.

36 에드워드 렐프, 김덕현 외 역, 《장소와 장소 상실》, 논형, 2005, 119쪽.

37 김백영, 《지배와 공간—식민지 도시 경성과 제국 일본》, 485~508쪽.

38 김백영, 앞의 책, 520쪽.

39 도시 공간의 '무장소성'에 대해서는 에드워드 렐프, 앞의 책, 197쪽.

40 이 단락의 인용은 박주석, 〈《은뢰》 사진과 야마자와 산조山澤三造〉, 한국전통문화대학교 전통문화연구소 편, 앞의 책, 28~29쪽.

41 〈교육에 관한 분부〉와 〈귀로〉(174~175), 〈간이학교〉(281), 〈아동보호사업〉(326) 등이 식민지 교육 정책 및 사업과 깊이 연관된다.

42 모토오리 모리나가本居宣長, 김병숙 외 역, 《모노노아와레》, 모시는 사람들, 2016, 5쪽.

43 이상의 설명은 주성옥, 〈야나기 무네요시의 민예론과 오리엔탈리즘〉, 《미학》 68권, 한국미학회, 2011, 60~63쪽 참조.

44 인용 시편들은 〈조선 생활의 이모저모〉(그림 23)의 사진과 함께 짝을 이룬다. 시와 사진의 순서는 왼쪽 위에서 시계방향으로 1)~4)이다.

45 야마자와 산조는 전문적인 사진 교육을 받은 바 없지만 조선총독부 식산국에 사진술 전문가로 채용되어 식민지 조선 관련 각종 기록물을 남긴 것으로 알려진다. 이 작업은 군국주의와 총력전하에서 더욱 중요해진 '국체명징'의 확립과 나란히 가는 성질의 것이었다. 더욱 자세한 내용은 박주석, 앞의 글, 7~9쪽 및 12~13쪽 참조.

46 군용기 헌납운동에 대해서는 변성호, 〈전시체제기 조선에서의 군용기 헌납—일

제에 의한 강제동원의 사례를 중심으로〉, 경북대 대학원 석사논문, 2010 참조.

47 青井哲人, 前揭書, 182~196頁.

48 신사참배의 다양한 모습과 의미에 대해서는 히우라 사토코, 앞의 책, 247~289쪽 참조.

49 朝鮮神職會, 《鳥居》 13, 1933年 3月, 6頁. 여기서는 히우라 사토코, 앞의 책, 72쪽 재인용.

50 이에 대해서는 김용갑 · 김순전, 〈《普通學校修身書》의 조선에 관한 서술변화〉, 김순전 외, 《제국의 식민지 수신-조선총독부편찬 〈修身書〉 연구》, 제이앤씨, 2008 참조.

51 北島順子 · 吉岡數子, 《教科書が語る戰爭》, 大阪公立大學共同出版會, 2015. 이 책의 기획자 요시오카 가즈코吉岡數子는 1932년 함경도 함흥에서 태어나 전북 전주에서 자랐다. 1937년 만주척식회사로 옮긴 아버지를 따라 만주국 신경(창춘)으로 이주했으며, 1944년 아버지가 하얼빈에서 사고사를 당하는 바람에 일본으로 귀국했다. 그녀는 대학 졸업 후 아이들을 가르치게 되면서 일제의 식민통치와 아시아 · 태평양전쟁의 폭력적 본질을 깨달은 후 자신이 어린아이였다 하더라도 가해자였다는 '속죄의식'을 갖게 되었다고 밝혔다.

52 임지현, 〈나치즘과 정치 종교〉, 조지 모스, 임지현 · 김지혜 역, 《대중의 국민화》, 소나무, 2008, 11~12쪽.

제2장 '일본어-조선어 대화'의 빛과 그늘

1 인용은 박지향, 〈여행기에 나타난 식민주의 담론의 남성성과 여성성〉, 《영국연구》 4권, 영국사학회, 2000, 147~148쪽.

2 미쓰이 다카시三ツ井崇, 〈'언어문제'에서 본 한국 근대사-교육 정책과 언어운동의 측면에서〉, 《한국학연구》 22집, 인하대 한국학연구소, 2010, 456~459쪽.

3 內務省管理局, 《朝鮮及ビ臺灣ノ現況》, 1944. 여기서는 황호덕, 〈경성지리지, 이중언어의 장소론-채만식의 〈종로의 주민〉과 식민도시의 (언어) 감각〉, 《대동문화연구》 51집, 성균관대 대동문화연구원, 2005, 118~119쪽 참조.

4 야마다 간토山田寬人, 〈'지배를 위한 조선어 학습'을 생각한다〉, 고영진 외, 《식민지 시기 전후의 언어 문제》, 소명출판, 2012, 200~201쪽.

5 오새내, 〈일제강점기 일본인 경찰, 관리 대상 조선어 교육의 역사적 배경과 《경찰관전용조선어교범》의 내용 분석〉, 《어문론집》 54호, 중앙어문학회, 2013,

231쪽.

6 오대환, 〈식민지 시기 일본인을 위한 조선어교육 연구-'조선어 장려 정책'과 '경성 조선어연구회'를 중심으로〉, 연세대 대학원 박사논문, 2009, 62쪽 및 성윤아, 〈근대 일본에서의 조선어회화 학습 열기-조선어회화서 붐의 실체〉, 앞의 책, 36~41쪽 참조.

7 가라타니 고진柄谷行人, 박유하 역, 《일본근대문학의 기원》, 민음사, 2008, 62~65쪽.

8 李妍淑, 〈朝鮮における言語的近代〉, 《一橋研究》 12號, 一橋研究編纂委員會, 1987, 82頁. 여기서는 오대환, 앞의 논문, 19~20쪽 재인용.

9 이연숙, 이재봉 외 역, 〈'도쿄어' 표상의 성립〉, 《말이라는 환영-근대 일본의 언어 이데올로기》, 심산, 2012, 72~74쪽.

10 야스다 도시아키安田敏朗, 〈제국 일본의 언어 편제-식민지 시기의 조선·'만주국', '대동아공영권'〉, 미우라 노부다카三浦信孝 외, 이연숙 외 역, 《언어 제국주의란 무엇인가》, 돌베개, 2005 이곳저곳 참조.

11 田中德太郎, 〈朝鮮語會話〉, 《朝鮮語朝鮮文講義錄合本 券上》, 朝鮮語硏究會(京城), 1932, 36頁.

12 일본어에서 문장 내의 임의의 문자(한자나 한글)에 대해 읽는 법을 알려주는 작은 글씨로, 통상 세로쓰기에는 문자의 오른쪽, 가로쓰기에는 문자의 위쪽에 적는다. '후리가나振り仮名', '루비ルビ'라고도 부른다.

13 권혁희, 앞의 책, 272~273쪽.

14 田中德太郎, 〈朝鮮語會話〉, 前揭書, 37頁.

15 가스야 게이스케糟谷啓介, 〈언어 헤게모니-'자발적 동의'를 조직하는 권력〉, 미우라 노부타카 외, 앞의 책, 371쪽.

16 '조선어장려정책'에 대해서는 오대환, 앞의 논문, 47~62쪽 참조.

17 오새내, 〈1920년대 일본인 대상 조선어 회화서의 서울지역어에 대한 사회언어학적 접근〉, 《서울학연구》 49호, 서울시립대 서울학연구소, 2012, 80~81쪽.

18 오대환, 앞의 논문, 26쪽. 일본인의 대만어 학습 과정에서 강조된 항목들인데, 조선어 학습에도 그대로 적용되었을 것으로 판단된다.

19 이혜령, 〈문지방의 언어들: 통역체제로서 식민지 언어현상에 대한 소고〉, 《한국어문학연구》 54호, 한국어문학연구학회, 2010, 92쪽.

20 이연숙, 고영진 외 역, 《국어라는 사상》, 소명출판, 2006, 323쪽.

21 심창섭·칼라 산토스, 〈미국인의 한국 여행기에 나타난 오리엔탈리즘〉, 《관광연구논총》 23권 2호, 한양대 관광연구소, 2011, 31~37쪽.

22 아리야마 테루오有山輝雄, 조성운 외 역, 《시선의 확장–일본 근대 해외 관광여행의 탄생》, 선인, 2014, 77~83쪽.

23 일제 식민 권력과 일본여행협회의 전략적 결탁에 대해서는 조성운, 《식민지 근대관광과 일본 시찰》, 경인문화사, 2011, 14~15쪽 참조.

24 서기재, 앞의 책, '제4장 일본 근대의 '외지' 여행안내서' 및 '제5장 새로운 일본을 바라보는 필터로서의 식민지' 참조.

25 마이크 로빈슨 · 데이비드 피카드, 〈순간, 미술 그리고 기억: 카메라를 든 관광객, 관광 사진 그리고 세계 만들기〉, 마이크 로빈슨 외, 이현민 역, 《사진 속의 세상–관광객과 관광사진》, 경성대출판부, 2014, 14쪽.

26 '요보'의 식민지적 성격을 주목한 연구로는 윤소라, 〈일제강점기 식민지 조선인 여성의 시각화와 이미지 생산〉, 이화여대 대학원 석사논문, 2013, 9쪽 및 강소영, 〈언어 문화적 인종주의와 '요보ヨボ', '아이고アイゴ'〉, 《일본연구》 68호, 한국외국어대 일본연구소, 2016 참조.

27 나카네 타카유키中根隆行, 건국대 대학원 일본문화언어학과 역, 《'조선' 표상의 문화지–근대 일본과 타자를 둘러싼 지知의 식민지화》, 소명출판, 2011, 209~228쪽 참조.

28 스탠 프랭크랜드, 〈피그미족에 대한 거식증적 소비: 낯선 이미지의 역류〉, 마이크 로빈슨 외, 앞의 책, 153쪽.

29 마이크 로빈슨, 〈순간, 미술 그리고 기억: 카메라를 든 관광객, 관광 사진 그리고 세계 만들기〉, 마이크 로빈슨 외, 앞의 책, 36쪽.

30 '여관에서'(③)는 심부름 간 '담배 가게'가, 우편소로'(⑤)에서는 심부름 간 소녀와 부인들이 서 있는 '우체통'이 사진으로 제시된다.

31 《조선말》 엽서에서 '가게에서'(⑥)는 항아리 고르는 부인들을, '식사'(⑦)에서는 장에 가는 노인들을, '여행 중 인사'(⑧)에서는 많은 여행객이 모인 나루터 풍경을 피사체로 취했다.

32 이 부분은 영국 사진사 톰슨의 인도 촬영이 갖는 의미를 일제의 조선 촬영이 갖는 의미로 바꾸어 서술한 것이다. 제임스 라이언, 앞의 책, 108~109쪽.

33 미우라 노부타카, 〈식민지 시대와 포스트식민지 시대의 언어 지배–언어 제국주의의 발견 원리〉, 미우라 노부다카 외, 앞의 책, 28쪽.

34 《조선말》의 제목은 〈우편소에〉이며, 제시된 숫자도 엽서 15매, 잔돈 20전으로 약간의 차이를 보인다.

35 《조선말》에서는 인삼값을 깎고 있다.

36 《조선말》에서는 '만주'에 다녀오겠다고 한다.

37 《조선말》에만 있는 대화문이다. 조선어 번역이 따로 없어 현대문으로 옮겨 썼다.

38 《滿洲日報》 1932年 三月 四日字. 여기서는 林葉子, 〈《滿洲日報》にみる〈踊る女〉－滿洲國建國とモダンガ-ルー〉, 生田美智子 編, 《女たちの滿洲－多民族空間を生きて》, 大阪大學出版會, 2015, 144頁 재인용.

39 다카하시 토오루, 앞의 책, 25~74쪽.

40 호미 바바, 나병철 역, 《문화의 위치》, 소명출판, 2002, 269쪽.

41 이와 같은 언어 내셔널리즘의 원리에 대해서는 미우라 노부타카, 〈식민지 시대와 포스트식민지 시대의 언어 지배－언어 제국주의의 발견 원리〉, 미우라 노부타카 외, 앞의 책, 26~29쪽 참조.

42 호미 바바, 앞의 책, 182쪽.

43 金素雲 譯, 《朝鮮民謠集》, 太文館, 1929, 278~279頁.

44 朝鮮語研究會, 《月刊 朝鮮語》 第17號, 1926年 2월號 편집자 서문.

45 '조선어연구회'에서 편찬한 《고등조선어회화》와 《조선어회화》가 대표적이다. 더욱 자세한 내용은 오새내, 〈1920년대 일본인 대상 조선어 회화서의 서울 지역어에 대한 사회언어학적 접근〉, 85~94쪽.

46 진노 유키神野由紀, 문경연 역, 《취미의 탄생－백화점이 만든 테이스트》, 소명출판, 2008, 44쪽.

47 나카네 타카유키, 앞의 책, 188쪽.

48 여기서 다루는 〈군밤燒栗〉은 한일비교문화세미나 편역, 앞의 책, 89~90쪽. 〈점두店頭의 우두골牛頭骨〉은 같은 책, 83~84쪽.

49 한일비교문화세미나 편역, 앞의 책, 32쪽.

제3장 식민지 민족 정서의 제국화 또는 지방화

1 이마무라 도모今村鞆, 홍양희 역, 《제국의 경찰이 본 조선풍속: 조선풍속집》, 민속원, 2011, 372쪽.

2 〈후타미여관〉과 〈조선정시－천하대장군〉 엽서에 공통된 〈자장가〉이다.

3 '내부 주체'의 개념과 직접 인용은 메리 프랫, 김남혁 역, 《제국의 시선－여행기와 문화횡단》, 현실문화, 2015, 24쪽 및 21쪽.

4 메리 프랫, 앞의 책, 21쪽.

5 세키도 아키코關戶明子, 허석 역, 《근대 투어리즘과 온천》, 논형, 2009, 141쪽.

6 아리야마 테루오, 앞의 책, 81 · 89쪽.

7 가노 마사토加納万里 편, 정병호 역, 《조선 정서—1920년대 조선에서 노래된 일본 속요》, 역락, 2016.

8 식민지 시대 일본 콜롬비아 레코드사는 조선, 경성, 대구, 원산, 인천, 평양, 부산, 한강, 대동강, 금강산, 백두산, 한만 국경, 삭주, 나진 등을 노래한 일본 신민요 음반을 수십여 종 발매하고 있다. 이에 대해서는 http://nekonote.jp/toko/fal/colombia6-16.html 참조.

9 구인모, 《유성기의 시대, 유행 시인의 탄생—시와 유행가요의 경계에 선 시인들》, 현실문화, 2013, 229 · 238쪽.

10 박주석, 앞의 글, 28쪽.

11 조선총독부, 《보통학교 조선어독본》 권4, 조선서적인쇄주식회사, 1937, 68쪽.

12 만주에서 불린 〈국경수비가〉 전반에 대한 소개와 해설은 박제홍, 〈만주를 향한 일제의 대륙 진출 노래〉, 김순전 외, 《제국의 전시가요 연구—군가 · 엔가를 중심으로》, 제이앤씨, 2015 참조.

13 야마무로 신이치山室信一, 윤대석 역, 《키메라 만주국의 초상》, 소명출판, 2009, 35쪽.

14 早川タダノリ, 《愛國の技法—神國日本の愛のかたち》, 青弓社, 2014, 34 · 52頁 참조.

15 이 단락의 직접 인용은 메리 프랫, 앞의 책, 401쪽 및 428쪽.

16 이 인물이 누구인지는 아직도 파악되지 않는다. 다이쇼사진공예소에 전속되거나 그에 준하는 계약을 맺고 조선과 만주 일대를 집중적으로 묘사한 화가로 짐작된다.

17 조선총독부 편, 장두식 외 역, 《조선의 습속》, 민속원, 2014, 24쪽.

18 에드워드 사이드, 앞의 책, 56쪽.

19 조나단 크래리, 임동근 외 역, 《관찰자의 기술—19세기의 시각과 근대성》, 문화과학사, 2001, 18쪽.

20 서기재, 〈새로운 일본을 바라보는 필터로서의 식민지〉, 앞의 책, 161쪽.

21 박형지 · 설혜심, 《제국주의와 남성성—19세기 영국의 젠더 형성》, 아카넷, 2016, 24쪽.

22 박형지 · 설혜심, 앞의 책, 59쪽.

23 서기재, 〈전략으로서의 리얼리티와 '평양'〉, 앞의 책, 225쪽.

24 權藤四郎介, 〈國警二百里に題す〉, 植田郡治, 《國境二百里》, 國境二百里發行所, 1929.(쪽 표시 없음)

25 이영미, 《한국대중가요사》, 민속원, 2006, 105~118쪽 참조.

26 《국경정서》에는 신민요답게 가락과 박자, 감정을 드러내는 다양한 구음謳吟이 등장한다. 여기서는 일본 민요에서 박자를 맞추는 소리인 'ヨイショ'(요이쇼)와 'チョイ チョイ'(죠이 죠이)만 취했다.

27 조선과 일본, 중국에서 만주로 '팔려온 여성'들의 불행한 운명을 담은 시편에 대해서는 조은주, 《디아스포라 정체성과 탈식민주의 시학－만주를 유랑하는 시》, 국학자료원, 2014, 225~252쪽 참조.

28 최남선, 〈조선민요의 개관〉, 이치야마 모리오市山盛雄 편, 엄인경 외 역, 《조선 민요의 연구》, 역락, 2016, 46쪽.

29 金志淵, 《朝鮮民謠ありらん》, 文海書館, 1935.

30 이에 대해서는 김시업 외, 《근대의 노래와 아리랑》(소명출판, 1995)에 수록된 정우택, 〈아리랑 노래의 정전화 과정 연구〉 및 임경화, 〈민족의 소리 〈아리랑〉의 창출〉 참조.

31 보다 자세한 내용은 임경화, 〈민족의 소리 〈아리랑〉의 창출〉, 김시업 외, 앞의 책, 508~521쪽 참조.

32 기무라 료코木村涼子, 이은주 역, 《주부의 탄생－일본 여성들의 근대와 미디어》, 소명출판, 2013, 160~204쪽.

33 《婦人公論》(1913)의 강령. 기무라 료코, 앞의 책, 66~67쪽 재인용.

34 早川タダノリ, 《神國日本のトンデモ決戰生活》, 合同出版, 2010 곳곳.

35 生田美智子, 〈《滿洲グラフ》にみる女たち－日本人の自畵像〉, 生田美智子 編, 全揭書, 2015.

36 貴志俊彦, 《滿洲國のビジュアル・メディア－ポスター・繪はがき・切手》, 吉川弘文館, 2010, 99頁 참조.

37 자세한 내용은 林葉子, 〈《滿洲日報》にみる〈踊り子〉－滿洲國建國とモダンガ－ル－〉, 生田美智子 編, 前揭書, 142~158頁 참조.

38 이경분, 《프로파간다와 음악－나치 방송 정책의 '낭만적 모더니즘'》, 서강대출판부, 2009, 96~103쪽.

39 이상의 설명은 刑部芳則, 〈東京音頭の創出と影響－音頭のメディア效果〉, 《商學研究》 31号, 日本大學商學部商學研究所, 2015 참조.

제4장 잘 만들어진 '경성'의 이중 삽화

1 직접 인용은 김백영, 앞의 책, 376 · 332쪽.

2 닝 왕, 이진형 역, 《관광과 근대성》, 일신사, 2004, 251쪽.

3 권혁희, 〈일제시기 관광기념 엽서와 경성의 시각적 재현〉, 청계문화관, 《이방인의 순간 포착 경성 1930》, 서울청계문화관, 2011, 231쪽.

4 위르겐 오스터함멜, 앞의 책, 31~34쪽.

5 일례로 《大京城》(朝鮮每日新聞社, 1925), 《京城案內 大京城》(朝鮮硏究會, 1925), 《新版大京城案內》(京城都市文化硏究所, 1936) 등이 그렇다.

6 이재원, 앞의 책, 63~65쪽. 두 단어는 프랑수와 미테랑 대통령의 "알제리는 곧 프랑스다"라는 식민주의적 발언의 허구성과 폭력성을 비판하기 위해 사용한 말이다.

7 김백영, 앞의 책, 257쪽.

8 萩森茂 編, 《朝鮮の都市－京城・仁川》, 大陸情報社, 1930, 12頁.

9 이 단락의 직접 인용은 矢野干城, 〈花の京城－伊達姿〉, 《新版大京城案內》, 京城都市文化硏究所, 1936, 1頁.

10 '役', 곧 '에키'는 노역, 하인, 직무 말고도 전쟁이라는 뜻을 포함한다.

11 이 책에 실린 '경성' 소재 단카에 대해서는 앞서 소개한 엄인경・김보현 편역, 앞의 책 참조.

12 〈경성고우타〉와 〈대경성행진곡〉에 대한 연구, 노래 가사와 신문기사 인용은 임다함, 〈대중 선전 장치로서의 미디어 이벤트－《경성일보》의 〈경성고우타京城小唄〉 현상모집(1931)을 중심으로〉, 《일본연구》 30집, 고려대 글로벌일본연구원, 2018의 도움을 받았다.

13 〈경성소패〉(그림 4)와 〈경성고우타京城小唄〉서로 다른 작품이다. 전자는 작사・작곡자와 노래한 가수가 확인되지 않는다.

14 권혁희, 《조선에서 온 사진엽서》, 238쪽.

15 〈전력을 경주하여 조선 정서가 풍기도록 하겠다－작곡가 나카야마 신페이씨〉, 《京城日報》 1931년 9월 22일 자.

16 澤村正, 〈大京城行進曲〉, 《京城日報》 1931년 10월 4일 자.

17 〈기대 이상의 대수확〉, 《京城日報》, 1931년 9월 22일 자.

18 이상의 지도의 이념과 방법에 대해서는 와카바야시 미키오若林幹夫, 정선태 역, 《지도의 상상력》, 산처럼, 2006, 78~79쪽.

19 원종혜, 〈일제시대 관광지도에 조명된 경성 관광 이미지〉, 《역사와 경계》 100호, 부산경남사학회, 2016, 151쪽.

20 조정민, 〈식민지 시기 사진엽서 《경성백경》의 공간과 서사 전략〉, 동아대학교 역사인문이미지연구소 편, 앞의 책, 225~226쪽.

21 〈팽창 경성 가두 변천기: 서소문정町 편, 죄를 다스리고 죄를 범하는 호대초로서 코를 찌르는 도야지 기름 냄새〉, 《조선일보》 1936년 8월 6일 자.

22 1905년 5월 25일 경부선 개통식에서 미국인 의사 알렌Horace N. Allen(安運)이 행한 연설의 일 절을 가져왔다. 여기서는 오창섭, 《근대의 역습-우리를 디자인한 근대의 장치들》, 홍시, 2013, 27쪽.

23 오창섭, 앞의 책, 27쪽.

24 김백영, 〈한양에서 경성으로-왕조 수도의 식민지 종주도시화〉, 황종연 편, 《고도의 근대》, 동국대출판부, 2012, 81쪽.

25 '장소 상실'과 '무장소성'에 대해서는 에드워드 렐프, 앞의 책, 239~245쪽 참조.

26 金素雲 編, 〈山に火つけて〉, 《朝鮮民謠集》, 太文館, 1929, 69頁.

27 이 단락의 '고착성'에 관한 설명과 인용은 호미 바바, 나병철 역, 《문화의 위치-탈식민주의 문화이론》, 소명출판, 2002, 146쪽.

28 '점유'와 '거리 두기'에 대해서는 이재원, 앞의 책, 238~241쪽 참조.

29 김백영, 앞의 책, 79쪽.

30 김백영, 《지배와 공간-식민지도시 경성과 제국 일본》, 520쪽.

31 함께 실린 나머지 두 편의 노래다. 상) "바람 살랑대는 여름 산보는 한강 변 / 어둠 속 발밑 반듯불이 난다 / 풍정 풍요롭게 하늘 바라보면 / 별들이 서로 만나는 은하수", 하) "강가에 쭉쭉 뻗어 있는 백양나무 / 가지 끝마다 푸른 잎사귀들".

32 함께 실린 나머지 세 편의 노래다. 상) "휴식의 밤 연못가에 그림자도 없이 / 하얀색 빛이 물에 반짝이네", 중) "나를 감싼 나뭇잎의 푸르른 살랑거림 / 비원祕苑 아침의 조용한 마음일까", 하) "붉은 기둥 그곳에 세워져서 하인들도 / 등롱에 촛불을 가득 밝혀 드네".

33 金素雲 編, 〈庭に花植える〉, 前揭書, 14頁.

34 이재원, 앞의 책, 219쪽.

35 《경성백경》에는 프랑스교회당(명동성당)과 YMCA 본부를 촬영한 사진과 함께 다음 민요를 담은 사진엽서도 있다. "비야 비야 내리지 마라 / 우리 누나 시집간단다 / 시집가는 꽃가마에 비가 젖으면 / 녹의홍상 구겨진다", "산사에 밤의 독경 소리 그치니 고향 멀리 있는 나의 쓸쓸함".

36 〈例言〉, 市山盛雄 編, 《朝鮮民謠の硏究》, 東京坂本書店, 1927, 5頁.

37 임경화, 〈민족의 소리로서의 민요-식민지하 조선의 '민요' 개념 도입과 전개〉, 임경화 편저, 《근대 한국과 일본의 민요 창출》, 소명출판, 2005, 171쪽.

38 이에 대한 자세한 내용은 임경화, 앞의 책, 125~136쪽 참조.

39 이경돈, 〈미디어텍스트로 표상된 경성의 여가와 취미의 모더니티〉, 이경돈 외,

《일제강점기 경성부민의 여가생활》, 서울역사편찬원, 2018, 21 · 23쪽.

40 이경돈, 앞의 글, 26~29쪽. 1925년 9월과 10월에 경성역과 조선신궁이, 1926년에 조선총독부 청사가 완공되었음을 기억하라.

41 유근필 외, 〈일제강점기 동아일보 기사를 통해 본 경성운동장의 장소성〉, 《기초조형학연구》 15권 2호, 한국기초조형학회, 2014, 338쪽.

42 이경돈 , 앞의 책, 29쪽.

43 山田源一郎, 〈序言〉, 《大捷軍歌第一編》, 十字屋書店, 1894.

44 이리에 가쓰미入江克己, 〈근대 천황제와 메이지신궁 경기대회〉, 요시미 순야吉見俊哉 외, 이태문 역, 《운동회-근대의 신체》, 논형, 2007, 192~205쪽 참조.

45 유근필 외, 앞의 책, 339쪽. 곧이어 제시되는 사례도 같은 곳 참조.

46 쓰가와 이즈미津川泉, 김재홍 역, 《JODK, 사라진 호출 부호》, 커뮤니케이션북스, 2004, 37~38쪽. 아래의 사례들도 이 책의 여러 곳 참조.

47 조선총독부, 《초등창가 제삼학년》, 조선서적인쇄주식회사, 1940, 21쪽.

48 조선총독부, 《초등음악 제육학년》, 조선서적인쇄주식회사, 1944, 55쪽.

49 일본의 사례에 대해서는 本多佐保美, 〈國民學校の運動會における音 · 音樂〉, 本多佐保美外, 《戰時下の子ども · 音樂 · 學校-國民學校の音樂教育》, 開成出版, 2015, 280~289頁.

50 더욱 자세한 내용은 이병진 외, 〈일제강점기 "대일본국민체조"의 보급과 활동에 관한 연구〉, 《한국체육학회지-인문 · 사회과학편》 55권 4호, 한국체육학회, 2016 참조.

51 김상권, 〈라디오체조 지상 강습회〉, 《신시대》 1941년 1월호(창간호), 272~273쪽.

52 구로다 이사무黒田勇, 서재길 역, 《라디오 체조의 탄생》, 강, 2011, 192쪽.

53 이와 관련된 '성전에 순직하는 천황 병사의 도상'에 대해서는 가와무라 구니미쓰川村邦光, 송완범 역, 《성전의 아이코노그래피-천황과 병사, 그리고 전사자의 초상과 표상》, 제이앤씨, 2009, 133~158쪽 참조.

54 더욱 자세한 내용은 유철, 〈일제강점기 황국신민 교화를 위한 '신체'론-국어독본, 체조, 창가, 전시가요를 중심으로〉, 전남대 대학원 박사논문, 2015, 162~176쪽 참조.

55 정근식 외, 〈책머리에〉, 《식민 권력과 근대지식: 경성제국대학연구》, 서울대출판문화원, 2011, v쪽.

56 정근식 외, 〈Ⅰ.서장: 잊힌 대학의 문서고를 찾아서〉, 앞의 책, 8쪽.

57 제1~4차〈조선교육령〉내용은 오지선, 《한국 근대음악 교육-조선총독부의 음악

교육정책을 중심으로》, 예솔, 2003, 〈부록〉 참조.

58 이런 방식의 식민지인(토착민)에 대한 제국의 식민주의적인 설명의 효과에 대해서는 에드워드 사이드, 앞의 책, 301쪽 참조.

59 矢野干城, 《新版大京城案內》, 京城都市文化硏究所, 1936, 159頁.

60 〈서울풍경 (7)〉, 《동아일보》 1935년 7월 9일 자.

61 〈It〉은 '은은한 로맨틱 코미디 영화'로 명성 높다. 자세한 내용은 https://en.wikipedia.org/wiki/It_(1927_film) 참조.

62 矢野干城, 前揭書, 2頁. 한편 이 책의 주요 부분을 발췌한 글로는 한동수 외, 〈일본인의 눈에 비친 1930년대의 경성—야노 타테키의 《신판 대경성 안내》로부터〉, 청계문화관, 앞의 책, 246~263쪽 참조.

63 히우라 사토코, 앞의 책, 99쪽.

64 요시다 유타카吉田裕, 최혜주 역, 《일본의 군대—병사의 눈으로 보는 근대일본》, 논형, 2005, 156쪽.

65 다카시 후지타니, 앞의 책, 285쪽.

66 더욱 자세한 내용은 히우라 사토코, 앞의 책, 205~246쪽 참조.

67 에드워드 렐프, 앞의 책, 100쪽.

68 이상의 사실은 히우라 사토코, 앞의 책, 제1장, 제3장, 제5장을 참고하여 발췌.

69 허영란, 〈식민지 근대화론〉, 서울대 역사연구소, 《역사용어사전》, 서울대출판문화원, 2015(온라인판).

70 김영근, 〈식민지 노동자의 삶〉, 한국역사연구회, 《우리는 지난 100년 동안 어떻게 살았을까 2: 사람과 사회 이야기》, 역사비평사, 2015, 121~125쪽.

71 金素雲 編, 〈ひとの花なら〉, 前揭書, 67頁.

72 金素雲 編, 〈酒も呑まぬに〉, 前揭書, 66頁.

73 金素雲 編, 〈釣鐘草〉, 前揭書, 136頁.

74 金素雲 編, 〈妓生の垣根にや〉, 前揭書, 66頁.

제5장 잘 만들어진 평양의 '칼'과 '꽃'

1 이상의 가사와 사진은 大和田建樹, 《滿韓鐵道唱歌》, 金港堂書籍, 1906, 15~16頁.

2 위르겐 오스터함멜, 박은영 외 역, 《식민주의》, 역사비평사, 2006, 72쪽.

3 박진한, 〈일본의 러일전쟁 100주년 기념과 네오내셔널리즘〉, 전진성 · 이재원

엮음, 《기억과 전쟁−미화와 추모 사이에서》, 휴머니스트, 2009, 163쪽.

4 위르겐 오스터함멜, 앞의 책, 74쪽.

5 박진한, 앞의 책, 162쪽.

6 '현무문'에 대한 점령과 병사의 영웅화에 대해서는 최인택, 〈평양 명승 사진그림엽서 '현무문'에 얽힌 전쟁영웅담−청일전쟁 평양전투 영웅 하라다 주키치의 표상과 기억〉, 《일본문화연구》 71호, 동아시아일본학회, 2019 참조.

7 朝鮮總督府鐵道局, 《平壤・鎭南浦・兼二浦・新義州・安東》(관광 안내 팸플릿으로 발간 시기 미상).

8 더욱 자세한 내용은 서기재, 〈전략으로서의 리얼리티와 '평양'〉, 앞의 책, 203~205쪽 참조.

9 大和田建樹, 《平壤》, 博文館, 1899 소재 권두시. '일본역사담'에 속하는 이 책은 청일전쟁의 상황과 목적을 알리고 평양성 점령의 위대함을 기리기 위해 지어졌다.

10 신채호, 〈독사신론讀史新論〉 《대한매일신보》 1908년 8월 27일~1908년 12월 13일 연재.

11 윤영실, 〈근대계몽기 신채호의 민족론에 나타난 '아我'의 의미〉, 《한국학연구》 24집, 인하대 한국학연구소, 2011, 274쪽.

12 朝鮮總督府鐵道局, 《平壤・鎭南浦・兼二浦・新義州・安東》.

13 조선 학생은, 조성운, 〈1930년대 식민지 조선의 수학여행〉, 《관광의 모더니즘: 식민지 조선의 근대관광과 수학여행》, 민속원, 2019, 328~333쪽, 일본 학생은 서기재, 〈전략으로서의 리얼리티와 '평양〉', 앞의 책, 208~214쪽 참조.

14 佐藤重治, 《最新朝鮮歷史地理辭典》, 富山房, 1933, 169~170頁. 여기서는 오태영, 〈평양토포필리아와 고도의 재장소화〉, 황종연 편, 앞의 책, 218~219쪽 참조.

15 일제 시대의 대표적 친일자본가인 박흥식의 화신백화점은 연광정−대동문이 가까운 시내 중부 죽전리竹典里에 위치했다.

16 이만열, 《우리 역사 5천 년을 어떻게 볼 것인가》, 바다출판사, 2000, 57~58쪽.

17 권혁희, 앞의 책, 22~23쪽.

18 金素雲 編, 〈主ない船が〉, 前揭書, 32頁.

19 金素雲 編, 〈なぜに姿を〉, 前揭書, 12頁.

20 이재원, 앞의 책, 47쪽에서 인용.

21 기생 잡지 《장한長恨》 창간호(1927. 1)의 〈외국인이 본 조선의 기생〉이란 꼭지에 실린 일본인의 '조선적의 기생이 되라!'(18~19쪽)와 미국인의 '고상한 품격을

가지라'(20쪽)에서 인용한 말들이다.

22 이경민, 《기생은 어떻게 만들어졌는가》, 아카이브북스, 2005, 114~117쪽 참조.

23 조선 음악 연구자 다나베 히사오田辺尙雄의 말이다. 여기서는 이경민, 앞의 책, 116쪽 재인용.

24 다나베 히사오田辺尙雄, 김성진 역, 〈조선음악기행 (2)〉, 《한국음악사학보》 24집, 한국음악사학회, 2000, 208쪽.

25 金素雲 編, 〈斷腸花〉, 前揭書, 34頁.

26 〈홍분아紅粉娥와 산통객算筒客의 본진本陣에서 축기축무逐妓逐巫의 신기치新旗幟〉, 《매일신보》 1923년 7월 19일 자.

27 朝鮮總督府鐵道局 編, 《半島の印象》, 日本旅行協會朝鮮支部, 1939, 7頁.

28 리타 펠스키, 김영찬 · 심진경 역, 《근대성과 페미니즘—페미니즘으로 다시 읽는 근대》, 거름, 1998, 215쪽.

29 矢野干城, 〈朝鮮料理屋〉, 前揭書, 169頁.

30 〈기생의 거주제한과 숭신인조합의 해산을 교섭, 평양 청년의 풍기 숙청운동〉, 《동아일보》 1923년 7월 19일 자.

31 '매소부 표상의 평양기생'에 대해서는 박찬승, 〈식민지시기 다중적 표상으로서의 평양기생〉, 《동아시아문화연구》 62집, 2015, 44~45쪽 참조.

32 함께 실린 조선민요는 〈단장화〉인데, 사진엽서 〈기생학교 · 가야금 타는 기생 · 기생〉(그림 11)에서 가사를 이미 확인했다.

33 이 사진엽서는 〈대동문 · 모란대 영명사와 오마키 찻집〉(그림 9)에 실린 "바싹바싹 낙엽이~" 및 "감청빛 가을 하늘~"을 그대로 취했다.

34 이 내용은 신현규, 《꽃을 잡고—파란만장한 일제강점기 기생인물 · 생활사》, 경덕, 2005, 160~165쪽 참조. 이 사진엽서에는 〈대동강에서 바라본 보통문 · 모란대와 을밀대 전경〉(그림 7) 소재의 노래 "누구를 기다리는 걸까~"가 동일하게 실렸다.

35 서지영, 《경성의 모던 걸—소비, 노동, 젠더로 본 식민지 근대》, 여이연, 2013, 250쪽.

36 더욱 자세한 내용은 한동수 외, 앞의 글, 251~256쪽 및 '악마굴혈'에 던져진 기생의 소외 상황을 "뒷골목 유흥가의 여가와 취미"라는 제목으로 비틀어 설명한 이경돈, 앞의 책, 39~63쪽 참조.

37 李月香, 〈눈물겨운 나의 哀話〉, 《長恨》 제1년 제1호, 長恨社, 1927, 9쪽.

38 이상의 인용은 《장한》 창간호 표지, 〈권두언〉, 〈영춘사迎春辭〉, 〈창간에 제際하야〉에서 가져왔다.

39 桂山月, 〈妓生과 犧牲〉, 앞의 책, 50쪽.

40 한국전통문화대학교 전통문화연구소 편, 앞의 책, 104~105쪽.

41 早川タダノリ, 《神國日本のトンデモ決戰生活》, 13頁.

42 이상의 '전쟁의 사소화'에 대한 논의와 인용은 조지 L. 모스, 오윤성 역, 《전사자 숭배-국가라는 종교의 희생제물》, 문학동네, 149~182쪽.

제6장 금강산의 여성화, 식민지 자연의 발명

1 〈전 조선 문사 공천 신선新選 〈반도팔경〉 발표〉, 《삼천리》 창간호, 1929. 6, 34~36쪽.

2 《삼천리》는 총 37명 가운데 31명의 문인 성명과 그들이 매긴 반도팔경 순위, 몇몇 문인의 선정 이유를 34~41쪽 하단부에 실었다.

3 이상의 명소와 집필자 명단은 《삼천리》 1929년 9월호, 1쪽.

4 한 연구는 1894~1945년 '금강산' 관련 글쓰기가 내국인 174편, 일본인 포함의 외국인 112편에 달했던 것으로 보고했다. 이민희, 〈19세기 말~20세기 중반 여행기에 나타난 강원도 로컬리티의 제 양상〉, 《동악어문연구》 80집, 동악어문학회, 2020, 163~174쪽.

5 아리야마 테루오, 앞의 책, 25~27쪽.

6 〈날로 늘어가는 경주 탐승객〉, 《동아일보》 1935년 9월 11일 자.

7 자세한 내용은 홍순애, 〈여행의 공적 전유와 정치적 동원〉, 《여행과 식민주의-근대 기행문의 식민·제국의 역학》, 서강대출판부, 2014 참조.

8 다니엘 부어스틴, 정태철 역, 〈여행이 관광으로-여행 본질의 상실〉, 《이미지와 환상》, 사계절, 2017, 145쪽.

9 식민지 관광과 박람회 등에 담긴 제국주의적 성격과 역할에 대해서는 조성운, 〈여행과 관광으로 본 근대를 내면서〉, 국사편찬위원회 편, 《여행과 관광으로 본 근대》, 두산동아, 2008, 7쪽 참조.

10 이병기, 〈가을의 경주를 차저(4)〉, 《조선일보》 1927년 10월 29일 자.

11 松村松盛, 《明け行く朝鮮》, 東京: 帝國地方行政學會, 1925, 33頁. 여기서는 윤소영, 〈식민통치 표상 공간 경주와 투어리즘-1910~20년대 일본인의 여행기를 중심으로〉, 박찬승 편, 《여행의 발견 타자의 표상》, 민속원, 2010, 250쪽 재인용.

12 최남선, 〈조선정신의 표치標幟〉, 《금강예찬》, 조선문단사, 1925. 여기서는 고려

대 아세아연구소 편, 《육당 최남선 전집》 6권, 현암사, 2008, 161쪽.

13 정지용, 〈시의 옹호〉, 《문장》 1939년 6월호, 123쪽.

14 에드워드 렐프, 앞의 책, 127쪽.

15 조선총독부 철도국, 윤현명 외 역, 《조선의 풍경 1938: 일본의 시선으로 본 한국》, 어문학사, 129쪽. 이 책의 원제는 《半島の近影》(1938)이다.

16 존 어리 · 요나스 라슨, 도재학 · 이정훈 역, 《관광의 시선》, 소명출판, 2021, 222쪽.

17 조선총독부, 〈후지산과 금강산〉, 《보통학교 조선어독본》 권5, 조선서적인쇄주식회사, 1924, 63쪽.

18 前田寬, 《金剛山》, 朝鮮鐵道協會, 1931, 2頁. 여기서는 서기재, 〈금강산, 기이한 세계에로의 초대〉, 앞의 책, 253~254쪽 재인용.

19 朝鮮總督府鐵道局, 〈金剛山〉, 1931(관광안내 팸플릿).

20 황민호, 〈근대 여행의 시작과 여행자〉, 국사편찬위원회 편, 앞의 책, 22~23쪽.

21 편집부, 〈독립가 / 시국가의 전개〉, 《한국 근대음악 이야기》, 한국콘텐츠진흥원 문화콘텐츠닷컴. (http://www.culturecontent.com/main.do).

22 존 어리 · 요나스 라슨, 앞의 책, 36쪽.

23 존 어리 · 요나스 라슨, 앞의 책, 47쪽.

24 박찬모, 〈《조선과 만주》에 나타난 조선 산악 인식〉, 《한국문학 이론과비평》 55집, 한국문학이론과비평학회, 2012, 317쪽.

25 서기재, 〈새로운 일본을 바라보는 필터로서의 식민지〉, 앞의 책, 170쪽.

26 '부조리의 정당성'과 '불쾌감을 자아내는 데서 오는 귀족적인 만족'은 후고 프리드리히, 장희창 역, 《현대시의 구조-보들레르에서 20세기까지》, 한길사, 1996, 63쪽 참조.

27 빈센트 비시나스라는 철학자의 말. 여기서는 에드워드 렐프, 앞의 책, 97쪽에서 인용.

28 최남선, 《금강예찬》. 고려대 아세아문제연구소 편, 앞의 책, 210쪽.

29 이상의 직접 인용과 설명은 에드워드 렐프, 앞의 책, 203쪽.

30 최남선, 앞의 책, 241쪽.

31 에드워드 렐프, 앞의 책, 202~203쪽.

32 높은 산악지대였음에도 등정 시 안전장비가 충분치 않았던 탓에 금강산에서는 실족사와 같은 사고사가 빈번하게 발생했다. 김도학, 《금강산유람기》(1931), 경희대출판부, 1999, 121~125쪽.

33 관련 정보는 원두희, 〈일제강점기 관광지와 관광 행위 연구: 금강산을 사례로〉,

한국교원대 대학원 석사논문, 2011, 91~92쪽 참조.

34 "외금강 온정리 경성여관" 광고이다. "삼층 건물 신축" "단체 수용력 삼백 명"도 함께 내걸었다.(《동아일보》 1939년 4월 30일 자)

35 〈매일신보 주최 금강산탐승회〉, 《매일신보》 1915년 5월 8일 자. 수십 년간 금강산에서 수행한 승려 강대련이 탐승 해설자로, 경성 도규계刀圭界의 명사 박종환이 건강 담당자로 함께 한다는 알림도 함께 선전되고 있다.

36 고유섭, 〈금강산의 야계野鷄〉, 《신동아》, 동아일보사, 1934년 9월호. 여기서는 《우현 고유섭 전집: 수상, 기행, 일기, 시》, 열화당, 2013, 190~191쪽.

37 한설야, 〈금강산유기〉, 《조선문학》 1939년 4월호, 118쪽.

38 김형원, 〈금강잡기〉, 《조선지광》 1929년 8월호, 99쪽.

39 일본 온천의 향락화와 병영화에 대해서는 세키도 아키코, 앞의 책, 164~165 · 180~181쪽 참조.

40 〈금강 역내의 장정 동원 영봉애호반을 결성〉, 《동아일보》 1940년 2월 16일 자.

41 〈금강산에 도장 건설—총력운동 지도자 연성〉, 《매일신보》 194년 4월 25일 자.

42 조선총독부, 〈아시아의 빛〉, 《초등음악》 제6학년, 조선서적인쇄주식회사, 1944. 여기서는 김순전 외, 《초등학교 창가 교과서 대조번역(하)》, 제이앤씨, 2013, 435쪽. 〈금강산〉 2편도 이 자료집을 빌렸다.

43 박찬모, 앞의 글, 311쪽 참조. '신체의 국가화'라는 용어도 여기서 빌려 왔다.

44 《금강산백이십태態》(히노데상행) 소재 〈외금강 · 북금강의 권卷〉의 하나임.

45 다음 기사를 보라. "조선 스키—구락부에서는 이번 씨—즌의 마지막 '스케—듈'로 오는 3월 11일, 12일 양일의 휴일을 이용하야 천하의 기승奇勝 금강산을 배경으로 온정리에서 스키—회를 열터이라는데……" 〈외금강 온정에 스키 일행을 모집〉, 《동아일보》 1931년 3월 11일 자.

46 前田寬, 〈《朝鮮山岳》の創刊を祝す〉, 《朝鮮山岳》 1號, 朝鮮山岳會, 1932, 2頁. 여기서는 박찬모, 앞의 글, 324쪽 재인용.

47 〈보도 관계자 연성—작일昨日부터 금강산 도장서〉, 《매일신보》 1943년 8월 27일 자.

48 〈금강산에 도장 건설 총력운동 지도자 연성〉, 《매일신보》 1942년 4월 25일 자.

제7장 왕도 경주, 고토의 기억 또는 폐허미

1 이각규, 〈일제강점기 일본박람회 참가와 조선에서의 박람회 개최〉, 《한국의 근대박람회》, 커뮤니케이션북스, 2010, 139~152쪽 참조.

2 〈저주하라! 평화박람회〉, 《동아일보》 1922년 5월 4일 자.

3 졸고, 〈조선 철도창가의 기억과 향유를 위하여〉, 《최남선 · 근대시가 · 네이션》, 소명출판, 2016, 107~109쪽의 "자료 소개: 일제 시대 조선 철도창가 6편" 참조.

4 강희정, 《나라의 정화, 조선의 표상》, 서강대출판부, 2012, 24쪽.

5 柏木博, 前揭書, 10頁.

6 海東樵人, 〈嶠南의 名勝과 古蹟〉, 《半島時論》, 1917年 12월號, 61~62쪽 및 60쪽.

7 현재 확인되는 《반도시론》 총 8권 중 3권(1918년 9월호, 11월호, 12월호)이 활을 매고 말에 올라타 행군하는 화랑을 표지화로 취했다.

8 일제의 3단계에 걸친 경주 전유 과정은 당시의 유명한 고고학자이자 경성제대 교수였던 후지타 료사쿠藤田亮策가 등식화한 것이다. 여기서는 황종연, 〈아이덴티티의 장소로서의 경주〉, 황종연 편, 앞의 책, 30쪽 참조.

9 존 어리 · 요나스 라슨, 앞의 책, 14~17쪽.

10 다니엘 부어스틴, 앞의 글, 151~152쪽.

11 마이크 로빈슨 · 데이비드 피카드, 〈순간, 미술 그리고 기억〉, 앞의 책, 47쪽.

12 조광익, 〈근대 규율권력과 여가 관광: 푸코의 권력의 계보학〉, 《관광학연구》 26권 3호, 한국관광학회, 2003, 263~264쪽.

13 아리야마 테루오 앞의 책, 95쪽.

14 신성희, 〈'자연'의 생산과 근대적 '관광'의 형성—일제 시대 금강산, 전기철도, 온천〉, 《문화역사지리》 제28권 제2호, 한국문화역사지리학회, 2016, 82쪽.

15 〈보성고등보통학교 경주수학여행기〉, 《동아일보》 1920년 6월 19일 자.

16 대한제국~일제 시대 수학여행의 기원과 역사, 변화 과정에 대해서는 조성운, 〈1920년대 수학여행의 실태와 인식〉(《관광의 모더니즘: 식민지 조선의 근대관광과 수학여행》)에서 도움받았다.

17 木下杢太郎, 〈朝鮮風物記〉, 《太陽》 26卷 11号(1920. 10), 152頁. 여기서는 윤소영, 앞의 글, 265쪽 재인용.

18 스테판 다나카, 박영재 외 역, 《일본 동양학의 구조》, 문학과지성사, 2004, 158~159쪽.

19 아리야마 테루오, 앞의 책, 77쪽.

20 윤소영, 〈관광 명소의 탄생과 숙박 시설〉, 국사편찬위원회 편, 앞의 책, 184~185쪽.

21 강희정, 앞의 책, 16쪽.

22 가라타니 고진柄谷行人, 조영일 역, 〈미술관으로서의 역사-오카쿠라 덴신과 페놀로사〉, 《네이션과 미학》, 도서출판 b, 2009, 140쪽.

23 조선총독부, 〈신라의 고도古都〉, 《보통학교 조선어독본》 권5, 97쪽.

24 高橋健自 外, 《滿鮮考古行脚》, 雄山閣, 1937, 29~30頁. 여기서는 김현숙, 〈근대시각 문화 속의 석굴암〉, 황종연 편, 《신라의 발견》, 동국대출판부, 2008, 100쪽 재인용.

25 여기서는 구인모, 〈단카短歌로 그린 조선의 풍속지〉, 황종연 편, 앞의 책, 276쪽 재인용.

26 구인모, 앞의 글, 278쪽.

27 이마무라 도모, 앞의 책, 28쪽. 《조선풍속집》은 1914년 경성 사도관斯道館에서 초판을 낸 뒤 1915년 재판, 1919년 개정 3판을 연달아 냈다.

28 이시이 마사미石井正己, 김광식 역, 《제국일본이 간행한 설화집과 교과서》, 민속원, 2019, 39쪽.

29 이시이 마사미, 앞의 책, 39~41쪽.

30 이상의 서술은 김광식, 〈나카무라 료헤이의 신라 신화·전설 수록 과정에 대한 연구〉, 《일본학연구》 58집, 단국대 일본연구소, 2019에서 도움 받았다.

31 최남선, 〈삼국유사 해제〉, 《삼국유사》, 1927(개정판: 1946). 여기서는 고려대 아세아문제연구소 편, 《육당 최남선 전집》 8권, 현암사, 2008, 23쪽.

32 멀치아 엘리아데, 이동하 역, 《성과 속 종교의 본질》, 학민사, 1983, 81쪽.

33 멀치아 엘리아데, 앞의 책, 18쪽.

34 여기서는 내가 보유 중인 7매를 다룬다. 나머지 1매는 '서출지(書出池) 전설(경주군 내동면 남산리)'이다. 경매에 등장한 엽서 이미지는 내려 받았으나 출품자가 촬영한 화질과 편집된 모양이 여의치 않아 엽서 주제만 확인해둔다.

35 조선총독부, 《보통학교 조선어독본》 권3, 조선서적인쇄주식회사, 1923, 48~50쪽 "17. 박혁거세" 참조.

36 멀치아 엘리아데, 앞의 책, 82쪽.

37 조선총독부, 《보통학교 고등과 조선어독본》 권2, 조선서적인쇄주식회사, 1925, 5~6쪽.

38 조선총독부, 《보통학교 고등과 조선어독본》 권1, 조선서적인쇄주식회사, 1925, 92~94쪽, '제22과 석탈해' 참조.

39 이에 대해서는 황종연, 〈아이덴티티의 장소로서의 경주〉, 황종연 편, 《고도의 근대》, 26쪽 참조.

40 이상의 교과 수록 상황은 김광식, 〈일본 문부성과 조선총독부 학무국의 구비문학 조사와 그 활용: 1910년대, 1920년대 편집과 관계자의 실력을 중심으로〉, 《연민학지》 20집, 연민학회, 2013, 273~274쪽 '[표 4] 국어독본과 조선어독본에 실린 한일 구비문학 관련 단원' 참조.

41 이런 방식의 역사 왜곡에 앞장선 후쿠다 호노스케福田芳之助의 《新羅史》(1913)에 대한 비판적 검토 및 직접 인용문은 황종연, 〈신라의 발견〉, 황종연 편, 《신라의 발견》, 22쪽 참조.

42 다카하시 토오루, 앞의 책, 37~38쪽.

43 에드워드 사이드, 앞의 책, 56쪽.

44 송효섭, 〈김유신 신화〉, 《한국민속대백과사전》. (http://folkency.nfm.go.kr/kr/topic/detail/5456)

45 차례대로 《국민문학》 1944년 5월호~8월호 및 《국민문학》 1945년 1월호~2월호.

46 최재서 소설은 이혜진, 〈총동원체제하의 최재서의 일본어 소설〉(《비평문학》 41호, 한국비평문학회, 2011), 이광수 소설은 정종현, 〈국민국가와 '화랑도'〉(황종연 편, 《신라의 발견》)에서 유익한 도움을 얻었다.

47 예시한 '옥적'에 붙인 설명은 다음과 같다. "신라 삼보 가운데 하나로 칭해진다. 피리는 황옥으로 만들었다. 은판으로 절단한 곳들을 이었으며 작은 흑점을 붙여 대나무 모양을 드러내고 교묘하게 그 마디를 본떴다".

48 구인모, 〈단카로 그린 조선의 풍속지〉, 황종연 편, 앞의 책, 271쪽 재인용.

49 石井栢亭, 〈附錄〉, 《旅の繪－朝鮮支那の巻》, 日本評論社出版部, 1921, 7頁.

50 나카네 다카유키中根隆行, 〈제국 일본의 '만선滿鮮' 관광지觀光誌와 고도 경주의 표상〉, 황종연 편, 《고도의 근대》, 201쪽. 이시이 하쿠테이石井栢亭의 여행기도 이 논문의 200쪽을 재인용했음.

51 V. 스컬리의 말. 여기서는 에드워드 렐프, 앞의 책, 161쪽 재인용.

52 야스다와 고바야시 모두 〈慶州〉라는 제목 아래 여행 소감문을 작성했다. 이들 여행기의 '폐허' 논의와 소감에 대해서는 허병식, 〈식민지 조선과 '신라'의 심상지리〉, 황종연 편, 《신라의 발견》, 122~125쪽 참조. 야스다 요주로의 여행기는 이곳에서 재인용.

53 허병식, 앞의 글, 124쪽.

54 가라타니 고진, 조영일 역, 《역사와 반복》, 도서출판 b, 2008, 97쪽. 사이고

다카모리는 도쿠가와막부를 전복시킨 메이지 유신의 주역이었다. 이후 조선정벌론('정한론')을 적극 주창했다.

55 김동리, 〈다시 고향에 가보니〉, 《김동리전집 8-나를 찾아서》, 민음사, 1997, 415쪽.

56 우미영, 〈시각화된 역사와 고도의 관람자〉, 《근대 조선의 여행자들-그들의 눈에 비친 조선과 세계》, 역사비평사, 2018, 394쪽.

57 에드워드 렐프, 앞의 책, 96~97쪽.

58 이태준의 경주기행문 〈동방정취〉(《무서록》)에 대한 황종연의 평가를 약간 변주했다. 원문은 '한국인'이 아니라 '동양인'이다. 황종연, 〈아이덴티티의 장소로서의 경주〉, 황종연 편, 《고도의 근대》, 45쪽.

59 오다 쇼고小田省吾, 〈조선청년에게-어머니의 이해와 굿센 각오가 필요〉, 《매일신보》 1943년 8월 7일 자.

60 초중등학교 역사 교과서에 등장하는 진구황후에 대해서는 박경수 외, 〈식민지 신토神道정책과 제신祭神〉, 김순전 외, 《제국의 식민지 역사 지리 연구-조선총독부 편찬 〈역사〉·〈지리〉교과서를 중심으로》, 제이앤씨, 2017, 50~54쪽 참조.

61 강덕상 편, 김광렬 외 역, 《우키요에浮世繪 속의 조선과 중국-다색판화에 투영된 근대 일본의 시선》, 일조각, 2009, 29~30쪽. 진구황후, 도요토미 히데요시, 가토 키요마사 관련 우키요에는 같은 책, 21~57쪽 참조.

62 白鳥庫吉, 〈日本は果して朝鮮を感化し得べきか〉, 《教育時論》 915號, 開發社, 1910年 9月 15日. 여기서는 윤소영, 앞의 글, 국사편찬위원회 편, 앞의 책, 185쪽 재인용.

63 中村亮平, 《(朝鮮)慶州之美術》, 京都: 藝艸堂, 1929. 여기서는 김현숙, 〈근대 시각문화 속의 석굴암〉, 황종연 편, 《신라의 발견》, 100쪽.

64 이경민, 〈제국의 지도, 식민지 고고학〉, 《제국의 렌즈》, 96~97쪽.

65 신시아 인로, 앞의 책, 25쪽.

제8장 조선여성, 전근대적 일상과 성애의 육체성

1 지금까지 직접 인용한 비숍 여사의 말은 이사벨라 버드 비숍, 이인화 역, 《한국과 그 이웃 나라들-백 년 전 한국의 모든 것》, 살림, 1994, 11·277·20·277쪽·426쪽.

2 이광수, 〈민족개조론〉, 《개벽》 제23호, 1922. 5, 56쪽.

3 이사벨라 버드 비숍, 앞의 책, 143쪽.

4 이성환, 〈조선의 농촌 여성〉, 《조선농민》 제3권 9호, 1927. 9, 4~5쪽.

5 샤를 달레, 정기수 역, 《벽안에 비친 조선국의 모든 것－조선교회사 서론》, 탐구당, 2015, 191쪽.

6 문소정, 〈제1장 식민지적 빈곤화와 가족 · 여성의 생활 변화〉, 서울대학교 여성연구소 편, 《경계의 여성들－한국 근대 여성사》, 한울아카데미, 2013, 33~35쪽.

7 이사벨라 버드 비숍, 앞의 책, 393쪽.

8 이상의 두 단락에서 직접 인용한 이사벨라 버드 비숍의 말은, 앞의 책, 397쪽, 63~64쪽.

9 그 밖에 남성과 더 관련되는 망건, 장죽, 종묘상, 장전, 구리개, 약방, 신전, 피혁점, 애꾸, 무식쟁이를 들었다.

10 김수영, 〈가장 아름다운 우리말 열 개〉(1966), 이영준 편, 《김수영전집 2－산문》, 민음사, 2018, 469~472쪽.

11 한일비교문학세미나 편역, 〈20. 조선가옥의 부엌〉, 앞의 책, 93~94쪽.

12 한일비교문학세미나 편역, 앞의 책, 32쪽.

13 1884년 조선도 미국에서 할화기割禾器(벼 베는 기계), 타화기打禾器(알곡 터는 기계), 재식기栽植器(모 심는 기계), 전분기구田糞器具(비료 뿌리는 기계) 등을 도입, 근대적 농업생산을 도모했다. 김원모, 〈견미遣美 조선보빙사 수원隨員 최경석崔景錫 오예당吳禮堂 로우엘 연구〉, 《동양학》 27권 1호, 단국대 동양학연구원, 1997, 4~5쪽 참조.

14 프레데릭 불레스텍스, 김정연 · 이향 역, 《착한 미개인 동양의 현자－서양인이 본 한국인 800년》, 청년사, 2007, 111쪽.

15 더욱 자세한 내용은 김성택 외, 《프랑스인의 눈에 비친 한국》, 경북대출판부, 2010, 56쪽 참조.

16 조선 (신)여성 관련 '수신'의 사회학은 김순전 · 장미경, 〈《여자고등보통학교수신서》의 여성상〉, 김순전 외, 《제국의 식민지수신－조선총독부편찬 〈修身書〉 연구》, 415~434쪽 참조.

17 朝鮮總督府, 〈第二十二課 男子ノ務女子ノ務〉, 《普通學校 修身書》 卷四, 1915, 51頁.

18 이상의 인용과 설명은 센다 유키千田有紀, 김복순 역, 《일본형 근대가족》, 논형, 2016, 31~35쪽.

19 센다 유키, 앞의 책, 63~71쪽.

20 이상의 설명은 레이몬드 윌리엄즈, 이일환 역, 《이념과 문학》, 문학과지성사, 1995, 152~156쪽.

21 그녀들의 출현과 유형에 대해서는 강이수, 〈제5장 근대 서비스직 여성의 등장〉, 서울대학교 여성연구소 편, 앞의 책, 2013 참조.

22 에드워드 사이드, 앞의 책, 56쪽.

23 인용은 조르주 뒤크로, 최미경 역, 《가련하고 정다운 나라 조선》, 눈빛, 2001, 77 · 79쪽.

24 A. H. 새비지-랜도어, 신복룡 외, 《고요한 아침의 나라 조선》, 집문당, 1999(2013), 37~39쪽의 '코리아의 어원'-'소사小史'-'조선' 참조.

25 프랑스 민족주의자 바레스Maurice Barrès가 1923년 기술한 말. 여기서는 이재원, 앞의 책, 48쪽.

26 박태원, 〈성탄제〉, 《여성》 1937년 12월호. 여기서는 《소설가 구보씨의 일일》, 깊은 샘, 1989, 82~83쪽.

27 김경일, 《여성의 근대, 근대의 여성》, 푸른역사, 2004, 339~340쪽.

28 일본 잡지 《부인구락부》에 게재된 〈이상적인 아내〉의 일 절이다. 기무라 료코, 앞의 책, 10쪽.

29 박지향, 앞의 글, 147쪽.

30 영국 남성 조지 커즌이 조선 여행기에 남긴 말. 여기서는 박지향, 《일그러진 근대-100년 전 영국이 평가한 한국과 일본의 근대성》, 푸른역사, 2003, 116쪽에서 재인용.

31 박형지 · 설혜심, 앞의 책, 91~92쪽.

32 이상의 설명은 알랭 코르뱅, 주나미 역, 《악취와 향기-후각으로 본 근대 사회의 역사》, 오롯, 2019 이곳저곳 참조.

33 함윤성, 〈시대상-촌언철어寸言鐵語〉, 《실생활》 1931년 8월호, 27~28쪽.

34 서지영, 〈소비하는 여성들: 1920-30년대 경성과 욕망의 경제학〉, 《한국여성학》 26권 1호, 한국여성학회 편, 2010, 152쪽.

35 김소연, 〈1930년대 잡지에 나타난 근대 백화점의 사회문화적 의미〉, 《대한건축학회 논문집-계획계》 25권 3호, 대한건축학회 편, 2009, 138쪽.

36 센다 유키, 앞의 책, 36쪽.

37 이광수, 〈모성 중심의 여자교육〉, 《신여성》 제3권 제1호, 1925, 19~20쪽.

38 김혜경, 〈제3장 '어린이기'의 형성과 '모성'의 재구성〉, 서울대 여성연구소 편, 앞의 책, 93~105쪽.

39 일본 유학을 경험한 조선 신여성의 변신 과정은 박선미, 〈제7장 여자유학생의

귀국 후 역할-현모양처론의 보급을 중심으로〉, 《근대 여성, 제국을 거쳐 조선으로 회유하다》, 창비, 2007 참조.

40 이광수, 앞의 글, 19쪽.

41 '가족을 돕는 아이들'의 초라하고 힘겨운 행색을 포착한 이런저런 사진에 대해서는 박현순 외, 《서양인이 만든 근대 전기 한국 이미지 Ⅱ: 코리안의 일상》, 청년사, 2009, 44~46쪽 참조.

42 임경화, 〈민족의 소리 〈아리랑〉의 창출〉, 김시업 외, 앞의 책, 501~516쪽.

43 이재원, 앞의 책, 134쪽.

44 이재원, 앞의 책, 40쪽. 이 말은 선善으로서의 프랑스를 표상하는 가치이자 구호이다. 이와 반대되는 것은 정복당한 민족이 보여주는 악으로, 식민지의 '반계몽주의' '야만' '기이함'이다.

45 이상의 내용은 이경민, 《기생은 어떻게 만들어졌는가》, 199쪽.

46 천정환, 《근대의 책 읽기-독자의 탄생과 한국 근대문학》, 푸른역사, 2003, 337쪽.

47 천정환, 앞의 책, 339쪽.

48 더욱 자세한 내용은 에드워드 사이드, 박홍규 역, 《오리엔탈리즘》, 교보문고, 1999, 106~108쪽 참조.

49 H. B. 헐버트, 신복룡 역, 《대한제국멸망사》, 집문당, 1999, 293쪽.

50 한일비교문학세미나 편역, 〈변기 세척〉, 앞의 책, 132~134쪽.

51 〈변기(요강)와 세면기의 잡거〉에 대한 산문 인용은 한일비교문학세미나 편역, 〈변기와 세면기〉, 앞의 책, 137~138쪽.

52 清水勳, 〈圖 35: 横浜-近代的な港と比較して諷刺される者〉, 《風刺畵で讀み解く近代史》, 三笠書房, 2015, 124~126頁.

53 알랭 코르뱅, 앞의 책, 289쪽. 아래의 향기를 통한 동물성 위협 감소와 여성의 욕망에 대한 억압 이야기도 같은 곳에서 참조한다.

54 시미즈 이사오清水勳, 박미경 외 역, 《메이지 일본의 알몸을 훔쳐보다-프랑스인 풍자화가 조르주 비고가 본 근대일본》, 어문학사, 2008, 136~138쪽.

55 Eleanor M. Hight, Op.cit., p. 151.

56 E. Taylor Atkins, "Ethnography as Self-Reflection", *Primitive Selves: Korea in the Japanese Colonial Gaze, 1910-1945*, Univ. of California Press, 2010, pp. 97~98.

57 하마다 마야濱田麻矢, 〈민국문학 가슴 재기〉, 다케다 마사야武田雅哉 편, 김경원 역, 《성스러운 유방사-어떻게 가슴은 여성의 '얼굴'이 되었는가?》, 아르테,

2019, 154~159쪽.

58 하마다 마야, 앞의 글, 163쪽.

59 下川耿史, 前掲書, 1995. 이후의 근현대 일본 포르노그래피에 대한 기록과 해석도 이 책의 25~40쪽에서 이런저런 도움을 받았다.

60 Eleanor M. Hight, Op. cit., p. 152.

61 가와무라 구니미쓰川村邦光, 손지연 역, 《섹슈얼리티의 근대—일본 근대 성가족의 탄생》, 논형, 2013, 171쪽.

제9장 기생의 미, 만들어진 슬픔과 웃음

1 〈기생의 거주 제한과 숭신인조합의 해산을 교섭 평양청년의 풍기숙청운동〉, 《동아일보》 1923년 7월 19일 자.

2 장유정, 〈20세기 전반기 기생 소재 대중가요의 노랫말 분석〉, 《한국문화》 35집, 서울대 규장각한국학연구원, 2005, 34~35쪽.

3 권보드래, 《연애의 시대》, 현실문화연구, 2003, 189쪽.

4 서지영, 《역사에 사랑을 묻다》, 이숲, 2011, 255쪽.

5 필리프 아리에스, 이종민 역, 《죽음의 역사》, 동문선, 2002, 42~43쪽.

6 주디스 버틀러, 양효실 역, 《불확실한 삶—애도와 폭력의 권력들》, 경성대출판부, 2008, 49쪽.

7 이난향, 〈명월관〉, 중앙일보 · 동양방송 편, 《남기고 싶은 이야기들》, 중앙일보 · 동양방송, 1977, 554쪽.

8 김자야, 《내 사랑 백석》, 문학동네, 2019, 119~121 · 130~131 · 219~224쪽.

9 편집부, 〈명장 박녹주의 예술과 비운의 사랑〉, 《구한말 기생 이야기》, 한국콘텐츠진흥원 문화콘텐츠닷컴(https://www.culturecontent.com).

10 사카이 나오키酒井直樹, 최정옥 역, 《일본, 영상, 미국》, 그린비, 2008, 50쪽.

11 田邊尙雄, 《中國 · 朝鮮音樂調査紀行》, 音樂之友社, 1970, 85頁. 여기서는 이경민, 앞의 책, 116쪽.

12 장연화, 〈문학기생의 고백〉, 《삼천리》 1934년 5월호, 141쪽.

13 누자淚子, 〈스러지는 청춘〉, 《장한》 1927년 2월호, 6쪽.

14 김채봉, 〈첫소리〉, 《장한》 1927년 1월호(창간호), 12쪽.

15 사카이 나오키, 앞의 책, 42쪽.

16 근대적 기생제도의 재편 양상에 대해서는 서지영, 〈식민지 시대 기생 연구(Ⅰ)—

기생집단의 근대적 재편 양상을 중심으로〉, 《정신문화연구》 99호, 2005 전반을 참조.

17 일제의 기생 및 창기 단속령과 위생 담론에 대해서는 이경민, 앞의 책, 60~71쪽 참조.

18 〈기생에 '조히광대'〉, 《매일신보》 1941년 7월 29일 자.

19 당시의 '종이연극'에 대해서는, 권희주, 〈식민지 조선의 '가미시바이' 시각미디어를 이용한 정보선전을 중심으로〉, 《일본학보》 105호, 한국일본학회, 2015 및 문경연, 〈일제 말기 종이연극紙芝居의 실연實演과 제국의 이벤트Ⅱ〉, 《돈암어문학》 36호, 돈암어문학회, 2019 참조.

20 Eleanor M. Hight, "The Many Lives of Beato's "beauties"", Eleanor M. Hight & Gray D. Sampson edi., *Colonialist Photography: Imag(in)Ing Race and Place*, London and New York:Routledge, 2004, p. 144.

21 서지영, 앞의 글, 269쪽.

22 나카네 타카유키, 앞의 책, 185쪽.

23 다카하마 교시高浜虚子, 김영식 역, 《조선》, 소명출판, 2015, 33쪽.

24 柏木博, 《肖像のなかの權力》, 平凡社, 1987, 76頁.

25 강상중, 이경덕 · 임성모 역, 《오리엔탈리즘을 넘어서》, 이산, 1997, 89쪽.

26 師尾源藏, 《新朝鮮風土記》, 萬里閣書房, 1930, 59頁.

27 이각규, 〈경제 불황 속에 개최된 시정 20주년 기념 1929년 조선박람회〉, 앞의 책, 304쪽. 〈조선박람회가〉는 317쪽 참조.

28 강상중, 이경덕 · 임성모 역, 《오리엔탈리즘을 넘어서》, 이산, 1997, 90쪽.

29 공진회 포스터에 동원된 기생 이미지의 전략과 효과에 대해서는 이경민, 앞의 책, 146~148쪽.

30 吉川萍水, 《妓生物語－裏から覗いた朝鮮》, 半島自由評論社, 1932, 1頁 및 12~13頁. 번역본으로는 《조선기생 관찰기》, 민속원, 2013 참조.

31 한일비교문화세미나 편역, 〈단단히 좋소〉, 앞의 책, 64~66쪽.

32 한일비교문화세미나 편역, 〈하이칼라 기생〉, 앞의 책, 52~54쪽.

33 권숙인, 〈식민지 조선의 일본인 화류계 여성－한 게이샤 여성의 생애사를 통해 본 주변부 여성 식민자〉, 《사회와 역사》 103호, 한국사회사학회, 2014, 168쪽.

34 먼 곳으로 순례를 떠나 이상스럽고 특이한 이야기, 에로틱한 모험담, 위험했던 사건들에 관한 이야기를 가득 안고 귀환하는 서구 남성 여행자를 지칭하는 말. 김현미, 〈식민권력과 섹슈얼리티: 19세기 서구 여성의 여행기에 나타난 담론들을 중심으로〉, 《비교문화연구》 9집 1호, 서울대 비교문화연구소, 2003,

176쪽 참조.

35 矢野干城 · 森川清人, 《新版大京城案內》, 京城都市文化硏究所, 1936, 159頁.

36 윤백남, 〈예술상으로 본 녯 기생 · 지금 기생〉, 《삼천리》 1935년 10월호, 198~201쪽.

37 이태준, 〈기생과 시문〉, 《무서록》, 박문서관, 1942(재판), 135~142쪽.

38 일기자一記者, 〈경성의 화류계〉, 《개벽》 1924년 6월호, 99쪽.

39 한청산, 〈기생 철폐론〉, 《동광》 1931년 12월호, 56~59쪽.

40 Sara Mills, *Discourses of Difference: An Analysis of Women's Travel Writing and Colonialism*, Routledge, 1991, p. 59. 김현미, 앞의 글, 176쪽 재인용.

41 이재옥, 〈1930년대 기생의 음악활동 고찰〉, 《한국음악사학회》 30집, 한국음악사학회, 2003, 601~614쪽.

42 편집부, 〈엇더한 《레코-드》가 금지를 당하나〉, 《삼천리》 1936년 4월호, 268~275쪽.

43 민족문제연구소 편, 《일제하 전시체제기 정책사료 총서》 2, 한국학술정보, 2000, 293쪽.

44 〈아리랑〉 금지 처분에 대한 논의는 이준희, 〈일제 시대 음반검열〉, 검열연구회, 《식민지 검열, 제도 · 텍스트 · 실천》, 소명출판, 2011이 유익하다.

45 나운규, 〈〈아리랑〉과 사회와 나〉, 《삼천리》 1930년 7월호, 53쪽.

46 편집부, 〈엇더한 《레코-드》가 금지를 당하나〉, 269쪽.

47 김재철, 〈민요 《아리랑》에 대하야〉 (2)~(3), 《조선일보》 1937년 7월 12일 자 및 15일 자.

48 이 부분에 대한 힌트는 임경화, 〈민족의 소리 〈아리랑〉의 창출〉, 김시업 외, 앞의 책, 492~501쪽 참조.

49 이 단락의 두 내용은 임경화, 앞의 글, 514~515쪽 참조.

50 田島太秀, 〈アリラン漫畫〉, 《アリラン》 33號, 1931. 7, 138~139頁. 여기서는 단국대 동양학연구소, 《구비문학 관련 자료집-한국어 · 일본어잡지편 3》, 민속원, 2007, 1203~1204쪽.

51 田島泰秀, 《溫突夜話》, 教育普成, 1923. 《조선어학사》(1920)로 유명했으며 몇 년 뒤 경성제대 교수로 재직하게 되는 관변학자 오쿠라 신페이小倉進平는 〈서문〉을 통해 조선의 '웃음' 연구에 주목한 이 책이 조선인의 심리 일반을 파고들 때 유용한 민족학지라고 상찬했다.

52 직접 인용문은 에드워드 사이드, 《문화와 제국주의》, 57쪽.

53 나카니시 이노스케中西伊之助, 《적토에 움트는 것赭土に芽ぐむもの》(1922)의 일절. 나카네 타카유키, 앞의 책, 226쪽 재인용.

54 〈조선미술전람회〉의 '여성 표상'에 대해서는 이케다 시노부池田忍 · 김혜신, 〈식민지 '조선'과 제국 '일본'의 여성 표상〉, 요시미 슌야吉見俊哉 외, 연구공간 수유+너머 '일본 근대와 젠더 세미나팀' 역, 《확장하는 모더니티—1920~30년대 근대 일본의 문화사》, 소명출판, 2007, 272쪽.

55 다니엘 부어스틴, 앞의 책, 151쪽.

56 〈아리랑〉 가사는 차례로 金志淵, 前揭書, 69頁, 97頁, 61頁, 5頁.

57 에드워드 사이드, 앞의 책, 298 · 301쪽.

58 박민일 · 신현규, 〈전통공연 계승의 관점에서 본 권번 기생 고찰〉, 《엽서 속의 기생 읽기》, 국립민속박물관, 2009, 180쪽.

59 柏木博, 前揭書, 79頁.

60 연구공간 수유+너머 근대매체연구팀, 《신여성》, 한겨레신문사, 2005, 151~179쪽.

61 '향기로운 텍스트'를 변형한 말이다. 쓰보이 히데토坪正秀人, 박광현 외 역, 《감각의 근대—소리 · 신체 · 표상》, 어문학사, 2018, 297쪽.

62 송금선, 〈현대 여성과 직업여성〉, 《신여성》 1933년 4월호, 47쪽.

63 E. Taylor Atkins, "The First Wave", *Primitive Selves: Koreana in The Japanese Colonial Gaze*, University of California Press, 2010, p. 177.

64 수전 손택, 이재원 역, 《사진에 관하여》, 이후, 2005, 23쪽.

65 이경민, 앞의 책, 199쪽.

66 《기생—염자팔태》 전편에 대한 소개는 최인택, 〈일제침략기 사진그림엽서를 통해본 기생 기억〉, 동아대학교 역사인문이미지연구소 편, 앞의 책, 203~210쪽 참조.

67 〈에로 · 그로 · 넌센스 난무한 제 첨단상 (1)〉, 《조선일보》 1931년 1월 2일 자.

68 다니엘 부어스틴, 앞의 책, 205쪽.

69 청의동자青衣童子, 〈명기名妓 영화사榮華史 (한성권번)〉, 《삼천리》 1936년 8월호, 216쪽.

70 미리엄 실버버그, 강진석 외 역, 《에로틱 그로테스크 넌센스—근대 일본의 대중문화》, 현실문화, 2014, 137쪽.

71 〈급각도로 전락된 변태적 조선 기생〉, 《매일신보》 1932년 6월 14일 자.

72 미리엄 실버버그, 앞의 책, 174쪽.

73 미리엄 실버버그, 앞의 책, 175쪽.

74 吉川萍水, 前掲書, 173~174頁, 아래서도 15頁, 171頁 인용.

75 박형지 · 설혜심, 앞의 책, 159쪽.

76 가와무라 미나토川村湊, 유재순 역, 《말하는 꽃 기생》, 소담출판사, 259~264쪽.

77 林葉子, 〈《滿洲日報》にみる〈踊る女〉－滿洲建國とモダンガール〉, 生田美智子 編, 《女たちの滿洲－多民族空間を生きて》, 大阪大學出版會, 2015, 158頁.

78 이 단락의 '내선결혼'에 대해서는 이정선, 《동화와 배제－일제의 동화정책과 내선결혼》, 역사비평사, 2017, 437~441쪽 참조.

79 타자의 정형화가 초래하는 현상과 모순에 대해서는 피터 버크, 박광식 역, 《이미지의 문화사－역사는 미술과 어떻게 만나는가》, 심산, 2005, 207~223쪽 참조.

80 《기생정서》 전편에 대한 소개는 최인택, 앞의 글, 215~219쪽 참조.

81 하시모토 히로시濱本浩 외, 〈새로운 조선에 관한 좌담회〉, 윤소영 외 역, 《일본잡지 모던 일본과 조선 1939－완역 〈모던 일본〉조선판 1939년》, 2007, 132쪽.

82 하시모토 히로시 외, 앞의 글, 154쪽.

83 서지영, 〈표상, 젠더, 식민주의: 제국 남성이 본 조선 기생〉, 《아시아여성연구》 48권 2호, 숙명여대 아시아여성연구원, 2009, 80~81쪽.

84 하시모토 히로시 외, 앞의 글, 153쪽.

85 미리엄 실버버그, 앞의 책, 412~413쪽.

86 피터 버그, 앞의 책, 52~53쪽.

87 吉川萍水, 前掲書, 165~168頁, 172頁.

88 吉川萍水, 前掲書, 1頁.

89 편집부, 〈평양출생 명기로서의 레코드 가수들〉, 《삼천리》 1936년 8월호, 232~233쪽. 1930년대 기생들의 음악 활동에 대해서는 김진경, 〈방송 출연과 음악취입을 통한 음악활동〉, 《국악교육》 29호, 국악교육학회, 2010 전반을 참조.

90 이서구, 〈서울 맛 · 서울 정조情調－경성의 짜쓰〉, 《별건곤》 1929년 10월호, 32 · 35쪽.

91 망중한인忙中閑人, 〈보는대로 듯는대로 생각나는대로〉, 《동아일보》 1926년 8월 8일 자.

92 사카이 나오키의 말을 참조하여 제국과 식민지 남녀의 연애 관계를 조선과 일본, 그 통합체로서 '샤미센 기생'의 이미지에 맞게 변형한 말이다. 사카이 나오키, 앞의 책, 43쪽.

93 민족문제연구소, 〈식민 통치 미화와 치적 선전〉, 《식민지 조선과 전쟁미술－전시체제와 민중의 삶》, 35쪽.

94 모로코 총독과 프랑스 총사령관을 역임한 리요테 원수의 말로, 이재원, 앞의 책, 33쪽 참조.

95 사카이 나오키, 앞의 책, 125쪽.

96 이난향, 앞의 글, 622쪽.

97 〈한 번 휴업한 기생〉, 《매일신보》 1941년 2월 5일 자.

98 이난향, 앞의 글, 625~626쪽.

99 사카이 나오키, 앞의 책, 77쪽.

제10장 조선남성의 일상과 노동, 그리고 유희

1 피터 버거 외, 이종수 역, 《고향을 잃은 사람들-근대화의 의식구조》, 한벗, 1981, 63쪽.

2 임홍빈, 《수치심과 죄책감-감정론의 시도》, 바다출판사, 2013, 217쪽.

3 이런 사실이 집약된 사진자료집으로는 박현순 외, 앞의 책 참조.

4 한일비교문화세미나 편역, 〈우하牛下의 낮잠〉, 앞의 책, 107~108쪽.

5 한일비교문화세미나 편역, 〈요보의 주머니〉, 앞의 책, 130~131쪽.

6 한일비교문화세미나 편역, 〈돈 계산〉, 앞의 책, 123~124쪽.

7 이곳과 다음 단락에서 인용하는 조선인의 부정적 면모는 나카네 타카유키, 앞의 책, 209~225쪽 참조.

8 염운옥, 《낙인찍힌 몸-흑인부터 난민까지, 인종화된 몸의 역사》, 돌베개, 2019, 84~94쪽 참조.

9 〈빈곤층 가족의 연간 농업 노동, 재생산 노동, 총노동 배치 상황(1930년대 초)〉, 조선농회, 《농가경제조사(경기)》(1930), 여기서는 문소정, 앞의 논문, 34쪽.

10 德富健次郎, 《死の蔭に》, 大江書房, 1917, 453~454頁. 여기서는 나카네 타카유키, 앞의 책, 212쪽.

11 곽형덕, 〈김사량의 일본어 소설 생성과정 연구-〈풀숲 깊숙이〉와 〈산의 신들〉을 중심으로〉, 《현대문학의연구》 39호, 한국문학연구학회, 2009, 257쪽.

12 夏目漱石, 《漱石全集》 第11卷, 岩波書店, 1975, 590頁. 여기서는 나카네 타카유키, 앞의 책, 219쪽.

13 김민철, 《기로에 선 촌락-식민권력과 농촌사회》, 혜안, 2012, 19쪽.

14 신동규, 〈조선총독부의 '시정기념 사진그림엽서'로 본 식민지 지배의 선전과 왜곡〉, 동아대학교 역사인문이미지연구소 편, 앞의 책, 46~52쪽.

15 한일비교문화세미나 편역, 〈요보의 톱질〉, 앞의 책, 115~116쪽.

16 더욱 자세한 내용은 이각규, 〈대한제국의 박람회와 일본박람회의 조선인 전시〉, 앞의 책, 68~87쪽 참조.

17 앞의 기사는 《동아일보》 1928년 6월 7일 자, 뒤의 기사는 1939년 6월 30일 자.

18 〈경성제빙회사 창립 결정〉, 《동아일보》 1936년 3월 3일 자.

19 정지용, 〈다방 〈고마도리〉 안에 연지 찍은 색시들〉, 《삼천리》 1938년 5월호, 243~245쪽.

20 김백영, 〈제국의 스펙터클 효과와 식민지 대중의 도시 경험－1930년대 서울의 백화점과 소비문화〉, 《사회와 역사》 75집, 한국사회학회, 2007, 77쪽.

21 김소연, 앞의 글, 133쪽.

22 한일비교문화세미나 편역, 〈엿장수飴賣〉, 앞의 책, 81~82쪽.

23 김철, 〈식민지기의 인구와 경제〉, 최원규 편, 《일제말기 파시즘과 한국사회》, 청아출판사, 1988, 123쪽.

24 이에 대해서는 김서은 · 김순전, 〈식민지 경제형 인간 육성〉, 김순전 외, 《일제강점기 일본어교과서 《國語讀本》을 통해 본 식민지 조선 만들기》, 제이앤씨, 2012, 284~285쪽.

25 김순전 외 편, 《조선총독부 초등학교 수신서 원문 (상)》, 제이앤씨, 2006, 131~132쪽. 4학년용 《수신서》에 '제십이과 정민혁(一): 효행' 및 '제십삼과 정민혁(二): 근검'으로 실렸다.

26 이를 문제 삼은 연구로는 박제홍, 〈〈唱歌書〉에 나타난 修身 교육〉, 김순전 외, 《제국의 식민지 창가－일제강점기 唱歌 교과서 연구》, 제이앤씨, 2014, 306~311쪽 참조.

27 《보통학교 창가서》(조선총독부, 1920) 제3학년용에 '니노미야'가, 제4학년용에 '정민혁'이 실려 있다. 가사는 김순전 외 편, 《초등학교 唱歌 교과서 대조번역 (상)》, 제이앤씨, 2013, 243쪽 및 319쪽 인용.

28 서영인, 〈일제 말기 생산소설 연구－강요된 국책과 생활현장의 리얼리티〉, 《비평문학》 41호, 한국비평문학회, 2011, 145쪽.

29 최재서, 〈국책과 문학〉, 《인문평론》 1940년 4월호, 3쪽.

30 '경성의 취미화' 과정에 대해서는 문경연, 《취미가 무엇입니까》, 돌베개, 2019, 153쪽 참조. 뒤의 '취미' 관련 인용과 서술도 여기서 취했다.

31 최남선, 〈고상한 쾌락〉, 《청춘》 6호, 1915. 3, 51~55쪽.

32 한일비교문화세미나 편역, 〈조선 장기〉, 앞의 책, 71~73쪽.

33 진노 유키, 앞의 책, 30쪽.

34 문경연, 앞의 책, 159~161쪽.

35 편집부, 〈조선시대 구멍낚시하는 평민 남자〉, 《한국의 고유복식》, 한국콘텐츠진흥원 문화콘텐츠닷컴.(http://www.culturecontent.com)

36 한일비교문화세미나 편역, 〈매복 선생〉, 앞의 책, 147~149쪽.

37 이방원, 〈일제하 미신에 대한 통제와 일상생활의 변화〉, 《동양고전연구》 24호, 동양고전학회, 2006, 287~293쪽.

38 류미나, 〈식민지권력에의 '협력'과 좌절－경학원과 향교 및 문묘와의 관계를 중심으로〉, 《한국문화》 36집, 서울대 규장각한국학연구원, 2005, 162쪽.

39 이에 대해서는 츠보이 히데토坪井秀人, 임경화 역, 〈국민의 소리로서의 민요〉, 임경화 편저, 앞의 책, 149쪽.

40 송석하, 〈조선의 향토예술－간단한 사적史的 경개〉, 《조선일보》 1938년 4월 21일 자.

41 김광식, 〈송석하의 민속 및 민속학 개념의 전개 양상〉, 《실천민속학연구》 30호, 실천민속학회, 2017, 24쪽.

42 더욱 자세한 내용은 이하나, 〈일제강점기 '모범 부락' 정책과 조선농촌의 재편〉, 《학림》 19권, 연세사학연구회, 1998, 130쪽.

43 '무대화된 민속'과 봉산탈춤의 연관성은 이상현, 〈일제강점기 '무대화된 민속'의 등장 배경과 특징〉, 《비교민속학》 35집, 비교민속학회, 2008 곳곳 참조.

44 츠보이 히데토, 앞의 글, 149쪽.

제11장 팔굉일우·총력전·군국예술로의 길

1 〈사범학교 규정〉, 《조선총독부령 제17호》, 1922년 2월 23일.

2 이 글에서 활용하는 조선총독부 음악 교과서는 《초등창가》(1939~1941), 《みくにのうた(우리나라 노래)》(1939), 《초등음악》(1943~1944)이다. 번역본은 김순전 외, 《초등학교 唱歌 교과서 대조번역》 (중)~(하), 제이앤씨, 2013을 사용한다. 인용 노래는 본문에 '(제목, 인용 책(로마자), 인용 면)'의 형식으로 직접 밝혀두는데, Ⅰ이 (중), Ⅱ가 (하)이다.

3 최일남, 〈어떤 일본 문학 산책〉, 《풍경의 깊이 사람의 깊이》, 문학의문학, 2010.

4 와카쿠와 미도리若桑みどり, 손지연 역, 《전쟁이 만들어낸 여성상》, 소명출판, 2011, 229쪽.

5 早川タダノリ, 〈靖國の聖母子像〉, 《神國日本のドンデモ決戰生活》, 30~31頁.

6 이에 대해서는 早川タダノリ, 《〈愛國〉の技法—神國日本の愛のかたち》 전반 참조.

7 이중연, 《'황국신민'의 시대》, 혜안, 2003, 112쪽.

8 최남선, 〈백두산근참〉 87, 《동아일보》 1927년 1월 21일 자.

9 〈장백밀림을 근거로 국경선에 출몰〉, 《동아일보》 1937년 6월 8일 자.

10 직접 인용 및 〈천국과 지옥〉 포스터에 대해서는 貴志俊彦, 前揭書, 89~99頁 참조.

11 早川タダノリ, 〈ローマ字・英字を追放せよ〉, 《神國日本のドンデモ決戰生活》, 168~169頁.

12 조지 모스, 앞의 책, 44쪽.

13 양주삼, 〈학도여 성전에 나서라 (4): 호반虎班전통을 창조—적국의 학생병을 치자〉, 《매일신보》 1943년 11월 9일 자.

14 김예림, 〈치안, 범법, 탈주 그리고 이 모든 사태의 전후—학병 로망으로서의 《청춘극장》과 《아로운》, 《대중서사연구》 24, 대중서사학회, 2010, 56쪽.

15 早川タダノリ, 〈〈靖國の精神〉で逝こう!〉, 《神國日本のトンデモ決戰生活》, 14~15頁.

16 김용철, 〈중일전쟁기 일본의 전쟁화〉, 강태웅 외 편, 《싸우는 미술—아시아 · 태평양전쟁과 일본미술》, 아연출판부, 2015, 27쪽.

17 기타하라 메구미北原惠, 〈하세가와 하루코長谷川春子와 여류 미술가봉공대〉, 강태웅 외 편, 앞의 책, 93쪽.

18 이에 대해서는 민족문제연구소, 〈일제 침략전쟁과 동원미술〉, 《식민지 조선과 전쟁미술—전시체제와 민중의 삶》, 민족문제연구소, 2004, 159~231쪽 곳곳 참조.

19 재조 일본화가 명단에서 확인되지 않는 낙관 '극'의 사용자는 중국 대륙과 만주 대상의 전쟁화를 도맡고 있어 그 일대에 파견된 종군화가로 보인다.

20 〈화단의 신 발족! 작일昨日, 경성미술가협회 결성식 거행〉, 《매일신보》 1941년 2월 23일 자.

21 조선의 시국미술 작가 및 전시회 등에 대한 다양한 정보와 작품은 이정윤, 〈일제 말기 '시국 미술' 연구, 홍익대 대학원 석사논문, 2001 및 김용철, 〈아시아태평양전쟁가 식민지 조선의 전쟁화와 프로파간다〉, 《일본학보》 109권, 한국일본학회, 2016 참조.

22 최열, 〈친일미술 연구의 역사〉, 민족문제연구소, 앞의 책, 217쪽.

23 오오누키 에미코大貫惠美子, 이향철 역, 《죽으라면 죽으리라－카미카제 특공대의 사상과 행동》, 우물이있는집, 2007, 11쪽.

24 早川タダノリ, 〈米 本土 空襲〉, 《神國日本のトンデモ決戰生活》, 90~91頁.

25 〈숫자에 나타난 국방열〉, 《동아일보》 1937년 10월 24일 자.

26 김인호, 〈《반도의 총후전》을 통해서 본 조선인의 국방 헌납〉, 《역사와 경계》 93호, 부산경남사학회, 2014, 135쪽.

27 서정주, 〈마쓰이 오장 송가〉, 《매일신보》 1944년 12월 9일 자. 그 외의 송가는 노천명, 〈신익神翼－마쓰이 오장 영전에〉, 《매일신보》 1944년 12월 6일 자., 향산광랑香山光郎(이광수), 〈〈적 함대 찾았노라〉－신병神兵 마쓰이 오장을 노래함〉, 《신시대》 1944년 12월호 16~17쪽.

28 《조선군 위문엽서》에 실린 와카들은 재조 일본가인들이 발행한 《朝鮮風土歌集》(市山盛雄 編, 東京: 眞人社, 1934)에서 취한 것들이다. 여기 실린 경성부 관련 와카는 엄인경 · 김보현 편역, 《단카短歌로 보는 경성 풍경》에서도 볼 수 있다. 번역시가 몇몇은 여기서 인용했다.

29 早川タダノリ, 〈爆彈かかえて突っ込 もう〉, 《〈愛國〉の技法－神國日本の愛のかたち》, 40~41頁.

30 早川タダノリ, 〈主婦知友的決戰生活〉, 《神國日本のトンデモ決戰生活》, 116~117頁.

31 1942년 8월~1943년 1월 당대를 대표하던 대중잡지 《조광》, 《신시대》, 《춘추》에 실린 표지화의 주제들이다. 표지와 설명은 한민주, 《권력의 도상학－식민지 시기 파시즘과 시각 문화》, 소명출판, 2013, 334~335쪽 참조.

32 〈승리의 길로－대동아전 제4년〉, 《매일신보》 1944년 12월 4일 자.

33 〈아들의 지원병에 어머니 각성이 필요〉, 《동아일보》 1939년 5월 14일 자.

34 〈일반 국민정신의 앙양과 국민정신 발양 고창〉, 《동아일보》 1939년 6월 29일 자.

35 〈나팔 소리에 보무당당 장관의 학생 분열식〉, 《동아일보》 1940년 3월 11일 자.

36 〈명예의 전사한 두 지원병 훈련소에서 고별식〉, 《동아일보》 1939년 10월 3일 자.

37 '군인 원호'의 정치성을 군신 숭배, 이인석의 전사와 관련시켜 논의한 글로는 한민주, 앞의 책, 220~234쪽.

38 〈결전 군인 원호 격문〉(포스터), 〈매일신보〉 1943년 10월 3일 자. 이 면은 '군인 원호주간' 특집으로, 전몰－상이군인과 가족 원호에 대한 장성의 호소문,

관계자 좌담회, 모범선행자 표창을 비롯하여, 비행기 '공직자호' 헌납, 중국 상하이의 징병제 감사 봉고제 등의 기사가 실렸다.

39 早川タダノリ, 〈兵隊さんに手紙を書こう〉, 《〈愛國〉の技法－神國日本の愛のかたち》, 80~81頁.

40 〈소학교 생도들이 편지로 위문〉, 《동아일보》 1939년 8월 3일 자.

41 허병식, 〈폐허의 고도와 창조된 신도神都〉, 황종연 편, 《고도의 근대》, 290~300쪽.

42 早川タダノリ, 〈かなしきニコニコ慰問帖〉, 《神國日本のトンデモ決戰生活》, 176~177頁 및 〈慰問袋はデパートで〉, 同書, 178~179頁.

43 〈국경 격원지 수비병 헌병 경찰관 위문대 모집〉, 《매일신보》 1920년 2월 13일 자.

44 〈전선에 위문대를 보내자〉, 《매일신보》 1944년 9월 12일 자.

45 〈총후단심을 위문대에 휼병의 금품 보내자〉, 《매일신보》 1943년 7월 10일 자.

46 〈위문대 속에 반전 격문!〉, 《조선중앙일보》 1933년 3월 15일 자.

47 당시의 신문과 잡지에서는 "まごころこめて"(진심을 담아)라는 구호 아래 "大和魂"(대화혼) 세 글자의 천인침을 뜨는 조선 부녀자의 사진이 적잖게 찾아진다. 사진 예시는 한민주, 앞의 책, 240~241쪽 참조.

48 早川タダノリ, 〈ロリ系慰問繪はがきを戰地に送ろう〉, 《〈愛國〉の技法－神國日本の愛のかたち》, 76~77頁. 'ロリ系'는 '로리타 계열', 곧 '어린 소녀'를 뜻한다. 미성년의 소녀들을 성적 환상과 대상으로 삼는 남성적 욕망을 지칭하는 '로리타 콤플렉스'와 연동된 말이다.

49 SBS방송국, 〈집사부일체〉 26회 '고두심 편', 2018년 7월 1일 방영.

50 에릭 홉스봄, 〈전통들을 발명해내기〉, 에릭 홉스봄 외, 박지향 · 장문석 역, 《만들어진 전통》, 휴머니스트, 2004, 33쪽.

51 하루오 시라네, 〈창조된 고전－정전 형성의 패러다임과 비평적 전망〉, 하루오 시라네Haruo Shirane · 스즈키 토미鈴木登美 편, 왕숙영 역, 《창조된 고전》, 소명출판, 2002, 39쪽.

52 하루오 시라네, 앞의 글, 40쪽.

53 1)의 와카는 김억, 《선역鮮譯 애국백인일수－부附 우국유주백수》, 한성도서주식회사, 1944, 43쪽, 2)의 와카는 같은 책, 48쪽에서 인용.

54 日本文學報國會 推奬, 《愛國百人一首繪はがき》 第6輯, 大阪帝國紙工株式會社, 발행 시기 미상.

55 박상현 · 미네자키 토모코, 〈화가 마쓰모토 모리마사松本盛昌 연구－'애국백인

일수' 그림엽서를 중심으로〉, 《일본근대학연구》 66호, 한국일본근대학회, 2019, 52면, 54~56쪽 참조.

56 앞의 직접 인용을 포함한 이상의 정보는 〈애국백인일수 강연 낭영과 전람회〉, 《매일신보》 1943년 1월 6일 자.; 〈애국백인일수전 연맹주최로 강연과 낭영회도 개최〉, 같은 신문, 1943년 1월 8일 자.; 〈애국백인일수회 17일 체신사업관서 낭영과 강연〉, 같은 신문, 1943년 1월 16일 자; 〈애국백인일수 가루다회－8일 오후 1시 숙명여전에서〉, 같은 신문, 1943년 3월 8일 자 참조.

57 박상현, 〈식민지 조선에서의 '애국백인일수' 수용 양상 연구－'애국백인일수' 전람회를 중심으로〉, 《일본문화연구》 58호, 동아시아일본학회, 2016, '제3장 '애국백인일수' 전람회와 김은호' 참조.

58 김억의 《선역 애국백인일수》에 대한 기초연구로는 임선묵, 〈《선역 애국백인일수』 고攷: 안서岸曙 문학 일반〉, 《국문학논총》 10, 단국대 국어국문학과, 1981 및 박상현, 〈와카 번역사적 위치－《선역애국백인일수》〉, 《동아시아고대학》 40, 동아시아고대학회, 2015가 유익하다.

59 테인스 레인저, 〈식민지 아프리카에서 전통의 발명〉, 에릭 홉스봄 외, 앞의 책, 408쪽.

60 早川タダノリ, 〈小學生の裸乾布摩擦に目を細める文部省視察官〉, 《〈日本スゴイ〉のディストピア━戰時下自畵自讚の系譜》, 青弓社, 2016, 57~58頁.

61 早川タダノリ, 〈國民總動員のパフォーマンス〉, 《神國日本のトンデモ決戰生活》, 142頁.

에필로그

1 柏木博, 前掲書, 13頁.

2 사카이 나오키, 앞의 책, 43쪽.

3 피터 버크, 앞의 책, 102쪽.

4 이재원, 앞의 책, 41쪽.

5 조선총독부, 《초등창가》 제6학년용, 조선서적인쇄주식회사, 1941, 34쪽.

6 이재원, 앞의 책, 171~172쪽.

7 '풍속인형'이라는 말에서 짐작되듯이 일제 문화자본은 사진엽서에 등장하는 가난한 장삼이사들과 아리따운 기생들을 작은 인형으로 만들어 여행 기념물이나 선물로 구입할 수 있도록 조치했다.

8 조선총독부, 〈소년전차병〉, 《초등음악》 제4학년용, 조선서적인쇄주식회사, 1943, 71쪽. 여기서는 김순전 외, 《초등학교 창가 교과서 대조번역(하)》, 제이앤씨, 2013, 277쪽.

9 〈少國民進軍歌〉, 長田曉二 編, 《戰爭が遺した歌—歌が明かす戰爭の背景》, 全音樂譜出版社, 2015, 662頁.

10 염운옥, 앞의 책, 175~179쪽.

11 일본 후생성 인구문제연구소 보고서의 일절. 여기서는 이정선, 앞의 책, 392쪽 재인용.

12 권혁희, 앞의 책, 56쪽.

13 쟈크 데리다, 남수인 역, 《환대에 대하여》, 동문선, 2004, 67쪽.

[기초자료]

이인직, 《혈의 루》, 광학서포, 1907.
公六(최남선), 《한양노래》, 신문관, 1908.
신채호, 〈독사신론讀史新論〉《대한매일신보》, 1908년 8월 27일~1908년 12월 13일.
최남선, 〈고상한 쾌락〉, 《청춘》 6호, 1915. 3.
해동초인, 〈교남嶠南의 명승과 고적〉, 《반도시론》, 1917년 12월호.
이광수, 〈민족개조론〉, 《개벽》 제23호, 1922. 5.
염상섭, 〈묘지〉, 《신생활》 제9호, 1922. 9.
일기자一記者, 〈경성의 화류계〉, 《개벽》 1924년 6월호.
이광수, 〈모성 중심의 여자교육〉, 《신여성》 제3권 제1호, 1925.
《장한》 제1년 제1호~제2호, 장한사, 1927.
이성환, 〈조선의 농촌 여성〉, 《조선 농민》 제3권 9호, 1927. 9.
최남선, 《조선유람가》, 한성도서, 1928.
김형원,〈금강잡기〉, 《조선지광》 1929년 8월호.
이서구, 〈서울맛 · 서울정조情調-경성의 짜쓰〉, 《별건곤》 1929년 10월호.
나운규, 〈〈아리랑〉과 사회와 나〉, 《삼천리》 1930년 7월호.
함윤성, 〈시대상-촌언철어寸言鐵語〉, 《실생활》 1931년 8월호.

한청산, 〈기생 철폐론〉, 《동광》 1931년 12월호.
장연화, 〈문학기생의 고백〉, 《삼천리》 1934년 5월호.
윤백남, 〈예술상으로 본 넷 기생 · 지금 기생〉, 《삼천리》 1935년 10월호.
서정주, 〈경주시慶州詩〉, 《사해공론》 1937년 4월호.
김재철, 〈민요 《아리랑》에 대하야〉, 《조선일보》 1937년 7월 11~16일.
정지용, 〈다방 〈고마도리〉 안에 연지 찍은 색시들〉, 《삼천리》 1938년 5월호.
한설야, 〈금강산유기〉, 《조선문학》 1939년 4월호.
김남천, 《사랑의 수족관》, 인문사, 1940.
최재서, 〈국책과 문학〉, 《인문평론》 1940년 4월호.
김상권, 〈라디오체조 지상 강습회〉, 《신시대》 1941년 1월호.
이태준, 〈기생과 시문〉, 《무서록》, 박문서관, 1942(재판).
김 억, 《선역鮮譯 애국백인일수-부附 우국유주백수》, 한성도서주식회사, 1944.
이난향, 〈명월관〉, 중앙일보 · 동양방송 편, 《남기고 싶은 이이야기들》, 중앙일보 · 동양방송, 1977.
박태원, 《소설가 구보 씨의 일일》, 깊은샘, 1989.
이능화, 《조선해어화사》(1927), 동문선, 1992.
김동리, 《김동리전집 8-나를 찾아서》, 민음사, 1997.
김도학, 《금강산유람기》(1931), 경희대출판부, 1999.
민족문제연구소 편, 《일제하 전시체제기 정책사료총서》 2, 한국학술정보, 2000.
국립진주박물관 편, 《사진으로 보는 1910~1927 진주의 옛 모습》, CITIPARTNER, 2004.
민족문제연구소, 《식민지 조선과 전쟁미술-전시체제와 민중의 삶》, 민족문제연구소, 2004.
김순전 외, 《조선총독부 초등학교 수신서 원문》 (상), (하), 제이앤씨, 2006.
단국대 동양학연구소, 《구비문학 관련 자료집-한국어 · 일본어잡지편 3》, 민속원, 2007.
고려대 아세아문제연구소 편, 《육당 최남선 전집》, 현암사, 2008.
박현순 외, 《서양인이 만든 근대 전기 한국 이미지Ⅱ: 코리안의 일상》, 청년사, 2009.
부산근대역사관, 《근대, 관광을 시작하다》, 민속원, 2010.
부산근대역사관, 《사진엽서로 떠나는 근대 기행》, 민속원, 2009.
국립민속박물관, 《엽서 속의 기생 읽기》, 민속원, 2009.
부산박물관 편, 《사진엽서로 보는 근대 풍경》 1~8, 민속원, 2009.

고유섭, 《우현 고유섭 전집: 수상, 기행, 일기, 시》, 열화당, 2013.
김순전 외, 《초등학교 창가 교과서 대조 번역》 (상)~(하), 제이앤씨, 2013.
오장환, 《오장환전집 1-시》, 솔, 2018.
조선총독부 철도국, 윤현명 외 역, 《조선의 풍경 1938: 일본의 시선으로 본 한국》, 어문학사, 2018.
김수영, 이영준 편, 《김수영전집 2-산문》, 민음사, 2018.
崔南善, 〈朝鮮民謠の槪觀〉, 《眞人》 5券 1號, 1927. 1.
金素雲 譯, 《朝鮮民謠集》, 太文館, 1929.
金志淵, 《朝鮮民謠ありらん》, 文海書館, 1935.
山田源一郎, 《大捷軍歌第一編》, 十字屋書店, 1894.
大和田建樹, 《平壤》, 博文館, 1899.
薄日貞敬, 《ヨボ記》, 日韓書房, 1908.
薄田斬雲, 鳥越靜岐, 《朝鮮漫畫》, 日韓書房, 1909.
杉市郎平 編, 《併合記念朝鮮寫眞帖》, 元元堂書房(東京)・新半島社(京城), 1910.
朝鮮總督府, 《普通學校 修身書》 卷四, 朝鮮書籍印刷株式會社, 1915.
石井栢亭, 〈附錄〉, 《旅の繪-朝鮮支那の巻》, 日本評論社出版部, 1921.
田島泰秀, 《溫突夜話》 教育普成, 1923.
朝鮮總督府, 《普通學校 朝鮮語讀本》 卷五, 朝鮮書籍印刷株式會社, 1924.
松村松盛, 《明け行く朝鮮》, 東京:帝國地方行政學會, 1925.
湯朝竹山人, 《小唄漫考》, アルス, 1926.
市山盛雄 編, 《朝鮮民謠の研究》, 東京坂本書店, 1926.
植田鄂治, 《國境二百里》, 國境二百里發行所, 1929.
師尾源藏, 《新朝鮮風土記》, 萬里閣書房, 1930.
萩森茂 編, 《朝鮮の都市-京城・仁川》, 大陸情報社, 1930.
平壤案內社 編, 《伸び行く大平壤》, 平壤案內社, 1930.
前田寛, 《金剛山》, 朝鮮鐵道協會, 1931.
田島太秀, 〈アリラン漫畫〉, 《アリラン》 33號, 1931. 7.
吉川萍水, 《妓生物語-裏から覗いた朝鮮》, 半島自由評論社, 1932.
朝鮮總督府, 《朝鮮案內》, 1935.
矢野干城・森川清人, 《新版大京城案內》, 京城都市文化研究所, 1936.
朝鮮神宮奉讚會 編, 《恩賴: 朝鮮神宮御鎭座十周年記念》, 1937.
朝鮮總督府鐵道局 編, 《半島の印象》, 日本旅行協會朝鮮支部, 1939.

官幣大社朝鮮神宮事務所, 《朝鮮神宮獻詠歌集》, 1937 · 1939 · 1940.

日本文學報國會 推奬, 《愛國百人一首繪はがき》 第6輯, 大阪帝國紙工株式會社, 발행 시기 미상.

朝鮮語研究會 編, 허재영 엮음, 《月刊雜誌 朝鮮語》, 역락, 2011.

朝鮮語研究會 編, 허재영 엮음, 《朝鮮文 朝鮮語 講義錄 上》, 역락, 2011.

조선연구회, 《조선미인보감》(1918), 민속원, 2007.

다카하시 토오루高橋亨, 구인모 역, 《식민지 조선인을 논하다》, 동국대학교출판부, 2010.

이마무라 도모今村鞆, 홍양희 역, 《제국의 경찰이 본 조선풍속: 조선풍속집》, 민속원, 2011.

한일비교문학세미나 편역, 《조선만화-100년 전 조선, 만화가 되다》, 어문학사, 2012.

요시카와 헤이스이吉川萍水, 김일권 역, 《조선기생 관찰기》, 민속원, 2013.

조선총독부 편, 장두식 외 역, 《조선의 습속》, 민속원, 2014.

한국전통문화대학교 전통문화연구소 편, 《은뢰-조선신궁에서 바라본 식민지 조선의 풍경》, 소명출판, 2015.

다카하마 교시高浜虛子, 김영식 역, 《조선》, 소명출판, 2015.

가노 마사토加納万里 편, 정병호 역, 《조선 정서-1920년대 조선에서 노래된 일본 속요》, 역락, 2016.

이치야마 모리오市山盛雄 편, 엄인경 · 이윤지 역, 《조선민요의 연구》, 역락, 2016.

엄인경 · 김보현 편역, 《단카短歌로 보는 경성 풍경》, 역락, 2016.

우라카와 가즈야浦川和也 편, 박호원 외 역, 《그림엽서로 보는 근대조선》 1~7, 민속원, 2017.

[국내 논문]

강소영, 〈언어 문화적 인종주의와 '요보ヨボ', '아이고アイゴ'〉, 《일본연구》 68호, 한국외국어대 일본연구소, 2016.

곽형덕, 〈김사량의 일본어 소설 생성과정 연구-〈풀숲 깊숙이〉와 〈산의 신들〉을 중심으로〉, 《현대문학의연구》 39호, 한국문학연구학회, 2009.

구인모, 〈일본의 식민지 철도여행과 창가-《滿韓鐵道唱歌》(1910)를 중심으로〉, 《정신문화연구》 32권 3호, 한국학중앙연구원, 2009.

구인모, 〈단카로 그린 조선의 풍속지〉, 황종연 편, 《신라의 발견》, 동국대출판부, 2008.

권숙인, 〈식민지 조선의 일본인 화류계 여성–한 게이샤 여성의 생애사를 통해 본 주변부 여성 식민자〉, 《사회와 역사》 103호, 한국사회사학회, 2014.

권행가, 〈일제시대 우편엽서에 나타난 기생 이미지〉, 《미술사논단》 12호, 한국미술사학회, 2001.

권혁희, 〈일제 시기 관광기념 엽서와 경성의 시각적 재현〉, 청계문화관, 《이방인의 순간 포착 경성 1930》, 서울청계문화관, 2011.

권희주, 〈식민지 조선의 '가미시바이' 시각미디어를 이용한 정보선전을 중심으로〉, 《일본학보》 105호, 한국일본학회, 2015.

김경리, 〈시각 이미지를 통한 근대일본의 표상 연구–개항기부터 메이지 시대까지〉, 건국대 대학원 박사논문, 2015.

김계원, 〈파노라마와 제국: 근대 일본의 국가 표상과 파노라마의 시각성〉, 《한국현대미술사학》 19집, 한국근현대미술사학회, 2008.

김광식, 〈나카무라 료헤이中村亮平의 신라 신화 · 전설 수록 과정에 대한 연구〉, 《일본학연구》 58집, 단국대 일본연구소, 2019.

김광식, 〈일본 문부성과 조선총독부 학무국의 구비문학 조사와 그 활용: 1910년대, 1920년대 편집과 관계자의 실력을 중심으로〉, 《연민학지》 20집, 연민학회, 2013.

김광식, 〈송석하의 민속 및 민속학 개념의 전개양상〉, 《실천민속학연구》 30호, 실천민속학회, 2017.

김대호, 〈1910~20년대 조선총독부의 조선신궁 건립과 운영〉, 《한국사론》 50권, 서울대 국사학과, 2004.

김대호, 〈20세기 남산 회현 자락의 변형, 시각적 지배와 기억의 전쟁–공원, 신사, 동상의 건립을 중심으로〉, 《도시연구–역사 · 사회 · 문화》 13호, 도시사학회, 2015.

김대호, 〈뒤엉킨 《은뢰》의 실타래를 푸는 실마리 찾기〉, 한국전통문화대학교 전통문화연구소 편, 《은뢰–조선신궁에서 바라본 식민지 조선의 풍경》, 소명출판, 2015.

김백영, 〈제국의 스펙터클 효과와 식민지 대중의 도시경험–1930년대 서울의 백화점과 소비문화〉, 《사회와 역사》 75집, 한국사회학회, 2007.

김백영, 〈한양에서 경성으로–왕조 수도의 식민지 종주도시화〉, 황종연 편, 《고도의 근대》, 동국대출판부, 2012.
김병민, 〈1930년대 관광 명소로서의 경성 이미지〉, 홍익대 대학원 석사논문, 2011.
김선정, 〈관광 안내도로 본 근대 도시 경성–1920~30년대 도해 이미지를 중심으로〉, 《한국문화연구》 33호, 이화여대 한국문화연구원, 2017.
김선희, 〈사진그림엽서를 통해 본 근대 서울의 관광 이미지와 표상〉, 《대한지리학회지》 53권 4호, 대한지리학회, 2018.
김소연, 〈1930년대 잡지에 나타난 근대 백화점의 사회문화적 의미〉, 《대한건축학회 논문집–계획계》 25권 3호, 대한건축학회 편, 2009. 3.
김수진, 〈식민권력의 자기 기념과 시각적 선전–조선신궁 기념사진집 《은뢰》를 중심으로〉, 《사회와 역사》 89집, 한국사회사학회, 2011.
김수진, 〈조선신궁 기념 사진집–《恩頼–朝鮮神宮御鎭座十周年記念》 해제〉, 《근대서지》 3호, 근대서지학회, 2011.
김영근, 〈식민지 노동자의 삶〉, 한국역사연구회, 《우리는 지난 100년 동안 어떻게 살았을까 2: 사람과 사회 이야기》, 역사비평사, 2015.
김예림, 〈치안, 범법, 탈주 그리고 이 모든 사태의 전후–학병 로망으로서의 《청춘극장》과 《아로운》〉, 《대중서사연구》 24호, 대중서사학회, 2010.
김용익, 〈우스다 잔운薄田斬雲의 《조선만화朝鮮漫畫》에 묘사된 조선의 생활문화〉, 《일본어문학》 49집, 한국일본어문학회, 2011.
김용철, 〈중일전쟁기 일본의 전쟁화〉, 강태웅 외 편, 《싸우는 미술–아시아 · 태평양 전쟁과 일본미술》, 아연출판부, 2015.
김용철, 〈아시아태평양전쟁기 식민지 조선의 전쟁화와 프로파간다〉, 《일본학보》 109권, 한국일본학회, 2016.
김원모, 〈견미遣美 조선보빙사朝鮮報聘使 수원隨員 최경석崔景錫 오예당吳禮堂 로우엘 연구〉, 《동양학》 27권 1호, 단국대 동양학연구원, 1997.
김인호, 〈《반도의 총후전》을 통해서 본 조선인의 국방 헌납〉, 《역사와 경계》 93호, 부산경남사학회, 2014.
김일란, 〈기생, 혹은 근대 여성의 증식 추세〉, 《문화과학》 2002년 가을호.
김진경, 〈방송 출연과 음악 취입을 통한 음악활동〉, 《국악교육》 29호, 국악교육학회, 2010.
김해경, 〈《은뢰》의 이미지를 통해 본 식민권력이 의도한 경관 해석〉, 한국전통문화대학교 전통문화연구소 편, 《은뢰–조선신궁에서 바라본 식민지 조선의 풍경》, 소명출판, 2015.

김현미, 〈식민권력과 섹슈얼리티: 19세기 서구 여성의 여행기에 나타난 담론들을 중심으로〉, 《비교문화연구》 9집 1호, 서울대 비교문화연구소, 2003.

김현숙, 〈근대 시각문화 속의 석굴암〉, 황종연 편, 《신라의 발견》, 동국대출판부, 2008.

류미나, 〈식민지 권력에의 '협력'과 좌절—경학원과 향교 및 문묘와의 관계를 중심으로〉, 《한국문화》 36집, 서울대 규장각한국학연구원, 2005.

문경연, 〈일제 말기 종이연극紙芝居의 실연實演과 제국의 이벤트Ⅱ〉, 《돈암어문학》 36호, 돈암어문학회, 2019.

민경덕, 〈우스다 잔운薄田斬雲의 《요보기ヨボ記》에 나타난 조선 인식〉, 단국대 대학원 석사논문, 2014.

박광현, 〈'조선'을 그리다—100년 전 어느 만화저널리스트의 '조선'〉, 《일본학연구》 34호, 단국대 일본연구소, 2011.

박민일 · 신현규, 〈전통공연 계승의 관점에서 본 권번 기생 고찰〉, 《엽서 속의 기생 읽기》, 국립민속박물관, 2009.

박상현, 〈식민지 조선에서의 '애국백인일수' 수용 양상 연구—'애국백인일수' 전람회를 중심으로〉, 《일본문화연구》 58호, 동아시아일본학회, 2016.

박상현, 〈와카 번역사적 위치—《선역 애국백인일수》〉, 《동아시아고대학》 40집, 동아시아고대학회, 2015.

박상현 · 미네자키 토모코, 〈화가 마쓰모토 모리마사松本盛昌 연구—'애국백인일수' 그림엽서를 중심으로〉, 《일본근대학연구》 66호, 한국일본근대학회, 2019.

박주석, 〈《은뢰》 사진과 야마자와 산조山澤三造〉, 한국전통문화대학교 전통문화연구소 편, 《은뢰—조선신궁에서 바라본 식민지 조선의 풍경》, 소명출판, 2015.

박제홍, 〈만주를 향한 일제의 대륙 진출 노래〉, 김순전 외, 《제국의 전시가요 연구—군가 · 엔가를 중심으로》, 제이앤씨, 2015.

박지향, 〈여행기에 나타난 식민주의 담론의 남성성과 여성성〉, 《영국연구》 4권, 영국사학회, 2000.

박찬모, 〈《조선과 만주朝鮮及滿洲》에 나타난 조선 산악 인식〉, 《한국문학 이론과 비평》 55집, 한국문학 이론과 비평학회, 2012.

변성호, 〈전시체제기 조선에서의 군용기 헌납—일제에 의한 강제동원의 사례를 중심으로〉, 경북대 대학원 석사논문, 2010.

서영인, 〈일제 말기 생산소설 연구—강요된 국책과 생활현장의 리얼리티〉, 《비평문학》 41호, 한국비평문학회, 2011.

서지영, 〈식민지 시대 기생제도 연구(1)－기생집단의 근대적 재편 양상을 중심으로〉, 《정신문화연구》 28권 2호, 한국정신문화연구원, 2005.

서지영, 〈식민지 시대 기생제도 연구(2)－기생조합의 성격을 중심으로〉, 《고전여성연구》 10호, 한국고전여성문학연구회, 2006.

서지영, 〈표상, 젠더, 식민주의: 제국 남성이 본 조선 기생〉, 《아시아여성연구》 48권 2호, 숙명여대 아시아여성연구원, 2009.

서지영, 〈소비하는 여성들: 1920-30년대 경성과 욕망의 경제학〉, 《한국여성학》 26권 1호, 한국여성학회 편, 2010.

성윤아, 〈근대 일본에서의 조선어회화 학습 열기－조선어회화서 붐의 실체〉, 박진수 편, 《근대 일본의 '조선 붐'》, 역락, 2013.

성윤아 · 김은경, 〈학부 편찬 《보통학교학도용 일어독본》 삽화의 교육적 함의와 지향성〉, 《중앙사론》 39호, 중앙대 중앙사학연구소, 2014.

송연옥, 〈일제의 식민지화와 공창제 도입〉, 서울대 대학원 석사논문, 1998.

신성희, 〈'자연'의 생산과 근대적 '관광'의 형성－일제 시대 금강산, 전기철도, 온천〉, 《문화역사지리》 28권 2호, 한국문화역사지리학회, 2016.

심창섭 · 칼라 산토스, 〈미국인의 한국 여행기에 나타난 오리엔탈리즘〉, 《관광연구논총》 23권 2호, 한양대 관광연구소, 2011.

안상훈, 〈오리엔탈리즘과 바츨라프 세로셰프스키의 '한국'〉, 《슬라브연구》 28권 4호, 한국외국어대 러시아연구소, 2012.

오대환, 〈식민지 시기 일본인을 위한 조선어교육 연구－'조선어 장려 정책'과 '경성조선어연구회'를 중심으로〉, 연세대 대학원 박사논문, 2009.

오새내, 〈1920년대 일본인 대상 조선어 회화서의 서울 지역어에 대한 사회언어학적 접근〉, 《서울학연구》 49호, 서울시립대 서울학연구소, 2012.

오새내, 〈일제강점기 일본인 경찰, 관리 대상 조선어 교육의 역사적 배경과 《경찰관전용 조선어교범》의 내용 분석〉, 《어문론집》 54호, 중앙어문학회, 2013.

오새내, 〈일제강점기 일본인 대상 조선어 교육에 종사한 조선인 교육자들의 행적에 대한 국어학사적 연구－언론 기록과 출판 자료를 중심으로〉, 《우리어문연구》 55집, 우리어문학회, 2016.

오연화, 〈예단 일백인을 통해 본 1910년대 기생집단의 성격〉, 고려대 대학원 석사논문, 2004.

오윤빈, 〈근대기에 형성된 한국이미지－사진엽서를 중심으로〉, 이화여대 대학원 석사논문, 2014.

오태영, 〈평양토포필리아와 고도의 재장소화〉, 황종연 편, 《고도의 근대》, 동국대출판부, 2012.

우연주, 〈일제 식민시기 경성 도시공원의 이용과 인식－신문과 잡지를 중심으로〉, 서울대 대학원 박사논문, 2017.

원두희, 〈일제강점기 관광지와 관광행위 연구: 금강산을 사례로〉, 한국교원대 대학원 석사논문, 2011.

원종혜, 〈일제 시대 관광지도에 조명된 경성 관광 이미지〉, 《역사와 경계》 100호, 부산경남사학회, 2016.

유승훈, 〈근대 자료를 통해 본 금강산 관광과 이미지〉, 《실천민속학연구》 14호, 실천민속학회, 2009.

유 철, 〈일제강점기 황국신민 교화를 위한 '신체'론－국어독본, 체조, 창가, 전시가요를 중심으로〉, 전남대 대학원 박사논문, 2015.

유근필 외, 〈일제강점기 동아일보 기사를 통해 본 경성운동장의 장소성〉, 《기초조형학연구》 15권 2호, 한국기초조형학회, 2014.

윤소라, 〈일제강점기 식민지 조선인 여성의 시각화와 이미지 생산〉, 이화여대 대학원 석사논문, 2013.

윤소영, 〈식민통치 표상 공간 경주와 투어리즘－1910~20년대 일본인의 여행기를 중심으로〉, 박찬승 편, 《여행의 발견 타자의 표상》, 민속원, 2010.

윤영실, 〈근대계몽기 신채호의 민족론에 나타난 '아我'의 의미〉, 《한국학연구》 24집, 인하대 한국학연구소, 2011.

윤옥경, 〈그림엽서에 나타난 도시 경관의 상징성과 도시에 대한 학습에의 활용〉, 《한국도시지리학회지》 12권 3호, 한국도시지리학회, 2009.

이가연, 〈1910년대 조선총독부 발행 시정施政기념 사진엽서를 통해 본 식민지 조선의 이미지〉, 동아대 대학원 석사논문, 2008.

이경숙, 〈만주국의 '국가교사론' 체제〉, 《한국교육사학》 제33권 제1호, 한국교육사학회, 2011.

이경돈, 〈미디어텍스트로 표상된 경성의 여가와 취미의 모더니티〉, 이경돈 외, 《일제강점기 경성부민의 여가생활》, 서울역사편찬원, 2018.

이광수, 〈'야만인 만들기'와 '문명인 따라 하기'－빅토리아시기 식민지 인도에서의 초상 사진이 갖는 사회적 의미〉, 《역사와 세계》 49집, 효원사학회, 2016.

이규수, 〈근대 일본의 동아시아 인식체계－'문명'과 '야만'의 역전〉, 《사림》 39권, 수선사학회, 2011.

이규수, 〈일본인의 조선여행 기록에 비친 조선의 표상-《大役小志》를 중심으로〉, 《대구사학》 99권, 대구사학회, 2010.

이민희, 〈19세기 말~20세기 중반 여행기에 나타난 강원도 로컬리티의 제 양상〉, 《동악어문연구》 80집, 동악어문학회, 2020.

이방원, 〈일제하 미신에 대한 통제와 일상생활의 변화〉, 《동양고전연구》 24호, 동양고전학회, 2006.

이병진 외, 〈일제강점기 "대일본 국민체조"의 보급과 활동에 관한 연구〉, 《한국체육학회지-인문 · 사회과학편》 55권 4호, 한국체육학회, 2016.

이상현, 〈일제강점기 '무대화된 민속'의 등장 배경과 특징〉, 《비교민속학》 35집, 비교민속학회, 2008.

이설희, 〈《조선미인보감》에 나타난 기생조합과 권번에 관한 고찰〉, 한국예술종합학교 예술전문사, 2009.

이소영, 〈지역 문화관광 상품화 과정의 문화매개집단 역할에 관한 연구-일본 가나자와시 히가시야마 지역을 사례로〉, 서울대 대학원 박사논문, 2005.

이시준, 〈식민지 일본인 작가, 우스다 잔운薄田斬雲의 조선 견문기에 관한 고찰-기생 관련 기술을 중심으로〉, 《외국문학연구》 45호, 한국외국어대 외국문학연구소, 2015.

이재옥, 〈1930년대 기생의 음악 활동 고찰〉, 《한국음악사학회》 30집, 한국음악사학회, 2003.

이정윤, 〈일제 말기 '시국 미술' 연구, 홍익대 대학원 석사논문, 2001.

이주영, 〈조선신궁사진첩 《恩賴(은뢰)》(1937) 이미지 연구〉, 이화여대 대학원 석사논문, 2017.

이준희, 〈일제 시대 음반 검열〉, 검열연구회, 《식민지 검열, 제도 · 텍스트 · 실천》, 소명출판, 2011.

이지선, 〈일문 일간지 《京城新報》와 《京城日報》에 수록된 20세기 초 조선 공연예술 기사 분석〉, 《국악교육연구》 9권 2호, 한국국악교육연구학회, 2015.

이하나, 〈일제강점기 '모범 부락' 정책과 조선농촌의 재편〉, 《학림》 19권, 연세사학연구회, 1998.

이혜령, 〈문지방의 언어들: 통역체제로서 식민지 언어현상에 대한 소고〉, 《한국어문학연구》 54호, 한국어문학연구학회, 2010.

이혜진, 〈총동원체제하의 최재서의 일본어 소설〉, 《비평문학》 41호, 한국비평문학회, 2011.

임경화, 〈민족의 소리 〈아리랑〉의 창출〉, 김시업 외, 《근대의 노래와 아리랑》, 소명출판, 2009.

임다함, 〈대중 선전 장치로서의 미디어 이벤트-《경성일보》의 〈경성고우타京城小唄〉 현상모집(1931)을 중심으로〉, 《일본연구》 30집, 고려대 글로벌일본연구원, 2018.

임선묵, 〈『선역 애국백인일수』 고攷: 안서岸曙 문학 일반〉, 《국문학논총》 10집, 단국대 국어국문학과, 1981.

장유정, 〈20세기 전반기 기생 소재 대중가요의 노랫말 분석〉, 《한국문화》 35집, 서울대 규장각한국학연구원, 2005.

장유정, 〈기생의 자기 서사〉, 《민족문학사연구》 25호, 민족문학사학회, 2004.

장인수, 〈식민지 건축의 이데올로기와 경성의 거리〉, 《동아시아문화연구》 66호, 한양대 동아시아연구소, 2016.

전수연, 〈관광의 형성 과정을 통해 본 근대 시각성 연구-1900년대 이후 일본의 조선관광과 여행안내서를 중심으로〉, 홍익대 대학원 석사논문, 2009.

정선태, 〈사진과 시가의 만남 또는 《은뢰》의 수사학〉, 한국전통문화대학교 전통문화연구소 편, 《은뢰-조선신궁에서 바라본 식민지 조선의 풍경》, 소명출판, 2015.

정우택, 〈아리랑 노래의 정전화 과정 연구〉, 김시업 외, 《근대의 노래와 아리랑》, 소명출판, 2009.

조광익, 〈근대 규율 권력과 여가 관광: 푸코의 권력의 계보학〉, 《관광학연구》 26권 3호, 한국관광학회, 2003.

조정민, 〈식민지 시기 사진엽서 《경성백경》의 공간과 서사 전략〉, 동아대학교 역사인문이미지연구소 편, 《일제침략기 사진그림엽서繪葉書로 본 제국주의의 프로파간다와 식민지 표상》, 민속원, 2019.

주성옥, 〈야나기 무네요시의 민예론과 오리엔탈리즘〉, 《미학》 68권, 한국미학회, 2011.

최 열, 〈친일미술 연구의 역사〉, 민족문제연구소, 《식민지 조선과 전쟁미술-전시체제와 민중의 삶》, 민족문제연구소, 2004.

최영철 · 허재영, 〈근대 계몽기 일본인의 한국어에 대한 관심과 한국어 학습서의 변화-개항 이후 학제 도입부터 통감시대까지〉, 《어문론집》 57호, 중앙어문학회, 2014.

최인택, 〈일제 침략기 사진 · 그림엽서를 통해서 본 조선의 풍속 기억〉, 동아대학교 역사인문이미지연구소 편, 《일제 침략기 사진그림엽서로 본 제국주의의 프로파간다와 식민지 표상》, 민속원, 2019.
최일남, 〈어떤 일본 문학 산책〉, 《풍경의 깊이 사람의 깊이》, 문학의문학, 2010.
최현식, 〈제국의 취향, 전시되는 '아리랑'-식민지 '아리랑 엽서'의 성격과 의미〉, 《대동문화연구》 75호, 2011.
최현식, 〈제국의 '조선적인 것'에 대한 전유와 소비-사진엽서 《조선정시朝鮮情詩》의 경우〉, 《현대문학의 연구》 46호, 한국문학연구학회, 2012.
최현식, 〈백두산절 · 오족협화 · 대동아공영론-그림엽서 〈백두산절〉의 경우〉, 《민족문학사연구》 61호, 민족문학사학회, 2016.
최현식, 〈이미지와 시가의 문화정치학(Ⅰ)-일제 시대 사진엽서의 경우〉, 《동방학지》 175집, 연세대 국학연구원, 2016.
최현식, 〈이미지와 시가의 문화정치학(Ⅱ)-일제 시대 사진엽서의 경우〉, 《한국학연구》 42집, 인하대 한국학연구소, 2016.
최현식, 〈식민지 조선의 민요, 원시와 전통의 경계-일제 사진엽서 소재 민요의 경우〉, 《상허학보》 49호, 상허학회, 2017.
최현식, 〈'소국민'의 '음악', '소학생'의 총력전-1940년 전후 《初等唱歌》·《初等音樂》의 문화정치학〉, 《한국학연구》 51집, 인하대 한국학연구소, 2018.
최현식, 〈한만 국경 이백리의 여성화 또는 군사화-〈압록강절〉의 발생 및 유행〉, 《만주연구》 32호, 만주학회, 2021.
표정옥, 〈최남선의 《삼국유사》에 나타난 기억의 문화적 욕망과 신화의 정치적 전략 연구〉, 《비교한국학》 국제비교한국학회, 21권 3호, 2013.
한현석, 〈사진그림엽서로 본 식민지 조선에서의 국가신도 체제 선전과 실상-조선신궁 사례를 중심으로〉, 《일본문화연구》 63호, 동아시아일본학회, 2017.
허병식, 〈폐허의 고도와 창조된 신도神都〉, 황종연 편, 《고도의 근대》, 동국대출판부, 2012.
허영란, 〈식민지 근대화론〉, 서울대 역사연구소, 《역사용어사전》, 서울대출판문화원, 2015(온라인판).
허재영, 〈일제강점기 일본인을 대상으로 한 조선어(한국어) 교육〉, 조선어연구회 편, 《월간잡지 조선어》, 역락, 2011.
황종연, 〈아이덴티티의 장소로서의 경주〉, 황종연 편, 《고도의 근대》, 동국대출판부, 2012.
황 진, 〈일제 침략기 사진그림엽서로 본 '조선적 정취'의 생성과 소비-《조선정시》를 중심으로〉, 동아대학교 역사인문이미지연구소 편, 《일제 침략기 사진그림엽서로 본 제국주의의 프로파간다와 식민지 표상》, 민속원, 2019.
황호덕, 〈경성지리지, 이중언어의 장소론—채만식의 〈종로의 주민〉과 식민도시의 (언어) 감각〉, 《대동문화연구》 51집, 성균관대 대동문화연구원, 2005.

[국내 저서]

강덕상 편, 김광렬 외 역, 《우키요에 속의 조선과 중국—다색판화에 투영된 근대 일본의 시선》, 일조각, 2009.
강진호 외 편, 《조선어독본》 3, 제이앤씨, 2010.
강태웅 외 편, 《싸우는 미술—아시아·태평양전쟁과 일본미술》, 아연출판부, 2015.
강희정, 《나라의 정화精華, 조선의 표상—일제강점기 석굴암론》, 서강대출판부, 2012.
고려대 아세아연구소 편, 《육당 최남선 전집》, 현암사, 2008.
고영진 외, 《식민지 시기 전후의 언어 문제》, 소명출판, 2012.
구인모, 《유성기의 시대, 유행 시인의 탄생—시와 유행가요의 경계에 선 시인들》, 현실문화, 2013.
구인모, 《한국 근대시의 이상과 허상—1920년대 '국민문학'의 논리》, 소명출판, 2008.
국립순천대학교 인문학술원 대학중점연구소 편, 《전쟁 프로파간가 자료집》, 도서출판 선인, 2018.
국사편찬위원회 편, 《여행과 관광으로 본 근대》, 두산동아, 2008.
권보드래, 《연애의 시대》, 현실문화연구, 2003.
권행가, 《이미지와 권력—고종의 초상과 이미지의 정치학》, 돌베개, 2015.
권혁희, 《조선에서 온 사진엽서》, 민음사, 2005.
김경일, 《여성의 근대, 근대의 여성》, 푸른역사, 2004.
김민철, 《기로에 선 촌락—식민권력과 농촌사회》, 혜안, 2012.
김백영, 《지배와 공간—식민지 도시 경성과 제국 일본》, 문학과지성사, 2009.
김성택 외, 《프랑스인의 눈에 비친 한국》, 경북대출판부, 2010.
김순전 외, 《제국의 식민지 수신—조선총독부편찬 〈修身書〉 연구》, 제이앤씨, 2008.
김순전 외, 《일제강점기 일본어교과서 《國語讀本》을 통해 본 식민지 조선 만들기》, 제이앤씨, 2012.
김순전 외, 《제국의 식민지 창가—일제강점기 唱歌 교과서 연구》, 제이앤씨, 2014.
김순전 외, 《제국의 전시가요 연구—군가·엔카를 중심으로》, 제이앤씨, 2015.

김순전 외, 《제국의 식민지 역사 지리 연구-조선총독부 편찬 〈역사〉·〈지리〉 교과서를 중심으로》, 제이앤씨, 2017.
김시업 외, 《근대의 노래와 아리랑》, 소명출판, 1995.
김영희, 《개화기 대중예술의 꽃, 기생》, 민속원, 2006.
김자야, 《내 사랑 백석》, 문학동네, 2019.
동아대학교 역사인문이미지연구소 편, 《일제침략기 사진그림엽서繪葉書로 본 제국주의의 프로파간다와 식민지 표상》, 민속원, 2019.
문경연, 《취미가 무엇입니까》, 돌베개, 2019.
박선미, 《근대 여성, 제국을 거쳐 조선으로 회유하다》, 창비, 2007.
박지향, 《일그러진 근대-100년 전 영국이 평가한 한국과 일본의 근대성》, 푸른역사, 2003.
박진수 편, 《근대 일본의 '조선 붐'》, 역락, 2013.
박진한 외, 《제국 일본과 식민지 조선의 근대 도시 형성》, 심산, 2013.
박찬승 편, 《여행의 발견 타자의 표상》, 민속원, 2010.
박형지·설혜심, 《제국주의와 남성성-19세기 영국의 젠더 형성》, 아카넷, 2016.
서기재, 《조선 여행에 떠도는 제국》, 소명출판, 2011.
서울대학교 여성연구소 편, 《경계의 여성들-한국 근대 여성사》, 한울아카데미, 2013.
서지영, 《경성의 모던걸-소비, 노동, 젠더로 본 식민지 근대》, 여이연, 2013.
서지영, 《역사에 사랑을 묻다-한국문화와 사랑의 계보학》, 이숲, 2011.
설혜심, 《그랜드 투어-엘리트 교육의 최종 단계》, 웅진지식하우스, 2013.
손종흠 외 편, 《근대 기생의 문화와 예술》 자료편 1~2, 보고사, 2009.
송혜경, 《연애와 문명-메이지시대 일본의 연애 표상》, 도서출판 문, 2010.
신동규 역저, 《1910년 일본인이 본 한국병합: 〈조선사정〉과 〈조선사진첩〉》, 경인문화사, 2020.
신현규, 《기생, 조선을 사로잡다》, 어문학사, 2010
신현규, 《기생, 푸르디푸른 꿈을 꾸다》, 북페리타, 2014.
신현규, 《꽃을 잡고-파란만장한 일제강점기 기생인물·생활사》, 경덕, 2005.
오민석, 《현대 문학이론의 길잡이》, 시인동네, 2017.
오지선, 《한국 근대 음악교육-조선총독부의 음악교육정책을 중심으로》, 예솔, 2003.
오창섭, 《근대의 역습-우리를 디자인한 근대의 장치들》, 홍시, 2013.
우미영, 《근대 조선의 여행자들-그들의 눈에 비친 조선과 세계》, 역사비평사, 2018.
윤상인 외, 《'일본'의 발명과 근대》, 이산, 2006.

윤소영 외 역, 《일본 잡지 《모던 일본》과 조선 1939-완역 《모던일본》 조선판 1939년》, 2007.
연구공간 수유+너머 근대매체 연구팀, 《신여성》, 한겨레신문사, 2005.
염운옥, 《낙인찍힌 몸-흑인부터 난민까지, 인종화된 몸의 역사》, 돌베개, 2019.
윤휘탁, 《만주국: 식민지적 상상이 잉태한 '복합민족국가'》, 혜안, 2013.
이각규, 《한국의 근대박람회》, 커뮤니케이션북스, 2010.
이경돈 외, 《일제강점기 경성부민의 여기생활》, 서울역사편찬원, 2018.
이경민, 《기생은 어떻게 만들어졌는가》, 아카이브북스, 2005.
이경민, 《제국의 렌즈》, 산책자, 2010.
이경분, 《프로파간다와 음악-나치 방송 정책의 '낭만적 모더니즘'》, 서강대출판부, 2009.
이상우 외, 《전쟁과 극장-전쟁으로 본 동아시아 근대극장의 문화정치학》, 소명출판, 2015.
이만열, 《우리 역사 5천 년을 어떻게 볼 것인가》, 바다출판사, 2000.
이영미, 《한국 대중가요사》, 민속원, 2006.
이재원, 《제국의 시선, 문화의 기억》, 서강대출판부, 2017.
이정선, 《동화와 배제-일제의 동화정책과 내선결혼》, 역사비평사, 2017.
이중연, 《'황국신민'의 시대》, 혜안, 2003.
임경화 편저, 《근대 한국과 일본의 민요 창출》, 소명출판, 2005.
임성모 외, 《제국 일본의 문화권력》, 소화, 2011.
전진성 외, 《기억과 전쟁-미화와 추모 사이에서》, 휴머니스트, 2009.
정근식 외, 《식민권력과 근대 지식-경성제국대학 연구》, 서울대출판부, 2011.
정운현 편, 《학도여 성전에 나서라》, 없어지지 않는 이야기, 1997.
정재정, 《철도와 근대 서울》, 국학자료원, 2018.
정진성 · 이재원 편, 《기억과 전쟁-미화와 추모 사이에서》, 휴머니스트, 2009.
조성운, 《식민지 근대 관광과 일본 시찰》, 경인문화사, 2011.
조성운, 《관광의 모더니즘-식민지 조선의 근대 관광과 수학여행》, 민속원, 2019.
조성운 외, 《시선의 탄생-식민지 조선의 근대 관광》, 선인, 2011.
조은주, 《디아스포라 정체성과 탈식민주의 시학-만주를 유랑하는 시》, 국학자료원, 2014.
주영하 외, 《제국 일본이 그린 조선 민속》, 한국학중앙연구원, 2006.
채숙향 편역, 《국경기행 외-1920년대 백두산과 그 일대 국경》, 역락, 2016.

천정환, 《근대의 책 읽기-독자의 탄생과 한국 근대문학》, 푸른역사, 2003.
청계문화관, 《이방인의 순간 포착 경성 1930》, 서울청계문화관, 2011.
최원규 편, 《일제 말기 파시즘과 한국사회》, 청아출판사, 1988.
최현식, 《최남선 · 근대 시가 · 네이션》, 소명출판, 2016.
한민주, 《권력의 도상학-식민지 시기 파시즘과 시각 문화》, 소명출판, 2013.
한석정, 《만주 모던-60년대 한국 개발체제의 기원》, 문학과지성사, 2016.
한일비교문화세미나 편역, 《조선만화-100년 전 조선, 만화가 되다》, 어문학사, 2012.
한철호 외, 《식민지 조선의 일상을 묻다》, 동국대출판부, 2013.
홍순애, 《여행과 식민주의-근대 기행문의 식민 제국의 역학 》, 서강대출판부, 2014.
황미연, 《권번과 기생으로 본 식민지 근대성》, 민속원, 2013.
황상익 외, 《두 조선의 여성: 신체, 언어, 심성》, 혜안, 2016
황종연 외, 《신라의 발견》, 동국대출판부, 2008.
황종연 편, 《고도의 근대》, 동국대출판부, 2012.
橋本妹里, 〈한국 근대 공원의 형성-공공성의 관점에서 본 식민과 탈식민의 맥락〉, 성균관대 대학원 박사논문, 2016.
송효섭, 〈김유신 신화〉, 《한국민속대백과사전》. (http://folkency.nfm.go.kr/kr/topic/detail/5456)
편집부, 〈명장 박녹주의 예술과 비운의 사랑〉, 《구한말 기생 이야기》, 한국콘텐츠진흥원 문화콘텐츠닷컴. (https://www.culturecontent.com).
편집부, 〈조선 시대 구멍낚시 하는 평민 남자〉, 《한국의 고유복식》, 한국콘텐츠진흥원 문화콘텐츠닷컴.
편집부, 〈독립가 / 시국가의 전개〉, 《한국 근대음악 이야기》, 한국콘텐츠진흥원 문화콘텐츠닷컴.

[번역 서적 · 논문]

A. H. 새비지-랜도어, 신복룡 외 역, 《고요한 아침의 나라 조선》, 집문당, 1999(2013).
H. B. 헐버트, 신복룡 역, 《대한제국멸망사》, 집문당, 1999.
닝왕, 이진형 외 역, 《관광과 근대성-사회학적 분석》, 일신사, 2004.
다니엘 부어스틴, 정태철 역, 《이미지와 환상》, 사계절, 2017.
래지스 드브레, 정진국 역, 《이미지의 삶과 죽음》, 글항아리, 2011.

레이몬드 윌리엄즈, 이일환 역, 《이념과 문학》, 문학과지성사, 1995.
리타 펠스키, 김영찬 · 심진경 역, 《근대성과 페미니즘–페미니즘으로 다시 읽는 근대》, 거름, 1998.
릴리어스 언더우드, 신복룡 외 역, 《상투의 나라》, 집문당, 1999.
마리우스 리멜레 외, 문화학연구회 역, 《보는 눈의 여덟 가지 얼굴》, 글항아리, 2015.
마이크 로빈슨 외, 이현민 역, 《사진 속의 세상–관광객과 관광 사진》, 경성대출판부, 2014.
멀치아 엘리아데, 이동하 역, 《성과 속 종교의 본질》, 학민사, 1983.
메리 프랫, 김남혁 역, 《제국의 시선–여행기와 문화횡단》, 현실문화, 2015.
미리엄 실버버그, 강진석 외 역, 《에로틱 그로테스크 넌센스–근대 일본의 대중문화》, 현실문화, 2014.
발터 벤야민, 반성완 역, 《발터 벤야민의 문예이론》, 민음사, 1983.
볼프강 쉬벨부쉬, 박진희 역, 《철도여행의 역사》, 궁리, 1999.
샤를 달레, 정기수 역, 《벽안에 비친 조선국의 모든 것–조선교회사 서론》, 탐구당, 2015.
수전 손택, 이재원 역, 《사진에 관하여》, 이후, 2005.
스테판 다나카, 박영재 외 역, 《일본 동양학의 구조》, 문학과지성사, 2004.
신시아 인로, 김엘리 외 역, 《군사주의는 어떻게 패션이 되었을까》, 바다, 2015.
알랭 코르뱅, 주나미 역, 《악취와 향기–후각으로 본 근대 사회의 역사》, 오롯, 2019.
에드워드 렐프, 김덕현 외 역, 《장소와 장소 상실》, 논형, 2005.
에드워드 사이드, 김성곤 외 역, 《문화와 제국주의》, 도서출판 창, 1995.
에드워드 사이드, 박홍규 역, 《오리엔탈리즘》, 교보문고, 1991.
에릭 홉스봄 외, 박지향 · 장문석 역, 《만들어진 전통》, 휴머니스트, 2004.
위르겐 오스터함멜, 박은영 외 역, 《식민주의》, 역사비평사, 2006.
이사벨라 버드 비숍, 이인화 역, 《한국과 그 이웃 나라들–백 년 전 한국의 모든 것》, 살림, 1994.
이-푸 투안, 이옥진 역, 《토포필리아–환경 지각, 태도, 가치의 연구》, 에코리브르, 2011.
제임스 라이언, 이광수 역, 《제국을 사진 찍다–대영제국의 사진과 시각화》, 그린비, 2015.
조나단 크래리, 임동근 외 역, 《관찰자의 기술–19세기의 시각과 근대성》, 문화과학사, 2001.

조던 샌드, 박삼헌 외 역, 《제국 일본의 생활공간》, 소명출판, 2017.
조르조 아감벤, 박진우 역, 《호모 사케르-주권 권력과 벌거벗은 생명》, 새물결, 2008.
조르주 뒤크로, 최미경 역, 《가련하고 정다운 나라 조선》, 눈빛, 2001.
조지 모스, 오윤성 역, 《전사자 숭배-국가라는 종교의 희생제물》, 문학동네, 2015.
조지 모스, 임지현 · 김지혜 역, 《대중의 국민화-독일 국민은 어떻게 히틀러의 국민이 되었는가?》, 소나무, 2008.
주디스 버틀러, 양효실 역, 《불확실한 삶-애도와 폭력의 권력들》, 경성대출판부, 2008.
토드 A. 헨리, 김백영 외 역, 《서울, 권력 도시-일본 식민지배와 공공 공간의 생활정치》, 산처럼, 2020.
퍼시벌 로웰, 조경철 역, 《내 기억 속의 조선, 조선 사람들》, 예담, 2002.
프레데릭 불레스텍스, 김정연 · 이향 역, 《착한 미개인 동양의 현자-서양인이 본 한국인 800년》, 청년사, 2007.
프리드리히 키틀러, 《광학적 미디어: 1999년 베를린 강의-예술, 기술, 전쟁》, 현실문화, 2011.
피터 버거 외, 이종수 역, 《고향을 잃은 사람들-근대화의 의식구조》, 한벗, 1981.
피터 버크, 박광식 역, 《이미지의 문화사-역사는 미술과 어떻게 만나는가》, 심산, 2005.
필리프 아리에스, 이종민 역, 《죽음의 역사》, 동문선, 2002
호미 바바, 나병철 역, 《문화의 위치-탈식민주의 문화이론》, 소명출판, 2002.
후고 프리드리히, 장희창 역, 《현대시의 구조-보들레르에서 20세기까지》, 한길사, 1996.
강상중, 이경덕 · 임성모 역, 《오리엔탈리즘을 넘어서》, 이산, 1997.
이연숙, 고영진 외 역, 《국어라는 사상》, 소명출판, 2006.
이연숙, 이재봉 외 역, 《말이라는 환영-근대 일본의 언어 이데올로기》, 심산, 2012.
취샤오판曲曉范, 박우 역, 《중국 동북 지역 도시사 연구-근대화와 식민지 경험》, 진인진, 2016.
나카네 다카유키中根隆行, 〈제국 일본의 '만선滿鮮' 관광지觀光誌와 고도 경주의 표상〉, 황종연 편, 《고도의 근대》, 동국대출판부, 2012.
츠보이 히데토坪井秀人, 임경화 역, 〈국민의 소리로서의 민요〉, 임경화 편저, 《근대 한국과 일본의 민요 창출》, 소명출판, 2005.

기타하라 메구미北原惠, 〈하세가와 하루코長谷川春子와 여류미술가봉공대女流美術家奉公隊〉, 강태웅 외 편, 《싸우는 미술－아시아 · 태평양전쟁과 일본미술》, 아연출판부, 2015.

가라타니 고진柄谷行人, 박유하 역, 《일본 근대문학의 기원》, 민음사, 2008.

가라타니 고진, 조영일 역, 《역사와 반복》, 도서출판 b, 2008.

가라타니 고진, 조영일 역, 《네이션과 미학》, 도서출판 b, 2009.

가와무라 구니미쓰川村邦光, 손지연 역, 《섹슈얼리티의 근대－일본 근대 성가족의 탄생》, 논형, 2013.

가와무라 구니미쓰川村邦光, 송완범 외 역, 《성전聖戰의 아이코노그래피－천황과 병사, 그리고 전사자의 초상과 표상》, 제이앤씨, 2009.

가와무라 미나토川村湊, 유재순 역, 《말하는 꽃 기생》, 소담, 2002.

구로다 이사무黑田勇, 서재길 역, 《라디오 체조의 탄생》, 강, 2011.

기무라 료코木村涼子, 이은주 역, 《주부의 탄생－일본 여성들의 근대와 미디어》, 소명출판, 2013.

나카네 타카유키中根隆行, 건국대 대학원 일본문화언어학과 역, 《'조선' 표상의 문화지－근대 일본과 타자를 둘러싼 지知의 식민지화》, 소명출판, 2011.

나카미 다사오中見立夫, 박선영, 역, 《만주란 무엇이었는가》, 소명출판, 2013.

다카시 후지타니, 한석정 역, 《화려한 군주－근대 일본의 권력과 국가의례》, 이산, 2003.

다케다 미사야武田雅哉 편, 김경원 역, 《성스러운 유방사－어떻게 가슴은 여성의 '얼굴'이 되었는가?》, 아르테, 2019.

다케우치 요시미竹內好, 서광덕 · 백지운 역, 《일본과 아시아》, 소명출판, 2004.

도미타 쇼지富田 昭次, 유재연 역, 《그림엽서로 본 일본 근대》, 논형, 2008.

마르야마 마사오丸山眞男, 김석근 역, 《일본의 사상》, 한길사, 1998.

모토오리 모리나가本居宣長, 김병숙 외 역, 《모노노아와레》, 모시는사람들, 2016.

무라야마 지준村山智順 사진집, 《조선인의 생로병사－1920~1930년대》, 신아출판사, 2014.

미쓰이 다카시三ツ井崇, 고영진 외 역, 《식민지 조선의 언어 지배 구조－조선어 규범화 문제를 중심으로》, 소명출판, 2013.

미우라 노부타카三浦信孝 외, 이연숙 외 역, 《언어 제국주의란 무엇인가》, 돌베개, 2005.

사와이 리에澤井理惠, 김행원 역, 《엄마의 게이죠京城 나의 서울》, 신서원, 2000.

사카이 나오키酒井直樹, 최정옥 역, 《일본, 영상, 미국》, 그린비, 2008.
세키도 아키코關戶明子, 허석 외 역, 《근대 투어리즘과 온천》, 논형, 2009.
센다 유키千田有紀, 김복순 역, 《일본형 근대가족》, 논형, 2016.
시미즈 이사오淸水勳, 박미경 외 역, 《메이지 일본의 알몸을 훔쳐보다—프랑스인 풍자화가 조르주 비고가 본 근대 일본》, 어문학사, 2008.
쓰가와 이즈미津川泉, 김재홍 역, 《JODK, 사라진 호출 부호》, 커뮤니케이션북스, 2004.
쓰보이 히데토坪正秀人, 박광현 외 역, 《감각의 근대—소리 · 신체 · 표상》, 어문학사, 2018.
아리야마 테루오有山輝雄, 조성운 외 역, 《시선의 확장—일본 근대 해외관광여행의 탄생》, 선인, 2014.
야나기타 구니오柳田國男, 김정례 외 역, 《일본 명치 · 대정 시대의 생활문화사》, 소명출판, 2006.
야마무로 신이치山室信一, 윤대석 역, 《키메라—만주국의 초상》, 소명출판, 2009.
오오누키 에미코大貫惠美子, 이향철 역, 《죽으라면 죽으리라—카미카제 특공대의 사상과 행동》, 우물이 있는 집, 2007.
와카바야시 미키오若林幹夫, 정선태 역, 《지도의 상상력》, 산처럼, 2006.
와카쿠와 미도리若桑みどり, 손지연 역, 《전쟁이 만들어낸 여성상》, 소명출판, 2011.
요시다 유타카吉田裕, 최혜주 역, 《아시아 · 태평양전쟁》, 어문학사, 2012.
요시다 유타카, 최혜주 역, 《일본의 군대—병사의 눈으로 보는 근대일본》, 논형, 2005.
요시미 순야吉見俊哉 외, 연구공간 수유+너머 '일본 근대와 젠더 세미나팀' 역, 《확장하는 모더니티—1920~30년대 근대 일본의 문화사》, 소명출판, 2007.
요시미 순야 외, 이태문 역, 《운동회—근대의 신체》, 논형, 2007.
이시이 마사미石井正己, 김광식 역, 《제국 일본이 간행한 설화집과 교과서》, 민속원, 2019.
진노 유키神野由紀, 문경연 역, 《취미의 탄생—백화점이 만든 테이스트》, 소명출판, 2008.
코모리 요이치小森陽一, 송태욱 역, 《포스트 콜로니얼》, 삼인, 2002.
코모리 요이치, 정선태 역, 《일본어의 근대》, 소명출판, 2003.
타키 코지多木浩二, 박삼헌 역, 《천황의 초상》, 소명출판, 2007.
하루오 시라네Haruo Shirane · 스즈키 토미鈴木登美 편, 왕숙영 역, 《창조된 고전》,

소명출판, 2002.
혼마 규스케本間九介, 최혜주 역, 《일본인의 조선탐정록-조선잡기》, 2008, 김영사.
히우라 사토코樋浦鄕子, 이언숙 역, 《신사 · 학교 · 식민지-지배를 위한 종교-교육》, 고려대출판부, 2016.
미쓰이 다카시三ツ井崇, 〈'언어 문제'에서 본 한국 근대사-교육 정책과 언어운동의 측면에서〉, 《한국학연구》 22집, 인하대 한국학연구소, 2010.

[외국서적 · 논문]

Ali Behdad and Luke Gartlan edi., *Photography's Orientalism: New Essays on Colonial Representation*, LA:Getty Research, 2013.
Anne Maxwell, *Colonial Photography & Exhibitions*, London and New York:Leicester University Press, 2000.
Christopher Pinney, *Photography and Anthropology*, London:Reaktion Books Ltd,, 2014.
E. Taylor Atkins, *Primitive Selves: Korea in the Japanese Colonial Gaze, 1910-1945*, University of California Press, 2010.
Eleanor M. Hight & Gray D. Sampson edi., *Colonialist Photography: Imag(in)Ing Race and Place*, London and New York: Routledge, 2004.
James Lees, *BOOK NAZI GERMANY & FASCIST ITALY PROPAGANDA POSTCARDS*, RJI, 2007.
James Ryan, *Picturing Empire: Photography and the Visualization of the British Empire*, University of Chicago Press, 1998.
John Urry, *The Tourist Gaze*, SAGE Publications, 2002.
Sara Mills, *Discourses of Difference: An Analysis of Women's Travel Writing and Colonialism*, London and New York: Routledge, 1991.
Waldemar Abegg, 《100年前の世界一周-ある青年が撮った日本と世界》, 日經 National Geographic社, 2014.
太田宏一, 〈大正寫眞工芸所〉について〉, 和歌山市立博物館, 《研究紀要》 24號, 2010.
刑部芳則, 〈東京音頭の創出と影響-音頭のメディア效果〉, 《商學研究》 31号, 日本大學商學部商學研究所, 2015.

田邊尚雄,《中國・朝鮮音樂調査紀行》, 音樂之友社, 1970.
柏木博,《肖像のなかの權力》, 平凡社, 1987.
下川耿史,《(寫眞叢書)日本エロ寫眞史》, 青弓社, 1995.
菅浩二, 《日本統治下の海外神社ー朝鮮神宮・臺灣神社と祭神》, 弘文堂, 2004.
青井哲人,《植民地神社と帝國日本》, 吉川弘文館, 2005.
小西四郎,《百年前の日本ーモースコレクション(寫眞編)》, 小學館, 2005.
生田誠,《100年前の日本ー繪葉書に綴られた風景 明治・大正・昭和》, 生活情報センター, 2006.
若林宣,《戰う廣告: 雜誌廣告に見る太平洋戰爭》, 小學館, 2008.
卯木伸男,《繪葉書が映す下野の明治・・大正・昭和》, 随想舍, 2009.
早川タダノリ,《神國日本のトンデモ決戰生活》, 合同出版, 2010.
貴志俊彦,《滿洲國のビジュアル・メディアーポスター・繪はがき・切手》, 吉川弘文館, 2010.
石黒敬章,《明治の東京寫眞ー丸の內・神田・日本橋》, 角川學藝出版, 2011.
早川タダノリ,《〈愛國〉の技法ー神國日本の愛のかたち》, 青弓社, 2014.
植民地文化學會 編,《近代日本と〈滿洲國〉》, 不二出版, 2014.
手塚道男,《一神社人の見た朝鮮・滿洲の神社と文化》, 神社新報社, 2015.
清水勳,《風刺畵で讀み解く近代史》, 三笠書房, 2015.
長田曉二 編,《戰爭が遺した歌ー歌が明かす戰爭の背景》, 全音樂譜出版社, 2015.
生田美智子 編,《女たちの滿洲ー多民族空間を生きて》, 大阪大學出版會, 2015.
本多佐保美 外,《戰時下の子ども・音樂・學校ー國民學校の音樂教育》, 開成出版, 2015.
青野正明, 《帝國神道の形性ー植民地朝鮮と國家神道の論理》, 岩波書店, 2015.
北島順子・吉岡數子,《教科書が語る戰爭》, 大阪公立大學共同出版會, 2015.
早川タダノリ, 《〈日本スゴイ〉のディストピアー戰時下自畵自讃の系譜》, 青弓社, 2016.
國立國會図書館, 〈寫眞の中の明治・大正ー國立國會図書館所藏寫眞帳から〉(http://www.ndl.go.jp/scenery/index.html)

찾아보기

일제 사진엽서, 시와 이미지의 문화정치학

〈인명 및 주요 사항〉

가

나

다

라

마

바

사

아

자

차

카

타

파

하

〈주요 사진엽서(세트) 및 서명〉

가

마

바

사

아

자

차

파

하

총서 知의회랑 arcade of knowledge 을 기획하며

대학은 지식 생산의 보고입니다. 세상에 바로 쓰이지 않더라도 언젠가는 반드시 인류에 필요할 지식을 생산하고 축적하며 발전시키는 일을 끊임없이 해나갑니다. 오랫동안 대학에서 생산한 지식은 책이란 매체에 담겨 세상의 지성을 이끌어왔습니다. 그 책들은 콘텐츠를 저장하고 유통시키며 활용하게 만드는 매체의 차원을 넘어, 인간의 비판적 사유 능력과 풍부한 감수성을 자극하는 촉매의 역할을 충실히 해왔습니다.

이와 같은 '책을 읽는다'는 것은 단순히 지식과 정보를 습득하는 데 멈추지 않고, 시대와 현실을 응시하고 성찰하면서 다시 그 너머를 사유하고 상상함을 의미합니다. 그러므로 '세상의 밑그림'을 그리는 책무를 지닌 대학에서 책을 펴내는 것은 결코 가벼이 여겨선 안 될 일입니다.

이제 우리는 다양한 방식으로 존재하는 지식과 정보, 그리고 사유와 전망을 담은 책을 엮어 현존하는 삶의 질서와 가치를 새롭게 디자인하고자 합니다. 과거를 풍요롭게 재구성하고 미래를 창의적으로 기획하는 작업이 다채롭게 펼쳐질 것입니다.

대학의 심장부에 해당하는 도서관이 예부터 우주의 축소판이라 여겨져 왔듯이, 그곳에 체계적으로 배치된 다양한 책들이야말로 이른바 학문의 우주를 구성하는 성좌와 다름없습니다. 우리는 그 빛이 의미 없이 사그라들지 않기를, 여전히 어둡고 빈 서가를 차곡차곡 채워가기를 기대합니다.

앎을 쉽게 소비하는 시대를 살고 있지만, 다양한 앎을 되새김함으로써 학문의 회랑에서 거듭나는 지식의 필요성에 우리는 공감합니다. 정보의 홍수와 유행 속에서도 퇴색하지 않을 참된 지식이야말로 인간이 가야 할 길에 불을 밝혀줄 수 있기 때문입니다. 앞으로 대학이란 무엇을 하는 곳이며, 왜 세상에 남아 있어야 하는 곳인지 끊임없이 되물으며, 새로운 지의 총화를 위한 백년 사업을 시작하겠습니다.

총서 '知의회랑' 기획위원

안대회 · 김성돈 · 변혁 · 윤비 · 오제연 · 원병묵

지은이 최현식(崔賢植)

충청남도 당진에서 태어났다. 연세대학교 국어국문학과와 동 대학원에서 한국문학(현대시)을 전공했다. 경상국립대학교 국어국문학과 조교수를 거쳐 현재 인하대학교 사범대학 국어교육과 교수로 있다.

학부 시절 정지용과 김수영 시에 크게 매혹되었다. 대학원 시절 서정주 문학을 조우한 뒤 지금까지도 시인이 밟아간 근대성과 반근대성의 문제를 추적하고 있다. 요즘에는 일제시대 사진엽서, 만주 관련 문학, 해방 후 북한문학을 새로 읽는 재미에도 빠져들고 있다.

연구서로 『서정주 시의 근대와 반근대』, 『한국 근대시의 풍경과 내면』, 『신화의 저편—한국현대시와 내셔널리즘』, 『최남선·근대시가·네이션』 등을, 평론집으로 『말 속의 침묵』, 『시를 넘어가는 시의 즐거움』, 『시는 매일매일』, 『감응의 시학』 등을 출간했다.

知의회랑
arcade of knowledge
029

일제 사진엽서,
시와 이미지의 문화정치학

1판 1쇄 인쇄 2022년 9월 10일
1판 1쇄 발행 2022년 9월 15일

지 은 이 최현식
펴 낸 이 신동렬
책임편집 현상철
편 집 신철호·구남희
마 케 팅 박정수·김지현

펴 낸 곳 성균관대학교 출판부
등 록 1975년 5월 21일 제1975-9호
주 소 03063 서울특별시 종로구 성균관로 25-2
전 화 02)760-1253~4 팩스 02)762-7452
홈페이지 http://press.skku.edu

ISBN 979-11-5550-554-0 93810

값 40,000원

⊙ 잘못된 책은 구입한 곳에서 교환해 드립니다.

⊙ 이 저서는 2017년 대한민국 교육부와 한국연구재단(NRF-2017S1A6A4A01020420)의 지원을 받아 수행된 연구임.